전문가를
위한
새로운

심리평가의 실제

이화여자대학교 의과대학
신경정신과학교실
박 영 숙

圖書出版 하나醫學社

서 문

저자가 1981년 심리검사의 이론과 실제를 쓴 이후 이 책의 부족함을 느끼고 가능한 한 빨리 이 책을 개정하거나 아니면 새로운 책을 출판해야겠다고 늘 마음속으로 생각했었다. 그리고 그동안 심리검사의 이론과 실제를 교과서로 쓰시던 선생님들께서도 빨리 개정판을 출판해달라고 반복하여 요청하시곤 하였다. 이러한 연유로 저자의 마음속에는 항상 심리평가에 관한 책을 새롭게 써야 한다는 생각이 일종의 강박감처럼 존재하고 있었다. 그래서 책 제목을 심리평가의 실제로 바꾸고 구성도 새롭게 고안하면서 책을 쓰기 시작하였다. 그러나 막상 책을 쓰면서 저자는 이 책의 집필과 출판이 과연 가능할 것인지 자신이 없었다. 그 이유는 처음 출발은 의무감에서 시작하였는데 막상 시작해 놓고 보니 과연 이 책이 심리평가의 실제라고 할만큼 임상적인 경험과 연구 자료를 바탕으로 하고 있는지, 이 점에 대해 매우 자신이 없었다. 그러나 저자는 천리길도 한걸음부터라는 속담을 되새기면서 현재와 같은 책이 나와야지만 그 다음 단계로 임상경험과 연구결과를 바탕으로 하는 심리평가의 실제를 다루는 책이 출판될 수 있을 것이라고 생각하게 되었다.

이 책의 출판을 망설였던 다른 이유는 현재 한국의 임상심리학계의 발전 방향은 임상연구와 자료를 중심으로 전문화되어 가고 있는데 과연 이러한 책이 지금 어느만큼 필요한가에 대해 자신이 없었다. 그러나 임상장면에서 일을 하다보면 심리평가의 한계점도 있지만 심리평가의 유용성이 매우 크고 심리평가를 통한 임상적인 경험의 축적이 매우 귀중함을 실감하게 된다. 특히 정신과 영역에서 전문가의 역할 분담에 대한 인식이나 실천이 매우 부족한 한국적인 상황에서 무엇보다 현실적으로 요청받고 있는 역할을 충실히 수행하고 이러한 역할속에서 전문가로 성숙해나가는 것이 소극적이기는 하지만 하나의 대처방식이라는 입장에서 보면 이러한 책의 출판의 의미가 있다고 생각하게 되었다.

이 책에는 『심리평가의 실제』라는 이름을 부쳤지만 책을 쓰는 동안 심리평가의 실제라고 이름 부치기에는 부족함이 너무 많다는 점을 저자는 깊이 느꼈다. 따라서 심리평가의 실제라는 이름에 적절한 다른 책을 앞으로 출판하여야 한다고 생각하고 있다. 이 책은 대학원과정에서 심리평가를 공부하거나 실제 임상장면에서 심리평가를 시행할 때 일종의 길잡이가 되는 역할을 할 수 있지 않을까 기대된다. 임상가는 심리검사를 기계적으로 다루기 보다 검사의 이론적 배경, 통계적 자료, 검사의 조건을 고려하면서 검사를 다룰 수 있어야 한다는 입장에 따라 심리검사의 제작과정, 심리검사의 조건, 선정과정도 비교적 자세하게 다루어 보았다. 그리고 각각의 심리검사가 제공하는 정보가 보다 전문화되어야 하고 축적된 연구결과를 바탕으로 하여야 한다는 입장에 따라 각 검사의 해석을 위한 다양한 경험적 연구를 집약하여 제시해보았다.

저자는 이 책을 통하여 앞으로 임상 실제에서 심리평가가 진단의 도구로서 뿐만 아니라 치료나 연구와 밀접한 관계를 갖는 심리평가로 발전될 수 있기를 기대해본다.

이 책을 쓰는 동안 자문을 맡아 주셨던 이화대학교 교육학과 성태제 교수님, 자료정리를 도와주었던 이화대학교 교육심리학과 임상심리연구모임의 문미희, 박유정, 배제현, 배지현, 박선영, 이계원, 장은진, 허묘연 선생에게 감사의 뜻을 표하는 바이다. 그리고 출판을 위해 헌신해주신 하나의학사 오무근 사장님과 직원 여러분들께도 감사한 마음을 전하고자 한다. 그리고 크고 작은 일을 말없이 도와주신 그외 다른 여러분들께도 진정으로 감사드린다.

1993년 12월 14일
동대문 연구실에서 저자씀

차 례

1

임상심리학

심리평가는 임상심리학 *clinical psychology*의 전문적 영역 가운데 한 분야이므로 심리평가를 이해하기 앞서 임상심리학을 정의하고 그 전문적 역할을 검토하는 것이 필요할 것이다. 임상심리학은 개인이 일생동안 살아가면서 경험하게 되는 다양한 적응문제나 정신장애를 평가해주고 해결하도록 도와주고 적응문제나 정신장애 그리고 나아가서는 정신건강과 관련되는 연구를 수행하는 응용 심리학의 분야이다. 이러한 임상심리학은 급속한 변화와 다원성이라는 특징을 지닌 현대사회에 있어서 매우 주요한 역할을 담당하고 있다. 그러나 아직까지 우리사회에서는 일반인들에게는 물론 임상 전문가들이나 국민의 정신건강 정책을 수립하는 행정가들에게 임상심리학의 기능과 역할이 정확하게 제대로 인식되지 못하고 있는 실정이다. 이러한 점에서 임상심리학 분야의 전문가들은 임상심리학의 전문성과 특수성을 보다 정확하게 정의하고 실천함으로써 심각한 정신적 위기속에 있는 현대인들의 고통을 덜어주고 나아가서는 사회구성원들이 함께 건강하고 행복한 삶을 누릴 수 있도록 돕는 주요한 역할을 적극적으로 담당해야 할 의무를 지니고 있다고 여겨진다. 따라서 심리평가에 앞서 임상심리학을 간략하게 정의하고 그 전문적 역할을 검토하고자 한다.

1. 임상심리학의 정의

임상심리학의 전문성과 특수성이란 과연 어떠한 것인지를 알아보기 위해 먼저 임상심리학의 정의를 검토해 보기로 하자. “임상심리학이란 고통받고 있는 개인들이 보다 잘 적응할 수 있도록 심리학적 지식과 기술을 동원하고, 이러한 과제를 보다 잘 수행할 수 있도록 심리학적 지식을 증가시키고 기술을 연마시키려는 목적으로 연구를 수행하는 전문영역이다”(Korchin 1976). “개인의 독특성을 이해하고 그의 고통을 완화시키고 그가 보다 효율적으로 기능할 수 있도록 도와주려는 목적으로 심리학적 원리를 적용하고 발전시키는 역할을 수행하는 전문 영역이다”(Goldenberg 1973). “개인의 심리적 적응과 관련하여 심리학적 원리를 적용하는 전문영역이다”(Lazarus 1969).

이와같은 임상심리학 정의를 살펴보면 다음 두가지 내용을 함축하고 있음을 알 수 있다. 첫째 임상심리학은 심리학적 지식과 원리, 방법을 기초로 한다. 둘째 임상심리학의 궁극적 목적은 고통받고 있는 개인이 문제해결을 통하여 고통으로 부터 해방될 수 있도록 도와주고자 한다. 이와같은 임상심리학에 대한 정의들은 임상심리학이 한편으로는 철저하게 과학적인 입장을 취해야 하는 반면 한편으로는 인본주의적 입장을 취해야 함을 시사해주고 있다. 다시 말하자면 심리학적 원리에 기초를 두고 있는 임상심리학은 기본적 입장, 동원되는 지식, 방법, 기술이 과학적이어야 한다는 것이다. 그러나 한편으로는 고통받고 있는 개인을 대상으로 하는 임상심리학은 그 방법에 있어서는 과학적이지만, 궁극적인 목적에 있어서는 고통받고 있는 개인이나 집단을 돕고자 하는 인본주의적이어야 한다는 것이다. 이러한 두가지 요구 조건은 임상심리학의 전문성, 임상심리학자의 전문가로서의 역할에 있어서 필수조건이라고 볼 수 있으며 그 어느 한 가지도 소홀히 할 수 없는 조건이라고 볼 수 있다.

일반적으로 볼 때 임상심리학자들은 심리학을 기본적으로 학습하고 난 다음 임상심리학에 입문하게 되기 때문에 임상심리학이 과학이어야 한다는 기본 입장을 확고하게 지니고 있다. 그러나 한 개인의 고통 해결이 임상심리학의 지상 과제라는 인식은 기본적인 심리학적 지식을 지니고 있거나 임상심리학적 훈련을 받았다고 해서 자동적으로 생겨나는 것은 아니다. 이러한 인식은 오랜 임상 경험을 닦으면서 점진적으로 생겨나게 되고 이러한 철저한 인식을 바탕으로 진정한 인간 중심의 임상적 역할을 수행할 수 있게 되기 때문에 이러한 인식과 자각은 상당한 시간과 노력을 요구한다고 말할 수 있다. 이러한 점을 생각할 때 임상심리학의 전문적 역할이란 전문적인 과학적 지식이나 연구, 임상적 훈련을 통해서만 가능한 것도 아니요, 그렇다고 인간에 대한 순수한 열정만으로 가능한 것도 아니다. 따라서 임상심리학의 전문적 역할 수행을 위해서는 기본적으로 과학적인 지식과 방법 뿐만 아니라 철저한 임상적 훈련이 요구된다는 점을 명심해야 한다.

이러한 임상심리학의 정의를 종합하면서 Kendall(1982)는 임상심리학의 과학적 입장과 전문가적 입장의 통합성을 강조하고 있다. 즉 임상심리전문가는 개인의 행동양식과 능력, 부적응적 양식을 평가하는 과학적 입장과 더불어 전문적인 치료자로서의 임상적 역할을 동시에 수행한다는 것이다. 과학자로서의 입장은 임상가의 전문적 역할에 있어서 객관성과 정확성의 조건을 갖추기 위해 과학적 방법을 동원하여 평가하고 연구함으로써 성립되는 한편 전문가로서의 입장은 내담자 정신장애자, 집단의 문제를 해결하고 정신건강을 증진시키기 위해 봉사하고 개입함으로써 성립된다고 볼 수 있다. 이와같은 임상심리전문가의 과학자－전문가 모델의 역사적 배경과 발달, 현재의 추세에 관해서 자세하게 알고자 하는 독자는 Kendall(1982)의 『Clinical Psychology－Scientific and Professional Dimension』 제1장, 2장, 『임상심리학(이현수 1990)』 제1장을 읽기 바란다.

2. 임상심리학의 기본 입장

앞서 지적된 것 처럼 임상심리학은 개인의 문제 해결이 근본 목적이며 이러한 과정에서 개인에 대한 이해가 매우 중요한 과제라는 기본적인 입장을 취한다. 이러한 기본적 입장과 관련하여 Korchin(1976)은 임상심리학이 다른 심리학과 구별되는 가장 중요한 특징은 특정 개인에 대한 관심사라고 지적하였다. 즉, 임상심리학에서 다루는 정신병리현상, 대인관계행동, 집단과정, 학습 및 발달심리학적 주제가 다른 심리학과 중복되지만, 임상심리학은 특정 개인을 관심의 대상으로 삼으며 특정한 개인을 이해하고 이러한 이해를 통하여 도와주려는 궁극적인 목적을 지니고 있다는 것이다. 이와같이 개인을 이해하고 개인의 문제를 발견하고 그 해결책을 모색해 나간다는 임상심리학의 기본 입장으로 인하여 임상심리학을 공부하고 경험을 닦아가는 과정에서 독특한 훈련과정이 필요하게 된다.

심리학의 발날과정에서 볼 때 이와같은 개인 심리에 대한 이해의 중요성은 Allport (1937, 1961)에 의해 강조되기 시작하였다. 1930년대 실증주의, 행동주의적 입장이 압도적이었던 당시 그는 일반적인 심리현상을 발견하고, 이를 일반화하려는 법칙발견적 입장 *nomothetic approach*을 반박하면서 특정한 개인을 이해하는데 초점을 맞춘 개체기술적 입장 *idiographic approach*의 중요성을 강조하였다.

최근 정신병리에 관한 연구가 활발해지면서 일차적으로 정신병리 현상을 연구함에 있어서 동일한 정신장애 범주에 속하는 정신장애자들의 동질성과 이질성을 철저하게 밝힘으로써 보다 동질적인 하위군을 추출해내고 이러한 동질적 하위군을 대상으로 한 연구가 주요한 임상적 연구과제로 부각되고 있는 추세이다. 이러한 최근의 변화는 표면적으로는 개인의 문제를 이해하고 해결하는 임상적 과제의 중요성이 상대적으로 약화되고 있다는 인상을 주고 있다. 그러나 이러한 최근의 발달 추세는 다른 시각으로도 해석될 수 있다. 즉 이러한 추세는 개인에게, 나아가서는 사회와 인류에게 보다 큰 행복을 가져다 주기 위한 기초적 연구작업이라고 볼 수 있을 것이며 따라서 Allport로부터 강조된 개인에 대한 이해와 문제해결이라는 과제가 좀 더 적극적인 방향으로 발전되고 있는 결과라고도 해석해 볼 수 있다.

그러나 여기서 추가로 지적해야 할 점은 임상심리학이 개인을 주로 대상으로 하지만 가족이나 집단 역시 중요한 대상이 된다는 점이다. 그 이유는 개인의 정신건강과 적응이 궁극적으로 환경과의 조화를 요구하기 때문이며 개인의 심리적 안정 회복을 위해서는 가족이나 부부, 소집단, 지역사회의 지지적 협력이 절대적으로 요구되기 때문이다. 따라서 개인을 궁극적인 대상으로 하는 임상심리학은 문제해결을 위해서 집단관계를 진단하고 치료하고 활용하는 입장을 취하기 때문에 개인을 포함한 집단을 대상으로 삼아서 진단하고 치료하고 연구해야 한다. 그러므로 임상심리전문가는 지역사회나 가족관계, 소집단에 대한 지식과 임상적 경험을 축적하도록 주력하여야 할 것이다.

임상심리학의 두번째 기본적 입장을 살펴보면 임상심리학은 비정상적인 행동이나 부적응적 행동, 또는 정신장애를 개선하고 치료하고자 한다는 것이다. 이는 일반 심리학 또는 일반적인 정신건강 영역과 구별되는 임상심리학의 주요한 독특성이라고 말할 수 있다. 다시 말하자면 정신장애나 부적응문제에 대한 과학적, 임상적 접근이 임상심리학의 기본 입장이 된다는 것이다. 나중에 다시 언급되겠지만 임상심리학자의 역할 영역이 확대되면서 과연 임상심리학자가 반드시 정신병리나 이상심리에 대한 철저한 훈련과 경험을 필요로 하는가에 대해서는 이의가 제기될 수 있다. 다시 말하자면 만약 임상심리전문가가 일반적인 정신건강 영역에서 일반인의 정신건강 증진과 관련되는 역할을 감당하는 경우 반드시 정신장애에 대한 기본 지식이 없이도 얼마든지 정신건강 문제를 다룰 수 있지 않겠느냐는 의문이 제기될 수 있다. 이러한 현실적인 문제는 앞으로 진지하게 검토되어야 하겠지만 저자의 생각으로는 임상심리학자는 본질적으로 이상심리나 부적응적, 정신장애적 행동에 대한 철저한 훈련과 경험을 바탕으로 하여 다양한 활동을 전개해야 한다는 것이다. 이러한 기본적 입장에서 임상심리학자는 일반심리학자나 일반 정신건강전문가와 차이가 있게 되며 이러한 차이가 바로 임상심리학자의 전문가로서의 정체성이 성립될 수 있도록 해주는 조건이라고 여겨진다. 물론 사회적 발달 추세에 따라서는 임상심리학의 대상이 정신장애에만 국한되는 것이 아니라 다양한 부적응적, 적응적 행동으로 확대되겠지만 기본적으로는 부적응적, 정신장애적 행동 징후에 대해 그리고 그 원인과 대책에 대해 철저하게 훈련되어야 할 것이라고 여겨진다. 이러한 임상심리학의 기본 입장은 심리평가를 수행하는 경우에도 마찬가지로 적용되기 때문에 이 책을 읽는 독자는 심리평가에 대해 공부하기 전에 먼저 이러한 기본적 입장을 철저하게 익히고 유념하기를 바란다.

3. 임상심리학자의 기본 조건

이러한 임상심리학적 과제를 수행하는 임상심리전문가는 한 개인의 문제를 이해하고 해결하는데 요구되는 다양한 지식과 훈련을 기본적으로 갖추고 있어야 한다. 임상심리학자에게 다양한 지식이 요구되는 이유는 한 개인의 정상적이거나 비정상적인 인격이나 행동은 기본적으로 생물학적, 심리학적, 사회학적 조건을 지니고 있으며 이러한 조건들의 상호작용의 결과이기 때문이다. 다시 말하자면 개인의 행동이나 인격은 다양한 조건을 바탕으로 하기 때문에 개인의 행동을 이해하고 문제를 해결하는데 도움을 주고자 하는 임상심리전문가는 기본적으로 생물학적, 정신분석적, 행동주의적, 현상학적, 인지주의적 지식과 훈련을 갖추고 있어야 한다는 것이다. Allport(1961)는 "인격 *personality*"의 총체적인 독특성을 강조하면서 한 개인을 이해하기 위해서는 인간행동의 생물학적 요인, 개인 심리적 요인, 사회적 요인 등을 종합하면서, 개인의 독특한 전체적인 모습을 발달과정에 따라, 그리고 현재 상황에서 파악해야 한다고 강조하였다. 이러한 개인에 대한 이해는 다변인적 접근 *multivariate, configurational approach*을 요구하고 있으며 따라서 임상심리학은 기본적으로 다양한 기초 지식과 훈련을 요구하는 전문영역이라고 말할 수 있을 것이다.

또한 임상심리학의 전문적 역할 수행을 위해서 철저한 훈련이 요구되는 이유는 앞서 지적된 바와같이 다각적인 인간행동의 다요인 결정 때문이며 또다른 이유는 다양한 임상심리학자의 역할 때문이다. 이러한 훈련의 필요성은 아무리 강조하여도 지나치지 않을 정도로 중요한데 그 이유는 임상심리학이 스스로 해결하기 어려운 고통스런 문제를 안고 있는 개인을 대상으로 하기 때문이다. 이러한 개인들은 일시적으로나 지속적으로 자아기능이 약화되고 불안정한 상태에 있기 때문에 외적인 자극의 영향을 보다 강하게 받게 된다. 따라서 심리적으로 취약한 상태에 있는 개인을 대상으로 하는 전문가는 철저한 훈련을 통하여 전문적 역할을 수행할 수 있어야 한다.

4. 임상심리학의 역할영역

임상심리학의 역할은 평가, 연구, 치료 영역으로 구별된다. 이 책에서는 임상심리학 전반에 대한 문제를 다루고 있지 않기 때문에 이러한 각각의 역할에 대한 자세한 설명은 생략하기로 한다. 여기서 지적될 수 있는 점은 이러한 평가와 연구, 치료 역할은 각각 독립적인 역할이기는 하지만 실제로는 서로 연관성이 깊다는 점이다. 다시 말하자면 임상심리학자가 개인에 대한 평가를 적절히 할 수 있으려면 치료 경험을 통하여 검사에 나타난 반응의 의미를 확신하는 기회를 가져야 하며 또한 연구를 통하여 이러한 검사 반응의 의미를 실증적으로 입증하는 과정을 거쳐야 할 것이다. 또한 현실적으로 요구되는 임상 연구를 적절하게 수행할 수 있으려면 평가나 치료를 통하여 현장에서 부딪치는 문제에 접하고 피험자의 특성에 익숙해져야 할 것이다. 따라서 전문적인 임상심리학자의 훈련과정에서는 가능한 한 각각의 역할에 대한 기본적인 훈련을 쌓아야 하며 임상심리전문가가 된 이후에도 실제적으로 각각의 경험을 임상심리전문가가 고르게 체험해보아야 한다. 그러나 한편으로는 이러한 각각의 역할은 나름대로 철저한 전문성을 요구하기 때문에 실제 활동장면에서는 역할의 세분화가 바람직하다. 따라서 임상심리전문가는 전문적인 역할을 보다 세분하여 수행하는 것이 이상적으로는 바람직할 것이다. 현실적으로는 이러한 역할의 세분화는 커녕 훈련과정에서의 다양한 역할 체험 조차도 어려운 실정이다. 그러나 이러한 역할들은 상호 연관성이 깊어서 한 역할을 잘 수행하자면 다른 역할들에 대한 경험이 요구되기 때문에 이러한 현실은 극복되고 변화되어야 한다.

그리고 이러한 역할과 연관하여 지적되어야 할 점은 심리학적 지식과 방법을 동원하여 평가, 연구, 치료하는 역할은 다른 전문영역, 예를 들면 정신과 의사, 상담심리학자, 기타 정신건강 전문가와 상당 부분 중복되고 있고 공동 협조가 요구된다는 것이다. 다시 말하자면 임상심리학은 공통의 관심사를 가지고 있는 인접 전문가와 상당히 많은 부분에서 중복될 뿐만 아니라 상호 협조가 필요한 보완적인 역할을 수행하기 때문에, 인접 전문가와 긴밀한 상호 협조가 일어날 수 있도록 관계를 형성할 수 있어야 한다는 것이다. 그러나 이와 동시에 요구되는 것은 임상심리학은 보완적인 관계에서 충분한 역할을 수행할 수 있도록 전문적 지식과 기술을 지니고 있어야 한다는 것이다. 즉, 상호 보완적인 긴밀한 상호관계가 이루어지기 위해서는 임상심리학의 명백한 전문성이 인정되어야 하고 전문적인 역할이 실제로 실천되어야 한다는 것이다.

임상심리학의 전문 영역과 연관하여 또하나 지적하고자 하는 점은 임상심리학자의 역할이 사회적 요청에 따라 확대될 필요가 있다는 것이다. 예를 들면 최근 새로운 풍조로 번지고 있는 부부간 갈등, 이혼 문제나 가족 문제, 입시 문제를 포함하는 청소년 문제, 노인 문제와 같이 기존의 의학적 모델에 따른 치료적 접근방식으로 해결하기 보다는 새로운 문제해결방식이 요구되는 최근의 사회문제들을 다루는 임상심리학자의 역할이 요구된다는 것이다. 이러한 새로운 추세는 기존의 정신장애 범주에 속하지 않은 적응장애가 다양하게 발생되고 있는 현실의 반영으로서 이러한 문제 해결에 대한 요구를 나타낸다고 보여진다. 이러한 추세에 따라 미래의 임상심리학은 정신건강 문제를 다루는 전문 영역이 포함되어야 할 것으로 기대된다.

그러나 이러한 상황에서 고려해야 할 점은 이러한 정신건강 문제를 다루는 임상심리학자는 정신장애에 대한 지식이나 훈련이 없이도 이러한 전문적 역할을 적절하게 감당할 수 있느냐 하는 것이다. 이러한 해답은 상담 경력이 오랜 상담심리학자들의 경우를 살펴보면 그 해답을 찾을 수 있을 것이다. 상담심리학자들은 상담을 하면서 개인의 정신건강의 정도를 정확하게 판단할 수 없을 때 심각한 오류를 범할 수 있다고 고백한다. 다시 말하자면 겉으로는 내담자가 상당한 자아 힘을 지니고 있다고 생각하여 심층적 정신치료의 직면이나 해석과 같은 기법을 사용하였을 때 내담자가 이를 견디지 못하여 정서적으로 심한 혼란에 빠지거나 상담을 중단해버리는 경우가 있다는 것이다. 따라서 저자의 생각으로는 신체적 건강을 위한 적절한 대책이 신체적 기능과 기능장애에 대한 철저한 이해로 부터 나오듯이 정신건강을 다루는 전문 역할은 정신 기능과 정신 기능장애에 대한 철저한 이해와 훈련으로 부터 나온다는 것이다. 또한 정신건강을 담당할 임상심리전문가의 중요한 역할이 정신장애의 조기 발견과 정신장애의 예방이라는 점을 고려할 때 정신장애에 대한 철저한 지식과 훈련은 임상심리 전문가의 필수조건이라고 말할 수 있다. 그러므로 정신장애에 대한 지식과 훈련은 임상심리 영역의 모든 전문적 역할에 있어서 기초가 되어야 한다는 점이 강조되어야 할 것이다. 이러한 정신건강 전문가로서의 임상심리학자의 역할은 자문, 교육, 연구를 통하여 수행될 수 있을 것으로 기대된다. 이러한 다양한 역할을 수행할 수 있는 임상심리전문가는 기본적으로 정신활동의 기능과 기능장애, 정상과 비정상 행동에 대한 지식과 훈련을 바탕으로 하여 임상심리전문가로서의 철저한 정체감과 전문성을 지니고 있어야 한다는 기본 원리를 망각해서는 아니될 것이다.

마지막으로 Kendall(1982)이 제시하고 있는 임상심리의 활동 영역을 간략하게 소개하고자 한다. Kendall에 의하면 임상심리학자는 정신병원, 일반 병원뿐만 아니라 지역사회정신건강센타에서, 외래치료센타에서, 아동과 청소년을 위한 시설에서 치료팀의 일원으로서 또는 독자적으로 활동할 수 있다. 특히 지역사회정신건강센타에서 임상심리학자의 역할은 매우 다양하게 제시되고 있다. 즉 입원환자나 외래환자, 응급환자를 위한 개인 및 집단치료, 심리학적 평가, 자문가로서 지역사회 주민을 위한 교육 참여, 정신건강을 평가받고자 하는 주민들을 위한 심리학적 평가 시행, 아동이나 노인, 약물남용자, 알콜중독자를 대상으로 하는 다양한 프로그램 주도, 정신장애자가 지역사회에 재적응하는 재활과정 개입한다는 것이다. 또한 임상심리학자는 대학이나 학교장면에서 교육하고 상담하기도 하며 법정, 교도소, 경찰에서 재활교육, 평가, 자문 역할을 수행하기도 한다. 또는 기업체나 정부조직체에서 효율적인 조직의 운영이나 근로 향상등 다양한 과제를 수행하는 자문가로서 역할하기도 한다. 이러한 임상심리전문가의 활동 영역은 국내 상황과 비교해 볼 때 매우 광범위하다고 볼 수 있다. 따라서 임상심리학자들은 장차 전문적 역할 범위를 적극적으로 확대시킬 수 있는 가능성과 의무를 지니고 있다고 보여진다. 이러한 역할 확대는 진정한 전문가로서의 조건을 갖추고 현실적 과제를 전문가 수준에서 수행할 수 있을 때 임상심리전문가에 대한 외적인 수요가 증가함으로써 가능해지리라고 여겨진다. 그리고 내부적으로는 임상심리학자들이 적극적으로 역할 범위를 확대시키고자 노력함으로써 가능해지라고 보여진다.

2
심리평가

1. 심리평가의 정의

심리평가 *psychological assessment*는 개인의 심리적 특성을 이해하기 위한 일련의 전문적인 과정으로서 심리검사, 면담, 행동관찰 등 여러 다른 방법에 의해 이루어진다(Goldstein등 1990). 다시 말하자면 심리평가는 심리검사 수행이 기본 요소로서 주요하지만 그 외에도 면담, 자연적 상황이나 체계적 상황에서의 행동관찰, 기타 다양한 기록 등을 포함한다. 따라서 심리평가는 다양한 평가 결과를 종합하여 최종적으로 해석을 내리는 보다 복잡하고 전문적인 과정이라고 볼 수 있다. 심리평가 과정은 일차적으로 자문이 의뢰된 문제를 분석하고 난 다음 적절한 평가 절차와 심리검사를 결정하고 검사를 시행, 채점하며, 심리검사 결과를 해석하고 그외 다른 자료와 종합하며 심리평가를 자문한 의뢰처나 인접 전문가 또는 피검사자에게 이러한 결과를 효율적으로 전달해 주는 일련의 절차를 거치게 된다(Newmark 1985).

과거에는 심리평가 보다는 심리검사가 개인을 평가하는 주요한 수단으로 인식되어져 왔었다. 그러나 심리검사 결과만으로는 개인을 다각적으로 이해하는데 충분하지 않다. 또한 심리검사를 시행하는 임상가가 단순하게 심리검사에만 의존하여 결과를 해석하고 평가내리는 것은 아니다. 실제 심리검사 시행 과정을 살펴보면 임상가는 검사 시행 절차에 따라 단순하게 심리검사를 시행하는 것은 아니다. 특히 개인용 심리검사에 있어서는 행동 관찰이 매우 중요할 뿐만 아니라 검사 해석과정에서 면담 자료가 매우 중요하다. 물론 심리평가 과정에서 전반적으로는 심리검사 결과를 가장 중요한 해석의 근거로 사용하는 것은 사실이다. 그러나 심리평가가 맹목적으로 검사 결과에만 의존해서 해석하기 보다는 행동관찰과 면담자료를 참고하여 심리검사 결과를 해석하는 것이 바람직하다. 또한 심리평가 과정에서 심리학, 정신병리론, 그리고 임상적 경험이 바탕이 되어야 한다. 따라서 심리검사를 시행하고 검사 결과를 해석하는 과정은 고도의 전문적 지식과 훈련, 실제의 경험을 종합하는 과정이 요구된다. 이러한 관점에서 볼 때 심리검사를 시행하는 전문가의 역할이 심리평가과정으로 지칭되는 것이 타당하다고 생각된다.

이러한 관점에 따르면 심리평가는 다음과 같이 그림으로 표시될 수 있을 것이다.

심리평가 = 심리검사 + 행동관찰 + 면담 + 전문지식

그림 1 심리평가

2. 심리평가의 기본 철학

다음은 정신장애와 정신건강 영역에서 한 개인의 성격을 포함한 다요인적 평가를 시행하는 임상가가 심리평가에 대해 기본적으로 지녀야 할 태도에 대해 살펴보기로 하자.

1) 심리평가는 일종의 임상 실험이라고 비유할 수 있을 만큼 철저하게 전문적인 작업이어야 한다. 심리평가는 다른 평가법에 비해 일회적인 시행을 통하여 개인에 대한 다양한 정보를 객관적으로나 심층적으로 제공할 수 있다는 장점을 지니고 있다. 그러나 이러한 심리평가의 장점이 온전하게 발휘될 수 있으려면 심리평가의 실시, 채점, 해석과정이 철저하게 전문적이어야 한다. 따라서 심리평가를 시행하는 동안 임상가는 마치 실험을 하는 실험심리학자와 같이 열정적으로 탐색하면서 동시에 객관적인 태도를 취해야 한다. 이러한 태도는 임상가 자신이 철저한 훈련과정을 통하여 심리평가에 대해 어느 만큼 신뢰감을 갖느냐에 따라 영향받게

될 것이다. 그리고 이러한 신뢰감은 전문가 자신이 어느 만큼 철저하게 심리평가를 수행했느냐에 따라서도 결정될 것이다.

2) 심리평가를 시행하는 전문가는 평가 대상자가 검사자와 마찬가지로 존엄한 한 인간임을 항상 자각하고 있어야 한다. 그리고 심리평가의 목적이 한 인간의 복잡한 심리적 체계를 이해하고 보다 건강하고 행복한 삶을 살아갈 수 있도록 돕고자 한다는 점을 잊지 말아야 한다. 따라서 심리평가는 피검자를 돕기 위한 과정에서 시행되는 전문적 작업이므로 이러한 목적에만 한정하여 심리평가 결과가 사용되어야 한다는 점을 명심하여야 한다.

3) 심리평가의 결과는 충분한 검토를 거쳤다 하더라도 때로는 현실이 아닌 하나의 가설일 수 있으며 이러한 가설의 타당성에 의문이 제기될 수 있음을 인정해야 한다. 따라서 임상가는 항상 자신의 평가에 대해 스스로 의문을 제시하면서 현실을 바탕으로 하여 진정한 해답을 발견하려는 겸허한 자세를 지녀야 한다.

4) 임상가는 선행 연구와 자신의 임상 경험을 토대로 하여 현재로서 가능한 범위내에서 가장 전문적인 견해를 제시하려고 끊임없이 노력해야 한다. 심리평가가 전문성을 지니려면 피검자의 다각적 측면을 객관적으로, 심층적으로, 종합적으로 제시할 수 있어야 하며, 특히 피검자의 현실을 예리하게 드러내줄 수 있어야 할 것이다. 심리평가의 타당성은 개인에 대한 철저한 치료과정, 심층적 면담, 집중적 사례분석, 임상연구나 실험연구를 통하여 밝혀질 수 있으므로 임상심리 전문가는 이러한 다각적인 역할을 훈련과정에서는 물론 임상 실제에서도 가능한 한 병행하려고 노력해야 한다. 다시 말하자면 심리평가자는 심리평가가 현실이 아닌 하나의 가설을 제공할 수 있음을 명심하면서 이러한 점을 극복하기 위해 해석의 타당성을 제공해 줄 수 있는 심리평가에 관한 연구를 지속해 나가야 할 것이다.

3. 심리검사법

심리검사의 정의

이제 심리평가의 기본 기법인 심리검사 *psychological test*의 정의에 대해 살펴보기로 하자. 가장 단순하게 심리검사를 정의한다면 심리적 현상에서의 개인차를 비교하고 개인의 전체적 인격적, 행동적 측면을 이해하기 위한 심리학적 측정과정이라고 할 수 있다. 심리검사가 심리학적으로 측정하는 과정이라고 한다면 심리검사 정의에 앞서 심리학적 측정에 대해 살펴보아야 할 것이다. 심리학적 측정 *psychological measurement*이란 개인의 행동을 특징짓는 성질, 즉 심리적 특성을 수량화하는, 즉 측정하는 과정이다(Nunnaly 1970). 이러한 심리학적 측정은 물리학적 측정과는 다르게 직접적인 측정이 가능하지 않는 간접적인 측정이다. 왜냐하면 심리적 특성은 추상적인 구성개념 *construct*이기 때문이다. 예를 들면 자아강도, 지배성, 엄격성, 사회적응과 같은 심리적 특성은 인간의 행동을 설명하기 위해 이론으로부터 도출된 가설적이고 추상적인 개념이다. 이러한 구성개념이 측정가능한 방식으로, 즉 조작적으로 정의되고 구성개념과 관련이 있다고 생각되는 행동을 바탕으로 하여 측정되기 때문에 심리적 특성을 측정하는 과정은 간접적인 것이다. 이와같이 심리학적 측정은 구성개념을 조작적으로 정의하고, 측정도구인 심리검사를 제작하고, 심리검사를 통하여 측정하고, 그 결과를 해석하는 일련의 과정을 거치게 된다. 따라서 심리적 특성에 대한 정확하고 객관적인 측정결과를 얻기 위해서는 이러한 일련의 과정이 객관적 측정을 보장해 줄 수 있어야 한다. 이와같이 구성개념인 심리적 특성은 간접적으로 평가될 수밖에 없는 추상적 개념이므로 이러한 변인을 측정하기 위한 도구를 고안함에 있어서 어려운 문제점이 제기된다. 이러한 심리학적 측정의 문제점은 심리검사 제작부분에서 자세하게 다루기도 하고 여기서는 심리적 측정이 간접적인 측정이라는 점, 심리적 측정을 위해서는 신뢰도은 측정도구가 요구된다는 점을 정리하면서, 이러한 측정도구인 심리검사에 대해 살펴보기로 하자.

심리검사를 보다 구체적으로 정의한다면 다음과 같다. "심리검사란 두 사람 이상의 행동을 비교하는 체계적 과정이다"(Cronbach 1960). "행동의 표본을 표준화된 방식으로 측정하는 기법이다"(Anastasi 1982). 이러한 정의에서 심리검사에 대한 몇가지 주요 개념을 추출할 수 있다. 첫째 심리검사는 개인의 대표적인 행동 표본을 심리학적 방식으로 측정한다는 것이다. 둘째 이러한 심리학적 측정은 표준화된 방식에 따른다는 것이다. 셋째 심리검사는 체계적 과정이라는 것이다.

이러한 기본 개념은 심리검사를 정확하게 인식하게 해주는 출발점이 되기 때문에 그 의미를 자세하게 검토해보기로 하자. 심리검사는 개인 행동을 모두 측정해보지 않더라도 소수의 표본 행동을 측정하고 이러한 결과를 바탕으로 개인의 전체 행동을 예견할 수 있게 해준다. 예를 들면 개인의 어휘력을 평가하고자 한다면 소수의 검사 문항으로 평가된 개인의 어휘력 점수와 실제의 어휘력 사이의 상관관계가 높다면 소수의 검사 문항을 통하여 전체 어휘력을 평가할 수 있게 되는 것이다. 검사 제작과정에서 문항 선정이 적절하게 이루어진다면 이러한 심리검사 조건은 충족될 수 있을 것이다. 두번째로 지적된 점은 심리검사가 행동 표본을 표준화된 방식에 따라 측정한다는 것이었다. 표준화란 검사를 시행하고 채점하는 과정이 일정한 방식으로 진행된다는 의미이다(Anastasi 1982). 이러한 검사의 표준화는 심리검사 반응이 실시조건이나 채점방식의 차이에 따라 다르게 나타나는 것을 방지해 주고 검사 반응이 순수한 개인차를 나타낼 수 있도록 보장해준다. 다음은 심리검사의 체계적 과정이 지적되고 있는데 이는 하나의 심리검사가 여러 개인들에게 실시될 때 동일한 종류의 정보를 수집한다는 의미이다. 다시 말하자면 일정한 내용을 평가하기 위한 하나의 검사가 제작되므로 하나의 심리검사가 사용될 때 동일한 종류의 정보가 수집된다는 것이다.

Rapaport 등(1968)은 심리검사가 개인에 관한 자료 수집과정에서 주관적 판단을 방지해 주며 개인간 비교가 가능하게 해준다는 점을 장점으로 지적하였다. 그는 전통적으로 정신장애를 진단하는 기본적 방식인 임상 관찰법 *Clinical observation*과 사례과거력 수집방법 *Case history taking* 이 임상가의 주관적 판단을 기초로 하고 있는데 반해, 심리검사는 표준화와 체계화 조건으로 인하여 주관적 판단을 방지해 준다고 지적하였다. 또한 임상가의 관찰법이나 면담법으로는 피면담자의 행동을 다른 개인의 행동과 비교할 수 없는데 반해 심리검사는 량적 측정을 통하여 개인간 행동을 비교할 수 있게 해준다는 점도 지적하였다. 또한 심리검사는 피검자의 검사 반응을 비교함으로써 개인내 비교도 가능하게 해준다. 또 다른 장점은 심리검사는 일회적이거나 횡단적인 *cross-sectional* 시행을 통하여 개인의 행동을 부분적으로나 전체적으로 평가할 수 있게 해준다는 것이다. 장기적 면담이나 행동관찰을 통하여 발견할 수 있는 내용을 일회의 심리검사 시행으로 평가할 수 있다는 점은 임상 실제에 있어서 매우 중요한 장점이라고 지적될 수 있다.

요약한다면 심리검사는 측정하고자 하는 특정한 행동을 체계적으로, 그리고 표준화 방식에 따라 량적으로 측정하여 개인간 비교가 가능할 수 있고 또한 개인내 비교도 가능할 수 있도록 해주는 심리측정법이라고 말할 수 있다.

이러한 심리검사는 다음과 같이 간단하게 그림으로 표시될 수 있을 것이다.

심리검사	=	행동표본	−	체 계 화	−	표 준 화	−	횡단적 시행
psychological testing		behavior sample		systematization		standardization		cross-sectional

그림 2 심리검사

심리검사의 발달

심리검사를 처음 개발하고 사용했던 개척자로는 Francis Galton, James M. Cattel, Alfred Binet를 들 수 있으며, 특히 심리검사를 체계적으로 제작하고 활용한 개척자는 Alfred Binet라고 말할 수 있다(Goldstein 1990). 잘 알려진 바와 같이 Galton은 지능의 유전 가능성과 능력의 측정에 관심을 지니고 있었고 간단한 감각-운동검사를 개발하여 개인차를 연구하고자 하였다. 이러한 초기 검사를 Cattel은 정신검사 *mental test*라고 명명하였고 감각 반응시간과 감각판별력을 측정하는 간단한 정신검사를 개발하였다. 한편 불란서의 심리학자인 Alfred Binet는 정신과의사 The'odore Simon과 함께 학습 지진아를 판별하기 위한 목적으로 1905년 최초의 체계적 아동용 지능검사를 개발하였다. 이러한 초기 심리검사는 Binet-Simon 지능검사를 제외하고는 개인차를 측정하려는 목적의 단순한 감각-운동 측정검사였고 널리 사용되지 못하였다.

심리검사가 실제적으로 사용되기 시작한 것은 집단심리검사의 필요성이 절실하였던 세계 1차대전 때 부터였다. 새로운 군대 징집자들의 정신능력과 직업적성을 평가하기 위한 집단용 심리검사에 대한 급박한 요청에 따라 1917년 집단용 지능검사인 군대용 알파, 베타검사가 제작되어 널리 사용되었다. 1920년에는 최초의 성격검사인 R. Woodworth의 Personal Data Sheet가 제작되어 징집자들의 성격진단에 사용되었다. 또한 1차, 2차 세계대전의 집단용 검사로서 개인의 특정한 능력을 평가하는 적성검사가 개발, 사용되었으며, 이후 집단용 심리검사가 특히 교육현장에서 활발하게 사용되고 있다(Freeman 1962).

1917년 미국 임상심리학회 American Association of Clinical Psychologist가 결성된 이후 1920년대 부터 임상심리학자들의 활동 영역은 아동병원에서 성인정신병원, 범법자 비행시설로 확대되었고 지능, 적성, 흥미, 성격검사들의 표준화가 급속도로 발전되었다. 이러한 과정에서 Rorschach Inkblot Test(1921), Thematic Apperception Test(1935), Wechsler Bellevue Intelligence Scale(1939), Minnesota Multiphasic Personality Inventory(1940) 등 주요 심리검사가 제작되었다.

1960년대는 투사적 검사의 신뢰도와 타당도에 대한 재검토와 객관적 검사의 대폭적인 사용과 전산화 작업이 추진되기 시작하였다고 볼 수 있다. 이러한 대표적인 움직임으로 John E. Exner의 료샤검사의 통합 작업과 MMPI의 시행 및 해석의 전산화 작업을 들 수 있다. 널리 알려진 바와 같이 1968년 Rorschach Research Foundation을 개설하면서 Exner는 료샤검사의 타당도와 실용도를 재검토하기 시작하였고 이러한 연구를 바탕으로 하여 1974년 료샤검사의 종합체계의 기초를 확립하였다. 한편으로는 임상이나 상담현장, 그리고 각종 자문현장에서 객관적 검사의 활용이 급증하면서 1960년대 초기 Mayo Clinic에서 컴퓨터를 이용한 MMPI 해석이 최초로 시도되었다. 이러한 최초의 시도가 이루어진 이후 심리검사의 전산화 작업의 현황을 보면 주요 성격검사, 지능검사, 신경심리검사, 체계적 면담검사의 결과를 컴퓨터가 신속하고 정확하게 채점하고 복잡한 분석을 통하여 임상진단평가와 치료적 제언을 포함한 자세한 해석결과를 제시해주고 있다(Goldstein 1990).

한편 1970년대부터 기존의 투사적, 객관적 심리검사 대신 임상진단용 면담을 이용하려는 움직임이 주목되고 있다. 특히 기본적인 객관적 검사와 투사적 검사를 한데 묶어서 바테리로 사용하던 과거 바테리형 방식을 지양하고 특정한 목적으로 제작된 진단용 심리검사를 선호하는 경향이 있다. 이러한 변화는 특히 임상장면에서 정신의학적 약물치료가 보다 정확하고 구체적인 임상진단을 요구하는 상황에 따르는 결과라고 보여진다(Talbott 1988). 다시 말하자면 현재의 주요 치료기법에 따라 심리평가의 종류가 결정되는데 만약 행동치료가 가장 주요한 치료기법으로 이용되고 있다면 행동평가가, 만약 인지치료가 주요 치료기법으로 사용된다면 인지적 평가가 주요 심리평가법으로 이용된다는 것이다. 현재 체계적 면담법의 사용이 증가하고 있는 이유는 앞서 지적된 바와 같이 현재 정신의학적 치료가 주로 정신약물치료에 의존하고 있기 때문에 진단의 주요 목적은 보다 정확하고 세부적인 임상진단 평가이므로 이러한 평가에 도움을 주는 면담법이 보다 적극적으로 사용되고 있다(Goldstein 1990).

지금까지 체계적 심리검사가 최초로 제작되던 당시부터 현재까지 심리검사의 발달에 관하여 간략하게 검토해 보았다. 이러한 심리검사의 발달과정은 다음과 같이 요약될 수 있을 것이다. 1920년대 이전은 최초의 심리검사가 제작된 시기이며 1920년대는 사회적 요청에 따라 심리검사가 집단용 검사로 활용되었고 1920년-1950년대는 투사적 검사와 객관적 검사가 개인용 평가 목적으로 활용되었으며 1960년대부터 투사적 기법의 타당도와 실용도에 대한 의문이 제기되면서 심리검사가 실제로 치료장면이나 문제해결장면에 어느 정도로 직접적으로 기여할 수 있는가에 대한 질문이 제기되었고 현재 이에 대한 해답을 제시하기 위한 진지한 노력이 시도되고 있다. 한편으로는 현실적 요청에 따라 컴퓨터를 이용한 객관적 검사의 확대적 사용이 시작되었고 현재 컴퓨터를 이용한 심리검사의 활용은 확대되고 있고 일반화되고 있는 추세이다. 이러한 추세에 따라 유용한 정보를 신속하고 효율적으로 제공하기 위해서 기존의 바테리형태의 심리검사 보다는 특정한 객관적 검사를 사용하는 경향이 있다. 또한 뇌와 행동간의 관계에 대한 연구가 발전됨에 따라 신경심리검사를 보다 확대적으로 사용하는 경향을 보이고 있다(Talbott 1988).

다음은 심리검사와 관련된 주요 사건을 정리해보면 표 2-1과 같다.

표 2-1 심리검사와 관련된 주요 사건들

1884년	F.Galton 런던에서 심리학적 측정 실험실 개설
1890년	M.Cattell mental test 시도
1904년	C.E.Spearman 지능의 이요인론 제안
1905년	Binet-Simon 지능검사 최초 제작
1908년	Binet-Simon 지능검사 개정
1910년	C. Jung 단어연상검사의 임상적용 시도
1916년	Binet-Simon 지능검사 L.Terman에 의해 개정
1917년	최초 군대용 알파, 베타검사 제작
1920-40년	지능, 적성, 흥미, 성취검사의 급속한 표준화
1921년	Rorschach 검사 제작
1935년	TAT 검사 제작
1939년	W-B 지능검사 제작
1940년	MMPI 제작
1960년	객관적 검사의 전산화 작업 시작
1968년	Rorschach Research Foundation 개설
1974년	Exner 료샤 통합체계 제기
1989년	MMPI-2 제작

국내 표준화 심리검사 제작 및 보급에 관한 내용이 표 2-2에 제시되어 있다. 이 표는 『인격의 측정 및 진단』(김재은 1964), 『교육평가연구』(1987)를 기초로하여 주로 최초로 제작된 심리검사가 중점적으로 소개되고 있다.

표 2-2에서 보면 국내의 표준화된 심리검사는 학생을 대상으로 한 성격검사, 적성검사, 집단지능검사가 주종을 이루고 있으며(표에서 학력검사는 제외되었음), 일단 표준화된 심리검사의 재표준화 작업은 활발하지 못한 상태이다. 이러한 점을 고려할 때 다양한 일반 성인을 대상으로한 여러 종류의 특수한 심리검사들이 표준화되고, 표준화검사가 실제 장면에서 활용되고 연구됨으로써 문제점이 지적되어 발전되는 과정이 있

어야만 진단과 연구, 치료영역에서 진정한 심리검사의 활용이 이루어질 수 있을 것으로 기대된다.

표 2-2 국내 심리검사 제작 ( )년도는 재표준화 년도임

1955	간편지능검사	정범모
1957	향성검사	이진숙
1957	표준지능성숙검사	김난수
1959(1968)	인성검사(국, 중-고)	정범모
1959	일반성격검사(중-고)	김기석
1961	표준적응검사	김호권
1961	적성종합검사	정범모
1963	KWIS	전용신, 서봉연, 이창우
1963(1967)	MMPI 다면적 인성검사	정범모, 이정균, 진위교
1963	직업적성검사	중앙적성연구소
1968	자아개념검사	정원식
1969	그림좌절검사	김재은, 김태련
1970	간편 MMPI(중-일반)	진위교, 김형립
1970(1971)	고대-비네지능검사	전용신
1974	K-WISC	이창우, 서봉연
1976	CAT 아동용 주제통각검사	김태련, 서봉연, 이은화, 홍숙기
1977	자아실현검사	김재은, 이광자
1979	가정환경진단검사	김재은
1979	인성진단검사(중-고)	황응연
1980	진학 적성진단검사	김재은
1984	간이 정신진단검사 SCL-90-L	김광일, 김재환, 원호택
1985	성격차원 검사	아이젱크, 이현수
1987	KEDI-WISC	박경숙 등
1988	MMPI	김영환, 김재환, 김중술, 노명래, 신동균, 염태호, 오상우
1990	성격요인검사	염태호, 김정규
1990	이화방어기제검사 EDMT	김재은, 이근후, 김정규, 박영숙
1991	K-WAIS	한국임상심리학회

4. 심리검사의 목적

다음은 심리검사의 목적에 대해 검토해보기로 하겠다. 심리검사의 목적은 개인내, 개인간 비교를 통하여 개인의 행동이나 성격을 이해하고 이를 바탕으로 하여 개인의 문제해결에 도움을 주고자 하는 것으로 기술될 수 있다. 이러한 심리검사는 심리적 장애의 해결을 위한 치료 개입과 전략을 계획하고 수행하는 기초과정으로 볼 수 있다. 다시 말하자면 심리검사를 시행하는 목적은 일차적으로는 문제해결을 위해 개인에 관한 다양한 정보를 제공해 주고자 하는 것이다. 이러한 심리검사 목적을 세분화하여 기술한다면 아래와 같다(Talbott 1988).

1. 임상적 진단을 명료화하고 세분화한다.
2. 증상과 문제의 심각도를 구체화한다.
3. 피검자의 자아 강도를 평가한다.
4. 인지적 기능을 측정한다.
5. 적절한 치료 유형을 제시한다.
6. 치료 전략을 기술한다.
7. 피검자를 치료적 관계로 유도한다. 피검자 자신이 그의 자아 강도와 문제영역을 인식하도록 도운다.
8. 치료적 반응을 검토하고 치료효과를 평가한다.

이러한 심리검사 목적을 정리해 볼 때 크게 3가지로 묶여진다. 첫째 임상진단, 둘째 자아기능평가, 셋째 치료전략 평가이다. 이 가운데서 특히 심리검사의 주요 목적은 세부적인 임상 진단평가라고 볼 수 있다. 예를 들면 피검사자의 정신장애가 우울증인 경우 이러한 우울증이 구체적으로 어떤 특정한 우울장애에 속하는지를 구별해야 한다는 것이다. 다시 말하면 주요 우울장애 *major depression*, 비전형적 우울장애 *atypical depression*, 양극성 우울장애 *bipolar disorder*, 기분변조성 우울장애 *dysthymic disorder*, 우울기분을 동반하는 적응장애 *adjustment disorder with depressed mood*, 정신분열정서형장애 *schizoaffective disorder* 가운데 어떤 우울장애에 속하는지를 세부적으로 감별해야 한다는 것이다. 또한 치료기법의 발달에 따라 보다 세분화된 치료기법이 활용될 수 있으므로 심리검사는 피검자의 임상적 특징을 기초로 하여 어떤 특정한 치료가 보다 효율적인지를 제언하여야 한다. 예를 들면 피검자의 우울장애가 인지적 장애를 동반하는 경우라면 인지적 치료가 특정하게 추천되어야 하며 만약 우울장애에 특정한 행동장애가 동반하는 경우라면 행동치료가 처방될 수 있을 것이다. 그러나 저자의 생각으로는 이러한 목적보다 더욱 중요한 것은 피검자의 자아기능에 대한 평가라고 보여진다. 즉 현실 판단력, 정서의 조정, 대상관계, 인지 및 사고과정, 방어기능, 자율적 기능 등의 다양한 자아기능에 대한 평가가 임상진단의 기초로 치료전략의 근거로서 제시될 수 있을 것이다.

마지막으로 추가하고자 하는 점은 이러한 심리검사 목적은 최근의 임상적 치료 및 연구 방향에 보다 적절한 것으로서 과거 임상장면에서 중요시되었던 정신역동적 진단은 포함되어 있지 않고 있음이 주목된다는 것이다. 그러나 저자의 견해로는 현재의 치료적 방향과 연구 방향이 개체기술적 접근방식 *idiographic approach*에서 벗어나 법칙발견적 접근방식 *nomothetic approach*으로 되돌아 가고 있다 하더라도 과연 이러한 추세가 개인의 문제해결에 어느 정도로 도움을 줄 수 있는지는 재검토되어야 한다는 것이다. 그리고 임상 실제에서 정신역동적 진단이 문제를 지니고 있는 개인에게 실질적인 도움을 줄 수 있다면 임상가는 심리검사를 통하여 정신역동적 진단을 모색하려고 시도해야 할 것이다. 따라서 저자는 다음의 심리검사 목적을 추가하고자 하며 저자의 임상경험에 따르면 이러한 심리검사 목적이 임상 실제에 있어서 매우 중요하다는 점을 강조하고자 한다. 따라서 다음의 심리검사 목적이 추가될 수 있다.

9. 개인의 정신역동적 진단을 명료화한다.

5. 심리검사에 대한 인식

심리검사는 아직 우리 사회에서 잘 알려져 있지 않고 일반인들에게 친숙하지 못한 도구이다. 이러한 현상을 우리는 임상장면에서 흔히 부딪치게 되는데 보통의 경우 심리검사가 어떤 것인지를 몰라서 심리검사를 받아야 한다는 상황에 부딪치게 되면 매우 어색하고 부자연스런 반응을 보이게 된다. 이러한 상황을 볼 때 현재 심리검사는 전문영역에서 제한된 전문가들에 의해 활용되고 있는 도구라고 말할 수 있을 것이다. 이러한 심리검사는 일반적으로는 개인의 심리사회적 문제를 평가하고 해결하는 과정에서 도움을 주는 도구라고 전문가들에 의해 인식되고 있다.

이러한 심리검사에 대한 인식을 사세하세 검토해보면 몇가지 잘못된 잠재적인 생각이 있음을 발견하게 된다. 그 하나는 심리검사란 기계적인 절차를 간단하게 밟으면 이용할 수 있는 도구이며 따라서 심리검사를 시행하는 과정은 단순하고 기계적인 작업에 불과하다는 것이다. 다시 말하자면 심리검사란 전문적인 훈련이나 기본적인 이론적 바탕이 없더라도 기계적으로 결과를 채점하고 해석할 수 있으며 아주 쉽게 다룰 수 있다는 것이다. 심리검사의 시행은 단순히 기계적인 작업이 아니다. 심리검사를 시행하고 해석하고 문제해결과 연결시켜 활용하는 과정을 적절하게 수행할 수 있기 위해서는 심리검사에 대한 기본 이론 및 심리검사의 실제적인 사용과 해석은 물론 정상적, 비정상적 행동에 대한 이론과 실제에 대한 지식과 전문적인 훈련이 요구된다. 그러므로 심리검사를 시행하고 해석하고 문제해결에 도움을 주는 과정은 고도의 전문적인 역할인 것이다.

또다른 잘못된 생각은 심리검사를 피검자에게 실시하는 과정이 피검자에게 별다른 영향을 미치지 않는다는 것이다. 다시 말하자면 몇시간 동안 심리검사를 임상가가 실시하는 과정이 환자나 내담자에게 긍정적으로나 부정적으로나 별다른 영향을 주지 않는다는 것이다. 그러나 임상 경험에 의하면 이러한 생각은 기본적으로 잘못된 생각이다. 심리검사 실시가 아무리 단순한 과정에 그쳤다 할지라도 심리검사를 실시한다는 것은 환자나 내담자가 스스로 자신을 방어하고 지키고자 하는 개인적 영역을 필요에 의해 침범하게 되는 것이고 이러한 과정이 긍정적으로나 부정적으로 반드시 영향을 미치게 된다는 것이다. 따라서 심리검사를 시행하는 과정은 그럴만한 합리적인 이유가 있을 때 심리검사가 의뢰되어야 하며 자문을 받은 임상심리 전문가는 이러한 기본적인 입장을 잘 살펴서 신중하게 환자나 내담자에게 이익이 될 수 있는 방향으로 전체적인 과정을 이끌어 가야 한다. 환자나 내담자에게 이익이 된다는 것은 다름이 아니라 심리검사 시행을 비롯한 모든 절차가 그들에게 전문적으로 도움을 줄 수 있는 방향으로 진행되어야 한다는 것이다.

최근 임상심리학 영역에서 심리검사는 연구나 치료에 비해 상대적으로 그 가치가 평가절하되고 있음을 우리는 알고 있다. 이러한 상황이 벌어지게 되는 바탕에는 다음과 같이 생각이 잠재되어 있는 것으로 여겨진다. 심리검사 시행은 연구나 치료와는 별로 관계가 없는, 이러한 역할과 동떨어진 별개의 것이라는 것이다. 다시 말하자면 심리검사 수행은 심리검사를 실시하고 해석하여 그 결과를 자문하여 주는데 한정된다는 것이다.

그러나 저자의 임상 경험에 의하면 이러한 생각은 잘못된 것으로 여겨진다. 임상심리전문가에 의해 시행되는 심리검사과정은 그 자체가 평가과정일 뿐만 아니라 바로 치료과정의 일부이며 이러한 결과들이 축적되면서 임상연구의 기초가 마련된다고 보여진다. 그런 경우를 들어보면 심리검사를 통해 진단하고 평가하는 과정 자체가 환자나 내담자에게 지지적으로나 통찰적으로 치료적인 상황을 만들어 준다는 것이다. 왜냐하면 환자나 내담자들은 때로는 심리검사 과정이 자신들에게 도움을 주는 과정이라고 생각함으로써 위안을 받기도 하고 때로는 심리검사 과정이 불필요한 과정이라고 생각하여 저항을 하거나 아니면 자신들이 이러한 심리검사를 통하여 문제의 원인과 해결점을 찾을 수 있으리라는 기대를 하면서 통찰의 기회를 갖기도 한다. 그리고 심리검사가 실시된 후 심리평가 결과를 알려주는 과정이 또한 지지적으로나 통찰적으로 치료를 보다 진행시키는 계기를 마련하여 줄 수 있게 된다. 물론 이러한 과정이 개인 정신치료 만큼 직접적으로 환자나 내담자에게 치료적인 효과를 가져다 주지는 않겠지만 그러나 이러한 과정이 환자나 내담자에게 긍정적이거나 부정적이거나 간에 영향을 미치는 것은 틀림없는 사실이다. 심리검사 결과가 연구와 연결되는 경우를 생각해 본다면 심리검사는 집단검사와 달리 표준절차에 따라 개인의 반응을 집중적으로 표집하는 과정이므로 어떤 의미에서는 심리검사 반응은 마치 실험실에서 피험자의 반응을 표집하는 과정과도 유사하다고 볼 수 있다. 따라서 적절한 연구계획 단계를 거쳐서 표집된 심리검사 반응들이 축적된다면 이 반응들이 바로 연구 자료로 사용될 수 있게 되는 것이다.

최근 심리검사는 표준 바테리검사로 실시되기 보다는 자문된 문제의 성질에 따라 임상심리전문가에 의해 적절한 검사가 선정되고 실시되는 것이 바람직하다는 견해가 지배적이다. 과거에는 이러한 견해와는 다르게 심리검사는 반드시 표준 바테리검사가 모두 실시되는 것이 바람직하다는 견해가 있었으나 이러한 생각은 잘못된 생각이다. 한 예를 들어보면 만약 심리검사를 의뢰하는 목적이 뇌손상으로 인한 기억장애가 지능의 퇴보에 동반되는 것인지 아니면 단순한 기억장애인지를 평가하기 위한 것이었다면 표준 바테리검사의 일괄적인 시행보다는 심리검사 의뢰 목적에 알맞는 특정한 검사를 선정하여 시행하는 것이 바람직할 것이다. 이러한 과정에서 심리검사를 자문하는 의사나 정신건강전문가는 심리검사에 대해 전문적인 지식이나 경험이 충분하지 않는 경우가 대부분이므로 심리검사 자문과정에 제한적으로만 관여할 수 있고 실질적으로는 심리학자가 심리검사를 선정하고 검사 결과를 해석하여 자문에 응답하는 모든 과정을 주도하게 되는 것이 너무도 당연한 것이다.

이러한 점을 정리해 본다면 우리는 임상심리검사나 심리평가과정에 대해 새로운 인식을 가져야 할 필요가 있음을 느끼게 된다. 이러한 새로운 인식에 따르면 심리검사 시행은 피검자에게 어떤 방향으로든 영향을 미치며, 연구나 치료와 연관이 있어서 궁극적으로는 연구와 치료에 도움을 줄 뿐만 아니라 심리검사 시행 자체가 치료과정이라고 볼 수 있다는 것이다. 그리고 한 개인이 자신을 방어하고 지키고자 하는 기본적인 권리보다 더 우선적이라고 여겨지는 개인의 문제해결을 도웁고자 하는 전문적인 역할임을 생각한다면 심리검사를 시행하는 임상심리전문가의 직업적인 책임과 윤리의식은 아무리 강조하여도 지나치지 않을 것이다.

3

면담법

임상이나 상담장면에서 면담은 개인의 심리사회적 문제나 정신장애를 진단하는 가장 기본적인 수단으로서 면담자에 따라서 면담의 효율성이 매우 차이가 나는 역동적이고도 창의적이라는 점에서 일종의 예술적 기법이라고 지적되곤 한다. 임상장면에서 면담이 일종의 예술이라는 점은 개인 사례를 집중적으로 분석하는 사례연구발표회에서 흔히 목격된다. 그 까닭은 사례연구발표회를 주도하는, 임상 경험이 풍부한 숙련된 임상가가 직접 환자를 면담하게 되는 경우 짧은 시간에 환자의 핵심적인 문제를 환자의 진술을 통하여 명쾌하게 드러내는 것을 목격할 수 있기 때문이다. 이러한 장면을 목격하면서 저자는 면담의 기술은 임상경험의 깊이에 비례하며 면담을 시행하는 면담가에 따라 그 결과는 매우 큰 차이가 난다고 생각하곤 하였다. 이러한 점에서 면담은 면담자의 임상적 경험을 바탕으로 하여 임상적, 역동적, 치료적 진단을 내리는 치료과정에서 매우 주요한 수단이 되는, 창의적인 기법이라고 지적될 수 있을 것이다. 이와같은 면담은 임상 평가를 내리는 기본적 방법으로서 심리평가 시행과정에 병행됨으로써 심리검사의 내용을 보완해줄 수 있으며 심리검사 해석의 타당성을 뒷받침해줄 수 있기 때문에 이제부터 면담에 관한 일반적인 사항을 개괄적으로 검토해보고 심리평가 상황에서 이를 어떻게 적용할 것인가를 살펴보기로 하겠다.

1. 면담의 정의

면담 *interview*이란 용어는 서로 마주 본다는 의미를 지니고 있는 佛語 intervoir에서 유래되었다고 한다(Wiens 1990). 면담 혹은 면접이라고 번역되는 interview는 원어 그대로 인터뷰라는 용어로 사용되기도 하는데 일반적으로는 얼굴을 마주 대하고 어떤 주제에 대해 협의하거나 상담하는 과정을 의미한다. 즉 면담이란 언어적, 비언어적으로 교환되는 의사소통을 통하여 면담자와 피면담자간에 정보와 아이디어, 태도, 감정, 메세지를 교환하는 과정이라고 정의된다(Wiens 1990).

Wiens(1990)는 면담과 일반적 대화 *conversation*의 차이점을 다음과 같이 지적하였다. 첫째 면담은 내담자를 도와주고자 하는 목적을 지니고 있다. 둘째 면담과정은 체계적이고 계획적이다. 즉 내담자와 협의된 면담 목적이 달성되기까지 체계적이고 계획적인 면담과정을 면담자가 주도적으로 이끌어 가고 내담자는 이에 따르게 된다. 세째 면담자와 내담자의 역할은 구별되며 상호 역할 교환이 가능한 대등한 관계속에 있지 않다. 즉 면담자는 면담을 이끌어 가면서 내담자로 하여금 합의된 목적이 이루어질 수 있도록 내담자의 자기 탐색을 격려하며 내담자는 이에 동의하고 따르는 역할을 담당한다. 면담과 대화의 차이점에 관한 이러한 지적은 면담 목적과 종류 및 면담자와 피면담자의 역할에 관해 시사해주고 있다. 다음은 면담 목적과 종류에 대해 간략하게 검토해 보기로 하자.

일반적으로 면담 목적은 내담자가 지니고 있는 심리사회적 문제를 평가하고 이를 개선하기 위한 개입 목표와 전략 및 개입 방식을 제시하고자 하는 것으로 기술될 수 있다. 보다 세부적인 면담 목적으로는 내담자의 발달사적 과거력 수집, 내담자 개개인의 성격 특성의 이해를 들 수 있다. 또한 내담자로 하여금 자신의 대인관계 특성과 아동기 초기부터 현재까지의 발달과정에 대한 통찰을 갖도록 해주려는 목적도 있다(Wiens 1990). 이러한 목적을 간단하게 요약한다면 다음과 같다. 현재 드러나고 있는 문제를 명료화하고, 구체화하면서 이러한 문제의 발생 기원, 그동안의 적응과정 및 적응방식, 현재 문제가 발생되고 있는 현실적 상황의 특징을 알아보면서 개인의 성격 및 대인관계의 특징을 파악한다. 이러한 상황에서 상담 및 치료 목표 설정, 개입방식 전략이 구상될 수 있을 것이다.

면담의 유형을 보면 진단적 면담 *diagnostic interview*과 치료적 면담 *therapeutic interview*으로 구별될 수 있다(Mackinnon과 Michel 1971). 이러한 구별이 실제적

으로는 어느 정도 인위적이기는 하지만 면담의 목적과 기능에 따라 이러한 분류가 가능하다. 진단적 면담은 임상 진단을 내리기 위한 목적으로 진행되는 경우로서 상담장면에서는 내담자의 과거력을 수집하고 문제를 파악하여 적절한 상담자와 연결지워 주기 위한 접수(接受)면담과 유사점이 있다고 볼 수 있다. 즉 진단적 면담과 접수면담은 사실적 정보와 자료를 수집하기 위한 절차라는 단순한 의미가 부여될 수 있다. Mackinon(1971)은 이러한 진단적 면담과 치료적 면담의 차이점은 내담자에 대한 이해 *understanding*라고 지적하였다. 즉 사실적 정보 수집에 그치지 않고 면담자가 내담자의 입장을 이해하고 공감하고 이를 내담자에게 전달할 때 진정한 치료관계가 이루어지며 이러한 경우는 치료적 면담이라고 볼 수 있다는 것이다. 이상적으로는 모든 면담이 치료적 기능을 포함하고 있어야 하겠지만 실제 장면에서는 단순하게 정보 수집과 진단 결정을 위한 진단적 면담이 이루어지고 난 다음 치료적 면담이 진행된다고 볼 수 있다.

또한 면담은 면담과정에서 질문할 문항 내용을 고정하고 이러한 문항 내용에 따라, 면담이 진행되는 정도에 따라 체계적 면담 *structured interview*, 반체계적 면담 *semistructured interview*, 비체계적 면담 *unstructured interview*으로 구별될 수 있다.

표준화된 면담 *standardized interview*이라고도 불리우는 체계적 면담은 면담동안 질문할 항목과 질문 순서가 일정하게 규격화되어 있다. 이러한 일정한 형식에 따라 면담자는 면담을 이끌어 간다. 최근 정신장애에 관한 연구는 구체화된 진단 기준과 이를 기초로 한 체계적 면담에 의해 활발하게 진행되고 있다. 체계적 면담의 장점으로는 진단의 신뢰도를 높혀주고 특정한 증상의 유무를 기록함에 있어서 정확도를 높혀주며, 초보 면담자에 있어서 면담 내용을 빠뜨림 없이 질문하게 해준다는 점을 들 수 있다(Talbott 등 1988). 체계적 면담은 정신상태일람표(Menatal Status Schedule)(Spitzer등 1964), 현재 상태검사(Present State Examination)(Wing과 Giddens 1959)로부터 시작되었다(Talbott등 1988). 이후 발달된 대부분의 체계적 면담은 하나 이상의 증상을 평가하는 목적으로 개발되었으며 정신장애 평가나 성격장애 평가를 위한 체계적 면담은 그렇게 많지 않다. 대표적인 체계적 면담법을 보면 다음과 같다.

1) 임상진단이나 정신상태 진단을 위한 체계적 면담으로서 진단면담표(Diagnostic Interview Schedule : DIS, Robins 등 1981), 현재 상태검사(Present State Examination : PSE, Wing 등 1967), DSM-III-R 체계적 임상면담(Structured Clinical Interview for DSM-III-R, Spitzer 등 1987)이 있다.

2) 인격형성과정에 대한 집중적 검토와 개인이 직면한 스트레스요인과 현실적 상황, 친밀한 대인관계 등 개인의 심리사회적 요인을 집중적으로 다루는 심리사회적 과거력 면담 *Psychosocial History Interview*이 있다. Giannetti(1985)는 다음 10가지 내용으로 구성된 심리사회적 과거력 면담을 제시하고 있다(Giannetti On-Line Psychosocial History : GOLPH) : ① 개인의 일반적 배경 및 현재 생활조건 ② 원래의 가족 ③ 개인의 발달과정 ④ 교육력 ⑤ 결혼력 및 현재의 가족기능 ⑥ 직업력 및 현재의 경제적 조건 ⑦ 군대 과거력 ⑧ 범죄력 ⑨ 신체적 질병 및 현재의 신체적 증상 ⑩ 심리적 증상 및 치료
3) 특수 정신장애를 진단하기 위한 체계적 면담으로서는 정서장애와 정신분열증진단표(the Schedule for Affective Disorders and Schizophrenia : SDAS, Spitzer와 Endicott 1978), 종합 음주프로파일(Comprehensive Drinker Profile : CDP, Miller와 Marlatt 1984), A형행동 면담(The Type A Structured Interview, Friedman과 Rosenman 1974), 정신사회적 통증질문지(The Psychosocial Pain Inventory : PSPI, Heaton 등 1980) 등이 있다. 그외 인격장애검사(the Personality Disorders Examination : PDE)가 고안중에 있다(Talbott 등 1988).

비체계적인 면담은 면담 문항을 일정하게 지정하지 않고 내담자나 환자가 제공하는 정보에 따라 면담을 진행시키는 방식을 말한다. 숙련된 임상가는 환자에게 친숙한 말로 질문을 던지고 환자가 이야기할 준비가 되어 있는 화제를 가지고 면담을 진행하는 방식이 면담관계 형성에 가장 도움이 된다는 점을 인식함으로써 이러한 비체계적 면담을 이끌어 가는 경향이 있다. 이러한 비체계적 면담에서는 질문 내용을 정하고 질문의 순서를 결정함에 있어서 임상가 자신의 독단적인 결정에 따른다. 따라서 이러한 면담은 임상가의 숙련된 경험, 기술을 요구한다.

반체계적 면담은 반표준화된 면담 *semistandardized interview*이라고도 불리우며 대부분 숙련된 임상가들은 이 면담방식을 채택하는 경향이 있다. 반체계적 면담은 면담자가 일정하게 질문하는 문항이 갖추어져 있다는 점에서는 체계적 면담과 일치하지만 내담자나 환자의 반응에 따라 면담자가 융통성을 발휘할 수 있는 여지는 체계적 면담에 비해서 훨씬 많다. 반체계적 면담으로는 임상적 면담의 기본 방식인 정신검사 *mental status examination*가 대표적이라고 볼 수 있다.

2. 면담의 이론적 배경

앞서 지적된 면담 목적은 대체적으로 동일하지만 세부적 면담 내용은 심리사회적 문제를 해석하는 관점에 따라 차이가 있을 수 있다. 즉 면담자의 이론적, 임상적 훈련배경에 따라 구체적인 면담 내용이 차이가 있을 수 있다. 만약 내담자의 문제를 인지-행동주의적 문제라고 해석하는 입장에 있는 면담자라면 인지-행동주의적 입장에 따라 면담을 끌어가는 반면 내담자의 문제를 정신의학적 입장에 따라 진단하고 치료하고자 하는 면담자라면 이러한 입장에 따라 면담을 시행하게 된다. 또한 내담자의 문제를 정신역동적 입장에 따라 해석하는 경우는 정신역동적 평가에 따르게 될 것이다. 다시 말하자면 면담 목적은 동일하지만 구체적으로 면담자가 질문하고 평가하고자 하는 내용은 내담자의 문제를 접근하는 면담자의 이론적 배경에 따라 달라지게 된다는 것이다. 면담은 치료과정에서 발전되어 왔으며 치료방식은 독특한 이론적 배경을 지니고 있기 때문에 특정 이론에 따른 치료과정에서 질문되어야 할 면담 내용은 차이가 있게 된다.

여기서는 인지-행동주의적 입장, 정신의학적 입장, 정신역동적 입장, 임상심리학적 입장을 간단히 기술하고 각각의 면담 내용을 간략하게 소개하고자 한다. 이와같은 면담의 기본적 입장에 대한 분류가 인위적일 수 있지만 내담자의 문제에 대한 기본적 접근방식의 차이에 따른 면담 내용의 차이를 검토해 볼 필요가 있으며 각 이론적 입장에 따라 강조하고 있는 측면을 유의하고 이를 활용할 가치가 있다고 보여진다.

인지-행동 면담 *Cognitive-Behavioral Interview*

인지-행동주의적 면담은 『Cognitive-Behavioral Interviewing for Adult Disorder』(Wilson 등 1989)에 소개되어 있는 내용을 중심으로 검토되었다. 인지-행동적 면담은 세가지 심리적 요소—외현적 행동, 인지적 요소, 신체적 활동—에 대한 내담자 자신의 관찰 결과를 중심으로 면담을 진행해 나간다. 세가지 구체적 요소에 대한 내담자 자신의 평가에 대해 질문한다. 첫째 객관적으로 관찰 가능한 문제 행동의 요소들, 문제 행동을 유인하는 환경적 자극 신호 *enviornmental cue*, 문제 행동으로부터 야기되는 환경적 반응 결과를 알아보고자 한다—외현적 행동. 둘째 심리적 장애에 선행하거나 동반되거나 뒤따르는 사고 내용을 알아보고자 한다—인지적 요소. 셋째 이러한 심리적 장애에 동반되는 신체적 변화를 알아보고자 한다—신체적 활동.

이러한 인지-행동적 면담은 당면한 내담자의 문제와 내담자의 환경을 평가하고자 하는데 역점을 둔다. 이와같은 현재 중심적 입장은 문제의 본질을 명료화하고 개입의 목표를 분명히 하는데 도움을 준다. 특히 최근 발생한 문제 행동을 중심으로 하여 면담을 진행할 때 이러한 점이 분명하게 밝혀진다는 이점이 있다. 이와같이 당면한 문제와 환경이 강조되기는 하지만 이와 동시에 내담자의 과거력, 특히 문제 행동의 발달과정에 대해서도 자세하게 면담되어야 한다. 이러한 면담과정은 문제 행동의 결정요인에 관한 통찰을 제공해주고 치료적 전략을 구상하는데 도움을 주게 된다.

다음은 인지-행동 면담 자료를 간략하게 기술한 다음 구체적인 질문 방법에 대해 검토해보기로 하겠다. 인지-행동 면담자료는 대략 다음과 같이 기술될 수 있다.

1. 일반적 배경 : 나이, 직업, 교육, 결혼상태, 가족 사항, 취미활동, 사회적 활동 등
2. 발달사 정보 : 개인의 발달사 및 주요 생활사건
3. 신체적 건강 : 의학적 과거력, 현재의 의학적 치료(운동이나 식이요법 등 포함)
4. 당면한 문제 : 구체적으로 현재 도움받고자 하는 문제 명료화
5. 당면한 문제의 특징 : 심각도(빈도, 강도, 기간), 신체적, 인지적, 행동적 특징
6. 원인요인 : 촉발요인 *precipitants*, 인지적, 행동적, 신체적 선행요인 *antecedents* 및 그 결과 *consequences*
7. 유지요인 *maintenance* : 문제 발생을 강화하고 지속시키는 요인 및 사회적 관계
8. 과거 치료 : 과거의 치료 형태와 치료 반응
9. 기타—치료 동기, 치료 결과에 대한 기대

인지-행동면담을 구체적으로 계획하고 체계화함으로써 내담자의 문제를 효율적으로 밝히고 포괄적인 정보를 얻게될 것이다. 체계적 인지-행동면담 유형으로는 Goldfried와 Sprafkin(1976)의 자극-생리-반응-결과접근방식(Stimulus-Organism-Response-Consequence : SORC)이 있다. 즉 문제행동의 선행자극(S), 생리적 상태와 과거경험(O), 문제행동이나 반응에 영향주는 요소들(R), 행동의 결과(C)가 면담 내용으로 포함된다.

면담의 진행 순서는 문제의 유형과 상황에 따라 다양할 수 있다. 주로 현재 나타나고 있는 주요 문제와 이 문제의 성질을 파악하기 위해 주의를 기울인다. 이 경우 문제의 심각성이 평가되는데 빈도, 강도, 지속기간이 고려된다. 다음으로는 문제의 역사, 초기 발달과 관련된 사건, 문제의 변화과정을 정확히 파악하는 것이 중요하다. 문제가 개선되거나 악화된 시기와 관계되는 질문은 문제의 결정적 요소를 파악하는데 도움을

주며 문제가 변화되는 과정에서의 주변 상황과 사건에 대한 세부적인 정보를 얻는 것도 중요하다. 내담자의 일반적인 과거력도 알아야 하며 특히 현재의 문제와 관련된 생활사건을 탐색해보는 것이 중요하다.

초기 면담에서는 일반적 배경－나이, 직업, 교육수준, 결혼상태, 가족 사항, 취미활동, 사회적 활동 등－에 관한 정보를 얻게 된다. 이러한 정보가 중요한 이유는 개인에게 의미가 있는 사건을 드러나게 해줌으로써 문제의 원인을 이해하는데 도움을 주기 때문이다. 또한 문제의 발달에 대한 이해는 치료 계획에 유용하며 개인의 일반적인 정보를 통해 그의 자원과 취약점을 알게되며 이러한 이해가 치료 목표 설정에 도움을 준다.

면담은 일반적으로 면담자가 내담자나 환자를 돕고자 한다는 점을 설명하면서 시작된다. 면담은 각 면담 문항에 따라 진행되며 문제 행동과 사건의 관련성이 특히 주목되어야 한다. 개인의 과거력에 대한 정보를 가능한 한 많이 다루기 위해서는 사건 발생의 년도를 표시하면서 중요 사건에 대한 시간표를 작성하는 것이 도움이 된다.

최근 생활사건에 대한 검토와 개인의 과거력에 대한 검토는 초기 면담에서 핵심적인 부분이라고 볼 수 있으며 문제의 원인적 요소를 발견하는데 도움을 준다. 또한 과거 치료 경험에 대해서도 조사해야 한다. 이러한 조사는 문제의 발달과 관련된 결정적 요소를 인식할 수 있도록 해주며 치료 전략을 구상하는데 직접적으로 도움을 준다. 이전 치료의 실패를 주의 깊게 검토해보고 치료의 내용, 환자의 평가도 검토해 본다.

또한 현재 환자나 내담자가 왜 이 특정 시기에 치료를 받고자 하는지를 알아볼 필요가 있다. 환자가 현재의 치료를 가족이나 친지에게 발설했는지의 여부도 검토해 보는 것이 필요하다. 왜냐하면 이러한 발설은 중요한 대상관계에 영향을 줄 수 있기 때문이다. 그리고 치료의 내용과 결과에 대한 환자의 기대를 알아 본다. 이에 대한 질문은 주로 면담의 종결 부분에서 이루어지는데 이러한 질문에 뒤이어 치료의 유형, 결과, 특징이 설명될 수 있다.

마지막으로 면담에 대한 느낌, 기대에 대한 질문을 통해 내담자를 이해하고자 한다. 면담자는 환자나 내담자가 결과에 대한 긍정적인 기대를 가지고 있는지를 주의깊게 파악해야 한다. 환자나 내담자가 치료에 대해 불만을 가지고 있거나 부적절감을 느끼고 있다면 신중하게 논의하여 다른 치료자나 기관에 의뢰하는 것이 바람직하다. 그리고 면담을 종결하면서 환자나 내담자의 문제에 대한 면담자의 이해를 전달하면서 이를 요약하고 정리해 두는 것이 중요하다.

저자의 판단으로는 인지-행동 면담의 독특하고 핵심적인 질문은 당면한 문제이 특징, 원인요인, 유지요인으로 보여진다. 독자는 이러한 인지-행동 면담에서 질문하는 독특한 내용을 익혀서 실제 장면에서 적용해 보는 것이 도움이 될 것으로 보여진다.

인지-행동주의적 면담은 『Cognitive-Behavioral Interviewing for Adult Disorder』(Wilson 등 1989)에 각 문제별로 구체적인 면담 예가 자세하게 제시되고 있으므로 더 자세하게 공부하고자 하는 독자는 이 책을 참고하기 바란다.

정신의학적 면담 *Psychiatric Interview*

정신의학적 면담은 정신과 영역에서 정신장애자를 임상적으로 평가하는데 필요한 자료를 수집하고 이와 동시에 치료자와 환자사이의 치료관계 형성을 위해 행해진다(Kaplan과 Sadock 1989). 대부분 정신과 환자들은 표면적으로는 자신의 고통으로 벗어나고자 치료자로부터 도움 받고자 하지만 이에 못지 않게 무의식적으로는 자존심을 저하시키거나 자아에 위협적이라고 느껴지는 내적인 갈등을 방어하고 숨기고자 하는 동기를 지니고 있다. 그러므로 정신의학적 면담과정에서 면담자는 환자의 진술 내용을 경청하면서 이와 동시에 환자의 여러가지 행동 특징을 관찰하고 면담 내용과 행동관찰 내용을 종합하여 해석하는 과정을 거치면서 면담을 진행시킨다. 그리고 이 면담에서 다루어지는 내용은 다른 면담에서 다루는 내용과 비슷하지만 차이점은 면담 내용을 정신상태검사 *Mental Status Examination*에 따라 정리한다는 것이다. 즉 정신의학적 면담은 경청하고 관찰하고 해석한 내용을 정신상태검사라는 형식에 담아서 정신장애 진단을 내리고 개인의 다각적인 측면을 평가한다는 것이다(Kaplan과 Sadock 1989). 이러한 정신상태검사는 현재 표면화되고 있는 행동 특징이나 증상을 기초로 하여 정신장애를 분류하기 때문에 정신장애 발생에 결정적 영향을 미쳤던 원인을 상세하게 다루지는 않는다.

이러한 정신의학적 면담 목적을 정리해보면 DSM-III-R이나 ICD-9과 같은 의학적 진단 체계에 따라 진단을 내리고 이를 기초로 하여 합리적 치료계획을 세우려는 것이다(Wiens 1990). 이러한 목적과 더불어 정신의학적 면담은 한 인간으로서의 환자를 다차원적으로 이해하고자 하는 목적도 지니고 있다(Roth, 1967). 따라서 면담은 환자의 심리적 특성을 이해하고 개인이 환경과 관계를 맺는 방식, 개인의 생활에 미치는 주요한 사회적, 종교적, 문화적 영향, 환자의 의식적, 무의식적 행동의 동기, 개인의 자아강도와 장점, 취약점, 개인에 의해 사용되는 대응전략, 주요 방어기제와 이러한 기제가 사용되는 조건, 개인에게 유용한 지지적인 이웃과 사회조직에 관한 정보를 종합적으로 수집한다(Havens 1984).

이러한 정신의학적 면담은 원래 정신분석적 입장에 영향을 받아서 임상가와 환자 사이의 자유로운 의사소통 방식, 즉 비체계적 면담방식에 따라 진행되었다. 그러나 점차 정신의학적 면담은 비체계적 면담방식에서 체계적 면담방식으로 대체되거나 아니면 반체계적 방식이 절충되고 있는 경향이다.

이 책에서 정신의학적 면담에 관한 내용은 주로 『Synopsis of Psychiatry』(Kaplan과 Sadock 1989), 『Textbook of Psychiatry』(Talbott 등 1988)을 참고로 하였다. 정신의학적 면담 순서는 일반적으로 다음과 같이 제시되고 있다.

정신의학적 과거력 *psychiatric history*

1. 환자의 개인적 자료 : 이름, 나이, 성, 결혼상태, 직업, 종교, 현재의 환경조건
2. 자문 배경 : 현재 치료상황에 노출되기까지의 과정, 치료 의뢰 기관 등
3. 주요 문제 : 환자에 의해 직접 진술된, 또는 다른 사람에 의해 진술된 도움을 받고자 하는 이유나 문제
4. 현재의 정신장애 병력
5. 과거 개인력
   1) 출생전
   2) 유아 및 초기 아동기 발달(3세이전)
   3) 중기 아동기(3-11세)
   4) 후기 아동기(사춘기-청년기)
   5) 성인기 역사
6. 성적 과거력
7. 가족력
8. 의학적 과거력

정신의학적 과거력은 일종의 생활기록으로서 환자의 과거와 현재, 미래를 임상가로 하여금 파악할 수 있게 해준다. 주로 환자 자신의 진술을 통하여 과거력이 수집되지만 필요한 경우 가족이나 친지의 정보가 첨가되기도 한다. 이러한 과거력 수집을 통하여 임상가는 환자의 인격 특징 전반—환자의 자아 강도와 취약점을 포함하여—을 이해하려고 노력한다. 또한 환자의 과거와 현재의 중요한 대상관계를 파악하고자 한다.

이러한 과거력 수집에 있어서 중요한 기술은 환자가 스스로 중요하다고 느끼는 순서에 따라 자신의 말로 이야기를 진행하도록 허용한다는 것이다. 임상가는 환자의 이야기를 경청하는 도중 과거력 수집이나 정신상태검사에 포함된 내용을 질문해야 할 시점에서 적절하게 질문하면서 정보수집과 행동관찰을 병행해 나간다. 다시 말하자면 환자의 이야기를 따라가면서 적절하게 질문을 던져야 할 시점에서 질문을 던짐으로써 면담을 완성시켜 나간다는 것이다.

주요 문제는 환자가 도움을 청하게 된 이유로서 환자 자신의 말 그대로 기술되어야 한다. 만약 환자가 직접 진술하지 못할 경우 정보 제공자를 밝히고 나서 도움을 청하는 이유가 기술된다. 현재의 정신장애 병력은 발병 후 지금까지의 진행과정에 대해 기술되어야 한다. 주요 문제 진술은 다음과 같은 정보를 제공해준다. 현재 환자가 왜 도움받고자 하는지, 장애의 발병에 영향을 주었던 촉발요인 *precipitating events*은 무엇인지, 발병 당시 환자의 주변 환경은 어떠하였고 어떤 영향을 미쳤는지, 환자의 정신장애 발병은 환자의 직업이나 주요 대상관계와 같은 영역에 어떤 결과를 초래했는지, 정신장애로 인한 기능장애(예를 들면 인격, 기억, 언어등)는 무엇인지, 정신신체적 증상이 있는지, 이차적 이득이 있는지, 환자의 불안이 특정한 환경과 연관이 있는지, 그리고 이러한 불안이 어떻게 대처되는지.

임상가는 개인의 과거 생활력을 이해하고 이러한 과거력과 현재의 정서적 문제와의 연관성을 파악해야 한다. 적절한 과거력 수집을 위해 임상가는 각 단계에서 발생될 수 있는, 의미있는 정서적 문제를 알고 있어야 한다.

출생전 단계에서는 환자가 원하는 아이였는지, 출생 당시 모친의 신체적, 심리적 건강상태는 어떠하였는지가 검토된다. 출생후 3세까지 유아 및 초기 아동기에서 어머니와의 관계가 가장 중요하며 분리불안이나 다른 임상적 증상이 없었는지, 형제관계는 어떠하였는지, 초기 아동의 성격 특징은 어떠하였는지가 검토된다. 이 단계에서 검토될 주요 내용은 다음과 같이 요약된다 : 섭식습관 *feeding habits*, 초기 발달—걷고, 말하기와 같은 운동 및 언어발달, 배변훈련 *toilet training*, 행동장애의 증상, 초기 반복적인 꿈과 공상. 3-11세까지 중간 아동기에서는 성동일시 *gender identification*, 가정에서의 훈련과 처벌, 초기 학교 경험—특히 어머니와의 분리 경험을 포함—, 친구관계 및 놀이집단 참여방식, 학습성취나 학습장애에 관한 정보가 탐색된다. 그리고 이 시기에 악몽, 야뇨증, 공포증, 지나친 자위행위와 같은 행동장애 유무가 검토된다. 후기 아동기는 여러 다양한 영역의 내용이 검토된다. 특히 가족으로부터의 독립과 이상적 자아상이 이 시기의 주요 발달과제라고 볼 수 있다. 그외에도 학교생활,

교사와의 관계, 취미나 운동, 정서나 행동장애 유무등이 검토된다. 이 시기 주요한 정보는 다음과 같이 정리될 수 있다 : 사회적 관계, 학교에서의 적응력, 인지 및 운동발달, 정서 및 신체장애, 성과 관련된 다양한 정보. 성인기는 직업에 관한 과거력, 결혼이나 친밀한 이성관계에 관한 과거력, 군대생활, 교육, 종교, 사회적 활동, 현재의 생활조건 등이 검토된다.

기타 과거력 가운데 성적 과거력에서는 아동기 성에 대한 개념 형성 및 아동기 성적 학대 경험, 사춘기 성에 대한 태도 및 자위행위 등 성행동, 성에 대한 공상, 성인기의 성행위 및 적응 여부등이 검토된다. 가족력은 가족내 정신장애 발병 뿐만 아니라 환자의 성장도중 주변 가족의 역활 및 영향력이 검토된다. 의학적 과거력은 현재까지의 신체적 질병이나 치료경험에 대해 기술된다.

이러한 정신의학적 과거력은 매우 광범위하고 다각적인 정보를 수집하도록 체계화되어 있기 때문에 면담의 초보자는 이러한 과거력을 집중적으로 수집하고 필요한 정보를 익힐 필요가 있다. 이에 대한 자세한 내용은 앞서 제시된 참고문헌을 통하여 찾아볼 수 있을 것이다.

다음은 이러한 과거력 수집과정에서 행동관찰 결과를 정리하고 평가하는 정신상태검사에 대해 간략하게 살펴보기로 하겠다.

정신상태검사 *mental status examination*

정신상태검사에 포함되는 기술 내용은 다음과 같이 요약될 수 있으며 자세한 설명은 앞서 제시된 참고문헌을 통하여 찾아보기 바란다.

1. 전반적 기술 : 외양, 동작, 행동, 말, 태도
2. 감정 : 기분, 정서적 표현, 정서의 적절성
3. 지각장애 : 환각과 착각, 이인화 *depersonalization*, 이현실화 *derealization*
4. 사고과정 : 사고의 흐름, 사고내용－망상, 강박적 사고, 사고 집착－, 추상적 사고
5. 지남력 : 시간, 장소, 인물에 대한 지남력
6. 기억 : 과거에 대한 장기 기억, 최근 사건에 대한 기억, 기억장애의 증상 유무
7. 충동 통제 : 성적, 공격적 충동의 통제력 정도
8. 판단 : 사회적 판단능력
9. 통찰력 : 자신이 정신장애를 앓고 있다는데 대한 통찰력 정도
10. 신뢰도 : 환사의 기술이 신뢰로운지에 대한 평가

11. 정신역동적 공식화 : 환자의 정신장애에 결정적 요인으로 작용했던 환자의 성격 및 환경 요소에 대한 검토가 이루어진다.
12. 치료적 제안 : 치료의 필요성 여부, 치료 목표가 되는 증상이나 문제, 적절한 치료 방식의 선택, 치료적 전략이나 목표에 관한 사항이 기술된다.

정신의학적 면담의 독특성은 앞서 지적된 바와 같이 최초 면담 당시 관찰된 내담자나 환자의 다각적 행동을 개별적으로 평가하고 이를 종합할 수 있도록 세부 항목을 제시하고 평가 기준을 제공하고 있다는 점이다. 이러한 방식은 특히 임상경험이 많지 않은 초보자가 면담과정과 기법을 익혀가는 유용한 방식이라고 보여진다. 따라서 독자는 임상경험이 많지 않은 초기 단계에서는 정신의학적 면담에 따라 면담 기술을 익히는 것이 유익할 것으로 보여진다. 특히 『The Psychiatric interview in Clinical Practice』(Mackinnon과 Micbels 1971)에서 강박장애, 히스테리성장애, 공포장애, 정신분열성장애, 망상성장애등 다양한 정신장애 유형에 따른 면담이 제시되고 있으므로 관심있는 독자는 이 책을 참고하기 바란다.

정신역동적 면담 *Psychodynamic Interview*

정신역동적 입장에서의 면담은 성격이 형성되는 아동기 동안 아동과 아동 주변의 영향력 있는 사람사이의 정서적 상호작용, 즉 주요 정신역동을 이해하고 이러한 면을 치료 과제로 연결시키고자 하는 목적을 지니고 있다. 이 책에서 소개되는 정신역동적 면담은 주로 Saul박사의 『Psychodynamically Based Psychotherapy(1972)』의 번역서 『정신역동적 정신치료』(이근후, 최종진, 박영숙 1992), Dewald박사의 『Psychotherapy : A Dynamic Approach(1969)』의 번역서 『정신치료의 이론과 실제』(김기석 1978)를 참고로 하였다.

정신역동적 면담에 포함되는 면담 내용은 다음과 같다.

Ⅰ. 회상적 자료

1. 당면한 현실상황 : 현재의 생활방식 및 주요 관계
2. 습관 : 전형적인 24시간의 생활모습
3. 호소 : 주된 문제의 발생, 그 당시 환경적 특징, 문제의 발전과정
4. 감정적 관계에 대한 과거력 : 각 단계별로 중요했던 인물과의 감정적 양식

1) 초기 아동기(출생-6세이전)

2) 잠재기(6세-10세)

3) 청소년기와 성숙기

5. 의학적 과거력 : 신체적 증상에 대한 의학적 과거력

II. 의식적 감정적 태도

1. 타인과 자기 자신에 대한 감정 : 과거와 현재의 타인과 자신에 대한 감정
2. 자기 자신에 대한 견해 : 자기 자신 및 자신의 고통에 대한 견해
3. 미래에 대한 견해 : 미래 예견, 야망, 두려움, 미래에 대한 견해
4. 주요 동기 : 의존성, 애정, 열등감, 초자아, 적대적 요소에 대한 과거력

III. 무의식적 연상자료

1. 기억 : 최초 기억, 초기 기억
2. 꿈 : 초기 아동기 꿈, 아동기 이후 반복되는 꿈, 아동기 이후 공통되는 꿈의 형식, 현재의 꿈, 면담 전날 꿈
3. 의식적 공상과 백일몽 : 아동기와 현재 반복되는 공상과 백일몽
4. 개인의 외양 : 얼굴표정, 목소리, 옷입은 모양, 몸가짐, 태도
5. 전이 : 치료자에게 향하는 의식적, 무의식적 태도
6. 연상 : 환자의 모든 말을 연상으로 취급하고 분석
7. 역전이 : 치료자의 감정적 반응

정신역동적 면담의 목적은 과거력 수집을 통하여 개인의 핵심적 역동이나 주요 역동을 밝히고자 하는 것이다. 이러한 목적으로 행해지는 과거력 수집 내용은 회상적 자료, 의식수준에서의 감정적 태도, 무의식적 연상 자료로 나뉘어진다.

회상적 자료는 환자의 의식수준에서 회상되는 내용을 중심으로 진술된다. 이와같은 의식수준의 회상적 자료는 도움을 구하는 이유와 현재의 생활상태, 주요 대상관계에서 경험하였던 감정양식이 포함된다. 도움을 구하는 이유, 즉 현재 드러나고 있는 증상에 대한 자료 수집은 앞서 정신의학적 면담에서와 마찬가지로 증상의 시작과 증상의 발달 과정, 그 당시의 환경에 대해 질문한다. 증상 발병 당시의 환경적 요인에 대해서는 나중에 과거력 수집과정에서 밝힌다.

주요 대인관계에서의 감정양식은 초기 아동기(출생-6세기이전), 잠재기(6세-10세), 청소년기와 성숙기로 자료를 수집한다. 정신역동적 이론에 의하면 이 가운데 초기 아동기 감정양식이 가장 중요하지만 이 시기의 감정양식은 자료 수집이 매우 어렵다. 왜냐하면 이 시기는 기억이 연속적으로 저장되어 있지 않기 때문이다. 그러나 환자나 내담자에게 이 시기의 가족관계, 특히 자신에게 주요했던 대상관계의 감정양식이 어떠하였는지에 대한 "느낌"이나 "생각" 또는 "추측"을 질문함으로써 자료를 수집한다. 주요 대상관계는 동일시관계와 대상관계 측면 모두를 탐색해 보아야 한다. 즉 어떤 부모와 동일시가 어떤 양식으로 이루어지고 있는지, 어떤 부모를 대상으로 하여 감정적 양식이 형성되고 발전되었는지를 검토한다. 특히 동일시관계에서의 감정적 요소가 깊이 탐색될 필요가 있다. 왜냐하면 이러한 동일시나 모방을 통하여 특징적인 행동양식이 형성될 수 있기 때문이다. 이러한 주요 대상과의 과거 아동기 감정적 관계는 현재의 정신역동을 이해하는 열쇠를 제공해준다. 앞서 지적한 바와 같이 이러한 중요한 정보 수집은 기억의 단절로 인하여 쉽지 않으나 어린 시기를 이야기하는 환자나 내담자의 태도, 즉 그가 기억하지 못하는 시절에 대한 그의 "느낌"이 그 시기의 감정양식에 대한 단서를 제공해준다. 과거 앓았던 신체증상에 대한 철저한 의학적 과거력 수집은 기질성 장애 여부를 진단하고 정신신체 증상일 경우 감정적 역동에 대한 중요한 단서를 얻을 수 있다는 점에서 모든 사례에서 필수적으로 시행되어야 한다.

의식적 감정적 태도는 치료자가 직접적으로 환자나 내담자에게 질문함으로써 의식적 태도와 감정에 대한 정보를 얻을 수 있다. 앞서 지적된 바와 같이 여기에는 타인과 자기 자신에 대한 감정, 자기 자신에 대한 견해, 미래에 대한 견해, 주요 동기가 포함된다.

무의식적 연상자료는 환자나 내담자가 이제까지 쉽게 의식화할 수 없었던 자료들로서 연상과정을 통하여 수집되는 정신역동 면담 특유의 자료라고 볼 수 있다. 환자나 내담자에게 최초의 기억이나 몇 가지 초기 기억을 회상하도록 요구되는데 이러한 기억들은 많은 정보를 제공해준다. 그리고 대부분 이러한 기억들은 아동기 감정양식에 따라 왜곡된 형태로 저장되고 이러한 방식에 따라 회상되는 경향이 있는데 바로 이러한 점을 통하여 과거 개인에게 의미가 있었던 사건과 그러한 사건들에 대한 주관적 반응을 알아 볼 수 있게 된다. 꿈은 초기 아동기 꿈, 아동기 이후 반복되는 꿈, 아동기 이후 공통되는 꿈, 현재의 꿈, 면담 전날 꿈을 수집하는데 이 가운데 특히 면담 전날밤 꿈은 치료나 치료자에 대한 환자나 내담자의 전반적인 태도를 드러낸다는 점에서 중요한다. 의식적 공상과 백일몽은 아동기와 현재 반복되는 내용에서 중요한 단서를 제공해주지만 최초 면담에서는 이러한 정보가 환자에게 불안을 유발하기 때문에 보류되기도 한다. 과거력 수집동안 관찰되는 환자나 내담자의 얼굴 표정이나 몸가짐, 태도, 자세 등이 환자나 내담자의 심리적 상태에 대한 주요한 단서를 제공해주기 때문에 면담이 진행되는 동안 치료자는 이를 면밀히 관찰하여야 한다.

전이는 치료자에게 향하는 의식적, 무의식적 전이 태도를 이해함으로써 환자나 내담자의 정신역동과 더불어 치료에 대한 예견이 가능하다는 점에서 중요하다. 또한 치료자는 환자나 내담자의 모든 언어적 반응을 마치 연상인냥 취급하고 분석함으로써 유용한 정보를 얻을 수 있다. 물론 환자의 언어적 반응은 치료자의 구체적 질문에 대한 반응이므로 자유연상과 다르지만 그럼에도 불구하고 그의 언어적 내용들은 최소한 부분적으로는 질문에 대한 연상으로서 무의식적 자료를 제공해줄 수 있다. 역전이는 환자나 내담자에 대한 치료자의 감정적 반응으로서 환자나 내담자를 이해하는 훌륭한 길잡이가 된다. 예를 들면 만약 치료자가 어떤 환자에게 지나치게 강한 감정적 반응을 보인다면 이는 물론 치료자의 개인적 역전이일 수 있으나 환자나 내담자가 이러한 강한 감정적 반응을 유발할 수 있으므로 이러한 치료자의 반응으로 미루어서 일반적인 타인의 반응을 유추해 볼 수 있게 된다.

이러한 역동적 면담은 정신치료 장면에서 필수적인 과정이며 인지-행동 면담과 비교한다면 개인의 핵심적 역동 진단이 주요 과제라는 점에서 차이가 있고 정신의학적 면담에 비해서는 임상적 진단을 주요하게 다루지 않는다는 점에서 차이가 있다. 비교적 면담 내용이 전의식적, 무의식적, 연상적 내용을 다루고 있다는 점에서 초보자로서는 접근하기 어려운 면담이다. 특히 초기 아동기 감정양식이 역동적 면담의 핵심이 된다는 점에서 더욱 그러하다. 이러한 초기 아동기 감정양식은 Saul 박사의 『Childhood Emotional Pattern(1977)』의 번역서 『아동기 감정양식－인격형성에 미치는－』(이근후, 문홍세, 박영숙(1988)에서 사례 제시를 통하여 잘 다루어지고 있으므로 독자는 이 책을 참고로 하는 것이 유익할 것이다.

임상심리학적 면담

임상심리학적 면담은 특정한 이론적 배경을 지닌 면담법이라기 보다 일반적인 임상심리학적 입장에 따라 제기될 수 있는 면담 형식으로서 『Clinical Psychology』(Garfield 1983)에서 제기되고 있는데 이를 간단히 소개하고자 한다.

1 . 개인적 자료 : 성, 연령, 출생년월일, 결혼상태, 취업상태, 주소, 전화번호, 면담 날짜
2 . 문제의 진술 혹은 자문 이유 : 현시점에서 도움을 받고자 하는 이유 및 문제의 진술
3 . 행동관찰 : 일반적이거나 특징적인 외양, 언어적이거나 비언어적인 의사소통방식, 면담 태도—협조적, 피상적, 저항적이고 방어적, 복종적—, 면담시의 정서적 반응과 융통성
4 . 현재의 생활조건 : 당면한 문제나 적응과 연관이 있는 현재의 생활조건
   1) 환자의 직계가족
   2) 주거 조건
   3) 현재의 직장 및 작업 조건
   4) 경제적 문제
   5) 특수한 긴장과 스트레스요인 및 사건
5 . 개인의 발달사적 과거력 : 인격형성과 발달에 주요한 과거 사건들, 주요한 행동양식, 이와 유사한 자료들
   1) 출생과 초기 발달
   2) 초기 아동기의 신체적 건강
   3) 가족관계
   4) 교육적 발달과정
   5) 직업력
   6) 성적 적응과 결혼
   7) 현재의 증상 출현과 발달
6 . 가족배경 : 부모, 조부모, 형제, 기타 의미있는 관계를 맺었던 친적에 관한 정보 및 환자나 내담자와 이들의 관계
7 . 심리검사 결과 : 실시된 각종 심리검사결과의 종합으로서 환자나 내담자의 지적, 인지적, 인격적, 정서적, 자아 지각적 요소들과 대인관계 특징과 적응적 행동특징이 포함된다.
8 . 의학적 결과 : 전반적인 의학적 검사 결과
9 . 요약과 평가 : 수집된 정보를 종합하여 다음과 같은 내용으로 요약되고 평가된다.
   1) 임상적 진단
   2) 당면한 문제의 본질

3) 현재의 적응방식, 과거의 적응방식
4) 자아 강도 및 취약점
5) 문제의 심각도 및 예후

10. 전문가적 견해 : 적절한 치료유형에 대한 언급, 기타 치료관계에 영향 미치는 주요 요소

이 방법은 다른 면담법에 비해 임상심리학적 평가를 기초로 한 전문가로서의 견해가 집중적으로 제시되고 있다는 점이 독특하다고 볼 수 있다. 따라서 다른 면담법에 비해 심리학적 평가가 주요한 판단의 기준이 된다. 이러한 심리학적 평가를 근거로 한 전문가적 견해는 객관성을 보장해주고 보다 폭넓은 영역에 관심을 불러 일으킨다는 점에서 특히 유용하다고 볼 수 있다. 그러나 이러한 전문가적 견해는 심리평가에 대한 집중적인 검토와 다각적인 임상연구를 근거로 하여 가능하므로 장기적 노력이 요구된다.

위에서 살펴본 바와같이 이론적 배경에 따라 관심의 초점이 되는 면담 내용에 있어서 차이가 있지만 궁극적으로는 개인의 당면한 문제 평가와 정신장애 진단을 근거로 치료목표를 설정하고 개인의 다차원적 측면을 종합하면서 개인을 이해하고자 하는 점에 있어서는 공통점이 있다. 특히 Shea(1990)는 최근 정신역동적 입장에서의 핵심 역동진단과 다차원적, 현상학적, 기술적 입장에서의 DSM-III-R 진단을 절충하는 방식을 제안하고 있어서 주목을 끌고 있다. Shea는 현상학적 입장에 따른 진단방식과 정신역동적 방식에 따른 해석방식을 종합한 절충적 방식을 임상가가 활용할 수 있어야 한다는 견해에 따라 지식과 기법을 절충하는 새로운 면담방식을 소개하고 있는데 이에 관심이 있는 독자는 『The Art of Understanding』(Shea 1988)을 참고하기 바란다.

종합해보면 면담 내용이나 목적은 내담자나 환자의 행동이나 심리적 특성에 대한 기술, 정신장애 및 문제행동의 분류, 미래 행동에 대한 예견 및 전문적 치료전략의 탐색으로 요약될 수 있다.

3. 면담관계

앞서 지적된 바와 같이 면담은 일종의 예술과도 같은 고도의 숙련된 기술을 요구하는 과정인 동시에 면담자와 피면담자의 적절한 관계가 무엇보다 중요한 과정이다. 이에 따라 이제 면담기법을 기술하기 앞서 면담자와 피면담자의 관계에 대해 살펴보기로 하겠다.

면담이란 고도로 전문적이기는 하지만 기본적으로는 면담자와 피면담자사이의 대화, 또는 의사소통과정이라고 볼 수 있다. 의사소통이란 두사람 사이의 감정, 태도, 신념, 생각, 사실을 전달하는 과정이다(Ellenson 1983). 따라서 면담에서 면담자와 피면담자 관계가 효율적으로 의사소통할 수 있는 방식으로 이루어진다는 것이 중요하다. 면담의 고전이라고 할 수 있는 『The Psychiatric Interview』(1954)에서 Sullivan은 면담을 임상가와 환자(혹은 내담자)의 상호적인 현상으로 정의하고 면담관계에서 임상가와 환자는 서로에게 영향을 미치는 행동을 하며 독특하고도 역동적인 사회적 관계를 맺는다고 갈파하였다. Sullivan은 이와같은 사회적 관계의 중요성을 강조하면서 면담자가 면담과정에서 참여관찰자 *participant observer*로서의 역할을 담당할 때 효율적인 면담과 치료관계가 형성된다고 강조하였다. 그가 강조에 의하면 면담자는 면담과정에서 진행되는 모든 과정에 적극적으로 참여해야 하고 면담과정에서 진행되는 사항을 면밀히 자각하고 있어야 한다는 것이다. 특히 중요한 점은 환자(혹은 내담자)가 말하고 있는 의미가 무엇인지, 그가 전달하고 있는 행동의 의미가 무엇인지를 정확하게 파악하기 위해 질문을 적극적으로 던져야 한다는 것이다. 이와같이 면담자가 환자(혹은 내담자)의 대화의 의미를 발견하고자 노력할 때 환자(혹은 내담자)로 하여금 그가 생각하고 있는 것이 무엇인지, 그가 표현하고자 하거나 감추려고 하는 것이 무엇인지를 점차 알도록 도와주게 되고 이에 따라 환자나 내담자는 자신의 생활방식을 이해하게 된다는 것이다. 이러한 참여 관찰자로서의 역할을 수행하기 위해 면담자는 무엇보다 환자나 내담자의 언어적, 비언어적 대화(Sullivan은 음성적 대화 *vocal communication*이라고 표현함)에 집중하면서 끊임없이 그 의미에 대해 질문해야 하고 그 의미를 정확히 파악하려고 시도해야 할 것이다. 그러나 이와 동시에 그는 한걸음 뒤로 물러서서 면담자 자신의 행동을 관찰하고 자신의 행동이 피면담자에게 미치는 영향을 검토하면서 면담자와 피면담자 사이에 진행되고 있는 면담과정에 대해 주의를 기울여야 한다. 다시 말하자면 면담자가 면담과정에서 발견하고 이해해야 하는 것은 면담관계에서 진행되고 있는 대인관계방식이라는 것이다. 이와같이 면담과정에서의 독특한 대인관계 방식은 면담 질문에 대한 내용 뿐만 아니라 질문에 응답하는 방식, 질문을 이해하는 방식 등 면담이 진행되는 경과를 관찰함으로서 이해될 수 있다. 따라서 면담자는 그의 경험이 숙련됨에 따라 면담 내용 뿐만 아니라 면담과정에 대해서도 예리하게 관찰하고 그 의미를 파악하여 환자나 내담자의 독특한 대인관계방식—특히 부적응적인—을 발견하고 이를 명료화할 수 있게 되는 것이다.

이러한 Sullivan의 견해가 면담관계에 대한 고전적 견해로서 지적되는 이유는 어떤 임상가 보다 그는 면담자의 피면담자가 서로 영향을 미치면서 면담이 진행되며 이러한 상호관계의 진행이 면담과정이나 치료과정에서 결정적 요인이 된다는 점을 강조했기 때문이다. 특히 저자의 경험에 비추어 볼 때 임상가의 경험이 미숙할수록 면담관계를 일방적인 관계라고 인식하고 이러한 인식에 따라 일방적인 관계로 면담을 이끌어 가게 된다. 다시 말하자면 면담자는 피면담자에게 질문하고 해석하는 입장에 있는 반면 피면담자는 수동적으로 질문에 응답하는 입장에 있는 일방통행식 관계로 인식한다는 것이다. Sullivan이 지적하는 참여관찰자로서의 면담자 역할에 대해 깊이 인식함으로써 보다 효율적인 면담관계나 치료관계를 배울 수 있을 것으로 기대되기 때문에 독자들은 『The Psychiatric Interview』(Sullivan 1954)를 통하여 보다 자세하게 공부하기 바란다.

한편 Carl Rogers는 면담관계에서나 치료관계에서 가장 중요한 요소로서 공감 *empathy*을 강조하면서 공감이란 "다른 사람의 내적인 사고의 틀과 정서적 요소와 그 의미를 마치 그 사람의 입장에 있는 것처럼 정확하게 지각하는 능력"이라고 정의하였다(Rogers 1961, 1980). 이러한 면담자의 공감 능력은 Rogers외에도 다른 임상가들에 의해서도 계속 강조되어 왔지만 누구보다 먼저 그가 이러한 공감능력이 면담관계에서나 치료관계에서 결정적으로 중요한 요소임을 강조하였고 이를 실천하였기 때문에 그의 견해가 아직까지 널리 받아들여지고 있다고 보여진다. 이러한 공감은 면담자가 내담자를 정확하게 지각하고 수용하고 그의 수용과 이해를 피면담자에게 전달함에 있어서 필수적인 요소이기 때문에 만약 면담자가 면담과정에서 공감을 하지 못한다면 면담의 실패는 자명하다. 따라서 면담관계에서의 공감 훈련과 이에 대한 정확한 인식이 필수적이라고 보여진다.

4. 면담기법

다음은 보다 효율적인 면담을 위한 면담기법에 대해 Ellenson(1983), Tallbott등(1988)을 중심으로 간략하게 살펴보기로 하겠다. 환자나 내담자를 면담하는 과정에서 가장 중요한 요소 가운데 하나는 면담자가 내담자나 환자에게 보여주는 관심이다. 즉 주의깊게 경청하고 환자나 내담자가 계속 자신의 이야기를 할 수 있도록 허용하는 것이다. 이를 위해서 면담자는 이야기의 흐름을 방해할 수 있는 지나친 양의 질문은 삼가한다. 그러나 초심자의 경우 면담을 촉진하는 면담 기법을 익혀야 할 것이다. 다음은 면담을 촉진시키는 기법이 제시된다.

개방적 질문 : 면담자는 정보를 얻는데 관심이 있지만 그러한 정보를 어떤 주제로부터 끌어내야 할런지는 내담자가 선택하도록 한다. 다음에 개방적 질문의 예가 제시되고 있다.

면담자 : 당신의 우울증에 대해 말씀해 주시겠습니까?
내담자 : 계속 울음이 나왔어요.
면담자 : 그 점에 대해 좀 더 이야기해 주시겠습니까?
내담자 : 보통 일정한 기간동안 그래요.
면담자 : 오랫동안 그랬던 것 같군요. 이에 대해 좀 더 이야기해 주시기 바랍니다.

이 경우 면담자는 내담자가 스스로 그의 우울증의 주요점에 대해 이야기하도록 유도한다. 만약 내담자가 스스로 주요점을 이야기하는데 실패한다면 나중에 면담자가 이를 직접 질문할 것이다.

이와 반대로 지나치게 지시적이고 직접적인 질문은 환자나 내담자로 하여금 단답형의 짧은 응답만을 하게 만들고 의미있는 대화를 이끌어 가고 면담에 적극적으로 참여하는데 실패하게 만든다. 이런 예를 들어 보자.

면담자 : 당신은 우울한 사람입니까?
내담자 : 네
면담자 : 당신은 어린 시절부터 계속 우울한 기분을 느껴왔습니까?
내담자 : 그런 것 같예요.

면담자 : 우울할 때 체중이 줍니까?
내담자 : 네
면담자 : 얼마나 줄지요?
내담자 : 약 3kg정도요.
면담자 : 체중이 줄면 당신 기분이 다시 우울해집니까?

이런 식의 지시적 질문과 단답형 응답은 내담자나 환자가 자발적으로 의미있는 자료를 끄집어 내는 과정을 방해하게 되며 그들로 하여금 매우 수동적이고 종속적인 입장에 놓이게 만든다.

반사 : 면담자는 환자나 내담자의 이야기에 나타나고 있는 정서적 반응에 환자의 관심을 집중시키고자 노력한다. 이러한 기법으로는 환자가 말한 내용을 다시 진술하거나 보고된 사건에 동반되는 감정을 면담자가 강조하는 방법이 있다. 이러한 기법은 반사 기법이라고 불리운다. 다음 예가 제시된다.

내담자 : 나의 일에 대해 걱정이 됩니다. 그동안 나는 직장 동료들에 비해 뒤떨어지지 않고 지내왔는데 3개월 전부터 나의 동료들은 새로운 컴퓨터에 잘 적응하고 있는데 나는 그렇지 못합니다.
면담자 : 당신은 새로운 과제에 적응하고자 하고 직장 동료들에 비해 뒤떨어지지 않으려고 한다는 말씀이군요.
내담자 : 맞습니다. 선생님도 아시다시피 젊은 애들처럼 새로운 방식에 익숙해질 수가 없어요. 그래서인지 지난 3달동안 위경련이 일어나고 손에 땀이 나고 있어요.
면담자 : 직장에서 이런 변화에 대해 당신은 불안을 느끼고 있군요.
내담자 : 아! 그렇다고 말할 수 있겠군요. 스스로 그렇게 생각해본 적은 없었어요. 요즘도 심장이 두근거리고 온 몸이 떨리고 가끔 말도 더듬거려요.
면담자 : 그래서 당신은 그런 불안을 없애고자 도움을 받고 싶어 하시는 군요.
내담자 : 그렇다고 생각합니다.

이 사례에서 면담자는 환자의 최근 생활사건 가운데 환자가 경험하고 있는 정서적 요소, 즉 불안을 보여주고 여기에 환자의 관심을 집중시키고 있다. 이러한 기법을 통하여 면담자는 환자가 경험하고 있는 것을 이해하는 능력을 보여주고 치료 과제가 되는 영역을 명료화해주고 있다.

긍정적인 강화 : 이야기하도록 되어 있는 주제가 환자나 내담자에게 익숙하지 않고 설명하기 어려운 내용일 수 있다. 이러한 내용을 환자나 내담자가 애써 이야기하고 난 다음 면담자가 이를 긍정적으로 지지해주고 강화해준다. 이러한 긍정적 강화는 환자나 내담자로 하여금 그의 다른 감정적 요소도 탐색하고 노출하도록 격려해줄 것이다.

면담자 : 성행위에 실패했을 때 기분이 어떠했나요?
내담자 : (얼굴을 붉히며) 별로 그렇게 힘들지는 않아요.
면담자 : 그외 다른 일을 경험하지는 않았나요?
내담자 : (한참 대답이 없다가) 어떻게 느꼈냐구요?
면담자 : 네
내담자 : 그래요! 끔찍하게 좌절스러웠고 나중에는 화가 났어요.
면담자 : 좋습니다. 내가 물었던 것이 바로 이런 감정이었습니다. 그런 대답을 들으니 당신이 경험했던 것을 이해할 수 있게 되는 군요.

침묵 : 면담과정에서 침묵을 적절하게 이용하는 것은 환자나 내담자로 하여금 그가 말한 내용으로부터 거리를 두고 그 의미를 찾는 기회를 제공해준다. 초보 면담자는 면담과정에서 자신의 불안으로 인하여 질문이나 개입을 연속적으로 하게 된다. 이러한 경우 면담자는 환자나 내담자가 시간을 두고 생각해보고 면담에서 경험한 내용을 검토할 시간이 필요하다는 사실을 부정하게 된다.

때로는 환자나 내담자가 계속 말하기를 면담자가 바란다고 잘못 생각하여 계속 말하는 경우도 있다. 따라서 면담자가 침묵이 바람직하다는 것을 깨우쳐 주어야 하는 경우도 있다. 그러나 면담자는 침묵이 가장 일반적인 저항의 한 표현이라는 점을 인식하여 침묵이 저항의 결과인지 아니면 건설적인 면담행동인지를 가려서 반응해야 한다.

해석 : 면담자는 환자나 내담자의 동기 및 사고, 감정, 행동의 의미를 이해하고자 노력하며 이를 환자나 내담자가 이해하도록 도운다. 이러한 과정에서 면담자는 반복적인 행동양식을 발견하려 하며 이러한 행동양식의 의미를 추론하고자 한다. 이러한 개입방식을 해석이라고 한다. 해석 가운데 환자나 내담자로 하여금 스스로 해석하도록 돕는 방식이 있다. 이는 표면적으로는 관계가 없어 보이는 단편적인 사건들을 모아서 행동의 반복적 양식을 환자나 내담자로 하여금 발견하도록 돕는 방식이다. 또다른 방식은 면담자가 행동양식과 이러한 행동양식의 의미를 잠정적인 가설로서 제시하는 것이다. 이러한 두가지 해석방식에 대한 예가 제시되고 있다.

해석－I

내담자 : 이제까지 제가 선생님에게 말씀드렸던 것을 정리해보면 새로운 상황에 직면할 때마다 불안을 나타내는 증상을 보여왔던 것 같습니다.
면담자 : 네, 내가 관찰했던 것과 같군요.

해석－II

면담자 : 당신은 어머니를 기쁘게 해주지 못했을 때 얼마나 당황하는지를 이야기 해왔습니다. 그 점에 대해 어떻게 생각하는지요?
내담자 : 그렇군요. 나는 비위를 맞추고자 하는 대상이 있으면 항상 그를 기쁘게 해주고자 노력했던 것 같군요. 그리고는 그들이 그런 식으로 반응을 보이지 않으면 좌절되고 화가 났던 것 같애요.
면담자 : 당신이 여성들에게 당신의 방식대로 접근하지 못하면 유혹적인 행동을 취하게 되고 나중에 후회하게 될 그런 행동을 저지르게 되지요. 이러한 양식에 대해 어떻게 생각하나요?
내담자 : (긴 침묵) 전에는 이런 점을 깨닫지 못했는데 이제 보니 그런 것 같군요.

첵크 리스트 질문 : 중요하다고 생각되는 행동을 환자나 내담자가 이야기하지 못하는 경우 면담자가 대답 가능한 반응을 목록으로 만들어 이를 직접 질문하는 방식이다. 개방식으로 질문하여 필요한 정보를 얻지 못하는 경우이거나 개방식으로 대답을 얻는 경우보다 구체적인 정보가 필요한 경우 면담자가 반응 리스트를 작성하여 이를 직접 질문한다. 다음 예가 제시되고 있다.

내담자 : 이런 일은 나를 어지럽게 만들지요.
면담자 : 당신의 어지러운 경험에 대해 자세하게 말씀해 주시겠습니까?
내담자 : 글쎄요, 어떻게 표현해야 할지 모르겠군요.
면담자 : 머리가 이상해진다고 느끼거나 머리가 빙글거린다고 느끼거나 아니면 방이 돌아간다고 느끼나요.
내담자 : 머리가 이상해지는 느낌을 받아요.

내담자 : 위에 이런 느낌이 오곤 해요.
면담자 : 언제 그런 느낌이 오는 것 같은가요 ? (개방적 질문)
내담자 : 그냥 어느 때고 오는 것 같아요.
면담자 : 이러한 통증을 위가 비어 있을 때 느끼는지, 식사후 느끼는지 아니면 불안할 때 느끼는지요 ? (첵크 리스트 질문)
내담자 : (침묵) 긴장을 느낄 때 그런 것 같아요.

지나치게 빠른 주제의 변화 : 이제까지 소개되었던 방식과는 다르게 이 방법은 면담을 방해하므로 주의해야 한다. 이는 면담자가 내담자나 환자의 의미있는 사건에 충분히 주의를 기울이지 않고 하나의 주제에서 다른 주제로 빠르게 바꾸어 나감으로써 면담의 진행을 방해하게 된다. 다음 예가 제시된다.

내담자 : (떨면서) 마음이 몹시 떨리는 기분이예요.
면담자 : 어머니와 어떻게 지내는지 말씀해 주세요.
내담자 : 최근 어머니를 신뢰하는데 문제가 있었어요.
면담자 : 그리고 아버지와는 ?
내담자 : 아버지에 대해서는 잘 모르겠어요.

이 경우 내담자에게 중요한 주제—마음이 떨리는—에 대해 깊이있게 면담을 이끌어 가면서 그 의미를 탐색하지 않고 다른 주제를 꺼내고 다시 주제를 바꾸어 나감으로써 정작 환자나 내담자에게 필요한 주제를 탐색하는데 실패하고 있다. 이러한 경우 당연히 환자나 내담자는 면담자가 자신에게 관심이 부족하고 자신을 잘 이해해주지 않는다고 느낄 것이다. 이러한 면담자의 태도는 면담자 자신에게 위협적이거나 다루기 어려운 주제를 회피하고자 하는 의식적, 무의식적 방어의 결과로 초래될 수 있다.

5. 심리평가와 면담

위에 지적된 일반적인 목적으로 진행되는 면담외에 심리평가과정에서 요구되는 면담 내용에 대해 간략하게 기술하고자 한다. 심리평가과정에서 임상가가 면담을 해야 할 경우는 다음과 같다. 임상가는 심리평가를 시작하기 전 단계에서 피검자에게 심리검사의 필요성을 설명하고 검사에 대한 동기를 부여하고 검사에 대한 피검자의 정서적 긴장과 불안을 해소하는 과정에서 면담을 시행한다. 또한 심리검사 중간단계에서 면담이 필요하다고 생각되는 경우 예를 들면 피검자가 계속 심리검사 시행에 대해 저항하거나 정서적으로 긴장하거나 적절하게 검사를 수행하지 못하는 경우 이러한 문제를 해결하기 위해 면담을 시행한다. 그리고 심리평가가 완료된 다음 피검자가 심리검사를 시행하는 동안 느꼈던 점을 알아보기 위해서나 적절한 범위 내에서 피검자에게 심리검사의 결과를 알려주고 해석해 주고자 하는 경우 면담을 시행한다. 이 마지막 단계에서의 면담은 임상심리전문가가 직접 시행하는 경우도 있고 때로는 환자를 치료하고 있는 치료자가 직접 면담할 수도 있다. 이러한 경우 심리평가 결과에 대한 해석은 환자나 내담자에게 적절한 범위내에서 이루어지는 것이 바람직하기 때문에 치료과정에 맞추어 면담이 시행되어야 한다.

4

행동평가법

행동평가 *Behavioral Assessment*는 문제행동을 발견해내고 이러한 문제행동과 더불어 문제행동의 결정요인으로 작용하는 환경요인, 또는 개인과 환경과의 상호작용을 양적으로 평가해내는 과정이라고 정의내릴 수 있다. 이와 비교하여 전통적인 심리검사법은 개인의 일관된 성격특징이나 내적인 정신역동이 존재한다는 전제 아래 정신장애의 결정요인으로 작용하는 개인의 성격특성이나 정신역동을 양적으로 평가해내고자 하는 시도라고 정의내릴 수 있다(Weiner 1976). 따라서 행동평가는 전통적 심리검사법에 비해 관찰 가능하고 측정 가능하고 반복 가능한 행동을 평가 대상으로 한다는 점뿐만 아니라 기본 전제에 있어서도 차이가 있다. 최근 행동평가는 문제행동 및 문제행동의 결정요인을 발견하고 측정해냄으로써 임상심리학 영역에서 방법론과 정신장애이론에 발전을 가져다 주는 주요 평가 영역이 되고 있다(Haynes 1983). 또한 1960년, 1970년대 행동치료의 발전과 더불어 행동평가에 대한 요구가 절대적으로 증가되고 있다. 이와같이 행동평가는 전통적인 심리검사법과는 기본 전제, 평가방법, 평가 목적에 있어서 차이가 있으므로 이제부터 행동평가법의 발달과정, 기본전제, 평가 종류에 대해 간단하게 소개하고자 한다. 그리고 심리검사 실시과정에서 이러한 행동평가법을 활용하는 방안에 대해 검토해 보고자 한다. 다음에 기술될 행동평가에 관한 내용들은 『Handbook of Psychological Assessment』(Goldstein와 Hersen 1990)에서 제19장 Haynes의 『Behavioral Assessment of Adult』 그리고 『The Clinical Psychology Handbook』(Hersen 등 1983)에서 제21장 Haynes의 『Behavioral Assessment』를 인용하였다.

1. 행동평가법의 발달

행동평가법의 발달과정은 다음과 같이 간략하게 정리하여 볼 수 있다(Haynes 1983). 행동관찰은 Pavlov의 고전적 실험에서와 같은 행동주의 심리학으로부터 시작되었을 뿐만 아니라 형태심리학, 사회심리학, 발달심리학, 비교심리학과 같은 다양한 영역에서의 실험심리학적 발달이 체계적인 행동관찰법을 촉진시켰다. 또한 행동평가에서 생리심리학적 평가기법은 전기생리학과 정신생리학으로부터 도입되었다. 행동평가는 1960년대와 1970년대 행동치료와 더불어 급속히 발달되었다. 행동치료는 전통적인 치료기법과 원인론에 대한 기본전제, 치료방식, 치료 목표가 차이가 있기 때문에 전통적인 평가법이 아닌 행동평가를 요구하게 되었고 이에 따라 행동평가에 대한 요구가 증가하게 되었다.

2. 행동평가의 기본 전제

앞서 지적된 바와 같이 행동평가법은 전통적인 심리검사법과 기본 전제에 있어서 차이가 있다. 또한 정신역동적 평가, 생물학적 평가, 그리고 행동평가 역시 행동과 행동의 결정요인에 관한 기본 가정이 다르다. 또한 사용되는 평가도구, 관심의 초점이 되는 평가 대상, 수집되는 자료 내용, 평가 자료로부터 추출되는 추론, 치료 프로그램에 있어서 차이가 있다.

행동평가의 기본 전제는 다음과 같이 간략하게 정리될 수 있다(Haynes 1983).

첫째 행동평가는 행동의 결정요인을 환경적 사건이라고 전제한다. 즉 행동의 발생과 행동 특징의 상당한 부분은 행동과 시간적으로 인접하여 발생하는 환경적 사건에 의해 설명될 수 있다는 것이다. 이러한 행동의 환경결정론은 환경과 개인이 상호작용하여 행동이 결정된다는 상호작용론으로 바꾸어 설명할 수도 있다. 즉 개인의 행동이 환경에 영향을 주고 이러한 결과가 다시 개인의 행동에 영향을 준다는 것이다.

이러한 전제에 따라 행동평가자는 개인의 행동과 환경과의 상호작용, 문제행동 이전과 이후에 발생하는 환경적 사건을 주의깊게 평가하고자 한다. 예를 들면 우울장애에 선행하는 환경적 강화의 감소, 강화 상실을 유발하는 대인관계 기술의 부족, 두통에 선행하는 갈등적 관계, 아동의 행동장애로 인한 동료와 부모의 행동변화 등 개인의 행동과 환경간의 상호작용을 평가한다.

둘째 행동평가에서는 문제행동과 시간적으로 인접한 환경적 요인, 또는 행동과 환경과의 상호작용이 문제행동에 있어서 보다 중요하다고 강조한다. 즉 행동평가에서 관심을 갖는 것은 과거의 환경적 사건이나 상호작용이 아닌 현재의 환경적 사건이나 상호작용적 경험이다. 이는 문제행동과 시간적으로 인접한 사건이 결정요인으로서 중요하다는 행동주의 이론의 기본 전제일 뿐만 아니라 이러한 요소가 평가나 치료적 개입에 있어서 보다 유용하다는 실용적 입장을 반영하고 있다. 그러므로 부부문제나 학습장애, 우울증, 약물남용과 같은 문제발생에 있어서 초기 학습경험(특히 부모-자녀 상호작용양식)의 중요성을 부정하는 것은 아니지만 이러한 문제를 지속시키는데 기여하고 있는 현재의 환경적 사건이나 상호작용 요인을 보다 중요하게 생각하고 여기에 관심의 초점을 맞춘다. 이러한 행동평가의 입장은 문제행동과 시간적으로 인접한 요인이 다루어질 때 임상적으로 의미있는 행동변화가 일어난다는 연구 보고들에 의해 지지되고 있다.

한편으로는 시간적으로 인접한 사건에 대한 평가의 제한은 행동평가의 효율성을 제한한다는 인식 아래 사건과의 시간적 인접성을 탈피하려는 경향이 나타나고 있다. 다시 말하자면 대부분의 행동관찰은 문제행동과 시간적으로 인접한, 즉 문제행동이 발생하기 몇분 이전이나 이후에 드러나는 사건만을 평가대상으로 하였던 반면 몇몇 연구자들은 이러한 시간 제한성을 탈피할 것을 제안하고 있다(Gottman 1980, Russo 등 1980). 이들은 과거 경험이나 문제행동과 시간적으로 인접하지 않은 사건이 예방프로그램 발전과 행동주의적 입장의 타당성을 높혀준다고 주장하고 있다.

셋째 환경결정론과 밀접하게 관련이 있는 가정은 행동의 발생이나 특성을 설명함에 있어서 행동에 선행되거나 동반되는 상황적 요인이 중요하다는 것이다. 상황이 달라지더라도 안정성있게 유지되는 개인의 특성을 전제로 하는 "성격이론"과 다르게 행동주의적 입장은 행동의 상황적 결정요인의 중요성을 강조한다. 선행적 환경자극은 유도자극 *eliciting stimuli*(고전적 조건화파라다임에서 조건자극이나 무조건 자극)으로 작용하거나 변별자극 *discriminative stimuli*(조작적 조건화파라다임에서 특정 행동의 발생 가능성을 차이있게 만드는)으로 작용한다. 예를 들면 수면장애가 항상 일어나는 것이 아니라 특정한 환경에서만 발생하거나 두통이 직장에서만 발생하거나 아동의 행동장애가 특정 인물이 존재할 때 발생하는 경우 이러한 환경적 자극들이 유도자극이나 변별자극으로 작용한다는 것이다. 이러한 설명에서 암시하고 있는 점은 행동의 조건적 발생(어떤 선행하는 사건에 이어 행동이 일어날 가능성)이 상황에 따라 다르다는 것이다. 즉 어떤 상황에서 발생한 개인의 행동이 다른 상황에서의 개인의 행동을 정확하게 예견해 주는 것은 아니라는 것이다. 이에 따라 행동평가자들은 상황이 달라지더라도 행동이 발생하는 정도를 평가하고 문제행동 발생과 연관되는 상황적 요인을 평가하고자 한다.

네째 행동주의자들은 행동의 다요인 결정론 *multiple causality*을 지지한다. 즉 어떤 행동이든 다양한 요인이나 요인들의 상호작용에 의해 결정된다는 것이다. 예를 들면 다요인적 입장에서는 우울장애에 있어서 개인마다 우울장애의 결정요인이 차이가 있음을 인식하고 이러한 결정요인의 차이에 따른 특정한 개입 전략이 요구된다고 주장한다.

이러한 전제에 따르면 광범위한 행동평가 스펙트럼이 요구되고 다양한 평가 방법과 다양한 평가 목표가 설정되어야 한다. 예를 들면 사회적 행동장애는 부적절한 부모의 모델링, 불충분한 사회학습 경험, 사회적 행동에 대한 부적절한 강화, 사회적 행동에 대한 처벌 경험 등을 포함하는 다양한 결정요인들의 상호작용의 결과일 수 있다는 것이다. 따라서 평가과정이 다양하고 광범위해야 하며 이에 따른 적절한 행동치료 전략이 새롭게 고안되어야 한다는 것이다.

다섯째 행동평가에서는 평가의 대상이 되는 문제행동이 다양한 요소들로 구성되어 있다는 반응의 단편화 *response fractionation*를 전제로 한다. 예를 들면 "공포반응"과 같은 문제행동은 특정한 인지반응, 회피행동, 주관적인 불편감 지각, 자율적 각성 수준의 증가 등의 하위 반응들로 구성되어 있다는 것이다. 이러한 가정에 따르면 단일한 측정 방법이 이러한 하위 구성반응을 효율적으로 평가하지 못하므로 문제행동의 특정한 양상을 파악하고 치료전략의 효율성을 적절하게 평가하기 위한 다양한 평가가 요구된다는 것이다.

3. 행동평가의 유형

자연관찰법

자연관찰법 *naturalisitic observation*은 정상적으로 환경내 참여자가 아닌 관찰자가 환경내에서 일어나는 내담자의 행동을 체계적으로 관찰하고 기록하는 방식이다. 두 사람 이상의 관찰자가 미리 결정된 일정표에 따라 내담자의 원래의 환경—예를 들면 병동, 가정, 교실, 직장 등-에 들어가서 미리 선정된 관찰 대상 행동의 발생이나 미발생을 체계적으로 기록한다. 행동평가 시간은 미리 결정되는데 대체적으로 짧은 시간-예를 들면 10초, 15초, 30초-이다. 관찰자들은 행동평가 시간동안 일어나는 관찰대상 행동의 발생이나 미발생을 기록하며 행동 지속시간이나 연쇄적 행동-예를 들면 우울한 내담자와 가족원들간의 연속적인 상호작용-을 기록한다. 관찰자들은 미리 결정된 관찰시점에서 일어나는 내담자의 행동을 기록한다-예를 들면 매 15초마다 내담자가 나타내는 행동-. 또한 관찰자들은 미리 결정된 척도에 따라 행동을 평가한다.

이러한 행동관찰을 통해 다음과 같은 정보가 제공된다.

첫째 문제행동의 원인이 될 수 있는 행동들

둘째 문제행동과 치료결과를 평가해 주는 예민한 측정치-예를 들면 우울장애환자의 사회적 행동의 빈도

세째 치료의 부작용과 치료 결과의 일반화

네째 문제행동에 대한 대치행동이나 치료목표 행동

이 모든 경우에 있어서 이러한 행동들은 관찰이 시작되기 전에 미리 선정되고 결정된다. 보통 관찰자들은 한번에 한 사람 이상을 관찰대상으로 하지만 두 사람 이상 개인들의 상호작용이 기록되는 경우가 흔히 있다. 관찰 대상자는 여러 후보자들 가운데 무작위로 혹은 돌아가면서 선정된다.

관찰자 훈련과 관찰 방법은 관찰 자료의 타당도에 영향을 미치는 주요한 요인이다. 관찰자들은 대상자를 관찰하기 앞서 만족할만한 수준에서 정확한 관찰을 할 수 있도록 체계적으로 훈련받아야 한다. 관찰상의 오류를 줄이기 위해 무작위적으로 관찰자간 일치율이 평가되어야 하며 필요하다면 재훈련이 시작되어야 하며 관찰팀의 재조정이 이루어져야 하며 내담자의 상태에 대한 관찰자의 선입견이 최소화되어야 한다.

자연관찰법은 다양한 관찰행동이나 문제행동을 평가 대상으로 삼는다. 이러한 행동으로는 다음과 같은 다양한 행동들이 있다-우울장애가 있는 부부의 상호작용, 비만증이 있는 개인들의 섭식행동, 만성 통증환자의 통증 표현, 알콜중독환자들의 알콜 섭취, 부모-자녀관계행동, 환자들의 오락행동, 병원직원들의 행동, 우울증환자들의 사회적 행동, 공포증환자의 공포에 대한 접근행동, 정신지체자나 정신장애자의 자기보호적 행동이나 작업행동, 문제아동 부모들의 행동, 정신분열증환자의 공격적 행동 등.

관찰 결과 다음과 같은 유용한 자료들이 추출될 수 있다.

1. 문제행동이 발생되는 빈도나 비율에 관한 정보를 제공해 준다.
2. 행동의 조건적 발생 비율이나 연쇄적 행동 고리에 관한 정보를 제공해 준다-문제

행동이 다른 행동과 함께 발생할 가능성 혹은 특정 상황이나 환경에서 발생될 가능성. 예를 들면 부부를 관찰함으로써 긍정적이거나 부정적인 상호행동에 관한 자료를 얻을 수 있다. 그리고 부부 불화 이전이나 불화 동안 부부의 상호작용에서 일어나는 연쇄적 행동에 관한 자료를 관찰할 수 있다.

3. 행동관찰은 질적인 정보를 제공해준다. 행동관찰은 내담자의 문제행동, 반응양식, 연쇄적 행동들, 이차적인 행동장애와 과잉행동, 문제행동의 특징과 결정요인에 관한 풍부한 가설을 제공해준다.
4. 행동관찰은 행동장애에 대한 치료결과를 평가해주는 주요한 방식이다.

자연적 행동관찰의 오차 변인들을 살펴보면 다음과 같다.

1. 관찰이 일어나는 상황적 요인
2. 관찰자의 부정확성
3. 관찰을 위해 선정된 행동에 있어서의 오류
4. 관찰시간에 있어서의 오류
5. 평가 척도의 복잡성
6. 불충분한 평가기준

이러한 오류 변인들이 통제되지 않은 상태에서 얻어진 관찰 자료들은 관찰로부터 얻어진 추론의 타당성을 저하시킴으로서 추론의 일반화 가능성에 문제를 제기한다. 이 가운데서 가장 주요한 오류 변인—특히 자연관찰법에 주요한—은 관찰에 대한 내담자들의 반응이다. 즉 관찰 자체가 행동을 일시적으로나 영구적으로 변형시킴으로써 실제 행동이 아닌 관찰에 대한 반응행동이 관찰되게 된다. 다시 말하자면 자연스런 행동이 아닌 관찰에 대한 반응행동을 평가하게 됨으로써 평가는 부정확하게 된다. 따라서 이러한 반응성은 자연관찰법의 타당성과 관찰 자료의 일반화를 위협하는 주요한 오류요인이 된다. 나아가서 사회적으로 민감한 행동들—예를 들면 반사회적 행동이나 성적 행동—은 관찰에 대한 반응성이 크기 때문에 자연관찰법이 적절하지 않는다.

유사관찰법

유사관찰법 *analogue observation*은 관찰의 효율성을 높히기 위해 제한이 가해진 체계적인 환경—자연적 환경이 아닌—에서 관찰하는 방법이다. 즉 면담실이나 놀이실에서 일어나는 가족관계, 사회적 관계, 아동의 행동, 부부간 행동을 평가하거나 역할

놀이 상황에서 평가한다. 또는 자연적인 아닌, 인위적으로 만들어진 술좌석에서 음주 행동을 관찰하고 평가한다. 구체적으로 이러한 예를 든다면 의사소통문제를 평가하기 위해 결혼생활에 문제가 있는 부부가 임상크리닉에 설치된 일방 거울 *one-way mirror*을 통하여 관찰받는 동안 그들 자신의 부부관계에 대해 이야기하도록 요청받는다. 이러한 유사관찰은 자연스런 환경에서는 관찰하기 어렵고 발생 빈도가 낮은 행동-예를 들면 자기주장을 해야하는 상황에서의 반응, 부부간 문제점을 토론-이나 정상적으로는 발생하지 않는 행동-예를 들면 심한 이성 불안이 있는 환자가 이성과 대화하는 행동-을 관찰할 수 있다는 이점이 있다. 이와같은 유사관찰법은 관심의 초점이 되고 있는 행동을 관찰할 가능성을 높히기 위해 환경을 조성함으로써 그 효율성을 높혀준다.

이 방법의 이점은 경제성, 효율성이다. 즉 이 평가방법이 시행되기 위해서는 환경자극으로 목표 행동과 가설적 결정요인들이 발생되도록 고안되어져야 한다. 따라서 자연관찰법을 사용할 경우 유사한 목표행동에 관한 자료를 얻기 위해 많은 시간과 비용이 요구되는데 비해 유사관찰법을 사용하면 시간과 비용이 절약되는 이점이 있다. 유사관찰법은 비록 외적 타당도가 감소되기는 하지만 자연관찰법에 비해 평가와 관련되는 물리적, 사회적 환경 자극이 보다 주의깊게 통제되어야 하기 때문에 상황적 자극에 의한 행동 변량이 감소하는 이점도 있다.

유사관찰법의 오차변량의 원천은 자연관찰법과 유사하다-관찰자변인, 지시변인, 검사상황변인, 피관찰자의 반응성, 자료 수집과정과 관련된 기타 변인-. 가장 주요한 관심사는 추출된 자료의 일반화 또는 외적 타당도인데 이러한 점에 대한 가장 큰 위협은 관찰에 대한 피관찰자의 반응이다. 즉 자연스런 환경과 다른, 인위적으로 조작된 관찰 환경이 개인의 행동에 영향을 미칠 수 있다는 것이다.

유사관찰법의 외적 타당도가 여러 연구자들에 의해 검토되었다. Bellack 등(1979)은 유사관찰 상황에서의 행동은 자연스런 환경에서의 행동과 차이가 있으므로 이러한 행동관찰 자료는 일반화시킬 수 없다고 주장한 반면 다른 연구자들은 유사관찰법 자료와 자연관찰법 자료의 상관도가 만족할만큼 높다고 주장하고 있다(Haynes와 Wilson 1979). 이러한 상반된 주장에도 불구하고 유사관찰법의 자료는 자연스런 환경에서의 행동에 대한 간접적인 측정이므로 일반화의 문제가 있으며 이에 따라 대부분의 연구들은 일반화의 정도에 영향을 미치는 변인을 밝히고자 시도하고 있다.

자기관찰법

자기관찰 *self-monitoring*은 관찰 대상자의 행동, 개인과 환경간의 상호작용에 관한 질적, 양적 자료를 효율적으로 수집하는 또다른 방법이다. 이 방법에서 개인은 미리 계획된 시간표에 따라 관찰 행동의 발생이나 기타 특징에 대해 기록한다. 즉 관찰자가 자기 자신의 행동을 스스로 관찰하고 기록하는 방법이다. 이러한 자기관찰법은 다양한 행동관찰에 이용되어져 왔다—흡연, 음주, 음식섭취, 두통, 수면양상, 강박적 사고반추, 학교에서의 행동 등.

자기관찰법은 여러 장점을 지니고 있다. 이 방법은 광범위한 행동문제에 적용될 수 있으며 비용과 시간이 절약되며 특히 자연적 상황에서 자료가 수집될 수 있다. 또한 다양한 행동양상들의 양적 지표를 추출하는데 사용될 수 있다. 이 방법은 경제적인 면에서 가장 효율적이며 임상적인 측면에서 유용한 행동평가방식이다.

이러한 자기관찰법의 타당도에 위협을 가하는 가장 중요한 변인은 관찰에 대한 피관찰자의 반응이다. 앞서 지적된 바와같이 피관찰자가 관찰을 의식하여 평소와 다른 반응행동을 보인다는 것이다. 이러한 반응성은 매우 강하며 때로는 이러한 요인으로 말미암아 자기관찰법이 일종의 치료적 개입으로 이용되기도 한다. 자기관찰을 하는 동안 반응성 효과는 관찰된 자료의 타당도를 위협함으로써 자연상태에서의 행동으로 일반화하는데 문제를 제기하게 된다. 그러나 이러한 반응성 효과가 항상 일어나는 것은 아니므로 반응성 효과를 통제할 수 있는 요인을 발견하는 것이 중요하다.

자기관찰 자료의 정확도에 관한 검토가 있어 왔다. 자기관찰법으로부터 얻어진 자료가 일반적 상황에서의 행동의 빈도나 특성을 반영하는지를 검토한 결과 자기관찰법 자료가 다른 평가법으로부터 얻어진 자료와 만족할만한 일치도를 나타내었다(Nelson 1988). 그러나 자기관찰법으로부터 얻어진 자료의 타당도는 항상 잠재적으로 위험성이 있음이 신중하게 고려되어야 할 것이다.

참여 관찰법

참여 관찰법 *participant observation*은 관찰하고자 하는 개인의 자연스런 환경에 관여하고 있는 관찰자로 하여금 관찰하도록 하는 방식이다. 다시 말하자면 개인의 주변 인물 가운데 관찰자를 선정하여 이 관찰자가 참여하여 행동평가를 하는 것이다. 참여관찰자는 정해진 시간에 맞추어 개인에게 나타나는 행동들을 관찰하고 기록한다. 예를 들면 매일밤 한시간동안 아동의 "순응적 행동"의 빈도를 평가한다든지 매일밤 부부사이에서 일어나는 유쾌한 사건들의 빈도를 기록한다. 참여관찰자로는 주로 부모나 부부, 교사가 선정된다. 유사관찰법과 마찬가지로 참여관찰은 낮은 빈도의 행동－예를 들면 부부싸움, 도벽, 기절 등－이나 외부 관찰자가 있을 때 영향을 심하게 받는 행동들－예를 들면 성행위, 반사회적 행동 등－을 평가하는데 유용하다.

참여관찰법의 장점은 자기관찰법의 장점과 비슷하다. 이 방법은 비용이 적게 들고 광범위한 문제행동, 환경적 사건에 적용될 수 있고 또한 자연적 상황에서 자료가 수집될 수 있다.

자기관찰법과 마찬가지로 획득된 자료가 관찰자의 편견을 나타내기도 한다. 참여관찰법에서 다음과 같은 조건으로 인하여 관찰자가 오차변인으로 작용할 수 있다.

(1) 관찰하고자 하는 대상과 관찰자 사이의 상호작용이 관찰 이전에 이미 이루어진 경우
(2) 관찰자가 관찰 대상자에게 내린 과거의 평가나 선입견
(3) 관찰자가 관찰 이전의 경험을 바탕으로한 편견이 관찰에 미치는 영향

이러한 오차변인은 관찰된 자료의 내적 타당도 즉 자료의 정확성에 영향을 미친다 (Haynes와 Wilson 1978). 앞서 지적한 바와 같이 참여관찰법 역시 피관찰자의 반응성이 중요한 오차변인으로 작용한다. Hay 등(1977)은 교사가 참여관찰자로 참여한 행동평가에서 학생들과 교사 모두의 행동이 의미있게 변형된다는 점을 주목하였다. 즉 참여관찰 상황에서 관찰자나 관찰 대상자의 행동이 원래의 자연스런 행동과는 다른 행동을 보인다는 것이다. 소수의 연구들은 이와 반대되는 결과를 보고하기도 하였지만 (Broden 등 1978, Nelson 등 1977, Reid 등 1977), 반응성과 관찰자의 편견이 작용한다는 점은 분명하므로 이 관찰법에 의해 얻어진 자료의 외적 타당도를 받아들이기 위해서는 신중한 검토가 있어야 할 것이다. 이러한 이유로 대부분의 참여관찰법은 보조적인 평가법으로 사용되는 경향이 있다.

4. 행동평가의 기능

행동평가는 다양한 기능들을 지니고 있는데 다음에 간략하게 이에 대해 기술하고자 한다.

목표 행동의 결정 : 처음에 내담자가 찾아올 때 대부분 여러가지 다양한 문제를 호소하기 때문에 치료목표가 되는 행동을 선정하고 구체화해야 한다. 따라서 평가의 첫번째 단계에서는 치료적 노력이 투입되어야 할 행동을 선정한다. 목표 행동은 행동 수정의 가능성과 행동 수정으로 인해 다른 행동에 미치는 영향력이 선택 기준이 된다. 다시 말하자면 목표 행동 자체가 수정이 용이한 행동이어야하며 이와 동시에 그러한 행동수정으로 말미암아 다른 행동에 미치는 긍정적 효과가 커야 한다는 것이다. 여기서 지적되어야 하는 점은 한 내담자에 대한 목표 행동은 흔히 한가지 이상 여러 행동들이며 치료과정에서 새로운 정보가 제공된다면 이에 따라 목표 행동이 변경될 수 있다는 것이다.

동일 기능 행동들의 발견 : 많은 행동들은 유사한 기능을 지니고 있으며 이에 따라 동일한 기능을 수행하는 행동들이 존재한다고 볼 수 있다. 이러한 동일한 기능을 지닌 행동들을 밝히는 것이 유용한데 왜냐하면 동일한 기능을 수행하는 행동들 가운데 바람직한 행동(예를 들면 행동이완)은 바람직하지 못한 행동(예를 들면 과식) 대신 강화될 수 있기 때문이다.

대안적 행동의 발견 : 목표행동은 단순히 바람직하지 못한 행동을 밝히는데 그치지 않고 대안적인 긍정적 행동을 선정하고 문제행동이 일어날 가능성을 감소시키는 행동을 선정하는 과정을 포함한다. 다시 말하자면 긍정적인 대안적 행동을 선정함으로써 보다 효율적이고 적응적인 행동을 유도한다는 것이다. 예를 들면 자기주장의 기술은 공격적 행동폭발이나 사회적 회피행동을 감소시키며 자기 훈련에 의한 이완은 두통이나 공포반응과 같은 행동을 감소시킨다.

결정요인의 발견 : 흔히 행동장애의 원인적 요인은 치료적 노력이 투입되는 목표가 되므로 이러한 요인을 발견하는 것이 행동평가의 가장 주요한 목표이자 기능이다. 예를

들면 다양한 불안이나 스트레스와 관련되는 정신신체적 장애들은 심리적이거나 인지적인 각성 수준의 증가가 결정요인이 된다고 알려지고 있다. 그러므로 흔히 이러한 장애들을 치료함에 있어서 각성수준을 변화시킬 수 있는 이완훈련과 같은 방식에 따라 치료적으로 개입하려고 시도된다.

최근 행동주의적 입장에 있어서 원인적 요인은 다차원적인 것으로 점차 복잡해지는 경향이 있다. 즉 선행적 사건과 결과적 환경의 중요성 뿐만 아니라 특정 행동장애의 다양한 결정요인들, 개인과 시간에 따른 이러한 요인들의 결정 비율의 변동, 시간적으로 비연속적인 원인적 요인들, 그리고 원인적 요인들의 가산적, 상호적, 비선형적 효과 *additive, interactive, nonlinear effects of causal factors*를 인식하고 있다. 또한 환경적, 인지적, 유전적, 사회조직적, 심리적 변인들의 다양한 배합이 인정되고 있다. 그리고 가장 중요한 원인적 관계는 흔히 양방향적 *bidirectional*—상호적 결정요인 *reciprocal determinism*이라고 표현될 수 있는—이라고 볼 수 있다. 예를 들면 "경계적이고 의심하는 행동"은 타인을 혐오하게 되고 이에 따라 사회적으로 고립되게 만들며 그 결과 더 심한 망상적 행동이 초래된다는 것이다.

기능적 분석의 발달 : 기능적 분석이란 목표행동에 적용될 수 있는 주요하고 통제 가능하고 원인이 되는 기능적 관계를 밝히는 것이다. 즉 기능적 분석이란 행동의 자원이나 장애와 관련있는 행동적, 인지적, 심리적 결정요인들, 상황적 요인, 내담자가 개입하고 있는 사회적 조직, 그외 다른 매개변인들의 상호작용을 통합하고 이러한 요소들을 분석하는 것이다. 또한 기능적 분석은 다양한 원인적 요인들간의 관계를 밝히는 것 외에 다양한 원인적 요인들 관계의 강도와 시간적 배열을 밝힌다. 결과적으로 기능적 분석은 문제행동을 선정하고 치료적 개입을 고안하는데 결정적 역할을 하게 된다.

치료적 전략의 고안 : 행동치료적 입장에서는 문제행동이나 증후군을 분류—예를 들면 "두통", "우울장애", "망상성장애"—하는 것은 치료계획을 세우는데 불충분하다. 치료전 단계에서 밝혀지는 행동적 결정요인의 독특성으로 인하여 치료적 프로그램은 동일한 진단을 받은 개인들간에도 상당히 다양하다. 따라서 행동평가가 적절한 치료적 전략을 세우는데 결정적 역할을 하게 된다.

치료적 개입의 평가 : 행동평가의 주요 기능은 치료결과의 평가이다. 이러한 평가는 주의깊게 통제된 조건에서 치료개입 전, 개입 중간, 개입 후 목표행동을 평가하는 것이다. 이러한 평가는 목표행동의 변화만을 대상으로 하는 것이 아니라 개입에 따른 부작용, 치료개입 후 변화된 행동의 일반화도 대상으로 고려해야 한다.

내담자-치료자 상호작용의 촉진 : 흔히 행동평가의 기능 가운데 간과되기 쉬운 점은 내담자와 행동평가자사이에서 긍정적이고 촉진적인 관계 형성이 이루어진다는 것이다. 행동평가자, 평가자 개입과정, 그리고 이러한 과정의 기본 전제에 대한 내담자의 지각은 평가와 개입과정에 대한 참여에 영향을 주며 성공적인 개입이 일어날 가능성에 영향을 준다. 치료적 평가 면담은 내담자-평가자 사이의 긍정적인 관계형성이 이루어지도록 해준다. 이러한 관계형성에 영향을 미치는 요인들에 대한 충분한 연구들이 있었던 것은 아니지만 다음과 같은 요소들이 중요하다고 지적되고 있다 : 평가과정의 방법, 목적, 합리적 근거를 내담자에게 알리는 것, 내담자에 대한 교육, 내담자에 대한 긍정적 피이드백(Haynes 1978).

심리평가와의 관계

행동평가는 현재 계속해서 정교화되어가는 과정에 있으므로 개념적으로 또 방법론적으로 발전적인 모델이다. 처음으로 행동평가가 사용된 1980년대에 비해 1990년대의 행동평가는 더 많은 경험적인 근거를 가지게 되어 임상적인 적용, 행동평가의 목표와 범위, 행동평가의 개념에 대한 세련화 작업이 더욱 더 증대될 것이다.

이러한 행동평가를 심리평가과정에 도입함으로써 임상가는 새로운 치료개입 전략과 치료결과 평가에 있어서 상당한 발전을 보일 것이다. 아직 심리평가과정에서 이러한 행동평가의 적극적인 도입이 없는 상태이지만 이러한 행동평가를 적극적으로 활용할 수 있도록 시도하는 것이 바람직하다고 여겨진다.

5
심리검사의 제작

서문에서 밝힌 바와 같이 이 책은 임상장면에서의 심리평가의 실제에 도움을 주고자 씌여졌다. 임상가들이 심리검사 제작과정에 직접 참여하는 기회는 매우 드물기 때문에 심리평가의 실제와 검사제작은 직접적인 관계가 없다고 생각될 수 있다. 그러나 심리검사의 기본 조건과 심리검사가 제작되는 과정에 대한 기초 지식이 있어야지만 임상가는 보다 적절한 심리검사를 선정하고 그 결과를 잘 활용할 수 있게 된다. 실제로 임상가가 심리검사의 목적과 기본 조건에 대해 익숙하게 알고 있을수록 그는 보다 통찰력 있는 해석을 내릴 수 있게 된다. 예를 들면 임상가가 MMPI 검사 제작과정에 참여하여 문항제작, 문항분석, 신뢰도와 타당도 등에 대해 충분하게 인지하고 있을 경우 그는 이러한 자료를 기초로 하여 해석과정에서 보다 깊은 통찰력을 갖게 될 것이다.

앞서 지적된 바와 같이 심리측정 *psychometric*이란 상황적 조건에 따라 달라질 수 있는 개인의 행동을 대표할 수 있는 행동을 표집하여 심리학적인 추상적 구성개념을 간접적으로 측정하는 과정으로 정의될 수 있다. 따라서 추상적 개념을 간접적으로 측정할 수 있는 측정 도구의 조건이 측정 결과의 정확성이나 일반화 가능성을 결정하는 주요한 요인이 된다. 따라서 임상가는 심리검사의 조건이나 검사 시행의 조건이 결과에 미치는 효과를 정확히 이해함으로써 올바르게 심리검사를 활용할 수 있도록 심리검사 제작과정에 대해 잘 알아야 한다. 이상적으로는 책을 통해서 이러한 지식을 얻기 보다 임상가가 최소한 한번 정도라도 심리검사 제작과정에 참여함으로써 검사의 한계점과 장점을 정확하게 파악하는 것이 바람직하다고 생각된다. 어떤 심리검사라 할지라도 측정하고자 하는 행동을 완벽하게 측정하지 못하며 심리검사는 재표준화 작업을 거치면서 계속 발전되어야 한다는 점을 생각해 볼 때 임상가는 임상장면에서 매일 사용하고 있는, 한계점을 지니고 있는 심리검사를 보다 깊이 이해할 수 있어야 할 것이다. 따라서 이 책에서는 간단하게나마 임상가가 알고 있어야 할 심리검사의 제작과정에 대해 살펴보고자 한다. 이 책에서 다루고 있는 내용은 『Essential of Psychological Testing』(Cronbach 1992), 『Handbook of Psychological Assessment』(Goldstein과 Hersen 1990), 『심리검사 제작의 이론과 실제』(한국심리학회 1992), 『문항제작과 문항분석방법』(성태제 1992), 『문항개발의 방법과 절차』(성태제 1992)에 제시되어 있는 검사구성, 심리검사 제작의 전반적인 내용을 기초로 하였고 여기에 저자의 경험을 추가하였다. 그리고 이 분야는 매우 정통적인 이론과 지식을 요구하기 때문에 보다 구체적인 내용을 집중적으로 검토하고자 하는 독자는 방금 앞서 제시된 문헌외 다음의 문헌들을 참고하기 바란다(김영채 1986, 이종성 1985, 정한택 1985).

검사의 척도 구성은 세 가지 접근방식이 있는 것으로 알려지고 있다(Wiggins 1973). 첫번째는 이론적 접근방식으로서 문항선정과 측정절차, 평가준거가 이론을 기초로 하여 결정된다. 이러한 접근방식에서는 측정하고자 하는 이론적 구성개념을 문항이 다루고 있는가를 기준으로 하여 선정된다. 예를 들면 개인의 배설훈련의 연령이 특정한 행동특징에 있어서 중요한 결정요인이라는 이론적 배경에 따라 문항이 제작된다면 선정되는 문항은 이러한 내용을 담고 있어야 한다. 두번째는 경험적인 접근방식으로서 검사제작의 첫 단계에서 측정하고자 하는 구성개념의 조작적인 지표를 경험적 방식에 따라 결정한다. 예를 들면 MMPI를 제작할 때 검사제작자는 정신의학적 진단을 측정지표로 정하고 이 지표와 연관된다고 생각되는 문항을 선정하였다. 이 과정에서 검사제작자들은 임상가들에게 정신과적 진단과 관련있는 문항을 제시해주도록 요구하였다. 그리고 선정된 문항들이 진단군들을 변별해 주는지를 알아보기 위해 진단군과 대조군에서 예비검사 문항을 실시하였다. 이러한 접근방식에서는 문항이 경험적으로 드러나는 준거와의 관계를 근거로 하여 선정되므로 이론적인 입장에서처럼 이론적 배경이 문항 선정에 있어서 비중있는 역할을 하지 않게 된다. 세번째는 앞서 두 가지 방식을 절충한 절충식이다. 이 방식에 따르면 문항은 먼저 이론에 따라 작성되지만 문항들의 심리측정적 속성과 경험적인 관계에 따라 선정된다. 이 방식은 융통성과 응용성으로 인하여 현재 검사의 제작과정에서 가장 널리 사용되고 있다.

다음은 문항 선정에 들어가기 전에 심리측정의 문제점과 전반적인 검사제작 과정에 대해 살펴보기로 하자. 이 부분은 1992년 한국심리학회 동계연수회에서 심리검사제작의 이론과 실제를 다루면서 제시되었던 내용을 인용하고자 한다(박동건 1992). 심리측정의 개관에서 다루어졌던 아래의 내용은 심리측정의 문제점을 매우 잘 나타내고 있으므로 이 내용을 잘 검토한다면 임상가가 심리검사의 한계점과 문제점을 이해하고 이러한 이해를 바탕으로 하여 결과를 활용하는데 매우 도움이 되리라고 생각된다.

심리적 구성개념 측정의 문제점

심리적 구성개념은 간접적으로 평가할 수 밖에 없는 추상적 개념이므로 이러한 변인을 측정하기 위한 도구를 고안하는 데는 몇 가지 어려운 문제점이 있다. 검사 개발자는 모든 심리적 평가에 공통적인 적어도 다섯가지의 측정의 문제점들을 해결하도록 노력해야 한다.

1. 어떤 구성개념에 대해서도 보편적으로 받아들여지는 유일한 측정방법은 존재하지 않는다. 심리적 구성개념에 대한 측정은 항상 간접적이며 그 구성개념과 관련되어 있다고 생각되는 행동을 바탕으로 하기 때문에 동일한 개념에 관하여 논하는 두 명의 이론가들은 그 개념을 조작적으로 정의하기 위해 매우 다른 유형의 행동을 선택할 가능성이 있다. 상이한 조작적 정의로부터 상이한 측정절차가 나오리라는 것은 명백하고 측정 내용에 관한 상이한 결론으로 이어질 가능성도 얼마든지 있다.
2. 심리측정은 보통 제한된 표본의 행동들을 근거로 한다. 어떤 심리적 영역에 대한 적절한 표본이 되기 위해 필요한 문항의 數와 내용의 다양성을 결정짓는 문제가 온전한 측정절차를 개발할 때 주요한 고려사항이다.
3. 측정은 항상 오차의 가능성이 있다. 대부분의 심리측정은 제한된 표본의 관찰에 바탕을 두고 있는 일정한 한 시점에서만 행해지는 것이 보통이다. 만일 학생들이 나눗셈의 시험을 두번 치루게 된다면 피곤, 권태, 망각, 추측, 실수, 잘못된 채점들의 이유로 두번의 점수가 동일할 가능성은 거의 없다. 만일 상이한 형의 시험을 보게 된다면 방금 언급한 요인들 뿐만 아니라 내용의 다양성으로 인해 두 형의 검사에서 각기 다른 점수를 얻게 될 것이다. 내용이나 시간상의 차이 때문에 발생하는 점수들간의 비일관성은 오차로서 간주되어야 한다. 그러므로 심리측정에서 지속적으로 존재하는 문제점은 일련의 관찰에 존재하는 오차의 정도를 어떻게 추정하느냐 하는 것이다.

4. 측정 척도상에 잘 정의된 단위가 없다는 사실은 여전히 또 하나의 문제를 제기한다. 수험자가 나눗셈 검사의 문항들 중 답을 하나도 맞히지 못했다는 사실은 수험자가 이러한 능력이 전혀 없음을 나타내는 것일까? 만일 철수가 다섯문제를, 영이가 열문제를, 철이가 열다섯문제를 맞추었다면 철수와 영이 사이의 능력 차이가 영이와 철이의 능력의 차이와 같다고 결론 내릴 수 있을까? 검사가 측정하고자 하는 능력 차원상에서 세 학생은 동일한 간격을 두고 떨어져 있는가? 측정척도의 특성, 단위를 명명하는 일, 도출된 수치를 해석하는 일은 복잡한 문제이며 심리측정도구가 개발되고 채점체계가 고안될 때마다 고려되어야만 하는 문제들이다.
5. 심리학적 구성개념은 조작적 정의의 측면에서만 정의될 수 없고 다른 구성개념 혹은 관찰가능한 현상과의 관계를 입증해야만 한다. 심리측정은 관찰가능한 반응을 근거로 삼지만 근저의 이론적 구성개념에 비추어 해석할 수 없다면 의미나 유용성은 없다. 이러한 이유로 Lord와 Novick(1968)은 심리측정을 밑받침하고 있는 구성개념은 두 수준으로 정의하는 것이 중요하다고 역설하였다. 첫째, 이미 지적한 바와 같이 구성개념은 관찰가능한 행동의 측면에서 정의되어야 한다. 이러한 유형의 정의에는 측정이 어떻게 행해질 것인가가 명시되어 있다. 둘째, 구성개념은 이론적 체계내의 여타 구성개념들과의 논리적 혹은 수학적 관계의 면에서 정의되어야 한다. 이 두번째 유형의 정의는 얻어진 측정치를 해석하기 위한 기초가 된다. 그러한 관계성이 경험적으로 입증될 수 없다면 얻어진 측정치는 가치가 없다. 현실적으로 일단의 심리측정치가 여타의 구성개념이나 사상의 측정치와 어떠한 관계에 있느냐 하는 증거를 수집하는 것이 검사 개발에서의 과제이다.

앞서 지적된 바와같이 심리학적으로 측정하려는 대상이 대부분 구성개념이므로 간접적 측정이 불가피하며, 또한 측정조건에 따라 변화하는 측정대상을 측정해내야 한다는 점을 고려할 때 심리도구의 제작과정이 매우 중요함을 이해하게 될 것이다. 임상가는 이러한 심리검사 제작과정에 대해 관심을 갖고 실제 심리검사의 선정, 시행, 해석과정에서 이러한 지식과 이해를 활용해야 할 것이다.

검사제작 절차

다음은 검사제작과정에 대한 개관으로서 검사제작 초기 단계부터 검사를 완료하는 단계에 이르기까지를 매우 간결하게 제시해주고 있으므로 여기서 인용하고자 한다(박동건 1992)..

1. 검사의 주요 용도를 정한다.
2. 측정될 구성개념을 대표하거나 검사영역을 정의하는 행동을 찾아낸다.
3. 행동의 각 유형을 측정하는 문항의 구성 비율을 구체적으로 정하는 검사의 규격을 마련한다.
4. 문항을 작성한다.
5. 작성된 문항을 검토하고 필요하다면 수정을 가한다.
6. 예비적 문항분석을 실시하고 필요하다면 문항을 수정한다.
7. 실제로 검사를 사용할 모집단의 대표적 집단을 표집하여 제작중인 검사문항을 이 집단에게 실시하는 현장 연구를 시도한다.
8. 문항점수들의 통계적 특성을 결정하고 미리 결정한 기준에 부합되지 않는 문항을 제거한다.
9. 최종적으로 결정된 검사에 대해 신뢰도와 타당도를 추정한다.
10. 검사시행과 채점과 검사점수의 해석을 위한 검사 사용설명서를 마련한다.

다음은 실제 심리검사 제작과정에서 고안될 수 있는 일정표를 제시해보기로 하겠다.

스트레스검사 제작 일정표

작업내용	구체적 실천 사항
1. 검사목적 구체화	다양한 스트레스 이론 비교 후 검사의 기초 이론 선정 선정된 기초이론과 임상경험을 종합하여 스트레스 정의
2. 측정방법 검토	척도 규명, 질문지법 혹은 면담법 결정
3. 검사제작 계획서 작성	소요시간, 문항유형, 문항수, 지시사항, 시행절차, 채점방법 등을 계획, 결정
4. 예비문항 제작, 문항 검토	예비문항의 내용 타당도 분석 및 문항의 문제점 검토
5. 예비검사 시행	문항분석, 타당도, 신뢰도
6. 문항 수정, 본검사 제작	
7. 본검사 시행	표집, 본검사 시행
8. 검사와 문항분석	타당도와 신뢰도 검증, 규준(norm) 설정
9. 검사사용설명서 제작	

1. 초기 문항 선정

심리검사 제작의 첫단계는 예비 문항을 선정하는 것이다. 이를 위해서는 먼저 검사가 평가하고자 하는 내용을 명료화함으로써 그러한 구성개념을 대표하거나 검사영역을 정의해주는 행동을 찾아내어 예비문항을 선정한다. 이와같이 검사가 측정하고자 하는 내용을 명료화함으로써 초기의 예비문항 선정과 검사 타당도 검증 연구에 있어서 준거를 마련해주고 검사제작 후 검사결과에 대한 임상적 해석에 도움을 준다.

초기 문항 선정과정에서 평가 목표인 특성에 관한 자료를 최대로 수집하기 위해서는 아래와 같이 예비 문항구성표를 사용하는 것이 도움이 된다. 예비문항은 관심의 초점이 되는 특성이나 기능을 중심으로 선정되며 일반적으로 타당도 검증과정을 거치면서 많은 문항이 탈락되기 때문에 처음부터 많은 문항으로 시작하는 것이 바람직하다. 일반적으로 예비문항수는 최종 검사문항수보다 두배 내지 네배가 바람직하지만(Golden 1990), 실질적인 문제점으로 인하여 예비문항수가 한정되는 경우가 있다. 예를 들면 개인용 지능검사의 예비문항수가 최종 검사문항수의 3배로 정해진다면 실제로 이러한 검사를 시행하는 것이 매우 어렵기 때문에 현실적으로 실시 가능한 범위내에서 문항수를 조절하게 된다.

아래 제시된 예비 문항구성표는 Luria-Nebraska Motor Scale 예비문항 구성표로서 측정하고자 하는 특성이나 기능을 표기하고 그러한 특성이나 기능을 대표하는 행동을 기술하는 칸이 마련되어 있다. 이러한 표를 사용함으로써 관심있는 영역의 각 측면(행동)에 대한 문항 수와 사용할 문항 유형을 결정할 수 있게 된다. 아래 제시되고 있는 표는 실제 검사를 제작하는 과정에서 구성되었던 표보다 훨씬 단순화된 표이다. 실제로는 보다 세부적인 기능 영역이 구별되고 특정한 기능 영역의 이론적 중요도에 따라 비중이 가해지게 된다(예를 들면 구성능력 항목이 전체 30% 정도의 비율을 차지하게 된다).

표 3-1 예비문항 구성표

기 능	과 제	
	단 순	복 잡
동작 구성 능력	문항 1-4, 28-31	문항 21-27, 32-33
촉각-동작 통합력	문항 5- 6	문항 7- 8
시각-공간-동작 통합력	문항 9-18	문항 36-47
언어-동작 통합력	문항 19-20	문항 48-51

예비문항은 대체로 내용상으로 관련이 있다고 생각되는 문항 즉 안면타당도 *face validity*를 바탕으로 선정되지만 포괄적인 이론을 근거로 하여 특정한 검사에 어떤 문항이 포함되어야 하는가를 검토하여 선정하는 것이 가장 좋은 방법이다. 때로는 전문가의 제안에 따르거나 다른 검사나 임상장면에서 사용되는 문항을 빌려오는 경우도 있다. 예비문항단계에서 앞서 제시된 방법외에 보다 포괄적이고 가능한 문항을 최대로 모으기 위해서는 예비문항과정에 보다 많은 제작자들이 참여하는 것이 바람직하다는 점이 지적되어야 할 것이다. 물론 이론적 배경에 따라 포괄적인 입장에서 문항이 선정되는 경우는 그럴 염려가 없지만 그렇지 않을 경우 문항 선정에 2-3명의 제작자만 참여한다면 이들의 제한된 경험에 따라 문항 내용이 편파적일 수 있고 제한될 수 있다는 점이 고려되어야 한다.

문항 형식은 반응 선택방식에 따라 개방형 *open-ended* 또는 제한형 *restricted*으로 구분되며, 제한형은 강제선택형(예. 네, 아니오형) 또는 선다형 문항이 있다. 이러한 제한형 문항은 집단용 검사에서 보편적으로 쓰여지는 반면 개방형 문항은 피검자의 투사적 반응을 잘 유도한다는 장점을 지니고 있는 한편 반드시 개인을 대상으로 하여 실시하고 채점해야 하는 제한점이 있다. 따라서 개방형 문항 제작시 문항선정에 더 주의를 기울여야 한다. 그러나 반응 유형에 따라 문항 내용이나 문항 제시 방식이 반드시 제한되는 것은 아니다. 예를 들면 로샤검사와 같은 잉크반점검사는 주로 개방형이지만 선다형으로 만들 수도 있다. 문항 형식에 따라 한 문항에서 얻을 수 있는 정보의 양에 차이가 생기는데 피검자가 반응하는 과정을 관찰하고 분석하고자 할 때는 개방형이나 투사적 문항이 더 적절하고 반응 과정보다 반응양식에 더 관심이 있다면 강제선택형이나 선다형 문항이 더 유용하다. 또한 문항을 객관적 문항과 투사적 문항으로 구분할 수 있는데 객관적 문항에는 강제선택형 문항, 선다형 문항, 그리고 보다 융통성있는 반응을 허용하는 문항(예를 들면 "개척"이란 단어는 어떤 뜻을 지니고 있습니까?)이 포함되며 이러한 객관적 문항에는 모두 정답이 제시되어 있다. 반면 투사적 문항은 검사 자극이 애매하고 불명확해서 정답이 없기 때문에 의미있는 채점과 해석을 위해서 반드시 체계적인 채점방식이 요구된다. 때로는 이러한 투사적 검사를 표준화된 검사에서 제외하는 경우도 있으나 투사적 검사가 표준화 검사로서의 조건을 지니고 있는 한 표준화 검사에서 제외시킬 이유는 없다.

검사에서 사용할 문항 형식을 결정하기 위해서는 각 형식의 한계를 미리 알아야 한다. 선다형문항은 채점이 용이하고 신뢰도가 높으며 광범위한 영역에서 추출된 문항이라는 장점을 갖고 있지만 피검자의 추측과 무선적인 반응으로 인해 해석상의 오류를 범하기 쉬운 단점을 갖고 있으며 검사제작에 많은 시간이 소요된다. 진위형도 선다형과 동일한 단점을 갖고 있으며, 강제선택형은 문항 표현방식에 따라 반응이 크게 달라지고 그러한 점이 검사의 임상적 유용성에 영향을 미친다. 개방형 또는 투사적 문항은 제작이 용이하고 추측에 의한 응답을 방지해주며 문제해결과정을 임상가가 관찰할 수 있다는 장점을 갖고 있지만, 반드시 일정한 채점체계에 대해 훈련이 되어 있어야 하며 채점에 오랜 시간이 소요된다는 단점을 갖고 있다.

2. 실시과정의 표준화

예비문항을 선정하는 단계에서 검사 실시조건의 표준화가 두 가지 조건에서 고려되어야 하는데 첫째는 표준 실시방식이며 둘째는 표준 채점방식이다. 즉 이러한 두 가지 조건의 표준화가 이루어질 수 있는 방식으로 문항이 구성되어야 한다. 앞서 제시된 문항형식 가운데 강제선택형과 선다형은 이러한 조건을 쉽게 충족시킬 수 있다. 즉 이러한 문항들은 문항이 피검자에게 읽혀지거나 피검자가 읽고 응답을 선택하거나 기술한다. 따라서 이러한 문항 형식은 집단검사 실시에 이용된다.

한편 개방식 문항은 표준 실시가 보다 어렵다. 표준 실시는 검사자가 동일한 방식으로 지시를 내리도록 하고 가능한 한 표준 지시방식에 따라 기본 사항만을 말하도록 요구된다. 개방식 문항에서는 다음 두 가지 경우에 문제가 발생한다. 첫째는 채점할 수 있는 반응을 얻어내고 난 다음 검사자가 반응 과정에 대해 더 많은 정보를 얻어내고자 하는 경우이다. 이러한 경우 검사자는 표준 지시에 적혀있지 않는 방식을 추가하면서 채점이 가능하도록 새롭게 질문하고 검사에 지시를 내려야 한다.

이러한 문제를 해결하는 두 가지 방식이 제시될 수 있다. 하나는 일단 표준 절차를 마친 뒤에 채점하기에 미비한 반응이 있을 경우 추가 질문을 할 수 있는 단계를 설정하고 이 단계에서 질문할 내용을 구체적으로 지시해 놓는다. 다른 방식은 표준절차에 융통성있게 상황에 따라 추가할 수 있는 절차를 포함시켜 놓는다. 예를 들면 동작반응을 요구하는 문항(예를 들면 손가락 두들리기)에서 피검사자가 지시 내용을 이해하지 못하면 추가 설명을 해주고 그래도 이해하지 못하면 검사자가 직접 손가락으로 시범을 보여주는 절차를 미리 마련해놓고 검사자가 융통성있게 이러한 추가절차를 밟도록 하는 것이다. 이러한 경우 검사자는 문항의 의도를 정확하게 파악함으로써 추가 절차가 지나쳐서 문항의 의도를 상실하지 않도록 주의해야 한다. 예를 들면 문항의 의도가 피검자의 언어적 지시에 따르는 능력을 측정하고자 하는 경우라면 직접 시범을 보이는 추가 절차는 마련될 수 없으며 검사자가 이러한 절차를 추가할 수 없다. 왜냐하면 이러한 추가 절차는 언어적 지시에 따르는 피검사자의 능력을 측정하려는 문항 의도에 벗어나기 때문이다. 따라서 이러한 융통성 있는 절차를 추가하는 경우 검사 제작자는 검사자가 문항의 의도를 정확하게 파악할 수 있도록 문항 의도를 설명해 주어야 한다.

앞서 지적된 바와 같이 심리측정은 개인의 대표적 행동을 표준 절차에 따라 표집하고 이러한 결과를 일반화하는 과정이기 때문에 임상장면에서 검사자가 시행하는데 문제가 없도록 표준절차가 마련되어야 한다.

3. 척도의 표준화

검사에서 측정하고자 하는 내용에 따라 문항들은 다음과 같은 방식으로 척도화될 수 있다. 즉 명명척도 *nominal scale*, 서열척도 *ordinal scale*, 등간척도 *interval scale*와 비율척도 *ratio scale*가 있다. 비율척도는 심리학에서는 거의 사용되지 않는다.

명명척도는 검사반응을 인위적으로 정의한 범주에 따라 분류하는 것이다. 이때 범주는 수량화하는 특징을 지니지 않으며 사물을 구분하는 특징을 지닌다. 예로서 검사 채점체계를 들 수 있는데, 이때 각 반응은 "형태", "위치", "음영"등의 인위적 범주로 재분류되고 이러한 범주는 검사 상황에서만 의미가 있게 된다.

서열척도는 어떤 기저의 차원에 따라 반응을 서열화하는 척도이다. 예를 들면 수행의 적절성이라는 차원에 따라 문항에 대한 응답이 "0" 정상, "1" 경계선, "2" 가벼운 정도의 손상, "3" 중간 정도의 손상, "4" 심한 정도의 손상으로 채점될 수 있다. 서열척도에서는 각 숫자간의 거리가 동일하다고 가정되지 않으며, 단지 서열만이 의미가 있다. 따라서 서열척도에서 0(정상)과 1(가벼운 정도의 손상상)의 거리는 3(중간정도의 손상)과 4(심한 정도의 차이)의 거리와 동등하다고 가정되지 않는다. 심리측정 자료에서 점수가 변화하는 정도와 행동상에서의 변화의 정도가 동등하다는 경험적인 지지가 부족하기 때문에 대부분의 심리학적 자료는 그 성질상 서열척도로 분류될 수 있다.

등간척도는 서열화될 뿐만 아니라 각 측정단위의 차이가 동등한 경우이다. 이 척도에서는 점수간 거리가 의미가 있다. 즉 "1"과 "3"의 차이는 "1"과 "2"의 차이의 누배가 된다. 영점 *zero point*이 인위적으로 결정되는데 이때 영점이란 인위적 0점으로서 측정되는 속성이 전혀 없음을 의미하는 것은 아니다. 심리생리적 측정치 *psycho-physiological measures*가 이러한 척도의 가장 좋은 대표적 예이다. 또한 학업성취 점수는 등간척도로 분류한다. 0점이란 능력이 전혀 없음을 의미하지 않으며 척도 단위에 등간성이 존재한다.

심리학이나 교육학 등 여러 영역에서의 평가도구는 등간척도라고 볼 수 있다. 즉 절대 영점은 없으나 척도의 등간격성의 조건은 충족된다. 그러나 실제로는 심리학적 변량이 엄밀한 의미에서 언제나 등간격의 척도로 측정된다고 말하는 것은 무리이다. 예를 들면 100개 문항의 정답 득점에 따라 점수가 매겨질 때 모든 문항들이 어느 것이나 1점씩 배점을 받을만한 조건을 갖추고 있느냐가 확인되어야만 등간격척도라고 말할 수 있는 것이다. 그러나 일반적으로는 심리학적 평가도구는 등간척도로 취급되고 있다. 이러한 척도의 조건은 문항의 신뢰도와 타당도 검증을 위해 파라메트릭 검증을 사용할 수 있느냐를 결정해준다. 그러나 Gatio(1970)는 이러한 척도 조건보다 문항이 피검자의 표집이 정상분포를 이룰 수 있도록 문항이 포집되었는지가 피라메트릭 검증에 전제되어야 할 중요한 조건이라고 제시하고 있다.

4. 문항분석

다음은 앞서 제시된 검사제작 순서에서 제5번에 해당되는 과정으로서 문항분석에 들어가기 전 일부 정상성인들에게 검사를 시행함으로써 검사의 시행상의 문제점들을 검토한다. 이 과정은 나중에 문제점이 발견되어 대폭적인 재작업이 요구되는 것을 막아주는 효과가 있다. 이 과정에서 상상했던 시행방식이 실제로는 가능하지 않는 경우 이러한 문제점이 쉽게 드러나게 된다. 예를 들면 지시 내용이 이해하기 어렵다거나 검사자가 실제로 표준 방식대로 시행하는 것이 어렵다거나 하는 문제점들이 지적될 수 있다. 또한 제한된 반응시간이 너무 짧다거나 요구된 검사반응을 객관적으로 채점하는데 문제점이 있다거나 하는 문제점도 발견될 수 있다. 이러한 문제점이 발견되면 이러한 문제점을 수정한 후에 예비검사를 시행하고 문항분석에 들어가야 한다.

이러한 초기 단계가 완료되고 나면 관심의 대상이 되는 표본에 검사가 실시되어 문항분석을 하게 되는데 이때 피험자수는 최소한 검사문항의 두배 내지 세배가 되어야 한다. 그리고 문항과 검사실시 상황이 표준화되어야 하며 조명, 소음, 실내온도, 기타 환경조건이 통제되어야 하고 검사 순서도 모든 피검자에게 동일해야 한다. 검사자는 모든 피검자에게 검사를 동등한 조건에서 실시할 수 있을만큼 잘 훈련되어 있어야 한다. 그리고 이와같은 예비검사의 피검자는 가능한 한 최대로 솔직하고 성실하고 정확하게 응답해야 한다. 그리고 피검자는 검사가 대상으로 하는 집단을 대표하는 방식으로 선정되어야 한다.

문항분석은 다음과 같은 분석방식으로 이루어진다.

문항 난이도 *item difficulty*

문항 변별도 *item discrimination*

문항 반응분포 *distractor analysis*

검사점수 분포 *score distribution*

요인분석 *factor analysis*

문항 편파성 *item bias*

다음에 제시되는 문항분석 설명과정에서는 『심리검사 제작의 이론과 실제』에서 제2장 문항분석과 검사 타당화(이순묵 1992) 내용을 참고로 하였고 부분적으로는 이 내용을 인용하였다. 보다 자세한 검토를 원하는 독자는 『심리검사 제작의 이론과 실제』의 제2장 문항분석과 검사 타당화 내용을 참고하기 바란다.

문항 난이도 지수 *item difficulty index*는 각 문항의 어렵고 쉬운 정도를 알려주므로 문항의 상대적인 효율성을 분석하게 된다. 문항 난이도 지수는 문항에 응답한 피검자중 문항에 답을 맞힌 피험자의 비율이다. 문항 난이도 지수는 0.0에서 1.0의 범위를 갖으며 1.0은 모든 피검자가 문항의 답을 맞힌 쉬운 문항을 나타내며 0.0은 모든 피검자들이 답을 알아맞추지 못한 어려운 문항을 나타낸다. 너무 어렵거나 너무 쉬운 문항은 검사에 불필요한데, 그 이유는 이들 문항이 피검자들을 변별하지 못하기 때문이다.

문항을 분석할 때 관심있는 집단의 표본과 통제집단의 표본에 있어서 문항의 난이도 지수를 계산하는 것이 필요하다. 만약 문항이 우울증을 알아보기 위해 제작되었고 우울증이 있을 경우 그렇다라고 응답하도록 만들어졌다면, 검사문항을 두 집단에게 실시하였을 때 우울증 집단의 난이도가 1.0에 가깝고 대조집단인 비우울증집단의 난이도가 0.0에 가깝다면 이 문항은 두 집단을 변별해 줄 수 있다고 평가된다.

문항 난이도는 문항에 응답한 전체 피검자 수를 문항에 답을 맞힌 피검자의 비율이다.

$$\text{문항 난이도} = \frac{\text{문항의 답을 맞힌 피검사 수}}{\text{문항에 응답한 전체 피검자 수}}$$

문항 난이도 지수는 표본의 특성에 따라 영향받기 때문에 예비검사시 피검자 선정에 주의를 기울여야 한다. 만약 표본이 적절하게 선정된 경우라면 난이도 지수가 .2 이하이거나 .8 이상인 문항은 최종 검사문항으로 선정하기 전에 충분히 검토해야 한다. 표본이 적절하게 선정되었고 이질적인 경우라면 집단간 변별력이 최대가 되려면 문항난이도는 .5에 가까워야 한다.

문항 변별도 지수 *item discrimination*는 한 문항이 피검자를 얼마나 잘 변별하여 주는가를 나타낸다. 문항 변별도는 문항 i에 대한 피검자의 문항점수와 피검자의 전체 검사점수의 상관계수에 의하여 계산된다. 이때 피검자의 전체 검사점수에 문항 i의 점수가 포함되는 경우와 포함되지 않은 경우가 있다. 전자는 문항-검사간 상관계수 *item-total correlation*, 후자는 교정된 문항-검사간 상관계수 *corrected item-total correlation*라고 불리워진다.

만약 문항 i가 정상적 문항이라면 문항과 검사점수와의 상관계수는 반드시 양수이어야 한다. 이 상관계수가 낮다면 이 문항에서 피검자가 보이는 높은 점수 또는 낮은 점수는 그 개인의 전체 검사점수와 아무런 관련이 없다는 것으로 해석된다. 즉 그 문항에서 잘 하고 못한 것만 보고서는 그 개인의 전반적 점수가 좋은지 나쁜지를 가려내기 어렵다는 것이다. 그러나 이 상관계수가 높으면 이 문항에서의 높은 점수는 곧 검사에 대한 높은 점수를 보일 가능성이 크다는 것을 나타낸다. 따라서 이런 경우 문항 i의 점수가 응답자의 속성수준을 변별하는 간단한 도구가 될 수 있으므로 변별도가 높은 문항이라고 한다. 문항의 난이도는 너무 높거나 낮은 것이 바람직하지 않은 반면 문항의 변별도는 높을수록 좋다. 각 문항과 전체 검사점수는 정적인 상관관계를 보이며 이상적인 상관의 정도는 검사 목적에 따라 달라질 수 있다.

다른 문항 변별도 지수 *discrimination index*를 보면 이 지수는 일정한 변인에서 높은 점수를 얻는 사람과 낮은 점수를 얻는 사람을 구별해 준다. 예를 들면 Luria-Nebraska 검사에서 동작척도에서의 높은 점수는 운동성과 연관되는 고차적 피질기능 *higher cortical functions*이 손상되어 있음을 나타내는데 이 동작성검사에서 상위 1/3 점수를 받은 집단과 하위 1/3 점수를 받은 집단을 선정하여 두 집단에 있어서 문항 효율성을 비교한다. 이 변별도 지수를 구하는 공식은 다음과 같다(Hopkins와 Antes 1978).

$$\text{변별도 지수} = \frac{\text{상위점수 받은 피검자수} - \text{하위점수 받은 피검자 수}}{\text{양집단의 피검자수}}$$

상위점수 집단과 하위점수 집단을 비교하는 또 다른 방법은 Phi계수를 비교하는 것이다. 변별도 지수나 Phi계수는 집단구분에 따라 계수가 달라지므로 최근 이러한 계수는 사용하지 않고 문항점수와 총점수의 상관계수로 변별도 지수를 추정한다.

문항의 반응분포 *distractor analysis*는 선다형검사 *multiple-choice tests*에서 피검자가 정답을 가려야 하는 문항선지 *item distractors*의 응답비율을 분석하는 방식이다. 만약 응답선지가 4개이고 정답에 반응한 비율이 50%였다면 나머지 3개 선지에 대한 응답비율이 약 17% 정도로 고르게 응답되었다면 이런 문항은 좋은 문항이라고 할 수 있다. 왜냐하면 좋은 문항인 경우는 답을 아는 개인은 올바른 답을 반드시 고를 수 있어야 하고 답을 모르는 개인은 다른 가능한 답에 대해 무작위로 응답함으로써 나머지 선지의 응답 비율이 비슷하게 되기 때문이다. 따라서 만약 응답을 제외한 다른 선지의 응답 비율이 고르지 않고 어떤 한 선지의 응답 비율이 높다면 좋은 문항이라고 볼 수 없다.

검사점수의 분포 *score distribution*는 자연상태에서 피검자들이 보이는 속성수준의 분포는 정규분포를 따를 것으로 기대되기 때문에 모든 피검자들의 검사점수 분포를 검토할 때 검사점수가 정규분포에서 벗어난다면 그 검사에는 문제가 있음을 나타낸다. 앞서 문항의 난이도와 연관지워 생각해 볼 때 난이도가 중간정도인 경우는 다양한 개인들이 다양한 점수를 보이고 검사점수 분포에서 변산도 *variability*가 높고 따라서 높은 변별력을 가진다고 볼 수 있다. 따라서 피검자들의 검사 점수의 정규분포 또는 편포 *skewedness* 정도를 가림으로써 문항분석의 자료로 이용할 수 있다.

요인분석 *factor analysis*은 하나의 검사가 단일한 구성개념이나 속성을 평가하고자 시도했던 목적이 달성되었는지를 검토하는데 사용된다. 검사제작자가 하나의 속성을 잴 목적으로 검사를 개발하였을 경우 이러한 검사의 일개념성을 입증해야 한다. 물론 종합검사 *battery*의 경우 여러 개의 독립된 또는 상관되어 있는 검사들이 한데 묶여 있어서 하나의 상위개념 밑에 여러 개의 하위개념들이 동시에 하나의 구조를 이루고 있을 것으로 본다. 그러나 이 경우에도 역시 각각의 검사에 있어서는 일개념성이 입증되어야 한다. 하나의 검사가 하나의 구성개념만을 재고 있는지를 보기 위해서는 다음의 요인분석방식을 사용하게 된다 : 주성분분석, 공통요인분석. 주성분 분석 *principal component analysis*은 문항들간의 상관계수 매트릭스를 가지고 주성분 분석을 하면 첫번째 주성분이 전체 변량중에서 얼마만큼의 변량을 설명하는지를 알 수 있다. 첫번째 주성분에 의해 설명되는 변량의 백분율이 높아질수록 일개념성의 가능성이 커진다. 주성분분석이 단순한 자료의 축소 *data reduction*를 위한 방법이라면 공통요인분석

*common factor analysis*은 자료 축소는 물론 측정 자료속의 잠재되어 있는 속성(공통요인)들을 찾아내는 방법이다.

문항 편파성 *item bias*은 두 집단의 개인들이 동일한 속성수준에 있지만 집단의 특성 때문에 어떤 문항에 정답할 확률이 다르면 그 문항은 편의되어 있다고 할 수 있다. 다시 말하자면 문항들이 어떤 특정 집단에 불리하거나 유리하게 편포되어 있다는 것이다. 이와같이 문항이 편포되어 있을 경우 검사의 실시 결과 역시 편포되게 된다. 문항편파성이란 다른 집단간 평균점수의 차이를 의미하는 것이 아니라 집단간 변인들간 관계의 차이를 의미한다. 문항편파성이 있다면 검사와 준거간, 문항과 검사간, 개별 문항과 다른 문항간 관계에 있어서 집단간 차이가 나타나게 된다. 예를 들면 다른 인종간 지능검사 평균치의 차이가 문제되는 것이 아니라 지능검사 점수가 두 집단간 차이있는 타당도를 보임으로써 학업성적을 예견하는 정도가 차이가 나는 경우 문항편파성이 있다.

5. 척도 개발

이 부분에서는 앞서 서론부분에서 지적되었던 척도 구성에 대해 보다 자세하게 검토하고자 한다. 앞서 지적된 바와같이 척도구성을 위한 가장 직관적인 방법은 안면타당도를 근거로 하는 것이다. 이러한 방식의 가장 기본적인 사례는 단일 차원을 설명해준다고 가정되는 단일 척도방식이다. 이러한 경우 단일 차원을 측정하는 검사문항들이 선정되며 이들 문항은 난이도 수준에서만 차이가 있게 된다. 이러한 검사의 예로서 Bender-Gestalt검사(Bender 1938)를 들 수 있다. 이 검사는 시각-운동통합과 연관되는 기본적인 시각-통합기술을 측정한다고 여겨지는 각 문항들이 난이도에 따라 배열된다. 또다른 예로서 안면타당도를 근거로 하여 제작된 우울증검사를 들 수 있겠다. 이러한 검사는 우울증의 증상을 나타내는 문항을 선정하여 척도로 구성된다. 이러한 경우 척도는 검사 제작자 또는 다른 임상전문가의 인상에 근거하고 있거나 우울증이 무엇인가에 대한 기저의 이론을 반영하고 있다. 일반적으로는 명확한 이론적 근거가 있는 척도가 선호되는데 그 이유는 이러한 검사는 보다 복잡한 타당도 검증을 가능하게 해주기 때문이다.

안면타당도에 의한 척도구성과는 다르게 문항의 경험적 속성을 이용하여 척도를 구성하는 세가지 방법이 있다 : 첫째 두 집단을 최대로 변별해주는 일련의 문항들을 척도로 구성하고 둘째 준거와 높은 상관을 보이는 일련의 문항들을 척도로 구성하며 세째 요인분석 결과 하나의 요인으로 밝혀진 일련의 문항들을 척도로 구성하는 방법들이다.

각각의 방법을 간단하게 살펴보자. 첫번째 경우 MMPI의 우울증 척도를 들 수 있는데 우울증으로 진단된 환자집단과 통제집단의 반응을 비교하여 두 집단간 변별력이 가장 높은 문항을 가려서 척도로 구성한다. 이러한 경우 집단 선정이 적절해야 하며 만약 우울증집단이나 대조집단이 적절하게 표집되지 않았을 경우 문제가 생기게 된다. 두번째 경우 외적 준거와의 상관관계를 근거로 하여 높은 상관관계를 보이는 문항이 선정된다. 예를 들면 우울증 척도를 구성할 때 외적 준거와의 상관관계를 근거로 한다면, 우울증환자에 대한 임상가의 평정척도나 우울증의 생리적 지표—예를 들면 dexamethasone supression 검사의 결과—를 외적 준거로 사용하여 이러한 외적 준거와 상관관계가 높은 문항을 척도로 구성한다. 이와같은 경우 외적 준거의 적절성 정도에 따라 문항구성의 타당도가 결정될 것이다.

세번째 경우는 문항들간 상관관계를 근거로 하여 추출된 요인에 따라 척도가 구성된다. 동일 요인으로 부하된 문항들은 요인점수에 의해 나타날 수 있는 기저의 특성과 관련된다고 여겨진다. 처음 요인식을 직교회전하고 요인부하에 관한 몇 가지 준거를 이용하여 어느 요인에 부하된 문항들이 독립적인 척도군인지를 확인할 수 있다. 척도 구성과 관련되는 또 다른 요인분석방식은 지표요인 *marker variable*을 사용하는 방식이다. 즉 어떤 특성을 나타내는 것으로 알려진 변인을 사용한다. 이 방법을 이용해서 우울증과 관련된다고 알려진 일련의 변인에 따라 문항을 요인분석함으로써 우울증 척도를 만들 수 있다. 지표요인과 요인을 공유하는 문항들을 선정하여 우울증 척도에 포함시킨다.

이러한 방법들을 결합시켜서 척도를 만들 수 있다. 예를 들면, 안면타당도를 근거로 원문항을 만들고 나서 상관관계 분석을 통해 이를 확증할 수 있다. 그리고 나서 결과적으로 얻어진 문항을 요인분석해서 검사구조에 대한 가설의 타당성을 입증할 수 있다. 후자의 과정은 한 검사문항에서 새로운 척도를 개발하기 위해서 사용하는데, 예를 들어 Luria-Nebraska 검사의 원문항을 안면타당도에 의해 선정하고 나서 문항-척도 상관에 의해 타당성을 입증할 수 있다.

일단 척도가 완성된 후에도 계속 문항분석을 할 수 있다. 예를 들어 한 척도에서 중복되는 문항이 있을 경우 삭제한다거나 척도의 전체 점수와 관련이 없는 문항과 외적 준거와 상관이 낮은 문항도 삭제할 수 있다. 요인분석 결과로 얻어진 척도는 관심의 대상이 되는 특성에 대한 예언을 최대화시키는 최소한의 문항수를 결정함으로써 줄어들게 된다.

척도의 길이는 다음과 같은 기준을 고려하여 결정된다. 첫째 이론적 기준으로서 관심의 대상이 되는 영역이 적절하게 표집되었다는 사실을 확신할 수 있어야 한다. 둘째 실제적인 기준으로서 실시 시간이 적절해야 한다. 세째 절차상의 문제로서 임상적인 정보를 적게 제공하면서 지나치게 실시상의 어려움을 주는 문항은 삭제해야 한다. 네째 심리측정적 기준으로서 신뢰도와 타당도의 적정 수준을 유지할 수 있어야 한다.

6. 신뢰도

일단 척도가 만들어지고 나면 그 척도의 심리측정적 속성을 분석하게 되며 이 단계에서 부가적인 문항분석을 하게 된다.

Kerlinger(1973)는 신뢰도 *reliability*와 동의어로 신뢰 가능성, 안정성, 일관성, 예언가능성등의 용어를 사용했으며 신뢰도란 특정한 도구의 정확성에 대한 평정이라고 정의하였다. 이론적으로 특정 도구의 신뢰도 추정치는 제작된 검사가 관심의 대상이 되는 특성에 대한 진 측정치와 얼마나 일치하는지를 나타내준다. 심리측정에서 신뢰도란 관심의 대상이 되는 특성에 대한 관찰점수와 진점수간의 상관계수를 자승한 값을 말한다(Allen과 Yen 1979). 진점수는 추정할 수만 있지 측정할 수는 없는 이론적인 개념이다. 신뢰도를 추정하는 계산법은 모두 특정한 특성에 대한 진점수와 검사점수간의 관계를 추정하는 것이다.

검사에서 측정하고자 하는 특성과 문항의 유형 그리고 검사 사용자의 필요에 따라 여러가지 신뢰도 계산법이 사용되는데, 이 모든 방법은 오차를 체계적으로 통제하면서 도구의 정확성(신뢰도)을 추정하는 것이다.

다음에 기술될 신뢰도에 관한 내용은 『심리검사제작의 이론과 실제』 심리측정의 개관(신뢰도와 타당도를 중심으로(박동건 1992))에서 인용되었다.

1. 검사-재검사 신뢰도

가장 전형적인 신뢰도는 시간 경과에 따른 검사의 안정성을 재는 검사-재검사 신뢰도 *test-retest reliability*, 초기 실시의 점수와 일정한 시간이 흐른 뒤에 동일한 도구에서 얻은 점수간의 상관 정도를 알아보는 것이다. 이 방법의 기본 가정은 검사에서 측정하고 있는 특성이 시간적 안정성을 갖는다는 것이다. 따라서 검사-재검사 방법은 상태불안이나 뇌손상 정도를 측정하려는 도구에는 적절하지 않다. 비록 안정된 특성이라 할지라도 검사에서 측정하려는 특성이외에 다른 많은 요인이 검사 점수에 영향을 미치기 때문에 완벽한 검사-재검사 신뢰도를 갖는 검사는 없다. 이와같은 가외변인으로는 피로, 환경조건(실내온도, 소음, 두 검사사이에서 경험한 개인적인 일), 검사자의 검사실시 방법 등이 있다. 또한 표본의 영향을 받기도 하는데 예를 들면 일차검사에서 점수가 매우 높거나 낮았던 동질적 집단이 재검사를 받았다면 처음 점수가 극단적이었다면 우연한 변동이 있게될 확률이 높고 결국 그 검사의 안정성을 과소평가하게 될 수 있다.

검사-재검사 신뢰도의 또 다른 중요한 측면은 시간 경과에 따라 검사 점수가 어느 정도 변화하는가를 추정하는 것이다. 재검사 신뢰도의 상관계수를 통해서는 점수분포상의 상대적 위치에서 점수가 얼마나 지속되는가를 추정할 수 있을 뿐이다. 따라서 점수 수준이 얼마나 변화했는지를 알아보기 위해서는 변량분석의 반복측정치를 알아보아야 한다(Franzen 1989).

검사-재검사 신뢰도 계수를 해석할 때 다음의 몇 가지 제한점을 염두해 두어야 한다. 1차 검사실시의 경험이 2차 검사실시에 영향을 미칠 수 있는데, 이러한 시행효과는 도구의 안정성을 과소평가하거나 과대평가하도록 만든다(Allen과 Yen 1979). 두 검사간의 시간 길이는 측정하는 특성에 따라 다른 효과를 갖는다. Allen과 Yen (1979)에 따르면 시간간격이 짧을 때는 기억, 연습, 혹은 기분이 영향을 미치며, 시간간격이 길 때는 새로운 정보를 획득할 가능성과 기분변화로 인한 효과가 영향을 미친다. 일반적으로 재검사 신뢰도는 성취동기나 인성을 측정하는 검사 보다는 안정되어 있다고 가정되는 능력을 측정하는 검사에 보다 적합하다고 볼 수 있다.

2. 동형검사 신뢰도

동형검사 신뢰도 *parallel-form reliability*는 2차 검사실시 때 동형의 검사를 실시한다는 점만 제외하고는 검사-재검사 신뢰도와 유사하다. 따라서 이 계수는 검사형태상의 중복의 정도와 시간상의 안정성을 보여준다.

적절한 동형검사 신뢰도는 두 가지 형태의 검사문항이 모두 동일 전집의 문항에서 추출된 표본이라는 사실을 전제로 하고 있다. 동형검사 신뢰도가 낮은 것은 두 검사가 동일한 특성이나 기술을 측정하고 있지 못함을 의미한다. 만약 두 검사의 문항이 동일 전집의 문항일지라도 전집의 다른 구성요소에서 추출된 경우는 상관계수가 낮을 것이다. 예를 들어 운동능력을 측정할 때, 한 척도의 문항은 손가락 운동에 관한 것이고 다른 척도의 문항은 손운동에 관한 것이라면 동형검사 신뢰도에서 두 척도간 상관계수는 낮게 산출될 것이다.

동형검사 신뢰도는 검사-재검사 신뢰도와 마찬가지의 제한점을 갖는다. 따라서 이러한 동형검사 신뢰도는 연습효과를 드러낸다는 점을 예견해야 한다. 이러한 가외변인에 의한 효과는 문제해결을 위한 특정한 인지 스타일을 요구하거나 두 검사에 적용될 수 있는 인지 셋트를 요구하는 검사에서 가장 두드러지게 나타날 것이다.

3. 반분 신뢰도

반분신뢰도 *split-half reliability*란 단일 척도를 두개의 검사로 나누어서 실시하는 일종의 동형검사 신뢰도로서 문항간의 일치 정도를 알아보기 위한 것이다. 이 신뢰도는 시간상의 안정성을 측정해 주지는 못하지만 일회만 실시한다는 장점을 지니고 있다. 이 방법은 모든 문항이 중심적인 구성개념을 측정함에 있어서 동일하게 영향을 준다는 점을 가정하고 있다.

이 방법의 중요한 문제점은 문항을 어떻게 분리할 것인가이다. 일반적으로 가장 널리 사용되는 방법은 기수와 우수에 따라 문항을 나누는 방법이며, 문항을 앞부분과 뒷부분으로 나누는 방법도 사용되다. 그러나 후자의 방법은 속도 검사와 난이도 순으로 배열된 검사에서는 적합하지 않다. 또 다른 방법으로는 무선적인 추출방식이 사용되기도 하지만 이 방법은 복잡하고 불필요한 절차를 요구한다.

반분신뢰도를 사용할 경우 검사의 반으로 신뢰도를 구하기 때문에 다른 신뢰도 계수보다 낮아지게 된다. 일반적으로 검사의 길이가 길어질수록 신뢰도가 높아지는데 그 이유는 내용 표집에 기인한 오차가 감소하기 때문이다. 이러한 문제를 해결하기 위하여 Spearman-Brown공식을 사용하는데, 이 공식은 문항의 수가 감소하지 않았을 경우 상관계수를 추정하는데 사용된다. 공식은 아래와 같다.

$$r_{tt} = \frac{2r}{1+r}$$

r은 두 반분검사간 상관계수를 나타내며 r_{tt}는 전체 신뢰도 계수의 추정치이다.

보다 일반적인 Spearman-Brown공식은 한 척도내의 문항수를 증가시키거나 감소시키는 것이 신뢰도에 미치는 효과를 추정하는데 사용될 수 있으며 그 공식은 다음과 같다. 이 공식에서 n은 각 검사에서의 문항수의 비율이다.

$$r_{tt} = \frac{nr}{1+(n-1)r}$$

이 공식에 따르면 60문항으로 시작하고 r=.5일 때 문항을 150문항으로 증가시킴으로써 신뢰도에 미치는 효과를 알고 싶다면, 위의 공식에 대입하여 간단하게 계산된다. 각 검사에서의 문항수의 비율인 n은 150/60으로 2.5가 되고 이를 대입하면 신뢰도 추정치는 .7이 된다. 이러한 계산법은 검사를 사용하기 전에 문항의 감소나 증가가 척도의 신뢰도에 미치는 영향을 신속하게 알 수 있게 해준다.

4. 내적 합치성 신뢰도

반분신뢰도는 내적 합치성에 대한 측정치이지만, 이는 검사를 두 부분으로 나누는 방식의 수 만큼의 신뢰도 추정치를 산출하게 됨으로써 단일의 추정치를 산출하지 못한다. 즉 반분하는 방법에 따라 신뢰도계수가 달라진다. 이러한 점을 극복하여 내적 합치도를 보다 정확하게 측정하기 위해 만들어진 공식들이 Kuder-Richardson 20(KR20), Cronbach alpha 계수가 있는데 KR 20은 선택지가 두개(진/위, 정/오)인 검사에 사용되고, 알파계수는 선택지가 여러 개인 검사에 사용된다. 이 가운데서 Cronbach의 알파계수에 대해 간단히 기술해 보기로 하겠다.

1951년 Cronbach는 내적 합치도 추정방법을 정리하고 이를 Cronbach alpha라고 알려진 일반공식과 연결시켰다. Cronbach alpha 공식은 다음과 같다.

$$\alpha = \frac{n}{n-1}\left[1 - \frac{\Sigma\sigma^2_i}{\sigma_x}\right]$$

여기서 n은 검사문항수, $\hat{\sigma}^2_i$는 문항 i의 분산, $\hat{\sigma}^2_x$는 검사 총분산이다. 알파는 이분채점문항, 혹은 태도질문지, 논술형 시험상의 문항등을 포함한 다양한 채점방식에 두루 적용될 수 있다.

예를 들면 각 10점인 네개의 논술형 문항을 포함한 검사를 시행한 결과 $\hat{\sigma}_1{}^2=9$, $\hat{\sigma}_2{}^2=4.8$, $\hat{\sigma}_3{}^2=10.2$, $\hat{\sigma}_4{}^2=16$이라고 하자. 검사총분산 $\hat{\sigma}_x{}^2=100$이라면

$$\alpha = \frac{4}{3}\left[1 - \frac{9+4.8+10.2+16}{100}\right] = .80$$

위 공식에 따라 알파계수는 .80이 되며 이 경우 총검사 변량의 적어도 80%가 진점수 분산에 기인한다고 말할 수 있다.

5. 신뢰도계수에 영향을 미치는 요인

모든 신뢰도 측정치를 상관정도에 따라 구하기 때문에 문항과 피험자 변산의 영향을 받게 된다. 첫째, 신뢰도계수의 크기는 피험자집단의 진점수와 오차점수의 변산의 함수이다. 따라서 피험자 집단이 동질적일수록 신뢰도계수는 낮아진다. 왜냐하면 집단이 동질적일수록 관찰점수의 변산이 커지므로 이에 따라 신뢰도계수는 낮아지게 된다. 둘째 시간 제한이 있는 검사의 경우 검사시간에 기인한 검사 수행의 일관성 때문에 신뢰도 추정치가 부당하게 증가된다. 세째 진점수 분산과 관찰점수 분산에 영향을 주는 요인은 검사 길이이다. 신뢰도는 검사 길이가 길어짐에 따라 증가하며 증가의 폭은 검사의 길이가 길어짐에 따라 증가의 폭은 감소하는 경향이 있다.

7. 타당도

타당도 *validity*란 "검사가 측정하고자 하는 것을 제대로 측정하고 있는지?"와 "검사에서 임상가가 필요로 하는 정보를 얻을 수 있는지?"에 관한 문제이다. 검사에 관한 대부분의 연구는 거의 타당도 문제에 관한 것이며 이에 관해서는 많은 논란이 있어 왔으며 내용 타당도, 준거관련 타당도, 구인타당도를 중심으로 하여 타당도 연구가 진행되어 왔다.

최근에 와서 구인타당도 검증을 위해 가장 많이 쓰이는 접근법은 다특성-다방법 *multitrait-multimethod*과 종합분석 *meta-analysis* 방식이다. 이 두 접근법에 대해 보다 자세하게 검토하고자 하는 독자는 『심리검사 제작의 이론과 실제』 문항분석과 검사 타당화(이순묵 1992) 부분을 참고하기 바란다.

1. 내용 타당도

내용타당도 *content validity*는 검사가 재고자 하는 구성개념의 영역을 문항들이 얼마나 잘 대표하고 있는지에 관한 것이다. 이 경우 측정하려고 하는 내용 분야의 전문가에게 검사를 보이거나 또는 누군가에 의해 검사의 내용이 과연 구성개념의 전체 내용에서 뽑힌 만족할만한 표본이라는 판정을 받으면 내용타당도가 있다고 판단된다. 이와같이 내용타당도의 결정은 수량적이지 못하고 검사제작자나 전문가의 판단에 의존한다.

내용타당도의 검토는 검사제작을 위한 예비문항 선정과정에서부터 시작되는데, 때로는 동일한 구성개념을 측정하는 초기의 내용타당도와 후기의 내용타당도가 달라질 수 있다. 이런 경우 후기의 연구자가 초기 연구자와 다른 이론적 배경을 제시하고 이에 따라 초기와 다른 내용을 구성개념의 대표적 내용으로 제시할 것이다. 문항이나 척도의 내용타당도가 낮은 것은 기초 이론에 대한 불완전한 이해와 이론의 부족 혹은 문항 제작에서 과잉 일반화의 결과이다. 예를 들어, 단기기억이 뛰어난 사람은 장기기억도 뛰어나다고 하는 가정은 잘못된 것이다. 장기기억 측정에 효과적인 문항이 단기기억 측정에도 효과적인 것은 아니다.

내용타당도는 성격검사나 적성검사 보다 능력이나 숙달정도에 관한 검사에서 중요하게 다루어진다. 그 이유는 성격이나 적성의 전체 내용이 무엇인지를 기술하기가 어려운 반면 능력이나 숙달정도는 그렇지 않기 때문에 내용타당도가 비교적 의미가 있기 때문이다. 또한 특정분야에 대한 전반적인 능력을 재는 인지적 능력검사에 유용하다.

내용타당도는 "안면타당도"과 구분이 모호하다. 안면타당도는 그 검사가 실제로 무엇을 측정하고 있는지와 관련되는 것이 아니라 어떤 검사가 무엇을 측정하고 있는 것처럼 보이는지와 관련이 있다. 연구자들은 검사가 실제로 측정하고 있는 내용과 표면상으로 측정하고 있다고 보여지는 내용이 차이있는 경우를 발견하게 될 것이다. 이와 같은 안면타당도 역시 검사구성에 있어서 중요하게 고려되어야 한다. 왜냐하면 이러한 안면타당도를 통하여 피검자는 검사가 무엇을 측정하고 있는지를 판단하게 되며 이러한 판단이 피검자의 반응에 영향을 미칠 수 있기 때문이다. 즉 검사가 너무 쉽다거나 너무 어렵다거나 혹은 부적절하거나 불필요하게 보인다면 이러한 안면타당도가 검사태도에 영향을 미쳐서 피검자의 협조적이고 솔직한 응답태도를 결정하는데 역할을 하기 때문이다. 따라서 이러한 안면타당도 역시 검사 구성과정에서 반드시 고려되어야 한다.

2. 준거 타당도

준거-관련 타당도 *criterion-related validity*는 심리검사 제작시에 아주 중요하며 널리 사용되는데 공인타당도 *concurrent validity*와 예언타당도 *predictive validity*로 나뉘어진다. 이 두가지 타당도의 차이점은 주로 검사와 외적 준거간의 시간적인 관계에 있는데, 공인타당도는 관심있는 동일 특성을 측정하는 검사외 다른 대안적 방법에서 측정된 내용과의 관계를 보는 것이며 예언타당도는 미래 행동과의 관계를 보는 것이다. 다시 말하자면 공인타당도는 검사점수와 준거점수가 동일한 시점에서 수집되는 반면 예언타당도는 검사점수와 예측행동 자료가 일정한 시간을 두고 수집된다. 구체적으로 설명하면 새로 개발된 심리검사를 실시해서 얻은 점수와 기존의 검사를 실시해서 얻은 점수간의 상관계수가 공인타당도의 지수가 된다. 예언타당도는 대학 입학당시 불안검사에서 높은 점수가 대학생활에서의 불안신경증이나 부적응을 예측해 주는지를 알아보고자 하는 것이다. 일정한 시간이 지나서 불안점수가 높은 학생들의 불안신경증이나 적응장애 정도를 평가하였을 때 입학 초기의 불안점수가 후기의 불안신경증을 예견하였다면 그 검사의 예언타당도는 높다고 할 수 있다.

준거변인과 심리검사 결과간의 공인적 관계는 심리검사를 사용하는 중요한 장점으로 지적될 수 있다. 왜냐하면 이러한 공인타당도를 통하여 비용과 시간이 절약될 수 있기 때문이다. 예를 들면 뇌손상 환자가 있을 경우 환자의 과거사, 뇌전산화단층촬영법, 뇌파검사, 양전자방출단층촬영법 PET, 자기공명영상법 MRI, 다른 생화학적 검사를 통하여 뇌손상여부를 진단할 수 있지만 이 경우 너무 많은 비용이 들게된다. 이런 경우 신경심리검사와 광범위한 생리측정치간의 공인타당도가 밝혀지면 시간과 비용을 절약하고 간단하게 정확한 진단을 내릴 수 있게 된다. 만약 신경심리검사 결과와 뇌손상 후의 기능 변화간의 예언적 관계가 밝혀지게 된다면 이는 생리적 검사에서 얻을 수 있는 것 이상의 정보를 보다 쉽게 얻을 수 있게 해준다.

3. 구인 타당도

구인 타당도 *construct validity*는 검사가 재고자 하는 이론적 개념이 검사에서 재어지고 있는 정도를 말한다. 이는 다른 타당도보다 복잡하며 장기간에 걸친 자료수집을 필요로 한다. 구인타당도는 검사점수와 검사에서 측정하고자 하는 변인과의 관계를 검토할 뿐만 아니라 검사가 측정하고자 하는 영역과 직접적인 관계가 없는 변인과의 관계도 검토한다. 따라서 검사에서 측정하고 있는 특성에 대한 추론적 개념을 설정하고 관심의 대상이 되고 있는 특성에 따라 다양한 방식으로 가설을 설정하게 된다.

구인 타당도를 검증하는 다른 접근법은 근본적으로 동일한 특성을 재는 다른 검사들에 대한 상관관계 뿐만 아니라 특성과 관련이 없는 측정치들과의 관계도 밝히는 것이다. 예를 들면 특정한 지적 능력은 동일한 지적 능력을 측정하는 다른 검사 점수와는 높은 상관관계를 보이는 반면 지능과 관련이 없는 건강염려증과는 상관을 보이지 않음을 밝힌다. 이러한 상호관계를 검토하는 과정에서 연구의 효율성은 가설의 정확성에 따라 결정되는데 이는 연구자가 측정하고자 하는 특성을 얼마나 정확하고 깊이 이해하고 있는가에 달려 있다. 검사의 구인 타당도는 측정하고 있는 특성과 유사한 특성을 추정한다고 가정되는 검사와는 중간 정도 이상의 높은 상관관계를 보여야 하는 반면 관련이 없는 특성을 측정하고 있는 검사와는 매우 낮은 상관관계를 보이거나 전혀 상관관계를 보이지 않을 경우 지지된다.

구인타당도를 연구하는 또다른 방법은 요인분석을 이용하는 것으로서 측정하고 있는 특성과 이론적 배경을 기초로 하여 특정 검사의 요인구조에 대한 가설을 설정한 후 이 가설을 검증하기 위해 요인분석을 실시하게 된다. 예를 들어 Luria-Nebraska검사에 대해 작업할 때 뇌기능이론으로부터 예언이 설정된다. 이러한 예언은 문항의 상호관계로 정의되고 이러한 가설을 검증하기 위해 요인분석이 시행된다.

이상과 같이 검사제작과정에 대해 살펴본 바에 의하면 검사제작은 측정에 대한 이론적 배경, 문항선정, 검사구성, 심리측정학적 연구, 규준연구등의 여러 단계의 작업으로 이루어진다. 이러한 과정을 거쳐서 일단 심리검사가 제작된다 하더라도 완벽한 검사는 존재하지 않으므로 계속 이러한 작업이 진행되어 보다 유용한 심리검사가 개발될 수 있어야 한다.

6

심리검사의 선정과 시행

효율적인 심리평가를 수행하기 위해서 임상심리전문가는 무엇보다 각 사례에 적절하고 유용한 심리검사를 선정할 수 있어야 한다. 이와같은 심리검사 선정을 위해서는 각 심리검사가 지니고 있는 검사로서의 기본 조건과 특징, 장단점을 이해하는 것이 요구된다. 또한 심리검사를 적절하게 시행할 수 있도록 검사의 표준절차에 따라야 하며 피검사자의 정서적 안정이 이루어지도록 주의깊은 노력을 기울여야 한다. 심리검사의 선정과 심리검사의 시행이 심리평가 결과에 직접적인 영향을 미치지 않을 것이라고 판단하여 이 과정을 소홀이 한다면 중요한 오류를 범하게 된다. 이 가운데서도 심리검사 실시는 대단히 중요하기 때문에 아무리 강조하여도 지나치지 않을 것이다. 효율적인 심리평가가 이루어지기 위해서는 훌륭한 심리검사의 제작, 심리검사의 올바른 시행, 그리고 임상가의 전문적인 심리평가의 능력이 요구된다고 생각된다. 이러한 관점에서 보면 소홀히 하기 쉬운 심리검사의 선정과 시행이 올바른 심리평가에 있어서 차지하는 중요성이 결코 미미한 것이 아님을 알 수 있을 것이다. 이제 올바른 심리검사의 선정과 시행을 위해 심리검사의 유형과 심리검사의 유형별 장단점에 대해 먼저 살펴보기로 하자.

1. 심리검사의 유형

심리검사는 측정되는 내용과 검사 제작방법에 따라 투사적 검사 *Projective tests*와 객관적 검사 *Objective tests*로 구별될 수 있다. Murray (1938)는 검사 자극이 모호할수록 지각적 자극을 인지적으로 해석하는 과정에서 개인의 욕구와 관심과 심리적 구조의 영향을 더 강하게 받는다고 지적함으로써 이와같은 특징을 지니고 있는 투사적 검사의 유용성 특히 개인의 인격 특성을 반영하는 검사로서의 유용성을 강조하였다. 이와같이 투사적 검사는 개인의 독특한 심리적 특성에 관심을 가지고 이러한 개인의 독특성을 측정하기 위한 비구조적 검사 과제를 제공한다는 점이 특징적이다. 이러한 투사적 검사는 무제한으로 개인들의 다양한 반응을 허용해 주기 위해 검사 지시 방법이 간단하고 일반적인 방식으로 주어진다. 또한 동일한 이유로 검사 자극이 불분명하고 모호한 특징을 지니고 있다. 따라서 투사적 검사는 비구조적 검사 *unstructured test* 혹은 개체특징 기술적 검사 *idiographic test*라고 불리울 수 있다. Exner (1986)는 투사적 검사의 특징을 다음과 같이 정리하고 있다. "---상대적으로 비구조화된, 그러나 표준화된 상황에서 피검사자가 반응하도록 요청되고 이에 따라 피검사자의 반응은 거의 제한없이 자유롭게 일어난다."

이와 반대로 객관적인 검사는 검사 과제가 구조화되어 있다. 즉 검사에서 평가되는 내용이 검사의 목적에 따라 일정하게 준비되어 있고 일정한 형식에 따라 반응된다. 예를 들면 우울장애를 측정하기 위한 검사일 경우 우울장애에 관한 내용이 질문으로 구성되고 일정한 방식에 따라 응답된다. 따라서 개인의 독특성 보다는 개인마다 공통적으로 지니고 있는 특성이나 차원을 기준으로 하여 개인들을 상대적으로 비교하려는 목적을 지닌, 구조적 검사 *structured test*이자 발견법칙적 검사 *nomothetic test*라고 할 수 있다.

투사적 검사와 객관적 검사 모두 표준화된 검사이기 때문에 검사 도구나 검사 시행방법, 반응의 채점방식은 일정한 표준절차에 따른다. 그러나 투사적 검사는 검사로서의 이러한 표준화 조건을 갖추고는 있으나 비구조적 검사라는 특징 때문에 때로는 투사적 기법이라고도 불리운다. 이러한 명칭은 투사적 검사가 구조화된 검사에 비해 검사로서의 조건을 충분히 갖추고 있지 않다는 의미를 함축하고 있다. 그러나 독자들은 투사적 검사와 객관적 검사의 차이점을 통하여 임상장면에서 개인을 이해하기 위해 투사적 검사가 선호되는 이유를 발견하게 되고 투사적 검사의 임상장면에서의 중요도를 짐작할 수 있을 것이다. 앞으로 투사적 검사와 객관적 검사의 장단점이 비교되면서 지적되겠지만 투사적 검사는 심각한 비판에도 불구하고 임상장면에서의 실제적인 가치와 효율성으로 인하여 존속되고 있는 소중한 검사라고 여겨진다.

투사적 검사와 관련하여 지적되어야 할 점은 투사라는 개념이 정신분석에서의 투사 방어기제와 혼돈될 수 있다는 점이다. 앞서 Murray에 의해 지적된 투사는 일반적인 개인적 반응 전반에 걸쳐서 확대적으로 적용되는 개념인 반면 정신분석적 개념은 내적으로 경험된 갈등이나 위험을 외적인 위험으로 투사하는 방어기제로서의 지각적 활동에 적용되는 개념이다. Frank(1938)는 Murray의 개념을 기초로 하여 개인의 욕구와 관심, 성격적 구조를 투사시키는 목적을 지닌 모든 검사를 투사적 검사라고 명명하였다. 이러한 투사적 검사의 장단점을 살펴보기로 하자. 다음에 제시되는 투사적 검사, 객관적 검사의 장단점은 주로 Kline(1993)의 『The Handbook of Psychological Testing』에서 인용되었다.

투사적 검사의 장점

1. **반응의 독특성** : 임상장면에서 보면 투사적 검사반응은 면담이나 행동관찰, 객관적 검사반응과 다르게 매우 독특한 반응을 제시해주며 이러한 반응이 개인을 이해하는 데 매우 유용하다는 점이 밝혀지고 있다.

2. **방어의 어려움** : 반응과정에서 피검사자는 불분명하고 모호하고 신기한 검사자극에 부딪쳐서 적절한 방어를 하기가 어렵게 된다. 특히 객관적 검사와는 다르게 자극의 내용이 불분명하기 때문에 피검사자가 자신의 반응 내용을 검토하고 자신의 의도에 맞추어 방어적으로 반응하는 것이 어렵게 된다.

3. **반응의 풍부함** : 검사자극이 모호하고 검사 지시 방법이 제한되어 있지 않기 때문에 개인의 반응이 다양하게 표현되며 이러한 반응의 다양성이 개인의 독특한 심리적 특성을 반영해준다.

4. **무의식적 내용의 반응** : 실제 투사적 검사는 자극적 성질이 매우 강렬하여 평소에는 의식화되지 않던 사고나 감정이 자극됨으로써 이러한 전의식적이거나 무의식적인 심리적 특성이 반응될 수 있다.

투사적 검사를 실제 사용하는 임상가는 이러한 투사적 검사의 장점을 익히 알고 있음에도 불구하고 다음과 같은 문제점으로 인하여 투사적 검사의 가치에 의문을 느끼게 된다. 투사적 검사의 문제점은 Vernon(1963)에 제기되었는데 그 내용은 다음과 같다.

투사적 검사의 문제점

1. **검사의 신뢰도** : 투사적 검사는 신뢰도–검사자간 신뢰도, 반분신뢰도, 재검사신뢰도 등–검증에 있어서 전반적으로 신뢰도가 부족하다는 연구결과들이 보고되고 있다. 특히 재검사 신뢰도는 매우 낮게 평가되고 있다.
2. **검사의 타당도** : 대부분의 투사적 검사의 경우 타당도 검증이 매우 빈약하고 그 결과는 매우 부정적이다. 다시 말하자면 투사적 검사를 통해서 내려진 해석의 타당성은 대부분 객관적으로 입증되는 자료가 아닌 임상적인 증거를 근거로 하고 있다.
3. **반응에 대한 상황적 요인의 영향력** : 투사적 검사는 여러 상황적 요인에 의해 강한 영향을 받는 것으로 나타나고 있다. 예를 들면 검사자의 인종, 성, 검사자의 태도, 검사자에 대한 피검자의 선입견 등이 검사반응에 강한 영향을 미친다는 것이다.

이러한 투사적 검사의 문제점 제기에 대해 Holzberg와 Weiner는 『The Rorschach Psychology』(Rickers-Ovsiankina 1977) 제17장, 제18장에서 그 타당성을 반박하고 있다. 즉 투사적 검사에 대한 비판은 투사적 검사가 지니고 있는 특수성을 고려하지 못한 결과이며 이러한 문제점이 상당 부분 투사적 검사의 독특한 검사 특징에서 비롯된 것이지 실제적인 문제점이 아니라는 반박과 방어적 입장을 취하고 있다. 투사적 검사의 신뢰도와 타당도 문제는 이 책 9장 로샤검사의 신뢰도와 타당도 부분을 읽으면서 검토될 수 있을 것이다. 따라서 독자는 제9장에 제시된 로샤검사의 신뢰도와 타당도 내용을 숙독하기 바란다.

다음은 객관적 검사의 장점과 문제점을 살펴보기로 하겠다. 여기서 제시되고 있는 객관적 검사란 주로 질문지형으로 표준화된 성격검사를 말한다.

객관적 검사의 장점

1. **검사 실시의 간편성** : 객관적 검사는 시행과 채점, 해석의 간편성으로 인하여 임상

가들에게 선호되는 경향이 있고 검사에 따라서 차이가 있지만 일반적으로 시행 시간이 비교적 짧다는 장점도 있다.

2. **검사의 신뢰도 및 타당도** : 투사적 검사에 비해 검사 제작과정에서 신뢰도와 타당도 검증이 이루어지고 신뢰도와 타당도가 충분한 검사가 표준화되기 때문에 검사 신뢰도와 타당도가 높다는 장점이 있다.

3. **객관성의 증대** : 투사적 검사에 비해 검사자 변인이나 검사 상황변인에 따라 영향을 적게 받기 때문에, 그리고 개인간 비교가 개관적으로 제시될 수 있기 때문에 객관성이 보장될 수 있다.

객관적 검사의 문제점

1. **사회적 바람직성** : 문항의 내용이 사회적으로 바람직한 내용인가에 따라 문항에 대한 응답 결과가 영향을 받는다. 피검자들은 문항 내용이 표면적으로 드러나는 객관적 검사에서 바람직한 문항에 대해 긍정적으로 반응하는 경향이 있다. 다시 말하자면 내용에 따라 방어가 쉽게 일어날 수 있다는 것이다.

2. **반응 경향성** : 개인이 응답하는 방식에 있어서 일정한 흐름이 있어서 이러한 방식에 따라 결과가 영향을 받는다. 예를 들면 긍정적으로 일관되게 응답하거나 아니면 부정적으로 일관되게 응답하는 개인의 경향이 있다. 이러한 경향성은 피검자의 순수한 반응에 오염변인으로 작용한다.

3. **문항 내용의 제한성** : 객관적 검사문항이 특성 중심적 문항에 머무르기 때문에 특정 상황에서의 특성-상황 상호작용 내용이 밝혀지기 어렵다. 즉 특성-상황 상호작용 입장에서 성격 기술이 어렵고 사태 변인을 고려하는데 실패함으로써 검사 결과가 지나치게 단순화되는 경향이 있다. 또한 문항 내용으로 행동을 주로 다루는 한편 감정이나 신념을 문항으로 다루지 않는 경향이 있다.

이러한 투사적, 객관적 검사의 장단점을 제시하면서 Kline(1993)은 『The Handbook of Psychological Testing』에서 보완책으로 다음과 같은 점을 제시하고 있다.

첫째 투사적 검사가 신뢰로운 성격검사로 사용될 수 있는 방법으로 G analysis를 제시하고 있다. G 분석에서 변인들은 1 혹은 0로 이원적으로 채점되고 G 지표를 사용하여 피검사자간 상관분석이 이루어지고 피검사자간 상관 모형은 Q 요인분석을 통하여 집단간 판별이 이루어진다. 다시 말하자면 G 분석은 투사적 검사의 반응내용을 이원적 자료로 채점하고 이를 통계적으로 처리하는 방법이다. 예를 들어 보자. 어떤 피검자가 나무그림을 그리면서 종이 중앙에 나뭇잎이 달리고 꽃이 있고 열매가 있고 가지가 있는 나무를 크게 그렸다고 하자. 그의 반응 내용은 나뭇잎, 꽃, 열매, 중앙 그림, 큰 그림 항목에서도 1로 분류한다. 이와 다르게 다른 피검자는 나무그림에서 나뭇잎이 없고 꽃이 없고 가지가 없는 나무를 그리면서 뿌리가 땅으로 뻗어나오는 모습으로 그렸다고 하자. 이 경우 나뭇잎, 꽃, 열매, 가지 항목에서는 0으로 분류되고 뿌리에서는 1로 분류된다. 이러한 G 분석에 이어서 Q 요인분석을 시행함으로써 집단간 판별과 요인분석이 가능하게 된다. Kline은 이러한 G 분석방법을 투사적 검사에 적용함으로써 객관적인 검사가 제공해줄 수 없는 집단간 판별과 집단간 특성−예를 들면 정신분열증 집단과 우울장애잡단−을 투사적 검사가 밝혀준다는 연구 결과들을 제시해주고 있다. 이에 대해 관심이 있는 독자는 Kline(1993)의 『The Handbook of Psychological Testing』 제16장을 참고하기 바란다.

둘째 객관적 검사의 문제점을 보완할 수 있는 문항 구성 방법, 반응 경향성을 줄이는 척도 구성의 방법등을 자세하게 제시하고 있다. 이 부분에 대해 관심있는 독자는 Kline(1993)은 『The Handbook of Psychological Testing』을 참고하기 바란다.

Cattell(1973)은 성격에 관한 정보제공 출처를 다음 3가지로 제시하고 있다. 1. 면담을 통한 생활사 2. 질문지를 통한 검사 결과 3. 실제적인 행동관찰을 통한 자료. 실제적인 행동관찰을 통한 자료는 피검사자에게 측정의 의도가 숨겨진 객관적 검사라고 정의될 수 있는데 질문지를 통한 객관적 검사가 비교적 그 의도가 피검자에게 알려진다는 점과 차이가 있다고 볼 수 있다. 이 방법은 앞서 제시된 투사적 검사나 질문지를 통한 객관적 검사에 비해 잘 사용되지 않는 제3의 성격측정방법이라고 할 수 있다. Kline은 제3의 방법인 행동관찰이 성격측정법으로서 상당한 이점을 지니고 있으며 앞서 제시된 투사적 검사와 질문지검사의 단점을 보완할 수 있다고 제안하고 있다. 그가 제시하고 있는 행동관찰을 통한 객관적 방법의 장점은 다음과 같다.

행동관찰을 통한 객관적 방법의 장점

1. 이 방법은 그 목적이 피검자에게 알려지지 않기 때문에 실제 임상장면에서 적절하게 사용될 수 있다.

2. 질문지법에서와 같은 피검자의 반응 경향성이 방지될 수 있다.
3. 특히 신체반응 측정과 같은 방법은 성격의 횡문화적 연구에 널리 사용될 수 있다.

Kline은 이러한 행동관찰을 통한 객관적 검사법의 장점을 제시하면서 현재는 이 방법이 널리 사용되고 있지 않으나 앞으로 개발될 필요성을 역설하고 있다.

이상과 같이 투사적 검사, 질문지를 통한 객관적 검사, 행동관찰법의 장단점을 살펴보았는데 현재 어떤 심리검사도 완벽한 상태는 아니며 각각의 장단점을 지니고 있으므로 임상가가 이러한 점을 인지하고 검사 제작과정이나 검사 실시 및 해석과정에서 이를 보완하거나 이러한 한계점을 고려하여야 할 것이다. 그리고 투사적 검사와 객관적 검사를 동시에 사용함으로써 각 검사가 지니고 있는 단점을 보완할 수 있을 것이다.

이제까지 투사적 검사와 객관적 검사를 구별하고 그 장단점을 고찰하였다. 그러나 주의할 점은 실제적으로 객관적 검사라 할지라도 임상가의 통찰력이나 경험에 따라서는 객관적 검사 이상의 기능, 즉 투사적 검사의 기능을 발휘할 수 있다는 것이다. 예를 들면 객관적 검사인 지능검사에서 피검자의 반응에서 개인적인 독특한 반응이 드러날 때 이는 투사적 검사와 같은 효과를 나타내고 있다는 것이다. 이러한 경우 숙련된 임상가는 이러한 반응을 개인을 이해하는데 충분히 활용할 수 있다. 다시 말하자면 객관적인 검사라 할지라도 투사적 검사와 같은 반응 특성을 나타낼 수 있다는 것이다. 따라서 경험있는 임상심리학자라면 누구나 객관적인 검사와 투사적 검사의 구별은 없다고 느낄 것이며 객관적 검사의 해석도 투사적 검사의 경우에 못지 않게 생활에 대한 예언적 가치가 있다고 느낄 것이다(김중술 1984). 이러한 점을 고려할 때 임상 실제에서 객관적 검사를 사용하더라도 그 기능은 임상가의 경험에 따라 개인을 깊이 이해하는 도구로 충분히 이용될 수 있다는 점이 지적되어야 할 것이다.

2. 심리검사의 선정

다음은 임상 실제에서 심리검사를 시행하기 전 임상가가 적절한 심리검사를 선정해야 하는 문제를 검토하고자 한다. 그러나 이 부분은 현실적인 한계성으로 인해 선택의 여지가 없는 경우가 많다는 점을 고려한다면 실제적인 의미보다는 임상가가 검사를 사용하면서 검사가 지니고 있는 특성이나 조건을 충분히 인지해야 한다는 점을 부각시키려는 목적에 따라 기술될 것이다.

첫째 심리검사를 선정하려고 하는 경우 심리검사의 목적을 분명히 하고 그러한 목적달성에 적절한 검사를 선정해야 한다. 만약 심리검사 실시 목적이 전반적인 지능평가인 경우 전체 지능수준이 평가될 수 있을 정도의 단순형 지능검사라도 적절할 것이다. 그러나 전체 지능평가보다는 특정 기능들의 효율적 발휘나 장애에 관심이 있는 경우라면 개별 척도들의 점수의 비교가 가능한 개인용 지능검사가 선정되어야 할 것이다. 이와 마찬가지로 만약 뇌손상을 입은 환자에게 신경심리학적 기능 전반에 걸쳐서 평가를 하고자 하는 경우는 바테리형 검사를 시행하는 것이 바람직하지만 특수한 기능손상을 평가하고자 한다면 특수한 기능을 집중적으로 평가할 수 있는 특정 신경심리검사를 선정해야 할 것이다. 또다른 경우로는 만약 심리극을 시행하고 난 다음 심리극의 효과를 평가해보고자 한다면 심리극의 평가에 적절한 심리검사가 선정되어야 할 것이다. 심리극의 효과로 자기 표현의 능동화, 공격적 정서의 안정, 행동화의 안정등이 기대될 수 있다면 이러한 효과를 평가하는데 사용되는 심리검사는 이러한 특성의 변화를 측정하는데 적절한 검사여야 할 것이다.

둘째 표준화된 검사를 사용하는 경우 검사의 신뢰도를 검토해보아야 한다. 대체로 표준화된 검사일 경우 검사 요강에 각 신뢰도 계수가 제시되어 있기 때문에 이러한 검토가 가능할 것이다. 이상적으로는 신뢰도 계수가 <.80이상이 요구되고 특히 재검사 신뢰도가 신중하게 검토되어야 할 것이다. 그러나 현실적으로는 신뢰도 계수가 <.70 이상인 경우라도 실제로 검사를 선정하는데 큰 무리는 없을 것이다.

셋째 표준화된 검사일지라도 검사의 타당도는 검사 요강에 제시되지 않는 경우가 있다. 이는 신뢰도 측정에 비해 타당도 검증이 쉽지 않기 때문에 타당도 검증을 거치지 않고 표준화검사로 사용되기 때문이다. **검사의 타당도가 충분하지 않더라도 신뢰도가 적절하다면 어떤 특성이건 간에 신뢰롭게 측정하고 있으므로 검사의 충분조건이라는 의견도 있지만 사실은 그렇지 않다. 특정 검사의 타당도는 타당도 계수로 단순하게 평가되는 것이 아니다. 검사의 타당도는 타당도 검증이 가능한 방식으로 검사의 결과를 다각적으로 검토함으로써 검증될 수 있다. 실제로 타당도 조건이 충족되는 심리검사는 매우 드물다. 따라서 신뢰도 보다 더 중요한 조건은 타당도라고 볼 수 있다.**

네째 심리검사의 실용성을 고려해보아야 한다. 즉 검사의 시행과 채점의 간편성, 시행시간, 심리검사지의 경제성 등이 검토되어서 가능하면 시행과 채점이 간편하고 시행시간도 적절하고 검사지 비용도 지나치게 부담이 되지 않는 검사가 선정되어야 할 것이다.

따라서 심리검사를 선정하기 전에 심리검사의 조건들—앞서 제시된—을 검토해 보아야 할 것이다. 그리고 검사요강에 제시되어 있다면 검사로서의 특징과 한계점 등을 유의하고 이를 해석과정에서 충분히 고려해야 한다.

3. 심리검사의 시행

이상적으로는 심리검사 반응은 피검자의 특성에 따라서만 결정되어야 하겠지만 실제적으로는 검사 실시조건, 검사 시행방법, 검사자의 제반 특징, 검사자의 태도, 검사자의 피검사자간의 상호관계, 피검사자의 신체적, 심리적 상태, 동기 등에 따라 검사반응이 영향을 받는다. 따라서 이러한 영향을 줄이고 신뢰로운 결과가 산출되기 위해서는 무엇보다 먼저 검사자가 검사 실시의 표준 조건에 절대적으로 따라야 한다. 임상장면에서 자칫하면 검사 실시의 표준 조건이 소홀해지기 쉽다. 특히 객관적 질문지 검사일 경우 검사 실시방법이 간단하고 대체로 검사 시행방법이 유사하기 때문에 크게 신경쓰지 않아도 된다고 생각하기 쉽다. 그러나 아무리 간단한 검사라 할지라도 반드시 검사 시행의 표준방법을 익히고 이를 지켜야 한다는 점을 명심해야 한다. 특히 투사적 검사의 경우 지시방법 등 검사시행 방법의 차이에 따라 검사반응 수, 검사반응 내용에 차이가 나타날 수 있으므로 표준 절차에 반드시 따라야 한다.

라포형성

다음은 검사 시행과정에서 검사자와 피검사자간 라포형성에 주의를 기울여야 한다. 치료관계 형성의 첫번째 단계에서 환자는 치료자를 신뢰하고 치료에 대한 동기를 가질 수 있어야 하며 이를 위해서 치료자는 진지한 관심과 전문적 능력을 갖추고 있어야 한다. 이와 마찬가지로 심리검사 시행에서도 최적의 심리검사가 실시될 수 있으려면 검사자와 피검사자간에 적절한 관계형성 즉 라포 *rapport* 형성이 이루어져야 한다.

심리검사 시행과정에서 라포형성은 심리검사에 대한 피검사자의 관심을 불러일으키고 협조적 태도를 강화해주며 피검사자가 표준 검사 지시에 따르고 있음을 알려주는 검사자의 개입으로 이루어진다(Anastasi 1982). 능력검사에서는 주어진 과제에 피검사자가 최대로 집중하면서 수행하는 노력을 기울이도록 지시해주어야 한다. 성격검사에서는 피검사자가 일상적인 행동을 있는 그대로 솔직하게 응답하도록 요구한다. 투사적 검사에서는 피검사자가 그의 반응을 검열하거나 삭제함이 없이 연상되는 반응을 그대로 응답하도록 격려해 주어야 한다. 이 모든 검사에서 검사자는 피검사자로 하여금 있는 그대로 충분하게 반응하도록 동기를 부여하여야 한다. 실제로 어떤 노련한 임상가라 할지라도 만약 피검사자가 전혀 협조를 하지 않는다면 심리평가를 통하여 얻을 수 있는 정보는 매우 제한될 수 밖에 없을 것이다. 따라서 각 임상가는 나름대로 피검사자의 동기를 부여하고 심리검사 시행에 대한 참여도를 높히는 라포형성의 기술을 터득해야 할 것이다.

일반적으로 임상장면에서 어떤 절차나 태도가 라포형성에 도움이 되는가? 물론 이러한 질문은 사례마다 구체적인 전략이 달라질 수 있기 때문에 해답을 제시하기가 어렵겠지만, 임상 장면에서 저자가 사용하는 일반적인 방식을 소개해보고자 한다. 저자의 생각으로는 피검사자의 동기 수준을 먼저 파악하는 것이 필요하며 치료에 대한 동기 수준이 심리검사에 대한 동기 수준으로 일반화될 수 있다고 여겨지기 때문에 피검사자를 만나면 우선 피검사자에게 치료받으러 오게 된 이유 즉 주요 문제가 무엇인지를 질문한다. 이러한 질문은 환자나 내담자의 당면한 주요 문제를 알려줄 뿐만 아니라 환자나 내담자가 스스로 치료의 필요성에 대해 어떻게 생각하고 있는지를 알려준다. 이러한 질문은 치료나 심리검사에 대한 동기 수준을 검토해보는 기회를 제공해준다. 또한 환자나 내담자에게 가장 도움이 필요하다고 여겨지는 문제에 대해 질문하고 응답태도를 관찰함으로써 동기 수준을 또 다른 각도에서 검토해볼 수 있다.

이와같은 과정을 통하여 환자나 내담자의 동기 수준이 적절하다고 판정되면 심리검사가 왜 필요한지, 이러한 심리검사를 통하여 환자나 내담자에게 어떤 이득이 있는지를 설명해준다. 그리고 심리검사에 대해서는 환자나 내담자의 성격이나 과거나 현재의 생활환경을 알기 위한 검사라고 일반적인 방식으로 다소 모호하게 설명해 준다. 이러한 설명은 지나치게 구체적으로 심리검사에 대해 설명함으로써 환자나 내담자가 심리검사에 대한 편견이나 상상, 불필요한 방어적 태도를 갖는 것을 방지하려는 목적이 있다.

라포형성이 이루어지려면 무엇보다 피검사자가 검사과정에서 경험할 수 있는 정서를 이해하고 이에 적절하게 대처할 수 있어야 한다. 다음은 피검사자에 대해 간략하게 살펴보기로 하자. 그러나 피검사자에 대해 언급하기 전에 지적하고자 하는 점은 라포형성과정에서 피검사자에게 동기를 부여하는 검사자의 개입행동이 검사 시행의 표준 지시를 위반해서는 아니된다는 것이다. 만약 나이 어린 아동이나 학습장애 어린이나 정서적 문제가 있는 성인을 대상으로 하여 표준 절차를 벗어나서 라포형성에 노력을 기울인 경우에는 이러한 점을 고려하여 검사결과를 해석해야 한다. 즉 표준 검사절차에 대한 반응과 격려해주는 개입에 대한 반응의 차이를 인지하고 이러한 차이의 의미를 해석해주어야 한다는 것이다.

피검사자 변인

환자나 내담자는 어떤 심리적 상태에서 심리검사를 받는가? 환자나 내담자가 독특한 정서를 느끼면서 심리검사를 받는다면 이러한 정서가 반응에 반영되고 이로 인하여 반응의 왜곡이 일어나게 되기 때문에 임상가는 심리검사를 받는 순간 피검사자의 심리적 상태를 인식하고 이를 이해하고 있어야 한다. 특히 심리평가가 심리검사에 의존하여 기계적인 해석을 내리는 것을 목적으로 하지 않고 심리검사와 그외 모든 방법을 동원하여 환자나 내담자의 총체적인 심리상태를 파악하고자 하는 것이기 때문에 이러한 피검사자의 심리적 상태를 정확하게 파악하고 이에 적절히 대처해야 할 것이다.

심리검사를 받는 피검사자는 흔히 심리검사에 대한 여러가지 정서를 느낀다. 가장 흔한 경우로서 심리검사가 피검사자의 정신상태를 나쁘게 평가하여 그가 정신이상이라는 판정을 받게될 것이라는 우려 때문에 심리검사에 대한 강한 저항과 두려움을 느끼고 그 결과 무의식적으로 심리검사를 거부하게 된다. 만약 환자가 심리검사 상황에 권위자에 의해 강제적으로 노출된 경우라면 이러한 권위자에 대한 저항이 그대로 심리검사자에게 전이됨으로써 양가적인 감정이나 저항과 적대적인 감정을 느끼게 될 것이다. 이와같은 경우가 아니고 자발적으로 심리검사를 받고자 한 경우라 할지라도 피검사자는 자신의 내면이 완전히 노출된다는데 대한 두려움과 양가적인 감정을 지니게될 것이다—물론 심리검사가 피검사자의 심리적 상태를 완전히 드러내 주는 것은 아니라 할지라도 흔히 피검사자는 이러한 왜곡된 기대를 가지고 심리검사를 받고자 찾아오게 된다. 이와같이 환자나 내담자는 일반적으로 심리검사에 대해 부정적이고 거부적인 정서나 양가적인 정서, 두려움, 긴장, 불안, 저항감, 혹은 지나친 기대나 의존감을 느낌으로써 심리검사에 대해 갈등없이 참여하기가 어렵게 되고 이에 따라 검사반응이 제한되고 왜곡되게 된다. 검사자는 이러한 일반적인 피검사자의 저항과 두려움을 이해하고 검사가 어떤 목적으로 실시되고 피검사자에게 어떤 이득이 있는가를 설명해주어야 한다.

때로 능력검사를 시행하는 경우 피검사자가 자존심에 위협을 느끼거나 때로는 시험불안 *test anxiety*과 같은 불안감을 느낄 수 있음을 인식하고 이에 대처해야 한다. 이런 경우 검사자는 심리검사를 시작하면서 집중적인 격려를 해주어야 한다. 즉 어떤 개인도 모든 문제에 정답대로 응답할 수는 없으며 문제가 점차 어려워지기 때문에, 그리고 시간제한이 있기 때문에 문제의 정답을 모두 알아 맞추는 것은 어려운 일이라는 점을 암시해주어야 한다. 그렇지 않는다면 피검사자는 검사를 진행하면서 응답하지 못한 데 대한 강한 좌절감과 불안을 경험하고 이로 인하여 반응에 지장을 초래하게 될 것이다.

심리검사가 강요된 과제라거나 또는 일종의 놀이와 같은 것이라는 인상을 줌으로써—특히 지능검사의 경우—심리검사에 대한 진지한 태도가 결여되고 열심히 응답하지 않는 경우가 있다. 이러한 경우 신뢰로운 검사의 결과는 결국 피검사자에게 도움이 되고 이득이 된다는 것을 인식시켜 줌으로써 동기를 부여해준다. 대부분의 피검사자들은 정확한 평가가 정확한 진단과 치료적 선택을 가능하게 함으로써 결국 그들에게 도움이 된다는 점을 이해하게 되고 이에 따라 능력검사에서는 최대로 열심히, 성격검사에서는 솔직하게 있는 그대로 응답하게 된다.

만약 이와같은 검사자의 적절한 개입에도 불구하고 계속 피검사자가 지나치게 긴장되어 있거나 저항을 느끼는 상태에서 심리검사가 진행된다면 피검사자의 일반적인 행동을 표집하여 검사 결과를 일반화한다는 원칙에 따르고 심리검사의 결과를 해석하는 것이 무리일 수 있다. 따라서 이러한 경우는 피검사자 변인에 의한 측정 오류가 해결되지 않는 상태이므로 결과의 신뢰도가 충분하지 않은 상태라는 점을 인식하고 해석과정에서 이러한 점을 고려하여야 한다. 저자의 경험으로는 피검사자의 저항이 매우 강한 경우는 무리하게 검사를 진행하는 것보다 검사를 중단하거나 보류하는 것이 현명한 것으로 보여진다. 그러나 이와같은 경우라 할지라도 검사자는 심리검사의 필요성을 피검사자에게 설명하면서 재검사가 실시될 것을 알려주면서 심리검사를 중단하여야 한다.

이와같이 피검사자의 일반적인 혹은 특수한 정서상태를 고려하여 적절한 관계 형성에 유의하여 심리검사 실시에 대한 피검사자의 동기와 자발적인 참여, 정서적 안정이 이루어지고 난 다음 심리검사가 시행되는 것이 바람직하다.

검사자 변인

검사 결과에 미치는 검사자 변인의 효과에 관한 연구들이 주로 투사적 검사와 개인지능검사 실시를 대상으로 시행되어 왔다(Sattler 1981, Sattler와 Theye 1967). 이러한 연구 결과들은 검사 과제가 잘 구조화되고 학습된 기능을 다루고 있는 경우보다 비구조화되고 모호하거나 어렵고 새로운 과제일 경우 이러한 검사자 변인의 영향을 크게 받는다고 보고하고 있다. 또한 정서적으로 불안정하고 혼란된 개인일수록 이러한 영향을 많이 받는다고 한다.

검사 결과가 검사자 변인의 영향을 다양하게 받는다는 결과들이 보고되어 왔는데 (Cohen 1965, Masling 1960) 이러한 검사자 변인으로는 검사자의 연령, 성, 인종, 직업적 지위, 수련과 경험, 성격 특징, 외모 등이 제시되고 있다. 또한 검사 시행 전이나 중간의 검사자 행동이 검사 결과에 영향을 미치는 것으로 보고되고 있는데 예를 들면 지능검사 수행에 있어서 검사자의 "부드러운" 태도와 "냉정한" 태도, 엄격하고 딱딱한 태도와 자연스런 태도가 지능검사 결과에 차이있는 영향을 미친다는 것이다. 또한 검사자와 피검사자의 의미있는 상호작용이 영향을 미친다고 한다. 즉 동일한 검사자의 성격이나 태도라 할지라도 피검사자의 성격에 따라 다른 효과가 나타난다는 것이다(Exner 1966, Masling 1959). 이에 더하여 검사자 자신의 기대가 반응 결과에 영향을 미친다는 보고도 있었는데 그 예로서 로샤검사를 시행하는 대학원생들에게 검사자의 능력이 숙련될수록 동물반응이나 인간반응이 높다는 언급을 한 경우 이러한 언급에 따라 검사자는 보다 바람직한 반응에 대한 기대를 가지게 되고 이에 따라 바람직한 방향으로 반응이 증가하는 결과를 보였다. 이러한 결과는 검사자가 검사반응에 대해 지니고 있는 기대에 따라 피검사자의 반응이 영향을 받는다는 증거가 된다.

이러한 결과들은 특정한 검사자의 성격 특징이나 검사 태도 뿐만 아니라 연령이나 성과 같은 검사자의 일반적 조건 역시 검사 결과에 영향을 미친다는 점을 제시해주고 있다. 그렇다면 검사자는 심리검사 시행과정에서 과연 어떤 태도를 지니는 것이 바람직할 것인가? 실제로 이에 대한 해답은 매우 어렵지만 중요한 점은 이러한 검사자 변인이 검사 결과에 영향을 미친다는 점을 인식해야 하며 어떤 피검사자에게나 일관성있게, 앞서 제시했던 라포형성에 도움이 되는 태도를 보여주어야 한다는 것이다. 그리고 이러한 태도를 자연스럽게 익할 수 있도록 노력해야 한다. 물론 임상가의 경험이 늘어갈수록 이러한 바람직한 태도가 자연스럽게 습관화되겠지만 수련과정에 있는 임상가도 이러한 태도를 익히려고 부단히 노력해야 할 것이다.

그리고 무엇보다 중요한 점은 심리검사 시행과정에서 검사자가 말로 피검사자의 동기를 부여하는 것도 중요하지만 검사자가 직접 행동으로 진지하게 검사를 수행하는 태도를 보이고 잘 훈련된 전문가다운 능숙한 방식으로 검사를 수행해나갈 때 피검사자에게 안정을 가져다 주고 진지한 검사 분위기를 형성하는데 도움이 된다는 점을 명심해야 한다. 따라서 임상가는 스스로 심리검사가 매우 중요한 진단적, 치료적 과정임을 인식하고 이러한 검사를 통하여 피검사자를 도울 수 있다는 확신을 지니고 있어야 한다. 저자의 경험으로는 이러한 임상가의 바람직한 태도는 하루 아침에 저절로 형성되는게 아니라 임상가가 많은 시간과 노력을 투자하고 임상 경험을 통해서나 연구 경험을 통해서 심리검사의 타당성에 대한 신뢰감을 스스로 갖게될 때 형성된다는 것이다. 이러한 과정을 통하여 임상가는 심리검사의 시행이 단순하고 기계적인 과정이 아니라 많은 경험을 쌓을 수 있는 훌륭한 통로이며 환자나 내담자에게도 유익한 결과를 가져다 줄 수 있는 주요한 과정임을 충분히 깨닫게 됨으로써 진정으로 심리검사에 대한 진지한 태도를 갖게 된다. 이와같이 전문가로서 적절하게, 그리고 진지하게 심리검사를 시행할 수 있으려면 심리검사의 기능을 깨닫고 이를 충분히 활용할 수 있게 되는 임상전문가로서의 연마과정이 요구되는 것이다.

검사상황 변인

검사 상황이나 검사 시행조건 역시 검사 결과에 영향을 미친다는 점을 인식하고 이에 적절하게 대처하려고 노력해야 한다. 이러한 인식에 따라 표준화된 심리검사들은 검사시행 표준조건을 제시하고 이에 엄격히 따를 것을 요구하고 있다. 표준화된 시행과정은 언어적 지시, 시간, 검사 자료뿐만 아니라 검사환경도 포함된다. 현실적으로 심리평가가 시행되는 임상심리실이 적절한 환경을 갖추기는 어렵겠지만 적절한 검사환경에 대해 간략하게나마 검토해보기로 하자.

심리평가가 시행될 임상심리실은 지나친 소음과 자극으로부터 보호되어야 하며 적절한 채광과 통풍, 안정된 좌석과 공간이 요구된다. 그리고 심리검사가 시행되는 동안 임상심리실 앞에 "심리평가 시행중"이라는 팻말을 붙임으로써 외부간섭을 차단하도록 시도하는 것이 바람직하다.

또한 세부적인 검사 조건 역시 피검사자의 반응에 영향을 미친다. 예를 들면 응답지의 종류, 응답 방법의 차이(예를 들면 TAT 등 투사적 검사에 말로 응답하는 경우와 종이로 응답을 쓰는 경우), 심리검사를 받는 피검사자의 수—개별적인 경우와 2인 이상 집단으로 받는 경우—등 여러 세부적인 심리검사 조건이 검사결과에 영향을 미친다고 한다.

다른 검사 조건으로는 검사 시행시간과 피검사자의 정서적 안정도나 피로감 등이 고려되어야 한다. 특히 심리검사가 피검사자의 지적 능력이나 지각적 예민함 등 인지적,

지적, 신경심리적 평가를 위해 시행되는 경우라면 피검사자가 피로하지 않고 정서적으로 특별하게 불안정하지 않은 시간과 상황에서 검사가 시행되어야 한다.

이러한 결과를 종합해본다면 다음과 같은 점이 제안된다. 앞서 지적된 바와 같이 매우 세부적인 점까지 표준절차에 따라 검사를 시행함으로써 검사상황 변인에 의한 효과를 통제해야 한다. 따라서 심리검사 제작자는 검사 요강에 이러한 절차를 명료하고 자세하게 제시해야 한다. 만약 표준 절차에서 벗어나서 심리검사가 시행되는 경우는 아무리 사소한 경우라 할지라도 이를 기록해 두어야 한다. 그리고 검사 결과를 해석할 때 이러한 검사 상황을 고려하여 해석하려고 시도해야 한다. 때로 경험이 많은 임상가는 사례에 따라 피검사자의 독특한 반응을 알아보기 위해 표준 절차를 벗어나서 검사를 시행하는 경우가 있다. 예를 들면 로샤반응의 2번 카드에서 매우 독특한 반응이 나타날 때 임상가는 그 의미를 알아보기 위해 2번 카드에 대한 자유연상을 시도함으로써 표준 절차에서 벗어나게 된다. 이러한 경우 표준 절차에 따르지 않았기 때문에 해석은 표준 절차에 따른 경우와 동일하게 해석될 수 없으므로 규준을 기초로 한 량적인 해석보다는 질적인 분석을 시도하게 된다.

심리검사 시행 준비

적절한 심리검사 시행을 위해서 임상가는 항상 심리검사를 시행하기 전 다음과 같은 사항을 준비하고 점검하여야 한다.

첫째 가능한 한 심리검사를 자연스럽게 시행할 수 있도록 시행 방법을 익히고 지시 내용이나 시행 지침 등을 암기해야 한다.

둘째 심리검사를 시행하기 전 반드시 검사 도구가 잘 챙겨져 있는지를 점검하고 부족한 도구가 없도록 주의해야 한다. 심리검사가 시작되고 난 다음 부족한 심리검사 도구가 발견된다면—예를 들면 시간을 측정할 초시계가 없거나 인물화를 그릴 연필이 준비되어 있지 않거나 로샤검사의 카드순서가 바뀌어 있다—검사자는 당황하게 되고 이러한 사태는 검사에 부정적 영향을 미치게 될 것이다.

세째 가능하다면 심리검사를 시행하기 전 환자나 내담자의 심리평가가 의뢰된 목적이 무엇인지를 파악하고 필요한 심리검사 종류를 먼저 선정해 놓는 것이 바람직하다.

심리검사 시행

심리평가의 발달과정을 살펴보면 임상가들은 다양한 검사들을 "심리검사 바테리"에 포함시켜 사용하여 왔다. 검사 바테리는 때로는 2-3개 정도의 심리검사가 포함되기도 하였으나 일반적으로는 3개 이상 흔히는 5개 이상의 심리검사가 포함되었다. 이러한 바테리검사 시행의 합리적 근거는 두가지로 제시되었다(Rapaport, Gill, Schafer 1946, Piotrowski 1958, Harrower 1965). 첫째 어떤 검사도 모든 영역을 다룰 수 있을만큼 평가 영역이 넓지 못하기 때문에 여러 검사를 사용함으로써 피검사자의 다양한 차원과 기능에 관심을 기울일 수 있고 개인의 전체를 평가할 수 있는 폭넓은 자료를 제공해준다는 것이다. 둘째 다양한 심리검사들은 어느 정도 평가 영역이 중첩되기 때문에 단일한 검사로부터 얻어진 자료에 대한 일종의 교차-타당도식 검증이 다른 검사 결과를 통해서 이루어진다는 것이다. 이와같이 바테리검사 실시는 측정 오차를 최소화하고 결과의 정확도를 최대화한다는 것이 장점으로 제시되고 있다. 또한 이러한 입장을 지지하는 임상가들은 바테리검사 실시가 행동의 다측면적 표집을 가능하게 해주며 단일한 검사로부터 얻어진 자료는 추론의 여지가 많은 반면 다양한 검사로부터 얻어진 자료는 보다 근거가 확실하다는 주장을 제기하고 있다.

그러나 몇몇 연구들은 이러한 바테리검사 실시를 반대하는 근거를 제시하고 있다(Sarbin 1943, Kelly와 Fiske 1950, Gage 1953, Kostlan 1954, Giedt 1955). 이들의 연구 결과를 보면 바테리검사를 시행하는 임상가들이 유용한 자료를 모두 사용하는 것은 아니며 바테리검사 가운데 일부 검사 결과를 선택적으로 중요시한다는 것이다. 심리검사의 예견적 능력은 바테리검사의 자료를 합친다고 증가되는 것은 아니라는 것이다. 따라서 이러한 연구 결과는 시간과 노력의 투자에 비해 바테리검사의 실질적인 효용성이 충분하지 못하다는 것이다.

Exner(1986)는 심리검사 바테리 사용이 모든 경우에 적절한 것은 아니며 또한 바테리 검사가 사용되더라도 항상 동일한 심리검사로 구성될 필요는 없다는 주장을 제시하고 있다. 그는 평가과정에서 가장 중요한 결정은 실제 어떤 심리검사를 시행하느냐이며 이러한 결정은 심리평가 목적에 따라 결정되어야 한다고 주장하고 있다. 또한 경우에 따라서는 선정된 심리검사에 대한 환자의 반응에 따라 이미 결정된 심리검사 시행이 변경될 수 있다는 것이다. 예를 들면 웩슬러 지능검사를 시행하는 과정에서 환자가 예상치 못하게 정신증적 반응을 명백하게 보인다면 환자가 정신증적 상태인지를 가리고자 하였던 일차적 평가목적이 달성된 것이므로 더 이상 료샤검사를 시행할 필요가 없어진다는 것이다. 다른 경우는 로샤검사를 시행한 결과 풍부한 반응으로 인하여 충분한 역동적 내용이 수집되었다면 굳이 TAT를 시행할 필요가 없게 된다는 것이다. 그리고 대부분의 임상가들은 MMPI와 Rorschach검사를 동시에 시행하는 경향이 있는데 그 이유는 이 두 검사가 서로 보완적이라는 것이다(한 검사는 자기보고식이고 다른 검사는 지각적-인지적 활동을 근거로 한 투사적 검사이다). 분명 이 두가지 검사가 서로 보완적이기는 하지만 때로는 MMPI검사만으로도 충분한 경우가 있고 때로는 Rorschach검사가 그 성질상 보다 적절한 경우도 있다는 것이다.

이상과 같은 이유를 근거로 Exner는 표준 바테리검사의 재검토를 제기하였다. 그는 불행하게도 임상가들이 자문받은 문제의 성질에 관계없이, 시행된 검사로부터 유용한 정보에 상관없이 자동적으로 표준 바테리검사를 사용하는 경우가 흔히 있다고 지적하면서 이를 개선할 필요성을 주장하고 있다. 바테리검사를 시행할 경우 평가의 목적이나 효용성에 비추어 소모되는 시간이 지나치게 낭비적이며 또한 임상가가 시행된 심리검사 결과를 충분히 활용하지 않는 경우 이러한 낭비는 더욱 심각하다는 것이다. 저자는 실제 외래 치료실을 개설하여 심리평가와 치료를 시행하고 있는 한 임상심리전문가와 이 점에 대해 토론한 적이 있었다. 그의 의견 역시 실제 장면에서 심리검사 바테리 실시에 소요되는 시간이 지나치게 낭비적이고 비효과적이기 때문에 경제성이 없다는 것이었다. 이런 의견을 들으면서 저자는 임상가가 어떤 현장에서 일하는가에 따라 실제적인 판단과 욕구에 있어서 매우 차이가 있다고 느꼈다. 그리고 현재 임상심리전문가 대부분이 독립적으로 개업활동을 하고 있지 않는 상태이므로 이러한 시간과 효율성에 대한 인식이 부족하였던 점이 있지 않았나하는 생각이 들었다. 그러나 이러한 현실적인 지적에도 불구하고 저자의 생각으로는 임상심리전문가 훈련과정은 물론 임상심리전문가의 전문적 활동 영역에서도 가능한 많은 심리검사가 포함된 바테리 검사를 시행함으로써 심리평가에 대한 전문가적 경력을 높혀야 한다고 생각된다. 또한 이러한 바테리검사의 시행은 임상연구에서 중요한 역할을 할 수 있다고 여겨진다. 임상심리학이 발전하면서 연구나 치료영역으로 전문가의 역할이 옮겨간다면 이에 따라 당연히 심리평가의 비중, 특히 바테리검사의 가치는 감소될 것이다. 그러나 현시점에서는 이러한 변화는 아직 시기상조라고 여겨지므로 여건이 허락하는 한 시간과 노력, 경제적 투자가 요구되는 바테리검사를 계속 시행하는 것이 필요하다는 것이 저자는 주장이다.

종합해보면 심리검사 바테리 사용 여부는 자문받은 문제의 성질에 따라 결정되어야 하며 일단 바테리검사가 시행된다면 어떤 종류의 검사를 사용할 것인가가 충분하게 검토되어야 한다는 것이다.

이와 관련하여 결정되어야 할 점은 시행할 검사의 순서이다. 검사의 순서에 따라 심리검사 반응이 달라진다는 연구들이 있었다. Castle(1946)은 검사 시행순서가 료샤검사의 인간반응의 수를 변화시킨다고 보고하였다. Grisso와 Meadow(1967)는 웩슬러 지능검사가 료샤검사의 앞이나 뒤에 시행될 때 결과가 달라진다고 보고하였다. Exner와 Hark(1980)는 이전 심리검사를 시행한 후 얼마정도 시간이 경과하고 료샤검사를 시행했느냐에 따라 반응 수가 달라진다고 보고하면서 료샤검사는 어떤 검사에 의해서도 영향받고 특히 감정적으로 압력이 가해지는 심리검사 시행 직후에 료샤검사를 시행하는 것은 바람직하지 못하다고 지적하였다. 예를 들면 MMPI 검사 시행직후 료샤검사를 시행하거나 인지적 기능장애가 있는 환자에게 상당한 압력을 가하는 범주검사 *Category test*나 Halstead-Reitan Battery에서 촉각검사 *Tactual Performance test*를 수행한 후 곧바로 료샤검사를 시행하는 것은 료샤검사의 반응을 위축시키는 결과를 초래한다는 것이다. 현재 임상장면에서 완전한 바테리검사를 시행하는 경우 검사실시의 순서는 대체로 다음과 같이 진행된다. 첫번째는 벤다-게슈탈트검사 *Bender-Gestalt Test*, 인물화검사 등 주로 간단하면서 검사자와 피검사자사이에 거리가 유지되는 검사를 시행한다. 두번째는 주로 최대의 능력이 요구되는 지능검사나 신경심리학적 검사등이 시행된다. 세번째는 료샤검사나 주제통각검사 등 투사적 검사가 시행된다. 그리고 자기보고식검사 MMPI나 문장완성검사등은 이러한 바테리검사가 시행되기 전 실시되거나 아니면 바테리검사가 시행되고 난 다음에 시행된다. 저자의 경험으로는 검사 시행 제1일에 지능검사까지 시행되고 MMPI와 문장완성검사가 과제로 주어지고 난 다음 이 검사들의 채점 결과를 보면서 료샤검사나 주제통각검사의 투사적 검사가 시행되는 것도 상당히 효율적인 방법이다. 그러나 이 방법은 한 환자를 2일에 걸쳐서 보아야 한다는 시간적 측면에서의 현실적 부담감이 있다는 단점이 있다. 그러나 실제로 한 환자를 두번에 걸쳐서 면담하고 행동관찰하고 심리검사를 시행하는 것은 실제로 환자를 자세하고 정확하게 검토한다는 장점을 지니고 있으므로 이 방법이 채택될 가치가 있다고 보여진다.

근래 환자나 내담자에 관한 전체적 평가를 목표로 하는 경우 다음 3가지 심리검사가 평가의 핵심요소가 될 수 있다고 권유되고 있다(Exner 1986). (1) 웩슬러지능검사 (2) 료샤검사 (3) MMPI이다. 이들 심리검사는 경험적 검증에 있어서 타당성을 보여주었을 뿐만 아니라 숙련된 임상가라면 환자나 내담자에 관한 의미있는 가설을 제기할만한 풍부한 정보를 제공해주고 있다. 그리고 이러한 심리검사 바테리를 실시하는 경우 일반적으로 소요되는 시간은 대략 3시간 정도이다.

7

지능평가

임상장면에서 지능검사 시행은 인지적, 신경심리학적 평가영역에서 매우 유용한 정보를 제공해준다. 또한 지능검사는 개인의 독특하고 대표적인 행동을 직접 관찰하게 해줌으로써 피검자의 인격특성과 적응적, 부적응적 행동양상을 이해하는데 도움을 준다. 이러한 의미에서 지능검사는 어떤 심리검사 보다 더 전문적인 정보를 다각적으로 제공해주는 매우 유용한 평가도구이다. 이러한 이유로 임상가는 지능검사에 요구되는 시간과 노력을 기꺼이 투자하게 된다. 그러나 이러한 과정에서 궁극적으로 중요한 것은 실제 이러한 지능검사를 통하여 어느만큼 전문적이고 다각적인 정보를 제공해 주느냐이다. 이를 위해서는 지능검사에 대한 축적된 연구와 임상경험이 요구된다. 이 장에서는 이러한 목적을 달성해 보고자 Matarazzo(1976), Lindman 등(1990), Allisn 등(1968), Zimmerman 등(1973)을 종합하면서 방대한 선행연구를 집약하고 새로운 해석방식을 소개하는 Karfman(1990) 해석방식에 따라 보다 전문적이고 다각적인 평가를 시도해 보았다. 앞으로 이러한 해석방식의 타당성이 계속 검토되어야 하겠지만 현 단계에서는 선행연구와 임상경험을 바탕으로 한 이와같은 종합적인 해석방식이 최선일 것으로 여겨진다. 이제 지능검사에 대해 전반적으로 소개하기에 앞서 지능검사를 실시하는 목적에 대해 간단히 검토해 보기로 하겠다. 지능검사의 시행 목적은 대략 다음과 같이 기술될 수 있다.

첫째, 개인의 지적인 능력 수준을 평가하고자 한다. 개인의 지적 능력은 일종의 잠재적 지적 능력으로서 내적 동기가 함께 고려될 때 학업이나 직업적 성취를 예견해 줄 수 있다(Matarazzo 1976). 따라서 개인의 잠재 능력에 대한 평가를 통해 지적 적응이나 성취의 정도를 예견하고 이에 따른 결정을 하고자 지능검사를 수행한다. 예를 들면 개인의 지능 정도가 정상지능 혹은 정신지체 혹은 특수지능에 속하는지를 구별하고자 한다거나 학업상담이나 직업 상담과정에서 개인의 지적 수준을 평가하려는 목적으로 지능검사가 시행된다.

둘째, 지능검사를 통하여 개인의 인지적, 지적 기능의 특성을 파악하고자 한다. 지능검사는 개인의 전체적 지적 능력을 평가해 줄 뿐만 아니라 이 책에서 소개되는 바와 같이 소검사들의 점수분산을 근거로 한 형태분석을 통하여 개인의 인지적, 지적 능력의 특성을 파악할 수 있게 해준다. 이러한 개인의 인지적 특성은 개인의 적응에 도움을 주는 강점일 수도 있고 적응장애를 가져다 주는 인지적 특징일 수도 있을 것이다. 그 어느 경우이든지 간에 개인의 지적, 인지적 특징을 파악함으로써 개인에게 보다 적절한 지적 활동영역을 탐색하거나 보다 충분한 지적 성취를 계획할 수 있도록 도울 수 있을 것이다.

셋째, 지능검사 결과를 기초로 하여 임상적 진단을 명료화하고자 한다. 지능은 지적 능력 뿐만 아니라 개인의 인격적 특성이나 적응적 행동과 깊은 관계가 있으므로 (Matarazzo 1976), 예리한 지능검사 결과 분석은 피검자의 현재의 인격적, 정서적 특징을 나타내 줄 것이다. 이러한 목적을 달성하기 위해서는 지능검사 결과에 대한 분석이 양적 분석을 넘어선 질적 분석이어야 하며 이러한 질적 분석이 적절하게 이루어진다면 피검자의 임상적 진단을 명료화해줄 자료를 제공해 준다.

넷째, 지능검사를 통하여 기질적 뇌손상 유무, 뇌손상으로 인한 인지적 손상을 평가하고자 한다. 예를 들면 외상성 기질적 뇌손상에 동반되는 지적 능력의 손상 정도와 특징, 치료에 따른 지적 기능의 회복 여부를 평가할 수 있을 것이다. 또한 노인성 치매, 약물남용으로 인한 기질적 손상, 학습장애에 선행되는 뇌손상 등 명백한 행동변화가 드러나지 않은 경우에도 기질적 장애로 인한 지적 기능 손상에 대한 평가가 요구된다.

다섯째, 치료계획을 세우는 과정에서 지능평가를 통하여 합리적인 치료 목표를 설정하고자 한다. 특히 통찰적 정신치료를 시행하고자 하는 경우 개인의 과거 경험과 현재의 행동사이의 연관성을 탐색하고 행동의 의미를 파악하는 추상적 사고능력 등이 요구되기 때문에 이러한 능력에 대한 평가를 위해 지능검사를 시행한다.

1. 지능의 정의

Burt(1955)에 의하면 지능 *intelligence*이란 용어는 Aristotle이 사용한 두가지 용어 즉 감정적이고 도덕적 기능인 oresix, 인지적이고 지적 기능인 dianoia를 Cicero가 intelligentia(inter란 내부에서의 의미, leger란 함께 모으고, 선택하고 분별한다는 의미를 지니고 있음)라고 번역하면서 최초로 사용되었다고 한다. 그 후 지능이라는 심리학적 구성 개념은 이론적 입장과 임상적 입장에 따라 다른 방향으로 발전되어 왔다고 볼 수 있다(Kaufman 1990). 임상적 입장은 Binet, Terman, Wechsler, Bayley 등을 중심으로 하여 발전되어 왔고 이론적 입장은 Spearman, Thorndike, Thurstone, Cattell, Guilford등을 중심으로 하여 발전되어 왔다. 임상적 입장에서는 지능을 전체적인 잠재적 적응 능력으로 정의하고, 경험적이거나 이론적인 배경이 충분하지 않다 하더라도 지능의 구성요소에 대한 가설을 바탕으로 하여 지능검사를 제작하고 지능검사의 타당도를 검증하면서 가장 주요한 목표인 개인의 전체적 능력 평가를 위해 이러한 검사를 사용하여 왔다. 또한 동기나 성격과 같은 비지적 요소가 지적 기능의 수행에 영향을 미치고 지능검사 결과에 반영되며 이러한 결과가 임상적으로 중요한 자료를 제공해 준다고 강조하여 왔다. 한편 이론적인 입장에서는 지능의 개념을 과학적으로 정의하기 위해 개인이 아닌 집단을 대상으로 한 지능검사 결과와 개인의 성, 연령, 학력변인 등과의 상관관계 연구, 지능검사의 소검사들에 대한 요인분석 연구를 바탕으로 하여 지능의 개념을 발전시켜 왔다. 이러한 두 방향으로의 발전과정을 살펴 보면 다음과 같다.

Binet(1905)는 지능이란 기본적 능력으로서 판단력, 이해력, 논리력, 추리력, 기억력이 그 구성 요소라고 제안하고 이러한 기본적 능력이 행동차원에서 평가될 수 있다는 전제 아래 개인의 전체 능력을 대표할 수 있는 기억, 산수, 어휘와 같은 소검사들로 구성된 지능검사를 제작하였다. 또한 1908년, 1911년 재표준화 당시 그는 지능이 동기, 의지, 인격, 판단 그리고 이와 유사한 다른 행동 특징과 깊은 관계가 있다고 제안하였다.

Spearman(1904)은 그의 상관관계 연구를 통하여 지능의 본질을 규명하고자 한 결과 각 검사가 다른 검사 결과와 높은 상관관계를 나타낸다는 사실을 근거로 검사간 공통요인 즉 "지능의 일반요인 *general factor*"이 존재한다고 제안하였다. 그는 모든 지적 기능에는 공통적인 g요인이 있는 한편 음악적 재능이나 기계적 능력과 같은 "특수한 지능 *special factor*"이 존재한다는 2요인설을 제시하였다. 한편 Thorndike와 그의 동료들(Thorndike, Lay와 Dean 1909)은 다양한 검사들간에 상관관계를 발견하지 못하였고, 지능에는 여러 특수한 능력들이 포함되어 있는데 이 특수 지능은 추상적, 언어적 능력 *verbal intelligence*과 실용적 지능 *practical intelligence*, 사회적 지능 *social intelligence*으로 분류될 수 있다고 하였다.

이와같이 초기 임상적 입장과 이론적 입장이 발전되고 있는 과정에서 1921년 Journal of Educational Psychology에서 대표적인 심리학자들에게 지능의 개념 정의를 요청하였고 그 결과가 특집 주제로 다루어졌다. 이 특집논문은 지능의 개념이 심리학자들마다 차이가 있어서 이에 대한 충분한 경험적 자료가 요구된다는 결론을 제시하기에 이르렀다. 그후 경험적인 연구 결과를 바탕으로 하여 1930년대에는 지능의 유전론과 환경론의 논쟁이 Terman(1925)과 Wellman(1945)을 중심으로 하여 전개되었다. 이 과정에서 Terman을 중심으로 한 유전론적 입장에서는 지능이란 유전에 의해 고정되는 것이며 지능검사 점수는 이러한 개인적 능력의 지표가 된다고 주장하였다. 이와 반대로 Wellman을 중심으로 한 환경론자들은 경험적 연구를 통해 지능이란 고정된 점수가 아니라 일부 피검자에게 있어서는 검사 때마다 지능지수가 차이가 있고 지능지수는 개인의 사회적 능력의 지표가 되지 못한다는 점을 주장하였다. 한편 임상가들은 개인용 지능검사의 경험의 축적에 따라 동기나 성격, 교육적 배경 등 소위 비지적인 요소들이 지능검사 결과에 영향을 미치고 이에 따라 지능검사 결과에 이러한 비지적 요소들이 반영된다는 점을 주목하기에 이르렀다. 이러한 임상적 입장을 대표하는 임상가가 바로 Wechsler였다.

Wechsler(1939)는 "지적 행동 *intellectual behavior*에는 단순한 지적 능력 이상의 것이 포함되어야 한다"고 주장하였다. 즉 지능검사가 단순히 개인의 인지적 요소만을 측정하는 것이 아니라 비지적인 요소를 동시에 측정한다는 것이다. 따라서 지능은 성격의 다른 부분과 분리될 수 없으며 이러한 인지적, 정서적, 정의적 측면을 모두 포함하는 전체적 능력 *global capacity*이라고 정의하였다. 나아가서 그는 기존의 지능이론을 종합하고 기존의 지능검사들을 비교하면서 이와같은 지능 개념의 타당성을 검토하여 Wechsler-Bellevue Scale(1939)을 제작하기에 이르렀다. 웩슬러 재표준화검사 WAIS-R(1981)이 제작되기까지 Rapaport, Matarazzo 등의 임상가들은 개인용 지능평가에 있어서 이러한 지능 개념을 수용하고 이러한 개념에 따라 지능평가를 시도하여 왔다(Rapaport 1946, Matarazzo 1976).

한편 Thurstone(1941)은 앞서 Spearman과 Thondike의 이론적 입장을 정리하면

서 일반지능 g요인론 대신 지능의 다요인론을 제시하였다. 그는 50개 이상의 집단지능 검사를 피검자들에게 시행한 결과를 분석하여 7개 요인－언어 이해력 *verbal comprehension*, 어휘유창성 *verbal fluency*, 數능력 *numerical facility*, 공간능력 *spatial ability*, 지각속도 *perceptual speed*, 기억 *memory*, 추리력 *reasoning*－을 기본 정신능력 *primary mental ability*으로 제시하였다. 한편 Guilford는 요인분석을 통하여 지능구조의 3차원적 모델을 제시하였다(Guilford와 Hoepfner 1971). 그의 이론에 따르면 지능은 5가지 내용 차원(시각적, 청각적, 상징적, 語意적, 행동적)×5가지 조작 차원(평가, 수렴적 조작, 확산적 조작, 기억, 인지)×6가지 결과 차원(단위, 분류, 관계, 체계, 전환, 함축)의 3차원으로 구성되어 있으며 이에 따라 120가지의 다른 종류의 지적 능력이 산출된다는 것이다. 예를 들면 상징적 체계에 대한 기억능력은 숫자 암기검사를 통하여 평가되는 상징적 내용차원, 기억의 조작차원, 체계의 결과차원으로 구성되는 독특한 능력이라고 볼 수 있다. 이 지능구조 모델은 지능을 다양한 종류의 정보를 전달하는 능력이나 기능들의 체계적인 집합으로 정의함으로써 문제를 해결하고 적응하는 전체적 능력으로서의 지능개념을 보다 구체화하고 있다.

Cattell(1971)은 지능을 유동적 지능(fluid intelligence-Gf)과 결정적 지능(crystallized intelligence-Gc)의 2차원으로 구별하였다. 유동적 지능이란 개인의 독특한 신체구조와 과정에 기초하여 14세경까지 계속 발달되지만 22세 이후 급격하게 감소되는 선천적 기능으로서 뇌손상이나 정상적 노령화에 따라 감소되는 지적 능력인 반면 결정적 지능이란 원래적인 유동적 지능을 바탕으로 하여 개인의 문화적, 교육적 경험에 따라 영향을 받는 기능으로서 40세까지, 환경에 따라서는 그 이후에도 발전될 수 있는 지능을 의미한다. Cattell의 지능이론은 최근 성인 지능발달 연구와 관련하여 Horn(1985)에 의해 주목 받고 있는데 Horn은 20-60세 사이의 성인기 동안 유동적 지능인 Gf 능력의 하강가설을 제시하고 있다. 그리고 일부 연구가들은 WAIS-R의 동작성 검사가 유동적 지능인 Gf를 측정하는 반면 언어성 검사는 결정적 지능인 Gc를 측정한다고 제안하고 있다(Sattler 1982). Kaufman 등(1983)은 이러한 입장에 따라 Kaufman 아동용 평가검사에서 유동적 지능을 측정하는 성취척도와 결정적 지능을 측정하는 정신과정척도를 제작하였다. 그리고 Stanford-Binet검사 4차 개정판은 G요인인 일반적 추리력 *general reasoning ability*, 결정적 지능 Gc, 유동적 지능 Gf 개념을 모두 포함하는 3단계 지능모델에 따라 문항을 고안하였다. 이와같이 Cattell의 지능개념은 현재 지능 검사 분야에서 실용적인 유용한 개념으로 받아들여지고 있는 추세이다.

이상과 같이 지능 개념의 정의에 있어서 이론적 입장과 임상적 입장이 차이를 보여 왔는데 최근에는 발달론적 입장과 인지론적 입장에서 지능에 관한 경험적 연구를 바탕으로 하여 지능의 본질을 밝히고자 시도하고 있다. 최근 발달론적 입장에서는 성인기의 지적 발달을 검토하면서 아동기와 청소년기 지적 특징과의 차이점을 밝히고자 하는 경향이 있다. 지능발달 연구자들은 지능발달에 관한 연구결과들을 종합하면서 다음의 네가지 개념을 제시하고 있는데(Baltes와 Willis 1979), 이는 성인기와 노년기의 지능발달 특징을 이해하는데 유용한 개념으로서 다음과 같다. (1) 지능의 다차원성 *multidimensionality* : 지능은 다양한 정신 기능들로 구성되어 있으며 이러한 기능들은 구조적, 기능적, 발달적 측면에 있어서 차이가 있다. (2) 지능의 다방향성 *multidirectionality* : 각 능력들은 다양한 변화양식을 지니고 있다. (3) 개인간 다양성 *interindividual variability* : 개인들의 발달과정에 따라 지능의 변화양식에 있어서 차이가 있다. (4) 개인내 유연성 *intraindividual plasticity* : 일반적으로 개인의 일생동안 지적 행동방식이 변형될 수 있다. 이에 반해 아동기와 청소년기의 지능발달 연구는 개인차가 있는 일방향성 성장 추세 *unidirectional growth trends*와 기능의 예측 가능성 *predictability*에 초점을 맞추고 있다.

한편 인지적 입장에서는 인지, 컴퓨터, 인공지능, 정보처리영역의 주제를 다루면서 새로운 자료를 학습하는 과정에서 사용되는 개인의 지적 전략이나 개인이 지적 표상을 수용하고 정보를 처리하는 과정에 초점을 맞추고 지각, 기억, 학습, 추리력, 문제해결 능력과 같은 정신능력을 연구함으로써 개인의 정보처리 속도와 일반지능과의 관계를 밝히거나 지능의 개념을 제시하고자 시도하고 있다. 이러한 입장에서 Sternberg (1982)는 인간의 정신능력을 연구하는 4가지 주요 접근방식을 제시하고 있다. 첫째, 인지적 상관방법은 기본적으로 정보처리 능력을 조사하는 검사과제와 검사수행 결과를 연결시키는 방법이고 둘째, 인지적 구성요소는 심리검사에서 과제를 수행해 나가는 인지과정을 밝히는 방법이며 세째, 인지적 훈련은 특수한 기법으로 개인을 훈련시켜 훈련방식에 따라 과제를 수행하는지를 조사하는 방법을 말하고 넷째, 인지적 내용은 훈련된 전문가와 비전문가간의 인지적 구조의 차이를 조사하는 방법을 의미한다. Sternberg는 이와같은 네가지 접근방식으로 심리검사 과정에서 일어나는 인지과정의 기제를 밝혀야 하고 이러한 방식으로 인간의 지적 능력을 측정해야 한다고 주장하고 있다. 또한 최근에는 인지의 정보전달 모델에 따른 지능검사 제작이 시도되고 있다 (Hunt 1983). 예를 들면 지각입력과정에서 감각기관간 정보교환, 작업기억 *working memory*, 장기기억, 작업기억에서 정보의 재정리를 위해 사용되는 여러 전략의 효율성, 장기기억에서 정보의 저장 등 구체적인 인지적 과정을 지능검사를 통하여 평가하고자 한다. 이러한 접근방식에 따라 일상적인 정신적 능력이 구체적으로 분석될 수 있고 새로운 지능검사의 임상적 활용이 가능하리라고 기대되고 있다.

이상과 같이 지능의 개념을 검토하는 과정에서 밝혀지는 점은 지능의 이론가들은 경험적 연구나 이론적 가설에 따라 지능의 구성 요소나 본질을 밝히고자 시도했던 반면 임상가들은 이론적, 경험적 근거가 충분하지 않더라도 실용적인 목적에 따라 지능검사 제작자의 이론적 가설에 따라 지능검사를 제작하고 난 다음 지능검사에서 측정되는 내용을 경험적으로 밝히고 이러한 내용을 바탕으로 하여 지능검사를 활용하여 왔다는 것이다. 그러나, 이와같은 이론가들과 임상가들의 노력에도 불구하고 지능이라는 심리학적인 구성 개념의 타당성, 지능의 구성 요소, 지능의 기능적 측면에 대해서는 검토중에 있으며 인지과정의 기제가 평가되어야 한다고 주장하는 최근의 인지이론과의 통합작업이 아직 충분하지 않은 상황에서 실제로 지능의 개념에 대한 확신있는 결론을 제시할 수는 없음을 지적하지 아니할 수 없다. 최근 지능검사에서 측정하고 있는 것은 추상적 문제해결능력 *abstract problem-solving ability*에 불과하다는 Flynn(1987)의 비판과 지능지수의 무용성을 지적하는 Lezak(1988)의 비판은 지능 개념과 지능검사의 현재 상황을 반영해주고 있다고 보여진다.

그럼에도 불구하고 현재까지 진행된 연구들을 종합하여 지능의 개념을 정리해본다면 지능이란 유전적, 환경적 결정요인을 지니고 있으며 지능검사를 통하여 측정되는 개인의 지능은 유전적 결정요인 뿐만 아니라 초기 교육적 환경, 후기 교육과 직업 경험, 현재의 정서적 상태 및 기질적, 기능적 정신장애, 검사 당시의 상황요인의 상호작용 결과로 나타나는 개인의 전체적인, 잠재적인 적응능력이라고 볼 수 있다. 현재까지 제작된 지능 검사는 주로 이러한 지능 개념을 기초로 하고 있으며 개인의 이해 및 치료에 있어서 주요한 역할을 담당하여 왔다. 그리고 이러한 지능검사의 역할은 지능검사를 중심으로 한 선행연구들의 축적된 지식과 임상가의 임상적 경험이 종합됨으로써 가능하였다. 특히 현재 가장 널리 사용되고 있는 웩슬러 지능검사는 이러한 축적된 정보를 가장 잘 활용할 수 있는 개인용 지능검사로서 선행연구들은 개인의 복잡한 인지구조 뿐만 아니라 개인의 성격적, 정서적 측면을 해석하고자 하는 종합적, 역동적 입장을 취함으로써 실제 임상 장면에서 유용한 자료를 제공하여 왔다. 또한 신경심리 연구결과가 축적됨에 따라 신경심리학적 진단에도 도움을 주고 있다. 따라서 아직까지 지능개념과 지능검사의 한계점이 있다 하더라도 이러한 한계점내에서 축적된 연구결과와 임상가의 임상적 해석을 종합한다면 웩슬러지능검사를 통하여 개인의 인지적 기능과 구조, 특성 및 인지적 장애를 충분히 밝힐 수 있을 것으로 기대된다. 지능검사 시행의 궁극적인 목표라고 볼 수 있는 진단과 치료를 위한 적절한 정보제공은 심리평가를 시행하는 임상심리전문가의 전문 지식과 훈련, 임상적 경험과 자료에 대한 경험적 연구의 축적에 달려있다고 보여진다.

2. 지능검사의 발달

비네지능검사

1905년 Binet는 Simon과 함께 정상 아동과 정신지체 아동을 감별하기 위한 목적으로 최초의 실용적인 지능검사를 제작하였다. 비네지능검사가 만들어지기 이전 Galton (1896)에 의해 제작된 지능검사는 지각반응시간, 시각 정확도 등 주로 단순한 감각과 운동능력을 측정하였기 때문에 보다 복잡한 정신기능을 측정하는데는 적합하지 못하였다. 비네는 1905년 검사 제작 당시 "지능이란 기본적인 능력으로서 판단과 이해, 추리능력이 지적 활동의 기본이 된다"고 정의하였다. 그후 1908년, 1911년 재표준화 당시 그는 지능이 동기, 의지, 인격, 판단, 그리고 이와 유사한 다른 행동 특징과 깊은 관계가 있다고 제안하였다. 이와같은 기본 입장에 따라 이해, 판단, 논리적 사고와 같은 일반적 능력을 평가하기 위해 기억, 산수, 어휘와 같은 소검사들로 구성된 검사를 제작하였다. 비네지능검사는 Terman에 의해 Stanford-Binet 검사(1916)로 개정된 후 검사과제가 적절한 연령수준에 배치되었는지를 면밀히 검토하여 재표준화되기는 하였지만(1937), 그 후의 재표준화 과정에서의 문제점으로 인하여 1986년 제작된 4차 개정판은 실제 활발하게 사용되지 못하고 있다(Kaufman 1990). 이러한 과정을 간단히 살펴보면 비네검사의 3차 개정(1960)은 재표준화없이 1937년형(L형과 M형)을 통합하였고 1972년에는 검사의 재표준화는 이루어졌으나 연령별 문항을 재배치하는 작업은 이루어지지 않았다.

집단용 알파, 베타검사

개인용 지능검사로서 전세계적으로 널리 사용되는 웩슬러지능검사는 세계 1차대전 당시 집단용으로 개발된 군대알파검사(1917), 베타검사(1920)를 기초로 하고 있는데 현재는 이 검사들은 사용되지 않고 있다. 군대용 알파검사는 Yerkes(1917)가 발달단계에 따라 변화하는 과제 대신 지능을 구성하는 특정한 기능을 집중적으로 평가하는 방식에 따라 제작되었고 이러한 동일한 방식에 따라 비언어성 베타검사도 제작되었다.

웩슬러 개인용 지능검사

David Wechsler는 1930년대 중반부터 비네지능검사와 군대용 알파검사, 군대용 동작성 검사로부터 문항을 수집하는 작업을 거쳐서 Wechsler-Bellevue Intelligence Scale Form I, 즉 W-B I(1939)를 제작하였다. 그는 "지능이란 개인이 목적 달성을 위해 행동하고 합리적으로 사고하고 환경을 효율적으로 처리하는 전체적인 능력"이라고 정의하였고, 지능검사는 지능수준을 평가하는 단순한 측정검사라기 보다는 개인의 성격을 반영해주는 역동적인 도구로 사용될 수 있다고 생각하였다(Kaufman 1990). 이러한 웩슬러의 임상적 입장은 나중에 소개될 Rapaport의 탁월한 임상적 견해를 발전시키는 기초를 제공하였으며 이와 관련된 임상 연구 자료들은 지능검사가 단순한 객관적 측정검사가 아닌 개인에 대한 풍부한 자료를 제공해 주는 역동적인 검사로서 임상 장면에서 활용될 수 있는 기틀을 마련해 주었다. 이러한 점에서 웩슬러지능검사는 단순한 지능검사가 아닌 훌륭한 심리평가 도구라고 할 수 있다.

웩슬러지능검사는 1939년 제작된 이후 Wechsler-Bellevue Alternative Form : W-B II(1946), Wechsler Intelligence Scale for Children : WISC(1949), Wechsler Adult Intelligence Scale : WAIS(1955), Wechsler Preschool and Primary Scale of Intelligence : WPPSI(1967), Wechsler Intelligence Scale for Children-Revised : WISC-R(1974), Wechsler Adult Intelligence Scale -Revised : WAIS-R(1981)로 이어지면서 유용한 개인용 지능검사로서 가장 널리 사용되고 있다.

한국웩슬러지능검사(Korean Wechsler Intelligence Scale : KWIS)는 WAIS(1955)를 전용신, 서봉연, 이창우(1963)가 표준화하였고 WISC(1949)를 이창우, 서봉연(1974)이 한국판 웩슬러 아동용지능검사 K-WISC로 표준화하였으며 박경숙 등(1987)이 WISC-R(1974)을 한국교육개발원 웩슬러 아동용지능검사(Korean Educational Developmental Institute-Wechsler Intelligence Scale for Children : KEDI-WISC 1987)로 표준화하였다. K-WAIS는 WAIS-R(1981)을 염태호, 박영숙, 오경자, 김정규, 이영호(1992)가 표준화하였다.

한국웩슬러지능검사(K-WAIS : Korean Wechsler Intelligence Scale)는 적절한 예비문항 선정, 1차 예비검사, 2차 예비검사, 문항 분석, 본검사 실시, 정답 작성, 규준 설정, 실시요강 작성 등의 과정을 거치면서 표준화되었다. 이러한 과정에서 전체 검사의 목적 및 기본 절차, 각 검사별 목표 및 채점 원칙 등 웩슬러지능검사 개정판의 기준에 따르는 한편 실제 문항은 가능한 한 한국인에게 적절하고 일상생활에서 쉽게 접할 수 있는 친숙한 문항을 선정하고자 하였다. 기존의 KWIS 문항은 탁월하게 유용성이 인정된 문항 외에는 원칙적으로 문항 선정에서 제외되었다. 새로 선정된 문항의 채점 원칙은 일차적으로는 WAIS-R 채점 기준에 따르고 경우에 따라서는 표준화 과정에서 수집된 새로운 자료의 분석 결과에 따라 결정되었다. 표집은 대한민국 성인인구를 대표할 수 있도록 층화표집방법 *stratified sampling method*에 따랐다. 피검자의 연령은 16세부터 64세였다. 층화표집단계에서는 1986년 인구센서스 자료를 이용하여 연령, 성별, 지역, 거주지, 학력 변인을 고려하였다. 표집과정에서 지능이 낮은 피험자가 제외되지 않도록 교육수준이 낮은 집단이 적절하게 표집되도록 유의하였다. 자세한 표집과정 및 표집 결과는 K-WAIS 요강에서 참고할 수 있을 것이다.

3. 웩슬러지능검사의 제작

웩슬러지능검사의 기본적 입장

Wechsler는 1981년 개정판 검사요강에서 웩슬러지능검사의 기본적인 입장을 다음과 같이 밝히고 있다.

1) 지능검사는 목적적이고 효율적으로 행동할 수 있는 개인의 잠재력을 평가하기 위한 표준화된 과제들로 구성된 정신기능 측정검사이다.
2) 지능은 다요인적 *multifaceted*이고 중다결정적 *multidetermined*이며 특정한 능력이 아닌 전체적인 능력 *overall competency*, *global capacity*이다.
3) 지능은 전체 성격의 일부 요소로서 인지적 요인 뿐만 아니라 비지적 요인들—불안, 지구력, 목표 자각, 기타 정의적 성향 등—의 영향을 받는다. 따라서 지능검사는 이러한 비지적 요인도 평가하게 된다.

이러한 웩슬러의 기본 입장에 따르면 지능이란 효율적인 적응을 성취할 수 있는 잠재적 능력이라고 정의된다. 이 정의에 따르면 지능이 높다고 해서 반드시 이에 비례하여 적응능력이나 지적 기능이 나타나는 것은 아니라는 것이다. 또한 지능은 다요인적이고 중다결정적이며 궁극적으로는 이러한 요인들이 통합된 결과로서 전체적인 잠재능력으로 나타난다는 것이다.

웩슬러검사의 지능지수 *Intelligence Quotient* : IQ

지능지수는 Wilhelm Stern(1912)에 의해 비네지능검사에서 얻어진 한 아동의 점수를 연령이 동일한 아동들의 평균점수와 비교하는 방법으로 소개되었다. 그 이전에 Binet(1908)는 아동의 정신연령 *mental age*의 개념을 소개하고 아동의 지적 능력의 정도를 정신연령으로 나타내었다. 즉 각 연령에 따라 지적 기능들이 발달되는데 연령별 평균 아동들이 성취할 수 있는 과제를 풀었을 경우 그 수준의 정신연령을 지녔다고 평가받게 된다. 이러한 Binet의 정신연령 개념은 앞서 소개된 Stern에 의해 정신연령과 생활연령과의 비율이 지능지수라고 수정되었다.

$$\text{지능지수 } \textit{Intelligence Quotient} : \text{IQ} = \frac{\text{정신연령 MA}}{\text{생활연령 CA}} \times 100$$

이와같은 방식으로 계산된 지능지수는 비율 지능지수 *ratio IQ*가 된다. 이러한 지능지수는 개인의 생활 연령의 증가와 직선적 관계를 이루면서 지적 능력이 계속적으로 증가한다는 가정을 전제로 하고 있다. 그러나 선행 연구들에 의하면 지능검사에서 연령별 평균 지능점수를 비교해 볼 때 대략 15세 이상이면 연령별 평균 지능점수의 상승이 둔화된다고 한다(Matarazzo 1976). 다시 말하자면 대략 15세 정도 또는 검사 종류에 따라서는 20세 정도이면 생활연령의 증가에 따른 지적 기능의 발달이 더 이상 이루어지지 않는다는 것이다. 이에 따라 지적 발달이 정지하는 가장 높은 생활연령을 성인의 공통 생활연령으로 고정시켜서 지능지수를 산출하고자 하였다. 그러나 이러한 공식은 지적 능력이 성인기 동안 일정하게 유지됨을 전제로 하는데 실제로는 일정한 연령 이후에는 지적 능력이 계속 하강하는 추세를 보이고 특히 40세 이후에는 급격한 하강을 보이기 때문에 성인 지능지수 산출에 동일한 공통분모를 사용할 수 없음이 밝혀짐으로써 Weschler는 개인이 속한 해당 연령집단 가운데 차지하는 상대적인 위치를 지능지수로 환산하는 편차 지능지수 개념을 소개하였다. 이러한 입장은 개인의 절대적인 지식 정도는 변하지만 개인의 상대적인 지적 수준은 일관되며 연령, 검사 종류, 표집집단의 변산도와 독립적임을 전제로 하고 있다.

웩슬러지능검사의 편차 지능지수는 다음과 같은 단계를 거치면서 산출된다. 개인의 검사 결과에서 나온 각 소검사의 원점수만으로는 그 개인의 지능을 정확히 평가하기 어렵다. 따라서 개인의 점수를 객관적으로 평가하고 다른 개인의 점수와 비교할 수 있기 위해 원점수를 표준점수의 일종인 환산치로 전환하게 된다. 이를 위해서 각 개인의 원점수를 20-34세 연령의 규준집단의 점수를 근거로 하여 평균 10, 표준편차 3인 표준점수로 전환한 환산치 *scaled score*를 구한다. 다음은 이 환산치를 언어성과 동작성별로 합산하여 각 환산치 합을 평균 100, 표준편차 15인 표준점수로 전환함으로써 각 개인의 언어성, 동작성, 전체 지능지수를 산출하게 된다.

이와같은 편차 지능지수의 잇점은 첫째, 원점수를 환산점수로 전환함으로써 개인내 각소검사의 점수들을 비교할 수 있다는 것이다. 둘째, 지능수준을 표준편차 단위에 따라 정의함으로써 보다 명백하게 정의할 수 있다는 것이다. 셋째, 발달과정에서 정신연령과 생활연령과의 직선적 관계에 대한 가정을 요구하지 않는다는 점이다. 네째, 이러한 방식으로 산출된 아동기 이후의 성인 지능지수는 연령에 관계없이 동등하게 해석될 수 있다는 것이다. 즉, 60세 피검자가 획득한 IQ 120과 20세 피검자가 획득한 IQ 120이 해당 연령집단에서 동일한 위치에 있음을 나타내준다. 그러나 동일한 지능지수를 얻기 위해 필요한 절대적인 능력을 비교해본다면 20세 피검자는 60세 피검자에 비해 훨씬 높은 능력을 지녀야만 IQ 120을 획득하게 되고 60세 피검자는 20세 피검자에 비해 훨씬 낮은 능력으로 IQ 120을 획득하게 된다.

웩슬러검사(재표준화)의 구성

다음은 웩슬러지능검사를 구성하고 있는 각 소검사들을 간단하게 살펴보겠다.

언어성 검사	*VERBAL SCALE*	동작성 검사	*PERFORMANCE SCALE*
1) 기본지식	*Information*	2) 빠진곳 찾기	*Picture Completion*
3) 숫자외우기	*Digit Span*	4) 차례맞추기	*Picture Arrangement*
5) 어휘문제	*Vocabulary*	6) 토막짜기	*Block Design*
7) 산수문제	*Arithmetic*	8) 모양맞추기	*Object Assembly*
9) 이해문제	*Comprehension*	10) 바꿔쓰기	*Digit Symbol*
11) 공통성문제	*Similarities*		

이상과 같이 웩슬러지능검사는 언어성 6개, 동작성 5개 소검사로 구성되어 있다. 각 소검사 앞에 매겨진 번호는 검사가 시행되는 순서를 나타낸다. 이러한 검사의 구성은 WAIS-R과 K-WAIS가 동일하다. 다음은 간략하게 각 소검사의 구성과 측정내용을 표 7-1에서 소개하겠다(K-WAIS 실시요강 1992).

표 7-1 K-WAIS의 각 소검사의 문항구성

소검사	문항수	측 정 내 용
기본지식	29	개인이 소유한 기본지식의 정도
숫자외우기	14	청각적 단기기억, 주의력
어휘문제	35	일반지능의 주요 지표, 학습능력과 일반 개념의 정도
산수문제	16	수개념의 이해와 주의집중력
이해문제	16	일상경험의 응용능력이나 도덕적, 윤리적 판단능력
공통성문제	14	유사성의 파악능력과 추상적 사고능력
빠진곳찾기	20	사물의 본질, 비본질 부분을 구별하는 능력, 시각적 예민성
차례맞추기	10	전체 상황에 대한 이해력과 계획능력
토막짜기	9	지각적 구성능력과 공간적 표상능력, 시각-운동협응능력
모양맞추기	4	지각능력과 재구성능력, 시각-운동협응능력
바꿔쓰기	93	단기기억 및 민첩성, 시각-운동협응능력

K-WAIS

Korean-Wechsler Adult Intelligence Scale
한국판 – 웩슬러 성인용지능검사기록용지

이름 ______ 성별 (남 여)
주소 ______ (TEL)
직업 ______
학력 ______
검사장소 ______
검사자 ______

	년	월	일
검사일			
생년월일			
연령			

환산점수산출표

환산점수	원점수											환산점수
	언어성검사						동작성검사					
	기본지식문제	숫자외우기	어휘문제	산수문제	이해문제	공통성문제	빠진곳찾기	차례맞추기	토막짜기	모양맞추기	바꿔쓰기	
19	–	28	68–70	23	32	26–28	–	–	–	41	–	19
18	–	27	65–67	22	30–31	25	20	–	51	40	–	18
17	–	–	61–64	21	29	24	–	–	49–50	39	93	17
16	29	26	56–60	20	27–28	23	19	20	48	38	88–92	16
15	28	24–25	53–55	18–19	26	22	–	19	46–47	36–37	81–87	15
14	27	22–23	50–52	17	24–25	21	18	18	44–45	35	76–80	14
13	25–26	20–21	46–49	15–16	22–23	19–20	17	17	40–43	34	71–75	13
12	23–24	18–19	42–45	14	21	17–18	16	16	37–39	32–33	66–70	12
11	19–22	16–17	37–41	12–13	18–20	16	15	14–15	32–36	30–31	60–65	11
10	15–18	14–15	31–36	11	16–17	13–15	14	12–13	27–31	26–29	53–59	10
9	11–14	12–13	25–30	9–10	13–15	11–12	11–13	9–11	22–26	23–25	43–52	9
8	8–10	10–11	18–24	8	10–12	9–10	9–10	7–8	17–21	19–22	33–42	8
7	6–7	8–9	13–17	7	8–9	7–8	6–8	4–6	12–16	14–18	26–32	7
6	4–5	7	10–12	6	6–7	5–6	4–5	3	7–11	10–13	18–25	6
5	2–3	5–6	6–9	5	5	2–4	2–3	2	2–6	7–9	13–17	5
4	1	4	4–5	4	4	1	1	1	1	5–6	8–12	4
3	0	2–3	3	3	3	0	0	0	0	4	5–7	3
2	–	0–1	2	1–2	2	–	–	–	–	1–3	1–4	2
1	–	–	0–1	0	0–1	–	–	–	–	0	0	1

〈언어성검사〉	원점수	환산점수	
기본지식문제	____	____	____
숫자외우기	____	____	____
어휘문제	____	____	____
산수문제	____	____	____
이해문제	____	____	____
공통성문제	____	____	____
언어성 환산점수의 합계		____	
〈동작성검사〉			
빠진곳찾기	____	____	____
차례맞추기	____	____	____
토막짜기	____	____	____
모양맞추기	____	____	____
바꿔쓰기	____	____	____
동작성 환산점수의 합계		____	

	환산점수	IQ
언어성검사	____	____
동작성검사	____	____
전체검사	____	____

검사소견(19 . .)

그림 1 K-WAIS 기록용지

웩슬러지능검사의 통계적 특성*

다음은 한국판 웩슬러지능검사(Korean Wechsler Adult Intelligence Scale : K-WAIS)의 표준화과정에서 제시된 신뢰도, 타당도를 살펴보기로 하겠다.

신뢰도

K-WAIS의 신뢰도를 보면 반분신뢰도는 언어성 지능 .93 동작성 지능 .88 전체 .91, 재검사신뢰도는 .79-.96범위에 있다.

구성타당도 *Construct Validity*

심리검사의 구성타당도를 지지해주는 3가지 종류의 자료로는 내적 일관성 *internal consistancy*, 요인분석 *factor analysis*, 발달적 변화 *development change*가 있는데 (Anastasi 1988), 여기서는 K-WAIS의 내적 일관성과 요인분석을 토대로 구성타당도를 밝혀보고자 한다. K-WAIS의 내적 일관성은 .36-.72로서 웩슬러 원판에 비해 다소 낮은 문항-검사간 상관도를 보이고 있다.

한편 요인분석을 통하여 WAIS의 구성요인을 밝히고 이러한 결과를 바탕으로 구성타당도를 검토하려는 시도가 있어 왔다. 선행연구 결과 언어성과 비언어성 2개 요인 (Silverstein 1982), 3개 혹은 그 이상의 요인들이 밝혀졌다(Matarazzo 1972). 현재 W-B I, WAIS, WAIS-R 세 검사 공통으로 가장 일관된 요인구조는 3개 요인으로서 언어적 이해력 *Verbal Comprehension*, 지각적 구조화능력 *Perceptual Organization*, 그리고 제3요인들이 밝혀지고 있다. 제3요인으로는 주의지속능력 *Freedom from Distractibility*, 기억 *Memory*, 계열적 능력 *Sequential Ability*, 수능력 *Number Ability* 등이 제안되고 있다. 여기서 주목되는 점은 W-B I에서 WAIS-R에 이르기까지 동일한 요인구조가 밝혀지고 있고 각 요인내 소검사 순위 역시 세 검사에서 매우 유사하게 드러나고 있다는 것이다. 즉 언어적 이해력 요인내 소검사의 순위 상관계수(rank-order correlations of subtest ranks between pairs of Verbal Comprehension factor)는 W-B I와 WAIS에서 rho=.81, W-B I와 WAIS-R에서 rho=.85, WAIS와 WAIS-R에서 rho=.93이었다. 지각구성력 요인의 순위상관계수는 W-B I와 WAIS에서 rho=.91, W-B I와 WAIS-R에서

* 다음에 제시된 통계자료는 K-WAIS 실시요강 및 미발표된 표준화 통계자료를 기초로 하였다.

rho=.91, WAIS와 WAIS-R에서 rho=.78이었다(Silverstein 1982). 이러한 결과는 요인분석에서 W-B I, WAIS, WAIS-R 세 검사의 요인구조가 동일함을 입증해 줌으로써 구성타당도를 지지해주고 있다. K-WAIS의 요인분석은 현재 자료 분석단계에 있어서 WAIS-R과의 비교분석은 가능하지 않으므로 자료가 분석되는 대로 비교 검토될 예정이다.

웩슬러지능검사의 시행

일반적으로 웩슬러지능검사를 시행하는데 1시간 내지 1시간 30분이 소요되며 이는 임상가 뿐만 아니라 피검자에게도 상당한 투자를 요구하는 어려운 작업이다. 그러나 이러한 작업이 실제로 유용한 결과를 가져다 줄 것인지는 전문적인 검사수행과 해석에 달려있다고 말할 수 있다. 잘못 시행된 결과라면 쓸모없는 정보를 제공하여 임상적 평가에 오히려 혼란을 야기시킬 수 있다. 심리평가의 목적은 피검자에 대한 이해 및 진단 뿐만 아니라 명백한 의사결정에 있다. 즉 심리평가 결과를 근거로 하여 치료적인 결정을 내려야 한다는 것이다. 만약 지능검사가 올바르게 시행되지 않는다면 합리적이 아닌 치료적 결정을 내리게 되는 결과를 초래할 것이다. 흔히 지능검사 시행은 기계적이고 단순한 작업이라고 생각하는 경향이 있지만 검사의 표준 시행과 더불어 검사 행동 관찰의 중요성을 생각한다면 전문적인 지능검사 시행의 중요성은 아무리 강조해도 지나치지 않을 것이라고 생각된다.

시행 및 채점상의 주의점

1) 다른 심리검사도 마찬가지이지만 특히 개인의 잠재능력을 평가하는 지능검사는 검사 시행의 표준 절차를 철저하게 지키는 것이 매우 중요하다. 지능검사가 철저한 표준 절차에 따라 시행된다면 일종의 통제된 실험 상황과 같아질 것이다. 지능검사 결과가 보다 의미있게 해석될 수 있으려면 이러한 표준 절차에 엄격하게 따르는 것이 요구된다. 이를 위해서는 요강에 제시되는 검사 시행의 표준 절차를 익히고 암기하여 실제 검사를 시행할 때는 검사 요강을 보지 않고 자동적으로 수행할 정도로까지 표준절차에 익숙해져 있어야 한다.
대부분의 임상가들은 이와같이 검사 시행 규칙을 암기하여 실시하지만 이에 대한 반대 의견도 있는데 시행 수칙을 암기하여 검사를 시행한다면 검사자 개인에 따라 습관적인 방식이 형성되어 깨닫지 못하는 사이에 표준 시행에서 벗어날 수 있으므로 가능한 검사 요강을 그대로 읽는 것이 바람직하다는 것이다(Lezak 1988). 저자의 생각으로는 암기하여 수행하는 방식이 피검자의 행동관찰을 가능하게 해주기 때문에 암기 시행방식에 따르기는 하되 숙달된 전문가라 할지라도 검사를 시행할 때는 반드시 검사 요강을 미리 준비해놓고 표준시행에서 벗어나지 않는지를 스스로 검토해보는 것이 바람직하다고 보여진다.

2) 검사가 시행되는 방은 조명이 잘 되어 있고 환기가 잘 되어야 하고 가능한 조용해야 하며 피검자의 주의를 분산시키는 자극이 없어야 한다. 실제 임상 장면에서 이러한 이상적인 조건을 갖추기는 어렵겠지만 지능검사가 일시적인 피검자의 정서적 상태나 물리적 환경에 따라 영향을 받을 수 있다는 점을 고려한다면 이러한 조건을 갖추려고 최대한 노력해야 할 것이다.

3) 지능검사는 피검자의 최대 능력이 발휘될 수 있는 분위기에서 시행될 수 있어야 할 것이다. 이를 위해서 임상가는 피검자로 하여금 검사에 대한 동기를 갖고 안정되고 자연스러운 상태에서 자신의 최대의 능력과 일상적인 행동을 그대로 보여줄 수 있도록 도와주어야 한다. 이러한 바람직한 평가과정이 피검자에게 유익한 도움을 줄 수 있고 이러한 과정이 반응 결과에 주요한 영향을 미칠 수 있다는 자각 아래 임상가 스스로가 진지하게 검사를 수행해 나간다면 피검자도 이러한 분위기에 동조하게 될 것이다. 임상가는 항상 현재 자신이 대하고 있는 피검자가 마치 최초의 피검자인양 성실하게 대하는 자세를 가져야 할 것이다.

임상경험에 의하면 다른 심리검사에 비해 지능검사 실시에 대한 피검자의 저항과 불안이 높으며 피검자에 따라서는 검사가 진행되는 도중 긴장이 더 강해지는 경우가 있다. 검사 시행의 원칙은 이러한 저항과 불안을 감소시켜 주는 방향으로 임상가가 개입해야 된다는 것이다. Rapaport 등(1968)은 이러한 방편으로 피검자에게 검사를 시작하기 전에 미리 지능검사를 시행할 것이라고 알려주되 단순히 지능을 알기 위한 것이 아니라 문제해결을 위한 해답을 찾고자 검사를 시행하는 것이라고 말하여 준다고 하였다. WAIS-R이나 K-WAIS 요강에서 보면 지능검사를 시행할 것이라고 알려준다는 표준 지침은 제시되어 있지 않다. 그러나 검사를 시작하기 전에 대략 이 검사는 문제에 대해 답을 말하거나 동작으로 문제를 푸는 작업이 요구된다는 점을 미리 알려주도록 되어 있다. 저자의 생각으로는 피검자에게 이 검사는 지능검사의 한 종류이지만 여러가지 목적으로 사용될 수 있음을 알려주고 이와 동시에 표준지침에 제시된 대로 따르는 것이 피검자의 동기유발이나 정서안정에 도움이 될 것으로 보여진다.

4) 검사 상황에서 질문을 시작할 때는 피검자가 반응하도록 기대되는 내용에 대해 일반적인 말로 간단하게 설명해 준 다음에 질문하는 것이 바람직하다. 예를 들면 다음과 같은 지시가 필요하다. 지금부터 몇가지 다른 종류의 검사를 실시할 것이다. 어떤 검사는 말로 대답하고 다른 검사는 동작으로 반응해야 한다. 검사문제는 쉬운 문제로부터 어려운 문제로 진행될 것이다.

   검사를 실시하는 동안 일부 피검자들은 자신들의 응답이 맞았는지를 질문하는 경우가 있다. 원칙적으로 검사자가 피검자를 격려하는 것은 바람직하지만 정답 여부를 직접 가르쳐 주지는 않는다. 특히 피검자가 응답을 하지 못하고 당황하고 있다면 많은 문제들은 어렵기 때문에 응답하는 것이 어려울 것이며 아마도 다른 종류의 검사에서는 응답할 수 있을 것이라고 격려해 주는 것이 필요하다.

5) 임상가는 검사를 시행하는 과정에서 미리 채점의 원칙을 잘 알고 있어야 한다. 그리고 채점 원칙에 비추어 볼 때 검사자의 반응이 불분명하거나 불완전한 경우 반드시 다시 질문하여 분명한 대답을 들을 수 있어야 한다. 그런 경우 검사자는 "방금 대답한 내용을 좀 더 정확하게 말해 줄 수 있겠습니까?"라고 요구한다. 만약 응답이 하나 이상인 경우 반응 내용이 명확하다면 채점 기준에 비추어 정확한 대답을 선택하여 점수를 주고 대답이 불분명한 경우 피검사자에게 대답을 다시 하도록 요구하며 보다 정확한 대답을 하게 된다면 수정된 대답에 따라 채점한다.

6) 앞서 지적된 바와 같이 지능검사 수행에 소요되는 시간은 1시간이나 1시간 30분 정도이다. 특별한 이유가 없는 한 일회에 전체 소검사를 완성하는 것이 바람직하다. 그러나 피검자에 따라서는 지속적으로 검사를 수행하기가 어려운 경우가 있을 것이다. 예를 들면 쉽게 피로하거나 오래 집중하지 못하는 노인환자나 뇌손상 환자, 심한 정신증적 환자의 경우는 2-3회 나누어 검사를 시행한다.

   시간 제한이 없는 검사는 대체로 피검자가 충분히 응답할 만큼 여유를 주어야 하며 시간 제한이 있는 경우는 원칙적으로는 시간 제한을 지키지만 상황에 따라서는 제한 시간이 지나더라도 피검자가 과제를 성공적으로 해결할 수 있는지를 검토하기 위해서 어느 정도 시간을 주고 과제해결의 결과를 지켜보는 것이 필요하다.

7) 웩슬러지능검사는 개인용 지능검사로서 검사 수행시 세밀한 행동관찰이 매우 유용한 정보를 제공해 준다. 따라서 철저하게 표준 절차에 따라서 검사를 시행해 나가면서 이와 동시에 행동을 관찰하는 훈련이 요구된다. 이러한 행동관찰은 의

미있는 행동이 관찰되는대로 즉시 기록하는 방식과 처음부터 체계적인 행동관찰표를 준비하여 검사를 완료한 후에 이를 평가하는 방법이 있다. 가능하다면 이 두 가지 방법을 모두 병행하는 것이 바람직하다. 초보자의 경우 행동관찰을 익히기 위해서는 검사를 시행하는 동안 항상 메모지를 준비해 두고 의미있는 행동이나 특정한 행동이 관찰되는 즉시 이를 기록하는 습관을 기르는 것이 바람직할 것이다. 이러한 경우 검사가 완료된 다음 기록된 행동을 검토하여 행동의 의미를 찾아보도록 한다. 이와 관련하여 검사반응은 항상 피검자의 말 그대로를 기록하여야 한다. 이러한 말 그대로의 기록이 의외로 피검자의 심리적 상태를 잘 투사시켜 주는 경우가 많으므로 반드시 말 그대로 기록한다.

8) 지능검사 시행을 불가피하게 중단해야 하는 경우가 있다. 임상가의 노력에도 불구하고 검사에 대한 피검자의 저항이 해결되지 않거나 피검자의 조건이 검사를 시행하기에 적절하지 않은 경우 검사 시행을 중단하거나 면담을 통하여 이러한 상황을 극복하도록 시도해 보는 것이 바람직하다. 심리검사는 개인을 이해하고 이러한 이해를 바탕으로 하여 문제해결을 위한 전략을 세우고 이러한 전략의 결과를 평가하기 위한 하나의 수단이다. 따라서 검사 시행이 피검자 보다 더 중요한 목적이 되어서는 아니된다. 자칫하면 지능검사 시행과정에서 이러한 목적과 수단이 전도될 수 있는데 특히 지능검사의 시행이 결코 용이하지 않기 때문에 원래의 목적을 망각하고 기계적으로, 무리하게 검사를 시행할 수 있으므로 이러한 점을 항상 유의해야 한다.

9) 지능검사에 나타난 반응을 채점하는 과정에서 검사자는 철저하게 채점의 원리를 파악하고 독특한 반응들을 채점 원리에 따라 정확하게 채점할 수 있도록 훈련되어야 한다. 이를 위해서는 반드시 경험있는 전문가의 감독하에 철저한 훈련을 받아야 할 것이다.

지능지수 산출방법

문항 채점과 지능지수의 환산은 K-WAIS 요강을 참조하면서 충분히 익혀야 할 것이다. K-WAIS에서 지능지수를 얻는 방식은 다음과 같다. 제1단계에서는 각 소검사의 원점수를 평균 10 표준편차 3인 표준점수로 환산한다. WAIS-R에서는 20-34세 집단의 각 소검사의 원점수 환산치를 기준으로 하여 전체 연령군의 환산치를 평가하도록 되어 있다. 이러한 방식은 모든 연령집단의 점수를 지적 기능이 가장 높은 수준에 있는 20-34세 집단과 비교함으로써 연령별 다양한 능력 변화를 검토해 볼 수 있다는 장점을 지니고 있다. K-WAIS에서는 전체 피검자들의 환산 점수를 기준으로 하여 개인 피검자의 원점수를 환산점수로 전환하고 있다. 이러한 방식은 WAIS-R 환산점수 전환방식과 차이가 있는데 표준화과정에서 표집된 전체 규준집단의 검사 점수를 기초로 하여 환산점수를 산출하고 있는 이유는 WAIS-R 표집집단과 다르게 K-WAIS 표집집단에서는 20-34세 연령군의 지능지수가 다른 연령군에 비해 높지 않으며 전체 표집집단의 점수를 준거로 하여 환산치를 구하는 경우 넓은 범위의 환산점수를 얻을 수 있다는 통계적 결과에 따른 것이다. 이와같이 원점수를 피검자의 연령에 관계없이 동등한 환산점수로 전환함으로써 모든 연령의 피검자의 소검사 환산점수를 전체 집단의 소검사 환산점수와 비교할 수 있다는 잇점이 있다. 제2단계는 환산점수의 합을 각 연령별 지능지수 산출표를 참고하여 언어성, 동작성, 전체 IQ로 환산한다. IQ는 7개 연령집단에서 해당연령의 IQ 산출표를 참고로 하여 산출하도록 되어 있다. IQ 산출방식은 WAIS-R이나 K-WAIS가 동일한 방식을 취하고 있다. 다시 말하자면 개인의 언어성 소검사의 환산점수의 합, 동작성 소검사의 환산점수의 합, 전체 검사의 환산점수의 합을 각각 구한 다음 각 연령별로 IQ 산출표를 참고로 하여 언어성지능지수, 동작성지능지수, 전체지능지수를 구하게 된다.

웩슬러지능검사의 해석방식

해석의 일반적 주의 사항

다음은 지능검사 결과를 해석함에 있어서 원칙적으로 주의해야 할 사항을 간단하게 검토한 다음 체계적인 양적, 질적 분석법을 소개하기로 한다(Kaufman 1990).

1) 앞서 지적된 바와 같이 평가과정에서 이루어지는 개인의 반응행동에 관한 관찰이 주요한 자료를 제공해 준다. 개인용 지능검사는 개인의 전체 인격을 평가하는 수단으로 전체 인격의 일부인 정신적 기능을 평가하고자 한다. 지능검사 시행과정에 관찰되는 개인의 행동 특징, 반응 내용은 인지적 발달과 성숙의 중요 결정요인으로 작용할 뿐만 아니라 인지적, 성격적 평가에 있어서도 중요한 자료를 제공해 줄 수 있다.
2) 지능검사는 개인이 과거 학습한 내용을 측정하고 있다. 지능검사는 언어성이든 동작성이든 한 문화권내에서 개인이 학습했던 내용을 측정하고 있으므로 단순한

능력검사라기 보다는 일종의 성취검사 *achievement test*라고 보는 것이 타당하다. 지능의 유전론과 환경론, 지능 개념의 타당성에 대한 논쟁은 다측면적 지능 개념을 이해하는데 도움이 되지만 한 개인의 평가과정에서는 이러한 논쟁은 혼란을 야기시킬 수 있다. 따라서 지능검사를 사용하는 임상가의 입장에서는 지능검사를 통하여 과거 학습에 의한 피검자의 성취를 평가할 수 있다는 입장을 취하면서 현실적 문제에 대한 해답을 제공해 주는 것이 바람직할 것이다.

3) 지능검사를 구성하는 과제들은 지적 행동의 표집이기는 하지만 이는 어디까지나 인위적인 문항 표집의 결과이므로 지능검사의 결과가 일반적인 상황에 일반화 될 수 있는지는 신중하게 검토된 다음에 결정되어야 한다. 따라서 각각의 소검사들이 측정한다고 알려진 특정한, 고유한 능력에 대한 평가를 검토없이 그대로 받아들이면 아니된다. 중요한 점은 검사 결과와 반응 행동을 전체적으로 종합한 임상가의 판단을 거쳐서 검사 결과의 일반화가 결정되어야 한다는 것이다.

4) 지능검사 결과는 피검자별로 해석되어야 한다. 지능검사의 결과는 관찰된 행동, 과거력 등 개인에 관해 알려진 정보, 다른 검사 결과들을 종합하여 해석을 내릴 때 가장 유용할 것이다. 즉 지능검사 결과에서 나타나는 개인의 프로파일이 어떻게 하여 그러한 특징을 나타내고 있는지를 다각적으로 검토하는 것이 개별적인 해석방식이고 이는 매우 유용한 자료를 제공해 줄 것이다.

체계적 양적, 질적 분석법

웩슬러지능검사를 해석하는 방식에는 크게 **양적 분석**과 **질적 분석** 두 가지 방식이 있다. 양적 분석으로는 병전 지능의 추정, 현재 지능의 파악, 언어성검사와 동작성 검사의 비교, 소검사 점수분산 분석 *scatter analysis*, 각 소검사 환산점수 비교 방법이 있다. 소검사 점수분산 분석은 *Rapaport* (1946) 방식이 유용하며 이 방법은 어휘 환산점수를 기준으로 하여 다른 10개 소검사 점수 분산을 검토하는 방식 *vocabulary scatter*, 언어성검사 환산점수의 평균점수와 각 언어성소검사 환산점수를 비교하는 한편 각 동작성소검사 환산점수를 동작성검사 환산점수의 평균 점수와 비교하는 방식 *mean scatter*, 그리고 수정된 환산치를 기준으로 분산도를 비교하는 방식 *modified mean scatter*이 있다. 질적 분석에는 쉬운 문항의 실패, 어려운 문항의 성공을 기준으로 하는 곤란도 분석방식(Rapaport 1946, 오상우와 원호택 1983)과 독특한 문항 내용의 의미를 파악하는 질적 분석방식(Matarazzo 1972, 원호택 1981, 김재환 1982)등이 있다. 이러한 방식을 간단하게 설명하면 다음과 같다.

1) 양적 분석

가. 병전 지능의 추정

지능검사를 시행하고 난 다음 피검자의 원래의 지능수준을 추정하여 현재의 지능수준과의 차이를 계산해봄으로써 급성적, 만성적 병적 경과, 지능의 유지나 퇴보 정도를 파악하는데 도움이 된다. 원래의 지능수준은 어휘문제를 기준으로 하여 추정되는 방식이 제안되었고(Rapaport 1968), 일반적으로는 기본지식, 어휘문제, 토막짜기 결과와 내담자의 연령, 학력, 직업, 학교성적 등을 고려하여 추정된다. 기본지식, 어휘문제, 토막짜기를 원래 지능 추정의 기준점으로 삼는 이유는 이 소검사들의 점수가 가장 안정되어 있고 요인분석 결과 대표적인 언어성, 동작성 소검사로 지적될 수 있기 때문이다. 이러한 추정 결과 원래의 지능과 현재의 지능지수가 15점 이상 차이가 난다면 유의한 지적 기능의 저하가 있다고 해석할 수 있다.

나. 현재 지능

현재 지능은 언어성지능, 동작성지능, 전체지능지수, 백분위, 표준 측정오차범위를 밝히는 방식으로 기술된다. 예를 들면 다음과 같이 기술될 수 있을 것이다. 만약 언어성지능 103, 동작성지능 105, 전체 지능 105라고 한다면 이 개인의 지능수준 범위는 보통수준이며 백분위는 63이다. 다시 말하자면 100명 가운데 약 37위 정도에 해당되는 보통수준의 지능을 소유하고 있다는 것이다. 그리고 측정표준오차 *standard error of measurement* : SEm를 고려하여 신뢰구간에 따른 개인의 지능지수의 범위를 제시해준다. 측정표준오차란 피검자의 이론적 진점수를 포함하는 오차범위를 의미한다. 다시 말하자면 측정표준오차란 반복과 피로 효과를 제거하고 검사 도구의 신뢰도를 고려하여 검사를 여러번 시행했을 경우 표준이탈도 *standard deviation*를 추정하는 것이다. 표 7-2에서 보면 K-WAIS의 각 소검사의 IQ 점수의 측정표준오차가 제시되어 있는데 측정표준오차를 근거로 전체 지능지수 105점에 대한 오차범위를 계산해 보면 95% 신뢰구간에서 오차범위는 ±1.96×SEm이 된다. 표 7-2에서 보면 전체 IQ 점수의 SEm은 4.42이므로 오차범위는 ±9가 되므로 피검자의 전체 지능지수의 진점수가 96-114 사이에 속할 수 있는 신뢰수준은 95%라고 말할 수 있다. 임상장면에서는 피검자의 전체 지능지수를 단일한 점수로 알려주는 것 보다 이러한 오차범위를 밝혀서 진점수가 속할 수 있는 점수 범위를 알려주는 것이 바람직하다. 이러한 경우 신뢰구간은 90%나 95%에서 오차범위를 계산하는 것이 적절하다(Kaufman 1990).

표 7-2 K-WAIS의 각 소검사와 IQ점수의 측정표준오차(SEm)*

언어성 검사	측정표준오차	동작성검사	측정표준오차	IQ	측정표준오차
기본지식문제	.58	빠진곳찾기	1.05	언어성IQ	3.83
숫자외우기	.53	차례맞추기	1.22	동작성IQ	5.25
어휘문제	.67	토막짜기	.81	전 체IQ	4.42
산수문제	.98	모양맞추기	1.23		
이해문제	1.07	바꿔쓰기	.39		
공통성문제	1.03				

* 이 표는 K-WAIS 요강에서 인용하였음

언어성검사와 동작성검사간 유의한 지능점수 차이가 유용한 임상적 자료를 제공해 주기 때문에 지능검사 결과를 기술해 줄 때 두 검사간 차이를 기술해주는 것이 필요하다. 표 7-3에서 보면 K-WAIS의 언어성, 동작성 지능지수의 유의한 차이가 연령별로 제시되어 있다.

표 7-3 K-WAIS의 언어성검사와 동작성검사의 유의한 점수차*

유의도수준	16-17세	18-19세	20-24세	25-34세	35-44세	45-54세	55-64세	평균
15%	12.59	11.83	10.58	8.64	7.48	7.16	7.48	9.39
5%	17.14	16.10	14.40	11.76	10.18	9.75	10.18	12.78

* 이 표는 K-WAIS 요강에서 인용하였음

언어성-동작성간 유의한 점수차이는 표 7-3에서 개인이 속한 해당 연령집단에서의 유의한 점수차이를 근거로 하여 판단해야 한다. 따라서 피검자의 연령이 46세라면 두 검사간 점수차이가 유의하려면 10점 이상이 되어야 한다. 언어성검사와 동작성검사를 대략적으로 비교해보면 언어성검사는 고도로 조직화된 능력 즉 아동기부터 축적된 경험과 지식을 요구하는 반면 동작성 검사는 비교적 덜 조직화된, 즉각적인 문제해결 능력, 과거 축적된 지식의 활용, 즉각적인 대처 능력을 요구한다. 따라서 언어성지능이 높고 동작성지능이 낮은 피검자는 교육적 배경이 높고 이러한 요소에 의한 지적 활동이 지배적인 반면 즉각적인 상황 대처능력은 낮을 가능성이 있다. 반면 동작성지능이 높고 언어성지능이 낮은 피검자는 교육수준은 낮지만 일상생활에서의 대처 능력은 높은 경향이 있다. 언어성검사와 동작성검사간의 차이는 동시적 해석방식에서 자세하게 다루어질 것이다.

라. 소검사 점수분산 분석

앞서 지적된 바와 같이 11개 소검사의 평균치들의 유의한 점수 차이는 어휘분산 *vocabulary scatter*, 평균치분산 *mean scatter*, 변형된 평균치 분산 *modified mean scatter*의 3가지 방식에 따라 계산된다. 어휘문제 평가치*를 기준으로 하여 각 소검사가 유의한 점수 차이를 보이는지를 검토하는 방식은 일반적으로 어휘가 지능의 수준을 잘 대표할 뿐만 아니라 다른 소검사에 비해 부적응상태에서도 점수 저하가 잘 나타나지 않기 때문에(Rapaport 1968, Matarazzo 1972) 다른 소검사를 비교하는 기준치로 선정되어 원래의 지적 기능에 비해 현재 어느 만큼 지적 기능의 효율성이 저하되었는지를 평가하게 해준다. 평균치 분산은 언어성 소검사는 언어성 평균치와, 동작성 소검사는 동작성 평균치와 비교하는 것이다. 이 방식은 피검사자의 현재 성취수준을 나타내는 평균치와 비교하여 특정 기능에 유의한 차이가 있는지를 알아보고자 하는 것이다. 변형된 평균치방식은 평균치 분석시 한 두개의 소검사 점수가 지나치게 높거나 낮을 경우 이러한 점수를 제외한 평균치를 계산하여 변형된 평균치와 다른 소검사간 점수 차이를 알아보고 이를 통하여 현재의 성취 수준과 비교할 때 특정 기능이 유의한 차이가 있는지를 알아보는 방식이다. 유의한 소검사 점수분산은 평가치 3점 이상 차이가 나는 것을 기준으로 하는데 이러한 기준의 근거에 대해서는 소검사 형태분석에서 자세하게 다루어질 것이다.

2) 질적 분석

질적 분석은 반응 내용, 반응 방식, 언어적 표현방식, 검사 행동방식 등을 기초로 하여 개인의 독특한 심리적 특성을 알아보고자 하는 것이다. 질적 분석에서 중요하게 고려되어야 할 내용은 쉬운 문항에 실패하고 어려운 문항에 성공하는 경우, 드물거나 기괴한 내용을 응답하는 경우, 한 문항에 대해 강박적으로 여러가지 응답을 나열하는 경우, 잘 모르면서 짐작으로 응답하는 경우, 지나치게 구체화된 응답을 하는 경우, 정서적인 응답을 하는 경우, 반항적인 내용의 응답을 하는 경우, 차례맞추기에서 순서는 제대로 맞추었으나 적절한 설명은 하지 못하는 경우 등 여러 경우가 있다. 이러한 질적 분석 결과는 지능의 임상적 평가에 있어서 매우 중요한 단서를 제공해 주는 경우가 많으므로 유의하여 분석되어야 한다.

* 이 장에서 소검사의 환산점수 *scaled score*는 소검사의 평가치로도 표현되고 있다. 따라서 평가치는 환산점수와 동등한 의미를 나타내고 있다.

웩슬러 지능검사해석의 이론적 배경

프로파일 해석의 이론적 배경

다음에 제시되는 지능검사 프로파일 해석은 선행 연구와 임상적 경험을 종합하여 WAIS-R이 측정해주는 인지적 기능을 집중적으로 분석하고자 시도하였던 Kaufman (1990) 방식을 기초로 하고 있다. 이 방식에서는 WAIS-R에 의한 신경심리적 평가도 시도되고 있다. 이러한 Kaufman의 입장은 개인의 인지적 측면 뿐만 아니라 비인지적 요인을 지능검사 평가에 의해 종합함으로써 신경심리적, 성격적, 임상적 차원의 진단을 내리고자 하였던 Matarazzo(1972)의 입장과 기본적으로 일치하지만 훨씬 광범위한 자료를 근거로 하여 인지적 기능을 집중적으로 밝히고 있다는 점에서 차이가 있다. 그는 선행연구 결과에서 소검사들이 인지적으로 무엇을 측정한다고 밝히고 있는지를 검토하였고 이러한 선행연구 결과와 행동 관찰을 종합하면서 피검자의 인지적 기능을 집중적으로 평가하는 입장을 취하고자 하였다. 또한 그는 인지적 기능을 중심으로 하여 신경심리적 진단을 내리기 위한 광범위한 정보를 제공해주고 있다. 이러한 입장은 지능검사 결과에 나타난 개인의 인지적 기능을 일차적으로 가장 중요하게 평가한다는 점에서 비지적 요인의 역할을 강조하였던 Matarazzo의 입장과 차이가 있다고 볼 수 있다. 임상적 장면에서 Matarazzo의 해석적 입장이 대단히 중요하다는 사실은 널리 인정되고 있지만 한편으로 Kaufman의 입장은 심리평가의 전문성과 특수성을 지지해준다는 점에서 임상심리 전문가가 적극적으로 활용해야 할 것으로 여겨진다. 따라서 이 책에서의 WAIS-R 해석은 기본적으로는 Kaufman 방식을 따르되 앞서 간단히 제시된 Rapaport방식, Matarazzo방식이 참고될 것이며 이러한 방식을 통합하는 과정에서는 국내 선행 연구자들의 연구 결과와 저자 자신의 임상 경험이 판단의 기준이 될 것이다. 특히 프로파일 해석의 기초, 프로파일 해석의 실제는 주로 Kaufman(1990)과 Matarazzo(1976), Lindman과 Matarazzo(1990)에 의해 제시된 내용과 저자의 임상적 경험을 근거로 하였다. Kaufman이 제시하고 있는 해석과정을 자세하게 검토하고자 하는 독자는 『청년과 성인 지능평가 Assessing Adolescent and Adult Intelligence(Kaufman 1990)』를 참고할 수 있을 것이다.

Kaufman은 웩슬러 소검사들이 무엇을 측정하고 있는지를 검토하고 나아가서 소검사들의 전체 프로파일을 해석하는 근거가 되는 경험적, 이론적 배경으로서 요인분석, Bannatyne의 범주화이론, Horn의 지능이론, Osgood의 심리언어적 이론,

Rapaport의 임상적 모델이론, Dean의 개인능력 프로파일이론, Guilford의 지능구조에 따른 Meeker의 분류방식을 제시하고 있다. 이 책에서도 프로파일 해석의 이론적 배경으로 이 모든 이론적 입장에 대해 간단히 살펴보기로 하겠다. 각 연구자들의 분류방식은 표 7-4부터 표 7-11까지 제시되고 있는데 이러한 표는 Kaufman의 『청년과 성인의 지능평가』(1990)에서 인용되었다.

가. **요인분석** : WAIS-R의 요인구조는 정상집단과, 비정상 집단의 표집, 연령, 성, 인종집단에 따라 2개 또는 3개 요인으로 밝혀져 왔다. 2개 요인은 언어성 소검사들과 동작성 소검사들로 밝혀지고 있고 3개 요인일 경우 언어적 이해능력 *Verbal Comprehension*, 지각적 조직화 능력 *Perceptual Organization*, 주의지속능력 *Freedom from Distractibility*으로 밝혀지는데 표 7-4에 그 내용이 제시되고 있다.

표 7-4 WAIS-R의 3개 요인구조

언어적 이해능력	지각적 조직화 능력	주의지속능력
기본지식	차례맞추기	산수문제
어휘	토막짜기	숫자문제
이해	모양맞추기	
공통성		

나. **Bannatyne의 분류** : Bannatyne는 아동용웩슬러 검사의 소검사들을 4가지 범주로 재분류하였는데 그의 분류 방식은 특히 학습장애아동들의 프로파일 해석에서 타당성이 지지됨으로써 성인용 지능검사에도 적용되고 있다(표 7-5).

표 7-5 Bannatyne의 분류방식

언어적 개념화 능력 *Verbal Conceptualization Ability*	공간적 능력 *Spatial Ability*	연속적 능력 *Sequential Ability*	획득된 지식 *Acquired Knowledge*
어휘	빠진곳 찾기	산수문제	기본지식
이해	토막짜기	숫자문제	어휘
공통성	모양맞추기	바꿔쓰기	산수문제

표 7—5에서 보면 언어적 개념화 능력에는 어휘, 이해, 공통성의 언어성검사가 포함되고 공간적 능력에는 빠진곳 찾기, 토막짜기, 모양맞추기의 동작성검사가 포함된다. 연속적 능력이란 자극을 순서적으로 처리하는 능력으로서 공간적 능력과 연속적 능력의 차이가 있을 때 개인의 정보처리가 순차적인지 동시적인지를 가리는데 도움이 된다. 즉 연속적 능력의 점수가 높다면 순차적 정보 처리를 선호한다고 볼 수 있겠다. 획득된 지식은 교육적 훈련이나 개인의 지적 추구를 통하여 이차적으로 습득된 지식을 나타내기 때문에 여기에서 높은 점수를 받는 개인과 그렇지 않은 개인에 대해 유용한 정보를 제공해 준다. 다시 말하자면 획득된 지식의 점수가 높은 개인은 원래적인 지능보다 후천적 훈련이나 지적 추구활동을 통해 이차적으로 획득된 능력을 지니고 있다고 말할 수 있을 것이다.

다. Horn의 지능 모델 : 앞서 Cattell과 Horn의 유동적 지능 Gf, 결정적 지능 Gc이 성인기의 지능발달을 해석하는데 주요한 근거를 제시한다는 점이 지적되었다. 일반적으로 웩슬러의 언어성검사들은 결정적 지능과 연관되는 반면 동작성검사들은 유동적 지능과 관련되며 문제해결능력을 측정한다고 볼 수 있다. Horn(1985)은 웩슬러 소검사들을 4개 범주로 분류하고 있다.

표 7—6 Horn의 변형된 지능모델

결정적 *Crystallized*	유동적 *Fluid*	기억 *Retrieval*	속도 *Speed*
기본지식	빠진곳 찾기	기본지식	바꿔쓰기
어휘	차례맞추기	산수문제	
이해	토막짜기	숫자외우기	
공통성	모양맞추기		
	공통성		
	숫자외우기		

표 7—6에서 보면 환경적 영향을 받는 결정적 지능에는 기본지식, 어휘, 이해, 공통성의 언어성 4개 소검사가 포함되며 유동적 지능은 빠진곳 찾기, 차례맞추기, 토막짜기, 모양맞추기의 4개 동작성검사, 공통성, 숫자외우기의 2개 언어성검사와 관계가 있다. 공통성문제는 결정적 지능과 유동적 지능 모두와 관계되고 있다. 기억과 관련되는 소검사는 기본지식문제, 산수문제, 숫자문제로서 기본지식문제는 결정적 지능과, 숫자외우기는 유동적 지능과 관계가 있다. 바꿔쓰기는 소검사 특유의 변량이 크다는 점이

다시 한번 확인되고 있는데 운동속도와 연관되고 있다.

라. Osgood의 언어심리학적 방식 *Psyholinguistic approach*: Osgood의 의사소통 이론을 웩슬러검사의 해석에 적용한 결과가 표 7-7에 제시되어 있다.

표 7-7 Osgood의 이론에 의한 웩슬러 소검사들의 분류

	의사소통과정		
의사소통통로 *Channel*	수용적 *Receptive*	연합적 *Associative*	표현적 *Expressive*
청각-음성적	기본지식	공통성문제	어휘
시각-운동적	빠진곳 찾기	차례맞추기	바꿔쓰기

Osgood의 의사소통이론은 의사소통 통로, 정보의 조직화 수준, 심리언어적 과정의 세차원을 통하여 인지적 능력을 평가하려는 방식이다. 의사소통은 청각-음성적 통로나 시각-운동적 통로를 통하여 전달된다. 웩슬러검사의 모든 언어성 소검사들은 청각-음성적 통로와 관련이 있고 모든 동작성 소검사들은 시각-운동적 통로와 연관이 있다. 빠진곳 찾기는 언어로 정답을 말하기 때문에 시각-음성적 통로가 사용된다. 다음은 정보가 개인내에서 조직화되는 정도에 따라 표상적 수준 *representational level*과 자동적 수준 *automatic level*으로 나눌 수 있는데, 표상적 수준은 고차원적이고 복잡한 사고를 요구하며 상징과 의미의 활용이 요구되는 반면 자동적인 수준은 습관화되고 체계화되어 개인의 자발적인 판단이 요구되지 않는 수준을 의미한다. 웩슬러지능검사 대부분은 표상적인 수준에 속하지만 바로 따라 숫자외우기는 자동적 수준에 속하고 거꾸로 숫자외우기는 표상적 수준에 속한다. 그리고 빠진곳찾기와 바꿔쓰기는 자동적, 표상적 수준에 모두 속한다고 볼 수 있다. 다음은 정보를 처리하는 과정이 주로 어떤 기능을 담당하는가에 따라 수용적, 연합적, 표현적 과정으로 분류된다. 만약 정보를 인식하고 이해하는 과정이 주로 개입된다면 수용적 과정에 속하고 정보를 해석하고 조직화하고 상징을 다른 방식으로 조작하여 수용된 정보를 매개한다면 연합과정에 속하며 음성적으로나 동작으로 표현하는 과정이 주로 일어난다면 표현적 과정에 속한다. 모든 인지적 과제들은 이 세가지 과정이 동시에 일어나지만 여기서는 주로 어떤 과정이 보다 우세하게 일어나는가에 따라 분류된다. 이해문제와 토막짜기는 특히 이 세 과정이 모두 일어난다. 이해문제는 질문이 복잡하고 길기 때문에 잘 수용하고 이해하여야 하며 복

잡한 판단을 내리는 연합과정이 요구되며 복잡한 표현적 반응을 해야한다. 토막짜기 역시 마찬가지이다. 반면 기본지식문제와 빠진곳찾기는 비교적 정보를 수용하는 과정이 주요하며, 공통성문제와 차례맞추기는 수용된 정보를 조직하여 판단하는 과정이 주로 요구된다. 어휘문제는 표현적 과정이 가장 주요한 대표적인 소검사이다. 마찬가지로 바꿔쓰기는 수용적 과정이나 연합적 과정보다 표현적 과정이 주요하게 관여된다.

마. Rapaport의 임상적 모델: Rapaport는 지능에 영향을 미치는 성격 변인의 중요성을 인식하고 웩슬러지능검사의 프로파일을 지적인 능력과 성격적 측면에 따라 해석하였다. 예를 들면 이해문제에 비해 기본지식 점수가 의미있게 낮으면 심한 정서 억압, 히스테리성 반응이라고 해석할 수 있고 빠진곳찾기에서의 높은 점수는 망상적 경향성이 의심된다는 것이다. Kaufman(1990)은 Rapaport의 임상적 해석이 지나친 추론이라고 비판을 받기도 하지만 그의 해석은 검사 제작자인 Wechsler의 입장과 원칙적으로 일치하고 경험적 자료를 근거로 하고 있으며 소검사 프로파일을 해석하는데 유용한 보충 자료를 제시해준다고 주장하였다. 예를 들면 이해문제는 판단력을 측정하는데, 판단력은 개념적 수준의 이해 뿐만 아니라 사회적 상황에 적절한 반응을 자동적으로 선택하도록 도와주는 "정서적-태도적 방향감 *emotional-attitudinal orientation*"이 있을 때 적절할 수 있으므로 여기에는 개념적 수준의 지적인 측면 뿐만 아니라 정서적 측면도 개입된다는 것이다. 따라서 Rapaport의 임상적 해석은 실제 사례 분석에서 유용한 가설을 설정해주고 해석방향을 제시해준다고 볼 수 있다. 표 7-8에 Rapaport 분류방식이 제시되고 있다.

표 7-8 웩슬러검사에 대한 Rapaport의 분류

기억 *Memory*	개념형성 *Concept Formation*	시각적 조직화 *Visual Organization*	시각-운동통합 *Visual-Motor Coordination*	지남력반응 *Orienting*
기본지식	어휘	빠진곳찾기	토막짜기	숫자외우기-주의력
어휘	공통성문제	차례맞추기	모양맞추기	산수문제 -집중력
	토막짜기		바꿔쓰기	빠진곳찾기-집중력
				차례맞추기-예견
				모양맞추기-예견
				바꿔쓰기 -집중력

이러한 Rapaport의 분류방식은 다음과 같은 경우에 특히 유용하다.

- 동작성검사에서 동작이 수반되지 않는 시각적 조직활동과 시각-운동통합을 구별하고자 하는 경우
- 언어성검사에서 산수문제 및 숫자문제와 다른 언어성검사와의 차이를 보고자 하는 경우
- 높거나 낮은 웩슬러 소검사들에 대한 행동적 수준의 설명이 요구되는 경우
- 동작성 소검사들의 인지적, 행동적 요소를 연결시켜 주고 유용한 가설을 제시하고자 하는 경우

바. Dean의 개인능력 프로파일 : Dean(1983)에 의해 제시된 WAIS-R 소검사의 6개 범주가 표 7-9에 제시되고 있다.

표 7-9 Dean의 개인능력 프로파일에 의한 웩슬러검사 분석

추상적사고 *Abstract Thought*	장기기억 *Remote Memory*	시각기억 *Visual Memory*	청각기억 *Auditory Memory*	사회적 이해 *Social Comprehension*	시각-운동속도 *Visual-Motor Speed*
공통성문제	기본지식	빠진곳찾기	숫자문제	이해문제	모양맞추기
토막짜기	빠진곳찾기	바꿔쓰기	산수문제	차례맞추기	바꿔쓰기

Dean의 분류방식을 간단히 설명하면 다음과 같다.

- 추상적 사고－개념을 구체적 수준이 아닌 추상적 수준에서 조작하는 능력
- 장기기억－1-2개월 이전의 부호화된 정보를 회상하고 인지하는 능력
- 시각기억－장기, 단기적인 비언어적 기억을 편집하는 능력
- 청각기억－청각적인 형태로 제시된 자극을 수용하고 회상하는 단기 기억
- 사회적 이해－구체적 사회상황에 관습, 사회적 지식, 도덕적 판단을 적용하는 능력
- 시각-운동속도－시각적 조직화능력 및 공간적 과제를 동작으로 수행한 결과에 대한 피이드백 능력

사. Meeker의 분류방식 : Meeker(1969)는 널리 알려진 Guilford의 지능구조 3차원이론을 웩슬러검사 분석에 적용하였는데 표 7-10에는 Guilford의 웩슬러 지능검사

와 연관되는 조작과 내용차원이 설명되고 있고 표 7-11에서는 Meeker에 의한 분류 방식이 제시되고 있다.

표 7-10 Guilford의 조작과 내용차원

조작차원 *Operations*	지적 과정 *intellectual processes*
인지	자극에 대한 즉시적인 자각, 인지, 이해
기억	정보가 저장된 것과 동일한 형태로 정보를 보존
평가	기존의 기준에 따라 정보에 대해 판단
수렴	독특한, "최적의" 방식으로 자극에 반응
내용차원 *contents*	**자극의 성질 *nature of the stimuli***
어의적	의미를 전달하는 단어나 생각
도형적	사물의 모양이나 구체적 사물
상징적	숫자, 단일한 글자, 그외 부호화된 기호

표 7-10에서 보면 Guilford의 지능의 결과차원은 제시되고 있지 않은데 이는 웩슬러검사 해석에 중요하지 않기 때문에 생략되었다. 또한 조작차원에서 행동, 확산적 사고는 웩슬러지능검사에서 측정되고 있지 않기 때문에 제외되었다.

표 7-11 Guilford의 지능구조론에 의한 Meeker의 웩슬러검사 분류

	웩슬러 소검사	인지	기억	평가	수렴
언어성	기본지식		상징적		
	숫자문제		상징적		
	어휘	어의적			
	산수문제	어의적	상징적		
	이해			어의적	
	공통성	어의적			
동작성	빠진곳 찾기	도형적		도형적	
	차례맞추기			어의적	어의적
	토막짜기	도형적		도형적	
	모양맞추기	도형적		도형적	
	바꿔쓰기			상징적	상징적

이와같은 Meeker의 분류방식은 다음과 같은 몇 가지 유용한 특징을 지니고 있다.

- 지각적 조직화능력을 재는 동작성 검사들 가운데 빠진곳찾기, 토막짜기, 모양맞추기 3개 소검사들의 점수가 함께 저하되는 근거를 제시해준다.
- 차례맞추기와 바꿔쓰기가 3개 요인에 대한 부하량이 낮은 이유를 제공해준다(이 두 소검사는 Guilford 분류에 의하면 다른 소검사들과 차이가 있다).
- 차례맞추기가 흔히 개인의 언어적 능력과 일치하는 근거를 제공해준다.

프로파일 해석의 기초

지금부터는 각 소검사들이 어떤 능력을 측정해 내는가를 알아보기 위해 경험적, 임상적 선행연구들을 모아서 정리해 보고자 한다. 그리고 이러한 검토 후 경험적 자료를 종합하여 전체 프로파일 분석을 시도해보기로 한다. 선행연구 자료들은 인지적, 행동적 분석, 소검사 점수에 영향을 주는 요인, 임상적 분석, 신경심리적 분석 등 다각적인 방식으로 접근될 것이다.

1. 기본지식 *Information*

인지적, 행동적 특성

다른 소검사와 함께 측정되는 능력

요인분석 : 언어적 이해력

Bannatyne : 획득된 지식

Horn : 결정적 지능 Gc, 기억의 인출

Osgood : 의사소통에 있어서 청각-음성적 통로, 표상적 수준의 조직화, 청각적 수용

Rapaport : 기억

Dean : 일반적 능력, 장기기억

Guilford : 어의적 내용의 기억

Matarazzo : 정보의 전체 범위

Lindemann : 일반지능, 지적 동기, 기억

기타 : 정보 축적, 장기기억

소검사 점수에 영향을 미치는 요인들

- 환경에 대한 기민성

- 문화적 기회
- 외국에서의 학습 경험
- 지적 호기심과 추구
- 학습장애, 학교 학습
- 폭넓은 독서
- 풍부한 초기 환경

소검사가 특정하게 측정하는 능력

- 실제적 지식의 전반적 범위

임상적 분석

- 응답 실패 이유를 경험이나 특정 지식의 부족 탓으로 합리화하는 경우가 있다.
- 만성 불안이 있으면 쉬운 문항부터 실패하며, 낮은 점수를 얻는다. 반면 쉽게 자동적으로 반응하는 경우 높은 점수를 얻는다.
- 쉬운 문항의 실패와 어려운 문항의 성공은 기억의 인출과정의 장애를 시사한다.
- 정신지체자의 점수는 낮은데, 정신지체자의 점수가 비교적 높은 경우 진정한 이해가 없는 과도한 학습의 결과일 수 있다.
- 기괴한 내용의 반응은 드물게 나타나므로 정신병리를 시사한다.
- 지나치게 세밀하고 세부적인 내용의 응답은 강박증을 시사한다.
- 억압방어 *repression*는 정보의 획득과 정보 회상 모두를 저하시킨다.
- 높은 점수는 지적 야심, 이지적 방어 *intellectualization*를 시사한다.
- 점수를 저하시키는 요인으로는 쉽게 포기하는 경향, 학업에 대한 적개심, 불완전한 응답을 포기하는 완벽주의 경향이 있다.

신경심리적 분석

- 정신병리와 대뇌손상에 영향을 받지 않으므로 병전 지능의 좋은 측정치가 될 수 있다.
- 뇌손상이 의심되는 경우 반응 실패가 무성의 때문인지, 과거 학습된 내용을 상실하거나 정보인출의 실패 때문인지를 가려야 한다.
- 낮은 점수를 설명할 만한 근거(낮은 교육수준, 문화적 경험 박탈, 외국에서의 학습경험)가 없이 낮은 점수를 보일 때, 특히 다른 언어성 검사의 점수도 낮은 경우는 좌반구 대뇌손상을 시사한다.

● "측두엽 간질은 특히 이 소검사의 손상을 가져온다"(Milberg 등 1986)

2. 숫자외우기 *Digit Span*

인지적, 행동적 특성

다른 소검사와 함께 측정되는 능력

요인분석 : 2개 요인-언어적 이해력 *verbal comprehension*,
3개 요인-주의집중 능력 *freedom from distractibility*

Bannatyne : 연속적 능력 *sequential*

Horn : 유동적 지능, 기억의 인출

Osgood : 의사소통에 있어서 청각-음성적 통로, 자동적 수준의 조직화(바로 따라 외우기), 표상적 수준의 조직화(거꾸로 따라외우기)

Rapaport : 주의력

Dean : 청각적 기억

Guilford : 상징적 내용에 대한 기억(단위와 체계)

Matarazzo : 기억장애(기질적, 불안, 주의장애)

Lindemann : 청각적 회상, 주의력

기타 : 청각적 연속적 기능 *auditory sequencing*, 지속적 인지과정을 위한 정보의 부호화(거꾸로 외우기), 수능력, 정신적 기민성, 연속적 과정(직선적, 좌반구의)

소검사 점수에 영향을 미치는 요인들

- 수동적으로 자극을 수용하는 능력
- 주의력 범위
- 불안
- 주의산만
- 융통성(바로 따라 외우기에서 거꾸로 따라 외우기로 바꿀 때)
- 학습장애
- 비협조 태도(숫자들을 역전하려는 노력을 거부, "의미없는" 검사를 하지 않으려 함)

소검사가 특정하게 측정하는 능력

- 즉각적인 기계적 회상

- 역전 능력 *reversibility* (거꾸로 따라 외우기)

임상적 분석

- 반응 실패가 기억력장애, 순차적 과정의 문제, 불안, 주의력 장애, 반항, 낮은 동기, 암기전략 미개발, 낮은 지능 가운데 어떤 경우에 해당되는지를 검토하는 것이 중요하다.
- 평균적 아동과 청소년은 바로 따라외우는 숫자의 길이가 거꾸로 따라외우기 숫자의 길이보다 2자리 이상으로 길지만 성인의 경우는 한자리가 더 길다. 이러한 규준으로부터의 이탈은 임상적으로 의미가 있다.
- 검사 상황에 민감한 영향을 받는다.
- 정신병리로 인해 다른 소검사에서 수행이 낮으면서 이 검사에서는 높은 점수를 얻는 것은 "단순한 과제에 집중하는 능력"을 나타낸다.
- 청각 손상자와 청각적 식별에 문제가 있는 사람들은 이 소검사에서 불리하다.
- 상태불안(즉 검사불안)은 특성적 만성 불안보다 숫자 외우기에 방해가 된다.
- 검사자가 문항을 다 읽기 전에 반응을 시작하는 경우나, 매우 빠르게 숫자를 반복하는 경우 충동성이 의심된다.

신경심리적 분석

- 바로 따라외우기와 거꾸로 따라외우기 점수를 하나로 합치는 것은 신경심리학적 평가의 가치를 떨어뜨린다. 왜냐하면 뇌손상이 두 과제에 차이있게 영향을 미치기 때문이다.
- 거꾸로 따라외우기 보다 바로 따라외우기 점수가 5자리 이상 높은 경우는 정상인에게 거의 나타나지 않으며 기질적 뇌손상 환자에게는 보다 흔하다; "젊은 성인이 거꾸로 따라외우기에서 3자리만 성공한다면 그 자체로 뇌손상의 지표가 된다" (Lezak 1983).
- 신경심리적 평가에서는 외우기 점수보다 외우기에 성공한 자릿수 *span*가 더 좋은 정보를 제공한다.
- 바로 따라외우기는 우반구 손상이나 확산적 손상보다 좌반구 손상에 민감하다.
- 거꾸로 따라외우기는 좌반구 손상에 민감하지만, 우반구 시각영역에 결함이 있는 경우에서도 민감하다.
- 바로 따라외우기는 치매상태에 영향을 받지 않지만 거꾸로 따라외우기는 여러 치매과정에서 일어나는 확산적인 손상에 매우 취약하다(Lezak 1983). "거꾸로 따라외우기가 뇌손상에 더 민감하다" (Milberg 등 1987).

- "거꾸로 따라외우기는 뇌손상후 시간 경과에 따라 개선되지 않는다"(Lezak 1983).

3. 어휘문제 *Vocabulary*

인지적, 행동적 특성

다른 소검사와 함께 측정되는 능력

요인분석 : 언어적 이해력
Bannatyne : 언어적 개념화, 획득된 지식
Horn : 결정적 지능
Osgood : 의사소통에 있어서 청각-음성적 통로, 표상적 수준의 조직화, 언어적 표현
Rapaport : 기억, 개념형성(언어적)
Dean : 일반적 능력
Guilford : 어의적 수준의 인지능력
Matarazzo : 일반 지능, 학습능력, 언어적 정보의 저장, 사고범위
Lindemann : 일반 지능, 교육과 문화적 영향
기타 : 상식의 축적, 추상적 언어 개념을 다룸, 장기기억, 학습능력

소검사 점수에 영향을 미치는 요인들

- 문화적 기회
- 외국에서의 학습배경
- 지적 호기심과 추구
- 흥미
- 폭넓은 독서
- 읽기 능력
- 풍부한 초기 환경
- 학교학습

소검사가 특정하게 측정하는 능력

- 언어 발달
- 단어지식

임상적 분석

- 억압방어는 단어의 습득과 회상 모두를 손상시킨다.
- 높은 점수는 지적인 야망과 추구를 반영하며, 지적 방어와 관련되기도 한다.
- 반응 내용은 피검사자의 공포, 사고 집착, 흥미, 배경, 기괴한 사고과정을 분석할 수 있게 해준다.
- 틀린 반응만이 임상적으로 가치가 있는 것은 아니다. 정답이나 부분적 정답도 임상적 가치가 있다(지나친 정교화, 생략, 감정적 반응, 주관적 설명)
- 과잉 학습에 의한 기계적인 응답과 지적 추구가 강한 응답(현재의 경험과 응답을 연결하면서 과제에 열심히 접근하는)을 구별하여 평가해야 한다.
- "각 반응을 같은 내용으로 응답하기 시작하는 방식"은 때로 보속증 *perseveration*의 증거가 될 수 있다(Milberg 등 1986).

신경심리적 분석

- 대부분의 정신병리와 뇌손상에 덜 민감하므로 병전 지능의 좋은 지표가 된다.
- 좌반구 손상에 민감하지만 다른 언어성 소검사에 비해서는 덜 민감하다. 확산적, 양측성 손상에는 별로 민감하지 않다.
- 긴 수행시간동안 쉽게 피로해지는, 이미 진단이 내려진 뇌손상환자에게 이 검사를 실시할 가치가 있는지 의심스럽게 한다.
- 다른 어떤 소검사 보다 뇌손상과 사고장애를 잘 구별해 준다. 사고장애가 있는 환자들은 검사 시행 도중 방어를 무너뜨리고 사고장애를 드러낸다.

4. 산수문제 *Arithmetic*

인지적, 행동적 특성

다른 소검사와 함께 측정되는 능력

요인분석 : 2개 요인-언어적 이해력

3개 요인-주의지속 능력, 언어적 이해력

Bannatyne : 연속적 정보전달, 획득된 지식

Horn : 기억의 인출

Osgood : 의사소통에 있어서 음성적 통로, 표상적 수준의 조직화

Rapaport : 집중력

Dean : 일반적 능력, 청각적 기억

Guilford : 상징적 내용의 기억, 어의적 수준의 인지
Matarazzo : 정신적 기민함, 일반 지능, 수학적 능력
Lindemann : 수학 능력, 언어적 지시의 이해, 집중력
기타 : 청각적 연속적 전달, 지속적 인지 과정을 위한 정보의 부호화, 숫자를 다루는 능력, 정신적 기민성, 연속적(직선적, 좌반구)전달, 장기기억, 추리력(숫자적)

소검사 점수에 영향을 미치는 요인들

- 주의력 범위
- 불안
- 집중력
- 학습장애
- 학교학습
- 시간 압력하에서 작업하는 능력

소검사가 특정하게 측정하는 능력

- 계산 기술

임상적 분석

- 실제 요구되는 계산 기술은 국민학교 수준이므로 반응 실패는 집중력 장애, "연상 두절 blocking"로 인한 일시적 실패, 종이와 연필이 주어지지 않는 학습과제에 대한 과민성, 반항적 태도에 기인한다.
- 틀린 반응을 분석하여 실패의 원인이 계산 능력의 부족, 잘못된 공식의 선택, 질문의 오해, 집중력 장애 중 어떤 경우에 해당되는지를 검토한다.
- 일단 검사가 끝난 후 시간 제한없이 종이와 연필을 주면서 응답하게 하는 방식은 불안과 주의집중력장애 정도를 평가하는데 도움이 된다.
- 이 검사에 영향을 미친다고 알려진 다양한 행동적, 인지적 특징을 검토한 후 그러한 가설이 해당되지 않는다고 판단되는 경우에 한하여 수학능력의 결함으로 해석한다.
- 정신지체자의 경우는 앞의 문항들이 돈계산과 관련되므로 이 소검사가 그들의 사회적 지능이나 적응행동과 관련있는 능력을 측정한다고 볼 수 있다.
- 산수문제는 보통 피검자의 불안을 유발한다. 불안과 좌절에 대한 반응양식이 임상적으로 가치있다.

- 셈능력은 뛰어나더라도 강박적으로 소심하거나 신경학적 손상이 있는 경우는 시간 제한내에 응답하여 가산 점수를 받는데 실패하기 때문에 다른 언어적 소검사에 비해 낮은 점수를 보인다.

신경심리적 분석

- 우반구 손상이 의심되는 환자에게는 첫 번째 문항부터 실시한다. 첫 번째 문항은 브록셈으로 되어 있으므로, 보다 어려운 구두질문에는 성공하면서, 가장 쉬운 시각적 자극의 문항은 우반구 손상환자들이 실패할 수 있기 때문이다.
- 즉각기억 *immediate memory*, 그리고 즉각기억과 관련된 문제를 지닌 환자는 과제를 말로 불러주는 특성 때문에 그의 실제의 수학적 능력을 나타내지 못하게 된다. 그리고 복잡하고 다단계 계산이 요구되는 문제에서는 어려움을 경험할 것이다.
- 말로 불러주는 형식을 취하기 때문에 연필과 종이를 사용하는 방식에서 드러날 수 있는 공간지각 결함은 발견되지 못한다; "만약 숫자를 보면서 문제를 푼다면 드러나게 될 형태나 숫자 해독불능증 *figure, number alexia*은 구두로 불러주고 과제에서는 잘 드러나지 않는다."(Lezak 1993).
- 좌측 측두엽, 두정엽 손상 환자는 산수에서 낮은 수행을 보이는 것으로 알려져 있다. 우반구 손상이 있는 환자에 있어서 낮은 수행은 기억과 주의력 장애나 조직화장애로 인한 것으로 보인다.

5. 이해문제 *Comprehension*

인지적, 행동적 특성

다른 소검사와 함께 측정되는 능력

요인분석 : 언어적 이해력

Bannatyne : 언어적 개념화

Horn : 결정적 기능

Osgood : 의사소통에 있어서 청각-음성적 통로, 표상적 수준의 조직화

Rapaport : 판단력

Dean : 일반적 능력, 사회적 이해(사회적 지능)

Guilford : 함축된 의미의 평가

Matarazzo : 측정되는 능력 불분명, 풍부한 임상적 가치

Lindemann : 과거 경험에 대한 평가, 실세 상황에 대한 판단의 응용력, 언어화 능력

기타 : 상식(인과관계), 추리력(언어적), 언어적 표현력

소검사 점수에 영향을 미치는 요인들

- 문화적 기회
- 양심이나 도덕적 판단의 발달
- 부정적 태도
- 지나치게 구체적인 사고

소검사가 특정하게 측정하는 능력

- 실제적 정보의 표현
- 과거 경험의 평가와 사용
- 일반화(속담문항)
- 행동의 보편적 표준에 대한 지식
- 사회적 성숙
- 판단력

임상적 분석

- 적절한 판단을 위한 정보 선택은 안정되고 균형잡힌 정서적-태도적 안정성을 요구한다. 따라서 적응상의 문제가 있을 경우 낮은 점수를 보인다.
- 지적, 정서적 영역 모두를 측정한다.
- 창조적이기 보다는 보편적인 문제해결방식을 사용하는 경우 점수를 얻는다.
- 외국 출생자들은 많은 문항들에서 적절한 반응을 하지 못한다.
- 반응 내용은 현재의 정서적 갈등이나 불안을 알려주는데 도움을 준다.
- 정서문제와 갈등으로 인해 거의 0점을 얻을 수 있다.
- 기계적 반응을 할 때 실제적인 이해 정도를 평가하기 위해 한계 검증을 한다 : 이런 응답은 상투적 판단, 기괴한 사고, 단순한 반응 반복으로 인한 것일 수 있다.
- "피험자의 대처능력에 대한 풍부한 자료를 제공한다. 능동적 대처 대 수동적 대처방식 ; 사회화행동 대 반사회적 행동"(Zimmerman과 Woo-Sam 1973).
- 사회적 상황에서 적절한 행동수행에 장애가 있는 환자들에 대한 단서를 제공한다. 그러나 실제 생활적응은 복잡하고 다차원적이므로 이러한 결과는 일반화하는데 주의를 요한다.
- 강박적 환자들은 지나치게 길고 세부적인 응답을 한다.

신경심리적 분석

- 우반구 손상 환자는 높은 점수를 받지만 실제 행동은 비실질적이고 비이성적이다.
- 좌반구 손상에 가장 민감하다.
- 우반구 손상, 양측 손상, 확산적 손상 환자에 있어서 병전 지능의 좋은 지표이다.
- 이전에는 우수했던 피검자가 뇌손상으로 인한 충동성 때문에 다양한 문항에 매우 다르게 반응할 수 있다.

6. 공통성문제 *Similarity*

인지적, 행동적 특성

다른 소검사와 함께 측정되는 능력

요인분석 : 언어적 이해력

Bannatyne : 언어적 개념화

Horn : 결정적 지능, 유동적 지능

Osgood : 의사소통의 청각-음성적 통로, 표상적 수준의 조직화, 청각적 연상

Rapaport : 개념형성(언어적)

Dean : 일반적 능력, 추상적 사고

Guilford : 어의적 수준의 인지(관계와 변형)

Matarazzo : 일반지능, 사고과정의 논리적 성질

Lindemann : 연합적 사고, 개념적 판단

기타 : 추상적 언어적 개념을 다룸, 본질적인 것과 비본질적인 것의 구별, 추리력(언어적), 언어적 표현

소검사 점수에 영향을 미치는 요인들

- 융통성
- 흥미
- 부정적 태도
- 구체적 수준의 사고
- 폭넓은 독서

소검사가 특정하게 측정하는 능력

- 논리적, 추상적 사고

임상적 분석

- 반응들이 추상적, 구체적, 기능적인지 평가되어야 한다.
- 어휘와 같이, 공통성도 반드시 틀린 응답만이 임상적으로 가치가 있는 것은 아니다; 정답이나 부분적 정답도 임상적으로 가치가 있다.
- 언어적 이해력 소검사 가운데 이 소검사가 학습, 형식적 교육, 환경적 배경, 경험에 가장 적게 영향받는다. 왜냐하면 Horn의 유동적, 결정적 지능 모두에 해당되기 때문이다. 이 소검사는 두 개념간의 관계성을 알아내는데 초점을 두고 있지만, 실제적 개념들은 정신지체자에게까지도 잘 알려진 것이다.
- 처음 문항에 대한 반응은 진정한 추상적 사고 보다는 거의 기계적이고 일상적인 연상을 반영한다.
- 점수를 어떤 방식으로 얻었는지가 개인의 잠재능력을 말해준다 : 1점이 연속적으로 응답될 때 구체적 사고와 상대적으로 제한된 잠재능력을 나타내며(부적응과 관련없음) 2점과 0점의 혼합은 우수한 수행에 대한 잠재력이 높음을 나타낸다.
- "개인적 사고집착 내용이 이 검사에서는 거의 드러나지 않으므로, 이런 반응이 나타난다면 진단적으로 의미가 있다"(Zimmerman과 Woo-Sam 1973).
- 한 쌍의 개념에 대한 관계 탐색은 창조적 사고와 시각적 이미지를 자극할 수 있다. 이해문제와 다르게 창의적 응답이 반드시 틀린 응답은 아니다.
- 반응이 "소심함, 허세, 궤변 등의 성격을 드러낼 수 있다"(Zimmerman과 Woo-Sam 1973).
- 강박적인 개인은 반응을 하면서 1점, 0점짜리 반응과 함께 2점짜리 응답을 함으로써 높은 점수를 얻을 수 있다.
- 이와같은 고차적 개념을 평가하는 이 소검사는 정신병리에 매우 취약하다.

신경심리적 분석

- 이해문제와 달리 공통성은 뇌손상과 관련된 충동적 행동이나 사회적 적절성의 부족에 의해 영향받지 않는다.
- 뇌손상환자는 추상적, 개념적 반응(2점)을 하는데 어려움이 있다.
- 좌반구손상, 특히 좌측 측두엽과 전두엽손상에 매우 민감하다.
- 낮은 점수는 양측 전두엽손상과 관련되지만, 우측 전두엽손상과는 관련되지 않는다.

7. 빠진곳 찾기 *Picture Completion*

인지적, 행동적 특성

다른 소검사와 함께 측정되는 능력

요인분석 : 지각적 조직화(일차적) ; 언어적 이해력(이차적)

Bannatyne : 공간적 능력

Horn : 유동적 지능

Osgood : 의사소통의 시각-운동적 통로, 자동적, 표상적 수준의 조직화, 시각적 수용

Rapaport : 시각적 조직화(본질적으로 운동적 성질이 없는), 집중력

Dean : 일반적 능력, 장기기억, 시각적 기억

Guilford : 형태 단위의 인지, 형태 체계에 대한 평가

Matarazzo : 기본적 지각적, 개념적 능력

Lindemann : 본질적 부분과 비본질적 부분의 구별

기타 : 동시적(전체적, 우반구)전달, 본질과 비본질적 세부의 구별, 의미있는 자극의 시각적 전달과정

소검사 점수에 영향을 미치는 요인들

- 불확실할 때 반응하는 능력
- 환경에의 기민성
- 인지적 유형(장의존적/장독립적)
- 집중력
- 부정적 태도
- 시간적 압력 아래서 작업하는 능력

소검사가 특정하게 측정하는 능력

- 시각적 기민성
- 시각적 재인과 확인(장기 시각기억)

임상적 분석

- 성격적 통합이 드러날 수 있다 : "그림의 작은 틈을 지적하거나, 단순한 물체가 무엇인지 알아보지 못하거나, 기괴한 방식으로 응답하는 경우 모두 현실왜곡을 시사한다"(Zimmerman과 Woo-Sam 1973).
- 20초 시간제한은 뇌손상이 없는 정상 지능의 개인에게는 충분한 시간이다.

- 반응 비율에 주목한다 ; 빠르게 응답하면서 틀리는 반응들은 충동성을 반영하는 반면, 제한 시간내에 반응하지 못하는 경우는 잠재적 진단적 가치를 지니고 있다.
- 그림에서 없는 부분을 빠져있다고 응답하는 작화반응(예 : 자동차 손잡이가 없는데 사람이 빠져 있다고 응답하거나 그 내용이 기괴할 때)은 정신병리를 시사한다.
- "빠진 것이 없다"고 주장하는 피검자는 반항적이거나 호전적이거나 공포감을 지니고 있을 수 있다.
- 반응 성공은 "정신적 기민성과 세부에 주의를 기울이는 능력 뿐만 아니라 현실 검증력을 반영한다"(Hymowitz 등 1983) ; 정신분열증환자의 경우 빠진곳 찾기 점수가 상대적으로 낮은데, 이는 위의 가설과 일치하며, 우울증과 성격장애 환자에게서는 낮은 점수가 나타나지 않는다(Crookes 1984).

신경심리적 분석

- 뇌손상의 영향을 쉽게 받지 않는다.
- 특히 언어성검사에 요구되는 복잡한 언어적 반응능력이 제한된 좌반구손상환자에게 병전 지능의 좋은 지표가 된다.
- 시각적 인지장애가 있는 환자는 자극을 알아내는데 완전히 실패할 수 있다.
- 빠진 부분이 형태안에 포함된 경우에는 계속 실패하지만 윤곽선에 있을 경우에는 반응에 어려움이 없는지 주목한다.

8. 차례맞추기 *Picture Arrangement*

인지적, 행동적 특성

다른 소검사와 함께 측정되는 능력

요인 분석 : 2개 요인-지각적 조직화
3개 요인-연구 결과들이 불일치 상태

Bannatyne : 분류되지 않음 ; 연속적, 공간적 능력을 모두 포함

Horn : 유동적 지능

Osgood : 의사소통에 있어서 시각-운동적 통로, 표상적 수준의 조직화, 시각적 연상

Rapaport : 시각적 조직화(본질적으로 운동적 성질이 없는), 예견

Dean : 사회적 이해(사회적 지능)

Guilford : 어의적 체계의 수렴적 결과, 어의적 관계에 대한 평가

Matarazzo : 전체 상황을 이해하고 파악하는 능력

Lindemann : 사회적 상황에 대한 이해능력

기타 : 상식(인과관계), 본질적 부분과 비본질적 부분의 구별, 추리력(비언어적), 통합, 의미있는 자극의 시각적 지각과정, 시각적 연속적 전달

소검사 점수에 영향을 미치는 요인들

- 창조성
- 문화적 기회
- 시간 압력하에서 작업하는 능력

소검사가 특정하게 측정하는 능력

- 결과에 대한 예견
- 계획능력
- 시간적으로 연속적 전달과 시간개념

임상적 분석

- 정답이나 틀린 응답 모두에 대해 이야기하도록 하는 것이 임상적으로 가치가 있다. 그러나 표준 시행에서 벗어나는 것을 방지하기 위해서 한 문항을 다 완성하고 난 다음 이야기하도록 지시해야 한다.
- 카드를 다루는 과정에 대한 관찰은 사고과정에 대해 많은 것을 말해준다 : 시행착오적 방식 대 통찰적 접근, 시각적 피이드백에 의존, 충동성 대 사려성, 불충분한 대처전략
- 응답결과를 말하게 하면서 사고과정을 탐색하게 되면 피험자의 중요한 인지 특징이 드러날 수 있다-정확한 판단 대 혼란된 판단, 사회화된 방식 대 개인적 방식, 현실적 판단 대 기괴한 판단, 시각-운동 과제에 언어적 과제를 연결시키는 능력(Zimmerman과 Woo-Sam 1973).
- 시각적 부정확성이나 시각적 지각 불충분으로 인하여 실패될 수 있다.
- 문항 실패는 개인의 문화적 배경과 연관될 수 있으나 일반적인 경우는 아니다.
- 이와같이 논리적이고 연속적 성질의 과제 수행을 요구하는 이 소검사는 심한 정신병리와 기괴한 사고에 의해 영향받는다.

신경심리적 분석

- 이 검사는 일반적으로 뇌손상에 취약하지만 "특히 우측 측두엽 전반부 손상에 민감하다 *right anterior temporal lobe defect*"(Reitan 1986).
- 전두엽손상 환자는 "카드 순서를 조금 변화시킨 후 문제를 풀었다고 반응한다"(Lezak 1983).
- "시각 장 *visual field*과 시각-공간적 손상이 있는 환자의 경우, 카드를 횡적으로 배열하는 대신 종적으로 배열하는 것이 필요하다"(Milberg 등 1986)

9. 토막짜기 *Block Design*

인지적, 행동적 특성

다른 소검사와 함께 측정되는 능력

요인분석 : 지각적 조직화

Bannatyne : 공간적 능력

Horn : 유동적 지능

Osgood : 의사소통에 있어서 시각-운동적 통로, 표상적 수준의 조직화

Rapaport : 시각-운동 협응, 개념형성(시각적 분석과 통합)

Dean : 일반적 능력, 추상적 사고

Guilford : 형태적 관계에 대한 인지, 형태적 관계에 대한 평가

Matarazzo : 일반지능의 좋은 지표, 임상 관찰에 유용

Lindemann : 형태지각, 문제해결방식, 시각-운동통합, 수행속도

기타 : 모델의 재생, 동시적(전체적, 우반구)과정, 통합, 시행착오적 학습, 추상적 자극의 시각적 지각과정

소검사 점수에 영향을 미치는 요인들

- 인지적 유형(장의존적/장독립적)
- 시각-지각적 문제
- 시간 압력하에서 작업하는 능력

소검사가 특정하게 측정하는 능력

- 전체를 구성요소로 분석
- 비언어적 개념 형성 *nonverbal concept formation*
- 공간적 시각화 *spatial visualization*

임상적 분석

- 지나친 심사숙고와 강박적 행동으로 인해 빠른 시간내 추가 점수를 얻지 못하기 때문에 점수가 낮게 나올 수 있다.
- 문제해결방식에 대한 관찰에서 다양한 행동 특징이 드러날 수 있다 : 시행착오적 행동 대 전체적 혹은 통찰적 행동, 운동협응력, 지속적 행동, 집중력, 주의산만, 불안, 좌절을 견딤, 경직성, 보속증, 진행 속도, 충동성, 부주의, 작업습관, 자아에 대한 태도, 피이드백에서 소득을 얻는 능력, 조심성
- 일부 피검자는 이 과제가 아동의 게임과 같은 것이라고 생각함으로써 방어적이거나 반항적인 태도를 취할 수 있다.
- 한계 검증을 통하여 시지각적 문제가 탐지될 수 있다.
- 일부 피검자들은 시도를 거부하고 쉽게 포기한다 ; 일부 피검자들은 과제 수행을 끝냈을 때야 해답을 알게 된다(이러한 경우 제한시간이 지났더라도 과제를 계속 풀도록 허용한다면 임상적으로 가치있는 행동을 관찰할 수 있다) ; 앞부분 시행에서 실패하고 난 다음 해답을 알게 되는 경우는 "노령화, 치매과정, 전두엽 손상, 뇌손상이 원인일 수 있다"(Lezak 1983).
- "기괴한 방식의 문제해결(카드 위에 토막을 쌓는다거나 수직으로 토막을 올려놓는 행동)은 현실접촉의 실패를 나타내거나 혹은 기질적 뇌손상 환자들의 수행을 나타내기도 한다(심한 전두엽손상, 알쯔하이머씨환자, 확산적 대뇌피질손상 환자)"(Lezak 1983).

신경심리적 분석

- 시각-공간적 기능 손상이 있는 뇌손상 환자에게 특히 어려운 과제이다.
- 반응이 지나치게 느린 뇌손상 환자는 최소한 1개 이상의 토막그림에서 시간 제한이 지났더라도 계속 맞추도록 허용함으로써 지구력, 좌절을 견디는 능력, 시간 제한이 없을 때 복잡한 문제를 푸는 능력, 성공에의 만족도 등을 관찰하는 것이 바람직하다.
- 어떤 종류이든 대뇌 손상에 취약하다 ; "좌측 두정엽손상 *the left parietal lobe lesions*을 제외한 좌반구 손상인 경우 가장 적게 영향받는다"(Lezak 1983).
- 토막짜기 점수는 우반구 후반부 *posterior lesion in the right hemispher*, 특히 두정엽 후반부 손상 *posterior lesion in parietal lobes*이 있을 때 내우 민감하다.

- 토막짜기는 분석적, 종합적 기능이 요구되기 때문에 이 과제 수행에 있어서는 양반구 기능이 필수적이다.
- 우반구 손상과 이에 병행되는 시각-공간적 기능 손상이 있는 환자는 언어를 통해 분석되는 그림에 대해 가장 잘 수행한다 ; 그들의 실패는 "지남력장애 *disorientation*, 그림 왜곡 *design distortions*, 지각 왜곡 *misperception*일 가능성이 있다-각각 독립적인 모형들을 함께 묶어서 지각하는 것을 하지 못한다" (Lezak 1983).
- 좌반구손상 환자는 모양의 전체 형태는 유지할 수 있으나 작은 세부(한 토막의 정확한 방향 판단)에 대해서는 실패할 수 있다 ; 좌반구손상 환자, 특히 두정엽 손상인 경우 "그림에 대한 혼돈, 단순화, 구체화"를 보일 수 있다(Lezak 1983).
- "좌반구와 우반구손상 환자는 모두 손상된 쪽과 반대되는 쪽의 그림에서 보다 많은 실수를 한다"(Lezak 1983).
- "오른손잡이인 경우 정상적으로 선호하는 방향(좌측에서 우측으로, 위에서 아래 방향으로)으로 작업하는지 주목한다"(Milberg 등 1986).

10. 모양맞추기 *Object Assembly*

인지적, 행동적 특성

다른 소검사와 함께 측정되는 능력

요인분석 : 지각적 조직화
Bannatyne : 공간적 능력
Horn : 유동적 지능
Osgood : 의사소통에 있어서 시각-운동적 통로, 표상적 수준의 조직화
Rapaport : 시각-운동 협응, 예견
Dean : 시각-운동 속도
Guilford : 형태 내용의 인지(체계와 변형), 형태 관계의 평가
Matarazzo : 사고와 작업습관 관찰
Lindemann : 시각적 분석, 부분을 전체로 통합하는 능력, 조립 기술
기타 : 통합, 동시적(전체적, 우반구) 과정, 시행착오적 학습, 시각적 완결

소검사 점수에 영향을 미치는 요인들

- 불확실함에 반응하는 능력
- 인지적 유형(장의존적/장독립적)
- 조각맞추기 경험
- 융통성
- 인내력
- 시간적 압력하에서 작업하는 능력

소검사가 특정하게 측정하는 능력

- 감각-운동적 피이드백에서 소득을 얻는 능력
- 부분들의 관계에 대한 예견

임상적 분석

- 빠르게 수행할 경우 점수가 추가되므로 신경성과 강박성은 실제 점수를 낮춘다
- 문제해결 방식에 대한 관찰은 다양한 행동을 드러낸다 : 시행착오적 행동 대 전체적 혹은 통찰적 행동, 인내, 운동협응, 집중력, 주의산만, 불안, 좌절을 견디는 능력, 경직성, 보속증, 진행속도, 충동성, 작업습관, 자아에 대한 태도, 피이드백에서 소득을 얻는 능력, 조심성 ; 또한 문제를 푸는 과정에서 피검자가 언제 해답을 깨닫게 되는지에 주목한다.
- 일부 피검자들은 이 과제가 아동의 게임과 같은 것이라고 느껴서 방어적이거나 반항적인 태도를 취한다 ; 일부 피검자들은 모형에 따라 선과 같은 단서가 없어질 때 좌절하기도 한다.
- 건강염려증이 심한 경우 이 과제의 점수가 낮아질 수 있다.
- 검사자가 조각을 배열하는 동안 엿보려고 하는 피검자는 불안정성과 충동성, 도덕발달의 미숙성을 나타낸다고 볼 수 있다.

신경심리적 분석

- 보너스 점수가 전체 점수에 크게 영향을 주기 때문에 대뇌 손상에 취약하고 특히 우반구 후반부 손상이 있는 경우 점수가 낮다 ; 전두엽 환자의 낮은 점수는 이 과제 수행에 빠른 속도가 요구되기 때문이다.
- 우측 후반부 피질영역 *right posterior cortex*에 손상이 있는 환자는 시각-공간적 개념에 문제가 있다 ; 이러한 피검자들은 심하게 틀린 반응을 맞는 것으로 받아들이고, "조각이 완성될 때까지 무엇을 맞추고 있는지 알지 못하면서 선과

모서리를 기계적으로 맞추는 방식으로 조금씩 맞추어 나간다"(Lezak 1983).

- 좌반구손상 환자는 전체적 윤곽은 파악할 수 있을지라도 세부 부분에서 실수할 수 있다.
- 토막짜기와는 달리, 일부 뇌손상 환자들의 기계적 접근방식은 이 소검사의 점수에 영향을 주지 않을 수 있다 ; 그러나 일반적으로는 뇌손상으로 인하여 토막짜기에서 모양을 구성하는 능력이 손상되어 있다면 모양맞추기 수행에서도 손상이 있게 된다.
- 어느 한 방향의 조각을 지속적으로 보지 못하는 피검자는 그 방향의 시각 영역에 손상이 있을 수 있다.
- 빠진곳 찾기와 같이 전체 모양내에 포함된 부분에서 실수가 일어나는지, 윤곽에서 실수가 일어나는지를 주목한다.

11. 바꿔쓰기 *Digit Symbol*

인지적, 행동적 특성

다른 소검사와 함께 측정되는 능력

요인분석 : 2개 요인-지각적 조직화
3개 요인-연구 결과가 불일치 상태

Bannatyne : 연속적 능력

Horn : 속도

Osgood : 의사소통에 있어서 시각-운동적 통로, 자동적, 표상적 수준의 조직화

Rapaport : 시각-운동 협응, 집중력

Dean : 시각-운동 속도, 시각적 기억

Guilford : 상징적 내용의 수렴적 사고, 상징적 단위에 대한 평가

Matarazzo : 운동 속도

Lindemann : 익숙치않는 과제를 학습하는 능력, 속도, 정확성, 시각-운동 기민성

기타 : 계속적 인지과정을 위한 정보의 부호화, 수를 다루는 능력, 모형의 재생, 학습능력, 연속적(직선적, 좌반구)과정, 추상적 자극에 대한 시각적 지각, 시각적 연속적 전달

소검사 점수에 영향을 미치는 요인들

- 불안

- 정확성과 세부 사항에 대한 강박적 염려
- 주의산만
- 학습장애
- 인내
- 시간 압력하에서 작업하는 능력

소검사가 특정하게 측정하는 능력

- 지시에 따르는 능력
- 쓰기 속도와 정확성
- 연필과 종이를 다루는 기술
- 정신성 운동 속도
- 시각적 단기기억

임상적 분석

- 낮은 점수를 해석할 때, 시각적 손상 여부를 먼저 가려야 한다.
- 점수 저하가 어느 만큼 기억과 관련되어 있는지를 한계 음미를 통하여 검토함으로써(한계 음미가 이 검사 직후, 공통성 실시 후, 또는 마지막 소검사 완료 후 시행될 수 있다) 피검사자의 우연적인 문제해결이나 통찰적인 문제해결 정도를 알아 볼 수 있다.
- 문맹자는 짝이 되는 기호가 문자로 제공되는 경우 불리할 수 있다. 평소 거의 연필과 종이를 써보지 않는 피검자의 경우도 마찬가지이다.
- "가장 흔한 실수는 첫번째 줄에서 앞 글자의 기호를 뒤에서 그대로 반복하는 것이다"(Zimmerman과 Woo-Sam 1973).
- 바꿔쓰기 이전 검사에서 완벽주의적, 강박적 행동 특징을 보이는 경우는 검사가 시작되기 전 연습과정에서 기호를 완벽하게 쓰는 것이 아니라 읽을 수 있을 정도로 쓰면 된다고 알려준다.
- 이 검사를 시행하는 동안 피검자의 반응 비율이 변화하는지 주의를 기울인다. 왜냐하면 그러한 반응 변화는 동기, 주의산만, 피로, 기호의 일부나 전체를 암기하여 쓰는 행동과 관련될 수 있기 때문이다.
- 이 점수는 우울환자에게서 낮은 경향이 있다.
- 기호를 언어적으로 부호화하는 방식은 수행을 촉진시킨다; 한계 음미를 통하여(검사가 끝날 때 피검자의 전략에 대해 물어봄으로써) 언어 중재 전략 사용 여부를 밝힌다.

신경심리적 분석

- 바꿔쓰기 점수는 좌반구, 우반구 영역에 상관없이 대뇌손상에 극히 민감하다. 따라서 손상이 있는지를 나타내는데는 매우 유용하지만, 손상의 부위를 추측하는데는 유용하지 않다.
- 바꿔쓰기는 기호를 다룰 때 좌반구 기능을 요구하며, "다양한 모양을 그리는 과정에서는" 우반구 기능이 필요하다; "이 검사의 다양한 요소들(시간 요소를 포함하여)은 이 검사가 일반적으로 대뇌피질 상태에 민감하도록 만든다" (Reitan 1986).
- "우반구 손상이 있는 환자, 특히 우측 전두엽에 손상이 있는 환자는 지남력 실수를 범하기 쉬우며, 특히 역방향으로의 지남력 실수를 저지르기 쉽다"(Lezak 1983).
- 이 검사는 다른 어떤 검사보다 뇌손상에 가장 민감한 검사이므로 "뇌손상이 가벼운 경우일지라도 가장 점수가 많이 저하되며, 다른 소검사들보다 점수가 더 크게 낮아진다"(Lezak 1983).

웩슬러지능검사 해석의 실제

지금부터는 실제 프로파일 분석을 한 단계씩 검토해보기로 하자. 프로파일 해석은 다음과 같은 단계를 거치면서 진행된다.

Ⅰ. 지능지수

1. 전체 지능지수는 어떤 소검사의 점수보다 신뢰로운 대표적인 점수이므로 전체 지능지수, 지능수준, 백분위, 오차범위에 따라 기술한다. 이를 위해서는 검사 요강에 제시되어 있는 지능수준의 분류표를 참고하여 전체 지능지수가 어떤 범위에 속하는지를 기술하고 난 다음 백분위 환산표를 참고하여 전체 지능지수의 백분위를 기술한다. 그리고 전체 지능점수의 오차범위를 밝힘으로써 개인의 순 지능지수가 속할 수 있는 범위를 기술해 준다. 앞서 제시된 표 7-2에 신뢰도 구간에 따른 언어성 지능, 동작성 지능, 전체 지능지수의 오차범위가 제시되어 있으므로 이를 참고로 하면 된다. 이와같은 방식으로 개인의 전체 지능점수를 단일한 점수가 아닌 측정오차가 있는 범위로 기술해줌으로써 단일한 지능점수를 절대적인 평가치인 것처럼 받

아들이는 것을 방지할 수 있다. 또한 전체 지능점수를 지능수준과 백분위에 따라 표시해줌으로써 개인의 지능이 어떤 수준으로 분류될 수 있는지, 즉 보통수준인지 아니면 우수수준인지 아니면 정신지체인지를 알 수 있게 해준다. 그리고 백분위 표시는 개인의 지능이 어떤 수준에 속하는지를 백분위를 통하여 알려줌으로써 개인의 지능을 보다 객관적으로 평가해 볼 수 있게 해준다.

예를 들어 보기로 하자. 언어성지능 103, 동작성지능 105, 전체 지능이 105로 산출된 경우 다음과 같이 기술된다. "K-WAIS에 의해 시행된 결과 언어성지능 103, 동작성지능 105, 전체 지능 105로서 「보통수준」에 속하고 오차범위를 고려할 경우 전체 지능이 속하는 범위는 「96-114」이며 백분위 63으로 100명 가운데 약 37위에 해당되는 보통 수준의 지능으로 평가된다."

이러한 과정에서 유의할 점은 이러한 개인의 전체 지능점수가 피검자의 과거력, 특히 지적 성취수준과 어느 정도 일치하는지 아니면 불일치하는지를 검토해보아야 한다는 것이다. 다시 말하자면 개인의 전체 지능점수와 개인의 과거 학업성적이나 성취수준에 관한 정보를 연결해보는 것이 필요하다고 하겠다. 만약 개인의 지능수준 자체는 매우 우수한 수준이지만 학업성적이나 지적인 성취가 매우 제한된 수준이라면 그 이유를 밝히도록 시도해보아야 할 것이다.

2. 다음은 언어성지능과 동작성지능의 차이가 **유의한 수준**인가를 밝혀야 한다. 언어성검사와 동작성검사의 지능점수의 차이는 일차적으로 유용한 임상적 진단 자료를 제공해주기 때문에 검토되어야 하며 이차적으로는 두 검사간 점수 차이가 유의한 경우와 유의하지 않은 경우에 따라 소검사 점수 분산의 계산방식이 달라지므로 어떤 방식에 따라 소검사 점수분산을 구해야 하는지를 알기 위해 검토되어야 한다. 표 7-3에서 보면 K-WAIS에서 언어성과 동작성 지능지수의 **유의한 점수차**가 제시되어 있다. 표에서 보면 5% 유의도 수준에서 연령별로 차이가 있는데 17-10점 사이에 있을 때 유의하다. 두 검사간 유의한 점수차이는 피검자의 연령에 따라 해당 연령집단의 유의한 점수를 근거로 판단한다. 만약 두 검사간 지능점수의 차이가 유의하다면 이러한 차이가 **비정상적 수준의 차이**인지를 다시 검토해야 한다. 왜냐하면 비정상적인 수준의 차이라면 뇌손상이나 정신장애와 연관이 있을 가능성을 검토해보아야 하기 때문이다. 만약 유의한 수준의 차이라면 특정하게 뇌손상이나 정신장애와 연관되는 점수 차이라는 판단은 보류되고 단지 언어성과 동작성 기능의 차이가 유의한 수준에 있다고 해석을 내리는 것이 타당할 것이다. 다음으로 두 검사간 **비정상적 점수 차이**는 규준집단의 두 검사간 점수차이 분포표를 근거로 하여 판정

되어야 한다. 표 7-12에서 보면 K-WAIS의 정상성인 규준집단의 두 검사간 비정상적 수준의 점수차이가 제시되고 있다.

표 7-12 K-WAIS의 언어성검사와 동작성검사의 비정상적 점수차이

	정상인구에서의 발생빈도			
	15%	10%	5%	1%
점수차이	15점	18점	21점	30점

표 7-12에서 보면 비교적 엄격하지 않은 기준(정상인구의 발생빈도가 15%미만)에 따라 비정상이라는 판정을 받으려면 두 검사간 점수가 대략 15점 이상 차이가 나야 한다. 그리고 5% 발생빈도를 기준으로 하면 두 검사간 점수 차이가 최소한 21점 이상이어야 한다. 만약 피검자의 언어성, 동작성 지능지수가 이와같이 비정상수준의 차이를 나타낸다면 이러한 결과를 반드시 기록하고 이를 해석 내용에 추가해야 한다. 임상 경험에 의하면 두 검사간 점수 차이가 20점 이상인 경우는 의미가 있다고 볼 수 있다. 따라서 임상적으로 볼 때 두 검사간 점수 차이가 20점 이상일 경우 비정상적 수준의 차이라고 평가해 볼 수 있을 것이다. 이와같이 비정상적 점수 차이가 나는 경우에 대해서는 나중에 자세하게 검토될 것이다.

3. 언어성지능과 동작성지능간 점수 차이가 통계적으로 유의한 수준이라면 다음 단계에서는 언어성, 동작성 지능 각각에 대해 지능수준, 백분위, 오차범위를 기술해 주어야 한다. 이는 전체 지능지수의 경우와 동일한 절차를 따르면 되는데 그 이유는 언어성, 동작성, 전체 지능 모두가 평균 100, 표준편차 15의 동일한 모수치를 갖고 있기 때문이다.
4. 언어성과 동작성간 지능지수 차이가 유의하지 않다면 전체 지능지수는 개인의 평균 수준을 나타내기 때문에 이러한 개인의 평균 수준은 인지적, 행동적 영역에서 개인의 강점과 약점을 발견할 수 있는 기준이 된다고 볼 수 있다. 이와같은 경우는 언어성, 동작성 지능지수를 분리하여 각각에 대해 지능수준의 분류, 백분위, 오차범위를 독립적으로 표시하지 않는다.

II. 소검사 점수분산의 유의성

Kaufman(1990)이 제시한 소검사간 점수분산은 임상적으로 널리 사용되는 다른 방식과 거의 동일하지만 분산점수를 계산할 때 연령교정 평가치를 기준으로 하여 계산한

다는 점에서 차이가 있다. Kaufman(1990)은 각 소검사의 원점수를 평가치로 환산하는 과정에서 해당 연령집단이 아닌 20－34세 연령집단을 준거집단으로 삼아서 "정규" 평가치 *regular scaled score*를 구하는 방식을 비판하면서 연령교정 평가치에 따라 소검사의 점수분산을 구하도록 제안하고 있다. 그는 정규 평가치를 사용할 경우 동일한 기준에 따라 평가치를 구했기 때문에 각 연령집단을 직접 비교할 수 있다는 장점은 있지만 지능 평가의 목적이 개인에 대한 임상적 평가에 있기 때문에 개인이 속한 연령집단의 점수를 기준으로 하여 평가치를 구하고 이를 바탕으로 하여 검사간 점수 차이를 알아내야 한다고 주장하고 있다. 그 이유로는 지능지수는 각 연령집단을 기준으로 하여 환산하면서 평가치는 20－34세 집단을 기준으로 하는 것은 모순임을 지적하였다. 실제로 각 소검사의 점수 분산을 계산하는 과정에서 정규 평가치를 사용할 경우와 연령교정 평가치를 사용할 경우 점수분산이 다르게 나타나는데 지능 평가의 목적이 개인에 대한 임상적 평가에 있음을 생각해 볼 때 Kaufman 평가방식이 보다 타당할 것으로 생각된다. 그러므로 이 책에서는 Kaufman 방식에 따라 소검사의 점수분산을 구하고자 한다.

1. 소검사간 차이는 언어성－동작성간 점수 차이가 유의한 경우와 유의하지 않은 경우에 따라 다르게 계산된다. 즉 언어성－동작성 두 검사간 점수 차이가 유의하다면 언어성 소검사는 언어성 전체 평균치와의 차이 점수를 구하고 동작성 소검사는 동작성 전체 평균치와의 차이 점수를 구하면 된다. 그러나 언어성과 동작성 지능점수 차이가 유의하지 않다면 전체 검사의 평균치에서 각 소검사의 점수를 빼면 된다.
2. 소검사 점수 차이는 검사요강 부록에 제시되어 있는 연령교정 평가치를 가지고 계산되어야 한다. K-WAIS의 검사 요강 부록에 보면 연령교정 평가치가 각 소검사별로 제시되어 있으므로 피검자의 연령에 따라 해당 연령교정표를 참고하여 각 소검사의 연령교정 평가치를 구하고 소검사들의 평가치를 합산한 후 언어성검사의 연령교정 평가치의 평균치, 동작성검사의 연령교정 평가치의 평균치, 전체척도의 연령교정 평가치의 평균치를 구한다.
3. 위와같이 연령교정 평가치를 적용하여 계산된 언어성검사의 평균치, 동작성검사의 평균치, 전체검사의 평균치에서 각 소검사의 평가치를 빼고, 평균치와 소검사 평가치의 차이가 유의한지를 표 7－13에서 가리면 된다. 앞서 지적된 바와같이 언어성검사 동작성검사의 점수차이가 유의한 경우이면 언어성 소검사 평가치는 언어성검사의 평균치에서 빼고 동작성 소검사 평가치는 동작성검사의 평균치에서 뺀다. 그렇지 않은 경우라면(언어성검사와 동작성검사의 점수차이가 유의하지 않다면) 11개 소검사 평가치는 전체 검사 평균치에서 빼면 된다.

표 7-13* 개인의 언어성검사 및 동작성검사의 평균치와 소검사 점수 비교에서 통계적으로 유의한 점수차이

K-WAIS 소검사	언어성 검사의 평균치 P<.05	언어성 검사의 평균치 P<.01	동작성 검사의 평균치 P<.05	동작성 검사의 평균치 P<.01	전체 평균치 P<.05	전체 평균치 P<.01
언어성 검사						
기본지식	2.5	3.0	–	–	2.5	3.0
숫자외우기	3.5	4.2	–	–	3.5	4.2
어휘문제	2.7	3.2	–	–	3.3	3.9
산수문제	3.1	3.7	–	–	3.3	3.9
이해문제	3.0	3.5	–	–	3.4	4.1
공통성문제	2.7	3.2	–	–	3.0	3.6
동작성 검사						
빠진곳 찾기	–	–	3.2	3.9	3.6	4.3
차례맞추기	–	–	3.0	3.6	3.3	4.0
토막짜기	–	–	2.8	3.4	3.2	3.9
모양맞추기	–	–	3.3	3.9	3.9	4.6
바꿔쓰기	–	–	3.4	4.1	3.7	4.5

* 이 표는 미발표된 K-WAIS 통계자료임.

표 7-13에서 보면 언어성검사의 평균치와 각 언어성 소검사의 평가치간 점수차이가 2.5-3.5점 사이에 있을 때 통계적으로 유의한 차이가 있음을 알 수 있다(P<.05). 동작성검사의 평균치와 각 동작성 소검사 평가치간 점수차이는 2.8-3.4점이면 통계적으로 유의하며(P<.05), 전체 평균치와 소검사의 평가치가 비교될 때는 점수차이가 2.5-3.9점이면 통계적으로 유의하다(P<.05). 따라서 소검사 점수차이의 유의성을 평가할 때 엄격하게는 표 7-13에 제시된 점수에 따라 소검사별로 차별적으로 평가되어야 할 것이다. 그러나 Kaufman은 이러한 분석을 하는 목적이 개인의 인지적 강점과 약점에 대한 유의미한 가설을 설정하는데 있기 때문에 지나치게 엄격한 기준은 의미있는 가설 설정을 제한할 가능성이 있으므로 3점을 통계적으로 유의한 수준으로 삼는 것이 실질적으로 의미가 있을 것이라고 주장하였다. 저자의 생각에도 각 소검사별로 통계적으로 유의한 점수를 차별적으로 정하기 보다는 전체적으로 3점을 유의한 수준으로 결정하는 것이 무리가 없을 것으로 보여진다. 따라서 이 책에서는 언어성 평균치, 동작성 평균치, 전체 평균치로부터 각 소검사의 점수차이를 구하는 모든 경우에서 **3점의 점수차이**를 통계적으로 유의한 수준으로 평가한다. 따라서 소검사의 점수차이가

3점 이상으로 높으면 "강"으로 기록한다. 즉 소검자의 점수가 평균치에 비해 유의하게 높은 "강점"이라는 의미이다. 이와 반대로 소검사의 점수가 평균치보다 3점 이하로 낮으면 "약"이라고 기록한다. 이 경우는 소검사의 점수가 평균치에 비해 유의하게 낮은 "약점"이 된다는 의미이다. 이와같이 원칙적으로는 ±3점을 유의한 소검사 점수분산의 기준치로 잡지만 표 7-13을 검토하여 모양맞추기와 기본지식은 사례에 따라 보다 융통성있게 접근하는 것이 도움이 될 것이다. 그 이유는 모양맞추기는 다른 소검사에 비해 전체 평균치와의 점수차이가 제일 높은 반면 기본지식은 다른 소검사에 비해 유의한 차이 점수가 가장 낮기 때문이다.

다음은 두 사례를 중심으로 앞서 제시된 분석과정을 구체적으로 예시해 보고자 한다. 제1단계는 가설 설정을 위한 기초 작업단계로서 전체지능지수, 언어성과 동작성간 점수차이, 소검사의 점수분산을 평가하는 단계이다.

사례 1의 주인공은 63세된 남자환자로 고등학교 졸업의 학력을 가진 사업경영인이

표 7-14 사례 1의 기초 분석*

소검사	원점수	정규 평가치	연령교정 평가치(55-64세)
언어성검사			
기본지식문제	10	8	(11)
숫자외우기	9	7	(9)-약
어휘문제	51	14	(16)-강
산수문제	8	8	(10)
이해문제	12	8	(11)
공통성문제	19	13	(15)-강
동작성검사			
빠진곳찾기	3	5	(8)
차례맞추기	3	6	(9)-강
토막짜기	1	4	(5)
모양맞추기	6	4	(6)
바꿔쓰기	3	2	(3)-약

언어성지능=113　연령교정 평가치의 언어성 평균치=12
동작성지능= 77　연령교정 평가치의 동작성 평균치=6.2→6.0
전체지능 = 98
언어성과 동작성 지능차이 36점 통계적으로 유의($p<.01$)

* 사례 1은 Kaufman의 「청소년과 성인지능」(1990)에 제시된 사례이다. 이 표는 K-WAIS에서 연령교정 평가치를 찾아볼 수 있도록 원점수가 조정되었다.

다. 이 사례의 경우 평가의뢰 이유는 최근의 뇌일혈로 인한 우반구 뇌손상의 정도와 이에 따른 인지기능을 평가하고자 함이었다.

표 7-14에 제시된 사례 1을 중심으로 제1단계 기초분석은 다음과 같은 방식으로 진행된다.

1. 사례 1의 전체 지능점수, 지능수준, 백분위, 오차범위를 기술한다.
2. 11개 소검사의 연령교정 평가치를 구한 후 정규평가치 옆 ( )안에 기록한다.
3. 이 사례에서 보면 언어성-동작성 지능지수=36점이므로 유의도수준 .05에서 55-64세 집단의 유의한 점수차이 10점보다 훨씬 높다. 즉 두 검사간 점수 차이는 유의하다. 표 7-12에서 보면 두 지능지수간 30점 이상의 차이는 정상인구에서의 발생빈도 5%에서 두 검사간 비정상적 점수차이 21점 보다 높다. 따라서 언어성검사와 동작성검사의 지능점수 차이는 통계적으로 유의한 수준일 뿐만 아니라 비정상적 수준으로 평가된다.
4. 따라서 소검사의 점수분산은 언어성과 동작성을 분리하여 구한다. 언어성 평균치와 동작성 평균치는 각 소검사의 연령교정 평가치를 합산하여 평균치를 구하면 된다. 표에서 보면 연령교정 평가치로 환산된 언어성 평균치는 12 동작성 평균치는 6.2이다. 평균치가 소수점으로 나타나는 경우에는 반올림하여 기록하므로 동작성 평균치는 6점이 된다.
5. 이제는 언어성 평균치에서 각 언어성 소검사 점수를 빼고 ±3점을 기준으로 하여 강점과 약점을 결정한다. 동작성 경우도 마찬가지로 동작성 평균치에서 각 동작성 소검사 점수를 빼고 강점과 약점을 결정한다. 사례 1에서 각 소검사 점수분산을 보면 언어성 강점은 어휘문제와 공통성문제, 약점은 숫자문제이다. 그리고 기본지식, 산수문제, 이해문제는 점수차이가 유의하지 않은 것으로 나타났다. 동작성에서의 강점은 차례맞추기이며 약점은 바꿔쓰기이다. 빠진곳찾기, 토막짜기, 모양맞추기는 점수 차이가 유의하지 않은 것으로 나타나고 있다. 그러나 여기서 주목할 점은 사례 1의 차례맞추기는 다른 동작성 소검사에 비교할 때 점수가 상대적으로 높은 상대적인 강점일 뿐이라는 것이다. 다시 말하자면 차례맞추기 점수는 언어성 평균치에 못미치는 낮은 점수이지만 동작성 평균치에 비해서 강점으로 나타나고 있다는 점을 유의해야 한다.
6. 이와같이 강점이나 약점으로 결정된 각 소검사 옆에 "강", "약"이라고 기록한다. 그리고 이와같은 각 소검사 점수 분산을 통합하여 의미있는 임상적 해석을 내리기 위해 단계적 가설 설정과정을 밟아 나간다.

다음은 사례 2를 중심으로 기초분석이 이루어질 것이다.

사례 2의 주인공은 46세된 여성으로 학력은 전문대학졸업이며 현재 중학교 강사이다. 심리평가 의뢰된 이유는 직업상담을 받고자 함이었다.

표 7-15 사례 2의 기초분석*

소검사	원점수	정규 평가치	연령교정 평가치(45-54세)
언어성검사			
기본지식	18	10	(12)
숫자외우기	22	14	(17)-강
어휘문제	38	11	(12)
산수문제	9	9	(10)-약
이해문제	18	11	(12)
공통성문제	21	14	(15)
동작성검사			
빠진곳찾기	18	14	(15)
차례맞추기	7	8	(10)-약
토막짜기	39	12	(16)-강
모양맞추기	35	14	(15)
바꿔쓰기	55	10	(13)
언어성지능=118	연령교정 평가치의 전체 평균치=13.4→13		
동작성지능=125	언어성과 동작성 지능지수 차이 9점은 유의도 .05수준에서		
전체지능 =122	통계적으로 유의하지 않음.		

* 사례 2 역시 사례 1과 동일하게 Kaufman의 사례를 간접 인용한 것이다.

1. 사례 2의 전체 지능점수의 수준, 백분위, 오차범위를 기술한다.
2. 11개 소검사의 연령교정 평가치를 구한 후 정규평가치 옆 ( )안에 기록한다.
3. 언어성-동작성 지능지수=7점이므로 표 7-3에서 볼 때 45-54세 집단에서 유의한 두 검사간 점수차이 9점보다 작다. 즉 두 검사간 점수차이는 유의하지 않다. 따라서 각 소검사점수와 전체 평균치의 점수 차이를 구해야 한다. 이때 전체 평균치는 11개 소검사의 연령교정 평가치를 모두 합산한 후 평균치를 구한 점수이다. 소검사의 점수분산은 언어성과 동작성을 분리하지 않고 전체 평균치에서 구한다. 표에서 보면 전체 연령교정 평균치는 13.4→13점이다.
4. 전체 평균치와 11개 소검사의 점수 차이를 구한 후 ±3점을 기준으로 하여 강점과

약점을 결정한다. 표 7－15에서 보면 언어성검사 가운데 숫자외우기는 강점이고 산수문제는 약점이 된다. 그리고 동작성검사 가운데 토막짜기는 강점이고 차례맞추기는 약점이 된다.

5. 이와같이 강점이나 약점으로 결정된 각 소검사 옆에 "강", "약"이라고 기록한다. 그리고 이와같은 각 소검사 점수 분산을 통합하여 의미있는 임상적 해석을 내리기 위해 단계적 가설 설정과 검토과정을 밟아 나간다.

III. 단계적 형태분석

Kaufman(1990)은 해석의 기초가 될 수 있는 자료들을 종합하여 의미있는 해석을 내리게 되는 다음 단계에서는 아래와 같은 점을 주의해야 한다고 제안하였다. 그에 의하면 지능검사로부터 도출된 가설은 어디까지나 가설이므로 이를 실제적인 자료로 제시할 수 있기 위해서는 가설의 타당성이 충분히 검토되어야 한다는 것이다. 이 내용을 간단히 요약해 보겠다.

1. 검사자는 가설 설정단계에서 적극적으로 탐색하는 자세를 가져야 한다.
2. 하나의 소검사로부터 가설을 설정하는 일은 가능한 한 피해야 한다. 가능한 한 소검사 결과들을 종합하여 가설을 세워야 하고 하나의 소검사와 다른 하나의 소검사를 대비시켜 가설을 세우는 일도 피해야 한다(예를 들면 이해력 대 차례맞추기).
3. 검사 결과로부터 도출된 가설은 다른 외적인 증거가 그 타당성을 뒷받침해 줄 때 의의가 있다. 예를 들면 검사 실시 도중의 행동 관찰, 다른 검사에서 발견되는 내용들, 다른 장면에서의 임상적 관찰, 과거력, 현재 드러나고 있는 문제점, 가족의 정보 등이 검사 결과의 해석의 타당성을 지지해 줄 때 가설은 타당성 있는 자료가 될 수 있다.
4. 앞부분에서 제시된 가설의 기초, 즉 논리적, 경험적 선행연구의 내용들이 아무런 검토없이 곧바로 해석으로 이어져서는 안되고, 임상가는 이러한 내용들을 가설 설정을 위한 하나의 잠정적인 자료로서 받아들여야 하며 궁극적으로는 임상적 관찰과 판단을 근거로 하여 타당성 있는 결과를 도출해낼 수 있어야 한다.

다음은 개인의 인지적 기능에 대한 가설을 설정하고 그 가설의 타당성을 검토하는 단계를 소개하기에 앞서 이제까지 앞부분에서 제시되었던 프로파일 해석의 기초적 내용을 종합하여 표 7－16, 표 7－17, 표 7－18에 제시해 보기로 하겠다.

표 7-16에는 2개 이상의 언어성 소검사들이 공유하고 있는 능력을 종합적으로 검토한 결과가 되고 있다.

표 7-16 2개 이상의 언어성 소검사에서 공유되는 능력*

	언어성소검사					
능 력	지식	숫자	어휘	산수	이해	공통
1. 언어적 이해능력	지식		어휘		이해	공통
주의지속능력		숫자		산수		
2. 언어적 개념화			어휘		이해	공통
획득된 지식	지식		어휘	산수		
3. 결정적 지능	지식		어휘		이해	공통
기억	지식	숫자		산수		
4. 청각-음성통로	지식	숫자	어휘	산수	이해	공통
5. 언어적 개념형성			어휘			공통
기억	지식		어휘			
6. 청각적 기억		숫자		산수		
7. 기억	지식	숫자		산수		
어의적 인지			어휘	산수		공통
상징적 기억		숫자		산수		
8. 청각적 연속적 기능		숫자		산수		
정보의 축적	지식		어휘			
추상적 언어개념처리			어휘			공통
장기기억	지식		어휘	산수		
정신적 기민성		숫자		산수		
언어적 표현능력			어휘		이해	공통
언어적 추리능력					이해	공통

* 이 표에서 능력 칸에 표시된 번호는 연구자나 정보출처를 나타낸다. 각 번호에 해당되는 연구자 및 정보출처는 다음과 같다.

1. 요인분석 2. Bannatyne 3. Horn 4. Osgood 5. Rapaport 6. Dean 7. Guilford 8. 기타

표 7-17에는 2개 이상의 동작성 소검사들이 공유하고 있는 능력에 대해 종합한 내용이 제시되고 있다.

표 7-17 2개 이상의 동작성 소검사에서 공유되는 능력*

	동작성소검사				
	빠진	차례	토막	모양	바꿔
1. 지각적 조직화	빠진		토막	모양	
2. 공간적 능력	빠진		토막	모양	
4. 시각-운동통로	빠진	차례	토막	모양	바꿔
5. 예견		차례		모양	
시각적 조직화	빠진	차례			
시각-운동협응			토막	모양	바꿔
6. 시각적 기억	빠진				바꿔
시각-운동속도				모양	바꿔
7. 형태적 인지	빠진		토막	모양	
형태적 평가	빠진		토막	모양	
수렴적 활동		차례			바꿔
8. 비언어적 추리능력		차례		모양	
모형의 재생			토막		바꿔
동시적 전달	빠진		토막	모양	
통합		차례	토막	모양	
시행착오 학습			토막	모양	
시각적 완결	빠진			모양	
시지각/추상자극 전달			토막		바꿔
시지각/의미자극 전달	빠진	차례			
시각적 연속적 기능		차례			바꿔

* 이 표에서 능력 칸에 표시된 번호는 연구자나 정보출처를 나타낸다. 각 번호에 해당되는 연구자 및 정보출처는 다음과 같다.

1. 요인분석 2. Bannatyne 4. Osgood 5. Rapaport 6. Dean 7. Guilford 8. 기타

다음 표 7-18에서는 2개 이상의 언어성 소검사와 동작성 소검사가 공유하고 있는 능력에 대해 종합해보기로 하겠다.

표 7-18 2개 이상의 언어성과 동작성 소검사에서 공유되는 능력*

	언어성소검사						동작성소검사				
	지식	숫자	어휘	산수	이해	공통	빠진	차례	토막	모양	바꿔
2. 연속적 능력		숫자		산수							바꿔
3. 유동적 지능		숫자				공통	빠진	차례	토막	모양	
4. 자동적 조직화		숫자					빠진				바꿔
5. 주의집중		숫자		산수			빠진				바꿔
개념형성			어휘			공통			토막		
6. 일반능력	지식		어휘	산수	이해	공통	빠진		토막		
추상적 사고						공통			토막		
장기 기억	지식						빠진				
사회적 이해력					이해			차례			
7. 인지			어휘	산수		공통	빠진		토막	모양	
평가					이해		빠진	차례	토막	모양	바꿔
어의적 내용	지식		어휘	산수	이해	공통		차례			
상징적 내용		숫자		산수							바꿔
8. 상식(원인-결과)					이해			차례			
본질과 비본질						공통	빠진	차례			
정보의 부호화		숫자		산수							바꿔
수능력		숫자		산수							바꿔
학습능력			어휘								바꿔
추리능력				산수	이해	공통		차례		모양	
연속적 과정		숫자		산수							바꿔

* 이 표에서 능력 칸에 표시된 번호는 연구자나 정보출처를 나타낸다. 각 번호에 해당되는 연구자 및 정보출처는 다음과 같다.
2. Bannatyne 3. Horn 4. Osgood 5. Rapaport 6. Dean 7. Guilford 8. 기타

표 7-19에서는 2개 이상의 언어성 소검사와 동작성 소검사에 영향을 미치는 요인들을 종합해 보기로 하겠다.

표 7-19 2개 이상의 언어성과 동작성 소검사에 영향을 미치는 요인들

	언어성 소검사						동작성 소검사				
	지식	숫자	어휘	산수	이해	공통	빠진	차례	토막	모양	바꿔
불확실에의 반응능력							빠진			모양	
환경에 대한 예민성	지식						빠진				
불안		숫자		산수							바꿔
주의력 범위		숫자		산수							
인지양식(장독립/의존)							빠진		토막	모양	
집중력				산수			빠진				바꿔
문화적 기회	지식		어휘		이해			차례			
주의산만		숫자		산수							바꿔
융통성		숫자				공통				모양	
외국어 학습경험	지식		어휘								
지적 탐구	지식		어휘								
흥미	지식		어휘			공통					
학습장애	지식	숫자		산수							바꿔
부정적 태도		숫자			이해	공통	빠진				
과외독서	지식		어휘			공통					
구체적 사고					이해	공통					
지구력										모양	바꿔
초기환경의 풍부함	지식		어휘								
학교학습	지식		어휘	산수							
시간압력하 작업				산수			빠진	차례	토막	모양	바꿔

이제부터는 소검사의 점수분산을 중심으로 가설을 설정하는 단계적 방식을 소개하겠다.

가설 설정 단계

가설 설정 단계에 대한 이해를 돕기 위해 앞서 제시되었던 사례 1을 중심으로 각 단계를 설명하고자 한다.

사례 1을 보면 앞서 간단히 소개된 바와 같이 63세된 백인 남자로서 뇌일혈로 인한 우반구 손상을 입었다. 그는 고등학교를 졸업한 성공적인 경영인이었다. 검사 도중 관찰행동에 의하면 주의력이 높았고 주의산만하지 않았으며 언어적 표현능력이나 발음이 정확하였으며 유모감각이 있었다. 그러나 그는 지구력이 결여되어 있었고 특히 토막짜기와 모양맞추기에서 그러하였는데 검사자는 이러한 태도로 인하여 동작성 소검사 점수가 낮아졌다고는 생각하지 않았다. 그의 정교한 운동협응력은 장애가 있었고 이러한 점이 동작성 소검사의 점수의 저하를 가져왔고 이러한 점이 그에게 좌절을 가져다 주는 것으로 보여졌다. 그의 언어성 검사 지능점수는 113 동작성 77 전체 98로서, 언어성과 동작성지능지수의 점수 차이는 36점이었고 이는 비정상적인 수준의 심한 점수 차이였다.

구체적인 가설설정 및 검토 단계를 살펴보면 다음과 같다.

제1단계 : 앞서 예비 단계에서 소검사별로 강점과 약점이 판정되었는데 이러한 결과가 가설 설정의 기초 자료로서 활용될 것이다. 표 7-14에 사례 1의 소검사 점수분산의 결과가 제시되어 있는데 언어성검사 가운데 어휘문제와 공통성문제가 유의하게 점수가 높고 숫자문제는 유의하게 점수가 낮다. 동작성 검사에서 차례맞추기의 점수가 상대적으로 높고 바꿔쓰기의 점수가 유의하게 낮다.

제2단계 : 강점과 약점으로 표시된 소검사 가운데 어떤 소검사라도 한가지 소검사를 선택한 후 이 소검사를 중심으로 하여 가설을 세워본다. 다시 말하자면 유의하게 점수가 높거나 낮은 소검사 가운데 임의로 선택한 소검사와 관련이 있는 능력들을 표 7-16, 7-17, 7-18, 7-19에서 찾아 본다.

구체적으로 사례 1에서 유의하게 점수가 높은 어휘문제와 공통성문제 가운데 어휘문제를 중심으로 가설을 세워 보기로 하자. 표 7-16에서 보면 어휘문제와 관계가 있는 12개 능력이 제시되어 있다. 우선 이 12개 능력을 잠정적인 가설로 수용한다. 그리고 나서 다른 소검사 점수와 비교하여 이 가설을 단계적으로 검토해 나간다. 제2단계에서 가설을 받아들이거나 버리는 기준은 다음과 같다.

- 제1조건 : **하나의 능력과 관계되는 소검사가 몇개 있을 경우 그 소검사들 가운데 최소한 1개 이상 소검사 점수가 유의하게 높아야 한다.** 예를 들면 언어적 개념화 능력과 관계가 있는 소검사들을 표 7-16에서 보면 어휘문제, 이해문제, 공통성문제 3개이다. 이 가운데 최소 1개 이상 소검사 점수가 유의하게 높아야 한다. 만약 어휘문제와 공통성문제의 소검사점수가 유의하게 높은 "강점"이라면, 즉 언

어성 평균치(혹은 경우에 따라서는 전체 평균치) 보다 3점 이상 점수가 높다면 제1조건은 충족된 것이다.

- 제2조건 : 만약 하나의 능력과 관계가 있는 소검사가 여러개일 때 1개 소검사만이라도 개인의 평균치(언어성 평균치 또는 동작성 평균치 또는 전체 평균치) 보다 점수가 낮다면 이와 관련된 가설은 받아들여지지 않는다. 예외적인 경우는 특정한 능력과 관계가 있는 소검사가 5개 이상인 경우는 그중 한개 소검사의 점수가 개인의 평균치보다 낮더라도 상관이 없다. 예를 들면 언어적 개념화 능력과 관계가 있는 소검사는 표 7－16에서 보면 어휘문제, 이해문제, 공통성문제인데 이해문제 평가치가 언어성검사 평균치보다 낮다면 언어적 개념화 능력과 관련된 가설은 수용되지 않는다.

- 제3조건 : 만약 특정 능력을 나타내는 몇개의 소검사들이 개인의 평균치와 점수가 같을 경우는 특정 능력에 관한 가설을 들이는 것이 바람직하다. 예외적인 경우는 특정 능력과 관계있는 소검사가 2개일 경우 2개 소검사 모두가 평균치 보다 점수가 높아야 한다. 만약 특정 능력과 관계있는 소검사가 3개일 경우는 평균치와 점수가 동일한 소검사가 한개를 초과해서는 안된다.

- 제4조건 : 소검사들의 점수가 유의하게 낮은 경우에 대한 가설을 세우는 단계 역시 앞서 제시된 방식과 동일한 기준에 따른다.

이와같이 가설을 검토하는 과정을 사례 1을 중심으로 살펴 보기로 하자. 사례 1에서 어휘문제는 공통성문제와 함께 점수가 높기 때문에 어휘문제나 공통성문제 가운데 어느 한 소검사와 관계되는 능력을 중심으로 검토해나간다.

먼저 제1조건에 따라 어휘문제와 관계되는 능력을 표 7－16에서 보면 다음과 같다. 언어적 이해력, 언어적 개념화, 획득된 지식, 결정적 지능, 청각－음성통로, 언어적 개념형성, 기억, 어의적 인지, 정보의 축적, 추상적 언어개념 처리, 장기기억, 언어적 표현능력이다. 이외에도 표 7－18, 7－19에서 어휘문제와 관계가 있는 능력을 찾아본다. 그 결과가 표 7－20에 제시되어 있다.

표 7-20 사례 1에서 어휘문제와 관련되는 능력

	소 검 사										
능력(표 7-16과 표 7-18)											
언어적 이해력	지식		어휘		이해	공통					
언어적 개념화			어휘		이해	공통					
획득된 지식	지식		어휘	산수							
결정적 지식	지식		어휘		이해	공통					
청각-음성통로	지식	숫자	어휘	산수	이해	공통					
언어적 개념형성			어휘			공통					
기억	지식		어휘								
어의적 인지			어휘	산수		공통					
정보의 축적	지식		어휘								
추상적 언어개념 처리			어휘			공통					
장기 기억	지식		어휘	산수							
언어적 표현능력			어휘		이해	공통					
개념형성			어휘			공통			토막		
일반능력	지식		어휘	산수	이해	공통	빠진		토막		
인지능력			어휘	산수		공통	빠진		토막	모양	
어의적 내용	지식		어휘	산수	이해	공통		차례			
학습능력			어휘								바꿔
(표 7-19)											
문화적 기회	지식		어휘		이해			차례			
외국어 학습경험	지식		어휘								
지적 탐구	지식		어휘								
흥미	지식		어휘			공통					
과외독서	지식		어휘			공통					
초기 환경의 풍부한	지식		어휘								
학교학습	지식		어휘	산수							

표 7-20에서, 제2조건을 검토해보자. 즉 관련되는 소검사들 가운데 한개의 소검사라도 그 평가치가 평균치보다 낮으면 그 군집은 가설에서 제외된다고 하였다. 표 7-14에서 기본지식, 숫자외우기, 산수문제, 이해문제가 언어성 평균치보다 낮으므로 이 점수를 중심으로 검토해보면 언어적 이해력, 언어적 개념화, 획득된 지식, 결정적 지식, 청각-음성통로, 기억, 어의적 인지, 정보의 축적, 장기 기억, 언어적 표현능력, 일반 능력, 어의적 내용, 문화적 기회, 외국어 학습경험, 지적 탐구, 흥

미, 과외독서, 초기 환경풍부, 학교학습이 가설에서 제외된다. 동작성검사에서도 토막짜기, 바꿔쓰기가 평균치보다 점수가 낮기 때문에 개념형성, 인지능력, 학습능력이 가설에서 제외된다. 이와같이 제2조건을 검토하고나면 표 7-21에서 보는 바와같이 2개 능력이 가설로 제시된다.

표 7-21 사례 1에서 어휘문제를 중심으로한 가설

	소 검 사	
언어적 개념 형성	어휘	공통
추상적 언어개념 처리	어휘	공통

즉 사례 1의 주인공은 어휘문제와 공통성문제에서 높은 점수를 보이고 있으므로 언어적 개념형성(기억과 경험을 조직화하는 능력)과 추상적 언어개념을 처리하는 능력이 높다는 가설을 1차적으로 세워볼 수 있다.

제3단계 : 유의하게 점수가 높거나 낮은 다른 소검사들에 대해서도 동일한 절차를 밟으면서 가설을 세워 나간다. 다시 사례 1을 예로 들어보자. 앞서 유의한 높은 점수를 보이는 어휘문제와 공통성 문제 가운데 어휘문제를 중심으로 가설을 검토했는데 이번에는 공통성 문제를 중심으로 가설을 검토해 보자. 이 과정에서는 어휘문제를 제외하고 단지 공통성 문제와 연관되는 능력만을 중심으로 하여 가설을 검토한다. 이를 위해 표 7-16, 표 7-18, 표 7-19를 검토한 결과가 표 7-22에 제시되어 있다.

표 7-22 사례 1에서 공통성문제와 관련되는 가설

	소 검 사							
능력(표 7-16과 표 7-18)								
언어적 추리능력			이해	공통				
유동적 지능	숫자			공통	빠진	차례	토막	모양
추상적 사고				공통			토막	
본질과 비본질 구별				공통	빠진	차례		
추리능력		산수	이해	공통		차례		모양
영향미치는 요인(표 7-19)								
융통성	숫자			공통				모양
부정적 태도	숫자		이해	공통	빠진			
지나친 구체적 사고			이해	공통				

표 7-22을 보면 공통성문제와 연관되는 능력으로 8개 내용이 제시되고 있다. 8개 내용 가운데 유동적 지능, 융통성, 부정적 태도의 3개 내용은 제외되는데 왜냐하면 숫자문제의 점수가 유의하게 낮기 때문에 공통성문제와 숫자외우기 점수가 함께 높아야 하는 조건에 맞지 않으므로 제외되어야 한다. 그외의 경우를 검토해보면 언어적 추리력과 지나친 구체적 사고는 이해문제 점수가 언어성 평균치보다 점수가 낮기 때문에 가설에서 제외되고 추리능력 역시 산수문제와 이해문제 점수가 언어성 평균치 보다 낮기 때문에 가설에서 제외된다. 추상적 사고 역시 가설에서 제외되는데 그 이유는 두 가지 소검사 가운데 토막짜기 점수가 동작성 평균치보다 낮기 때문이다. 이와같은 검토 결과 비본질적 부분과 본질적 부분을 구별하는 능력만이 남게 된다. 이 내용이 가설로 채택될 수 있는 이유는 사례 1의 소검사 점수분포를 보면 차례맞추기가 유의하게 점수가 높고 빠진곳찾기는 동작성 평균치보다 점수가 높기 때문이다(제1조건에서 최소한 한가지 소검사가 유의하게 점수가 높고 다른 소검사는 평균치 보다 점수가 높으면 가설로 수용된다고 하였다).

이번에는 점수가 낮은 숫자문제를 표 7-16, 표 7-18, 표 7-19에서 검토해보면 표 7-23과 같은 가설이 제기된다.

표 7-23를 보면 숫자외우기와 산수문제가 주의지속능력이라는 동일한 능력을 나타내고 있는데, 숫자외우기는 유의하게 점수가 낮고 산수문제는 언어성 평균치보다 점수가 낮으므로 적절한 가설로 수용될 수 있다. 숫자외우기-산수문제의 2개 소검사에 바꿔쓰기나 기본지식문제를 추가하여 기억과 연속적 과정에 관한 가설도 수용될 수 있다. 왜냐하면 사례 1은 바꿔쓰기가 유의하게 점수가 낮고 기본지식문제도 언어성 평균치 보다 점수가 낮기 때문이다. 이러한 결과는 이 사례가 학습장애와 연관되는 산수문제, 바꿔쓰기, 기본지식문제, 숫자외우기(Arithmethic-Coding-Information-Digit Span : ACID)에서 실패하고 있음을 나타내고 있다. 그러나 행동관찰에 의하면 사례 1은 주의집중력이 높았으며 주의가 산만하지 않았다. 그리고 그의 나이는 이미 60세가 넘었으며 우반구 뇌손상이라는 진단을 받고 있고 그의 언어성검사와 동작성검사의 심한 점수 차이가 이러한 진단을 확인해주고 있으므로 학습장애라는 진단은 적절하지 않았다. 이와같은 이유로 해서 숫자외우기와 산수문제를 근거로 한 주의력장애보다는 제3의 소검사를 추가한 다른 가설이 보다 타당할 것으로 여겨진다. 그리고 일반적으로도 2개 소검사 보다는 3개 소검사에 의한 가설이 보다 유용하다. 이러한 입장에 따라 사례 1에서는 숫자외우기와 산수문제에 기본지식문제를 추가하거나 바꿔쓰기를 추가하여 다음과 같은 가설을 세워 볼 수 있다. 즉 기억장애(Guilford 혹은

표 7-23 사례 1에서 숫자문제와 관련되는 가설

	소검사								
능력(표 7-16과 표 7-18)									
주의지속능력(요인분석)		숫자	산수						
청각 기억		숫자	산수						
기억	지식	숫자	산수						
기억 저장	지식	숫자	산수						
상징적 기억		숫자	산수						
청각적 연속적 기능		숫자	산수						
정신적 기민성		숫자	산수						
연속적 기능		숫자	산수						바꿔
유동적 지능		숫자		공통	빠진	차례	토막	모양	
자동적 조직화 수준		숫자			빠진				바꿔
주의-집중력		숫자	산수		빠진				바꿔
상징적 내용		숫자	산수						바꿔
정보의 부호화		숫자	산수						바꿔
수능력		숫자	산수						바꿔
연속적 과정		숫자	산수						바꿔
영향미치는 요인(표 7-19)									
불안		숫자	산수						바꿔
주의력 범위		숫자	산수						
주의산만		숫자	산수						바꿔
학습장애	지식	숫자	산수						바꿔

Horn), 연속적 기능장애(Bannatyne 혹은 인지적-전달과정), 혹은 수와 상징을 다루는 어려움이라는 가설을 제기해 볼 수 있다. 또한 그는 계속적인 정보 전달을 위한 정보 저장에 있어서 부호화의 어려움이 있을 수도 있다. 이러한 다양한 가설들이 제4단계 통합과정에서 다루어질 것이다.

다음은 사례 1의 동작성검사에서 바꿔쓰기를 중심으로 가설을 세워 보기로 하자. 지금까지 검토되어 왔던 어휘문제, 공통성문제를 제외하고 바꿔쓰기와 관련되는 능력에 대한 가설이 표 7-24에 제시되고 있다.

표 7−24 사례 1에서 바꿔쓰기와 관련되는 가설

			소 검 사				
능력(표 7−17과 표 7−18)							
시각−운동통로			빠진	차례	토막	모양	바꿔
시각−운동협응					토막	모양	바꿔
시각적 기억			빠진				바꿔
시각−운동속도						모양	바꿔
수렴적 활동				차례			바꿔
모형의 재생					토막		바꿔
시지각/추상자극의 전달					토막		바꿔
시각적 연속적 기능				차례			바꿔
평가		이해	빠진	차례	토막	모양	바꿔
영향미치는 요인(표 7−19)							
집중력	산수		빠진				바꿔
지구력						모양	바꿔
시간압력하 작업	산수		빠진	차례	토막	모양	바꿔

바꿔쓰기와 관련된 가설 검토에서 보면 차례맞추기는 유의하게 점수가 높았고 빠진곳찾기는 동작성 평균치 보다 점수가 높으므로 제2조건에 따라 표 7−23에서 다음과 같은 가설이 제외된다. 즉 바꿔쓰기를 중심으로 검토할 때 한개 이상 높은 점수를 보이는 소검사가 있는 능력은 가설에서 제외된다. 따라서 시각−운동통로, 시각적 기억, 수렴적 활동, 시각적 연속적 기능, 평가, 집중력, 시간압력하 작업은 차례맞추기와 빠진곳찾기의 높은 점수로 인하여 가설에서 제외된다. 또한 모양맞추기의 점수와 동작성 평균치가 동일하기 때문에 제3조건에 따라 시각−운동 속도와 지구력에 대한 가설이 제외된다(2개 소검사인 경우 평균치 보다 모두 점수가 낮거나 높아야 한다). 행동관찰에서도 사례 1은 좌절에 직면하여 지구력이 부족하였으나 이는 시각−운동장애의 결과라고 관찰된 바 있다.

이 사례에서는 토막짜기 점수가 동작성 평균치보다 낮으므로 모형의 재생과 시지각/추상자극의 전달의 가설이 수용될 수 있다. 그리고 시각−운동 협응은 모양맞추기의 소검사 점수가 동작성 평균치와 동일하므로 제3조건에 따라 가능한 가설로 수용될 수 있다. 그러나 이러한 3개 동작성 소검사 가설이 제기됨으로써 표 7−21에서 제시되었던 2개 소검사 가설이 취소되지는 않는다. 왜냐하면 동작성 2개 소검사 가설은 언어성 소검사 가설과의 연관성으로 인하여 이 2개 동작성 가설이 언어성검사 가설로 일반화될 가능성이 있기 때문이다. 즉 이 사례의 모형재생장애 가설은 앞서 지적된 언어적 기억장애 가설과 연결될 수 있으며 추상적 자극 조절장애 가설은 앞서 언어성 가설에서 제기된 수와 상징의 조정장애 가설과 연결될 수 있다.

마지막으로 동작성 평균치보다 상대적으로 점수가 높은 차례맞추기를 중심으로 가설을 검토해보기로 한다. 표 7-25에 차례맞추기와 관련된 7개 가설이 제시되어 있다.

표 7-25 사례 1에서 차례맞추기와 관련되는 가설

	소검사				
능력(표 7-17과 표 7-18)					
예견			차례		모양
시각적 조직화		빠진	차례		
상식(원인-결과)	이해		차례		
비언어적 추리능력			차례		모양
통합			차례	토막	모양
시지각/의미자극전달		빠진	차례		
사회적 이해력	이해		차례		

이 가설 가운데 2개 가설, 즉 시각적 조직화와 시각적 지각/의미자극전달과정에 관한 가설만이 수용될 수 있다. 왜냐하면 다른 가설들은 토막짜기, 이해문제가 평균치보다 낮고 모양맞추기가 동작성 평균치와 점수가 동일하기 때문이다.

제4단계 : 이제까지 선택된 잠정적인 가설들이 상호 모순되지 않는 방향으로, 그리고 알려진 정보나 행동관찰 결과를 근거로 하여 적절하게 통합해야 한다.

사례 1의 소검사 점수분산과 관련하여 세울 수 있는 가설은 표 7-26와 같다.

앞에서 지적된 바와 같이 바꿔쓰기, 토막짜기, 모양맞추기의 낮은 점수는 시각-운동협응의 저하라는 가설을 제기해주고 있는데 이 가설은 행동관찰과 일치되므로 수용될 수 있다. 본질적으로 운동성 활동을 포함하고 있지 않는 차례맞추기, 빠진곳 찾기에서는 점수가 높은데 Rapaport의 분류에 따르면 이 피검자는 시각-운동협응력은 낮지만 시각적 조직화 능력은 유지되고 있다고 볼 수 있다.

표 7-26 사례 1의 소검사 점수분산 분석

점수가 높은 소검사	점수가 낮은 소검사
1. 시각적 조직화 능력	1. 시각-운동협응
2. 시지각/의미있는 자극의 전달과정	2. 시지각/추상자극전달
3. 언어적 개념형성(추상적 언어 개념 처리)	3. 모형의 재생
4. 본질적 부분과 비본질적 부분의 구별	4. 기억(보유)
	5. 연속적 전달
	6. 상징적 내용(수 능력)
	7. 지속적 전달을 위한 정보부호화

차례맞추기와 빠진곳찾기의 높은 점수는 또다른 능력을 나타낼 수 있다. 이는 본질과 비본질적인 것을 구별하는 능력, 의미자극을 전달하는 능력은 유지되지만 추상적인 자극을 전달하는 능력이 저하되고 있음을 나타내는 것일 수 있다. 토막짜기 실시후 재검토 과정에서 밝혀진 바로는 그가 잘못 맞춘 사실을 인지할 수 있고 올바르게 맞춘 모양을 골라 낼 수 있었기 때문에 추상적 자극을 지각하는 능력은 온전하다고 평가되었다. 그러나 그는 추상적 자극을 전달하는 과정에서는 장애가 있었는데 단순한 디자인(바꿔쓰기), 복잡한 디자인(토막짜기), 수(바꿔쓰기, 숫자문제, 산수문제) 모두에서 장애가 있었다.

숫자문제에서는 바로 따라외우기 6자리, 거꾸로 따라외우기는 3자리에서 점수를 받았기 때문에 수를 조정하는 능력에 문제가 있다고 평가된다. 그러나 바로 따라외우기는 잘 했고 차례맞추기 역시 점수가 좋았으므로 자극을 연속로 배열하는 능력은 온전하다고 말할 수 있다. 또한 청각적 단기 기억능력도 문제가 없어 보인다.

바꿔쓰기에서 그는 짝지어진 숫자와 도형을 반복하여 확인하였고 때로는 한번 쓰기 전에 두번씩 확인하기도 하였다. 이러한 관찰은 그의 시각적인 단기 기억장애를 암시해주는데 추상적 상징이나 기호로 된 자극을 다룰 때 이러한 장애가 더 심화되고 또한 지속적인 전달을 위해 정보를 부호화하는 것이 어렵기 때문에 이러한 장애가 더욱 심하게 나타는 것 같다. 거꾸로 따라외우기의 실패는 이러한 장애가 있음을 다시 한번 확인해준다.

숫자외우기에서 거꾸로 따라외우기는 바로 따라외우기에 비해 보다 복잡한 고차적 정신과정을 요구하며 뇌손상에 더욱 민감하기 때문에 두 과제는 차이있는 정신기능을 측정한다고 주장되어 왔다. 특히 심한 기억장애 환자들도 바로 따라외우기에서는 정상

정신기능을 측정한다고 주장되어 왔다. 특히 심한 기억장애 환자들도 바로 따라 외우기에서는 정상수준이거나 정상수준 이상의 점수를 보여줌으로써 이러한 주장의 타당성을 지지하였다. 거꾸로 외우기의 실패는 선행연구에 의하면 우반구 뇌손상과 관련이 있다고 한다(Costa 1975). 그러나 Black(1986)은 162명의 뇌손상장애자 연구에서 3점 이상의 두 검사간 차이는 뇌손상 위치와 상관없이 시각-공간손상과 상관있다고 주장하였다.

가설의 정리

이 사례 1의 환자는 비교적 높은 수준의 언어성 지능을 지니고 있으며, 특히 추상적 언어개념을 다루는 능력이 뛰어나다. 그러나 이러한 추상적 개념을 다루는 능력에도 불구하고 그의 추상적 자극을 전달하는 과정은 손상된 것으로 나타나고 있다. 다시 말하자면 그는 의미있는 자극(사람, 사물)을 전달하는 능력은 온전하지만 추상적이거나 상징적 자극(모형, 수)을 전달하는 능력은 손상되어 있다. 또한 그는 시각과 운동협응을 요구하는 과제는 잘 수행하지 못하지만 이러한 협응능력이 덜 요구되는 시각-운동과제는 어느 정도 다룰 수 있다. 또한 시각적으로 자극을 조직화하고 구성하는 능력은 온전한데, 특히 본질적 부분과 비본질적 부분을 구별하는 능력이 온전하므로 그의 시각적 조직화 능력이 더욱 증가되는 것으로 보인다. 추상적 자극과 數자극의 전달문제는 지속적인 전달을 위해 정보를 부호화하지 못하고 시각적 모형을 재생하지 못함으로써 초래되는 것으로 보이며 이 두 가지 기능은 일반적인 기억장애와 연관되는 것으로 보인다.

이 사례의 결과는 앞서 제시된 것처럼 Rapaport의 분류방식에 따라 잘 해석될 수 있지만 한편으로는 Bannatyne의 범주체계에 따라 해석될 수도 있다. 즉 사례 1에서 언어적 개념형성이나 언어적 개념화 능력에서 점수가 높은 점은 Bannatyne의 범주화 분류에 따라 해석할 수 있으며 숫자외우기-산수문제-바꿔쓰기에서의 낮은 점수도 연속적 정보전달능력과 관련시켜 해석해 볼 수 있다. 상징적 자극에 대한 가설을 수용했다고 해서 연속적 정보능력에 관한 가설을 검토해보지 않는 것은 합당하지 않다.

제5단계 : 만약 이러한 과정을 통하여 유의한 가설이 제시되지 않는다면 점수가 낮거나 높은 소검사와 연관되는 특정한 능력을 기초로 하여 해석을 시도한다. 때로는 하나나 두개의 소검사가 다른 가설과 연결되지 못하고 따로 분리될 수 있는데 이러한 경우는 전체 가설과 상관없는 보다 독특한 능력을 나타낼 수 있으므로 전체 가설과 관련시키지 않고 분리하여 해석을 시도하기도 한다.

IV. 동시적 형태분석

이번에는 소검사들의 점수분포 형태를 전체적으로 파악하는 동시적 접근방식에 대해 알아보기로 하자. 이 방식은 단계적 형태분석처럼 유의하게 점수가 높고 낮은 소검사들을 가리기 위한 계산과정을 거치지 않는다. 동시적 분석방식에서는 점수가 높거나 낮은 소검사들이 의미있는 군집으로 묶일 수 있다고 판단되면, 높은 점수의 소검사들의 연령교정 평가치를 합산한 다음 평균치를 구하고 이와 마찬가지로 낮은 점수의 소검사들의 연령교정 평가치를 합산하여 평균치를 구한다. 그리고 두 군집의 평균치의 점수차이가 3점 이상이면 두 군집간 유의한 점수 차이가 있다고 평가된다. 동시적 형태분석에서는 이와같은 간단한 계산으로 의미있게 차이가 있는 높은 능력군집과 낮은 능력군집을 구별하고 이에 따른 해석을 시도할 수 있다. 이 보다 자세하게 두 군집간의 점수 차이를 알아내는 방식은 군집의 신뢰도 평균치를 고려하여 유의성 여부를 가리는 방법이 있다. WAIS-R에서는 비교하고자 하는 군집의 신뢰도 수준에 따라 연령교정 평균치와 표준점수에 있어서 어느 정도의 점수차이가 유의한지가 제시되어 있다. 이 방식에 따른 절차는 다음과 같다. 먼저 비교하고자 하는 2개 군집을 정한 후

표 7-27 5%수준에서 유의하기 위한 2개 군집간 점수차이*

2개 군집의 신뢰도 평균*	소검사 점수간 유의한 차이	
	연령교정평가치 표준편차=3	표준점수 표준편차=15
.72-.73	4.4	22.0
.74-.76	4.2	21.0
.77-.79	3.9	19.5
.80-.85	3.6	18.0
.86-.88	3.0	16.5
.89-.90	2.7	15.0
.91-.92	2.4	13.5
.93-.94	2.1	12.0
.95	1.9	10.5
.96	1.7	9.5
.97	1.4	7.0

* 이 표는 Kaufman(1990)의 「청소년과 성인지능평가」에서 인용하였음.

각 군집의 신뢰도를 찾아본다. 그리고 나서는 비교하고자 하는 2개 군집의 신뢰도 평균치를 구한다. 다음은 두 군집의 평균 신뢰도에 따라 표 7-27에서 유의한 점수 차이가 몇 점인지를 알아낸다. 이 경우 군집의 점수가 연령교정 평가치인지 군집내 소검사들의 환산점수의 합을 평균 100, 표준편차 3인 표준점수로 바꾼 표준점수인지를 구별하여 유의한 점수차이를 찾아본다. 앞서 밝힌 바와 같이 K-WAIS에서는 이러한 통계치가 나와 있지 않으므로 독자들은 이 표를 직접 사용하지는 않고 참고하면 된다.

요약하면 점수가 유의하게 높거나 낮은 소검사들을 묶어서 전체 형태분석을 하는 방식에는 두가지 방식이 있는데 첫째, 점수가 높은 소검사군과 점수가 낮은 소검사군의 연령교정 평가치의 평균점수에서 3점 이상 점수차이가 있을 때에 두 군집간 유의한 차이가 있다고 해석하는 방식 둘째, 표 7-27에서처럼 두 군집의 신뢰도 평균치를 고려하여 두 군집간 유의한 점수차이를 찾아보는 방식이다. Kaufman은 후자의 방식 뿐만 아니라 전자의 방식 역시 임상적으로 신뢰롭게 사용할 수 있는 방식이라고 제안하고 있다. 군집간 신뢰도를 고려하는 후자의 방식을 현재 K-WAIS 방식에서는 통계치가 계산되지 않은 상태이므로 현재로서는 사용할 수 없는 방식이다.

다음은 군집간 유의한 차이가 있는 경우 이에 대한 해석을 검토하는 과정이 제시되고 있다.

언어성 검사의 동시적 형태분석

1) 요인 I 대 요인 III

가장 흔한 언어성검사의 점수 분산은 요인 I과 요인 III의 점수가 의미있게 차이나는 형태를 취한다. 요인 분석 결과 기본지식, 어휘문제, 공통성문제로 이루어지는 요인 I은 언어적 이해력을 측정하고 숫자문제, 산수문제로 구성되는 요인 III은 주의지속능력과 관련된다고 한다(Matarazzo 1972). 때로는 숫자외우기와 산수문제에 기본지식문제가 추가되어 이 3개 소검사가 기억요인과 관련이 있는 것으로 해석되기도 한다. 이러한 경우 이해문제, 공통성문제, 어휘문제는 개념화작용이나 언어적 표현능력이 보다 많이 요구되는 것으로 해석되며 기본지식, 숫자외우기, 산수문제는 기억과 관련되거나 언어적 표현능력이 보다 적게 요구되는 것으로 해석된다.

요인 I과 요인 III의 유의한 차이를 검토할 때 바꿔쓰기 점수가 요인 III과 동일한 방향으로 나온다면 이러한 요인간 차이에 관한 해석은 보다 확실해진다. 이와같이 요인 III에 바꿔쓰기가 추가되거나 추가되지 않거나 간에 요인 III은 순차적(연속적) 기능, 기억, 숫자를 다루거나 셈하는 수능력과 관련될 가능성이 검토되어야 한다. 이러한 가능성을 검토하는 과정에서 다음과 같은 질문이 제기된다. 요인 III의 점수가 낮을 때 주의산만이나 불안, 주의력장애를 지지할만한 행동관찰과 임상적 정보가 있는가? 만약 이 요인의 낮은 점수가 기억과 관련된다면 기억장애나 기억강화를 지지할만한 다른 증거가 발견되는지? 연속적 기능과 관련된다면 차례맞추기에서도 동일한 결과를 보이는지, 연속적 기능장애와 관계되는 평가 의뢰의 이유가 제시되고 있는지? 수능력과 관련된다면 이를 뒷받침할만한 정보가 있는지? 이러한 행동관찰결과와 개인사적 정보, 임상 자료를 고려하여 세가지 경우 중 어떤 해석이 가장 타당할지를 결정하여 임상적 해석을 내릴 수 있다.

신경심리학적 측면에서 볼 때 요인 I과 요인 III의 점수 저하는 좌반구 뇌손상과 연관된다고 한다(Kaufman 1990). 좌반구 뇌손상환자의 경우 언어적 이해능력 보다는 주의산만과 관련된 소검사들의 점수가 더욱 저하된다. 즉 요인 I, III 가운데 요인 III에 해당하는 소검사들의 수행이 훨씬 어렵다는 것이다. 또한 요인 III은 뇌손상이 있을 경우 그 위치와 관계없이 예민하게 점수가 저하된다고 한다(Bowers 등 1986). 일반적으로는 요인 III이 주의력과 관련된다고 인정되지만 이러한 제안에 반대하는 연구자도 있다(Ownby와 Mathews 1985).

정리해보면 요인분석 결과 요인 I은 언어적 이해력과, 요인 III은 주의력과 연관되며 요인 III에 기본지식이 추가되거나 바꿔쓰기가 추가되면서 관련된 기능이 다른 방식으로 제안되기도 한다. 전자의 경우는 기억과 관련되는 것으로, 후자의 경우는 연속적 기능과 관련되는 것으로 검토되기도 한다. 이와같이 요인 III은 비교적 다양한 기능과 관련될 가능성이 있으며 피검자에 따라서 각기 다른 측면이 측정될 수 있다. 따라서 이 요인을 근거로 하여 일반적인 결론에 도달하기 전에 이 요인이 학습장애, 뇌손상, Huntington씨 장애과 같은 치매와 관계가 있음을 기억하는 것이 중요하다. 특정한 개인에 있어서 이 요인이 실제로 어떤 기능을 측정하고 있는지를 올바르게 해석하기 위해서는 검사 의뢰 이유, 과거력, 검사 행동관찰 등 다양한 정보를 종합하는 것이 요구된다.

2) 기억 대 개념화 작용

언어성 소검사들이 기억과 개념화 작용의 측면을 어느 정도 공유한다고 볼 수 있지만 일반적으로는 각 소검사들이 기억과 개념화 작용을 공유하기 보다는 어느 한가지 기능과 연관된다고 받아들여지고 있다. 물론 소검사들이 어느 정도 중복되는 기능과 관련되고는 있지만 대체적으로 어휘, 이해, 공통성문제는 개념화 작용 즉 판단, 인지, 평가, 추상적 사고, 사회적 이해력 가운데 한가지 이상의 인지적 능력과 관련되는 반면 산수문제, 숫자외우기, 기본지식문제는 기억기능과 밀접한 관계가 있다고 제안되고 있다(표 7-3부터 표 7-11까지 참고). 이러한 이분법에 의하면 숫자문제는 개념화 작용과 관련이 가장 적은 반면 기억기능이 가장 우세한 소검사이며 공통성문제는 기억과의 연관성은 적고 개념화 작용이 가장 우세한 소검사로 지적될 수 있다(Kaufman 1990). 한편 한가지 소검사가 복합적인 기능을 측정하기도 하는데 산수문제는 Guilford에 의하면 인지 뿐만 아니라 기억과 연관되고, 어휘문제는 Rapaport에 의하면 기억과 인지 기능과 관계가 있는 것으로 제안되고 있다. 따라서 언어성 소검사들이 기억과 개념화 작용 가운데 한가지 기능과 연관된다고 해석하는 과정에서 각 소검사들이 실제로 측정하고 있는 기능이 복잡하다는 점을 인정하고 신중하게 검토해야 한다.

이러한 방식에 따라 사례 1의 언어성 소검사를 기억과 인지기능으로 구별해보면 다음과 같다.

표 7-28 사례 1의 언어성 소검사 점수분산

언어성 소검사	연령교정 평가치	기억기능 평균치	인지기능 평균치	평균치의 차이
기본지식문제	11	10.0		
숫자문제	9			4.0
산수문제	10			
어휘문제	16		14.0	
이해문제	11			
공통성문제	15			

위 표에서 보면 기억과 인지 소검사간 평균치 차이가 4.0으로 연령교정 평가치에서 3점 이상 차이가 나므로 유의한 점수 차이라고 볼 수 있다.

6개 소검사 가운데 숫자와 기본지식문제는 기억능력을, 이해와 공통성문제는 인지적 기능을 순수하게 측정해내므로 경우에 따라서는 이 두 소검사들의 연령교정 평가치의 평균점수가 3점 이상 차이가 난다면 기억과 인지적 기능 사이의 차이를 반영하는 것으로 해석될 수 있다. 그러나 이러한 최종적 해석은 앞서 지적된 바와 같이 행동관찰과 임상적 자료 등과 관련하여 해석의 타당성이 검토되어야 한다.

3) 언어적 표현 능력

언어성 소검사 가운데 어휘, 이해, 공통성문제는 언어적 표현능력을 요구하기 때문에 이 소검사들에서 점수가 높을 경우 개념작용의 결과인지 아니면 언어적 표현 능력의 결과인지를 구별하여야 한다. 물론 이 두가지 능력이 함께 작용하여 이런 결과가 나올 수도 있다. 그러나 때로는 어느 한 능력의 결과일 수 있다. 이러한 구별을 하는 데는 행동관찰이 근거 자료를 제공해 줄 수 있다. 즉 검사 실시과정에서의 언어적 표현 능력을 참고하는 것이 도움이 된다. 말솜씨와 상관없이 개념화 작용으로 인하여 점수를 높게 받은 경우는 반응이 간결하고 추상적 사고와 일반화를 적절하게 사용하는 반면 언어적 표현 능력이 높은 경우는 간결한 응답이 아닌 긴 응답을 함으로써 1점 수준의 응답을 하게 될 것이다.

이와같이 어휘, 이해, 공통성문제에서의 낮은 점수는 추상적 개념작용이 빈곤한 결과일 수도 있고 어휘력이 빈곤한 결과일 수도 있다. 특히 공통성문제는 다른 2개 소검사에 비해 개념화 작용을 잘 드러내기 때문에 공통성문제에서의 낮은 점수는 개념화작용의 빈곤을 검토해보는 것이 필요할 것이다.

4) 유동적 지능 대 결정적 지능

앞의 표 7-6을 보면 Horn의 결정적 지능과 유동적 지능, 기억 지능이 분류되어 있다. 이에 따르면 기본지식, 어휘, 이해문제, 공통성문제는 결정적 지능으로, 숫자문제, 공통성문제, 빠진곳찾기, 차례맞추기, 토막짜기, 모양맞추기는 유동적 지능으로, 기본지식, 산수문제, 숫자외우기는 기억 지능으로 분류되고 있다. 앞서 숫자문제와 공통성문제는 기억-개념화 작용의 양극단에 있다고 분류되었지만 형식적 교육의 영향을 가장 적게 받는다는 점 때문에 유동적 지능의 범주로 함께 분류되고 있다. Horn은 공통성문제를 유동적 지능으로 분류하는 동시에 결정적 지능으로 분류하고 있다. 따라서 그의 분류에 의하면 언어성 소검사 가운데 공통성, 숫자문제를 제외한 나머지 4개 소검사는 가정에서의 학습이든지(이해문제), 학교에서의 학습이든지 간에(기본지식, 산수, 어휘) 학습의 영향을 받는 소검사들이라고 볼 수 있다. 또한 Horn은 선행연구 결과를 근거로 하여 산수문제를 결정적 지능의 범주에서 제외시켰다. 한편 산수문제는 Bannatyne의 획득된 지식에 포함되어 있으며 학습과 연관이 있다고 제안되고 있다. 그러나 Horn의 분류체계에 따라 해석을 시도하는 임상가는 산수문제를 결정지능에서 제외시켜야 할 것이다.

표 7-14에 제시되었던 사례 2의 소검사 점수분산을 결정적 지능과 유동적 지능에 따라 표 7-29에서 검토해보면 다음과 같다.

표 7-29 사례 2의 소검사 점수분산

언어성 소검사	연령교정 평가치	동작성 소검사	연령교정 평가치
기본지식	12	빠진곳찾기	15
숫자문제	17	차례맞추기	10
어휘문제	12	토막짜기	16
산수문제	10	모양맞추기	15
이해문제	12	바꿔쓰기	13
공통성문제	15		
언어성평균	13	동작성평균	13.8→14
언어성지능	118	동작성지능	125

표 7-29에서 사례 2의 소검사 점수분산을 보면 숫자와 공통성문제가 나머지 언어성 검사 보다 3점 이상 점수가 높게 나타나고 있다(언어성 평균치는 13점인데 숫자문제와 공통성문제의 평균은 16점이므로 3점 차이가 난다). 이러한 결과는 사례 2에서 유동적 지능이 높을 가능성을 제시해주고 있는데 만약 이러한 점이 사실이라면 동작성 소검사에서 이러한 점이 지지되어야 할 것이다. 이 사례의 경우 언어성-동작성 지능점수의 차이를 보면 7점 차이가 난다. 이는 유의하지는 않지만 그러나 동작성이 언어성에 비해 점수가 높다는 점에서는 예견된 방향으로 점수 차이를 보이고 있다. 또한 유동적 지능과 관련되는 4개의 동작성 소검사 빠진곳 찾기, 차례맞추기, 토막짜기, 모양맞추기 가운데 3개 소검사 빠진곳 찾기, 토막짜기, 모양맞추기에서 높은 점수를 보여줌으로써 유동적 지능이 높다는 증거를 제시해주고 있다.

동작성 검사의 동시적 형태분석

동작성 소검사들은 뇌손상이나 정신장애의 결과로 심한 점수 차이를 보이며 여러 형태의 점수 분산을 보이므로 임상적, 신경심리학적 평가에 있어서 중요한 해석 자료를 제공해준다.

1) 시각적 조직화 대 시각-운동협응

Rapaport는 동작성 검사를 실제적인 근육동작이 동반되지 않는 시각적 조직화 소검사와 시각-운동 협응 소검사로 구별하였다. 이와같은 Rapaport의 동작성 검사 분류는 신경심리 평가에 있어서 특히 중요한데 왜냐하면 시각적 조직화의 2개 소검사는 대뇌 손상에 매우 예민하므로 이러한 소검사의 유의한 점수 저하는 대뇌손상을 암시해주기 때문이다. 차례맞추기는 특정 영역의 뇌손상 우측 측두엽 전반부 *right anterior temporal lobe* 손상과 연관되는 반면 빠진곳찾기는 뇌손상 후 가장 탄력성있게 회복되는 소검사에 속한다. 시각-운동 협응을 나타내는 동작성 3개 소검사 역시 대뇌손상을 암시해 준다. 토막짜기와 모양맞추기는 우반구 후두엽 *occipital lobe*이나 두정엽 *parietal lobe* 손상(특히 후반부 *posterior*), 우측 후반부 측두엽 손상, 전두엽 손상, 그리고 좌반구 손상과 관련이 있다고 알려지고 있다(Lezak 1983, Reitan 1986). 바꿔쓰기는 뇌손상 영역과 관계없이 모든 유형의 뇌손상에 예민한 반응을 보인다고 한다(Reitan 1986). 그러나 이러한 3개 소검사는 뇌손상이 아닌 다른 원인으로 인하여 점수가 낮아질 가능성이 있는데 첫째는 추상적 자극 전달능력의 제한이 검토되어야 하는데 이 내용은 앞으로 자세하게 다루어질 것이다. 둘째는 느린 문제해결이 원인일 수 있는데 이 경우는 제한된 동작성 능력을 암시하며 이 결과 토막짜기, 모양맞추기, 바꿔쓰기에서 속도가 저하된다. 세째는 만약 시각-운동협응이 아닌 속도가 점수 저하의 원인이 된다면 이러한 속도 지연이 인지적 제한의 결과인지, 아니면 정서적, 행동적 특징을 나타내는 것인지 가려져야 한다. 다시 말하자면 불안이나 강박적 행동, 무감동과 같은 정서적 상태에서 이러한 결과가 초래될 수 있으므로 이러한 경우를 가려내야 한다. 만약 점수 저하가 정서적 문제와 연관되는 속도 지연이 원인이라면 시각적 조직화를 측정하는 소검사의 점수가 개인의 동작성 지능을 대표한다고 볼 수 있다.

2) 의미자극 대 추상적 자극

빠진곳찾기와 차례맞추기는 검사 과제로 사람이나 사물의 그림을 사용하는 한편 토막짜기와 바꿔쓰기는 숫자나 도형을 사용하기 때문에 의미자극 대 추상자극을 지각하거나 전달하는 과정을 각각 다루게 된다. 모양맞추기는 그 중간에 속하므로 두 범주 가운데 어느 하나의 범주에 분류되지 않는다.

토막짜기와 바꿔쓰기는 뇌손상에 가장 예민한 소검사로 알려지고 있으므로 이 검사들에서의 점수 저하는 중요한 판단을 요구한다. 이 2개 소검사의 점수 저하는 Alzheimer's형 치매환자들에게서 나타난다고 한다(Fuld 1984). Overall등(1978)은 정신과환자나 신경과환자 12개 집단의 웩슬러 지능검사 결과를 분석한 결과 신경과환자집단이나 정신장애자집단 모두 토막짜기와 바꿔쓰기 점수가 낮았고 바꿔쓰기가 더욱 유의하게 점수가 낮았다고 한다.

동작성 검사 과제들의 복잡한 성질과 특히 빠진곳찾기, 바꿔쓰기 2개 검사의 복잡한 성질로 인하여 의미 자극 대 추상적 자극 전달과정에 대한 가설은 검사 외적 증거가 충분하게 있을 때에만 해석되어야 한다. 신경심리적 장애를 지닌 환자들은 대부분 의미자극과 관련된 소검사에서 높은 점수를 받는 반면 추상적 과제에서는 낮은 점수를 보이기 때문에 만약 이와 반대되는 방향으로 결과가 나타난다면 신경심리적 장애 외 다른 요인을 고려해 보아야 한다. 이와같은 경우로는 피검자가 중립적 자극에 대해서는 안정감을 느끼지만 사회적 자극에 대해서는 위협감을 느끼는 경우가 있을 것이다. 또는 바꿔쓰기와 토막짜기는 모방적 측면이 있으므로 모방적인 문제해결 상황에서는 높은 점수를 보이는 반면 모방할 모델이 없는 경우는 문제해결 능력이 낮음을 의미할 수도 있다.

후자의 가설은 모양맞추기 점수에 대해서도 검토되어야 한다. 모양맞추기와 차례맞추기는 비언어적 추리능력과 문제해결능력을 요구하며 특히 모방할 모델이 없는 상황에서의 문제해결 능력을 요구한다. 그러므로 모방할 대상이 주어지는 토막짜기와 바꿔쓰기에 비해 모양맞추기와 차례맞추기에서 점수가 낮다면 앞서 제기된 모방가설이 검토되어야 한다. 만약 모방 능력으로 인한 점수 차이라면 언어성검사에서 기억 대 추상능력의 차이도 역시 드러나게 될 것이다.

그러나 모양맞추기와는 상관없이 토막짜기와 바꿔쓰기 점수만 낮은 경우라면 의미있는 자극 대 추상적 자극과 관계가 있다고 볼 수 있으며 이를 지지할 다른 증거를 다음과 같이 찾아볼 수 있다. 우반구 대뇌영역에서 확산적이거나 후반부 영역에 한정된 뇌손상이 있는가? 숫자를 사용하는 숫자문제와 산수문제에서 어려움이 있는가? 의미있는 언어적 소검사인 기본지식과 이해문제 점수가 언어적 개념만을 다루는 어휘나 공통성보다 점수가 높은가? 이러한 경우에는 시간제한이 없고 운동협응에 영향받지 않고 추상적 자극을 다루는 보조적 검사를 사용하는 것이 필요하다. 이런 목적을 위해서는 Raven(Raven등 1983)의 모형 유추검사 *Test of matrix analogies*를 사용하는 것이 도움이 될 것이다. 만약 이 검사에서 추상적 자극을 효율적으로 다룰 수 있다면 토막짜기와 바꿔쓰기의 낮은 점수는 추상적 자극의 처리문제가 아닌 다른 요인(운동 속도, 운동 협응, 모방)에 의한 결과라고 해석될 수 있을 것이다.

3) 동시적 대 연속적 과정

동작성 소검사는 Bannatyne의 분류에 따르면 공간 능력과 관련되는 빠진곳 찾기, 토막짜기, 모양맞추기의 3개 소검사와 연속적 정보전달을 다루는 차례맞추기, 바꿔쓰기의 2개 소검사로 분류될 수 있다. 공간 능력은 동시적이고 전체적인 정보전달능력과 관련이 있다. Luria(1980)는 동시적, 총체적 문제해결방식은 우반구 기능, 후두엽-두정엽 영역과 상관이 높은 반면 차례맞추기와 바꿔쓰기에서 요구되는 분석적 기능은 좌반구와 관계가 깊다고 제안하였다.

이러한 분류 개념은 Guilford의 "인지"와 "수렴적 사고"와 비슷한 개념으로서 동시적 기능은 "인지"에, 연속적 기능은 "수렴적 사고"에 비유될 수 있을 것이다. 이러한 가설은 언어성 검사에서 동일한 기능을 평가한다고 가정되는 어휘와 공통성("인지"-동시적 기능), 숫자문제와 산수문제("수렴적 사고"-순차적 기능) 점수를 비교해봄으로써 확인될 수 있다. 만약 언어성검사 결과가 동작성검사 결과와 일치하지 않는다면 이 2가지 가설은 수용되지 말아야 한다. 또한 행동관찰상 지지적인 증거가 없는 경우 역시 마찬가지이다. 행동관찰에서는 다음과 같은 점이 평가되어야 한다. 모양맞추는 과정에서 시행착오적, 연속적 방식에 따르는지, 통찰적이고 전체적인 접근방식으로 문제를 해결하는지?

만약 동작성검사의 정보전달과정을 지지하는 증거가 언어성검사나 행동관찰에서 제시되지 않는다면 다른 방식으로 가설이 설정되어야 한다. 예를 들면 바꿔쓰기와 차례맞추기가 한 군집으로 묶인다 하더라도 다른 지지적 증거가 없다면 이는 우연한 결과일 수 있다. 웩슬러지능검사의 요인분석 결과에서 보면 바꿔쓰기와 차례맞추기는 어떤 다른 요인과도 일관성 있게 묶이지 않으며 일차적으로 소검사 고유의 능력을 측정하고 있으며 이차적으로는 오차 변량이 높았다는 점을 고려한다면 이 두 검사가 함께 점수가 높거나 낮더라도 이러한 결과를 지지할 다른 증거가 없다면 각 검사가 독특한 능력을 나타내고 있을 가능성이나 우연의 일치일 가능성을 검토해보는 것이 요구된다.

이 두 가지 종류의 동작성 검사가 임상 진단과 어떤 관계가 있는지에 대한 선행 연구들이 있어 왔다. Lincoln(1988)은 자폐환자(아동, 청소년, 성인)연구에서 이들은 시각적 공간검사 점수가 시각적 연속적 검사 점수보다 유의하게 높다는 점을 보고한 바 있다. 그리고 정서장애 가운데 양극성 정서장애 *Manic-Depressive Disorder*로 오랜 동안 리튬 약물치료를 받았던 경우 시각적 연속적 기능이 낮고 특히 바꿔쓰기 점수가 현저하게 낮음을 보고하였다(Nair 등 1979). 또한 Huntington씨장애는 동시적 전달기능이 강하고 연속적 전달기능이 약하며 빠진곳찾기 점수가 가장 높고 바꿔쓰기, 차례맞추기, 산수문제, 숫자문제 점수가 낮은 프로파일을 보인다는 연구 결과가 보고되었다(Brandt 등 1984).

한편 토막짜기의 적절한 수행을 위해서는 통합적, 동시적 기능도 요구되지만, 이와 동시에 분석적 기능도 요구된다는 점이 언급되어야 한다. 다시 말하자면 빠진곳 찾기, 모양맞추기는 시각적 통합능력을 요구하며 문제해결에 대한 동시적 접근방식과 밀접한 관계가 있지만 토막짜기는 2차원적인 그림을 보고 모양을 만들어 갈 때 모양을 부분으로 분석한 다음 통합하는 것이 요구된다는 것이다. 이러한 근거에 따라 토막짜기는 경우에 따라서는 동시적, 통합적 소검사에서 제외된다. 그리고 나머지 2개 소검사 빠진곳 찾기와 모양맞추기는 동시적 기능과 관련되는 것으로, 차례맞추기와 바꿔쓰기는 연속적 기능과 관련되는 것으로 분류되고 해석되기도 한다. 따라서 이 두 군집간 차이가 유의하다면 동시적 기능과 연속적 기능에 기초한 해석을 시도해보는 것이 요구된다.

4) 시각적 기억 대 비언어적 사고기능

동작성 소검사들은 시각적 기억 대 비언어적 사고기능을 다루는 2개 군집으로 분류될 수 있는데 빠진곳 찾기는 장기 시각기억을, 바꿔쓰기는 단기 시각기억을 다루며 토막짜기는 비언어적 개념형성을, 차례맞추기와 모양맞추기는 비언어적 추리능력을 측정한다. 그리고 토막짜기, 차례맞추기, 모양맞추기의 3개 소검사는 시각적으로나 공간적으로 부분을 전체로 통합하는 능력을 측정한다.

Osgood의 의사소통이론에 의하면 시각적 기억과 연관되는 빠진곳 찾기와 바꿔쓰기는 보다 단순하고 자동적인 학습과정과 연관되는 반면 나머지 3개 소검사 토막짜기, 차례맞추기, 모양맞추기는 고차적인 지적 과정이 요구된다. 따라서 고차적인 지적 과정이 요구되는 3개 소검사 점수가 낮은 피검자가 자동적 수준에서의 지적 활동이 요구되는 2개 소검사에서 점수가 높을 수 있는데 이러한 경우에는 자동적 수준에서의 지적 활동과 고차적 수준에서의 지적 활동의 차이를 반영하는 것으로 해석될 수 있다. 이와 반대로 2개 기억 소검사에서는 점수가 낮고 비언어적 사고가 요구되는 3개 소검사에서는 점수가 높다면 이러한 경우는 앞서 제시된 가설과 반대되는 내용이 아닌 다른 대안적인 가설이 요구된다. 즉 빠진곳 찾기와 바꿔쓰기는 집중력을 요구하는 소검사이므로 이 2개 소검사에서의 낮은 점수는 집중력장애에 기인되었을 가능성에 대해 검토되어야 할 것이다.

언어성과 동작성검사의 동시적 형태분석

지금까지는 언어성검사와 동작성검사를 분리하여 형태분석을 하였으나 이제는 언어성검사와 동작성검사를 통합하여 형태분석을 시도해 보기로 하겠다.

1) 사회적 이해력 대 추상적 사고

Dean의 분류에 따르면 이해문제와 차례맞추기는 사회적 이해력을 측정하며 공통성문제와 토막짜기는 추상적 사고능력을 측정한다고 한다. 이러한 분류에 따른 사회적 이해력 대 추상적 사고력의 대비가 임상적으로 유용한 자료를 제공해 줄 것이다. 사회적 이해력과 관련되는 2개 소검사는 대인관계나 사회적 상황과 관계되는 주제를 중심으로한, 실제 상황에서의 문제해결 능력을 다루고 있다. 이런 점에서 이 2개 소검사는 사회적 판단능력과 상식적 판단능력을 다룸으로써 사회적 지능 *social intelligence*을 대략적으로 평가한다고 볼 수 있다. 한편 추상적 사고와 관련되는 2개 소검사는 사회적 상황과 관계없이 주어지는 언어적 개념을 다루는 능력을 측정한다. 따라서 피검자의 소검사 분석에서 이 두 군집간에 점수 차이가 유의하다면 추상적 상황과 사회적 상황에서의 문제해결 능력에 있어서 차이가 있다고 해석될 수 있으며 이러한 결과는 개인의 인격, 여러 상황에 대처하는 지적 잠재력, 신경심리적 통합에 대한 주요한 정보를 제공해 줄 것이다.

2) 정보 대 시행착오적 학습

기본지식과 어휘는 높은 상관관계를 보이고, 일반지능 g, 언어적 이해력의 가장 대표적인 측정치로서 "지식이나 정보의 저장" 정도를 잘 나타낸다. 다시 말하자면 이 소검사들은 학력의 영향을 받는, 문화적 경험과 유관한 지적 성취수준을 나타낸다는 것이다. 또한 이 소검사들은 기질적, 기능적 정신장애의 영향을 가장 적게 받음으로써 안정되어 있다. 한편 토막짜기-모양맞추기의 2개 동작성 소검사는 시각적 조직화 및 구성능력을 대표하는 검사로서 시각적 통합이나 시각적 조직화능력을 측정한다. 그리고 이러한 능력은 시행착오적 학습의 영향을 받는다. 즉 토막짜기와 모양맞추기에서는 검사 시행 초기에 시행착오를 거치면서 보다 복잡한 과제를 해결할 수 있게 된다는 것이다. 이에 반해 기본지식과 어휘력은 이미 저장된 기본 정보나 지식을 요구한다. 따라서 토막짜기와 모양맞추기는 기본지식과 어휘문제에 비해 교육의 영향을 크게 받지 않으며 연령 증가에 따라 점수 저하가 심하고 다양한 신경정신과적 장애의 영향으로 손상된다. 따라서 "정보 저장" 대 "시행착오" 소검사의 비교는 언어성지능 대 동작성지능, 혹은 결정적 지능 대 유동적 지능 혹은 획득된 지식 대 공간적 능력에 관한 가설 등 다양한 해석의 가능성을 제공해준다. 이러한 가설을 검토하는 과정에서는 검사가 의뢰된 이유를 고려해야 한다. 그리고 이러한 가설 검증은 다른 군집분석에서 간과될 수 있는 또 다른 가설이 검토될 수 있는 기회를 제공해 줄 것이다.

V. 언어성과 동작성 IQ의 비정상적 차이

일반적으로 언어성검사와 동작성검사 지능지수에 있어서 비정상적 차이는 임상적으로 유의한 자료를 제공해 주기 때문에 두 검사간 비정상적 차이에 관한 해석을 검토해 보기로 한다. 일시 정상집단의 점수 분포를 참고로할 때 두 검사간 비정상적인 점수

차이는 대략 21점으로 지적된 바 있다(표 7-3, 표 7-12 참고). 이와같은 비정상적 점수 차이는 주로 뇌손상환자 연구에서 뇌손상 부위에 따라 보고되어 왔는데 Kaufman은 선행 연구들을 다음과 같이 요약하고 있다.

1) 우반구 영역에 손상이 있는 환자들은 손상이 우반구 단측적이든지 아니면 좌반구 손상을 동반하든지간에 언어성 지능이 동작성 지능에 비해 유의하게 높은 V>P 프로파일을 보인다.
2) 좌반구 영역에 단측적 손상을 보이는 환자들은 가벼운 수준에서 동작성 지능이 언어성 지능에 비해 높은 P>V 프로파일을 보이지만 그 정도는 진단 결정에 도움을 줄 만큼 충분하지는 않다. 그리고 실제로 이러한 환자들은 V>P 혹은 V=P 프로파일을 보이기도 한다.
3) 우반구와 좌반구 양측에 확산적인 손상을 입은 경우 언어성 지능이 동작성 지능에 비해 높은 V>P 프로파일을 보인다(Matarazzo와 Herman 1985).

다음은 동작성검사 점수가 높은 경우와 언어성검사 점수가 높은 경우로 나누어 선행 연구들의 결과를 검토해 보기로 하겠다.

동작성검사 IQ가 높은 경우

먼저 동작성검사 IQ가 언어성검사에 비해 비정상적으로 높은 피검자들에 대해서는 결정적 지능에 비해 유동적 지능의 우세(Horn 1985), 언어적 이해력에 비해 지각적 구조화 능력의 우세(Goodenough와 Karp 1961), 분석적-연속적 전달에 비해 동시적-전체적 전달능력의 우세 등이 지적되고 있다. 다른 결정요인으로는 자폐증, 학습장애, 반사회적 행동, 정신지체, 미숙련 직업요인이 제시되고 있다. 이를 간단히 검토해보면 자폐증은 소아, 청소년, 성인 모두에 있어서 언어성에 비해 동작성 지능지수가 높다고 보고되었고(Rutter 1979), Lincoln 등(1988)은 자폐증이 정신지체 등 다양한 정신장애를 동반하기 때문에 병행되는 정신장애가 있는 자폐증을 연구 대상에서 제외시키고 순수한 자폐증에 대해서 분석한 결과 동작성검사 IQ(평균=83)가 언어성검사 IQ(평균=71)보다 12점이 높았음을 보고하면서 자폐증의 언어성과 동작성검사 IQ의 비정상적 차이를 제시하였다.

학습장애가 있는 소아, 청소년, 성인 역시 동작성 IQ가 언어성보다 유의하게 높은 P>V 프로파일을 보인다고 보고되어 왔다(Kaufman 1979). Kaufman은 WAIS-R 이나 WISC-R의 언어성검사가 성취지향적 검사이고 학습장애는 읽기나 여러 학습과제에서의 성취 불능장애이기 때문에 학습장애에서는 이러한 언어성 지능지수 저하가 예견될 수 있으며 이러한 학습장애를 유동성 지능과 결정적 지능 사이의 불균형으로 인한 결과라고 해석하였다. 그러나 전형적인 학습장애의 ACID 프로파일(산수문제 *Arithmetic* 바꿔쓰기 *Coding* 기본지식 *Information* 숫자문제 *Digit Span*에서의 점수 저하)을 검토해보면 좌반구의 연속적 전달기능에 있어서도 손상이 있음을 암시해준다. 다시 말하면 산수문제와 기본지식문제는 결정적 지능 및 학업성취 실패와 연관되지만 바꿔쓰기와 숫자문제는 좌반구의 연속적 전달기능의 손상을 암시해준다고 볼 수 있다.

Wechsler(1944)에 의해 반사회적 인격장애자의 프로파일이 P>V 유형이라고 주장된 이래 이러한 주장은 널리 수용되어 왔다(Kaufman 1990). 그러나 선행연구들을 집중적으로 검토한 Matarazzo(1982)는 29개 연구에서 P>V 차이 점수는 평균 6점으로서 통계적으로 유의하거나 비정상적 수준의 차이가 아님을 지적하면서 반사회적 인격장애의 P>V 유형에 대해 이의를 제기하였다. Kaufman(1990)은 특히 성인 인격장애의 경우 P>V 유형이 잘 드러나지 않으며 선행연구들에서 이러한 P>V 유형을 보고했던 이유는 인격장애자들의 읽기장애나 교육수준의 제한과 같은 오염변인으로 인한 결과일 가능성을 지적하였다. 이러한 점으로 미루어 볼 때 반사회적 인격장애의 유형에 대해서는 계속적인 검토가 요구된다고 생각된다.

정신지체 *Mental Retardation*에 관한 선행연구들을 정리한 Zimmerman과 Woo-Sam(1973)에 의하면 14개 연구 가운데 10개 연구 결과에서 P>V 프로파일을 보고하였고 두 검사간 점수 차이는 1−7점 차이였으며, 나머지 4개 연구결과는 V>P형을 보였고 두 검사간 점수 차이는 1−3점이었다고 한다. 또한 14개 연구결과를 전체적으로 종합할 때 피검자들의 동작성검사 IQ가 언어성검사 IQ에 비해 2.7점 높았다고 한다. 특히 동작성검사 IQ가 가장 높았던 3개 연구에 있어서 피검자들은 동작성지능수가 84−86사이였는데 연구자들은 이러한 점을 근거로 정신지체 진단이 잘못 내려졌을 가능성을 지적하면서 만약 보다 엄격한 지능지체 진단이 내려진다면 이러한 P>V 프로파일이 지능지체와 상관없는 것으로 밝혀질 수 있다고 주장하였다. 특히 Calvert와 Crozier(1979)는 정신지체자 연구에서 전체 지능지수가 70이하인 남성피검자들은 V>P 프로파일을 보이고 있음을 보고함으로써 P>V 프로파일 주장에 강한 의문을 제기하였다. 따라서 P>V 프로파일이 정신지체자들의 전형적인 유형이 아니며 때로는 이와 반대되는 유형을 보이기도 하기 때문에 이에 대해서도 역시 계속적인 검토가 요구된다고 보여진다.

피검자가 반숙련직이나 단순노동직에 종사하는 경우 언어성에 비해 동작성 지능이 높은 경향이 있다(Reynold 등 1987). 이러한 두 검사간 차이가 이 피검자들의 낮은 학력변인과 연관될 가능성이 있지만 그 이유가 어디에 있든지 간에, 두 검사간 차이가 크지 않고 작은 차이일 경우라 할지라도 이러한 결과는 지속적으로 나타나기 때문에 임상가는 이러한 점을 유의해야 할 것이다.

언어성검사 IQ가 높은 경우

정상 피검자의 경우 높은 교육정도에 따라 가벼운 수준에서 언어성지능이 상승하는 경우가 있지만 비정상적인 경우에도 이러한 상승을 보일 수 있으며, 특히 정신장애자의 경우 대체적으로 이러한 경향을 보인다.

동작성지능이 저하되는 가장 대표적인 정신장애는 우울증(Zimmerman와 Woo-Sam 1973)으로서 이러한 결과는 집중력 저하, 불안, 낮은 동기로 인한 정신성 운동 지연을 나타내는 것으로 보인다. 대부분은 동작성 지능지수가 유의한 수준의 저하를 보이지만 때로는 2−3점 정도의 가벼운 저하를 보이기도 한다. 정신분열증의 경우에도 동작성 지능이 저하되는 경향이 보고되고 있다(Pernicano 1986). 이 연구에서는 두 검사간 점수 차이가 6−7점 사이로서 비교적 가벼운 수준의 차이를 보이고 있다. 정신분열증 연구에서 이와 반대되는 결과도 보고되었다(Tucker 1981). 이러한 점으로 미루어 정신분열증환자의 V>P 프로파일은 현재까지 수용되고 있기는 하지만 비교적 점수 차이가 유의한 수준은 아니므로 이에 대한 계속적인 검토가 요구된다고 말할 수 있다. 조울장애 연구에서는 21명의 외래환자에서 V>P 프로파일(WAIS 언어성지능=97.9, 동작성지능=86.9)이 보고되었는데 흥미로운 사실은 동작성지능과 리튬약물 복용 기간이 부적 상관관계를 보였다는 것이다. 즉 리튬 복용기간이 길수록 동작성 지능점수의 저하가 나타났는데 이러한 결과는 리튬의 장기 복용으로 인해 정신활동이 느려지기 때문인 것으로 해석되고 있다. 한편 Johnson과 Barker(1972)는 리튬에 의한 정신활동의 저하는 아마도 감각적 정보에 중요성이 부여됨으로써 의미 자극에 대한 분석이 손상되기 때문인 것 같다고 추론하였으며 리튬약물에 의한 정신활동의 둔화에 대해 지지하였다. 그러나 이러한 결과 역시 소수 연구를 바탕으로 한 것이기 때문에 다른 연구에서 동일한 연구 결과가 반복되어야 하리라고 기대된다.

웩슬러 동작성검사에서는 비언어적 추론능력 및 개념형성 뿐만 아니라 동작의 협응을 통하여 비언어적 능력을 동작으로 표현할 수 있는 능력이 요구된다. 즉 적절한 동작성 지능의 기본 전제는 비언어적 사고 능력을 동작의 협응을 통하여 적절하게 표현할 수 있어야 한다는 것이다. 따라서 이러한 동작의 협응장애가 있는 경우 동작성 지능의 저하가 초래될 수 있다. 5개 동작성 과제를 수행하는 과정에서 요구되는 운동의 협응능력의 정도는 소검사별로 차이가 있는데 WAIS-R 동작성검사 배열 순서가 이러한 정도를 나타낸다. 동작성검사의 배열을 보면 빠진곳 찾기, 차례맞추기, 토막짜기, 모양맞추기, 바꿔쓰기로 순서가 정해져 있는데 이 순서에 따라 요구되는 운동의 협응능력 정도가 많아진다. 즉 빠진곳 찾기가 운동의 협응정도가 가장 적고 바꿔쓰기가 가장 많다. 각 소검사에 요구되는 기능을 좀 더 분석해보면 토막짜기와 모양맞추기는 비언어적 추론능력과 운동협응력을 동시에 요구하는 반면 바꿔쓰기는 완전히 운동 협응력을 요구하며 비언어적 추리능력은 요구하지 않는다고 볼 수 있다. 이러한 점을 고려하여 임상가는 동작성 검사가 순서대로 점수가 저하되고 있지는 않는지를 검토하고 만약 그러하다면 동작 협응력 저하의 가설을 지지해 줄 다른 행동 증거를 찾아야 한다. 행동관찰에서 운동협응장애가 있다는 증거가 발견되지 않는다면 이 가설은 재검토되어야 한다.

이러한 운동협응장애가 있는 다발성 뇌경색증환자 *multiple sclerosis patients* 연구에서 100명의 환자 가운데 제1군은 회복기 환자들(57명)이었고 제2군은 만성 진행환자들(43명)이었는데 두 집단 모두 V>P 유형을 보였으며 예견한 바와 같이 만성 진행 집단에서 점수 차이가 더 컸다고 한다(Nelson 등 1985). 또한 치매와 더불어 진행성 운동장애가 있는 Huntington씨장애 역시 V>P 프로파일을 보였으며(Brandt 등 1984) 유전성인 이 장애의 경우 장애의 초기에도 이러한 프로파일을 보였고 경미한 운동장애를 보이는 환자들에게서도 동일한 프로파일이 나타났다고 한다. 알쯔하이머형 치매는 인지적 손상양상이 복잡하지만 웩슬러지능검사에서 V>P 프로파일을 보이는 경향이 있다. Fuld(1984)는 46명의 알쯔하이머씨장애 환자들의 웩슬러검사의 분석 결과, 24명(52%)이 15점 이상 차이나는 V>P 프로파일을 나타낸다고 보고하였다. 이 연구에서 흥미로운 것은 알쯔하이머씨병에 특징적인 코린성 신경전달물질 *cholinergic neurotransmitter*의 기능장애를 유발하는 약물을 정상 대학생 20명에게 투여한 결과 학력과 성별이 동일한 통제군(통제군에게는 약물이 아닌 유사약물을 투여했음)에 비해 실험군은 20명 모두에서 V>P 프로파일을 보였다는 사실이다. 이러한 결과는 알쯔하이머씨형 치매환자는 언어성지능이 동작성지능에 비해 유의하게 높은 V>P형의 프로파일을 보인다는 실험을 지지해주었다. 그리고 이와같은 결과는 다른 연구에서도 반복 지지되었다(Brinkman와 Braun 1984).

V>P 프로파일블 보이는 기타의 경우를 보면 전체 지능이 110이상인 경우 V>P

프로파일을 보이는 경향이 있다고 한다(Matarazzo와 Herman 1985). 앞서 지적된 바와같이 고학력인 경우 이러한 프로파일을 보이기 때문에 지능이 높은 성인의 경우 이러한 결과가 나타날 수 있다. Matarazzo와 Herman(1985)이 1,880명 피검자 가운데 전체 지능지수가 120이상이 되는 177명의 점수를 분석한 결과 이들의 약 25%에서 V−P IQ 차이가 있었고 이 가운데 62% 정도가 V>P 프로파일을 보였다. 전체 지능지수 110−119인 피검사자에게도 동일한 분석에서 동일한 결과가 나타났다. 이러한 결과들은 직업이 전문직이거나 고도의 기술직인 경우도 V>P 프로파일이 나타날 것을 예견하게 해준다. WAIS−R 표준화과정에서 Reynold(1987)는 144명의 전문직 피검자들의 자료를 분석한 결과 차이는 적지만 언어성 지능지수가 동작성에 비해 유의한 수준에서 높음을 보고하였다.

V−P IQ 차이가 무의미한 경우

다음은 언어성과 동작성지능지수간 차이가 유의한 수준에 있다 하더라도 실제로 그러한 차이가 언어성과 동작성 능력간의 실제적인 차이라고 해석될 수 없는 경우를 검토해보자. 즉 V−P IQ 차이가 무의미하고 다른 의미로 해석되어야 하는 경우가 있다는 것이다.

1) 언어성검사의 요인분석에서 언어적 이해력 보다 주의지속능력과 관계되는 산수, 숫자문제의 평가치가 다른 언어성 소검사 평가치에 비해 유의하게 점수가 차이나거나 동작성검사에서 지각적 조직화와 관련성이 적은 차례맞추기와 바꿔쓰기 평가치가 다른 동작성 소검사 평가치보다 유의하게 점수 차이가 나면서 V−P 점수 차이가 나타난다면 이러한 경우는 요인별로 다시 평가치를 산출하여 요인간 유의한 점수 차이가 있다면 요인분석 내용을 근거로 하여 해석하는 것이 바람직할 것이다. 다시 말하자면 이러한 경우는 단순히 언어성과 동작성 검사에서 유의한 점수 차이가 난다고 해석하기 보다는 평균치에서 유의한 차이가 나는 요인을 찾아서 요인분석 내용을 기초로 하여 해석한다는 것이다.
2) 시각−운동 능력의 손상이 있지만 언어성 지능이 높은 경우는 높은 언어성 능력을 이용하여 손상된 시각−운동 능력을 메꾸는 경우가 있다. 빠진곳 찾기, 차례맞추기, 토막짜기, 모양맞추기 등 동작성 검사를 수행할 때 소리를 내어 말을 하면서 과제를 수행하는 경우, 언어적 지능이 보상적으로 작용함으로써 실제로 존재하는 동작성지능의 부족함을 메꾸기 때문에 V−P 차이가 나타나지 않을 수 있

다. 특히 빠진곳 찾기와 차례 맞추기가 나머지 동작성검사 보다 평가치가 높고 행동관찰에서 언어를 사용하는 보상적 시도가 분명하다면 예리한 임상가는 점수상으로는 V−P 차이가 없다 하더라도 실제로는 차이가 있을 가능성을 검토해보아야 한다.

3) 피검자의 언어성검사, 동작성검사의 소검사들의 평가치가 심한 점수 차이를 보인다면 이런 경우에는 V−P 차이를 해석하는 것이 의미가 없다. 예를 들면 언어성 소검사들의 평가치가 2−14점 사이에 있다면 언어성 지능지수가 전체 언어성 능력을 대표한다고 보기 어렵다. 동작성검사도 마찬가지일 것이다. 따라서 이런 경우에는 언어성과 동작성이 단일한 능력을 측정한다는 전제하에 성립되는 V−P 차이 해석은 별 의미가 없게 되는 것이다.

4) 흔히 재평가가 요구되는 경우 현실적으로 평가 도구가 다양하지 못하기 때문에 웩슬러 지능검사로 재검사를 시행하게 된다. 이런 경우 연습효과로 인하여 점수가 증가하게 되는데 일반적으로 동작성검사의 점수 증가가 언어성에 비해 높다. 정상인의 경우 1−2개월 사이 재검사한다면 언어성지능지수 3점, 동작성 8.5점, 전체 6점 정도의 증가를 보인다(Kaufman 1990). 이와같이 연습효과로 인한 점수 증가가 언어성보다 동작성에서 5−6점 정도로 높기 때문에 재검사 당시에는 V−P 차이의 해석은 정확하지 않고 의미가 없게 된다. 이러한 동작성 지능지수의 상대적인 증가는 재검사 기간이 4개월로 연장되더라도 마찬가지였는데 언어성에 비해 7점 차이를 보였다고 보고되었다(Catron 1978).

단축형 지능검사 실시

이 부분에서는 지능검사를 전체적으로 실시하지 않고 부분적으로 실시하는 단축형 검사에 대해 검토해보기로 하자. 웩슬러 개인용지능검사는 한번 실시하는데 1시간 내지 1시간 30분정도 시간이 걸리기 때문에 상황에 따라서는 단축형 실시가 불가피한 경우가 있다. 대략 단축형이 실시될 수 있는 경우는 다음과 같다.

1) 정신장애를 감별하고 성격의 일부분인 지능에 대한 대략적인 평가가 목적인 경우
2) 과거 1년 이내에 피검사자에 대한 완전한 심리평가가 완료되었고(신경심리 평가를 포함하여) 임상적으로 특이한 변화가 없는 상태에서 현재의 심리적 상태나 지능에 대한 대략적인 평가가 요구되는 경우
3) 많은 피검사자들을 대상으로 하여 철저한 임상적, 신경심리적 평가가 필요한지를 가리기 위해 스크린용 검사를 시행하는 경우

4) 현실적 조건에 따라 제한된 시간만이 허용될 수 있고 지능평가가 일차적인 목적이 아니고 다른 심리평가의 일부인 경우
5) 임상 평가의 목적이 피검자의 지능수준의 판단이고 특정한 능력이나 인지적 손상에 대한 평가가 아닌 경우

다음은 이 영역에서 가장 혁신적인 연구를 발전시켜 온 Silverstein(1985) 방식을 간단하게 소개하고자 한다. 그는 **어휘-토막짜기** 2개 소검사를 시행하는 방식과 **어휘-산수-토막-차례맞추기** 4개 소검사를 실시하는 단축형을 소개하였다. 첫번째 방식은 일반적으로 가장 신뢰롭고 일반 지능요인 g를 가장 잘 나타내는 소검사를 언어성과 동작성검사에서 각각 한개씩 선택하였다. 이 단축형은 어휘와 토막짜기 영어 첫글자를 합쳐서 V-BD형이라고 명명되었다. 두번째 방식은 언어적, 비언어적 능력에 대한 균등한 평가를 위해 첫번째 두 검사에 언어성과 동작성 소검사 하나씩을 추가하여 어휘-산수-토막-차례맞추기의 단축형을 구성하였다. 이 단축형은 4개 소검사의 영어 첫글자를 합쳐서 V-A-BD-PA형이라고 불리운다.

V-BD형은 전체 지능지수와 높은 상관관계를 보이며(.91) 반분신뢰도 역시 매우 높은 수준이다(.94). V-A-BD-PA형은 반분신뢰도 계수는 V-BD형과 동일한 수준이지만(.94) 전체 지능지수와의 상관관계는 .95로 더 높다. 그러나 이러한 단축형의 신뢰도와 타당도 연구에서 밝혀진 점은 단축형이 15-40% 범위에서 지능수준 평가에 있어서 오류를 범할 가능성이 있기 때문에 간략한 평가 목적으로만 제한하여 사용해야 한다는 것이다. 특히 단축형은 짧은 시간동안 실시되므로 **집중력과 동기 유발**이 높아져서 전체 소검사를 실시하는 경우보다 지능 추정이 보다 높게 나타날 수 있음이 문제점으로 제기되어 왔다(Thomson 등 1986). 임상가는 이러한 문제점을 고려하여 단축형의 결과를 해석할 때 상당히 신중해야 한다.

Kaufman은 단축형 실시의 주요 목적이 시간 절약이므로 이러한 목적을 달성시켜 주면서 동시에 신뢰도와 타당도가 충분한 2개, 3개, 4개 소검사로 이루어지는 단축형을 고안하였다. 2개 단축형은 기본지식과 빠진곳찾기(I-PC), 3개 단축형은 기본지식-숫자문제-빠진곳찾기(I-DSp-PC), 4개 단축형은 공통성-산수-빠진곳 찾기-바꿔쓰기(S-A-PC-DSy)이다. I-PC형은 전체 지능지수와의 상관관계가 .88으로서 널리 사용되는 V-BD의 .91에 비해서는 낮지만 그래도 높은 신뢰도를 보이고 있으며 반분신뢰도는 .90으로 역시 충분한 편이다. 이 단축형은 실시 시간이 약 12분이며 실시 방법은 표준 방식에 따라 2개 검사를 시행하고 난 다음 각 소검사의 연령교정 평가치를 구하여 합산한다. 그리고 연령교정 평가치 총점수를 기초로 하여 표 7-

30를 참고하여 전체 지능지수를 추정하면 된다. I－DSp－PC 단축형은 3개 요인을 대표하는 각 소검사로 구성되어 있는데 반분신뢰도는 .91, 전체 지능지수와의 상관관계는 .92로, 2개 단축형에 비해 신뢰도와 타당도의 상승을 보이고 있다. 실시 시간은 약 16분이며 앞서와 마찬가지로 실시하고 전체 지능지수를 표 7－32를 참고하여 추정한다. S－A－PC－DSy 단축형은 실시시간이 19분 정도이며 신뢰도는 .93, 타당도 계수는 .95로 매우 높은 수준에 있다. Kaufman은 그의 단축형, 특히 4개검사 단축형이 신뢰도와 타당도가 높을 뿐만 아니라 어떤 다른 단축형에 비해 실시 시간이 짧기 때문에 매우 유용한 방식이라고 주장하고 있다. 저자의 생각으로는 심리평가가 자문될 때는 명백한 자문 이유가 있으며 이에 대해 전문적인 해답을 줄 수 있어야 하기 때문에 가능한한 단축형은 사용하지 않는 것이 바람직하다고 생각한다. 그러나 실제적으로 제한된 시간내에 지능평가를 해야하는 경우에는 단축형 실시를 할 수 있다고 생각한다. 그러나 이러한 단축형 실시는 임상가에 의해 신중하게 선택되어야 한다. K-WAIS에서는 요강에 단축형이 아닌 5개 소검사를 실시한 경우 전체 지능지수 추정이 가능한 표가 제시되고 있다. 따라서 이 책에서는 WAIS-R 자료와 K-WAIS 단축형 검사의 지능점수 추정표가 제시될 것이다.

표 7-30 WAIS-R 단축형 소검사 평가치로 추정한 전체 지능지수* *

연령교정 평가치의 합	추정되는 전체 지능지수			연령교정 평가치의 합	추정되는 전체 지능지수		
	2-Test[a]	3-Test[b]	4-Test[c]		2-Test[a]	3-Test[b]	4-Test[c]
2	48			40	158	121	100
3	51	43		41		123	102
4	54	45	42	42		125	103
5	57	48	44	43		127	105
6	59	50	46	44		129	106
7	62	52	47	45		132	108
8	65	54	49	46		134	110
9	68	56	50	47		136	111
10	71	58	52	48		138	113
11	74	60	54	49		140	114
12	77	62	55	50		142	116
13	80	64	57	51		144	118
14	83	66	58	52		146	119
15	86	69	60	53		148	121
16	88	71	62	54		150	122
17	91	73	63	55		153	124
18	94	75	65	56		155	126
19	97	77	66	57		157	127
20	100	79	68	58			129
21	103	81	70	59			130
22	106	83	71	60			132
23	109	85	73	61			134
24	112	87	74	62			135
25	115	90	76	63			137
26	117	92	78	64			138
27	120	94	79	65			140
28	123	96	81	66			142
29	126	98	82	67			143
30	129	100	84	68			145
31	132	102	86	69			146
32	135	104	87	70			148
33	138	106	89	71			150
34	141	108	90	72			151
35	144	111	92	73			153
36	146	113	94	74			154
37	149	115	95	75			156
38	152	117	97	76			158
39	155	119	98				

[a] 기본지식+빠진곳 찾기 : I-Pc

[b] 기본지식+숫자외우기+빠진곳 찾기 : I-DSp-PC

[c] 공통성+산수+빠진곳 찾기+바꿔쓰기 : S-A-PC-Dsy

이 표에는 연령교정평가치만을 사용한다.

추정되는 IQ가 45 이하이거나 150 이상일 경우 "45 이하" "150 이상"이라고 각각 기술하면 된다. 이 표는 Kaufman 등(1989)으로부터 인용된 것임.

표 7-31 K-WAIS에서 언어성 · 동작성 환산점수 합의 비례배분포

	언어성	동작성		언어성	동작성		언어성	동작성
환산점수의 합	5개 검사로 6개 검사 환산점수의 합을 추정한 값	4개 검사로 5개 검사 환산점수의 합을 추정한 값	환산점수의 합	5개 검사로 6개 검사 환산점수의 합을 추정한 값	4개 검사로 5개 검사 환산점수의 합을 추정한 값	환산점수의 합	5개 검사로 6개 검사 환산점수의 합을 추정한 값	4개 검사로 5개 검사 환산점수의 합을 추정한 값
95	114		60	72	75	25	30	31
94	113		59	71	74	24	29	30
93	112		58	70	73	23	28	29
92	110		57	68	71	22	26	28
91	109		56	67	70	21	25	26
90	108		55	66	69	20	24	25
89	107		54	65	68	19	23	24
88	106		53	64	66	18	22	23
87	104		52	62	65	17	20	21
86	103		51	61	64	16	19	20
85	102		50	60	63	15	18	19
84	101		49	59	61	14	17	18
83	100		48	58	60	13	16	16
82	98		47	56	59	12	14	15
81	97		46	55	58	11	13	14
80	96		45	54	56	10	12	13
79	95		44	53	55	9	11	11
78	94		43	52	54	8	8	9
77	92		42	50	53	6	7	8
76	91	95	41	49	51	5	6	6
75	90	94	40	48	50	4		5
74	89	93	39	47	49			
73	88	91	38	46	48			
72	86	90	37	45	46			
71	85	89	36	44	45			
70	84	88	35	43	44			
69	83	86	34	41	43			
68	82	85	33	40	41			
67	80	83	32	38	40			
66	79	83	31	37	39			
65	78	81	30	36	38			
64	77	80	29	35	36			
64	77	80	29	35	36			
63	76	79	28	34	35			
62	74	78	27	32	34			
61	73	76	26	31	33			

* 이 표는 K-WAIS 실시요강에서 인용된 것임.

8
객관적 성격검사

1. 객관적 성격검사의 발달

최초의 객관적 성격검사로 알려진 Woodworth Personality Personal Data Sheet가 1920년에 제작된 이래 이 방식의 성격검사는 객관적 검사방식, 검사제작의 논리적 발전과정, 자동화된 평가방식, 연구와 임상현장에서의 실용성 충족이라는 장점으로 말미암아 급속도로 성장하여 왔다. 1985년에 편집된 『Mental Measurement Year Book 제9판』을 참고하면 성격검사로 소개된 객관적 검사 종류는 약 350종에 달하고 있다. 이 책에 소개되지 않았거나 그 이후로 제작된 성격검사를 고려한다면 객관적 성격검사의 제작에 있어서나 실제 검사의 사용에 있어서 그 광범위함은 이루 말할 수 없다. 특히 객관적 성격검사는 검사 제작과정에서 신뢰도와 타당도가 검증될 뿐만 아니라 이러한 검사를 활용한 수많은 연구자료의 축적 결과로 검사 실시, 채점, 해석의 컴퓨터 처리가 가능하게 됨으로써 실제 임상장면에서 대단히 유용한 평가도구가 되어 왔다. 따라서 이러한 객관적인 성격검사의 장점과 제한점을 올바르게 이해하고 적절하게 사용한다면 임상가는 이러한 검사를 통해서 평가나 치료, 연구에 있어서 실로 많은 소득을 얻게 될 것이다.

원래 객관적 성격검사는 피검자가 아닌 평가자가 평가하는 평정척도로부터 시작되었으나 피검자 자신이 문항에 직접 응답하는 자기보고식 실문지 *self-report inventory*

가 널리 사용되게 되었다. 이러한 자기보고식 검사는 "피검자가 고정된 방식에 따라 반응해야 하는, 문화적 관습에 따라 결정된 질문들의 집합"으로 정의된다(Meehl 1945). 이러한 객관적 성격검사가 발달되어 온 과정을 검사제작방식을 중심으로 살펴보기로 하겠다.

최초의 객관적 성격검사는 세계 1차 대전 당시 군지원자들에 대한 대규모의 진단평가를 위해 제작된 Woodworth Personal Data Sheet(1920)로서 이 검사는 신경증적 증후군 문항으로 구성된 지필식검사 *a paper-and pencil test*로서 임상면담을 개별적으로 시행할 수 없는 상황에서 표준화된 임상면담용으로 기능할 수 있도록 고안되었고 집단용 검사로서 유용하였던 것으로 보여진다. 1차대전 이후에도 자기보고식 객관적 성격검사가 계속 제작되었는데 이러한 검사들은 이성적 방식 *rational method*에 따라 제작되었다. 다시 말하면 검사제작자의 임상경험이나 이론적 배경에 따라 측정하고자 하는 특성이나 속성을 측정한다고 생각되는 문항으로 검사를 구성하였다. 따라서 검사문항이 검사제작자의 이성적 근거에 따라 구성되었다고 말할 수 있다. 그러나 이러한 검사들이 측정하고자 하는 특성이나 속성을 실제로 측정한다는 경험적인 지지가 거의 없었기 때문에 다른 검사제작방법이 도입되기에 이르렀다. 이러한 검사제작방법은 경험적 준거방식 *the empirical criterion keying approach*이었다.

경험적 검사제작방식으로 제작된 가장 대표적인 검사가 Hathaway와 Mckinley에 의해 완성된 다면적 인성검사(The Minnesota Multiphasic Personality Inventory : MMPI 1943)이다. 경험적 방식은 집단을 구별해주는 경험적 근거를 바탕으로 문항을 구성하게 된다. 자세하게 설명한다면 우울증척도를 구성하고자 할 때 우울증으로 진단된 집단과 정상집단을 변별해주는 문항을 우울증척도에 포함시킨다는 것이다. 즉 문항선택의 기준이 경험적 근거에 따라 이루어지는 것이다. 널리 알려진 바와 같이 MMPI는 주로 임상진단용으로 정신장애자를 평가하는 도구로 출발하였기 때문에 일반적으로는 정신장애진단용 검사로 분류된다. 그러나 이 책에서는 MMPI가 외적인 척도 구성은 임상진단용으로 구성되었지만 실제 임상장면에서는 개인의 성격이나 행동을 이해하는 도구로 활용되고 있으며 특히 MMPI-2 제작과정에서 내용척도 *content scales*가 추가되었다는 점을 근거로 성격검사로 분류되었다. 이와같이 MMPI가 주로 정신장애자 성격검사로 분류될 수 있는 반면 California Psychological Inventory (1956)는 정상인들의 성격평가도구로 분류될 수 있다.

이러한 경험적 방식의 검사는 경험적 근거에 따라 검사가 제작되었다는 장점 외에도 개인이 기준집단(예를 들면 우울증집단)에 속하는지를 평가해주는 실용성으로 인해 실제 장면에서 널리 사용되고 있다.

또다른 검사제작방식은 요인분석적 방식으로서 성격검사 문항들에 대한 요인분석을 통하여 동질적인 검사 척도들을 구성하게 된다. 이 검사방식은 성격연구자들이 성격의 기본적 차원을 발견하고자 사용했던 방식이기도 하다. 이 방식에 따라 제작된 가장 대표적인 검사가 Cattell의 16개 성격요인검사(The Sixteen Personality Factor Questionnaire : 16PF)이다.

지난 20년동안 앞서 제시된 검사제작방식을 혼합하는 결합방식으로 검사가 제작되어 왔다. 이러한 결합방식으로 제작된 검사가 Jackson's Differential Personality Inventory(DPI Jackson 1972), Personality Research Form(PRF Jackson 1984)이다. 이러한 방식의 검사제작과정을 보면 Jackson은 Murray의 욕구이론에 따라 이론적-이성적 방식으로 문항을 수집한 다음 내적 일관도검증과 요인분석을 거쳐서 척도를 구성한 후 마지막으로 외적 준거에 대한 경험적인 타당성을 입증하는 세단계를 거쳐서 검사를 제작하였다. 이러한 방식으로 제작된 또다른 성격검사가 Millon의 임상적 다축적 검사 Millon's Clinical Multiaxial Inventory : MCMI(1982)이다. 이 검사는 문항의 선정과 척도 구성이 Millon의 성격이론에 기초하고 있으나 최종적인 문항 선정과 척도 구성은 내적 합치도와 외적 준거검증방식에 따르고 있다. 이 검사는 새로운 제작방식 뿐만 아니라 체계적 임상이론과의 관련성, 현재의 공식적 진단체계와의 일치, 지속적인 성격 특징과 일시적인 임상적 양상의 변별력으로 인하여 최근 주목을 받고 있다. 다시 말하자면 Millon은 생물학적 요인과 심리학적 요인을 종합한 그의 성격이론에 따라 각 성격 유형별로 지속적인 성격 특징을 제시하면서 이러한 성격적 특징과 정신장애로 인해 나타나는 증상적 특징을 구별해주고 있는데 이러한 성격유형이 현재 공식적 진단체계인 DSM-III-R과 일치되고 있으므로 그의 성격검사를 통하여 공식적 진단체계에 따라 성격평가를 할 수 있다는 장점을 지니고 있다는 것이다. 최근 MCMI의 타당도, 요인분석, MMPI와의 상관성연구, 정신장애집단에 대한 연구들이 활발하게 발표되고 있으므로 이 성격검사의 임상적 효율성에 대해 기대되는 바가 크다(Talbot 1988).

세부적인 검사제작 방식의 차이는 있지만 실제로 현재 대부분의 객관적 성격검사들은 이러한 결합방식을 통하여 제작되고 있으며 MMPI의 경우 원래의 검사제작 목적과 방법을 개선하여 다양한 접근방식을 혼합하고 있다. 일반적으로 연구자들은 어떤 특정한 검사제작방식이 다른 방식에 비해 보다 타당하다거나 효율적인 방식인지를 밝혀내고자 하였으나 이러한 결과는 명백하게 제시되고 있지 않다(Burisch 1984).

임상이나 상담장면에서 널리 사용되고 있는 객관적 성격검사가 표 6-1에 제시되고 있는데 여기에는 자기보고식 검사 뿐만 아니라 면담식 검사도 포함되어 있다.

표 8-1 성격특성 및 성격장애 평가*

성격검사	검사방식	문항구성	척도구성
1 MMPI	자기보고식	566문항, 진위형	3개 타당도 척도, 10개 임상척도
2 16PF	자기보고식	3개동형검사, 106-187문항	16개 성격요인 척도
3 EPI	자기보고식	57개문항, 동형검사	외향-내향, 신경-정신증 4개 척도
4 CPI	자기보고식	486문항	18개 척도와 4개 특수척도
5 PRF	자기보고식	352문항	22개 성격특성척도
6 MCMI	자기보고식	175개문항, 진위형	20개 임상척도
7 PDE	준체계적 면담	환자면담 및 가족보고식	DMS-III-R** 2번축 성격장애분류
8 SCI	준체계적 면담	3점평가척도	DSM-III-R 2번축 성격장애분류
9 SASB	자기보고식	대인행동, 36-72개문항	자아와 타인에 대한 내면적 태도
10 SIPD	준체계적 면담	3점평가척도	DMS-III-R 2번축 성격장애분류

* 이 표는 『Textbook of Psychiatry』(Talbott 1988)에서 인용하였음

** DSM-III-R=Diagnostic and Statistical Manual Disorders(Third Edition-Revised)

1. Minnesota Multiphasic Personality Inventory
2. 16-Personality factor Inventory
3. Eysenck Personality Inventory
4. California Personality Inventory
5. Personality Research Form
6. Millon Clinical Multiaxial Inventory
7. Personality Disorder Examination
8. Structured Clinical Interview
9. Sturctured Analyses of Social Behavior
10. Structured Interview for the DSM-III-R Personality Disorder

2. 객관적 성격검사의 분류

다음은 객관적인 성격검사가 제작된 이론적 배경에 따라 성격검사를 구별해 보고자 한다. 즉 성격검사가 특성론적 입장을 취하고 있는지 아니면 유형론적 입장을 취하고 있는지에 따라 성격검사는 크게 두 가지 범주로 구별될 수 있다.

전통적으로 성격은 유형론과 특성론에 따라 연구방법 및 분류방식에 있어서 차이가 있어왔다. 성격의 유형론 *typology*과 특성론 *trait theory*을 구별하는 기준으로는 불연속적 범주와 차원이 제시될 수 있다. 유형론은 사람들을 구별하는 불연속적 범주들의 한 집합이라고 간주된다. 예를 들면 성격이 세 가지 유형인 내향성, 외향성, 양향성으로 구별된다는 유형론에 따라 개인들은 이 세 유형 가운데 한 유형에 속하는 것으로 기술된다. 즉, 이 세 유형들은 불연속적인 성질을 띄고 있어서 한 개인은 특정한 한 성격유형으로만 분류되는 것이다. 이와 반대로 특성론에 따르면 성격은 연속적인 차원에 따라 기술된다. 예를 들면 한 개인이 공격성의 특성을 어느 정도로 소유하고 있는지가 관심의 초점이 된다. Cattell의 16개 요인 성격특성론에 따르면, 한 개인이 16개 요인의 특성을 어느 정도로 소유하고 있는지, 그 차원에 따라 기술된다. 이와같은 유형론과 특성론적 배경에 따라 객관적 성격검사가 개발되고 있으므로 이 두 범주로 성격검사를 구별해 보고자 한다. 먼저 성격특성을 측정하는 검사, 즉 성격의 차원을 기술하는 검사로는 16-PF, Eysenck Personality Inventory, California Personality Inventory, Personality Research Form을 들 수 있다. 이 가운데서 Eysenck 성격검사는 유형론적 입장이라기 보다 특성론적 입장이라고 보아야 할 것이다. 즉 한 개인의 외향성이나 내향성, 어느 한 유형에 속하는가가 평가되는 것이 아니라 외향성, 내향성, 특성에 있어서 어느 차원에 있는가에 따라 기술된다. 이러한 검사들은 정신병리적 측면에서 성격장애를 진단하기 위해 고안된 것이 아니라 정상적인 성격의 구성개념, 성격의 특성을 성격이론적 입장에서 규명하면서 제작되었다고 볼 수 있다.

한편 정신병리적 측면에서 성격유형을 진단하고자 제작된 검사들로는 Millon Clinical Multiaxial Inventory, Personality Disorder Examination, Structured Clinical Interview, Structured Interview for the DSM-III-R Personality Disorder가 있다.

3. 다면적 인성검사 MMPI

이제부터 임상장면에서 가장 널리 사용되고 있는 객관적 성격검사인 MMPI에 대해 살펴보기로 하겠다. MMPI에 관한 국내 및 국외 저서들이 충분한 상태이고 특히 국내에서 『다면적 인성검사』(김중술 1989)가 1987년까지의 국외, 국내 저서들을 총망라하여 종합되었으므로 독자들은 이러한 저서를 기초로 하여 MMPI 제작방식, 제작과정, 해석과정, 임상사례, 현재의 연구방향 등 전반적인 내용을 충분히 접할 수 있는 기회를 가지게 될 것이다. 따라서 저자는 가능한한 중복을 피하는 방식으로 임상 실제에서 직접 사용할 수 있는 MMPI의 전략과 해석방식을 간략하게 서술하고자 한다. 이 책에 소개되는 내용은 Graham(1990)의 『MMPI-2 Assessing Personality and Psychopathology』, 『Major Psychological Assessment Instrument』(Newmark 1985)에 서술된 내용과 저자의 경험을 바탕으로 하여 간략하게 정리된 것이다. 이 책에 생략된 여러 내용들에 대해서는 앞서 소개된 『다면적 인성검사』를 함께 읽어 나가는 것이 도움이 될 것이다.

4. MMPI의 제작

어떤 심리검사를 사용하든지간에 임상가는 검사를 사용하기 전에 그 심리검사의 이론적 배경, 제작방식, 표준화과정에 대해 충분하게 알아야지만 사용하고 있는 심리검사의 장점과 한계점을 알고 나아가서 보다 의미있는 해석을 내릴 수 있게 된다. 따라서 이 책에서는 MMPI의 제작과정에 대해 간략하게 검토해 보기로 하겠다.

1940년 Hathaway와 Mckinley는 정신의학 분야와 일반의료 분야에서 환자들의 임상진단에 관한 정보를 제공해 주려는 목적으로 객관적 다면적 성격검사인 MMPI 제작을 발표하였다. MMPI 척도는 경험적 접근방식에 따라 문항이 분석되고 구성되었다. 즉 검사제작자의 이론적 배경에 따라 문항이 선택된 것이 아니고 정신장애군과 정상성인군을 변별해주는 문항들의 통계적 결과에 따라 선택된 것이다. 즉 두 집단을 변별하는 기능을 지니고 있는 문항들이 통계적 검증을 거쳐서 각 척도의 문항으로 선정된 것이다. 이와같이 MMPI의 임상 척도들은 피검자들이 지니고 있는 우울증, 심기증, 반사회성, 정신분열증, 조증과 같은 임상적인 증후군을 평가해주고 1940년대 당시의 진단범주에 따라 임상진단을 결정하는데 도움을 줄 수 있도록 고안된 것이다.

이러한 경험적 방식에 따라 검사가 제작되기는 하였으나 검사의 전체적인 제작과정이 경험적이라고 말하기는 어렵다. 그 이유는 원문항들이 정신의학적 진단과 관련되는 기존의 내용영역과 주제를 고려하여 선택되었기 때문이었다. 다시 말하자면 원문항들은 임상 사례, 교과서, 다른 검사들을 검토하여 임상진단과 관련된다고 생각되는 1000개 정도의 문항을 수집한 후 반복되거나 검사 목적에 적절하지 않다고 생각되는 문항을 제외하고 남은 504개 문항을 채택하였다. 그리고 이 문항들을 정상성인집단과 준거집단(예를 들면 우울장애집단)에게 실시하였다. 앞서 지적된 바와 같이 두 집단을 변별해주는 문항들을 선정하여 임상척도를 구성하였다. 준거집단은 미네소타대학병원의 정신과환자들 가운에 각 척도에 명시된 임상진단과 동일한 진단을 받은 환자들이었고 정상성인집단은 미네소타대학병원에 입원중인 환자들을 방문한 방문객들이었다. 이와 같은 집단간 비교방식으로 8개의 임상척도가 구성되었는데 이들 척도들은 Hs(건강염려증), D(우울증), Hy(히스테리), Pd(반사회성), Pa(편집증), Pt(강박증), Sc(정신분열증), Ma(경조증)였다. 또한 Hathaway와 Mckinley는 그 당시의 다른 검사와는 달리 타당도 척도를 포함시켰는데, 자기보고 검사지가 피검자의 검사수행 양식이나 태도에 따라 지대한 영향을 받기 때문에 이러한 문제를 해결하고자 했던 것이다. 다른 두개의 임상척도 Mf(남성특성/여성특성)와 Si(내향성) 척도는 나중에 추가되어 1946년에 MMPI 척도구성이 완료되었다고 볼 수 있다. 그 결과 MMPI는 4개의 타당도척도와 10개의 임상척도, 총문항수 550문항으로 구성되었다(집단형 MMPI의 총문항수는 566문항인데 이는 16문항이 반복 제시되기 때문이다).(이러한 검사 제작과정에 대해 자세하게 검토하고자 하는 독자는 『다면적 인성검사』(김중술 1989) 제1장을 참고하기 바란다.)

앞서 밝힌 바와같이 MMPI는 임상진단용으로 제작되었기 때문에 MMPI를 처음 사용하기 시작했을 때 MMPI의 단일 척도상승이 특정한 정신장애를 직접적으로 나타내줄 것이라고 기대되었다. 예를 들면 우울증환자는 우울증척도에서만 높은 점수를 보일 것이며 정신분열증 척도에서는 그렇지 않을 것으로 기대되었다. 그러나 MMPI가 정신장애 진단을 구별해주는데 좋은 도구가 아니라는 점이 밝혀졌다. 왜냐하면 하나의 척도에서 점수가 높은 환자들이 다른 척도에서도 점수가 상승되는 경향이 있었고, 어떤 환자는 기대되는 척도에서 높은 점수를 보이지 않았으며, "정상인"도 하나 이상의 척도에서 점수가 높게 나타났기 때문이었다. 이와같이 MMPI의 각 척도들은 정신병리를 진단해주는 측정도구로 간주될 수 없게 되었다(Graham 1987).

현재 MMPI는 원래 의도된 목적과는 다르게 쓰여지고 있다. 어떤 피검자가 특정한 척도에서 일정한 점수를 얻게되면 임상가는 사전 연구와 임상경험을 통하여 그 척도에서 유사한 점수를 얻었던 다른 사람들에게서 밝혀졌던 특성과 행동을 그 피검자에게도 적용하고자 한다. MMPI 활용에 대한 이러한 새로운 행동적 기술접근방식이 MMPI의 임상적 장면에서의 효용성을 높혀주고 있는 것이다.

앞서 지적된 바와 같이 10개의 임상척도는 진단명칭이 붙여졌던 원래의 명칭보다는 번호로 불려지게 되었다. 그리고 전체 척도들이 상승되는 형태를 기초로 하는 형태분석과 내용척도가 임상장면에서 활용되게 되었다. 왜냐하면 몇개의 척도들이 동시에 상승되는 프로파일에 대한 행동기술적 접근방식은 원래 의도되었던 임상진단 결정보다 훨씬 유용하고 가치있는 자료를 제공해줄 것으로 기대되기 때문에 이러한 형태분석이나 내용분석이 현재 임상장면에서 기본적인 해석방식으로 활용되고 있다.

그러나 이러한 분석은 蓋然的인 성질을 지니고 있을 뿐만 아니라 한국에서 사용될 때 신뢰성있는 국내연구가 뒷받침되지 않는다면 위험성이 있다는 점이 유의되어야 한다(김중술 1989). 다시 말하자면 선행연구들을 기초로 하여 각 프로파일에서 진술되는 행동기술적 내용들이 그러한 프로파일을 보이는 모든 피검자에게 해당되는 것이라고 말하기는 어려우며 대체로 전형적인 환자의 경우 그러한 기술이 적용될 수 있을 것이란 점을 유의하여야 한다는 것이다. 그리고 이러한 선행연구들이 한국인을 대상으로 진행되지 않았고 선행연구에 의하면 일부 프로파일의 행동기술적 내용은 한국인의 경우 독특하므로 앞으로 이러한 행동기술적 차원의 해석이 실제로 유용하기 위해서는 국내의 연구자료들이 축적되어야 한다는 점이 고려되어야 한다. 다음에는 형태분석과 내용분석에 대해 검토해 보기전에 MMPI-II 제작에 대해 살펴보기로 하자.

MMPI-2 제작

Butcher와 Owen(1978)은 MMPI가 지니고 있는 많은 문제점과 이에 대한 비판점을 지적했고 이에 따라 MMPI의 개정과 재표준화가 1982년부터 시작되었다. MMPI의 개정 방향은 다음과 같이 설정되었다 :

1. 현재 사용되고 있는 타당도, 임상척도, 그리고 특수 척도들을 유지한다.
2. 시대에 어울리지 않거나 부자연스런, 그리고 남녀차별적인 문항들을 적절하게 개정한다.

3. 새로운 내용을 추가시킨다(예를 들면 치료에 대한 순응, 변화에 대한 수용, 대인관계문제, 작업태도 등).
4. 새로운 규준을 만든다. 원래의 "미네소타 정상인집단"은 지역적이고 편협된 소수의 표본들이었다.
5. MMPI를 성인형과 청소년형으로 구분해서 만들고 청소년형은 이 연령층에 알맞는 문항을 포함시킨다.

MMPI-2 연구개발위원회는 검사의 적용범위와 유용성과 수용성은 확대시키면서 원검사를 유지시키려는 목적 아래 개정작업을 진행하였다. 이에 따라 실험검사지에 MMPI의 원문항을 모두(550문항) 포함시켜서 이를 현재의 정상표본집단에 실시하였다. 그리고 위에 지적된 개정 목표에 따라 문항이 수정되었으며 MMPI에서 다루지 못했던 문제영역을 알아보기 위해 154개의 새로운 문항을 추가시켰다.

MMPI-2 실험용검사지의 청소년용은 550개 MMPI 문항외에 치료 순응성에 관한 50개문항과 청소년들의 관심과 문제를 알아보기 위한 104개의 문항을 새로 첨가하여 완성되었다. 그리고 MMPI-2의 재표준화를 위해서 전국적으로 자료가 수집되었으며 새로운 규준이 만들어 졌다. 재표준화를 위한 자료는 Minnesota, Ohio, North Carolina, Pennsylvania, Washington, Virginia, California 지역에서 수집되었고 1980년 미국 인구조사자료를 참고로 하여 대표성있는 집단을 표집하기 위한 조정이 이루어졌다.

이러한 과정을 통해 제작된 MMPI-2는 MMPI보다 유용하다는 사실이 밝혀지고 있는데 특히 MMPI의 해석은 새로운 MMPI-2내용척도의 개발로 확장되고 개선되고 있다고 한다(Butcher, Graham, Williams와 Ben-Porath 1989). 이러한 척도들은 개별 척도들의 동질성을 향상시키고 척도간 상관성을 감소시키기 위한 통계적인 문항-선택 기법을 사용하는 단계를 거치면서 다단계적이고 다방법적으로 개발되었다. 새로 제작된 문항들 중 일부는 새로운 문제영역을 평가하기 위한 내용을 제공할 뿐 아니라 현재 사용되고 있는 척도들의 변별력을 높혀준다. 이상과 같이 볼 때 MMPI-2는 기존의 문제점을 해결할 뿐만 아니라 새로운 내용분석을 통하여 진단이나 치료, 그리고 연구영역에서 유용한 자료를 제공하고 있다고 보여진다.

MMPI의 타당도 및 임상척도, 특수척도, 내용척도

다음은 MMPI의 4개 타당도 척도(무응답척도 포함)와 10개 임상척도의 원래의 척도 명칭(현재는 척도명칭은 척도 번호로 부른다. 즉 척도 1, 척도 2와 같이), 척도 내용이나 행동기술을 간략하게 표 8-2에 제시하고자 한다.

표 8-2 MMPI의 타당도 척도와 임상척도

MMPI 척도	척도내용과 행동기술
타당도 척도	
? (무응답척도)	응답하지 않은 문항, 또는 "네" "아니오" 모두에 답한 문항들의 총합이다. 만약 원점수가 30점 이상이면 임상척도 점수를 저하시킬 수 있기 때문에 방어적이거나 신뢰할 수 없는 프로파일로 간주된다.
L (Lie)	보다 단순하고 의식적인 "모범적" 검사수행을 측정한다. 증가된 점수는 피검자가 자신을 비현실적으로 모범적이고 이상적인 모습으로 보이게 하려고 시도하는, 지나치게 긍정적인 시각으로 자신을 나타내려는 방어적 태도를 시사한다.
F (Infrequency)	이 문항들은 대부분의 사람들에 의해 매우 드물게 반응된다. 높은 점수는 지나치게 과장된 증상의 표현이거나 실질적인 정신장애에 의한 혼란, 해체화(disorganization)의 지표가 된다.
K (Defensiveness)	높은 점수는 개인적 정보나 문제를 노출시키려 하지않는 비협조적, 저항적 태도를 나타낸다. 낮은 점수는 솔직함이나 문제의 공개를 시사한다. 이 척도는 지능, 교육수준과 정적 상관을 보이므로 해석에서 이 점을 유의하여야 한다.
임상척도	
1 Hs (Hypochondriasis)	높은 점수는 만성적인 경향이 있는 모호한 여러 신체증상을 나타낸다. 높은 점수의 피검자들은 일반적으로 불행감을 느끼고 자기중심적이며 애처롭게 호소하고 또한 적대적이고 타인의 주의집중을 바란다.
2 D (Depression)	우울한 기분, 자신에 대한 과소평가, 열등감을 반영한다. 높은 점수의 피검자들은 우울하고 풀이 죽어있고 비관적이고 근심이 많고 과민하고 무기력하며 지나치게 억제적이며 죄의식을 쉽게 느낀다. 점수증가는 심한 심리적 고통, 변화나 증상완화에 대한 소망을 반영한다.
3 Hy (Hysteria)	높은 점수는 스트레스 처리에 있어서 부정과 억압방어와 같은 신경증적 방어 사용을 나타낸다. 이들은 의존적이고 소박하고(naive) 외향적이며 유아적이며 자기도취적이다. 대인관계는 흔히 깨지기 쉽고 자신의 문제에 대한 통찰력이 부족하다. 높은 점수는 심리적 과정에 대한 관심이 부족함을 반영한다. 스

MMPI 척도	척도내용과 행동기술
	트레스가 높을 때 신체증상이 나타난다..
4 Pd (Psychopathic Deviate)	반항, 가족관계 분열, 충동성, 학업이나 직업문제, 범법행위, 알콜이나 약물남용 등 반사회적 행동을 나타낸다. 높은 점수의 피검자들에게 있어서 반사회적 인격장애가 흔하다. 이들은 외향적, 사교적이며 남에게 호감을 주고 남을 속이고 조정하며 쾌락에 탐익하며 자기과시적이며 신뢰할 수 없고 미성숙하며 적대적이다. 공격적인 행위와 판단장애를 쉽게 보인다. 높은 점수는 쉽게 변화되기 어려운 장기적인 인격장애를 나타낸다.
5 Mf (Masculinity -Feminity)	높은 점수의 남성은 예민하고 탐미적이며 수동적이거나 여성적이다. 이들은 성적 정체감에 대한 갈등, 이성애적 욕구의 저하를 나타낸다. 낮은 점수의 남성은 남성적이고 공격적이며 거칠고 모험을 즐기고 무모하며 실질적이며 관심이 좁다. 높은 점수의 여성은 남성적이고 거칠며 공격적이고 자신감이 있고 감정적이지 않고 무디다. 낮은 점수의 여성은 수동적이고 복종적이며 호소를 쉽게하고 흠을 잡는 잔소리꾼이고 과민하다.
6 Pa (Paranoia)	이 척도점수의 상승은 의심많고 사람들과 거리가 있고 약삭빠르고 경계적이며 안달하고 지나치게 과민한 특징을 반영한다. 높은 점수의 피검자는 투사하고 남을 비난하며 원망한다. 이들은 일반적으로 적대적이거나 따지기를 좋아한다.
7 Pt (Psychasthenia)	높은 점수는 긴장되고 불안하고 생각에 집착하며 강박적이고 공포를 느끼고 융통성이 결여되어 있다. 이들은 흔히 자기 비난을 하며 쉽게 죄의식에 빠지며 열등감과 부족감을 느끼며 지나치게 이지화, 합리화 방어를 사용하며 심리적 해석에 저항한다.
8 Sc (Schizophrenia)	높은 점수는 전통적인 규범에서 벗어나는 정신분열성 생활방식을 반영한다. 이들은 위축되어 있고 수줍어하고 우울하고 열등감과 부족감을 느끼며 긴장되고 혼란되어 있다. 이들은 흔치않는 이상한 생각을 품고 있다. 판단력장애가 있고 적절하지 못한 정서반응을 한다. 매우 높은 점수는 현실검증장애, 기괴한 지각장애, 망상, 환각이 있다는 증거가 된다. 이들은 일반적으로 일반상식이 부족하고 문제해결 기술이 적절하지 못하다.
9 Ma (Hypomania)	높은 점수는 사교적이며 외향적, 충동적 성향과 힘이 넘쳐 흐르고 낙관적인 상태를 반영한다. 이들은 자유분방한 도덕관념을 갖고 있다. 들떠있고 지나치게 술을 마시며 과장된 자기평가를 하며 정서가 불안정하다. 참지 못하고 그들의 계획을 완수하는 경우가 드물다. 이들은 타인을 조정하고 자기 가치를

MMPI 척도	척도내용과 행동기술
	극대화한다. 매우 높은 점수의 피검자는 정서장애, 기괴한 행동, 부적절한 기분, 충동적 행동, 망상을 보인다.
O Si (Social Introversion)	높은 점수는 내향적이어서 수줍어하고 위축되어 있다. 사회적으로 보수적이고 순종적이며 지나치게 억제적이고 무기력하고 순응적이며 긴장되고 융통성이 없고 죄의식에 잘 빠지는 상태를 반영한다. 낮은 점수의 피검자들은 외향적이며 쾌활하며 자기 표현을 잘 하고 공격적이며 말이 많고 충동적이며 억제하지 않는다. 자발적이며 타인을 조정하며 기회주의적이고 사회관계에서 진지함이 결여되어 있다.

* 이 표는 『Handbook of Psychological Assessment』(Goldstein과 Hersen 1990)에서 인용하였음

앞서 지적된 바와같이 Harris-Lengoes(1955, 1968)는 10개 임상척도 가운데 6개 임상척도(2, 3, 4, 6, 8척도)의 하위척도를 보고하였다. 각 하위척도에 해당되는 문항들이 반복되는 경우도 있고 각 하위척도간 상관이 있기도 하지만 원래의 임상척도 보다는 이러한 하위척도는 동질성이 높다고 알려지고 있다. MMPI-2에서도 이러한 하위척도를 수용하고 해석의 자료로 이용하고 있다. 이러한 하위척도는 사례분석 뿐만 아니라 임상연구에도 유용하므로 이러한 하위척도의 문항번호, 하위척도 명칭, 하위척도가 측정하는 내용과 행동기술 등이 자세하게 검토될 필요가 있다. 그러나 김중술(1989)이 지적한 바와같이 MMPI가 한국형으로 표준화되는 과정에서 문항 내용의 변화가 있었고 원문항을 번역하는 과정에서 원래의 의미가 변화되었을 가능성이 있으므로 이러한 하위척도가 한국판 MMPI에서도 유용할지는 연구되어야 할 것이다. 이에 대해 자세한 검토를 바라는 독자는 『다면적 인성검사』(김중술 1989)를 참고하기 바란다. 이 책에서는 간략하게 하위척도들의 명칭과 내적 일관도, 재검사 신뢰도를 표 8-3에서 소개하겠다.

다면적 인성검사 결과표

No. ____________________

이　름 : ______________________________ 성　별 : 남 · 여 (기혼 · 미혼)

생년월일 : ____________ 년 ________ 월 ________ 일(만 ____ 세)

현 주 소 : ______________________________

학력(최종학교명) : ____________________ 직업(학교) : ____________________

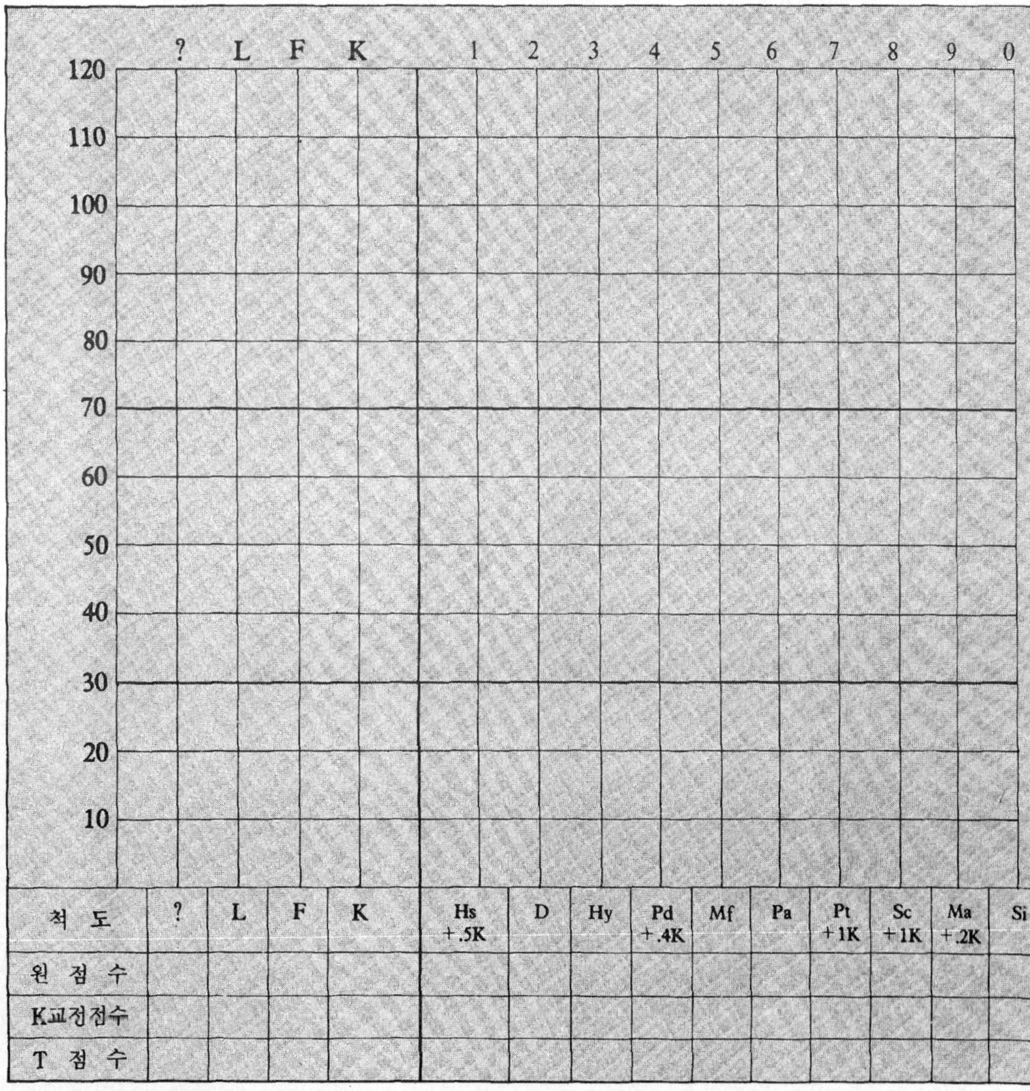

척　도	?	L	F	K	Hs +.5K	D	Hy	Pd +.4K	Mf	Pa	Pt +1K	Sc +1K	Ma +.2K	Si
원 점 수														
K교정점수														
T 점 수														

〈검 사 소 견〉

표 8-3 Harres-Lingoes의 하위척도 명칭, 내적일치도, 재검사신뢰도*

		Internal Consistency[a]		Test-retest Reliability[b]	
	하위척도	Males (N=1138)	Females (N=1462)	Males (N=82)	Females (N=111)
D1	주관적인 우울감	.71	.74	.85	.84
D2	정신성운동 지연	.24	.28	.74	.76
D3	신체적 기능장애	.23	.29	.64	.74
D4	정신활동 둔화	.60	.63	.76	.81
D5	반복되는 생각	.63	.65	.81	.77
Hy1	사회적 불안 부정	.73	.74	.86	.85
Hy2	애정에 대한 욕구	.64	.62	.76	.80
Hy3	권태-무기력	.67	.73	.86	.88
Hy4	신체적 호소	.59	.68	.81	.77
Hy5	공격성 억제	.17	.11	.61	.68
Pd1	가족불화	.51	.57	.81	.73
Pd2	권위자와 문제	.31	.23	.68	.62
Pd3	사회적 안정성	.57	.55	.85	.77
Pd4	사회적 소외	.48	.52	.81	.75
Pd5	내적 소외	.62	.67	.78	.78
Pa1	피해의식	.59	.64	.78	.69
Pa2	예민성	.39	.43	.66	.69
Pa3	순박성	.56	.57	.58	.73
Sc1	사회적 소외	.66	.68	.68	.64
Sc2	정서적 소외	.58	.62	.68	.64
Sc3	자아통합 결여 (인지적)	.66	.68	.68	.64
Sc4	자아통합 결여 (정의적)	.58	.62	.76	.81
Sc5	자아통합 결여 (억제 손상)	.50	.56	.72	.70
Sc6	기괴한 지각경험	.64	.66	.78	.67
Ma1	비도덕성	.29	.32	.72	.78
Ma2	정신성운동 항진	.53	.50	.81	.68
Ma3	냉정함	.43	.46	.65	.70
Ma4	자아팽창	.32	.48	.74	.58

* 이 표는 『MMPI-2 Assessing Personality and Psychopathology』(Graham 1990)에서 인용되었음

다음 표 8-4에는 특수척도들에 대해 간단히 소개하고자 한다. 이 특수척도 역시 하위척도와 마찬가지로 사례 해석이나 임상 연구에 모두 유용하므로 앞으로 폭넓게 이용될 수 있을 것이다.

표 8-4 특수척도 명칭과 행동적 기술*

특수척도	행동적 기술
A(불안척도) (Anxiety)	이 척도는 MMPI 요인분석의 요인부하가 가장 큰 첫번째 요인을 나타낸다. 일반적인 부적응, 정서적 혼란을 측정한다. 높은 점수는 불안과 긴장, 효율성의 저하, 다양한 심리적 문제가 있음을 솔직하게 표현하는 태도와 관련이 있다.
R(억제척도) (Repression)	이 요인척도는 부정과 억제를 사용하는 성향을 반영한다. 높은 점수는 통찰력이 없고 지나치게 통제적이고 억제적인 행동을 나타낸다. 이러한 개인들은 문제를 회피하며 지나치게 보수적으로 보인다.
Es(자아강도) (Ego Strength)	이 척도는 정신치료 성공 여부를 예측하기 위해 고안되었다. 연구들에 의하면 이 척도는 개인의 전반적인 기능수준과 상관이 있다고 한다. 높은 점수는 효율적인 기능과 스트레스를 견디는 능력을 반영한다. 이러한 개인들은 문제를 해결하는데 도움을 주는 심리적 자원(psychological resources)을 지니고 있다.
MCA(알콜남용) (MacAndrew Addiction)	이 척도는 정신과 환자들 가운데 알콜남용자와 비남용자를 구별하려는 목적으로 고안되었다. 높은 점수는 약물남용이나 병적인 노름과 같은 다른 남용과 상관이 있다. 즉 이 척도는 남용에 빠지기 쉬운 경향성을 반영한다고 볼 수 있다.

* 이 표는 『Handbook of Psychological Assessment』(Goldstein & Hersen 1990)에서 인용하였음

MMPI 검사시행 및 행동관찰

MMPI 실시단계

MMPI는 임상가에 따라서 다른 검사보다 먼저 실시되거나 다른 검사를 마친 다음에 실시될 수 있다. 어떤 경우이든지간에 MMPI를 검사자가 피검자에게 건네주는 순간부터 MMPI 검사과정은 시작된다고 볼 수 있다. 정신치료에서 치료자와 내담자의 치료적 관계가 첫 만남의 순간부터 중요하듯이(전화를 통한 첫번째 접촉까지 포함하여)

MMPI를 주고 받으면서 검사자와 피검자사이에 형성되는 관계는 MMPI 결과에 영향을 미치고 역으로 이러한 관계에서 관찰되는 행동은 해석의 자료를 제공해준다. 저자의 경험으로는 임상경험의 초보단계에 있을 때 저자는 MMPI 실시를 매우 간단하게 생각하여 특별한 관심없이 기계적으로 검사지를 건네주고 검사의 응답지를 건네받았다. 그러나 임상경험이 늘어감에 따라 저자는 MMPI를 피검자에게 전해주는 검사자의 태도가 MMPI 결과에 영향을 미칠 수 있음을 알게 되었고 그 이후로는 MMPI를 시행하기 전 가능한 한 진지하게 피검자에게 MMPI를 소개하고자 노력하였다. 이를 위해서 요구되는 것은 검사자의 태도가 검사 결과에 미치는 영향에 대한 자각과 임상장면에서의 라포관계의 중요성에 대한 인식이다. 다시 말하자면 MMPI를 처음 피검자에게 소개할 때 소개하는 시간과 상관없이 검사자가 소개하는 방식과 태도가 피검자로 하여금 솔직하고 진지하게 검사에 임할 수 있도록 해주는 분위기를 형성하는데 중요한 영향을 미친다는 것이다. 물론 이러한 사항은 임상심리전문가에게 너무나 상식적이고 기초적인 것이지만 그럼에도 불구하고 자칫하면 임상현장에서 소홀히 다루어지기 쉽고 특히 임상가의 경력이 늘어갈수록 그러하기 쉽다. 다시 한번 강조한다면 심리검사가 내담자나 환자의 대표적 행동을 표집할 수 있느냐하는 것은 검사를 실시해 나가는 전문가의 태도에 따라 결정될 수 있다는 것이다.

MMPI를 완성한 후 내담자나 환자가 검사응답지를 제출하는 경우 역시 검사자는 신중한 자세를 취해야 한다. 먼저 검사지가 적절하게 응답되었는지를 확인하고 만약 충분하게 잘 응답되지 않았다면 검사에 재응답할 것을 권유한다. 채점에 들어가기 전 검사자는 검사가 완료된 응답지를 전체적으로 검토해 보아야 한다. 검사지가 형편없이 더럽혀지고 구겨졌는지, 매우 깨끗한지, 뒷칸에 피검자의 기록사항 부분을 완성하였는지, 이 부분에 기록된 내용은 어떠한지, 답안지 작성은 별다른 특징없이 완성되었는지, 아니면 어떤 특징이 있는지, 예를 들면 응답지에 자세하게 추가 사항이나 의문점을 기록하거나 반복적으로 응답 내용을 지우거나 많은 문항에서 응답을 하지 않았는지 등을 검토한다. 이러한 검토는 검사의 타당성 척도를 평가하기 위해서 뿐만 아니라 내담자나 환자의 행동 특징을 파악하기 위해서도 필요하다.

MMPI를 시행할 때 흔히 관찰되는 내담자나 환자의 행동 특징은 다음과 같이 지적될 수 있다. 보통 MMPI는 한시간 혹은 한시간 삼십분 정도면 완료될 수 있다. 그러나 경우에 따라서는 며칠이고 완성되지 않는 경우가 있다. 이런 경우 대부분 내담자나 환자는 검사에 대해 매우 강한 저항을 느끼고 있어서 검사에 협조하지 않은 경우라고 볼 수 있다. 이와반대로 때로는 검사가 시작된 후 곧바로 검사가 완료되었다고 제출하는 경우가 있다. 이러한 경우 역시 검사에 대한 저항을 나타내고 있으며 검사응답지를 검토해보면 거의 기계적으로 아무렇게나 응답하였음을 볼 수 있을 것이다. 이외에도 의존적인 내담자나 환자는 검사자가 검사를 읽어주거나 응답을 기록해 줄 것을 요구하기도 하며 강한 관심을 얻고자 하는 내담자나 환자는 몇번씩 중요하지도 않은 질문을 하게 된다. 물론 지나치게 강박적인 경우도 이러한 행동을 보일 수 있다. 그리고 심한 사고 혼란이 있는 환자는 집중하여 혼자서 검사를 수행할 수 없고 응답하는 방식이 매우 부정확하고 혼란스러워 응답 결과가 무효가 되기 쉽다. 이러한 경우는 검사자가 직접 읽어 주거나 아니면 녹음기를 듣고 응답하도록 할 수 있을 것이다. 이와같이 매우 간단한 검사과정에서 관찰되는 피검자의 행동이 의외로 많은 정보를 제공해 줄 수 있으므로 검사수행 과정에서 면밀한 행동관찰을 하도록 해야한다. 이러한 행동관찰은 내담자나 환자를 이해하는 수단으로 필요할 뿐만 아니라 검사자가 좋은 치료자가 될 수 있도록 훈련받는 수단으로도 필요하다.

MMPI 해석방식

이제 MMPI를 해석하는 두 가지 분석방식, 형태분석과 내용분석에 대해 간단히 살펴보기로 하자.

형태 해석 *Configurational Interpretation*

임상척도간 상관관계나 임상증후군간 중복 때문에 앞서 지적된 바와 같이 피검자의 MMPI 결과는 몇개의 척도가 동시에 하나의 형태를 이루면서 상승하는 경향이 있다. 임상증후군간 중복현상을 보면 정신분열증장애의 가장 주된 증상적 특징이 지각장애와 사고장애이지만 때로는 정신분열증장애에 신체화장애가 동반될 수 있고 때로는 신체적 망상이 동반될 수 있는데 이러한 경우 임상척도는 사고장애를 나타내는 척도 뿐만 아니라 신체화 장애나 건강염려를 나타내는 척도가 동시에 상승될 것이다.

형태분석은 T 점수가 70점 이상으로 상승된 임상척도들을 하나의 프로파일로 간주하여 해석하는 2-코드, 3-코드방식이 있다(이 명칭은 상승척도쌍분석법, 상승척도세쌍분석법이라고도 불리운다). 다시 말하자면 임상척도 가운데 척도 2와 척도 7이 T 점수 70점 이상으로 상승되어 있으면 2-7 코드형(혹은 2-7상승척도쌍, 2개척도상승-형태분석)이 된다. 또한 타당도 척도와 임상척도 가운데 의미있게 점수가 상승하는 척도들을 묶어서 전체 형태로 보는 방식이 있다. 그리고 전체 임상척도의 프로파일에 대한 형태적 분석방식도 있다. 이러한 각 형태분석 방식은 서로 배타적이라기 보다 보완적이며 단계적으로 보다 간단한 2-코드형부터 시작하여 3-코드형, 타당도척도와 임상척도의 형태적 분석, 전체 임상적 척도 프로파일의 형태적 분석으로 진행하면서 해석할 수 있다.

이러한 MMPI 프로파일에서 공통 형태를 보이는 피검자들은 문제와 증후, 성격특징에 있어서 서로 유사하다는 점이 알려지면서 MMPI의 형태적 해석이 선호되었다(Halbower 1955, Meehl 1954). 후속연구들은 코드형 *codetype*으로 불리우는 다양한 MMPI형태에 대한 경험적인 기술을 통계적인 근거를 바탕으로 하여 추적해 왔다. 예를 들면, 척도 2와 1에서 상승을 보이는 2-1코드형의 개인들의 성격 및 행동특징, 주요 욕구, 환경에 대한 지각, 스트레스에 대한 반응, 자아개념, 정서적 통제, 대인관계에 관한 정보를 경험적인 근거에 따라 추적하여 이를 MMPI 프로파일 해석의 기본으로 활용하게 되었다(Dahlstrom 등 1972, Gilberstadt와 Duker 1965, Graham 1987, Lachar 1974).

이러한 프로파일 해석을 할 때 한가지 프로파일에서 여러 코드형들로 해석될 때 임상적으로 보다 유용한 정보를 얻을 수 있다는 것이다. 세개의 척도에서 T점수가 70점 이상 상승되고 점수들의 차이가 적을 때는 가능한 한 많은 2개 코드형으로 나누어서 해석하는 것이 최선의 방법이다. 예를 들면, 척도 2, 6, 7에서 T점수가 80점 정도로 상승되었다면 2-6, 2-7, 6-7코드형으로 나누어 보는 것이 도움이 된다.

내용에 근거한 해석 *Content-based Interpretation*

MMPI에 대한 연구개발과 임상 적용은 프로파일들의 경험적 연구와 이를 근거로한 객관적 해석을 강조했지만 내용에 근거한 해석을 주장하는 연구자들도 있었다(Harris와 Lingoes 1968, Koss와 Butcher 1973). 내용해석은 피검자가 검사 문항에 응답하는 과정에서 문항의 의미와 내용에 솔직하고 직접적으로 반응한다는 가정을 전제로 한다. 내용분석에 대해 세부적으로 간략하게 검토해 보기로 하자.

1) 요인분석적 접근

MMPI 전체 문항들이나 특정 척도내에서 요인을 밝히기 위한 연구가 있어 왔다. 그 대표적인 경우가 Welsh(1956)와 Block(1965)의 "불안", "억압"요인 척도로서, 이 연구자들은 MMPI의 표준 임상척도간 상관관계를 분석하여 요인척도 "A"(불안)와 "R"(억압)을 개발하였던 것이다.

2) 내용해석에 대한 논리적 접근

논리적 분석에 따라 내용척도를 개발하려는 시도로 이루어졌다. 일련의 내용척도인 MMPI의 Harris-Lingoes 하위척도(Harris와 Lingoes 1968)가 대표적인 경우인데 Harris-Lingoes 하위척도는 MMPI의 여러 척도들(D, Hy, Pd, Pa, Sc, Ma)에서 하위척도 문항들의 집합이다. 이 하위척도는 연구자들이 문항들을 검토한 후 "유사한" 문항들을 동질내용 하위집단으로 분류함으로써 만들어졌다. 내용척도를 개발하기 위한 보다 체계적인 접근(Wiggins, 1969)방식에 따라 MMPI의 모든 문항들이 포함되고 13개의 동질적인 내용척도가 개발되었다. 이 척도들은 HEA(건강), DEP(우울증), ORG(기질적 증후), FAM(가족문제), AUT(권위에 대한 갈등), FEM(여성적 흥미), REL(종교적 원리주의), HOS(뚜렷한 적대감), MOR(도덕의식의 부족), PHO(공포증), PSY(Psychoticism), HYP(Hypomania), 그리고 SOC(사회적 부적응) 척도들이다. 내용척도에서 높은 점수를 받는 경우는 그 내용척도에 함축되어 있는 문제를 피검자가 지니고 있음을 반영해준다. 그러나 아직은 내용척도에 대한 경험적인 타당도 연구는 충분하지 않는 편이다. 따라서 이에 대한 해석은 상승된 척도의 내용차원의 "의미"를 검토함으로써 척도에 대한 논리적이거나 직관적인 분석을 바탕으로 하여 이루어져야 한다.

3) 내용해석에 대한 '결정문항' 접근

이 접근은 피검자들이 문항에 대한 자신의 반응을 통해서 개인적인 문제를 드러낼 것이라는 가정을 전제로 하고 있으며, 어떤 문항들은 다른 문항들보다 더 중요하게 문제영역을 결정적으로 반영한다고 간주된다. Grayson(1951)은 정신병리의 여부를 평가하기 위해 특정한 MMPI의 문항들을 사용하도록 제안하였다. 그가 정신병리의 평가에 "결정적"이라고 주장한 문항들은 "MMPI 결정문항"이라고 불려졌으며, 정신병리의 지표로서의 타당도 검증이 부족함에도 불구하고 널리 사용되어 왔다. 최근에 와서는 Koss와 Butcher(1973), Lachar와 Wroebel(1979)이 경험적인 근거를 바탕으로 한 결정문항들을 발표했다. MMPI 해석을 구체화시키기 위한 이러한 결정문항의 사용은 폭넓은 지지를 받아왔다. 이 방식은 단일 문항들의 낮은 신뢰도가 문제점으로 지적이 되지만(Koss 1980) 내용에 근거한 해석과정으로서 경험적인 해석방법에 추가되고 있다.

특수척도의 해석 *Special scale interpretation*

현재 MMPI에 대한 연구와 실시는 주로 타당도 척도, 임상척도, 내용척도, 그리고 다른 특정한 또는 실험적인 척도를 사용하고 있다. MMPI의 경우 지배성이나 편견과 같은 성격특성 혹은 행동특성을 측정하거나 약물남용이나 만성적 질병과 같은 다양한 증후군을 예측하려는 목적에 따라 부가적인 척도들이 개발되었다. 이러한 부가 척도는 대부분 널리 사용되지 못하거나 인정되지 못하였다. 그러나 소수의 특정 척도는 널리 연구되고 임상적으로 활용되어 왔다. 이러한 실험적인 몇가지 척도는 스트레스에 대한 인내와 자아강도를 측정하는 자아강도척도(Es), 일반적인 부적응이나 불안을 측정하는 요인척도 Welsh Anxiety Scale(A), 과잉통제를 측정하는 요인척도 Welsh Repression Scale(R), 개인의 알콜남용을 측정하는 MacAndrew Alcholism Scale : Mac(MacAndrew 1965)들이 있다. 이러한 특수 척도와 척도들의 상관관계에 대한 자세한 설명은 아래의 책들을 참고하기 바란다(Dahlstrom 등 1972, 1975, Graham 1987, Graham 1990).

MMPI의 해석전략

다음은 MMPI 결과를 해석해 나가는 전반적인 전략에 대해 논의해 보기로 하겠다.

해석의 전반적인 전략에 대해 기술하기 전에 강조하고자 하는 점은 MMPI가 객관적인 검사로서 비록 손쉽게 사용될 수 있다 할지라도 그 해석과정에서는 임상가가 해석내용을 신중하고 깊게 다루어야 한다는 것이다. 그 이유는 Graham(1990)도 지적한 바와 같이 MMPI는 피검자에 대한 가설을 제공하는 것이지 피검자에 대한 확실하고 완전한 해석을 제공하는 것은 아니라는 점 때문이다. 즉 MMPI 자료를 근거로 하여 임상진단이나 성격특성, 행동특징에 대한 해석을 내릴 때 이러한 해석이 개인에게 해당될 가능성이 있다는 정도로 받아들여져야 하고 이차적으로 다른 검사 자료나 검사외적인 다른 자료와 비교하여 MMPI해석의 타당성이 검토되어야 한다는 것이다.

이러한 가설 설정단계에서 두 가지 종류의 추론이 가능할 수 있다. 첫째는 어떤 특정한 환경에 있는 개인간 차이에 관한 가설을 제공해 줄 수 있다. 예를 들면 병원에 입원하고 있는 정신장애자환자들 가운데 특정한 개인이 다른 환자에 비해 약물중독으로 빠질 가능성이 높은지를 검토하도록 해준다. 이러한 경우는 특정한 개인이 다른 개인과 어떤 차이점을 지니고 있는가에 관한 가설을 제기해 준다고 보여진다. 둘째는 특정한 상황에 있는 많은 개인들의 공통점에 관한 가설을 제공해 줄 수 있다. 예를 들면 정신과에 입원한 환자들이 공통적으로 지니고 있는 적응장애 문제가 무엇인지를 알고자 할 때 즉 개인차가 아닌 집단의 공통점을 알아내고자 할 때 이와 연관된 정보를 제공해 줄 수 있다.

그리고 이러한 추론과정은 직접적인 추론이라기 보다는 여러 정보를 종합하여 근거를 제시하면서 추론하는 간접적인 추론과정이라고 보아야 할 것이다. 예를 들면 어떤 개인이 자살을 시도할 것인지, 자살을 충동적으로 시도한 결과 성공할 가능성은 어느 정도인지를 알고자 한다면 이러한 정보를 MMPI가 직접 제공해 주지는 않는다. 만약 환자가 우울한 기분과 초조 불안증, 정서적 충동성이 있고 여기에 정신증적 판단장애가 동반된다면, 그리고 심한 우울증적 상태에서 벗어나서 정서적인 변동성이 어느 정도 있는 상태라면 자살 가능성이 대단히 높고 이러한 자살은 예기치 않게 충동적으로 일어날 가능성이 있다는 것을 추론해 볼 수 있다. 이러한 추론을 내리는 과정은 어느 한가지 정보에 의존하기 보다는 여러 정보를 종합하여 고차적으로, 간접적으로 추론하는 과정이라고 볼 수 있다. MMPI 자료를 근거로 하여 이러한 고차적인 추론을 내리기 위해서는 MMPI 자료로부터 직접 내려지는 가설들의 타당성에 대해 임상가가 확신을 가지고 있어야 한다. 즉 MMPI 자료를 근거로 하여 일차적으로 내려지는 해석 내용에 대해 임상가가 어느 정도 확신을 가지고 있어야지만 이차적인 추론과정이 시도될 수 있다는 것이다.

임상가는 일반적으로 다음과 같은 질문에 대해 해답을 구하면서 해석을 시도하고 가설을 설정해 나간다.

첫째, 피검자의 검사수행 태도는 어떠한가?

둘째, 피검자의 일반적인 적응수준은 어떠한가?

세째, 어떤 심리적 특징이 피검자에 대해서 추론될 수 있는가?

네째, 피검자에게 가장 적절한 임상진단(clinical diagnosis)은 무엇인가?

다섯째, 피검자의 행동 저변에 어떤 정신역동이 존재하고 있는가?

여섯째, 피검자의 치료에 관한 제언은 무엇인가?

이제부터는 이러한 질문에 대한 해답을 찾는 과정을 기술해 보기로 하겠다.

검사수행 태도

각 피검자의 MMPI 수행태도는 응답 결과에 영향을 미치므로 신중하게 검토되어야 하며 나아가서는 이러한 검사수행 태도가 일반적인 상황에서도 반복될 수 있으므로 일반적인 행동을 예견할 수 있다는 측면으로도 검토되어야 한다.

피검자의 검사수행 행동은 크게 질적 측면과 양적 측면으로 구별될 수 있다. 질적 측면은 검사 완료에 소요되는 시간과 검사를 시행하는 구체적인 행동을 근거로 판단된다. 이러한 검사수행 행동은 앞서 지적된 검사 시행 및 행동관찰에서 기술되고 있지만 여기서 다시 한번 정리해 보기로 하자. 앞서 지적된 바와 같이 일반적으로 소요되는 1시간 혹은 1시간 30분 보다 시간이 길게 소요된다면 정신성 운동지연(psychomotor retardation), 혼란, 검사에 대한 수동적 저항, 우유부단함(indeciveness)등을 나타낸다고 볼 수 있다. 만약 지나치게 짧은 시간동안 검사가 완료된다면 이는 검사 문항을 전혀 읽지 않거나 자세하게 내용을 읽지 않고 무성의하게 혹은 충동적으로 응답한 결과라고 볼 수 있다.

때로는 MMPI를 수행할 능력이 충분함에도 불구하고 피검자가 지나치게 걱정을 하고 긴장하고 이로 인하여 정서적으로 불안정해진다면 이는 스트레스를 견디는 피검자의 능력이 매우 낮거나 지나치게 강박적인 경우라고 볼 수 있다. 이러한 행동 외에도 임상장면에서 여러 특정한 행동을 관찰할 수 있을 것이다. 이러한 경우 검사자는 그러한 행동의 의미를 다각적으로 검토하고 이를 해석의 보조적 자료로 삼아야 한다.

검사수행의 태도는 일차적으로 MMPI의 타당도 척도 L, F, K 점수를 기초로 하여 검토된다. 앞서 지적한 바와 같이 MMPI 응답태도에 따라 해석이 크게 좌우되므로 이 과정은 가능한 한 신중하고 확실하게 검토되어야 할 것이다. 따라서 이 책에서는 일반적인 타당도 척도 검토방식과 더불어 흔히 볼 수 있는 문제가 되는 검사수행 태도를 나타내는 타당도 척도의 프로파일을 제공하고자 한다.

첫번째 검토가 요구되는 타당도 척도는 무응답척도(?)로서 피검자가 응답하지 않는 문항수에 따라 점수가 계산된다. 응답하지 않은 문항수가 많다면 예견할 수 있는 바와 같이 피검자는 우유부단하거나 양가적이거나 자신에 대한 부정적인 점을 감추고자 하는 경우이다. 저자의 경험에 의하면 망상증을 가진 어느 40대 남자환자는 무려 100개 정도를 무응답하였기 때문에 검사 결과에 타당성이 없음을 쉽게 발견할 수 있었다. 그러나 보통 무응답 척도는 점수화하지 않고 지나치는 경향이 있기 때문에 검사자는 항상 제일 먼저 무응답 수를 헤아리고 T점수를 일단 계산한 다음 다른 타당도 척도를 검토하는 습관을 길러야 할 것이다.

L척도는 피검자가 자신을 지나치게 바람직하고 모범적인 모습으로 나타내고자 하는, 심리적으로 단순한 수준에서의 시도 *unsophisticated attempt*를 파악하고자 구성되었다(Meehl과 Hathaway 1946). 이 척도는 대개 사소한 부정직이나 사소한 결점들을 나타내는 문항 15개로 구성되어 있으며 자신을 지나치게 모범적이거나 좋게 보이려는 사람들은 이러한 사소한 단점마저도 부인하게 된다.

재표준화된 한국판 MMPI 결과에서 보면 정상인들의 이 척도 평균 원점수는 3-4점이다. 교육배경과 사회경제적 배경이 낮고 심리적 세련화 *psychological sophistica-*

*tion*에 있어서 단순할수록 이 척도 점수는 상승되는 경향이 있으므로 이를 고려하여 해석해야 한다. 따라서 교육배경이나 사회경제적 배경을 고려하여 기대된 수준보다 L 척도 점수가 높다면 피검자가 자신을 보다 긍정적으로 나타내고자 하며 자신의 문제나 결함에 대해 부정하고 있을 가능성을 검토해야 한다. 다시 말하자면 높은 L점수는 억압 *repression*, 부정 *denial*의 방어기제를 사용하고 있을 가능성, 자신의 동기에 대한 통찰력이 결여되어 있을 가능성을 암시한다. 드물기는 하지만 F, K점수가 함께 상승되고 L척도 점수가 극단적으로 상승되는 경우는 기질적이거나 기능적이거나 간에 정서적으로 심하게 혼란되어 있을 가능성을 암시하기도 한다.

F척도는 검사문항에 대해 정상인들이 응답하는 방식에서 벗어나는 경향성을 발견하고자 하는 64개 문항으로 구성되었다. 즉 정상성인의 10% 미만에서 채점되는 방향으로 응답된 문항들로 구성되어 있다. 따라서 어떤 피검자가 F척도의 많은 문항에서 채점되는 방향으로 응답했다면 그는 대부분의 사람들이 응답하는 방향으로 응답하지 않은 것이 된다. 이러한 점으로 미루어 볼 때 유의하게 높은 점수는 명백하게 이탈된 방향으로의 행동과 태도를 피검자가 지니고 있으며 또한 이러한 경향성을 스스로 인정하고 있는 것이다. 그러나 이 척도에서 지나치게 높은 점수가 드러나는 경우는 다른 이유도 고려해야 한다. 이러한 이유로는 피검자가 문항들에 대해 무작위로 *randomly* 응답하고 있거나 MMPI를 도움을 요청하는 수단으로 이용하고 있을 가능성이 있다. 물론 이 척도에서 높은 점수가 실제적인 정서 혼란을 배제하는 것은 아니다. 그러나 T점수 90점 이상으로 상승하는 경우는 실제적인 정서 혼란보다는 앞서 제시된 경우일 가능성이 더 높다는 점이 고려되어야 한다.

이와 반대로 상당히 낮은 점수는 피검자가 정상성인 보다 이탈된 행동이나 태도를 더 적게 인정하고 있음을 나타낸다. 그들은 지나치게 방어적이고 그들 자신에 대해 비현실적으로 긍정적인 상을 만들고자 노력하는 경향성이 있다. 이 척도에서 평균정도의 점수를 보인다면 피검자가 문항에 응답하는 과정에서 지나치게 비판적이거나 지나치게 부정적인 태도를 취하지 않는 경향성이 있음을 나타낸다.

이 척도 역시 L척도와 마찬가지로 교육과 사회경제적 위치가 고려되어 해석되어야 한다. 대학교육을 받은 피검자의 경우 T점수 55-60점을 받는 경우가 드물지 않게 있다고 한다(Graham 1990). 재표준화된 한국판 MMPI에 의하면 고학력자인 경우 원점수 평균이 12점 수준이므로 연령에 따라 9-11점 사이의 평균 점수를 보이는 일반학력자에 비해 다소는 높은 평균을 보이고 있다.

타당도 척도의 전체적인 형태분포는 피검자의 수검태도를 이해하는데 중요하다. 일반적으로 자기 자신을 지나치게 호의적으로 나타내고자 하는 경우는 L, K점수가 높고 F점수가 낮은 V자형 프로파일을 보이는 반면 지나치게 자기비판적이거나 자신의 문제를 과장하는 태도를 취하고 이러한 목적으로 검사를 이용하고자 하는 경우는 타당도 척도가 ∧형 프로파일을 보이게 된다. 즉 L, K점수가 F점수에 비해 유의하게 낮을 것이다.

요약하면 MMPI 프로파일의 해석 첫 단계에서는 피검자의 검사수행 태도에 관해 판단해야 한다. 만약 피검자가 솔직하지 못한 태도를 취함으로써 타당도 프로파일에서 극단적인 신뢰성 결여를 나타낸다면 임상척도들에 대한 해석은 보류되어야 할 것이다. 만약 덜 극단적이기는 하지만 그래도 방어적인 태도를 보인다면 임상척도들의 프로파일에 대해서 잠정적으로는 해석을 내리지만 이러한 피검자의 방어적인 수검태도를 충분히 고려하면서 해석을 내려야 할 것이다.

적응수준

피검자의 일반적 적응수준을 보면 F척도는 정신병리의 지표로서 간접적으로 피검자의 적응수준을 알려준다(Graham 1990). 만약 임상척도의 해석을 무효화시키는 무작위 응답결과로 상승한 경우가 아니라면 F척도의 상승은 정서적인 혼란과 피검자의 기능의 손상을 나타낸다. 예를 들면 대부분의 급성적인 정신증 상태의 환자들은 F척도에서 높은 점수를 보인다. 그러나 신경증적 상태에 있는 개인일지라도 심각한 상황적인 스트레스를 겪는다면 F척도 점수의 상승을 보일 것이다. 그러나 일부 정신증환자들은 특히 정신증적 상태가 오랫동안 지속되었던 만성환자들의 경우 F척도가 상승하지 않는 경향이 있다.

피검자의 적응수준을 알려주는 다른 지표로는 임상척도의 전반적인 상승이 있다. 일반적으로 보다 많은 척도들의 점수가 상승하면서 이와 동시에 점수가 상승하는 정도가 높다면 이는 심한 정신병리와 기능장애를 나타낸다. 때로는 척도 5와 0을 제외한 8개 임상척도의 T점수 평균치가 정신병리의 대략적인 지표로 사용되기도 한다. 이와 연관하여 T점수가 65점 이상되는 임상척도의 수가 많을수록 정신병리의 심각도를 나타낸다.

임상척도의 프로파일 기울기를 통하여 적응수준을 추정하기도 하는데 만약 임상척도들이 정적 기울기 *positive slope*(왼편에 위치한 신경증적 척도를 점수가 낮고 오른편에 위치한 정신증적 척도들의 점수가 높은)를 보인다면 심각한 정신병리와 신경증적 상태를 시사한다. 이와 반대로 부적 기울기 *negative slope*(왼편의 신경증적 척도 점수가 높고 오른편의 정신증적 척도 점수가 낮은)는 신경증적 상태에 있거나 내적으로 갈등을 겪고 있지만 그래도 심리적 기능수준이 유지되는 상태임을 나타낸다.

단일한 임상척도로는 척도 2(우울증척도)와 척도 7(강박증척도)이 적응수준과 관련되는 간접적인 지표로 볼 수 있다. 척도 2가 높은 경우 피검자의 불만족의 정도를 나타내며 척도 7이 높은 경우는 불안, 긴장, 초조감, 두려움을 나타낸다. 따라서 이 두 척도에서 점수가 높을수록 전반적인 적응수준이 낮다고 볼 수 있을 것이다. 이외에도 Welsh의 불안척도(Anxiety scale : A), Barron의 자아강도척도(Ego Strength scale : ES)가 일반적인 적응수준을 나타내는 특수지표라고 볼 수 있다.

성격적, 행동적 특성

이 단계에서는 피검자를 보다 전체적으로 이해할 수 있도록 심리적 특성, 행동, 태도, 방어기제, 증상 등을 기술하게 된다. 물론 모든 프로파일에서 이러한 해답을 얻을 수는 없겠지만 임상가는 가능한 범위에서 다음과 같은 질문에 해답을 얻고자 한다.

1. 주요한 욕구(의존, 성취, 자율성등) *major needs*
2. 환경 지각, 특히 주요한 주변 인물에 대한 지각 *person perception*
3. 스트레스에 대한 반응(대응전략, 방어기제) *stress reactions*
4. 자아개념 *self-concept*
5. 정신성적 동일시 *sexual identification*
6. 정서적 통제 *emotional control*
7. 대인관계 *interpersonal relationship*
8. 심리적 자원 *psychological resources*
9. 증상 *symptoms*

이러한 다양한 성격과 행동특징은 타당도척도, 각 임상척도, 전체 척도형태에 관한 분석을 기초로 하여 추론된다. 앞서 지적된 바와 같이 MMPI의 일차적 기능은 임상진단을 내리는 것이므로 이러한 전반적인 성격이나 행동특징에 관한 기술은 선행 연구들의 결과나 임상적 경험을 기초로 하여 추론되고 또한 검증된 내용들이라고 볼 수 있다. 그러나 이러한 일반적인 내용이 개인 사례에 적용될 수 있는지는 구체적으로 재검토되어야 하는데 그 단계는 대략 다음과 같이 진행될 수 있다. 특히 MMPI 해석의 초보자는 다음과 같은 절차를 밟아 나가면서 가설을 설정하고 가설의 타당성을 검토해 나가는 것이 요구된다. 그러한 단계를 살펴보면 먼저 타당도척도 및 임상척도들의 점수가 높거나 낮은 결과에 대한 해석, 형태분석에 대한 해석을 종합하면서 제시되는 가설들을 모아본다. 이 단계에서의 가설들은 서로 모순되는 내용이 존재하는데 이러한 모순되는 가설들을 수집한 후 임상가는 과연 그러한 모순되는 가설 가운데 일부 가설이 타당한 것인지 아니면 그 모든 가설이 타당한 것인지를 검토하게 된다. 이러한 과정에서 보다 많은 척도들의 전체 형태를 기초로 하여 제기된 가설이 그렇지 않은 점수 상승으로부터 제기된 가설에 비해 신뢰로울 수 있다. 따라서 가설의 타당성을 검토하는 과정에서 임상가는 가설이 어떤 조건에서 제기되고 있는지를 검토하면서 보다 타당한 가설을 찾아가야 한다.

이러한 상황에서 유의할 점은 때로는 서로 모순되어 보이는 가설들이 사실은 개인의 다른 측면을 각기 나타내는 경우가 있다는 것이다. 예를 들어보자. 어떤 피검자의 경우 척도 2와 척도 4에서 T점수가 65점 정도로 상승되었다고 하자. 각 척도별 해석내용을 검토해보면 척도 2는 타인에 대해 지나치게 예민한 경향성을 나타내는 반면 척도 4는 타인의 감정이나 욕구에 대한 무관심을 나타낸다는 것이다. 따라서 이 두 척도의 상승은 모순된 가설을 제기해 주고 있다. 이 개인은 타인에 대해 지나치게 과민한지 이와 반대로 지나치게 무관심한지? 그러나 사실은 이러한 성향을 피검자가 모두 지니고 있을 가능성이 있다. 즉 이 피검자는 상황에 따라 지나치게 과민해지거나 지나치게 무관심해진다는 것이다. 이러한 예에서와 같이 제기되는 가설들이 표면적으로 모순되는 경우 일차적으로는 이러한 경향성이 개인의 다른 측면을 나타내고 있을 가능성을 검토해 보아야 한다. 그리고 이러한 경우가 아니라면 앞서 지적된 바와같이 어떤 가설이 보다 타당할 수 있는가는 MMPI 자체의 가설 제기 조건과 검사외적 자료를 근거로 하여 검토해야 한다.

역동적 진단

임상심리평가에서 피검자의 행동기술에 그치지 않고 행동특징 이면의 역동적인 평가를 내리게 된다면 임상가는 피검자의 행동을 직접적으로 이해하고 치료적 계획을 더욱 적절하게 세울 수 있을 것이다. 이러한 역동적 평가는 MMPI 해석을 통하여 직접적으로 추출되지 않고 피검자의 심리적 특징에 관한 다양한 정보를 토대로 하여 추론되어야 한다. 예를 들면 만약 어떤 피검자의 행동 특징이 친밀한 대인관계에 대한 접촉을 두려워하고 피상적인 대인관계에 그친다고 기술된다면 이러한 개인은 과거 중요한 인물과의 정서적 경험, 특히 아동기 정서적 경험이 충격적이었고 이에 따라 보다 친밀한 인간관계를 두려워하거나 이에 대한 양가적인 감정을 지니고 있어서 결국 대인관계가 매우 제한되고 따라서 사회적인 고립감을 느끼게 된다고 추론해 볼 수 있다. 이러한 역동적인 평가는 일차적으로는 성격과 행동, 정신병리에 관한 임상가의 이론적 지식과 정신병리에 대한 임상가의 경험을 바탕으로 하고 나아가서는 다른 심리평가 자료와의 관련성을 기초로 이루어질 것이다. Trimboli(1983)는 심리평가가 개인에 대한 종합적인 이해를 가능하게 하기 위해서는 역동적인 해석평가가 필수적임을 강조하면서 MMPI의 역동적 평가를 개인의 방어기제, 불안과 공격성에 대한 대처방식, 대상관계를 중심으로 하여 시도하였다. 이 책에서는 MMPI가 임상진단용으로 제작되기는 하였으나 임상진단용 이상으로 개인의 행동기술 차원에서 MMPI가 활용될 수 있고 개인의 행동특징은 이론적, 임상적으로 볼 때 역동적인 시각으로 재해석될 수 있다는 입장에 따라 가능한 범위내에서 역동적인 해석을 시도하고자 한다. 보다 자세한 역동론적 MMPI 해석을 참고하고자 하는 독자는 Trimboli(1983)를 참고하기 바란다.

임상적 진단

실제 임상장면에서 임상적 진단은 치료 방향과 목표 설정, 치료결과 평가에 있어서 중요한 근거가 되기 때문에 MMPI에 의한 임상진단 제시, 감별진단 제시는 실제적으로 유용한 과정이라고 보여진다. 이러한 임상진단은 각 척도점수 보다는 척도간 형태분석을 통하여 제기되며 그 근거는 선행연구들의 결과를 토대로 하고 있다. 다시 말하자면 선행연구들에서 각 정신장애집단별 프로파일을 검토한 결과를 기초로 하여 가능한 임상진단들이 제시되고 있다. 예를 들면 정신분열증 망상형환자군의 MMPI 척도간 형태는 주로 8-6형을 보인다는 선행연구를 기초로 하여 8-6형을 보이는 경우는 일차적으로 정신분열증 망상형 진단을 고려해 볼 수 있다고 제안되는 것이다. 그러나 실제로 모든 정신분열증 망상형군이 8-6형만을 보이는 것은 아니며 때로는 척도 1만 상승되거나 척도 6만 상승되는 경우도 있다. 이와같이 동일한 정신장애집단이라 할지라도 다양한 형태를 나타낼 수 있다는 점을 고려한다면 척도간 형태분석을 근거로 하여 제시되는 임상진단을 상당히 융통성있게 받아들이는 것이 요구된다.

치료적 제언

심리평가의 궁극적인 목적은 개인에 대한 깊은 이해와 이를 바탕으로 한 효율적인 치료목표나 방향설정이라고 볼 수 있다. 따라서 MMPI 해석과정에서 치료적 제언은 비록 간단하게 언급된다 할지라도 임상적 상면에서 매우 유용한 정보이다. 이러한 치료적 제언은 개별적인 타당도 척도, 임상척도, 각 프로파일 유형을 기초로 한 해석에서 추론된다. 특히 타당도 척도로부터 치료에 관한 유용한 시사점을 얻을 수 있다. 예를 들면 L, K척도가 상승하고 F척도가 낮은 경우 보다는 F척도가 상승되는 경우가 치료적 동기가 높고 치료적 예후가 밝을 가능성이 높다. 왜냐하면 L, K척도가 상승하는 경우 피검자는 기본적으로 자신의 문제를 방어하려는 동기가 강하여 치료적 관계 형성이 어렵기 때문이다. 또한 각 프로파일 유형의 행동 특징을 기초로 하여 치료적 제언이 가능하다. 예를 들면 피검자가 만성적인 경과를 밟아온 경우와 급성적인 정서적 혼란을 경험하고 있는 경우를 비교한다면 후자가 훨씬 치료적 예후, 특히 정신치료적 예후가 양호할 것으로 기대된다. 이러한 치료적 제언이 현재로서는 충분하지 않을 수 있으나 임상가는 계속 이러한 측면에 관심을 가짐으로써 임상적 경험이나 연구 결과의 축적에 따라 이러한 유용한 정보를 더 많이 제공할 수 있게 될 것이다.

이제 앞서 기술된 피검자의 성격적, 행동적 특성과 임상진단, 치료적 목표 설정에 관한 정보를 제공해줄 각 척도와 척도간 형태를 검토해 보기로 하자. 이러한 척도간 형태분석은 매우 다양하게 제시될 수 있겠으나 이 책에서는 임상장면에서 흔히 접할 수 있는 형태를 중심으로 간략하게 검토해 보기로 하겠다. 따라서 독자들은 다음에 제시되는 각 임상척도와 척도간 형태분석을 통하여 피검자의 성격적, 행동적 특징, 임상진단, 치료적 제언에 관한 내용을 검토해 볼 수 있을 것이다.

각 임상척도별 분석

형태분석에 들어가기 전에 형태분석의 기초가 되는 각 척도별 해석내용을 Graham (1990)의 『MMPI-2 Assessing Personality and Psychopathology』에 제시된 내용을 중심으로 검토해 보기로 하겠다.

척도 1이 높은 경우

1. 과도한 신체적 염려가 있다.
2. 전환장애 *conversion disorder* 혹은 신체 망상 *somatic delusion*이 있다.
3. 신체적 호소는 대개 모호하며 신체적 호소가 구체적인 경우 위장계통의 신체증상일 가능성이 높다.
4. 만성적인 허약감, 에너지 부족, 수면장애가 호소된다.
5. 내과환자일 경우 신체적 장애에 심리적 요인이 강하게 작용할 가능성이 있다.

6. 흔히 신체형장애, 우울장애, 불안장애 진단이 내려진다.
6. 반사회적 방식으로 행동화하는 일은 드물다.
8. 자기중심적이고 자아도취적이다.
9. 인생에 대해 비관적이고 패배적이고 냉소적이다.
10. 불행하다고 느끼고 불만족스럽게 느낀다.
11. 타인을 비참하게 만드는 경향이 있다.
12. 타인에게 자신의 신체적 고통을 호소한다.
13. 타인과 이야기할 때 호소하듯이 애처롭게 이야기한다.
14. 남에게 요구가 많고 비난을 많이 한다.
15. 적개심을 간접적으로 표현한다.
16. 활기가 없고 의욕이 없고 감동이 없는 상태로 묘사된다.
17. 언어적 표현이 쉽게 이루어지지 않는다.
18. 일반적으로 불안을 표현하지는 않는다.
19. 기능이 저하된 상태가 오랫동안 지속되어 왔다.
20. 신체가 병들었다고 생각하며 내과적 치료를 받고자 한다.
21. 심리적 요인에 대한 통찰력이 부족하고 이러한 설명에 저항한다.
22. 정신치료나 상담에 적절한 후보가 되지 못한다.
23. 치료자에 대해 비판적이다.
24. 치료자가 심리적 원인을 암시하거나 충분한 지지를 주지 않으면 조기에 치료를 중단한다.

척도 1이 낮은 경우

1. 신체적 염려감을 갖고 있지 않다.
2. 기민하고 지각력이 있으며 통찰력이 있다.
3. 일반적으로 일상생활에서 효율적이다.

척도 2가 높은 경우

1. 우울증상을 나타낸다(특히 T점수가 70점 이상인 경우)
2. 불행감과 우울한 기분을 느끼며 즐거움을 느끼지 못한다.
3. 미래에 대해 비관적이다.
4. 자신을 과소 평가하고 죄의식을 느낀다.

5. 잘 울고 말하기를 거부하고 동작이 느리다.
6. 흔히 우울장애 진단이 내려진다.
7. 악몽, 신체적 증상, 허약감, 피로감, 에너지 상실을 호소한다.
8. 초조하고 긴장되어 있다.
9. 지나치게 과민하고 걱정이 많다.
10. 자신감이 부족하다.
11. 자신이 무가치하며 일을 잘 할 수 없다고 느낀다.
12. 쉽게 포기한다.
13. 학교나 직장에서 실패했다고 느낀다.
14. 생활방식이 위축되어 있고 다른 사람과 깊은 관계를 맺지 않는다.
15. 내향적이고 수줍어하고 은둔적이며 겁이 많고 비밀이 많다.
16. 다른 사람과 거리감을 둔다.
17. 관심 영역이 좁다.
18. 과거 활동했던 분야에서 물러난다.
19. 지나치게 양심적이고 모범적이다.
20. 결정을 내리는게 어렵다.
21. 중요한 결정사항에 부딪치면 심한 압박감을 느낀다.
22. 지나치게 억제적이며 자신의 정서적 욕구를 부정한다.
23. 불쾌한 일을 직면하기를 피한다.
24. 주관적 고통을 느끼므로 정신치료나 상담이 추천될 수 있다.
25. 당장의 위기가 지나가면 즉각 치료를 중단할 가능성이 있다.

척도 2가 낮은 경우

1. 심한 긴장이나 불안, 죄의식, 우울을 느끼고 있지 않다.
2. 편안한 감정을 느끼고 이완되어 있다.
3. 자신감이 있다.
4. 정서적으로 안정되어 있고 대부분의 상황에서 효과적으로 대처한다.
5. 유쾌한 기분을 느끼고 낙관적인 기분을 느낀다.
6. 말로 직접 표현하는 것이 어렵지 않다.
7. 기민하고 활동적이며 활기가 넘친다.
8. 경쟁적이고 자발적으로 일을 찾는다.

9. 사회적 상황에서 편안해 한다.
10. 지도자의 역할을 맡고자 한다.
11. 첫 인상이 호의적이다.
12. 영리하고 위트가 있고 화려하다.
13. 충동적이고 정서 통제가 약하다.
14. 자기과시적이고 자신을 드러내는 경향이 있다.
15. 다른 사람에 대해 적개심과 분노감을 느낄 수 있다.
16. 가끔 권위자와 갈등상황에 있는 자신을 발견한다.

척도 3이 높은 경우

1. 스트레스가 있거나 임무가 주어질 때 신체증상이 생겨서 이를 피할 수 있게 된다.
2. 두통, 위장 불편, 가슴의 통증, 허약감을 호소한다.
3. 증상이 갑자기 시작되거나 갑자기 사라진다.
4. 심한 정서적 혼란을 느끼지 않는다.
5. 환각, 망상, 의심 등을 호소하는 경우는 드물다.
6. 전환장애나 심인성 통증장애의 진단을 받는다.
7. 증상의 원인에 대한 통찰력이 부족하다.
8. 개인의 동기나 감정에 대한 통찰력이 결여되어 있다.
9. 심리적으로 미성숙하고 어린애같고 유치하다.
10. 자기중심적이고 자아도취적이다.
11. 다른 사람으로부터 관심과 애정을 바란다.
12. 관심과 애정을 받으려고 간접적이고 우회적인 방법을 쓴다.
13. 공개적으로 적개심이나 분노감을 표현하지 못한다.
14. 정서적으로 친밀하고 친절하고 말이 많은 편이고 기민하다.
15. 대인관계가 피상적이고 미성숙하다.
16. 다른 사람들이 자신을 위해 베풀어 주기를 바란다.
17. 때로는 통찰력이 결여된 성적이거나 공격적인 행동화를 한다.
18. 처음에는 치료에 대해 열중한다.
19. 내과적 병이 있다고 생각하고 내과적 치료를 받기를 원한다.
20. 심리적 요인에 관한 설명에 저항한다.
21. 치료자가 심리적 요인을 검토하도록 요구하면 치료를 중단하는 경향이 있다.

22. 증상의 원인이라고 말하지 않는다면 심리적 문제에 대해 이야기하고자 한다.
23. 직접적인 지시적 방식과 암시에 잘 반응한다.

척도 3이 낮은 경우

1. 건강에 대해 걱정하지 않는다.
2. 신체적 증상을 나타내지 않는다.
3. 억제적이고 규범적이고 순응적이다.
4. 모험을 하지 않고 관심의 범위가 좁다.
5. 차갑고 냉정하다.
6. 정서적으로 무감동하고 둔하다.
7. 사회적 관심과 참여가 결여되어 있다.
8. 지도자로서 책임맡는 역할을 피한다.
9. 친절하지 않고 무뚝뚝하고 쉽게 접근하기 어렵다.
10. 다른 사람을 의심하고 쉽게 믿지 못한다.
11. 문제해결방식이 현실적이고 논리적이고 냉정하다.
12. 충동적인 결정을 하지 않는 편이다.
13. 단조롭고 재미없는 생활방식에 만족해 하는 편이다.

척도 4가 높은 경우

1. 사회적 가치관과 규범을 내면화하는데 어려움이 있다.
2. 거짓말, 사기, 절도, 성적 행동화, 과도한 약물이나 알콜남용을 포함한 비사회적, 반사회적 행위에 가담한다.
3. 권위적 인물에 대해 반항적이다.
4. 가족과 감정적으로 격렬하게 부딪친다.
5. 자신의 문제가 가족의 탓이라고 가족을 비난한다.
6. 성취를 잘 해오지 못했다.
7. 부부문제를 경험하는 경향이 있다.
8. 충동적이고 즉각적인 충족을 구한다.
9. 행동을 잘 계획하지 못한다.
10. 행위의 결과를 생각하지 못하고 행동하는 경향이 있다.
11. 참을성이 부족하고 인내력이 제한되어 있다.

12. 판단력이 부족하여 위험한 모험을 하는 경향이 있다.
13. 경험을 통하여 배우지 못한다.
14. 다른 사람 눈에 미성숙하고 어린애같다고 보인다.
15. 자아도취적이고 자기중심적이고 이기적이다.
16. 겉치레가 심하고 자기과시적이다.
17. 다른 사람의 욕구나 감정에 둔감하다.
18. 다른 사람에게는 그의 이용가치에 따라 관심을 갖는다.
19. 첫 인상은 호감을 준다.
20. 대인관계가 피상적이고 얕다.
21. 다른 사람과 따뜻한 인간관계를 맺지 못한다.
22. 외향적이고 활발하다.
23. 말을 잘하고 능동적이며 모험적이고 활기있고 자발적이다.
24. 다른 사람이 보기에 지적으로 보이고 자신감이 있어 보인다.
25. 폭넓은 관심을 가지고 있으나 명백한 관심의 방향은 보이지 않는다.
26. 적대적이고 공격적이고 반항적이고 대립적이며 다루기가 어렵다.
27. 냉소적이고 빈정거리는 태도를 지니고 있다.
28. 공격적인 방식으로 행동한다.
29. 여성일 경우 보다 간접적이고 수동적인 방식으로 공격성을 표현한다.
30. 문제가 생기면 죄의식과 후회감을 느끼는 것처럼 꾸민다.
31. 정서적 혼란에 빠져 있지 않다.
32. 미래에 대해 슬픔, 두려움, 걱정이 있음을 인정한다.
33. 깊은 정서적 반응이 결핍되어 있다.
34. 공허감과 권태감을 느낀다.
35. 임상진단은 반사회적, 수동-공격적 인격장애 진단이 흔하다.
36. 정신치료나 상담에 대한 예후가 불량하다.
37. 불쾌한 상황을 회피하기 위해 치료에 동의한다.
38. 치료를 조기에 중단한다.
39. 치료받을 때 자신의 문제를 지나치게 이지적으로 접근하거나 타인의 탓으로 돌린다.

척도 4가 낮은 경우

1. 규범적이고 순응적이며 권위상을 수용한다.
2. 수동적이고 복종적이며 자기주장을 잘하지 않는다.
3. 다른 사람이 어떤 반응을 보일지 걱정한다.
4. 인간관계에서 진지하고 신뢰할 수 있다.
5. 욕구 수준이 낮을 수 있다.
6. 지위와 안정에 대한 관심은 있으나 경쟁은 피하는 경향이 있다.
7. 관심의 범위가 좁다.
8. 문제해결방식이 창의적이거나 자발적이지 못하다.
9. 문제해결에 있어서 인내심이 있다.
10. 도덕적이고 엄격한 견해를 가지는 경향이 있다.
11. 남성일 경우 성적 욕구가 강하지 못하다.
12. 자기비판적이고 자신에 대해 불만이 많다.
13. 충고나 제안을 잘 받아들인다.
14. 치료에 있어서 지나치게 의존적으로 되는 경향이 있다.
15. 자신의 행동에 관한 책임을 받아들이는 것을 두려워 한다.

척도 5가 높은 경우 : 남성

1. 성적인 문제나 염려감이 있다(지능, 교육, 사회경제적 위치에 비해 현저하게 점수가 높을 경우)
2. 성적 정체감에 대한 갈등, 즉 남성적 성적 정체감에 대한 열등감을 느낀다.
3. 명백하게 여성적인 행동방식을 나타낸다.
4. 전형적인 남성적 흥미가 결여되어 있다.
5. 심미적이고 예술적인 관심을 가지고 있다.
6. 보통의 남자보다는 가사일이나 양육에 많은 관심을 갖는다.
7. 보다 양성적인 경향성이 있다.(특히 높은 교육을 받은 사람들)
8. 지적이고 유능하며 인지적 활동을 높이 평가하고 야심적이고 경쟁적이고 인내심이 강하다.
9. 영리하고 명석한 사고를 하고 체계적이며 논리적이다.
10. 좋은 판단력과 상식적인 견해를 지니고 있다.
11. 문제해결에 있어서 호기심이 강하고 창의적이며 상상력이 풍부하고 독창적이다.

12. 사교적이고 타인에 대해 예민하다.
13. 다른 사람에 대해 공감할 수 있고 포용적이며 따뜻한 감정을 표현한다.
14. 흔히 대인관계에 있어서 수동적이고 의존적으로 보인다.
15. 불쾌한 직면을 피하기 위해 양보하며 사랑하는 사람과 평화롭게 지낸다.
16. 자아 통제력이 적절하다.
17. 반사회적인 방식으로 행동화하는 일은 없다.

척도 5가 낮은 경우 : 남성

1. 자신을 극단적으로 남성적으로 표현한다.
2. 전형적으로 남성적인 관심을 갖는다.
3. 힘과 신체적 용맹성을 지나치게 강조한다.
4. 다른 사람들에 의해 공격적이고 모험과 위험한 일을 즐기고 겁이 없는 사람으로 표현된다.
5. 거칠고 노골적이고 저속한 언행을 사용한다.
6. 자신의 남성성에 대한 부족감을 보상하는 방식으로 행동한다.
7. 다른 사람이 보기에 지적 능력이 제한되어 보인다.
8. 관심의 범위가 좁다.
9. 문제해결방식에 있어서 융통성과 독창성이 결여되어 있다.
10. 생각하기 보다는 행동하기를 좋아한다.
11. 이론적이지 않고 실질적이다.
12. 감정을 편안하게 다루기 어렵다.

척도 5가 높은 경우 : 여성

1. 전통적인 여성적 역할을 거부한다.
2. 전형적으로 남성적인 관심을 갖는다.
3. 능동적이고 활발하고 자기주장이 강하고 경쟁적이고 지배적이다.
4. 다른 사람의 눈에 거칠고 야성적이고 억세게 보인다.
5. 외향적이고 억제되어 있지 않고 자신감이 있다.
6. 편안하고 이완되어 있고 조화되어 있다.
7. 행농이 합리적이고 계산적이다.
8. 감정적이지 않다.

9 . 다른 사람에게 친절하다고 보이지 않는다.
10. 임상진단은 정신증적으로 진단된다.

척도 5가 낮은 경우 : 교육수준이 비교적 낮은 여성

1 . 전형적으로 여성적인 모습을 나타낸다.
2 . 여성으로서의 부적감을 보상하기 위해 여성적 행동에 집착한다.
3 . 수동적이고 복종적이며 유순하다.
4 . 자기 연민적이고 불만이 많고 잔소리가 심하다.
5 . 억제적이고 예민하고 겸손하고 이상적이다.

척도 5가 낮은 경우 : 교육수준이 비교적 높은 여성

1 . 여성적 역할행동에 대해 비교적 원만한 견해를 지니고 있다.
2 . 자신을 유능하고 양심적이라고 본다.
3 . 다른 사람이 보기에 지적이고 유능하고 양심적이며 힘이 있고 신중하고 편안하고 통찰력이 있으며 편견이 없다고 보여진다.

척도 6이 극단적으로 높은 경우 : T점수 70점 이상

1 . 명백하게 정신증적 행동을 보인다.
2 . 사고장애, 피해망상, 과대망상, 관계망상을 가지고 있다.
3 . 잘못 대우받고 있고 피해를 입고 있다고 생각한다.
4 . 분노와 적개심을 느낀다.
5 . 원한을 품고 있다.
6 . 방어기제로 투사기제를 주로 사용한다.
7 . 흔히 정신분열증장애 혹은 망상성장애 진단을 받는다.

척도 6이 중간정도로 높은 경우 : T점수 60-70점 사이

1 . 망상적인 경향이 있다.
2 . 타인의 견해에 지나치게 예민하며 지나치게 반응한다.
3 . 생활속에서 별로 좋은 대우를 받고 있지 못하다고 생각한다.
4 . 자신의 문제를 남의 탓으로 돌리고 자신을 합리화한다.

5. 의심이 많고 경계한다.
6. 적대적이고 분노를 느끼고 언쟁하는 식으로 행동한다.
7. 견해와 의견이 지나치게 도덕적이고 엄격하다.
8. 합리성을 지나치게 강조한다.
9. 여성일 경우 슬픔과 위축, 불안을 이야기한다.
10. 여성일 경우 다른 사람의 눈에 정서적으로 변덕이 심하고 정서적으로는 불안정하게 보인다.
11. 치료에 대한 예후가 좋지 않다.
12. 감정적 문제에 대해 이야기하려 하지 않는다.
13. 치료에 있어서 지나치게 합리화한다.
14. 치료자와 라포형성하는데 어려움이 있다.
15. 가족에 대한 적개심과 분노감을 치료과정에서 표현한다.

척도 6이 가벼운 정도로 높은 경우 : T점수 50-60점 사이

1. 인생에 대해 망상적인 견해를 지니고 있다.
2. 주위 환경이 요구만 많고 도움을 주지는 않는다고 느낀다.
3. 다른 사람들이 자신을 어떻게 생각할까에 대해 지나치게 예민하다.
4. 다른 사람들의 동기를 의심한다.
5. 보통 분노감을 느끼고 적대적이다.

척도 6이 중간정도로(T점수 35-40점 사이) 낮은 경우 : 정상인

1. 사회적 관심이 있다.
2. 적절하게 상황에 직면한다.
3. 질서가 있고 이성적이며 균형있게 보인다.
4. 주의깊고 규범적이며 자기 통제적이다.

척도 6이 중간정도로(T점수 35-40점 사이) 낮은 경우 : 정신장애자

1. 완고하고 회피적이고 경계적이다.
2. 자기중심적이고 지나치게 예민하고 불만이 많다
3. 관심의 범위가 좁다.

4. 융통성이 결여된 방식으로 문제를 해결하고자 한다.
5. 임상진단은 정신증적 진단이 흔하며 정신증을 지니고 있다.

척도 6이 극단적으로(T점수 35점 이하) 낮은 경우

1. 명백한 망상적 장애를 지니고 있다.
2. 망상, 의심, 관계망상을 지니고 있다.
3. 이 척도에서 높은 점수를 받는 만큼 명백하게 망상적 증상을 가지고 있지는 않다.
4. 회피적이고 방어적이며 경계적이다.
5. 수줍어하고 비밀스럽고 위축되어 있다.

척도 7이 높은 경우

1. 심리적 혼란과 불편감을 겪고 있다.
2. 불안, 긴장, 초조감을 느끼고 있다.
3. 걱정이 많고 두려워하며 과민하고 신경질적이다.
4. 집중력장애를 호소한다.
5. 불안장애 진단을 흔히 받는다.
6. 내성적인 경향이 있다.
7. 정신을 잃을 것 같다는 두려움을 느낀다.
8. 강박적인 생각, 강박적이고 의식적인(ritualistic) 행동, 강박적 반추가 있다.
9. 불안정하고 열등감을 느낀다.
10. 자신감이 결여되어 있다.
11. 자기비판적이고 자의식이 강하고 자기비하적이다.
12. 자신에 대한 회의감으로 고통받는다.
13. 매우 엄격하고 도덕적이다.
14. 자신과 타인에 대한 행동 기준이 지나치게 높다.
15. 완벽주의적이고 지나치게 양심적이다.
16. 목표를 달성하지 못한데 대해 우울감과 죄의식을 느낀다.
17. 질서정연하고 체계적이며 세심하다.
18. 인내심이 강하고 믿을만하다.
19. 문제접근방식의 독창성이 결여되어 있다.
20. 다른 사람에게 재미없고 딱딱하게 보인다.

21. 결정을 내리기가 힘이 든다.
22. 문제의 의미를 왜곡시키고 스트레스 상황에 지나치게 반응한다.
23. 수줍어하고 사교적으로 잘 지내지 못한다.
24. 마음을 알 수 없다고 남들이 말한다.
25. 대중적 인기나 사회적 인정에 대해 걱정한다.
26. 다른 사람에게 감상적이고 평화롭고 부드러운 마음의 소유자이며 신뢰할 수 있고 예민하고 친절한 사람으로 보인다.
27. 의존적이고 자기주장을 잘 하지 않고 미성숙하다고 표현된다.
28. 다음 4가지 종류의 신체 증상을 호소한다 :
    1) 심장계
    2) 생식비뇨기계
    3) 위장계
    4) 피로, 불면증, 악몽
29. 정서적 혼란으로 인해 치료에 대한 동기를 가지게 된다.
30. 단기 치료나 상담에는 반응을 보이지 않는다.
31. 문제에 대한 어느 정도의 통찰력을 지니고 있다.
32. 지나치게 합리화하고 이지화한다.
33. 해석에 대해 저항한다.
34. 치료자에 대해 적개심을 갖는다.
35. 일반적인 환자보다는 오랫동안 치료를 받는다.
36. 치료에서 속도는 느리지만 꾸준한 진전을 보인다.
37. 권위상과의 문제, 직업과 학업에서의 문제, 동성애적 충동감을 치료상황에서 이야기한다.

척도 7이 낮은 경우

1. 심한 공포나 불안을 느끼지 않는다.
2. 자신감이 있다.
3. 따뜻하고 유쾌하며 친절하다고 지각된다.
4. 폭넓은 관심을 지니고 있다.
5. 신뢰할 수 있고 효율적이며 현실적이고 적응을 잘 한다.
6. 성공, 지위, 사회적 인정을 가치있게 생각한다.

척도 8이 높은 경우

1. 정신증적 진단이 내려진다(특히 T점수가 75-90일 경우)
2. 혼란되고 와해되고 지남력이 상실되어 있다.
3. 기괴한 사고나 태도, 환각을 보고한다.
4. 심한 판단력장애가 있다.
5. 급성적인 정신증적 혼란상태에 있다.
6. 도움을 요청하는 수단으로 증상을 과장하기도 한다.
7. 정신분열성 생활방식을 지니고 있다.
8. 자신이 환경의 일부라고 느끼지 못한다.
9. 고립되어 있고 소외되어 있고 이해받고 있지 못하며 수용받지 못한다.
10. 철수되어 있고 은둔적이며 비밀에 쌓여있고 접근하기 어렵다.
11. 사람들이나 새로운 상황을 접하려 하지 않는다.
12. 수줍어하고 사람들로부터 떨어져있고 단절되어 있다.
13. 염려감과 일반적인 불안감을 경험한다.
14. 분노, 적개심, 공격적 충동을 느낀다.
15. 부정적 감정을 표현하지 못한다.
16. 스트레스가 있으면 백일몽이나 공상으로 도피한다.
17. 현실과 공상을 구별하는데 어려움이 있다.
18. 자신에 대한 회의로 고통을 받는다.
19. 열등감, 무력감을 느끼고 불만족감을 느낀다.
20. 성적인 집착과 성적 역할의 혼란을 경험한다.
21. 사회적 규범에 순응하지 못하고 비통상적이며 관습에서 벗어나 있다.
22. 모호하고 장기적인 신체적 증상을 호소한다.
23. 때로는 완강하고 뾰뚜룽하고 자기 고집을 내세운다.
24. 때로는 관대하고 마음이 평온하고 감상적이다.
25. 미성숙하고 모험적이며 예리한 기지가 번뜩이고 양심적이고 예민하다.
26. 폭넓은 흥미를 가지고 있다.
27. 문제해결방식이 창의적이고 독창적이다.
28. 추상적이고 모호한 목표를 지니고 있다.
29. 문제해결에 요구되는 기본적인 지식이 결여되어 있다.
30. 문제가 만성적이고 치료자와 의미있는 치료관계를 맺으려 하지 않기 때문에 정신치료의 예후는 밝지 못하다.

31. 다른 환자보다 치료를 오래 받는 경향이 있다.
32. 결국에는 치료자를 신뢰하게 된다.

척도 8이 낮은 경우

1. 친절하고 유쾌하고 온화하고 예민하고 신뢰롭다.
2. 잘 조화되어 있고 적응을 잘 할 수 있다고 보인다.
3. 신뢰할 수 있고 의지할 수 있다.
4. 인간관계에서 억제적인 경향이 있다.
5. 다른 사람과 깊은 감정적 관계를 피한다.
6. 권위자에 대해 복종적이고 순응하며 지나치게 수용적인 경향이 있다.
7. 문제해결방식이 조심스럽고 상식적이며 보수적이고 비창의적인 경향이 있다.
8. 사고가 실제적이며 구체적이다.
9. 성공과 지위, 권력에 대해 관심을 갖는다.
10. 경쟁적인 관계에 뛰어들기를 꺼려한다.

척도 9가 높은 경우

1. 만약 T 점수가 80점 이상이라면 조증 에피소드의 행동 특징이 나타난다.
   1) 과다하지만 목적없는 과잉활동
   2) 증가된 말
   3) 환각
   4) 과대망상
   5) 정서적 변동성
   6) 혼란
   7) 사고의 비약
2. 지나치게 반응을 한다.
3. 비현실적으로 과도한 자기평가를 한다.
4. 힘이 넘치고 말이 많다.
5. 생각하기 보다 행동하기를 좋아한다.
6. 폭넓은 관심을 가지고 있다.
7. 동시에 여러가시 계획을 세운다.
8. 에너지를 현명하게 쓰지 않는다.

9. 흔히 한가지 계획을 마무리 짓지 못한다.
10. 창의적이고 진취적이고 독창적이다.
11. 일상사와 사소한 일에는 관심이 없다.
12. 쉽게 권태를 느끼고 초조해 한다.
13. 좌절감을 이겨내는 인내력이 낮다.
14. 충동 표현을 억제하지 못한다.
15. 주기적으로 초조감, 적개심, 공격적 충동이 폭발한다.
16. 비현실적이고 근거가 없는 지나친 낙관주의적 견해를 지니고 있다.
17. 과대한 열망을 지니고 있다.
18. 자신의 가치를 과대 평가한다.
19. 자신의 한계를 알지 못한다.
20. 외향적이고 사교적이며 쾌활하다.
21. 주위에 사람들이 있는 것을 좋아한다.
22. 좋은 첫 인상을 남긴다.
23. 친절하고 유쾌하고 열렬하고 평정되어 있고 자신감이 있다는 인상을 준다.
24. 다른 사람과의 관계는 지극히 피상적이다.
25. 나중에는 남을 조정하고 겉보기와 다르고 신뢰할 수 없다는 인상을 남긴다.
26. 자신감과 평온한 겉모습과는 다르게 불만족감을 마음속에 품고 있다.
27. 정서적으로 고조되어 있고 긴장되고 흥분되어 있으며 불안하고 초조하다.
28. 자신이 걱정을 쉽게하는 사람이라고 평한다.
29. 주기적으로 우울한 감정을 느낀다.
30. 정신치료에서 지배적인 부모상, 직업과 학업문제, 다양한 비행행동을 이야기한다.
31. 여성의 경우 전형적인 여성 역할에 반항한다.
32. 남성일 경우 동성애적 충동에 대해 염려한다.
33. 정신치료에 대한 예후가 좋지 못하다.
34. 해석에 대해 저항한다.
35. 치료 참석이 규칙적이지 못하다.
36. 조기에 치료를 중단한다.
37. 이지화방어를 심하게 사용한다.
38. 전형적인 방식으로 문제를 반복한다.
39. 치료자게 의존하지 않는다.
40. 치료자를 적개심이나 공격의 목표대상으로 삼는다.

척도 9가 낮은 경우

1. 낮은 에너지와 활동수준이 특징적이다.
2. 활기가 없고 맥이 풀려있고 무감동하며 냉담하다.
3. 의욕을 갖기가 어렵다.
4. 만성적인 피로감과 신체적 무력감을 호소한다.
5. 우울한 기분을 보고하고 여기에 긴장과 불안감이 동반된다.
6. 신뢰할 수 있고 의지할 수 있다.
7. 문제해결방식이 상식적이고 실질적이며 이성적이다.
8. 양심적이고 참는다.
9. 자신감이 결여되어 있다.
10. 다른 사람에게 진지하고 조용하며 온화하고 겸손하다는 인상을 준다.
11. 다소 철수되어 있고 은둔적이다.
12. 자신이 별로 인기가 없다고 생각한다.
13. 지나치게 통제되어 있어서 감정을 직접적으로 털어 놓고 표현하지 않는다.
14. 남성일 경우 가정과 가족에 대해 관심이 많고 안주하고자 한다.
15. 다른 정신장애자에 비해 예후가 밝다.

척도 0이 높은 경우

1. 사회적으로 내향적이다.
2. 사회적 상황에서 매우 불안해하며 불편해한다.
3. 수줍어하고 마음을 터놓지 않고 소심하며 앞에 나서지 않고 뒤로 숨는다.
4. 혼자 있거나 한두명의 친구와 있는 것이 마음이 편하다.
5. 많은 사회활동에 참여하지 않는다.
6. 특히 이성과의 관계에서 불편해한다.
7. 자신감이 부족하고 남의 눈에 잘 띄려하지 않는다.
8. 마음속을 알기가 어렵다.
9. 차갑고 거리가 있다고 남들은 말한다.
10. 다른 사람들이 자신을 어떻게 생각할까 매우 예민하다.
11. 다른 사람들과 잘 어울리지 못해서 문제가 생긴다.
12. 지나치게 억제적이고 감정을 전혀 공개적으로 표현하지 않는다.
13. 대인관계에서 순응적이고 복종적이다.

14. 권위상을 지나치게 수용한다.
15. 심각하고 일의 진행이 매우 느리다고 진술된다.
16. 신뢰할 수 있고 의지할 수 있다.
17. 문제해결방식이 조심스럽고 상식적이며 독창적이지 않다.
18. 쉽게 포기하는 경향이 있다.
19. 태도와 견해가 다소 엄격하고 융통성이 없다.
20. 사소한 결정을 내리는 일에도 어려움이 뒤따른다.
21. 자신의 일을 즐기고 일의 성취에서 보람을 느낀다.
22. 걱정하고 초조하고 불안해하는 경향이 있다.
23. 다른 사람들에 의해 우울해한다고 표현된다.
24. 우울감정의 에피소드를 경험한 적이 있다.
25. 활력이 부족한 것처럼 보인다.
26. 여러가지 관심을 가지고 있지 않다.

척도 0이 낮은 경우

1. 사교적이고 외향적이다.
2. 활발하고 유쾌하고 친절하고 말이 많은 편이다.
3. 주위에 사람들이 있기를 강하게 바란다.
4. 사람들과 잘 어울린다.
5. 지적이고 표현이 풍부하고 언어적 표현이 유창하다.
6. 능동적이고 에너지가 넘치고 활기가 있다.
7. 권력과 지위와 사회적 인정에 관심이 많다.
8. 경쟁적인 상황을 갖는다.
9. 충동 조절에 문제가 있어서 행동의 결과를 생각해보지 않고 행동하는 경향이 있다.
10. 미성숙하고 자기 탐욕적인 경향이 있다.
11. 다른 사람과의 관계는 피상적이고 진지하지 못하다.
12. 타인을 조정하려 하고 기회주의적이다.
13. 다른 사람들에게서 분노감과 적개심을 야기시킨다.

2개척도 상승 형태분석

다음은 임상적으로나 선행연구 결과 빈번하게 발견되는 2척도 상승 형태분석에 대해 간략하게 기술해 보기로 하겠다.

1-2/2-1

1-2/2-1형의 주된 증상적 특징은 신체적 불편감과 통증, 건강에 대한 지나친 집착, 신체적 고통에 대한 호소이다. 이들은 기질적 증거가 명백하게 드러나지 않는 경우라 할지라도 자신이 신체적으로 앓고 있다고 생각하고 건강과 신체적 기능에 대해 지나치게 예민하다. 신체적 증상에 현기증, 불면증, 허약증, 피로감이 동반되기도 한다. 정서적으로는 불안, 긴장, 초조감을 경험하며 많은 일에 걱정을 하기도 한다. 현저한 임상적 우울증이 동반되는 경우는 드물지만 이들은 불행감이나 기쁨의 상실 *dysphoria*, 의욕상실을 호소하기도 한다.

이들은 내향적이고 사회적 관계에 있어서 수줍어하고 특히 이성관계에서 그러하다. 또한 위축되어 있고 은둔적인 경향도 있다. 그들은 자신의 능력에 대해 회의적이며 일상적인 상황에서 조그만 자극이 있어도 쉽게 안정을 잃는다. 그들은 그들에 대한 타인의 지각에 지나치게 과민하며 대인관계에서 의심을 갖고 경계적이다. 기본적으로 이들의 대인관계는 수동-의존적이며 그들에게 충분한 관심과 지지를 주지 않는다고 느껴지는 타인들에 대해 적개심을 품는다.

흔한 임상진단은 불안장애, 우울장애, 신체형장애 *somatoform disorder*이며 때로는 정신분열증장애가 진단되기도 한다. 후자의 경우는 1, 2척도와 더불어 8번 척도가 상승하는 경향이 있다.

이들은 억압과 신체화방어를 지나치게 사용하고 변화보다는 신체적 고통을 견디려하기 때문에 전통적인 정신치료에 대한 동기는 부족하고 장기적 치료 변화도 기대하기는 어렵다. 단지 단기적인 증상 변화는 충분히 일어날 수 있다.

1-3/3-1

이들의 주요 증상은 고전적인 전환증상이며 특히 척도 2가 상승되지 않는 전형적인 전환증 V 프로파일(1, 3 척도만 상승)에서 그러하다. 이러한 경우 일반적으로는 불안과 우울감이 동반되지 않음이 특징적이지만 때로는 긴장감이 호소되는 경우가 있다. 주로 호소되는 신체증상은 두통, 흉통, 요통, 사지떨림, 사지마비가 있다. 그리고 신경성 식욕부전증 *anorexia*, 메스꺼움, 구토, 비만증과 같은 섭식장애 *eating disorders*도 호소된다. 또한 허약감, 현기증, 수면장애가 호소되기도 한다.

이들은 부정, 투사, 합리화 방어기제를 사용하므로써 자신의 문제에 대해 타인을 비난하고 자신은 정당하다고 믿는다. 기본적인 성격 특징은 미성숙하고 자기중심적이며 관심과 애정에 대한 강한 욕구를 지니고 있으며 따라서 의존적이다. 그러나 이들은 이러한 의존성을 수용하지 못하고 갈등을 느낀다. 대인관계는 피상적으로는 외향적이고 친밀하지만 감정의 깊이가 결여되어 있고 진정한 인간적 교류가 부족하고 이성에 대한 관심이 결여되어 있다. 이들은 내적으로는 관심과 욕구 충족 좌절로 인해 분노감을 느끼지만 이러한 감정을 지나치게 통제하거나 수동-공격적인 간접적인 방식으로 표현하다가 때로는 갑자기 정서가 폭발하기도 한다. 이와같이 정서를 직접적으로 표현하기 어려운 이유는 이들은 자신이 논리적이고 이성적이며 사회적 가치관을 사용한다는 인상을 타인에게 주고자 원하기 때문이다.

임상적 진단은 대부분 신체형장애로 내려진다.

정신치료에 있어서 이들은 증상의 기저에 있는 심리적 요인을 인정하지 않으려 하기 때문에 전통적인 정신치료는 기대하기 어렵다. 또한 이들은 치료과정에서 어려움을 즉각적으로 해결하기를 원하며 그들의 지나친 애정요구에 치료자가 반응하지 않을 때는 조기에 치료를 중단하게 된다. 이들은 자기 행동의 본질에 대한 통찰이 부족하고 자신의 신체적인 문제에 대한 심인적 해석에 매우 저항적이다. 한편 이들은 피암시성이 높아서 치료관계에 따라서 치료자가 암시하는 행동을 따르려고 시도하기도 한다. 이러한 특징이 치료전략으로 이용될 수 있을 것이다.

1-8/8-1

이 프로파일형의 주요 증상은 신체장애에 대한 집착(두통, 불면포함)이며 때로는 이러한 집착이 너무 강하여 거의 망상적인 수준에 이르기까지 한다. 여기에 동반되는 정서는 불행감, 우울감이며 대체로 정서가 메마르고 빈곤하다. 사고는 혼란되고 산만하기도 하다.

이들은 공격적이고 적대적인 정서를 적절한 방식으로 직접적으로 표현하지 못하여 감정을 완전히 억누르고 있게 된다. 그러나 때로는 지나치게 호전적으로 심술궂게 정서를 표현하기도 한다. 이러한 억제된 감정이 다양한 신체증상을 가져오게 된다. 이들은 사회관계에서 부적절감을 느끼며 특히 이성관계에서 그러하다. 타인에 대한 신뢰감이 결여되어 있으며 타인을 경계하고 이에 따라 소외감을 느낀다. 이러한 개인들은 자신의 성적 정체감에 대해서도 불확실감과 부적절감을 느낀다.

진단은 흔히 정신분열증장애로 내려지지만 불안장애, 정신분열성 인격장애 *schizoid personality disorder*로 내려지기도 한다.

이 프로파일에 대한 정신치료적 예후에 대해서는 특별한 언급이 없으나 일반적으로 신체적 집착이 있는 상태는 정신치료적 예후가 밝지 않다고 볼 수 있을 것이다.

1-9/9-1

주요 증상으로는 위장계를 포함한 신체적 증상에 대한 호소, 두통, 피로감이 흔하며 여기에 심한 불안과 긴장, 초조감이 동반된다. 이들은 증상의 심인성을 받아들이려 하지 않는다.

이들은 표면적으로는 외향적이고 공격적이고 호전적이며 언어적 표현을 잘 하지만 실제로는 수동-의존적이며 표면적인 행동은 자신이 용납하기 어려운 수동-의존적 특성을 부정하려는 결과로 나타난다. 따라서 겉으로 보기에는 매우 야심적이고 스스로 높은 목표를 설정하지만 실제로는 목표를 구체적으로 설정하지 못하여 결과적으로 좌절에 이르게 된다.

이 프로파일형은 흔치는 않지만 때로는 뇌손상환자들에게서 나타나기도 한다.

이 프로파일의 정신치료적 예후에 대해서는 특별한 언급이 없지만 이들은 자신들의 증상의 심리적 문제를 인정하지 않으려는 기본적인 태도가 있으므로 정신치료적 예후가 좋다고는 보기 어려울 것이다.

2-3/3-2

주요 증상은 피로감, 허약감, 저하된 활동력, 신체적 증상이며 여기에 불행감, 우울, 긴장, 불안, 초조등의 우울과 불안의 정서가 동반된다. 일상생활에서의 의욕 저하가 두드러지기도 한다.

이들은 보다 유순하고 수동적이며 순응적이며 의존적이다. 전형적으로 미성숙하고 부적절하고 삶에서의 무능력을 보인다. 이러한 자아부적절감, 무력감 등 자신에 대한 전반적인 회의감으로 말미암아 고통받는다. 이들은 타인으로부터 보호적인 태도를 이끌어 내기도 한다. 표면적으로 이들은 성취와 명예, 권력에 매우 관심이 높고 경쟁적인 것처럼 보이지만 실제로는 책임에 뒤따르는 스트레스와 실패에 대한 두려움 때문에 경쟁적 상황에 직면하지 않는다. 이들은 감정 통제가 지나치게 엄격하여서 정서표현을 거의 하지 못하고 오랫동안 감정을 억누른다. 이들은 자신의 수용되지 못할 정서를 부정하지만 이러한 부정방어가 실패되면 불안과 죄의식을 느낀다. 이들은 사회적 상황에서 부적절감을 느끼므로 사회적 개입을 회피한다. 특히 이성관계에서 불안정하며 성적 부적응, 성기능장애(성불감증 *frigidity*, 성적 무력증 *impotence*)가 있다.

진단은 우울장애가 흔하고 드물게는 반사회적 인격장애가 진단되기도 한다.

전통적인 정신치료에 대한 예후는 밝지 못하며 이들은 증상의 심인성을 인정하려 하지 않는다.

2-4/4-2

이 프로파일유형의 주요 증상은 충동적인 행동화로서 이들은 충동성을 상황에 따라 적절하게 지연시키지 못하므로써 법률적인 문제를 일으켜 치료상황에 노출되는 경우가 많다. 이들의 행동화는 알콜 흡수와 연관되어 발생되는데 이로 인하여 직업 상실, 가족 불화, 체포 등의 상황이 벌어지게 된다. 이들은 충동적일 뿐만 아니라 사회적인 규범과 가치를 수용하지 않으므로써 사회적 가치와 갈등관계에 놓이게 된다.

이들은 그들 자신의 성취 부족으로 인하여 좌절을 느낄 수 있으며 타인에 의해 그들에게 부과되는 과제에 대해 분노감을 느낀다. 스트레스에 직면하면 이들은 술을 마시거나 약물을 남용함으로써 스트레스 상황을 회피하고자 한다. 일단 행동화 후에는 이러한 행위에 대해 심한 자책감과 후회감을 가지게 된다. 따라서 행동화 증상에 우울, 불안, 무가치감의 감정이 뒤따르지만 이러한 감정에 진지함은 결여되어 있다. 따라서 행동화나 범법행위는 다시 반복된다. 만약 두 척도 점수의 상승이 매우 높다면 자살의 생각이나 자살 시도가 가능하며 이런 경우 대개 타인에게 죄의식을 느끼게 하려는 동기에서 자살이 시도된다. 이들이 문제상황에 있지 않을 때는 정열적이고 사교적이고 외향적으로 보이며 첫 인상은 상당히 타인에게 호감을 주게된다. 그러나 오랜 인간관계는 이들의 타인 조정 동기에 의해 결국 분노감을 유발하게 된다. 표면적으로 능력있고 안정된 인상을 주지만 이면에는 내향적이고 자의식이 강하고 수동-의존적이며 자기불만감이 높고 자아 부적절감을 느끼고 있다. 따라서 사회적 관계에서 안정되지 못하고 특히 이성관계에서 그러하다. 때로는 지나치게 엄격하고 지나치게 지식화 방어를 사용하기도 한다.

임상적인 진단은 반사회적 인격장애가 많고 약물남용이나 범죄행위가 동반된다. 그리고 이러한 범법행위와 더불어 우울장애가 동반될 수 있다.

이들은 표면적으로는 도움을 청하지만 실제로는 변화에 대한 동기가 결여되어 있으므로 통찰적 정신치료에 대한 예후가 밝지 않다. 그들이 어려운 상황에서 벗어나면 치료는 곧 중단된다.

2-7/7-2

이 유형의 주요 증상은 불안, 긴장, 과민성 등 정서적 불안, 우울정서, 신체적 증상이다. 이들은 신체적이거나 상상된 위협에 대해 심한 걱정을 하며 정서적으로 쉽게 불안정해진다. 신체적 증상은 불면증, 식욕부전증(anorexia), 흉통과 같은 증상도 포함하지만 피로감과 같은 모호한 증상으로 호소되기도 한다. 이들은 우울감을 명백하게 보고하지는 않으나 체중감소, 지연된 사고, 정신성적 운동지연 등 임상적인 우울증상을 나타낸다. 이들은 일반적으로 비관적인 세계관을 지니고 있으며 자신의 문제 극복에 대해 특히 비관적이며 그들의 문제에 대해 오랜 시간 걱정에 잠긴다.

이들은 성취 욕구가 강하고 또한 타인이 그들의 성취를 인정해주기를 강하게 바란다. 이들의 목표 설정은 너무 높고 이러한 목표를 달성하지 못했을 때 심한 죄의식을 느낀다. 이들은 우유부단하며 늘 마음속으로 부적절감, 열등감, 불안정감을 느낀다. 또한 자기처벌적이며 모든 상황에 대해 자신을 비난한다. 또한 이들은 지나치게 엄격하고 완벽주의적이며 사고와 문제해결에 있어서 융통성이 결여되어 있다. 대인관계는 유순하고 수동-의존적이며 공격적이어야 할 상황에서 조차도 공격성을 표현하지 못한다.

임상진단은 불안장애, 우울장애, 강박장애가 흔히 내려지며 반사회적 인격장애 진단은 거의 내려지지 않는다.

이들은 심한 고통으로 인하여 정신치료에 대한 동기는 높으며 다른 환자들에 비해 정신치료를 오래 받는 경향이 있고 장기간에 걸쳐 꾸준한 진전을 보이게 된다.

2-8/8-2

이 코드형은 주요 증상으로 불안, 초조, 긴장, 신경질적 반응이 있으며 이와 동시에 혼란된 사고, 집중력 장애, 기억력 장애 등 지각적, 인지적 장애가 동반된다. 그리고 불면증과 현기증, 구토, 메스꺼움과 같은 신체화장애가 동반되기도 한다. 그들은 자신이 신체적인 병이 있다고 생각하며 증상의 심인성을 용납하려 하지 않는다.

이들은 근본적으로 의존적이며 무기력하며 자기 주장을 하지 못한다. 거의 언제나 이들은 바람직하지 못한 충동을 부정하며 이러한 감정이 표출되는 동안 일어나는 해리현상 *dissociation*을 부정한다. 그리고 이러한 기간이 지나면 죄의식과 우울을 경험한다. 또한 타인들의 반응에 매우 과민하고 타인의 동기에 대해 의심이 많다. 이들은 친밀한 인간관계를 맺는 것을 피하고 타인과 정서적으로 거리감을 둔다. 이러한 타인과의 거리감은 실망감과 무가치감을 더욱 고조시킨다. 신체형장애를 보이는 신경증적 환자들과의 차이점은 비사교적, 지나친 과민성, 의심, 그리고 집중력과 사고장애가 있다는 점이다.

만약 척도 2와 8의 점수 상승이 매우 높으면 심각한 정신병리를 나타내며 척도 2가 더 높으면 주된 증상이 우울증으로 나타나는 반면 척도 8이 더 높으면 정신분열증적 양상을 보인다. 임상진단은 흔히 양극성장애 *bipolar disorder*, 우울장애, 정신분열증정서형장애 *schizoaffective disorder*로 내려진다. 흔히 만성적인 증상으로 인해 무기력한 상태에 이르게 된다. 이들은 죄의식이 가득 차있고 임상적으로 우울해 보인다. 그리고 현실철수, 저하된 언어적 표현, 느린 사고활동, 두려움 등이 드러난다. 정신과 환자들 가운데 이 프로파일형을 보이는 환자들은 자살에 대한 집착을 가지고 있으며 자살에 대한 구체적 계획도 가지고 있다. 따라서 자살의도에 대한 자세한 평가와 이에 대한 주의깊은 고려가 요구된다.

이 집단은 거의 만성적인 경계성 수준의 적응능력을 보이며 치료에 대한 반응은 거의 없으므로 치료적 예후는 밝지 못하다.

2-9/9-2

이 유형은 주요 증상으로 긴장과 불안, 신체적 호소 등이 흔하며 우울장애와 이러한 우울감을 방어하려는 과잉 활동이 번갈아 나타난다.

이들은 표면적으로는 자아도취적이고 지나치게 자신의 가치를 과대평가하는 반면에 내면적으로는 자아부적절감과 무가치감을 부정하며 지나친 활동으로 이러한 내면적인 우울감을 방어하고자 한다. 따라서 우울기간과 경조증기간이 번갈아 나타나며 지나친 활동과 피로감이 교차하게 된다.

흔한 임상진단은 양극성장애이며 때로는 뇌손상후 정서통제력을 상실한 환자들이 지나친 활동으로 이러한 통제력 상실을 방어하고자 하는 경우에 이러한 유형을 보이기도 한다.

치료적 효과는 약물치료에 대한 반응이 가장 양호하고 정신치료적 효과는 우울증적 상태에서만 일시적으로 효과가 있으므로 정신치료를 선택하기에는 적절하지 않는 경우이다.

3-4/4-3

주요 특징은 만성적이고 강한 분노감으로서 적대적이고 공격적인 충동을 마음속으로 품고 있으나 이러한 감정을 적절하게 표현하지 못한다. 만약 척도 3이 척도 4보다 더 높으면 분노가 수동적으로 간접적으로 표현되는 반면 척도 4가 척도 3보다 높으면 대부분은 지나친 통제상태 *overcontrolled*에 있다가 갑자기 분노감이 폭발하는 양상을 보인다. 4-3프로파일을 보이는 범죄자들은 공격적이고 폭력적인 범죄행위를 저지른다. 이러한 분노감이나 폭발적 분노행위에 동반되는 불안감이나 우울감은 없지만 신체화장애에 대한 호소는 동반된다.

3-4/4-3 유형을 보이는 개인들은 가족원에 대한 만성적인 깊은 적개심을 지니고 있다. 이들은 타인으로부터 관심과 인정받기를 원한다. 이들은 거부당하는데 대해 매우 민감하여 타인으로부터 비난을 받게되면 심하게 적대적으로 된다. 겉으로는 사교적이고 순응적으로 보이지만 마음속으로 매우 반항적이다. 이들은 성적으로 문제가 있고 가족불화나 성적 무절제 문제가 흔히 있다. 자살 의욕이나 자살 시도가 특징적이며 특히 심한 음주 후 또는 행동화 후 자살 시도가 따르게 된다.

임상진단은 인격장애 특히 수동-공격적 인격장애가 흔히 내려진다.

이들은 자신의 문제에 대한 통찰력이 결여되어 있고 타인에 대한 불만을 호소하기 위한 수단으로 정신치료를 받으려 하기 때문에 정신치료는 거의 무익하다. 변화에 대한 동기는 약하고 진지하지 못하다.

3-6/6-3

주요 증상은 긴장과 불안, 두통과 내장계 증상을 포함하는 신체화장애이다. 대부분 문제는 급성적이기 보다 만성적이다.

이들 역시 가족관계에서 경험하였던 뿌리 깊은 만성적인 분노감이 주요 요인이며 이러한 감정은 직접적으로 표현되지 못하고 심지어는 오랫동안 자신에게조차도 인식되지 못한다. 이들이 자신들의 분노감정을 인식하게 되면 이러한 감정을 인정하기 보다는 타인의 행동을 비난함으로써 자신의 행동을 정당화하고자 한다. 일반적으로 이러한 프로파일을 보이는 개인들은 반항적이고 비협조적이어서 잘 지내기가 어렵다. 이들은 타인에 대해 의심과 적개심을 지니고 있으며 자기중심적이고 자아도취적인 경향성이 강하다. 이들은 심리적 문제를 부정하고 지나치게 낙천적인 태도를 취하는 경향이 있다.

임상진단은 척도 6이 척도 3보다 T점수가 5점 이상 높으면 편집증이나 정신증적 상태를 고려해 보아야 한다.

정신치료적 예후는 전혀 밝지 못하다고 볼 수 있다.

3-8/8-3

이들의 주요 증상은 심한 심리적 혼란과 불안, 긴장이며 때로는 공포장애가 동반되기도 한다. 우울과 무기력감이 동반되며 다양한 신체화증상(위장계, 근육골격계 증상, 현기증, 흉통, 성기 통증, 두통, 불면증 등)이 나타난다. 또한 명료하지 못한 사고에서 사고장애가 암시되며 집중력 장애와 기억력 장애가 있다. 이들은 흔치 않은 비관습적인 사고를 표현하며 연상과정은 산만하고 흐트러져 있다. 때로는 강박적인 반추, 명백한 망상, 환각, 앞뒤가 연결되지 않는 말이 드러난다. 특히 F척도가 75점 이상으로 상승되는 경우 지남력 상실, 집중력장애, 기억착오 등이 동반된다.

이들은 인격발달 수준으로 볼때 미성숙하고 의존적이며 애정과 관심에 대한 강한 욕구를 지니고 있다. 이들은 좌절에 대해 자기처벌적인 경향이 있고 생활사태에 적극적으로 참여하지 않으며 무감동적이고 비관적인 경향이 있다. 또한 문제접근 방식은 매우 단순하다.

가장 흔한 임상진단은 정신분열증장애이며 때로는 신체형장애 *somatoform disorders*로 진단되기도 한다.

통찰지향적 치료에 대한 치료적 반응은 좋지 않으며 지지적 정신치료의 효과가 훨씬 양호하다.

4-5/5-4

이 프로파일은 대부분 남성들에게서 보이는데 이들은 미성숙하고 자아도취적이며 정서적으로 수동적이며 인지되지 못한 강한 의존적 욕구를 지니고 있다. 이들의 주요 문제는 사회적 가치관을 내면화하는 것으로써 행동이나 언어, 복장 등을 통해 사회규범에 반하는 행동을 한다. 척도 4 뿐만 아니라 척도 5가 상승되고 있는 점은 이들이 정서적 통제력이 있으며 쉽게 비행적인 방식으로 행동화하지는 않는다는 것이다. 그러나 낮은 인내력과 강한 분노감이 혼합되어서 일시적인 행동화가 일어날 수 있다. 이러한 행동화에 뒤따르는 후회감과 죄의식이 일시적으로 경험되기는 하지만 계속 이러한 행동화는 반복될 수 있다. 이들은 성적 역할이나 성적 정체감에 문제가 있는데 전형적인 성적 역할을 거부하고 명백한 동성애적 경향이 나타나기도 한다. 특히 척도 4와 척도 5가 현저하게 증가되면 그러하다. 이러한 남성들은 여성에 의해 지배당하는 것에 강한 두려움을 가지고 있으며 이에 따라 여성의 요구에 매우 민감해지게 된다.

흔한 임상진단은 수동-공격적 인격장애이다.

이들의 성격 특징은 만성적이고 뿌리가 깊기 때문에 정신치료를 통한 행동변화 예후는 밝지 못하다.

4-6/6-4

이 유형의 주요 특징은 억제된 분노와 적개심이라고 볼 수 있다. 이에 따라 나타나는 정서적, 신체적 증상은 모호하게 표현된다. 정서적으로는 신경질적 정서 불안정이나 우울감이 나타나고, 신체적으로는 천식, 건초열 *hay fever*, 고혈압, 두통, 기절발작, 심장의 고통 등이 호소된다.

이들은 정서적으로 미성숙하고 자아도취적이며 자기 탐닉적이다. 수동-의존적 성향이 강하여 타인으로부터 관심과 동정을 바라며 타인에 의해 부과되는 조그만 부담에도 화를 낸다. 여성의 경우 전통적인 여성 역할에 지나치게 동일시함으로써 남성에게 매우 의존적이다. 이 집단의 남성과 여성은 사회적 관계에서 타인과 잘 지내지 못하며 특히 이성에 대해 불편감을 느낀다. 이들은 타인의 동기를 의심하며 친밀한 정서적 관계를 회피한다. 일반적으로 이들은 항상 적의를 품고 있고 정서적으로 불안정하고 무뚝뚝하고 논쟁을 쉽게 벌리며 *argumentative* 화를 잘 내고 까다롭고 타인에게 불쾌감을 준다. 또한 권위자에 대해서는 특히 분개하고 권위상을 깎아 내리려고 한다. 일반적으로 이들의 직업 경력은 성공적이지 못하며 결혼생활의 문제가 흔하다.

임상진단은 수동-의존적 인격장애, 정신분열증장애 망상형 진단을 비슷한 비율로 받는다. 일반적으로 척도 4와 척도 6의 상승이 증가할수록, 그리고 척도 6이 척도 4보다 높을수록 인격장애 보다는 정신증적 상태일 가능성이 높다(혹은 정신증으로 진행되고 있는 전정신증적 상태일 가능성도 있다).

이들은 자신의 심리적 문제를 부정하며 타인을 비난함으로써 합리화하고 문제의 책임을 전가한다. 이들은 자아평가에 있어서 비현실적이고 과대한 자아이미지를 지니고 있다. 이와같이 심리적 문제를 인정하지 않기 때문에 통찰력 정신치료나 전통적인 상담에는 적합하지 않다. 특히 타인의 동기에 대한 불신으로 인하여 건설적인 비판을 수용하지 못하기 때문에 정신치료는 어렵게 된다. 또한 이들은 어떤 방식으로든지 자신을 드러내게 되면 비참한 결과가 따를 것이라는 두려움을 지니고 있기 때문에 정서적으로 부담되는 주제에 관해서는 이야기하기를 꺼려한다. 이러한 이유로 인하여 이들의 정신치료 예후는 밝지 못하다.

4-7/7-4

이 프로파일의 주요 특징은 행동화와 이에 대한 죄의식과 자기 비난의 주기가 반복된다는 것이다. 즉 척도 4에서 예견될 수 있는, 자신의 행동이 타인에게 미치는 영향에 대해 무관심한 상태와 척도 7에서 예견될 수 있는, 자신의 행동 결과에 대해 지나치게 예민한 상태가 번갈아 나타난다. 행동화가 일어나는 주기에는 사회적, 법적 제한을 벗어난 알콜섭취나 성적 난잡과 같은 행동화, 또는 타인의 감정이나 소망을 짓밟는 행동화를 저지르며 이어서 심한 자책감에 사로잡히고 죄의식을 느낀다. 이러한 자책감과 죄의식은 이들의 행동에 적절하지 못한 심각한 수준이며 이러한 기간동안에는 심한 행동 억제가 뒤따른다. 그러나 이러한 죄의식과 과잉억제 행동이 다음번의 행동화를 막아주지는 못한다. 또한 동반되는 증상으로 두통과 위장 통증과 같은 모호한 신체화 장애가 호소되기도 하며 피로감, 무력감, 긴장감 등 정서불안정이 호소되기도 한다.

이들은 내적으로 의존적인 성향을 지니고 있어서 지지적 관계속에서 자신의 가치에 대한 끊임없는 인정을 받기를 바란다.

임상진단에 대해서는 명백한 언급이 없으나 인격장애가 진단될 수 있다(Lachar 1974).

이들의 죄의식이 가장 심한 상태에서 정신치료를 시작하기 때문에 처음에는 효과가 있는 것처럼 보이지만 장기적인 정신치료적 예후는 밝지 않다. 그러나 장기적인 변화를 기대하기는 어렵지만 지지적 치료에서 증상적인 수준에서의 변화는 달성될 수 있다.

4-8/8-4

이 프로파일 유형의 주요 증상적 특징은 충동통제력 상실, 행동화, 정서불안정, 부적절한 행동이라고 볼 수 있다. 보다 자세하게 기술한다면 이들은 환경에 어울리지 못하며 타인의 눈에 괴상하고 별나며 기묘하게 보인다. 이들은 권위상에 대해 적대적이며 사회 규범에 순응하지 못하는 반면 극단적인 종교나 정치적 신념에 따르기도 한다. 이들의 행동은 예견할 수 없고 엉뚱하며 충동통제에 어려움이 있으며 사회적 지능이 부족해 보인다. 이들은 정서적으로 변덕스럽고 불안정해지기 쉽고 부적절하며 화를 잘 내며 반사회적인 방식으로 행동화한다. 이들에 의해 행해진 범죄행위는 예측할 수 없는 공격성을 보이며 범죄 계획과 실행이 엉성하고 무계획적이며 무분별해 보인다. 매춘행위 *prostitution*, 성적 난잡행위, 성범죄 등의 행동화도 흔하다. 남성강간범에서 가장 흔히 나타나는 프로파일이기도 하다. 과도한 음주와 약물남용(특히 환각제)도 흔히 볼 수 있다. 사회적 지능은 제한된 것처럼 보이고 공감 및 의사소통능력이 제한되어 있다. 이들은 교육과 직업에서 수준이하의 성취를 보이고 최저한도의 적응을 하며 불규칙적인 수행을 한다. 판단은 불충분하고 통찰은 극도로 제한적이며 자살시도가 일반적으로 이루어진다.

이들은 깊은 불안정감 *insecurity*을 느끼고 있으며 관심과 애정에 대한 지나친 욕구를 지니고 있다. 이들의 자아개념은 매우 열등하고 이에 따라 실패와 타인들의 배척을 스스로 자초하는 경향이 있다. 자살감에 강박적으로 집착하기도 한다. 이들은 타인을 심하게 불신하고 친밀한 인간관계를 회피한다. 대인관계 상황에서는 공감력이 결여되어 있고 자신의 욕구를 충족시키는 방향으로 타인을 조정하려는 경향이 있다. 또한 기본적인 사회적 기술이 부족하고 사회적으로 철수되어 있고 고립되어 있다. 위협적이고 거부적인 것으로 세상을 지각하며 반동적으로 세계로부터 철수하거나 아니면 세계로부터 상처받지 않으려는 시도로서 분노감을 행동화한다. 이들은 자신의 책임을 받아들이지 못하며 자신의 문제에 대해 타인을 비난함으로써 자신을 정당화한다. 이들은 자신들의 남성적 혹은 여성적 정체감에 대한 심한 열등감을 지니고 있다. 따라서 성적인 생각에 강박적으로 집착하지만 성적인 상황에서 적절하게 행동하지 못할까봐 두려워한다. 이러한 성적 열등감을 부정하고 자신의 성적 적절감을 드러내려는 시도로서 반사회적 성행위를 저지르기도 한다.

임상진단은 정신분열증장애 망상형이 흔하고 인격장애 진단도 흔히 내려지는데 반사회적, 정신분열성 *schizoid*, 망상형 인격장애가 내려진다. 만약 척도 4와 척도 8의 점수 상승이 높고 척도 8이 척도 4보다 높다면 인격장애보다는 정신증적 상태일 가능성이 높아서 비현실적 사고나 망상적 의심을 포함하는 증상이 있을 가능성이 높다.

정신치료에 대해서는 특별한 언급이 없으나 이들은 판단력이 불충분하고 통찰력이 극도로 제한적이기 때문에 통찰정신치료에는 적합하지 못할 것이다.

4-9/9-4

이 프로파일은 반사회적 인격장애 특징을 나타낸다. 즉 사회적 규범과 가치관, 제도에 대해 무관심하거나 무시하며 반사회적 행위, 권위상과 문제가 흔히 나타난다. 이들의 성격 특징을 자세하게 검토해보면 충동적이고 무책임하며 타인과 관계에서 신뢰할 수 없다. 또한 도덕발달장애가 있고 윤리적 가치관이 확립되어 있지 않아서 도덕수준이 낮으며 자기애적이고 쾌락주의적이다. 알콜중독, 부부문제, 성적 행동화나 폭력적 행동화, 그의 다양한 범죄행위를 저지르게 된다. 약물남용이나 알콜남용 환자들에게 흔히 나타나는 프로파일이다.

이들은 자아도취적이고 이기적이며 자기 탐욕적이다. 또한 매우 충동적이고 욕구충족을 지연시키지 못한다. 판단력이 부족하여 행동의 결과를 예측하지 못한채 행동하게 되며 경험을 통하여 학습하지 못한다. 이들은 자신의 책임을 받아들이려 하지 않고 자신의 문제를 타인의 탓으로 돌리면서 자신을 정당화한다. 좌절에 대한 지구력이 낮고 정서적으로는 불안정하고 변덕스럽다. 분노와 적개심을 품고 있으며 예기치 않은 정서적 폭발로 이러한 감정이 표현된다. 행동적 수준에서 보면 이들은 야심적이고 정열적이며 과잉 활동적이기도 하다. 이들은 끊임없이 정서적 자극과 흥분을 추구한다. 사회적 상황에서 이들은 억제되어 있지 않고 외향적이며 말이 많고 타인에게 처음에는 호감을 준다. 그러나 자기중심적 성향과 타인에 대한 의심으로 인하여 대인관계는 피상적인 수준에 머무른다. 따라서 타인과 친밀한 관계를 맺지 못하고 감정적인 거리감을 둔다. 이들은 실제로 역할습득능력에 결함이 있어서 효과적인 성인 역할을 습득하지 못한다. 표면적인 자신감과 안정감 밑에는 자신의 불안정감을 부정하고자 하는 미성숙하고 의존적인 특징이 숨겨져 있다.

임상진단은 반사회적 인격장애가 흔하고 때로는 양극성 정서장애가 진단되기도 한다.

정신치료 자체를 거부하므로 정신치료적 관계가 형성되기 조차 어렵고 이들의 인격적 특징으로 미루어 볼 때 통찰적 정신치료는 물론 전반적인 정신치료적 접근방식이 매우 힘들 것으로 예상된다.

6-8/8-6

주요 증상은 명백한 정신증적 증상으로 사고연상과정은 자폐적이고 산만하고 우회적이며 단편적이고 사고내용은 기괴하다. 집중력과 주의력장애, 기억력장애, 판단력장애가 흔히 있다. 피해망상과 과대망상 및 환각이 보고되고 현실감장애도 드러난다. 추상적이거나 이론적인 주제에 집착하여 현실상황에서의 구체적인 문제에 소홀하게 되는 경우가 흔히 있다. 정서는 둔감화되고 *blunted* 말은 빠르지만 앞뒤가 맞지 않는 경우가 있다. 현실검증력장애가 있으므로 현실과 공상을 구별하지 못한다.

이들은 심한 열등감과 불안정감을 마음속에 느끼고 있으며 자신감과 자존감이 결여되어 있다. 또한 실패에 대해 지나치게 죄의식을 느낀다. 방어기제 발달이 실패하며 적절한 방어기제가 결여되어 있으며 스트레스에 부딪치면 공상과 백일몽으로 도피한다. 따라서 일상적 상황으로부터의 철수, 정서적 둔화가 흔하며 자살 충동이 나타난다. 타인과 정서적으로 관계를 맺지 못하며 타인을 불신하며 타인과의 깊은 관계를 회피한다. 사회적 기술이 부족하고 혼자 있을 때 가장 안정감을 느낀다. 이들은 타인으로부터 부과되는 과제에 대해 분개하며 다른 사람의 눈에는 이들이 변덕스럽고 초조하며 무뚝뚝하며 반항적인 것처럼 보인다. 일반적으로 이들의 생활은 위에서 대체적으로 지적된 정신분열성 방식이 특징적이다.

임상진단은 정신분열증장애 망상형이 가장 흔하고 특히 6번, 8번척도가 7번 척도보다 상승하는 경우 이러한 진단이 내려진다. 그외에는 인격장애로서 망상형 인격장애, 정신분열성 인격장애가 진단된다.

치료는 약물치료가 가장 주된 치료법으로 선택되며 정신치료는 정신증적 증상이 완화되고 난 다음 지지적 치료로서 장기적으로 시도될 수 있다.

6-9/9-6

주요 증상은 앞서 6-8형에서 기술된 사고장애 및 전반적인 정신증적 증상이 이 경우에도 주요 증상으로 적용된다. 집중력장애, 사고, 지연, 반추적이고 강박적이고 지나치게 사변적인 사고 *overideational*, 망상, 환각, 부적절하거나 앞뒤가 맞지 않는 말, 판단력장애, 현실검증력장애가 드러난다. 때로는 지남력장애와 이로 인한 착각이 드러나기도 한다.

이들은 의존적이고 애정에 대한 강한 욕구를 지니고 있다. 정서적으로는 대부분 긴장되고 불안해하며 특히 실제적이거나 상상적인 위협이 느껴질 때 그러하다. 따라서 이들은 두려움에 가득차 있어 보이고 슬퍼보인다. 조그만 스트레스에 대해서도 과잉반응하는 것이 특징적이기도 하다. 스트레스에 대한 전형적인 반응은 현실로부터의 도피이며 공상으로의 철수이다. 이들은 적절한 방식으로 감정을 표현하지 못하여 지나친 정서통제를 하거나 정서통제를 하지 못하는 과소 통제방식를 번갈아 사용하면서 정서반응을 한다.

임상진단은 정신분열증장애 망상형이 가장 흔하다. 만약 척도 F와 7번 척도 상승이 현저하지 않다면 조증장애나 급성적인 정신병적 에피소드를 고려해 볼 수 있다.

치료는 6-8형과 마찬가지로 약물치료가 가장 주된 치료법으로 선택되며 정신치료는 정신증적 증상이 완화되고 난 다음 지지적 치료로서 장기적으로 시도될 수 있다.

7-8/8-7

주요 증상은 극심한 정서적 혼란이다. 우울감과 긴장, 정서적 불안정이 호소되고 처음 치료상황에 노출될 때 극도의 공황상태인 경우가 많다.

이들은 만성적인 불안정감, 열등감, 부적절감을 마음속에 느끼고 있으며 극도로 우유부단하다. 사회화 경험이 상당히 부족하며 사회적 상황에서 침착하지 못하며 전혀 자신감을 갖지 못한다. 이들은 수동-의존적인 성향이 강해서 대인관계에서 능동적인 역할을 취하지 못한다. 성숙한 이성애적 관계가 특히 어렵고 전통적인 성적 역할에 전혀 적응하지 못한다. 이러한 점을 보상하기 위한 시도로서 지나친 성적 공상에 빠지기도 한다. 이들은 비교적 자신의 심리적 문제를 인정하지만 적절한 방어 능력이 결여되어 있다.

8-9/9-8

주요 증상은 심한 사고장애, 전반적인 정신증적 증상이다. 사고는 기괴하고 자폐적이고 우회적이며 비현실적이다. 집중력장애가 심하고 단일한 주제를 중심으로 사고를 진행할 수 없다. 또한 음성연상 *clang associations*, 신어조작증 *neologisms*, 반향언어 *echolalia*가 나타날 수 있고 혼란, 착각, 지남력장애, 현실검증력장애, 망상과 환각이 있다.

이들은 자기중심적 성향이 강하고 타인에 대해 미성숙한 유아적인 기대를 한다. 이들은 지대한 관심을 받고자 하며 이러한 욕구가 충족되지 않을 때 적대적으로 된다. 그러나 실제로는 친밀한 관계를 두려워하여 깊은 인간관계를 피하며 사회적으로 철수되어 있고 소외되어 있다. 특히 이성애적 관계에서 불안해하며 이성애적 적응이 어렵다. 이들의 행동을 보면 과잉활동적이며 정서적으로는 변동적이다. 쉽게 흥분하고 불안정해지며 지나치게 큰 소리로 이야기하기도 한다. 이들은 과대 자아평가로 인해 매우 뽐내고 자랑스런 태도를 취한다. 이들이 자신의 문제를 이야기할 때는 회피적이고 부정적인 태도를 취하며 전문가의 도움이 필요없다고 말한다. 성취에 대한 욕구가 강하고 과도한 성취를 하려는 압박감을 느끼지만 실제적인 성취는 매우 미미하다. 이들의 표면적인 자아평가 이면에는 자신이 열등하고 부적절하다는 낮은 자아평가를 지니고 있어서 실제적인 경쟁상황에 이들은 뛰어들지 못한다.

임상진단은 척도 8과 9가 상승될수록 심한 심리적 불안정상태를 나타내므로 정신분열증장애가 가장 흔히 내려진다. 약물을 남용한 청소년들에게서 8-9 프로파일이 빈번하게 발견된다. 조증장애와 약물로 인한 정신병도 의심해 볼 수 있다.

치료는 6−8형과 마찬가지로 약물치료가 가장 주된 치료법으로 선택된다.

3개척도 형태분석

다음의 3개척도 상승형은 전체 프로파일이 3개척도가 동시에 상승되는 경우를 포함하며 임상적으로나 선행연구 빈도상 가장 빈번한 프로파일 유형을 제시하게 될 것이다. 다음에 제시될 각 유형별 기술내용은 이 프로파일을 보이는 모든 개인에게 완전하게 적용되지는 않는다는 점이 다시 한번 유의되어야 할 것이다.

1−2−3/2−1−3/2−3−1

임상진단으로는 신체형장애 *somatoform disorders*, 불안장애, 우울장애가 흔히 내려진다. 신체적 고통이 가장 주된 증상이며 특히 위장계통의 증상이 가장 빈번히 호소되며 이러한 증상에 따른 2차 이득도 흔히 발견된다. 수면장애, 혼돈감 *perplexity*, 의기소침 *despondency*, 절망감이 호소되기도 한다. 이들은 의존성과 자기주장 사이에 갈등을 느끼며 따라서 타인과의 관계에 거리감을 둔다. 에너지수준이 낮고 성적 욕구도 낮다. 이러한 개인들은 직업과 결혼에 있어서 적응을 잘하며 삶에 있어서 모험을 하려고 하지 않는다.

1−3−2/3−1−2

척도 1과 척도 3이 척도 2에 비해 유의하게 상승하는 경우 이러한 형태는 “전환증 V프로파일”이라고 불리운다. 이들은 전형적인 전환증상을 보여주며 임상진단은 전환장애나 신체화장애가 흔히 내려진다. 스트레스 자극이 신체증상으로 전환되는데 이들은 강한 부정 *denial*과 억압 *repression* 방어기제를 강하게 사용하며 따라서 증상의 심리적 원인에 대한 통찰력이 결여되어 있고 심인성에 관한 설명을 용납하지 않는다. 이들은 사교적이기는 하지만 수동−의존적이며 타인으로부터 인정받고 사랑받고자 하며 사회적 규범에 순응한다.

1−3−8

임상진단은 정신분열증장애 망상형 혹은 망상형 인격장애가 흔히 내려진다. 이들은 비교적 기괴한 신체증상을 호소하는데 이러한 신체증상은 그 성질상 망상적이라고 보여진다. 우울증 에피소드, 자살과 성적, 종교적 집착이 나타나기도 한다. 명백한 사고장애가 관찰되기도 한다. 이들은 초조하고 흥분하기 쉽고 성질이 급하다. 과도한 음주경력이 있으며 대부분 이들은 안절부절 못하며 권태감을 느낀다. 친밀한 인간관계에 대해 양가적인 감정을 가지며 타인을 의심하고 질투하는 경향이 있다.

1-3-9

임상진단은 신체형장애 *somatoform disorders* 혹은 기질성장애 *organic brain disorders*가 내려진다. 후자의 진단이 내려지는 경우 공격행동이나 분노폭발이 예상치 않게 일어난다.

2-4-7/2-7-4/4-7-2

임상진단은 수동-공격적 인격장애가 내려지고 증상으로는 우울과 불안이 나타난다. 약물남용이나 알콜남용환자들에게 흔히 나타나는 프로파일 유형이다. 가족과 부부문제가 흔히 일어난다. 이들은 스트레스에 과잉 반응하며 충동통제력이 낮다. 관심과 애정에 대한 미성숙한 욕구가 충족되지 않을 때 이들은 쉽게 화내게 되며 의존욕구와 성에 대해 갈등을 지니고 있다. 또한 반복적으로 생각에 잠기는 반추적인 경향이 있고 지나치게 사변적인 사고를 하며 두려움을 지니고 있으며 분노 폭발에 대해 죄의식을 느낀다. 강한 성취 욕구는 있으나 실패에 대한 두려움 때문에 경쟁상황에 뛰어들지 못한다. 이들은 치료적 상황에서 불안을 인내하는 힘이 약하여 지시적이거나 목표지시적인 치료에 보다 적합하다.

2-7-8/7-2-8

임상적으로 이들은 심한 정서적 혼란과 정신분열성 생활방식이 혼합된 특징을 지닌다. 단기적이고 급성적인 정신증적 반응이 일어나기 쉽다. 이들은 긴장되고 신경질적이며 공포감을 느끼고 집중과 주의장애가 일어난다. 이들은 우울하고 의기소침하고 절망적이며 자살에 대해 집착한다. 정서는 무감동하거나 부적절하다. 이들의 대인관계는 기본적인 기술이 부족하고 수줍어하고 위축되어 있고 내향적이며 사회적으로 고립되어 있다. 이들은 부적절감을 느끼고 열등감을 느낀다. 또한 지나치게 높은 성취목표를 세워두고 이를 성취하지 못하면 죄의식을 느낀다. 이들은 모호하고 신비한 주제에 대해 관심을 갖는다.

6-8-7/8-6-7

척도 6과 척도 8이 척도 7보다 유의하게 상승되어 있는 경우 "정신증 V형"이라고 불리워진다. 이러한 프로파일은 심한 정신병리를 암시하며 흔한 임상진단은 정신분열증 망상형이다. 주요 증상은 환각, 망상, 심한 의심이 흔하며 정서는 둔화되어 있다. 이러한 프로파일을 보이는 개인들은 수줍어하고 내향적이며 사회적으로 위축되어 있지만 술을 마시게 되면 심하게 공격적으로 된다. 기억이나 집중과 관련된 문제를 지닌다. 진단 당시 심한 정서적 혼란을 경험하고 있지 않다 하더라도 입원치료와 약물치료가 요구된다.

기타 프로파일

1) 1, 2, 3척도는 가장 높은 척도가 아니라 할지라도 상승되어 있는 경우 주요한 정보를 제공해 준다. 만약 1, 3 척도의 T점수가 2척도에 비해 10점 이상 높은 경우 심한 부정과 억압 방어기제를 사용하고 있을 가능성이 있다. 따라서 자신의 욕구나 갈등, 증상에 대한 통찰력이 결여되어 있다. 또한 불안이나 우울, 정서적 불안정을 느끼지 않으며 그대신 신체적 증상이 있을 가능성이 있다. 이들은 문제의 심리적 요인보다는 의학적 설명을 듣고 싶어한다. 만약 척도 2가 1, 3척도에 비해 비슷하거나 더 높으면 이들은 잘 방어되고 있지 못하며 다양한 증상과 호소를 할 가능성이 있다.
2) 3, 4척도는 충동통제와 관련된 정보를 줄 수 있다. 이 두 척도가 가장 높은 척도가 아니라 할지라도 이 두 척도의 상대적인 상승은 의미가 있다. 척도 4가 척도 3에 비해 T점수가 10점이상 높으면 충동통제의 어려움이 있어서 행동의 결과를 생각해 보지 않고 행동화할 가능성이 있다. 이와 반대로 척도 3이 척도 4에 비해 T점수가 10점 이상 높으면 적절한 통제를 기대할 수 있으며 갑작스런 행동화는 잘 일어나지 않는다. 만약 척도 3과 4가 비슷한 수준에서 상승되고 있으며 특히 T점수가 65점 이상이면 이런 경우 지나치게 정서가 억제되어 있다가 갑작스런 행동화가 일시적으로 일어날 가능성을 생각해 볼 수 있다.
3) 남자 피검자의 경우 척도 5는 통제에 관한 정보를 제공해 준다. 다른 척도와 상관없이 척도 5가 상승하는 경우 충동적으로 행동화할 가능성은 낮다. 이러한 프로파일을 보이는 청소년들은 비록 비행을 유도하는 환경에 노출되더라도 행동화나 비행행동을 하지 않는다.

4) 4, 6척도의 평균 수준이상의 상승은 수동—공격적인 방식으로 표현되는 적개심을 암시해준다. 이러한 프로파일은 남성과 여성 모두에게서 발견되지만 특히 여성에게 빈번하게 나타나며 이러한 프로파일을 보이는 여성은 교육수준을 고려할 때 5번 척도가 평균보다 저하되는 양상을 보인다. 이러한 여성들은 자신의 감정을 잘 나타내지 못하며 자신의 분노감보다는 우울감을 호소하는 경향이 있다. 이들은 자신에게 만족을 주지 못하는 여성적인 역할에 대해 덫에 걸려 있다고 느낀다.
5) 7, 8척도의 상승은 증상의 만성화와 사고장애에 관한 정보를 제공해 준다. 척도 7이 척도 8에 비해 T점수가 10점 이상 높으면 문제는 만상적이기 보다 급성적일 가능성이 높고 사고장애는 없을 가능성이 높다. 이와 반대로 8번 척도가 7번 척도에 비해 T점수가 10점 이상 높다면 만성화와 사고장애의 가능성이 높다. 만약 척도 7과 8이 동시에 높다면 이들은 혼란상태에 있을 가능성이 있고 망상체계가 충분히 발달되어 있을 가능성은 낮다.

5. 기타 성격검사

다음 MMPI외 다른 성격검사 가운데 한국판으로 표준화되어 사용되고 있는 성격요인검사(염태호, 김정규 1990), 성격차원검사(시빌 아이젱크, 이현수 1985)와 캘리포니아 성격검사 *California Psychological Inventory* : CPI에 대해 간략하게 살펴보기로 하자. 이 가운데 성격요인검사와 성격차원검사는 검사 요강에 검사 실시와 해석에 관한 내용이 자세하게 기록되어 있기 때문에 이 책에서는 중복되어 이 부분을 다루지 않을 것이다. 여기서는 일반 성인을 위한 표준화된 성격검사로서 어떤 검사를 사용할 수 있는지를 소개하고자 하는 목적에 따라 간단하게 검사 소개를 하는데 그칠 것이다. 이를 이용하고자 하는 독자는 원저자들의 검사 요강을 참고하면 될 것이다.

성격요인검사

성격요인검사는 앞서 소개된 바와 같이 요인분석을 바탕으로 Cattell(1946)에 의해 『Sixteen Personality Factor Questionnaire』가 제작된 이후 경험연구와 요인분석 연구, 문항개정연구들이 축적되면서 1970년대부터 성격평가 도구로서 활발하게 사용될 수 있었고 이러한 과정에서 『Handbook for the 16 Personality factor

Questionnaire』(1970)이 출판되어 다양한 사례를 집중적으로 분석할 수 있게 되었다. 또한 『16PF의 임상지침 A Guid to the Clinical Use of The 16PF』의 출판과 더불어 척도점수들의 상호 조합에 의한 성격프로파일의 역동적 해석이 가능하게 되었다. 한국에서는 직업 및 진로선택, 기업인사에서 적성에 맞는 부서배치, 그리고 임상장면에서의 성격평가 등을 목적으로 원문항을 수정 보완하여 표준화되었다(염태호, 김정규 1990). 이 검사요강에 보면 검사 개발 목적과 배경, 검사 척도, 검사의 신뢰도와 타당

표 8-5 성격요인검사의 척도와 명칭*

일차요인	요인명	낮은 점수 명칭	높은 점수 명칭
척도 1	A 요인	냉정성 *Coolness*	온정성 *Warmth*
척도 2	B 요인	낮은 지능 *Low Intelligence*	높은 지능 *High Intelligence*
척도 3	C 요인	약한 자아강도 *Unstableness*	강한 자아강도 *Stableness*
척도 4	E 요인	복종성 *Submissiveness*	지배성 *Dominance*
척도 5	F 요인	신중성 *Desurgency*	정열성 *Surgency*
척도 6	G 요인	약한 도덕성 *Low superego*	강한 도덕성 *High Superego*
척도 7	H 요인	소심성 *Shyness*	대담성 *Boldness*
척도 8	I 요인	강인성 *Tough-mindedness*	민감성 *Tender-mindedness*
척도 9	L 요인	신뢰감 *Trustfulness*	불신감 *Suspiciousness*
척도 10	M 요인	실제성 *Praxernia*	사변성 *Autia*
척도 11	N 요인	순진성 *Naivete*	실리성 *Shrewdness*
척도 12	O 요인	편안감 *Untroubled-adequacy*	죄책감 *Guilt-proneness*
척도 13	Q_1 요인	보수성 *Conservatism*	진보성 *Liberalism*
척도 14	Q_2 요인	집단의존성 *Group-dependence*	자기충족성 *Self-Sufficiency*
척도 15	Q_3 요인	약한 통제력 *Self-conflict*	강한 통제력 *Self-control*
척도 16	Q_4 요인	이완감 *Relaxation*	불안감 *Tension, Anxiety*

* 이 표는 『성격요인검사』(염태호, 김정규 1990)에서 인용되었다.

도에 대해 자세하게 기술되어 있으며 또한 사례 중심으로 해석의 실제가 제시되어 있다. 따라서 여기서는 중복을 피하기 위해 이 검사에서 평가하고 있는 16개 성격요인척도와 6개 이차요인척도, 2개 특수척도를 표 8-5에서 간단하게 소개하고자 한다.

위 표에서 보는 바와 같이 이 검사는 일차요인으로 16개 성격요인이 있고 Cattell은 이 16개 요인에 따라 8개 성격유형을 제시하고 있다. 그리고 일차요인을 바탕으로 하여 다시 요인분석해서 얻은 이차요인은 일차요인들에서 얻은 정보를 좀 더 체계적으로 정리하여 파악할 수 있는 장점이 있다고 알려지고 있다. 그리고 검사 타당도 척도인 특수척도들이 있다. 이러한 세가지 유형의 척도로 구성되는 성격요인검사는 "-정상인의 성격에 대해 상당히 많은 정보를 얻을 수 있으며 정신역동적 측면에서 성격묘사를 가능하게 해준다"(염태호, 김정규 1990). 이 검사는 외국인에게 적합한 검사문항을 사용하여 한국인의 성격을 평가하는다는 기본적인 문제점이 있음에도 불구하고 원래의 검사가 지니고 있는 오랜 동안의 이론적, 경험적, 임상적 연구를 근거로 하여 제작된 성격검사이기 때문에 앞으로 한국인에게 적절하지 않은 문항이나 척도에 대한 연구가 병행된다면 매우 개인의 전체적, 역동적 성격 특징을 묘사하는데 유용한 정보를 제공해 줄 수 있을 것으로 기대된다.

성격차원검사

"아이젱크 성격검사 *Eysenck Personality Questionnaire*, EPQ는 아이젱크 부부(Eysenck, H.J.와 Eysenck, S.B.G., 1975)가 공동제작한 것으로 강인성 *thoughmindedness*, 외향성-내향성 *extraversion-introversion*, 정서성 *neuroticism*, 허위성 *lie* 혹은 사회적 욕망성과 같은 네가지 중요 성격차원적 요인의 특징을 측정하는 질문지 형식으로 된 일종의 성격검사(시빌 아이젤크, 이현수 1985)이며 성격차원검사는 위 검사를 한국판으로 표준화한 검사로서 성인용 및 년소자용이 있다. 이 검사 역시 검사 요강에 보면 이론적 배경, 검사 시행 및 채점, 해석과정이 자세하게 기술되어 있으므로 여기서는 간단하게 척도 내용만을 인용하여 소개하고자 한다. 이 검사를 사용하고 해석하고 하는 독자는 검사 요강을 직접 참고하기 바란다.

표 8-6 성격검사의 척도*

검사척도	척도 내용(점수가 높은 경우)
강인성 척도	공격적, 냉담, 자신과 타인 정서에 둔감, 충동적, 자기중심적, 타인과 잘 어울리지 못함
외-내향성 척도	외향성 : 사교적, 많은 친구를 사귐, 항상 기분이 좋고 새로운 것을 추구, 모험심 강함
	내향성 : 조용, 독서, 사색 즐김, 친구가 많지 않지만 친밀관계 유지, 기분 통제, 안정
정서성 척도	수면장애, 정신신체적 질병 호소, 정서반응 예민, 기분변화 심하고 우울해지기 쉬움
허위성척도	감정표출 억제, 소박한 사회적 태도, 사회적 관습에의 순응성

* 이 표는「성격차원검사요강」(시빌 아이젱크와 이현수 1985)에서 요약되었다.

캘리포니아 성격검사

이 검사 CPI는 캘리포니아 버클리대학의 Harrison Gough가 1951년 제작되고 1956년 보완된 전체 18개 척도로 구성된 성격검사이다. 현재 상담 및 임상적 장면, 학교, 교정원 등에서 널리 사용되고 있으며 한국에서는 요인분석을 통하여 본 캘리포니아 심리검사 CPI의 타당화 연구(손진훈 1981), 한국판 캘리포니아 심리검사 제작에 관한 연구(이관용 등 1984) 등이 있고 표준화 작업이 완성된 단계는 아니지만 상담장면에서 일반적으로 사용되고 있다. 검사 제작 동기를 보면 Gough는 일상적인 생활장면에서 예언할 수 있는 인간행동에 초점을 두고 심리학적인 이론에 구애되지 않고 '대중개념 *folk concepts*'을 사용하여 검사를 제작하였다. 대중개념은 책임감, 관용성, 사회성 등과 같이 일반적인 사람들이 일상생활에서 주로 사용하는 개념이기 때문에 이해하기도 쉽고 예언력도 높다. Gough는 실용성을 더 중시했으므로 이론이 쇠퇴함과 동시에 쓸모가 없을 성격검사보다는 언제 어떤 곳에서도 사용될 수 있는 개념을 성격을 재는 변인으로 사용하고자 했다. 즉 정상적인 사람이 매일의 일상생활에서 보여줄 수 있는 행동유형 및 특질을 예언하려고 했다고 볼 수 있다.

검사형식을 보면 CPI는 개별적으로 혹은 집단적으로 실시할 수 있는 필답식 검사로서 검사문항은 나이든 집단보다는 학생 또는 젊은 사람들에게 더 적합하게 구성되어 있다. 총 문항수는 480개로 이중 12개 문항은 두번씩 사용되고 있다. 문항내용은 주로 사람들의 일상적인 행동양식이나 감정, 사회 및 윤리 또는 가족문제에 대한 응답자의 의견이나 태도를 묻는 것이다. 이 검사는 18개의 척도로 되어 있지만 Gough는 해석을 돕기 위해 4개 척도군으로 구분한 바 있다. 제1군은 지배성 *Dominance*, 지위능력성 *Capacity for status*, 사교성 *Socialbility*, 사회적 자발성 *Social presence*, 자기수용성 *Self-acceptance*, 안녕감 *Sense of well-being* 척도를 포함한다. 제2군은 책임감 *Responsibility*, 사회성 *Socialization*, 자제성 *Self-control*, 관용성 *Tolerance*, 호감성 *Good impression*, 임의성 *Communality* 척도로 구성되어 있다. 제3군은 순응적 성취 *Achivement via conformance*, 독립적 성취 *Achivement via independance*, 지적 효율성 *Intellectual efficiency* 3개 척도이며 제4군은 심리지향성 *Psychological mindedness*, 융통성 *Flexibility*, 여성성 *Feminity* 척도로 구성되어 있다.

척도 구성 방법을 보면 앞서 이성적 방식 *rational method*, 경험적 준거방식, 요인분석적 방식이 소개되었는데 이 분류에 따르면 CPI는 이성적 방식과 경험적 준거방식에 의해 제작되었다고 볼 수 있다. 이성적 방식이란 검사제작자가 문항선정을 전적으로 합리적, 직관적, 논리적인 방법에 따르는 것이 특징이다. CPI에서는 사회적 자발성, 자기수용성, 자제성, 융통성 네개 척도가 내적 합치도 분석을 사용하여 합리적으로 선택되었다. 즉 그 척도와 관련이 있다고 생각되는 여러 문항을 선정한 후 표본 집단에 실시하여 상관이 매우 높은 문항만을 골라 그 척도의 하위문항으로 삼았다. 또한 외적 준거방법 즉 검사문항과 특정 준거 측정치간에 상관을 증명해 보는 '경험적 방식'을 사용하였다. 이 방식에 따르면 척도 선정에 있어 먼저 예비문항을 만든 후 외적 기준을 마련하여 통계적으로 의미있는 문항만을 뽑아낸다. CPI는 3500개 문항을 평가해서 480문항을 최종적으로 결정했는데 CPI에서 외적 준거는 18개 척도마다 다르지만 공통적인 절차는 가족이나 친구에게 질문에 있는 특성(예를 들어 책임감)이 높은 사람과 낮은 사람을 순서대로 지명하게 함으로써 그 순서를 외적인 준거로 정하고 있다. 또한 보다 객관적인 준거를 사용하는 척도도 있다. 예를 들면 여성성 척도의 경우 여자와 남자의 반응이 준거로 사용되며 사교성은 사회활동에 참여하는 정도를 준거로 삼고 있다. 한편 다른 심리검사 결과를 준거로 사용하기도 했는데 예를 들면 지적 효율성척도의 준거는 IQ점수이며 관용성척도의 준거는 캘리포니아 민족주의척도 및 극우주의 척도가 사용되었다.

개인의 검사수행을 요약, 정리하는 방식은 각 개인의 원점수를 표준점수로 바꾸어서 지면에 개인별로 표시할 수 있도록 했다. 현재 사용되는 형태는 1957년에 만들어졌는데 평균이 50이고 표준편차가 10인 T점수가 사용되고 있다.

한편 규준점수를 마련하기 위해서 남자 6천명과 여자 7천명이 사용되었다. 신뢰도는 Hase와 Goldberg(1967)가 재검사 신뢰도를 연구한 결과 단기간 상관계수는 .70에서 .90에 이르는 매우 높은 수치였으며 장기간 상관계수는 대개 .60에서 .70으로 1년이란 기간동안 검사결과가 어느 정도 안정되어 있음을 알 수 있다.

검사의 척도

앞서 언급했듯이 CPI는 해석적인 편리를 위해서 18개의 척도를 4개의 집단으로 나누고 있다. 각 집단에 속해있는 척도를 구체적으로 살펴보면 다음과 같다.

1. 제1군 척도

1) 지배성 *Dominance* : Do 척도

이 척도는 원래 정치적 참여와 관련하여 주도권을 잡고 통솔력을 행사하는 사람을 알아내기 위해 마련된 척도이다. 이 척도에는 모두 46개의 문항이 포함되며 이중 23개 문항은 "그렇다"로 23개는 "아니다"로 채점된다. 문항중 많은 부분이 안정감과 자신감을 다루고 있다. 지배성이 높은 사람은 자기자신을 유능하고 설득력이 있으며 강한 책임감과 인내심이 있어서 현실을 잘 직시하여 지도자가 될 수 있다고 생각했다. 이 척도는 CPI척도중 타당도가 잘 증명된 척도중 하나이며 예언 타당도가 높은 것으로 알려져 있다.

2) 지위능력성 *Capacity for status* : CS 척도

원래 이 척도는 사회, 문화적 환경에서의 지위, 수입, 교육, 권력 등과 관련이 있는 인성적인 척도를 구성하려는 목적에서 시작되었다. 현재의 지위를 측정하는 것이 아니라 지위를 획득하게끔 하는 내부적인 포부 및 자기확신을 평가하는 척도이다. 32개의 Cs척도 문항중 11개는 "그렇다"로 21개는 "아니다"로 채점된다. 문항 내용은 사회적인 안정과 자기확신, 문학적이거나 심미적인 흥미, 사회적인 야심, 다양한 집단 소속에 대한 관심, 공포나 불안이 적은 것과 관련된다.

3) 사교성 *Socialbility* : Sy 척도

이 척도는 본래 사회적인 참여 척도였으나 사교성척도로 명칭이 변경되었다. 사교성척도는 사교적이고 활달하며 참여하기를 좋아하는 사람과 자신을 드러내기를 꺼리고 참여를 회피하는 사람을 변별하기 위한 척도이다. 총 36개 문항중 20개는 "그렇다"로

14개는 "아니다"로 채점된다. 문항내용은 사회적인 상호작용을 즐기는 정도, 타인과의 관계에 대한 자신감 및 안정감, 문화적 혹은 지적 흥미, 자신에게는 엄격하지만 타인에게 관용적인 태도 등이 포함된다.

4) 사회적 자발성 *Social presence* : Sp 척도

내적 합치도 분석에 의해서 합리적으로 구성한 척도로 사회적 상호작용에서의 안정감, 자신감, 활력, 자발성 등을 평가하기 위한 척도이다. 사교성과 관련이 있어 Sp점수가 높은 사람은 타인앞에 나서기를 좋아하지만 타인을 이용하고 마음대로 다루려하며 이들의 행동방식은 공격함으로써 즐거움을 얻는 특징을 지닌다. 총 56개 문항중 25개는 "그렇다"로 31개는 "아니다"로 채점된다. 문항내용은 사회적인 상호작용을 즐기는 정도, 자기확신감, 사회적인 규칙과 금기에 대한 보다 관용적인 태도, 의무나 동조를 강조하는 청교도적인 윤리에 대한 거부 등이 포함된다.

5) 자기수용성 *Self-acceptance* : Sa 척도

개인에 대한 가치감, 자기수용, 독립적인 활동과 사고를 위한 능력 등을 평가하기 위한 척도로 사회적인 행동에서 활동적이든 그렇지 않든 간에 자신에 대해 안정되어 있고 확신감이 있는 사람을 변별해내고자 한다.

총 34개 문항중 17개는 "그렇다"로 17개는 "아니다"로 채점된다. 문항내용은 자기확신이나 사회적 안정감, 사회적 금기에 대한 관용적 태도, 열심히 일하고 의무에 충실하고 타인을 배려해주는 자세등이 포함된다.

6) 안녕감 *Sense of well-being* : Wb 척도

이 척도는 정상인과 정신질환자, 가장된 응답 및 솔직한 응답을 가려내려는 타당성 척도이다. 또한 일상생활에서의 활력 및 만족감을 나타내는 해석적 척도로도 사용이 된다.

총 44개 문항중 5개가 "그렇다"이며 39개는 "아니다"로 채점된다. 내용은 주로 다양한 신체적, 정신적인 증후들에 대한 부인, 중요한 가족문제에 대한 부인, 성적 갈등 및 편견에 대한 부인, 독립성 및 자기충족감과 관련이 있다. 많은 연구에서 Wb과 적응간의 관계를 다루고 있다.

2. 제2군 척도

1) 책임성 *Responsibility* : Re 척도

양심적이고 책임감이 있고 법과 질서에 철저하여 믿을 수 있는 사람, 그리고 인생이 이성에 의해 지배되어야 한다고 믿는 사람을 변별하기 위한 척도이다. 총 42개 문항중 17개는 "그렇다"로 25개는 "아니다"로 채점된다. 문항내용으로 사회적, 시민적, 도덕적인 의무감, 자기훈육, 특권이나 불공평에 대한 불만, 자기확신 및 안정성, 타인에 대한 믿음과 자신감, 충동성 및 반항에 대한 거부 등이 포함된다.

2) 사회성 *Socialization* : So 척도

이 척도는 본래 비행척도로서 개발했으나 비행이외의 사회적 성숙, 성실성, 정직성 등을 반영한다고 보아 사회성 척도로 명칭을 바꾸었다. 따라서 So문항은 개인생활에서 일상의 가치가 어느정도 내면화되어 있고 어느정도로 유용하게 쓰이는가를 측정함과 동시에 일탈행동이나 비행을 범할 가능성이 있는 사람을 가려내기 위한 척도이다. 총 54개의 척도중 22개는 "그렇다" 반응이고 32개는 "아니다" 반응이다. 많은 연구에서 사회성 척도가 타당성이 매우 높다는 사실이 증명된 바 있다.

3) 자제성 *Self-control* : Sc 척도

자기조절 및 자기통제의 적절성 정도, 충동과 자기중심성에서 벗어날 수 있는 정도를 재는 척도이다. 다만 자제성 척도 점수가 너무 높을 때에는 감정통제가 잘 안되므로 충동적, 공격적인 상태를 보이게 된다. 총 50개 문항중 6개는 "그렇다"로 44개는 "아니다"로 채점된다. 척도 타당성에 대한 연구가 이루어지기는 했으나 통계적인 의미가 다소 약한 편이다.

4) 관용성 *Tolerance* : To 척도

허용적이고 수용적이며 판단하기를 꺼리는 사회적인 신념과 태도를 평가하려는 척도이다. 따라서 이 척도에 대한 타당도 연구는 주로 편견이나 고정관념과 관련된 것이었다. 변별력이 있다고 평가된 MMPI문항에다 새로운 문항을 첨부해서 총 32문항이 척도도 포함된다. 이중 3개는 "그렇다"로 29개는 "아니다"로 채점된다.

5) 호감성 *Good impression* : Gi 척도

타인에게 좋은 인상을 주려고 하며 자신에 대한 다른 사람의 생각이 어떤지에 관심을 쓰는 사람을 구별해내며 긍정적인 인상을 주기 위해 자신의 본래 모습을 가장하여 솔직하지 않은 반응을 보이는 사람을 찾아내기 위한 척도이다. 총 40문항중 8개는 "그렇다"로 32개는 "아니다"로 채점된다. 이 척도는 타당성을 재는 가장 중요한 척도이다.

6) 임의성 *Communality* : Cm 척도

타당도를 평가하기 위한 목적으로 고안된 척도로 MMPI의 F척도와 유사하다. 사회에 대한 보수적인 태도 및 아무렇게나 반응한 피험자를 찾아내려는 척도이다. 28개 문항중 14개는 "그렇다"로 14개는 "아니다"로 채점된다. 정상적인 점수보다 높은 것은 지나치게 관습적인 태도를 반영하며 낮은 점수는 "나쁘게 보이도록 자신을 가장한"결과이다.

3. 제3군 척도

1) 순응적 성취 *Achivement via conformance* : Ac 척도

Ac척도는 고등학교 학생들의 학업성취와 관련된 동기와 성격요인을 평가하기 위한 척도로 본래는 '성취'척도였으나 이 척도가 깊이 내면화된 인식구조나 조직에 따르려는 강한 성취욕구를 나타내므로 이후 '순응적 성취'로 재명명했다. 총 38개 문항중 12개는 "그렇다"로 26개는 "아니다" 응답으로 구성되어 있다.

2) 독립적 성취 *Achivement via independance* : Ai 척도

Ac척도와 달리 Ai척도는 주로 대학교에서의 성취와 관련이 있는데 이 척도는 사고의 독립성, 창의성, 자기실현 등이 보상되는 상황에서의 성취를 예언하고 있다. 총 32개 문항중 3개는 "그렇다"로 29개는 "아니다"로 채점된다.

3) 지적 효율성 *Intellectual efficiency* : Ie 척도

지능에 대한 측정치와 의의있는 상관관계가 있는 문항들로 구성되어 있다. 즉 지능검사를 통해 상, 하 두 집단을 나눈뒤 이들에게 MMPI 문항과 검사자가 제작한 문항을 실시한 후 변별력이 높은 문항만을 선택했다. 총 52개문항중 19개는 "그렇다"로 33개는 "아니다"로 채점된다. Ie가 높은 사람은 조직적이고 효율적이며 지적이고 문화적인 것을 추구한다.

4. 제4군 척도

1) 심리지향성 *Psychological mindedness* : Py 척도

타인의 내적인 욕구, 동기, 경험 등에 대해 관심을 가지고 반응을 하는 정도를 평가

하기 위한 척도이다. 단지 연민이나 친절이 아닌 타인의 심적 상태를 알아내는 숙련된 기술을 의미하는 것으로 심리학 분야에서의 성공적인 성취를 예언해 준다고도 할 수 있따. 총 22개 문항중 6개는 "그렇다"로 16개는 "아니다"로 채점된다.

2) 융통성 *Flexibility* : Fx 척도

개인의 사고, 행동, 기질상의 융통성, 적응성 및 변화성을 평가하기 위한 척도로 본래는 엄격성 *rigidity*척도로 고안되었었다. 총 22개 문항중 "그렇다" 문항은 1개 "아니다" 문항은 21개이다. 문항내용에는 권위주의적인 성격을 특징짓는 독단적 주장에 대한 거부, 불확실성과 모호성에 대해 관용적인 태도, 충동적이고 비조직적이며 도덕적 표준이나 윤리적 강령에 대해 유연하고 판단적이지 않은 태도 등이 포함된다.

3) 여성성 *Feminity* : Fe 척도

흥미의 남성성, 여성성을 측정하기 위한 척도이다. 이 척도는 남녀비교에 의한 외적 준거에 의해 마련되었으며 총 38개 문항중 17개는 "그렇다"로 21개는 "아니다"로 채점된다. 높은 점수는 관습적인 여성역할에 대한 선호 및 대인관계에 대한 민감성을 나타내는 여성성을 반영하며 낮은 점수는 남성성을 반영한다.

해 석

다른 성격검사해석과 마찬가지로 CPI해석은 문헌 및 연구에 조예가 깊고 다른 정보와 연결지어 해석을 할 수 있는 숙련된 심리학자에 의해 실시되어야 한다. 특히 강조되는 점은 그 사람만이 지니고 있는 독특한 상황을 고려하여 해석해야 한다는 점이다. 성격 프로파일상 패턴이 비슷할지라도 그 개인의 상황(예를 들면 가정환경)에 따라 해석이 달라지기 때문이다. 잠정적인 해석을 하는 과정에서 검사 지침서와 각 척도의 타당도 및 신뢰도를 관찰해야 하고 점수의 높낮이를 비교해야 하는데 이중 가장 중요한 과정은 오차분석에 있다. 오차분석의 첫째 과정은 각 척도내에서 점수의 높낮이를 해석하는 것이다. 대부분의 척도에서 점수가 높을수록 바람직한 특성도 강하지만 일부 척도는 점수와 행동간에 곡선적인 관계를 보여준다. 예를 들어 중간 정도로 높은 Sc점수는 공격적인 행동을 실행에 옮기지 못하도록 하는 자제력을 발휘하게 하지만 지나치게 높은 Sc점수는 강한 공격적 충동과 내적인 통제 사이에 불안정한 갈등을 보여주는 것이다. 따라서 해석하는 사람은 각 척도점수의 높낮이에 따른 의미를 잘 이해해야 한다. 둘째 과정은 해석시 다른 척도와의 점수변화도 함께 살펴봐야 한다는 점이다. 예를 들어 Do점수가 높은 사람중에서도 Do점수도 높고 Gi점수도 높은 사람, Do점수는 높지만 Gi점수는 낮은 사람 그리고 Do점수가 낮은 사람중에도 Do점수가 낮고 Gi점수는 높은 사람, Do점수는 낮지만 Gi점수는 높은 사람 등이 있고 이 집단에 따라 Do의 해석도 달라진다. 해석과정은 다음과 같다.

1) 준비단계

각 척도의 점수를 계산하여 프로파일 용지에 옮긴다. CPI를 실제적, 임상적인 장면에서 사용하려면 프로파일을 보기전에 전문가는 자신이 얻고자하는 정보를 질문하고 가설을 검증해 본다.

2) 프로파일의 타당성 결정단계

타당성을 저해하는 무반응, 허위반응(나쁘게 보이도록 반응하거나 좋게 보이도록 반응하는)을 확인해 본다.

① 무반응 : 반응자가 지시를 이해하지 못했거나 독해상의 문제로 인해 지시를 따르지 못한 경우를 무반응의 형태는 다음과 같다. 임의적 반응, 모두 "그렇다" 또는 모두 "아니다"반응, 두번 표기한 반응, 응답하지 않은 문항 등이 있다. 여기서 Cm척도는 무반응을 알아내는 타당성 척도이다.

② 보다 나쁘게 보이려는 허위반응 : 프러파일중 Wb과 Cm척도가 정상인 보다 매우 낮게 나타난다. 그러나 이런 유형의 프로파일이라고 해도 타당하지 않은 반응이라고 단정짓는 것은 위험하다. 프로파일의 분석과 답지 분석 그리고 다른 자료들을 함께 참고해서 결정해야 한다.

③ 보다 좋게 보이려는 허위반응 : Gi척도가 거의 상한점에 가까우면서 다른 척도들도 모두 높은 점수를 보여주는 경우이다. 해석자가 주의해야할 점은 적응을 잘하지 못하는 알코올 환자의 경우는 허위반응을 했음에도 불구하고 프로파일의 형태가 낮고 단지 Gi점수만 상한점을 보이므로 이를 간과할 수 있다는 점이다.

3) 프로파일 해석단계

① 검사의 타당성이 가정된다면 전체적인 프로파일의 높이를 관찰해야 한다.

② 군집별(Gough의 4개 군집) 척도간의 높낮이를 살펴본다.

4) 척도 해석단계

각각의 척도점수를 고려해서 보다 세부적인 해석을 하는 단계이다. 그러므로 각 척도 개념에 대한 충분한 이해 및 지식이 필요하다.

① 전체 프로파일에서 가장 높고 가장 낮은 척도를 주목하여 또한 각 군집내에서 가

장 높고 가장 낮은 척도에 주목을 한다.

② 절대적인 높이를 먼저 고려해서 형용사 기술형식의 해석을 한다.

③ 준거 집단(규준)에서 일탈된 정도, 전반적인 프로파일 수준에서 일탈된 정도 등의 상대적인 높이에 대한 해석을 한다.

5) 형태 분석단계

위의 모든 자료들을 전체적인 모습으로 통합하는 단계이다. 이 단계에서는 특히 척도간의 상호관련이 매우 중요하다. 즉 그 프로파일에 대한 기본 방향을 설정한 후 다른 척도들의 높낮이를 살펴봄으로써 그 방향을 어떻게 확정지을까를 결정한다. 예를 들어 Re, So, Sc척도점수가 낮은 경우라는 Do, Sy가 높을 때, Do, Sy, Ai, Ie가 높을 때 그리고 Do, Sy가 낮을 때 등 다른 척도에 대한 자료가 어떻게 첨부되느냐에 따라 전체적인 모습이 결정된다.

6) 마지막 단계

CPI와 관련된 모든 분석이 끝나면 이 정보를 다른 검사자료나 개인사례 자료와 통합해서 최종적인 해석을 해야한다. 프로파일 용지 왼쪽에 CPI검사 특징에 따라 세워진 개인의 주요 가설을 적고 오른편에는 CPI검사이외의 다른 자료들의 결과를 적어 가설이 지지되는지 혹은 거부되는지를 살펴본다.

9

Rorschach 검사

임상가가 사용하는 각 검사들은 나름대로의 장점이 있어서 독특한 정보를 제공해 주지만 료샤검사는 다른 어떤 검사보다도 개인의 성격을 다차원적으로 이해하는데 도움을 준다고 알려져 있다. 즉 료샤검사는 개인의 사고, 정서, 현실지각, 대인관계 방식 등 다양한 측면의 인격 특성에 관한 정보를 제공해준다는 것이다. 그러나 저자가 임상경험을 하면서 료샤검사가 실제로 무엇을 알려주는지에 대해 질문해 보았지만 그 대답은 항상 불분명하였고, 매일 임상장면에서 료샤검사를 사용하는 입장에서 이러한 불확실성은 매우 당혹스런 경험이었다. 시간이 지남에 따라 저자는 이러한 질문에 명쾌한 해답을 얻기 위해서는 선행되어야 할 몇가지 경험이 요구된다는 것을 깨달았다. 즉 축적된 임상 경험을 통하여 실제로 료샤검사가 개인을 이해하는데 유용한 도구라는 자각이 생겨야 하며 이러한 자각 아래 다각적인 연구 활동을 통하여 료샤검사의 신뢰도나 타당도, 그리고 반응 해석의 타당성을 검증해 나가야 한다는 것이다. 이러한 과정을 통하여 임상가는 책에서 배운 지식을 바탕으로 기계적으로 해석하는 수준이 아닌, 임상가가 실제 작업하고 있는 문화권내에서 타당하고 신뢰할 수 있는 해석을 내릴 수 있게 되는 것이다. 그리고 이러한 작업이 활발해질수록 료샤검사에 대한 진정한 신뢰를 바탕으로 한 평가와 연구 도구로서의 사용이 더욱 활발해질 것이다. 국외에서는 이러한 작업이 충분하게 진행되어 왔고 그 결과 최근에는 료샤검사의 전산화 작업이 진행되고 있다는 사실을 우리는 알고 있다. 그러나 중요한 점은 모든 다른 심리검사와 마찬가지로 료샤검사도 국내에서 활발하게 연구된 후에야 진정으로 유용한 우리의 심리검사로서 신뢰될 수 있다는 것이다. 특히 정상인을 대상으로 한 규준연구가 완성된 다음에야 한국 성인의 료샤검사 자료에 대한 보다 정확한 채점과 해석이 가능하다고 볼 수 있을 것이다. 현재 신경진과 원호택(1991)에 의해 잠정적인 규준 연구가 이루어지고 있고 김중술 등(1967)에 의해 한국정상성인의 료샤반응연구가 시행되었으나 국내에서 축적된 임상 경험과 연구활동이 충분하게 통합된 상태라고 주장하기에는 분명히 시기상조라고 말할 수 있다.

이러한 상황에서 우리가 진행시켜야 할 작업은 료샤검사가 무엇을 알려줄 수 있는지를 국외 저서나 연구논문을 통하여 받아들이고 이러한 지식을 바탕으로 하여 임상경험과 연구작업을 쌓아 나아가면서 료샤검사가 보다 신뢰로운 검사도구가 될 수 있도록 발전시켜 나가야 한다고 저자는 생각한다. 이에 따라 이 책에서는 료샤검사가 무엇을 제공해줄 수 있는지를 Exner의 종합체계방식에 따라 검토해보기로 한다. 앞서 지적된 바와 같이 이러한 과정은 료샤검사에 대한 지식을 수용하는 단계이며 이러한 지식을 바탕으로 하여 임상경험과 연구활동을 통합시키는 작업이 활발하게 이어져야 할 것이다.

이 책에서 료샤검사에 대한 지식을 수용하는 과정에서 Exner 방식을 채택한 이유는 다음과 같다. 첫째, Exner 방식은 그 이전의 료샤검사 방식들이 각각 독립적인 채점과 해석체계를 지니고 있었기 때문에 료샤연구의 발전을 저해시켰던 문제점을 해결하기 위해 그 이전의 료샤방식들을 통합하고 표준화하고 있다. 둘째, Exner 방식은 구체적인 채점 기준과 채점 범례를 제공해주기 때문에 배우기 쉽고 정확한 채점이 가능하며 검사자간 신뢰도를 높혀주고 있다. 셋째, Exner 방식에 따라 해석된 내용에 대해 타당도 검증이 보다 쉽게 시행될 수 있으며 검사의 타당도 검증을 위한 방안을 제시해주고 있다. 네째, 심리검사의 전문화과정에서 필수적으로 요구되는 검사의 전산화 작업에 있어서, 실시, 채점, 해석의 표준화가 가능하다.

이러한 Exner 방식을 검토하기 전에 1921년 Hermann Rorschach에 의해 소개되었고 1940년대, 1950년대를 거치면서 현재에 이르기까지 가장 대표적인 투사적 검사로서 활발하게 사용되고 있는 료샤검사의 발달과정 및 료샤검사에 대한 개념을 정리해보기로 하겠다.

1. 료샤검사의 발달

잉크브롯기법은 1921년 Hermann Rorschach에 의해 그의 연구논문 『Psychodiagnostik』를 통하여 소개되기 이전부터 잉크브롯에 의한 개인차 연구로서 시행되어 왔다. 료샤검사 이전의 잉크브롯 기법은 지능검사를 고안하는 과정에서 이용되거나 (Binet와 Henri 1895), 상상력이나 창의력을 평가하는 도구로서 이용되었다 (Parsons 1917). Rorschach는 1911년 Munsterlingen 병원에서 정신과 수련의로서 훈련받을 당시 잉크브롯 카드에 대한 정상 청소년들과 환자들의 반응을 비교했던 경험이 있었다. 그후 1917년부터 그는 보다 체계적으로 정신분열증환자군의 잉크브롯 자극에 대한 반응 자료를 수집하기 시작하였고 1921년 117명의 정상인을 포함하여 전체 405명 피험자에 대한 반응을 분석하여 이러한 잉크브롯 방법이 특히 정신분열증 진단에 상당히 유용한 도구가 될 수 있다는 논문을 발표하기에 이르렀다. 그리고 이 당시 그는 어떤 종류의 반응—주로 움직임이나 색채반응—은 어떤 종류의 심리적, 행동적 특징과 관련이 있다는 인상을 받으면서 이러한 잉크브롯검사가 임상진단 도구로서 뿐만 아니라 개인의 성격이나 습관, 반응 스타일을 알려주는 도구가 될 수 있기 때문에 계속적인 연구가 요구된다고 제안하였다. 이 논문에서 그는 료샤검사를 '형태해석검사 *Form Interpretation Test*'라고 명명하였고 이러한 연구 결과는 예비 결과임을 강조하면서 계속 연구를 진행하였다. 그러나 1922년 그의 갑작스런 사망으로 인하여 료샤검사의 체계적인 연구는 일단 정지되기에 이르렀다.

그후 1929년 Samuel J. Beck이 스위스에 건너가 Rorschach의 동료이자 명성 높은 정신분석가였던 Emil Oberholzer로 부터 료샤검사를 배워왔던 David Levy에 의해 검사를 소개받으면서 체계적인 연구가 다시 시작되었다. Beck이 아동을 대상으로 하여 료샤검사의 표준화 작업을 위한 자료를 모으고 있을 때 그와 친교가 있었던 M. Hertz는 Beck으로부터 료샤검사에 대한 소개를 받고 이 검사의 잠재력에 이끌리어 1932년 부터 료샤검사연구를 시작하였다. 그리하여 1934년에는 이들의 연구와 교육이 영향력을 발휘하면서 료샤검사에 대한 관심이 고조되기 시작하였다. 이와같이 료샤검사의 체계적 연구를 재개했던 Beck와 Hertz는 엄격한 경험주의적 입장에 따라 훈련을 받아왔기 때문에 료샤검사를 연구하는 과정에서도 Rorschach의 채점, 부호화방식의 기본 틀을 그대로 고수하였고 특히 Beck은 채점과 해석의 표준화, 규준의 설정, 양적 분석의 중요성을 강조하였다.

한편 료샤검사의 발전에 지대한 영향을 미쳤던 Bruno Klopfer는 독일 Munich대학을 졸업한 후 Zurich 융연구소에서 심리검사 연구원으로 재직하면서 료샤검사에 접하게 되었다. 그는 현상주의적 입장에 따라 훈련을 받았지만 원래는 정신분석에 깊은 관심을 갖고 정신분석가가 되고자 하였다. 그러나 Klopfer는 자신의 희망과는 다르게 Columbia 대학에서 료샤검사 강의를 시작한 후 료샤검사의 채점과 부호화가 충분하지 못하며 이러한 채점과 부호화가 보완되어야 한다는 자각에 따라 료샤연구팀을 만들어 새로운 채점 부호화를 고안해 나가기 시작하였다. 이러한 과정에서 그는 1936년부터 료샤검사 자료와 료샤검사에 관한 경험을 상호 교환하려는 목적으로 『The Rorschach Research Exchange』를 발간하기 시작하였고 여기에 그의 새로운 채점 체계를 소개하였다(『The Rorschach Research Exchange』는 『Journal of Projective Technique』로 개정되었다가 현재는 『Journal of Personality Assessment』로 발간되고 있다). 그리고 그는 Beck, Hertz, Levy에게 료샤검사에 관한 의견 교환을 제의하였다. 1937년 체계적인 연구의 필요성과 시행, 채점, 해석의 엄격한 표준화를 강조하면서 원래의 료샤 채점체계를 주장한 "Beck의 검사요강"이 『The Rorschach Research Exchange』에 실리면서 새로운 채점의 필요성을 강조하였던 Klopfer와 기존의 채점체계를 유지하고자 했던 Beck의 주장이 대립되게 되었다. 이러한 대립관계를 절충하고자 하였던 Hertz의 시도에도 불구하고 상호 의견교환은 단절된 채 Klopfer, Beck, Hertz는 각기 다른 이론적 배경과 임상 경험에 따라 각자의 료샤체계를 발전시켜 나갔다. Klopfer는 1942년 『The Rorschach Technique』(이책의 1962년판이 RORSCHACH성격진단법 : 이상로, 노창진, 김경린 공역으로 중앙적성연구소에서 출간되었다)을 출판한 후 1954년부터 1970년 사이에 그의 료샤체계를 소개하고 발전시킨 저서들을 연속적으로 출판하였다(Klopfer, Ainsworth, Klopfer와 Holt 1954, Klopfer 등 1956, Klopfer 등 1970). 이와같은 시기에 Beck은 1944년부터 1952년 사이에 료샤검사에 대한 그의 방식을 정리한 저서를 출간하였고(Beck 1944, 1945, 1952) Hertz는 주로 료샤반응 질적 분석을 위한 반응 빈도표를 중심으로 한 저서를 출간하였다(Hertz 1936, 1970).

Piotrowski는 폴란드의 Poznan대학에서 실험심리학을 전공한 후 신경학을 연구하는 과정에서 Klopfer로부터 료샤검사 강의를 듣고 이러한 모호한 검사 상황에서 신경학적 장애는 어떤 반응으로 나타나는지에 관심을 가지면서 료샤연구를 시작하였고 주로 신경학적 관점에서 료샤반응을 분석한 『Percept Analysis』(1957)를 발간하게 되었다.

미국에서 료샤검사 발전에 지대한 영향을 미쳤던 David Rapaport는 Royal

Hungarian Petus에서 정신분석적 훈련을 받았는데 그는 특히 사고장애에 깊은 관심을 지니고 있었다. Karl Menninger 연구소에서 료샤검사를 접하게 되자 그는 이 검사가 사고장애를 평가해줄 수 있는 유용한 도구임을 발견하고 Roy Schafer, Merton Gill과 함께 8개 심리검사의 임상 적용 결과를 정리하여 1946년 『Psychological Diagnostic Testing』을 발간하였다. 이 책은 개인의 성격평가에 있어서 검사 바테리를 이용한 통합적 자료가 유용함을 제시해 주었다. 이 책에서 Rapaport는 방대한 임상 자료를 자세하게 통계적으로 제시하고 있지만 그의 기본적 해석 방향은 정신분석적 입장을 취하고 있었다. 그의 저서는 다른 료샤연구자들에게 지대한 영향을 미쳤고 그 후 Schafer는 『Psychoanalytic Interpretation in Rorschach Testing』(1954)을 발간하여 료샤반응의 내용 분석의 기초를 제공하고 역동적 입장의 성격평가에 커다란 영향을 미쳤다.

이상과 같은 료샤검사의 발달과정을 정리해보면 Klopfer, Beck, Hertz, Piotrowski, Rapaport와 Schafer, 다섯 갈래의 료샤체계가 존재해왔음을 알 수 있다. 그리고 이들의 기본적 입장을 다시 한번 간단하게 정리해 본다면 다음과 같이 요약될 수 있겠다. Klopfer 방식은 현상주의와 정신분석적 훈련 배경에 따라 검사 채점 방식의 확립, 양적 채점 및 질적 채점을 제시하였고 논리적이고 임상적인 근거에 따른 해석을 시도하였다. Beck방식은 엄격한 경험주의적 훈련 배경에 따라 체계적 연구의 필요성을 강조하고 원래의 료샤 채점방식의 수용, 채점과 해석의 표준화, 규준의 설정, 양적 분석의 중요성을 강조하였다. 한편 Hertz는 처음에는 Beck과 같은 입장에서 출발하였으나 료샤반응의 질적 분석을 위한 반응 빈도표를 정교화하는 독자적인 작업을 진행하였다. 앞서 밝힌 바와 같이 Piotrowski는 실험심리학에서 출발하여 처음에는 Klopfer방식에 동조하였으나 주로 신경학적 장애와 료샤반응과의 관계를 중심으로 하여 연구를 진행시켜 나갔고 Klopfer 방식이 행동주의적 방식에서 벗어난다고 비판하였다. 마지막으로 Rapaport와 Schafer는 정신분석적 입장에 따라 개인적 반응의 독특성을 해석해야 한다고 강조하였고 특히 Schafer는 료샤반응의 내용 분석을 독자적으로 발전시켜 나갔다.

이와같은 료샤검사의 발달과정을 살펴볼 때 과연 단일한 료샤검사인지를 의심할 만큼 서로 다른 채점체계를 지니고 있는 각 방식들이 그동안 료샤검사의 연구 작업을 방해하는 커다란 요인이 되어 왔음을 알 수 있다. 그 이유는 각 임상가와 연구자마다 다른 체계를 사용하거나 혼용함으로써 연구 결과의 비교나 반복 연구가 가능하지 않았기 때문이다. 이러한 문제점은 료샤검사의 Exner 종합체계의 발전을 촉구하기에 이르렀다. 료샤검사에 있어서 Exner 종합체계에 대해 검토하기 전에 간단하게 료샤검사의 신뢰도와 타당도를 검토해보기로 하겠다.

료샤검사의 신뢰도

그동안 료샤검사의 신뢰도는 임상적 입장에서는 물론 실험적인 입장에서도 쉽게 해결책이 발견되지 않는 문제로서 인식되어 왔다. 이러한 료샤검사의 신뢰도에 대해 Holzberg(1977)는 료샤검사의 독특성으로 인한 신뢰도 검증의 제한점을 『Rorschach Psychology』에서 지적하고 있으며 Exner(1986)는 이러한 주장의 타당성을 반박하고 료샤검사의 신뢰도를 지지하는 그의 연구들을 제시하였다. 이러한 두 입장을 중심으로 료샤검사의 신뢰도를 검토해보기로 하겠다.

Holzberg는 료샤검사의 특징을 제시하면서 기존의 신뢰도 검증방법이 료샤검사에 적절하지 않음을 제기하고 있다. 그는 료샤검사가 다른 성격검사와는 다르게 종합적인 접근방식으로 해석이 시도된다는 점을 강조하면서 이러한 료샤검사의 전체적 성질 *holistic nature*이 신뢰도 검증 뿐만 아니라 전반적인 연구영역에서도 문제를 제기하고 있음을 지적하였다. 즉 료샤검사는 각 척도의 총점수가 일정하게 산출되지 않으며 각 요소들간의 관계성이 해석의 근거가 된다는 것이다. 예를 들면 다면적 인성검사에서는 각 척도마다 원점수의 총점수가 일정하게 산출되지만 료샤검사에서 M반응이나 다른 반응들은 개인마다 차이가 있으며 각 반응은 다른 반응과의 관계속에서 그 의미가 밝혀질 수 있으므로 검사의 각 반응들을 단순하게 통계적으로 비교한다는 것은 의의가 없다는 것이다.

또한 그는 료샤검사에 대한 재검사 신뢰도, 동형검사 신뢰도, 반분 신뢰도가 료샤검사의 특징으로 인하여 부적절한 방법임을 주장하였다. 첫번째 검사-재검사 신뢰도는 피검자의 심리적 상태의 변화, 검사 상황의 변화, 다른 검사자에 의한 검사 실시로 인하여 재검사 결과에 차이가 있을 수 있으며, 피검자의 연령, 기억으로 인하여 재검사가 영향받을 수 있기 때문에 낮은 재검사 신뢰도 계수가 산출된다고 지적하였다. 이와같이 재검사에 영향을 주는 변인 가운데 특히 연령이 어릴수록 재검사에서 변화가 심할 것으로 예상된다고 하였다. 아동을 대상으로 한 재검사 연구들은 이와같은 예상대로 낮은 재검사 신뢰도를 보여주었다(Swift 1944). 이러한 점 외에도 첫번째 검사 결과에 대한 기억이 재검사 결과에 영향을 미침으로써 재검사 신뢰도가 낮을 가능성을 제기하였다. 이러한 가능성은 심한 기억장애로 인하여 첫번째 반응에 대한 기억을 할 수 없는 전기충격집단, 코르사코프환자집단에게 재검사를 시행하였을 때는 재검사 신뢰도가 높다는 결과가 기억이 재검사에 영향을 미칠 수 있음을 간접적으로 지지해주고 있다(Griffith 1951).

두번째 동형검사 신뢰도를 보면 Behn에 의해 제작된 동형검사 *Behn-Rorschach*를 통하여 신뢰도가 측정되었지만(Eichler 1951) 이 두 검사의 상당한 유사성에도 불구하고 Behn 검사는 특정한 내용의 반응을 유도하는 경향성이 밝혀짐으로써 료샤검사와 동형검사라고 할 수 있는지 의문이 제기되고 있다. 또한 Holzberg는 료샤검사에 있어서 검사 자극의 신기성 *novelty*이 반응을 특징지우는 결정적 요인이라고 지적하면서 동형검사를 실시할 경우 이미 첫번째 검사를 경험한 피검자에 있어서 두번째 검사는 이러한 신기성이 감소하기 때문에 이로 인해 반응에 차이가 날 가능성이 있으므로 동형검사 신뢰도 역시 적절한 신뢰도 검증 방법이 아니라고 주장하였다.

세번째 반분 신뢰도에서는 료샤검사의 각 카드들이 형태구성, 색채, 음영에 있어서 현저하게 차이가 있고 5개 음영카드, 5개 색채카드가 있음을 고려할 때 검사를 동등하게 반분하는 것이 가능하지 않음을 주장하였다. 또한 료샤검사를 반분했을 때 반응 수나 각 채점요인 수가 충분하지 않기 때문에 신뢰도 검증이 적절하지 않음을 제안하였다.

마지막으로 Holzberg는 Dorken(1956)에 의해 제안된 료샤검사에서의 지각-인지적 특성의 일관성에 주목하면서 이러한 연구 내용이 료샤검사의 신뢰도를 지지해주는 결과라고 제안하고 있다. Dorken은 료샤검사의 표준 자극이나 변형 자극에 상관없이 자극이 달라지더라도 피검자의 지각-인지적 특성은 일관성있게 유지된다는 결과를 근거로 하여 "료샤검사의 반응을 결정하는 것은 검사 자극이라기 보다 개인의 성격 특징, 지각적-인지적 특징이다"라고 주장하였다. McFarland(1954)에 의해 시행된 연구에서는 차이있는 지각-인지적 과제에 대해 피검자의 언어적 반응이 일관성이 있고 료샤검사 반응과 다른 지각-인지검사 반응이 일관성있게 나타나고 있음을 보고하였다. 이러한 결과를 근거로 하여 Holzberg는 이러한 다른 형태의 지각-인지적 검사는 료샤검사의 변형이라고 볼 수 있으므로 두 검사간 일관성있는 반응 결과는 료샤검사의 동형검사 신뢰도를 간접적으로 지지해 주는 것이라고 주장하였다. 그리고 결론적으로 그는 현단계에서 료사검사의 특수성으로 인하여 료사검사의 신뢰도 연구가 부정적 결과를 초래하고 있음을 인식해야 한다고 역설하였다. 그리고 어떠한 이유에서건 아직 료사검사의 신뢰도가 충분히 입증되지 못한 상태이므로 임상가는 성격평가에 있어서 료샤검사외 다른 자료를 보완적으로 활용하고 료샤검사 결과를 하나의 가설 설정을 위한 자료로서 신중하게 이용할 것을 제안하였다.

표 9-1 로샤검사의 재검사 신뢰도 결과*

변 인	내 용	1년후 재검사 재검사신뢰도계수	3년후 재검사 재검사신뢰도계수
R	전체 반응수	.86	.79
P	평범반응	.83	.73
Zf	Z빈도	.85	.83
F	순수형태	.74	.70
M	인간운동	.84	.87
FM	동물운동	.77	.72
m	무생물운동	.26	.39
a	능동적 운동	.83	.86
p	수동적 운동	.72	.75
FC	형태 색채반응	.86	.86
CF	색채 형태반응	.58	.66
C+Cn	순수 색채, 색채 이름	.56	.51
CF+C+Cn	색채 주도 반응의 합	.81	.79
Sum C	색채 반응 총합	.82	.86
T	재질반응	.91	.87
C′	무채색 반응	.73	.67
Y	일반 확산반응	.31	.23
V	차원반응	.87	.81
비율 및 백분율			
L	람다	.78	.82
X+%	확대-좋은 형태 반응	.86	.80
Afr	정서 비율	.82	.90
3r+(2)/R	자아중심지표	.89	.87
EA	경험 실제	.83	.85
es	경험 자극	.64	.72
D	스트레스 대응지표	.91	.83

* 이 표는 「The Rorschach : A Comprehensive system」(Exner 1986)에서 발췌되었음. 1년후 재검사 N=50, 3년후 재검사 N=100.

한편 Exner는 Holzberg 주장의 타당성을 반박하였다. Exner에 의하면 이러한 료샤검사의 독특성에도 불구하고 신뢰도 검증이 가능하다고 주장하면서 특히 재검사 신뢰도 측정에서 개인 성격의 일관성이 존재하기 때문에 재검사 신뢰도 측정이 가능하다는 연구들을 제시하였다. 1983년까지 30개 이상의 재검사연구들이 완성되었는데 재검사 기간은 짧게는 몇일에서 길게는 1년 이상이었다. 이 가운데서 1년후 재검사와 3년후 재검사를 검토한 결과 Exner는 25개 변인 가운데 15개 변인이 .80 이상, 5개 변인만이 .72 이하의 상관관계를 보이고 있음을 보고하였는데 그 결과가 표 9-1에 제시되고 있다.

이외에도 Exner는 M : Sum C, FC : CF+C+Cn, a : p 방향성이 일관되게 유지된다고 보고하였다. 즉 내향성 대 외향성의 관계를 나타내는 M : Sum C는 한 방향으로 2점 이상 차이나는 83명 가운데 77명이 일년후 재검사에서 동일한 방향으로 차이를 보였고 FC : CF+C+Cn 비율에 있어서는 2점 이상 어느 한 방향으로 차이나는 36명 가운데 1년후 재검사에서 32명이 동일한 방향으로 차이를 보였으며 a : p비율에서 2점 이상 차이를 보이는 39명 가운데 31명이 동일한 방향으로 차이를 보이고 있었다는 것이다. Exner는 이러한 결과가 료샤검사 특히 료샤종합체계의 신뢰도를 지지해준다고 제안하였다.

이러한 결과를 종합해 볼 때 반분 신뢰도나 동형검사 신뢰도는 료샤검사의 특징상 아직 충분하게 접근되지 못하고 있지만 재검사 신뢰도는 성인의 경우 3년의 장기 기간에도 불구하고 일관된 방향으로 반응을 보이고 있음이 사실이며 이는 료샤검사의 신뢰도를 지지해주는 결과라고 보여진다.

료샤검사의 타당도

다음은 Weiner가 Rorschach Psychology(1977)에서 료샤검사의 타당도에 대해 토의한 내용을 간단하게 요약하여 소개하고자 한다. 료샤검사의 타당도는 전체적으로는 부정적인 결과에도 불구하고 부분적으로는 사고장애, 자아기능 평가에서 지지를 받아왔다(원호택 등 1983, Bellak 등 1973, Exner 1974). Weiner는 이러한 부분적인 타당도 연구에도 불구하고 료사검사의 해석적 접근방식에 따라 타당도 연구결과가 초래됨을 지적해주었다. 이러한 방식은 료샤검사의 타당도 뿐만 아니라 료샤검사의 해석적 접근방식에 대해서도 개괄해주고 있다는 점에서 가치가 있는데 그 내용은 다음과 같다.

첫번째 해석방식은 경험적 신호방식 *empirical sign approach*이다. 이 방식은 서로 다른 진단집단의 반응기록지를 비교하여 집단간 반응양상의 차이가 있으면 이러한 반응 특징이 진단적 신호라고 받아들이는 방식이다. 이러한 접근방식은 정교한 자료 분석이나 가설검증 단계를 거치지 않는 경우가 흔하며 이러한 방식에 따라 Beck(1938)과 Rickers-Ovsiankina의 정신분열증지표, Piotrowski(1937)의 기질적 장애지표, Miale-Harrower-Erickson(1940)의 신경증 지표가 제시되었다. 그리고 여러 정신장애군에 대한 검사반응 지표들이 보고되기도 하였다(Rapaport와 Gill, Schafer 1946). 이러한 접근방식이 지니고 있는 문제점으로는 첫째 정신의학적 진단 자체의 신뢰성이 지적되고 있다. 즉 정신의학적 진단 자체가 신뢰도가 낮은데 이를 준거로 삼아 신호방식에 따라 타당도가 검증된다면 당연히 신호방식의 결과는 부정적이라는 것이다. 둘째 기준집단의 선정이 대표성을 띄고 있지 않다는 점이 지적되고 있다. 예를 들면 Beck의 정신분열증 지표연구에서 정신분열증의 비교집단으로 정상군이 선정되었는데 임상적으로 감별진단이 요구되는 집단은 정상집단이 아닌 다른 임상집단이기 때문에 적절한 비교집단으로는 정상집단이 아닌 다른 정신장애자 집단이 선정되어야 한다는 것이다. 셋째 변인의 정교화나 변인간 상호관계 정도가 고려되고 있지 않다는 점이다. 예를 들면 전체반응 W가 지표 반응으로 제시될 때 W 반응의 질적 분석이나 다른 반응과의 관계를 고려하지 않고 단지 W 반응의 빈도만을 지표로 제시함으로써 지표 반응의 타당도를 저하시키고 있다는 것이다.

두번째 해석방식은 특정한 반응형태나 군집반응을 정신장애의 지표로 제시하고 이러한 군집 지표의 타당성을 검토하는 방식으로서 이 방식 역시 타당도 검증에 문제점을 제기한다: 이 해석방식의 예를 들면 Rapaport에 의해 제시된 오염과 작화혼합반응 *contamination and fabulized combination* 등과 같이 사고장애를 나타내는 15개 반응에 가중점수를 주고 합산한 정신분열증장애지표 "Delta Intex"(Watkins와 Stauffacher 1952)가 군집반응으로 제시된다. 우울장애 지표, 자살 지표 역시 우울장애나 자살 가능성을 나타내는 여러개의 반응들이 군집으로 제시된다. 이러한 방식에 따른 타당도 검증 역시 다음과 같은 문제점이 제기된다. 1) 군집반응의 타당도 검증의 준거로서 정신장애 진단이 사용된다. 2) 대부분의 군집 지표들은 반복적인 연구를 통하여 지지되지 못하였다. 3) 대부분의 군집 지표들의 빈도는 높지 않기 때문에 적절한 표집이 어렵다. 군집지표 역시 단일 지표와 마찬가지로 지표의 설정과정이나 타당도 검증과정에 문제점이 있다고 볼 수 있다.

세번째 전체적 접근방식 *global approach*은 임상가가 양적인 분석을 거치지 않고 피검자의 전체 반응을 질적으로 분석하여 전체적인 인상을 포착하고 이를 평가의 근거로 삼는 방식이다. Long과 Karon(1969)은 경험이 많은 임상가는 정신분열증 입원환자들의 상대적인 적응수준을 정확하게 평가할 수 있다고 주장하였다. Potkay(1971)는 임상가의 경험 수준에 따른 임상가의 판단능력의 차이를 강조하였다. 따라서 이 방식이 제시하고 있는 문제점은 이 접근방식의 정확도는 임상가의 경험 수준에 의존하므로 타당도의 결과가 임상가의 훈련이나 경험에 따라 크게 차이가 난다는 점이다. 또한 타당도가 낮을 때 이와같은 타당도 저하가 검사자의 경험 부족 때문인지 검사 자체의 문제점인지 가리기가 어렵다는 것이다. 따라서 이 접근방식으로는 임상가의 경험과 검사 자체의 타당도를 쉽게 구별할 수 없음이 문제점으로 제기된다.

네번째 접근방식은 개념적 접근방식 *conceptual approach*이다. 검사를 통해 평가하고자 하는 행동이나 상태를 설명해 줄 성격요인을 찾아 보고 이러한 성격요인을 로샤검사를 통해 측정하고자 한다. 다시 말하자면 로샤검사를 통해 이러한 성격요인을 측정함으로써 행동이나 상태를 예측하고 평가하고자 하는 것이다. 예를 들어 정신분열증이라는 상태를 예측하고자 하는 경우 정신분열증을 설명해 줄 지각장애를 로샤검사의 F+%, X+%를 통하여 평가한다면 지각장애 요인은 로샤검사의 F+%, X+%와 정신분열증을 연결해주는 개념적 고리가 되는 것이다. 이 접근방식은 신호, 형태, 전체적 접근방식과 다르게 기준 관련타당도 *criterion-related validity*가 아닌 개념적 타당도로서 로샤반응과 행동사이의 관계를 이론이 어느 정도로 설명해 줄 수 있는가를 다루는 것이다. 즉 로샤검사의 F+%, X+%와 정신분열증과의 관계를 지각장애가 설명해줄 수 있는가를 검토하는 것이다. 다시 말하자면 낮은 F+%와 지각장애와의 관계를 검토해보고 정신분열증과 지각장애와의 관계를 검토해봄으로써 이 두 관계가 연관이 된다면 지각장애가 로샤검사의 반응과 정신분열증과를 연결하는 타당한 개념적 고리임을 입증하게 되는 것이다. 이러한 과정을 통하여 로샤검사가 인격 기능을 측정할 수 있음을 입증함으로써 로샤검사의 해석과정이 성격 기능을 다루는 일반 심리학과 충분히 연결되도록 해준다. 그리고 이러한 개념타당도의 적절한 설계는 로샤검사의 타당도 연구에서 긍정적인 결과를 가져다 줄 가능성을 높혀 준다. 따라서 앞으로 이러한 개념타당도를 고안하여 로샤검사의 타당도 검증을 시도해보는 것이 바람직하다고 생각된다.

다섯째 로샤검사의 해석적 접근방식으로 대표적 방식과 상징적 방식이 있다. 대표적 접근방식 *representative approach*은 로샤검사가 다양한 자극을 구조화하도록 요구하는 지각적-인지적 과제로서 로샤검사에서 나타난 지각적-인지적 특징은 피검자이 지가

적-인지적 과정을 대표한다고 보는 입장이다. 이러한 입장에서는 피검자가 반응을 조직하고 표현하는 형식적 방식이 그의 지각적 특징을 나타낸다고 생각하기 때문에 이러한 근거에 따라 피검자가 반응하기 위해 선택하는 자극의 특징과 구조, 표현방식, 즉 반응의 위치, 결정요인, 언어적 표현방식을 평가하게 된다. 그 이유는 이러한 형식적 방식이 피검자의 지각적-인지적 특징을 나타낸다고 인정되기 때문이다. 반면 상징적 입장에 따르면 료샤검사란 공상에 대한 자극이라고 정의하고 피검자의 인격에 대해 추론할 수 있도록 해주는 것은 료샤반응의 내용이라고 생각한다. 료샤검사의 반응 내용은 피검자의 내적 감정이나 태도를 알려주는 자료라고 여겨진다. 예를 들면, "한 발가벗은 남자가 등을 돌리고 있고 여기에 그의 엉덩이가 있다"라고 표현했다면 이러한 내용이 내적인 동성애적 감정을 상징하고 있다고 해석하는 것이다. 이러한 해석이 가능한 것은 다음과 같은 연관성을 근거로 하고 있다. 즉 일반적으로 남자 동성애는 등뒤로 부터의 접근을 선호하고 남성의 뒷모습에 관심을 가지고 있다. 이 피검자는 동성애와 동일한 관심을 보이고 있으므로 동성애적 관심을 가지고 있을 것이다. 그러나 이러한 추론적 접근방식은 예외적인 경우가 있기 때문에 오류를 범할 가능성이 있다. 즉 모든 동성애 남성이 등뒤 접근방식을 선호하는 것은 아니다. 따라서 등뒤 모습에 관심을 보이는 것이 반드시 동성애와 연관되는 경우일 수는 없다. 다시 말하자면 이와 같은 추론적 방식으로 해석을 시도하는 것은 항상 오류일 가능성이 있다는 것이다.

이와같은 대표적 해석방식과 상징적 해석방식을 검토해 보았을 때 료샤검사의 사용에 관한 중요한 함축적 의미를 제공해준다. 대표적 방식은 료샤검사 상황에서 일어나고 있는 지각적-인지적 특징이 다른 상황에서의 지각적-인지적 특징을 대표한다고 생각하기 때문에 피검자의 지각적 활동이 한 상황이나 다른 상황에서 동일하게 일어날 것이라는 추론 이외에 다른 추론은 존재하지 않는다고 볼 수 있다. 이러한 해석은 반응 내용의 구조적 특징을 근거로 하여 피검자의 인격구조적 측면, 그의 상상적 활동능력, 추론의 논리적 과정, 방어적 성질 등을 기술하게 된다. 이러한 대표적 해석방식의 타당도 검증은 료샤반응의 특징(예를 들면 높은 Dd%)이 일상생활에서의 특징(부분에의 지나친 집착)과 관계가 있다는 가설의 타당성을 검토하면 된다. 그러나 상징적 해석방식은 추론이 이어지는 각 상황마다 상관성에 관한 가설이 타당한가를 검토해야 한다. 따라서 상징적 해석은 그 타당성을 검토하는 것이 대표적 방식보다 훨씬 어렵다. 예를 들면 카드 4의 상단 부분에서 "허약한 줄이 달려 있다"라는 반응 내용이 남성 피검자의 성적 무력감을 상징한다고 해석될 수 있다. 그러나 어떤 남성 피검자의 경우는 일반적으로 자신의 허약성을 반영할 수 있지만 여성의 경우는 남성에 대한 경멸감을 표현하는 반응일 수 있다. 이와같이 상징적 해석은 특정한 상황에서는 정확할 수 있지만 일반적인 상황에서는 부정확할 수 있기 때문에 이러한 해석은 부정적 타당도 결과를 가져오게 된다. 여기서 주목할 점은 많은 부정적 타당도 결과가 이러한 상징적 해석에서 나오고 있으며 료샤검사에 대한 비판은 이와같은 상징적 해석의 타당성을 과학적으로 검증하기 어렵다는데 그 원인이 있다는 것이다. 따라서 료사검사를 사용하는 임상가는 해석 과정에서 대표적 방식을 기본적 입장으로 취하고 상징적 해석 내용은 일종의 추론적 가설로서 활용해야 할 것이다.

이상과 같은 료샤검사의 타당도에 관한 고찰은 직접적으로 료샤검사의 타당도 연구결과를 개괄하고 있지는 않지만 앞으로 타당도 연구가 발전해 나갈 방향을 제시해주고 나아가서 타당성있는 해석의 방향을 제시해주고 있다고 보여진다.

2. Exner의 종합체계방식

1961년 Exner는 료샤검사의 발전을 위해서는 료샤방식의 통합이 요구된다는 Klopfer와 Beck의 제안을 받고 다섯 갈래의 료샤방식의 차이점을 비교하는 작업에 착수하였고 그 결과 『The Rorschach Systems』(1969)에서 각 체계의 차이점을 밝히고 있다. 이러한 차이점을 간단하게 기술해보면 위치반응 채점에서 15가지 채점방식, 색채반응에서 16가지 채점방식, 무채색에서 각각 고유한 채점방식들이 제시되었다. 그리고 이러한 차이점은 좌석 배치와 검사 지시 등 검사 실시방법에서도 드러났다. Exner는 이러한 차이점을 정리하면서 단일한 료샤검사란 실제로 존재하지 않는다고 결론 내리면서 1970년부터 통합을 위한 연구 작업을 시작하여 임상적으로나 연구방법론상 가장 타당성있고 신뢰로운 료샤검사 체계를 발전시키고자 하였다.

이러한 목적으로 그가 시행했던 연구 내용을 간단하게 살펴보면 다음과 같다. 미국 심리학회 회원과 성격평가연구회 회원 가운데 무작위로 추출된 750명의 임상가들에게 질문한 결과 395명(53%)에게서 응답지를 회수할 수 있었는데 응답자의 22%는 일정한 방식에 따라 채점하지 않으며 단지 내용분석만을 하고 있고 응답자의 75%는 단일체계의 채점방식에 따르지 않고 여러 방식을 혼합하여 사용하거나 주관적인 경험을 혼합하는 변형된 채점방식에 따른다고 응답하였다. 또한 료샤검사를 최소한 일년에 20회 이상 사용하는 임상전문가 200명에게 질문하여 응답해온 111명과 앞서 응답했던 395명, 전체 506명의 응답내용을 분석한 결과 응답자의 103명, 20%만이 충실하게 단일 료샤방식을 사용하고 있음이 밝혀졌다. 이러한 질문지 조사외에도 Exner는 1970년 당시까지 발표되었던 료샤검사 논문 4000편과 29권의 저서를 검토하였고 연구방법론상 문제점이 없는 신뢰로운 연구 논문 700여편을 추출하고 이러한 논문에서 밝히고 있는 연구 결과를 정리하였다. 또한 임상심리전문가들의 협조로 수집된 각기 다른 방식으로 채점된 료샤검사 기록지 1300개 가운데 자료의 미비점이 없는 기록지 835개를 기초로 하여 다섯가지 방식의 료샤체계를 직접 비교하였다. 이러한 연구 작업을 거치면서 Exner는 다음과 같은 결론에 이르렀다.

1. 검사 실시방법의 차이로 인하여 다섯가지 료샤검사는 차이있는 반응을 초래하고 있다.
2. 각 체계에는 경험적으로 지지받지 못하거나 부정적 결과가 드러난 채점방식, 채점기준, 해석적 가설이 부분적으로 포함되어 있다.
3. 각 체계에는 경험적으로 지지받는 채점방식, 채점기준, 해석이 부분적으로 존재한다.
4. 따라서 경험적으로 방어적인 자료가 수집될 수 있기 위해서는 어떤 단일 체계를 선택할 것이 아니라 각 체계 가운데 장점들을 통합하는 방식이 요구된다.

이러한 결론에 따라 Exner는 다섯가지 료샤방식을 통합하고 표준화하는 작업에 착수한 결과 『The Rorschach : A Comprehensive System Vol Ⅰ』(1974), 『The Rorschach : A Comprehensive System Vol Ⅱ』(1978), 『The Rorschach : A Comprehensive System 2nd Edition』(1986) 『A Rorschach Workbook for the Comprehensive System』(1990)을 출판하게 되었다. 그러나 그는 이러한 료샤검사의 종합체계가 완성된 것이 아니라 임상적, 경험적 연구를 바탕으로 하여 계속 수정되어야 한다고 밝히고 있다. 저자 역시 료샤의 종합방식이 완전한 것은 아니며 채점방식이나 해석방식에 있어서 보완되어야 할 점이 있다고 생각한다. 그러나 현재로서는 경험적으로 타당한 연구결과를 바탕으로 하여 완성된 체계적 방식이므로 이 방식에 따라 실시, 채점, 해석이 진행되는 것이 바람직하다고 여겨지며 이 방식에 따르면서 문제점이 있다면 이를 보완하는 시도를 해나가야 한다고 생각한다.

지금부터 소개되는 료샤검사, 검사시행법, 채점, 해석, 그리고 부록내용은 앞서 제시된 Exner의 저서를(1974, 1978, 1986, 1990)에서 인용되었다.

3. 료샤검사의 반응

실험적 방식으로 료샤검사를 도입하였던 Rorschach로 부터 임상적, 경험적 결과를 토대로 종합체계를 확립한 Exner에 이르기까지 료샤검사가 과학적 평가도구임을 입증하기 위해서 다음과 같은 질문에 해답을 제시하고자 노력하였다. 료샤검사가 어떤 심리적 작용을 자극하는지? 료샤검사 반응이 어떤 심리적 과정을 나타낸다고 해석할 수 있는지?

료샤검사는 투사적 검사 가운데 가장 대표적인 검사로 알려져 있고 실제로 어떤 투사적 검사 보다 주요하게 사용되고 있는 심리평가 도구이다. 그러나 이러한 료샤검사에 반응하는 동안 실제로 어떤 과정을 거쳐서 반응이 일어나는지에 대해서는 그동안 적극적인 검토가 적었던 것이 사실이다. 이제부터 이러한 질문에 대한 해답을 구해보기로 하자. 이러한 검토는 임상가에게 매우 중요한 작업인데 왜냐하면 이러한 기본적 개념을 바탕으로 하여 임상가는 왜 표준적인 검사실시가 중요한지, 채점방식의 표준화가 왜 중요한지, 어떤 근거에서 해석적 가설이 도출되는지를 이해할 수 있기 때문이다.

이러한 질문에 대한 해답을 1) Rorschach 2) Beck 3) Exner의 견해에 따라 검토해보기로 하겠다.

1. 검사의 반응과정에 대한 Rorschach의 견해

Rorschach는 검사 자극에 의해 유발된 감각 *sensations*과 개인의 기억 흔적 *memory trace*이 통합되어 반응이 일어난다고 가정하였다. 그는 이러한 통합과정, 즉 감각적 인상과 기억 내용을 통합하려는 과정이 의식적으로 인지되는 과정 *a consciously realized operation*이라고 해석하였다. 다른 말로 하면 개인은 검사 자극이 기억속에 저장된 내용과 반드시 일치하는 것이 아니라는 사실을 자각하고 비교적 유사한 내용과 연결시키고자 한다는 것이다. 따라서 그는 이 과정을 연합과정 *associational process*이라고 기술하였다. 그는 감각적 인상과 기억을 연합시키는 능력에 있어서 개인차가 있으며 이러한 개인차로 인하여 반응의 다른 조합이 일어난다고 하였다. 그는 무의식적 요소가 반응 결정에 영향을 미친다는 가설을 배척하였고 반응과정을 지각과정이나 통각과정 *apperception*으로 보았다.

2. 검사의 반응과정에 대한 Beck의 견해

Beck과 Klopfer는 거의 동일한 견해를 제시하고 있기 때문에 이들의 견해를 한데 묶어서 Exner의 실증적 개념 이전의 추론적 개념이라고 제시해 볼 수 있을 것이다. 이들은 실제 료샤 반응과정에서 일어나는 심리적 작용을 검증하는 대신 임상적, 논리적 근거에 따라 료샤검사를 통해 무엇을 알수 있는지를 밝히고자 하였다. 이들은 기본적으로 료샤검사가 다면적 인격 특성, 다차원적 인격 특성을 나타내준다고 주장하고 있다. Beck은 지적 활동 *intellectual activity*, 내적 심리작용 *inner psychological operation*, 공상적 반응 *the fantasy response*의 세가지 성격 측면이 검사를 통해 드러난다고 하였다. 다시 말하자면 좋은 형태반응 F^+, 전체반응 W, 조직반응 Z, 반응계열, 동물반응 A, 독창반응 O 등에서 지적 활동이 드러나며 색채 반응 C, 음영반응 Y, 통경반응 V, 재질반응 T, 공백반응 S에서 내적 심리작용이 표현되며 인간 움직임반응 M, 인간 움직임반응과 유사한 동물움직임반응 FM에서 공상적 활동이 드러난다고 하였다. 한편 Klopfer는 인지적, 지적 측면, 정서적 측면, 자아 기능의 측면이 드러난다고 제시하였다.

3. 검사의 반응과정에 대한 Exner의 견해

Exner는 료샤 반응과정을 일종의 문제해결과정이라고 해석하였는데, 그 이유는 다음과 같다. 료샤검사 자극은 실제로는 단순한 잉크브롯에 불과하지만 피검자는 무엇이든지 연상해보라는 지시를 받고 실제로는 어떤 명백한 모양을 나타내고 있지 않은 검사 자극에 대해 반응해야 하는 과제를 해결한다는 것이다. 이러한 과정은 문제해결과정으로서 반응이 일어나는 동안 개인 내부에서 복잡한 심리적 작용이 일어난다는 것이다. 그는 이러한 과정에서 다음과 같은 복잡한 심리적 과정이 일어난다고 제안하였고 이러한 과정을 실증적으로 검증하려는 시도를 보이고 있다. 그가 제안하고 있는 문제해결과정동안 일어나는 심리적 작용은 다음과 같다.

제1단계 : 1. 검사 자극이 입력되는 단계
2. 검사 자극의 전체나 일부를 분류하는 단계
제2단계 : 3. 순위에 따라 잠재적 반응을 취사 선택하는 단계
4. 검사에 대한 선입견에 따라 잠재적 반응을 버리는 단계
제3단계 : 5. 개인의 특성과 반응 스타일에 따라 반응을 선택하는 단계
6. 개인의 현재 심리상태에 따라 반응을 선택하는 단계

이러한 반응과정을 설명하는 근거로서 그는 여러가지 흥미로운 증거들을 제시하고 있는데, 다음과 같다.

1) 잠재적 반응에 대한 증거

Exner는 정상성인의 시각적 주사활동 *visual scanning activity*을 검토해본 결과 카드 I에 대한 시각적 주사활동이 0.5초 동안에 일단 완료됨을 발견하였다. 그러나 실제로는 검사 초발 평균반응은 대략 5.79초이기 때문에 그는 이러한 시간 간격동안 여러가지 결정이 일어난다는 가정을 세우고 이를 입증하고자 하였다. 이와같이 실제로는 표현되지 않는 잠재적인 반응이 존재함을 입증해주는 증거들은 다음과 같이 제시될 수 있다. 한 실험에 의하면 검사자의 지시에 따라, 그리고 검사자의 언어적, 비언어적 강화에 따라 반응수가 증가된다고 한다. 검사자가 강화해주는 상태에서는 10개 카드에 대해 전체반응 수가 104개에서 113개 범위로 증가되었다(Exner와 Arnbruster 1974). 이러한 연구결과 심한 정신병환자를 포함하여 대부분의 피험자들은 잠재적으로는 매우 짧은 시간동안 대단히 많은 반응을 할 수 있음을 알 수 있었다. Exner, Armbruster, Mittman 연구(1978)에 의하면 피험자들은 대답할 수 있는 반응보다 25% 가량 적게 응답한 것으로 나타났는데, 그 이유를 물었을 때 "가장 그렇게 보였기 때문에 선택했다"고 그 이유를 설명하였다. 이러한 연구들이 현재 축적되고 있으며 이러한 Exner의 연구 결과는 검증 절차나 결과를 살펴볼 때 계속 검토할 가치가 있다고 보여진다.

2) 반응과정에서 투사의 역할

모든 반응에서 투사가 일어나는가? Exner는 이와같은 매우 중요한 질문에 답하려고 시도하면서 앞서 제시된 반응과정을 근거로 하여 다음과 같은 제안을 하고 있다. 만약 반응을 선택하는 과정이 분류와 순위결정에 따른다면 이 과정에서는 투사가 일어난다고 보기 어렵다. 즉 반응이 평범한 경우는 투사가 개입되어 있지 않을 확률이 높다는 것이다. 그러나 개인의 특징적인 성향이나 내적인 심리상태가 반응에 영향을 미친다면 투사과정이 일어나게 되고 이러한 반응은 그 내용이 비교적 평범하지 않고 독특하다는 것이다.

Exner는 현재까지 검사에 대한 축적된 지식을 바탕으로 할 때 어떤 반응이 자극 특징에 따라 응답된 것인지 어떤 반응이 투사에 따라 응답된 것인지 정확하게 알기는 어렵다고 진술하고 있다. 그러나 운동반응은 검사자극의 특징이 실제로 움직임을 포함하고 있지 않기 때문에 투사가 작용하고 있는 반응이기 쉽다. 움직임반응 가운데 단순한 움직임반응이 아닌 정교한 세부 묘사나 독특한 반응 묘사가 들어간 경우는 투사가 개입되고 있을 확률이 높기 때문에 특히 주목될 필요가 있다. 예를 들어보자. 카드 III에서 "두사람", "뭔가 들고 있는 두사람"이라고 응답한 경우와 "두사람이 서로에 대해 생각한다"라고 응답한 경우를 비교해 보자. 전자의 반응은 자극 특성에 기초한 단순한 분류 반응이거나 부분적으로 피검자의 특성이 혼합된 반응일 수 있다. 반면 후자의 반응은 자극 특성에 따라 결정된 반응이라고 보기는 어렵고 개인의 독특한 상태가 투사되고 있는 반응이라고 보아야 할 것이다. 즉 이 반응은 투사된 내용을 포함하고 있는 것이다. 반응에 투사가 개입될수록 반응은 자세하고 독특한 묘사가 들어가게 될 것이다. "두 사람이 뭔가를 들어 올리려고 매우 고통스럽게 긴장하면서 애쓰고 있다"는 내용은 단순히 "뭔가를 두 사람이 들어 올리고 있다"는 내용과는 다르게 개인적인 반응내용이 투사된 결과이기 쉽다. 따라서 평범하고 기본적인 반응 이상으로, 그리고 검사자극의 특징 이상으로 자세하게 묘사되고 있는 반응이라면 투사가 개입되고 있는지를 반드시 검토해 보아야 한다. 흔히 이와같이 반응이 풍부하게 묘사된 경우는 반응내용이 검토될 때 주요한 해석의 원천이 된다. 이러한 이유로 언어적 표현이나 언어적 내용이 자세하게 검토되어야 할 것이다. 따라서 앞으로 제시될 반응의 양적인 분석 뿐만 아니라 개인의 반응 내용의 독특성에 유의하는 질적인 분석이 반드시 필요하며 이러한 질적인 분석이 개인을 이해함에 있어서 풍부한 자료를 제시해 줄 수 있음을 명심해야 한다.

종합방식의 특징

료샤의 부활을 위해 1968년 Rorschach Research Foundation을 설립하고 엄청난 노력을 한 Exner는 Rorschach 이후 그 어느 누구보다도 료샤검사에 대해 열정을 쏟았다고 볼 수 있다. 이러한 Exner의 노력으로 탄생한 종합적 방식이 어떤 특징을 지니고 있는지 간단하게 기술해보면 다음과 같다.

첫째, 종합적 체계는 경험적인 근거를 바탕으로 하여 기존의 각 료샤방식에서 실증적인 검증을 견뎌낸 채점방식이나 해석방식만을 도입함으로써 기존의 어떤 방식보다 과학적인 입장에 따르고 있다.

둘째, 과거에 존재하였던 료샤방식 가운데 경험적 검증을 근거로 채택될 수 있는 부분만을 선택하고 있을 뿐만 아니라 기존의 방식을 종합하고 있다는 특징이 있다.

세째, 료샤 종합방식은 채점방식에 있어서 보다 명백한 채점 기준을 명료화함으로써 채점자간 신뢰도를 높히고 보다 쉽게 배울 수 있다는 장점이 있다.

넷째, 종합적 방식에 따른 반응의 해석은 광범위한 연구 자료를 기초로 하기 때문에 해석의 타당성이 높다.

다섯째, 위와같은 종합적 체계의 장점에도 불구하고 지적될 수 있는 한계점은 이 방식이 철저하게 통계적인 검증을 견뎌낸 채점방식과 해석방식만을 채택함으로써 료샤검사 반응의 내용분석을 위축시키고 통계적인 증거는 불충분하지만 임상적인 경험을 바탕으로 할 때 계속 검토될 가치가 있는 잠정적인 해석을 억제한다는 점이다. 따라서 종합체계방식에 따라 검사를 시행하고 채점하고 해석하는 임상가는 이러한 제한점을 고려하여 나름대로의 임상적 경험을 토대로 하여 잠정적인 해석을 내려보고 이러한 해석의 타당성을 계속 검증해보려고 시도해야 할 것이다.

4. 료샤검사 재료

료샤검사재료는 10개의 대칭으로 된 잉크블롯 카드이며, 카드에 새겨진 순서와 위치에 따라 제시된다. 카드 I, IV, V, VI, VII은 무채색으로 되어 있으며, 나머지 카드 II, III은 검정색과 붉은 색채가 혼합되어 있고, 카드 VIII, IX, X은 여러가지 색채가 혼합되어 있다. 이 카드들의 특징은 체계화가 되어 있지 않고 불분명하며 뚜렷한 의미가 없다는 점이다. 이와같이 카드 자체는 명백한 어떤 대상이나 사물을 지칭하고 있지 않으나 다양한 함축적인 의미가 있는 것으로 보여진다. Rabin(1959)이 각 카드의 차이를 연구하였는데, 대립적인 어의 내용에 따라 각 카드에 어떤 의미가 내포된 것으로 투사되는가를 검토한 결과, 뚜렷한 차이가 카드 IV, VII에서 보고되었다. 카드 IV는 '나쁜, 추한, 더러운, 혐오스러운, 가치없는, 잔인한, 불쾌한, 슬픈, 부정직한, 강한, 큰, 사나운, 무거운, 두꺼운, 거칠은, 닳아진' 등의 부정적 용어로 기술되어졌고, 반면 카드 VII은 '좋은, 아름다운, 깨끗한, 친절한, 유쾌한, 행복한, 정직한, 평화로운, 밝은, 갸날픈, 부드러운, 섬세한' 등의 긍정적인 용어로 기술되어 졌다. 국내에서도 염태호(1969)에 의해 『로샤검사의 자극가에 관한 연구』가 시행되고 각 카드의 고유한 속성을 깊이 평가할 필요성을 제안하고 잉크반점들의 자극가 측정을 시도하였다. 이 두 연구는 모두 각 카드마다 다양한 함축적 의미가 고유하게 내포되어 있고 이와같이 불분명한 다양한 함축적 의미가 암시되는 자극카드에 각 피험자가 다양한 반응을 투사할 수 있다는 점을 제시해주고 있다.

5. 검사의 시행

로샤검사를 실시하기 전에 임상가는 다음과 같은 결정을 내려야 한다. 현재 진단하고자 하는 문제에 비추어 볼 때 과연 로샤검사의 시행이 합리적인가? 즉 심리평가가 의뢰된 문제의 성질에 비추어 볼 때 로샤검사가 적절한 해답을 줄 수 있는가? 만약 의뢰된 평가 목적이 기질적 장애를 판별하거나 지적 능력을 평가하는 경우라면 로샤검사 실시는 적합하지 않다. 로샤검사는 기능적 정신장애의 임상진단이나 역동진단에 보다 적절한 해답을 줄 수 있을 것이다.

다음에 임상가는 로샤검사를 실시함에 있어서 다른 검사보다 먼저 실시해야 할지 아니면 나중에 실시해야 할지를 결정해야 한다. 로샤검사가 매우 모호한 자극 특성을 지니고 있기 때문에 어떤 검사보다도 반응하기가 어렵고 따라서 이 검사를 먼저 실시할 경우 로샤검사 자체의 반응도 떨어질 뿐만 아니라 로샤검사 직후에 실시되는 다른 검사 반응에도 영향을 미치기 때문에 최대의 능력이 평가되어야 하는 지능검사 바로 전에 로샤검사를 실시하는 것은 바람직하지 못하다는 것이 일반적으로 알려져 있다. 검사의 표준 절차를 철저하게 지켜야 하기 때문에 이러한 일반적인 입장에 따라 보통은 로샤검사를 맨 마지막에 실시하거나 마지막에서 두번째 순서로 시행한다. 현재까지 이러한 실시 순서가 가장 타당하다고 여겨지지만 저자의 생각으로는 로샤검사의 중요성이라는 측면에서 볼 때 피검자가 피로해지기 전 다른 검사 보다 앞서서 실시하는 경우 그 효과가 어떤지 검토될 필요가 있을 것으로 여겨진다.

로샤검사의 준비 및 좌석 배치

검사를 시행하기에 앞서 검사가 순조롭게 진행될 수 있도록 카드와 기록지가 제대로 준비되어 있는지를 점검해야 한다. 카드는 순서대로, 바른 위치대로 배열되어 있는지? 검사를 수행하기 알맞은 위치에 놓여 있는지? 기록지는 준비되어 있는지? 이와 같은 점들을 미리 점검해야 한다.

좌석은 검사자와 피검자가 얼굴을 정면으로 맞대는 방향으로 배치되어서는 아니된다. 이 점은 겉으로 보기에는 사소한 문제처럼 보일지라도 전체 검사 반응에 영향을 줄 수 있는 요인이므로 각별히 유의하여야 한다. 이러한 좌석 배치가 바람직하지 않은 이유는 피검자가 검사자의 비언어적 메시지를 민감하게 받아들여 검사반응을 하는데 영향을 받을 수 있기 때문이다. 이러한 좌석배치는 피검자로 하여금 어떤 반응은 억제하고 어떤 반응은 과잉 반응하도록 유도할 수 있다. 일반적으로 료샤검사를 실시하는 좌석 배치는 검사자와 피검자가 직각으로 앉거나 동일한 방향으로 앉는 것이 적절하다고 인정되고 있고 이 가운데서는 직각 방향의 좌석배치가 더 적절할 것으로 보여진다.

료샤검사의 소개

료샤검사를 시행할 준비가 완료되었으면 임상가는 피검사자에게 이 검사를 소개하는 과정을 거쳐야 한다. 앞서 지적된 바와 같이 대부분의 경우 먼저 다른 검사를 시행하고 난 다음 료샤검사를 시행하므로 이런 경우는 이미 검사과정에 대해서 충분히 소개가 된 상태라고 볼 수 있으므로 특별히 료샤검사에 대해 자세하게 소개할 필요는 없다. 자세한 소개는 피검자의 불안과 저항을 불러 일으킬 수 있다. 다음과 같은 방식으로 검사를 비교적 간단하게 소개한다.

"이제 우리가 시작할 검사는 잉크로 만든 검사입니다. 당신은 이 검사에 대해 이야기를 듣거나 이전에 이 검사를 해 본적이 있습니까?"

만약 검사에 대해 이야기 들은 적이 없다고 응답한다면 다음과 같이 짤막하게 설명한다. "이제 몇장의 잉크 카드를 차례로 당신에게 보여주겠습니다. 이 잉크 카드가 당신에게 무엇처럼 보이는지를 나에게 이야기해 주시기를 바랍니다."

때로는 피검자가 이 검사를 어떤 목적으로 실시하는지를 알고자 원하는 경우가 있다. 이런 경우 짤막하게 다음과 같이 응답해준다. "이것은 당신의 성격 특징을 알려줄 수 있는 검사입니다. 이 검사를 하고 난 다음 우리는……" 이 다음 내용은 평가가 의뢰된 상황에 따라 다르게 진술될 수 있다. 예를 들면 다음과 같다. "…당신의 치료를 보다 잘 계획할 수 있게 될 것입니다. 혹은, 당신의 문제를 보다 잘 이해할 수 있도록, 당신 자신에 대한 질문에 좀 더 정확하게 해답을 찾아보고자 합니다." 때로는 피검자가 어떤 방식으로 검사가 해석되는지를 알고 싶다고 요청한다면 임상가는 검사가 완료된 다음에 그 문제를 토론하자고 제안한다.

만약 피검자가 이미 검사를 시행해 본 경험이 있다고 응답한다면 언제, 어디서, 어떤 이유로 검사를 시행했는지, 피검자는 그 당시의 반응을 기억하고 있는지를 질문해야 한다. 이와같이 검사를 이미 시행한 경우라 할지라도 다시 료샤검사를 시행할 이유가 충분한 경우에는 피검자에게 그때 반응했던 내용과 상관없이 현재 생각나는대로 응답하라고 권유한다.

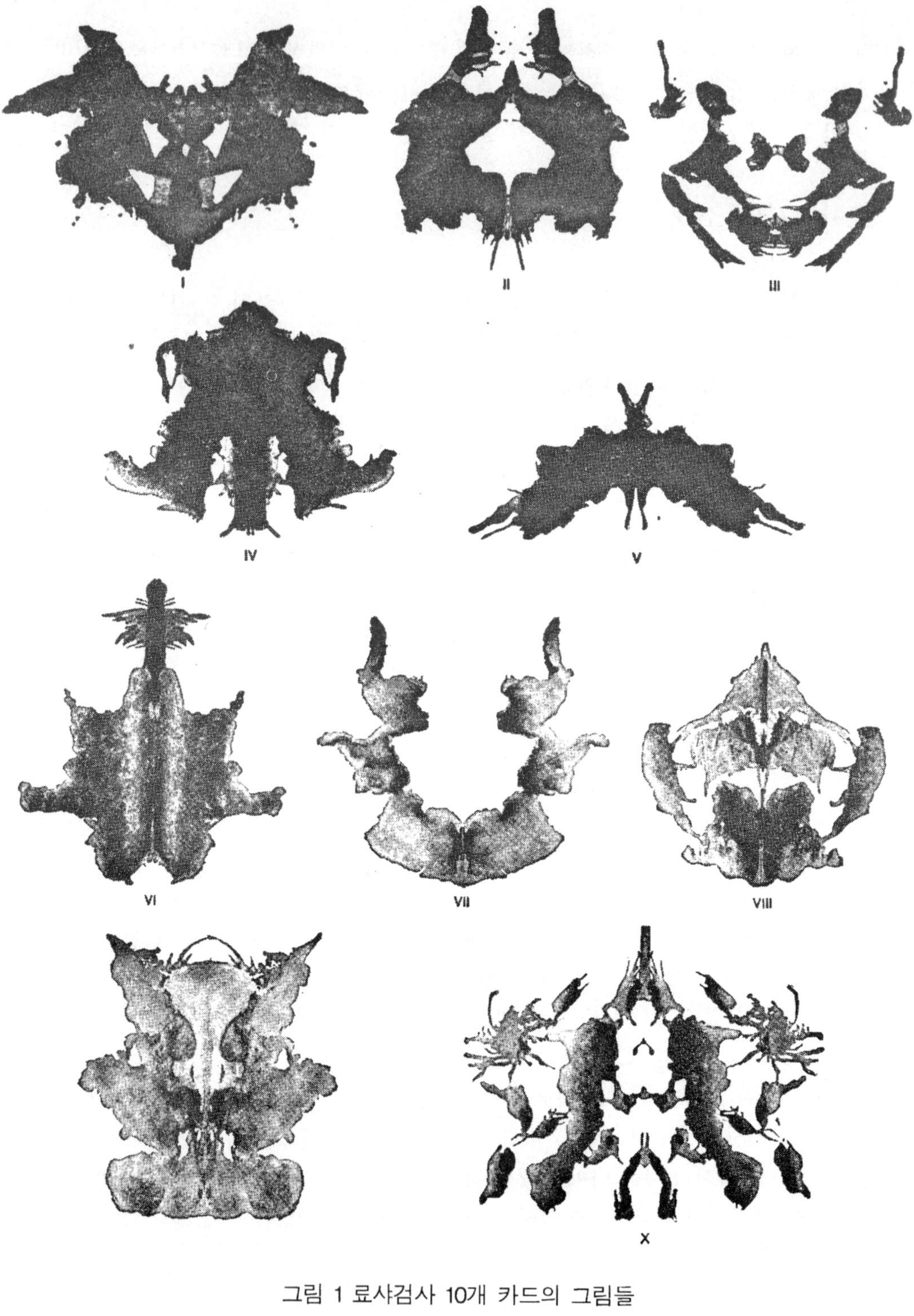

그림 1 료샤검사 10개 카드의 그림들

이 단계에서 주의할 점은 피검자의 상상력을 검사한다는 잘못된 개념을 심어 주어서는 안된다는 것이다. 이러한 잘못된 개념이 생기면 피검자는 자신이 본 것을 말하는 것이 아니라 브롯에 대해 연상하려고 시도한다. 료샤검사 반응은 피검자가 본 것을 말하는 것이다. 또한 검사를 소개할 때 "모호한", "체계적이지 않은" 검사라는 식으로 소개해서는 안된다. 단지 잉크브롯 검사라고 소개한다면 충분하다.

이와같이 검사를 실시할 준비가 되고 난 다음에는 첫번째 카드를 피검자에게 주면서 검사자는 다음과 같이 묻는다.

"이것이 무엇처럼 보입니까?" 그외 다른 말은 필요하지 않다!

만약 피검자가 이러한 지시에 대해 "그건 잉크브롯처럼 보여요"라고 응답한다면 검사자는 다음과 같이 지시한다. "그래요. 이건 잉크로 만든 카드예요. 그것이 무엇처럼 보이는지를 말해주기를 바래요."

이와같이 검사를 실시하는 방식은 별로 중요한 영향을 미치지 않을 것이므로 적당히 상황에 따라 다르게 처리해도 된다고 생각하기 쉽다. 그러나 지시가 달라짐에 따라 반응의 수는 물론 반응내용이 달라질 수 있다는 점을 명심하고 반드시 표준 방식에 따라야 한다. 때로는 료샤검사가 구체적으로 무엇을 평가하는 검사인지를 알고자 하는 피검자의 요청에 따라 검사자가 료샤검사를 구체적으로 설명할 필요가 있다고 느껴지는 경우가 있을 것이다. 그러나 원칙적으로 표준 시행에서 벗어나서는 아니되며 료샤검사에 대한 자세한 설명을 하게 되면 반응에 영향을 미치므로 표준절차에서 벗어난 시행은 도움이 되지 않는다는 점을 명심해야 한다.

료샤검사를 시행하는 동안 피검자가 여러가지 질문을 할 수 있는데 임상가의 원칙은 가능한 한 비지시적으로 짧게 응답한다는 것이다.

"이 카드를 돌려볼 수 있나요?", "전체를 봐야합니까?" 이러한 질문에 검사자는 "그건 당신이 마음대로 할 수 있습니다"라고 응답한다.

"몇개나 반응해야 합니까?" 이러한 질문에는 "많은 사람들은 한개 이상의 반응을 합니다"라고 응답해준다.

"사람들은 이 카드에서 무엇이라고 반응합니까?" 이런 질문에는 "사람들은 여러 종류의 반응을 합니다"라고 응답한다. 즉 검사자는 이러한 방식으로 비지시적으로 응답을 해준다.

때로는 피검자가 I번 카드에서 단지 한개 반응만을 하는 경우가 있는데 검사자는 카드 Ⅰ에 한해서 다음과 같이 격려해준다. “좀 더 충분하게 보도록 합시다. 내 생각에는 당신이 좀 더 볼 수 있을 것 같군요.” 만약 피검자가 Ⅰ번 카드에서 2개 혹은 3개 반응을 하고 난 다음 “몇개나 반응을 해야 합니까?”라고 묻는다면 “그건 당신에게 달려 있습니다”라고 응답해준다.

만약 피검자가 카드 Ⅰ이나 Ⅱ에서 아무 것도 볼 수 없다고 거절한다면 적절한 관계 형성에 실패했거나 피검자가 검사 시행방법을 이해하지 못한 경우이다. 이러한 상황에서 무리하게 검사를 진행하는 것은 의미가 없다. 일단 검사를 중지하고 피검자와 함께 무엇이 문제인지를 검토해 보아야 한다. 대부분의 경우는 문제가 해결되어 검사를 다시 시작할 수 있는데 이런 경우 다시 카드 Ⅰ부터 시작한다. 이러한 중재에도 불구하고 계속 검사에 저항하고 응답할 수 없다고 피검자가 협조하지 않는 경우에는 피검자가 검사를 원하지 않음이 분명하므로 검사를 중단해야 한다.

때로는 피검자가 몇개 카드에 대해 적절하게 반응하다가 중간에 반응을 거부하는 경우가 있는데 이런 반응은 카드 Ⅵ, Ⅶ, Ⅸ에서 일어나기 쉽다. 이러한 경우 검사자는 다음과 같이 격려해준다. “충분히 보도록 합시다. 서두를 이유가 없습니다. 다른 사람들은 무엇이든지 발견할 수 있었습니다.” 이러한 격려 후 대부분의 피검자는 다시 반응을 시작할 수 있게 된다.

이와같은 연상단계에서 피검자는 카드를 보면서 자발적으로 응답을 하고 검사자는 피검자의 응답을 말 그대로 기록하게 된다. 검사자가 피검자의 반응을 말 그대로 기록하는 일은 매우 중요한데 그 이유는 반응이 말 그대로 기록되어야 나중에 채점단계에서 채점이 정확하게 이루어지고 피검자의 독특한 반응이 그대로 보존됨으로써 중요한 정보를 얻을 수 있기 때문이다. 그리고 이 단계에서 검사자는 피검자가 카드를 보고 있는 방향을 기록해야 한다. 카드의 위치 표시는 검사자가 제시해준 방향에서 부터 피검자가 오른쪽 방향으로 돌려본다면 ∨, >, ∨, < 와 같은 네가지 방식으로 표시를 하면 된다(∧이 표시가 카드의 정위치를 나타내며 < 표시의 뾰죽한 부분이 카드의 윗부분을 나타낸다).

검사수행에서 중요한 점은 기록방식인데 그림 2에 기록방식의 예가 제시되어 있다. 임상가는 이러한 형식에 따라서 피검자의 말 그대로를 기록하여 반응내용을 잘 검토할 수 있도록 해야 한다.

그림 2 묘사반응 기록방식

카드	반 응	질 문	채 점
I	1.이것은 박쥐같이 보인다	검 : (피검자의 반응 반복) 피 : 네, 여기는 날개, 여기는 다리, 이건 촉각 같군요 검 : 어디서 그렇게 보았는지 잘 모르겠군요 피 : 네, 전체였어요. 여기는 날개(손으로 가리키며) 여기는 가운데 몸뚱이다	Wo Fo A P 1.0
(피검자가 카드를 그만 보기를 원한다) 검 : 당신이 좀 더 충분히 본다면 더 많은 것을 볼 수 있을 것 같군요.			
	2.이 가운데 부분은 여자 같은데 손을 들고 있어요	검 : (피검자의 반응 반복) 피 : 네, 여기가 여자모양 같아요 검 : 어떻게 보았는지 잘 모르겠군요 피 : 여기가 다리인 것 같고, 허리가 잘록하고, 그녀의 머리는 뒤로 젖혀져 잘 안보이는 것 같군요. 손은 뭔가를 신호하는 듯이 이렇게 올리고 있어요	Do M^{p}o H
II	3.두 마리 개의 머리같군요	검 : (피검자의 반응 반복) 피 : 그냥 모양이, 가운데는 코이고 목이 있고 양쪽에 한마리씩 있어요	Do Fo 2 Ad
피 : 돌려볼 수 있나요? 검 : 그건 당신 마음대로 입니다 < >			
V	4.이렇게 보니 폭발하는 것 같군요	검 : (피검자의 반응반복) 피 : 네, 선이 이렇게 뻗어나가는 것 같아요. 돌풍이나 불처럼 검 : 불이라고요? 피 : 네, 온통 빨개요, 불처럼	Dv m^{a}.CFo Ex, Fi

질문단계에 들어가기 전에 반응이 지나치게 적거나 반응이 지나치게 많은 경우에 대해 생각해 보기로 하자.

전체 반응이 14개 이하일 경우 연상단계에서 질문단계로 넘어가지 않고 표준절차를 벗어나서 다음과 같이 지시한다.

"자 이제 당신은 어떻게 반응하는지를 알고 있지요. 그러나 문제가 있습니다. 당신은 검사로부터 무언가를 알아낼 수 있을만큼 충분한 반응을 하지 않았습니다. 이제 다시 앞으로 가서 이번에는 더 많은 반응을 해보도록 합시다. 이미 반응했던 것을 반복해도 좋습니다. 그러나 이번에는 좀 더 반응을 더 해보도록 합시다."

이러한 추가 지시후 반응이 증가된다면 이 반응들을 모두 포함하여 채점하고, 해석한다.

이와 반대로 반응이 너무 많은 경우 이를 제한해야 한다. 검사자가 관찰하기에 피검자가 Ⅰ번 카드에서 5개 반응을 하고 난 다음에도 반응을 계속하려 한다면 피검자로부터 카드를 받으면서 다음과 같이 말한다. "자, 이제 다음 카드로 갑시다." 만약 피검자가 계속 5개 이상의 반응을 하려한다면 계속 이런 방식으로 개입하여 반응을 5개로 제한한다. 그러다가 만약 피검자가 어느 카드에서 5개보다 반응을 적게 한다면 이때부터 검사자는 피검자의 반응을 그대로 받아들인다. 예를 들면 카드 Ⅰ번부터 Ⅲ번까지 5개 이상 반응하려 하다가 검사자의 제지를 받은 피검자가 카드 Ⅳ에서 3개 반응을 했다면 카드 Ⅴ번부터는 5개 반응을 초과하더라도 검사자가 개입하지 않는다. 이러한 반응의 제한은 반응비율, 특히 정서비율, W : D : Dd 비율, 자아중심성 지표를 변화시킬 위험성이 있다는 점이 고려되어야 한다.

질문단계

질문단계는 피검자가 반응한 내용을 검사자가 정확하게 부호화하고 채점할 수 있도록 도와준다. 그러나 때로는 잘못된 질문을 통하여 피검자의 응답을 유도한다. 이와같이 피검자의 반응을 유도하게 된다면 피검자의 자발적인 반응을 채점해야 한다는 원칙에서 벗어나게 된다. 또한 채점을 오염시키고 결과적으로 료샤 자료의 타당성을 저해하게 되므로 적절한 질문방식을 익혀야 할 것이다.

질문목적 : 10개 카드에 대해 자발적인 응답을 하고 난 다음 검사자는 반응을 정확하게 채점하기 위해 반응단계에서 응답되었던 피검자의 반응에 대해 질문한다. 이 단계에서 검사자가 주의해야 하는 점은 새로운 반응을 끌어내는 것이 아니라 이미 피검자가 응답한 내용을 정확하게 이해하고 채점할 수 있도록 질문을 해야 하기 때문에 어떤 암시나 유도를 피해야 한다는 것이다. 질문의 목적은 피검자가 카드에서 보았던 것을 검사자가 그대로 볼 수 있고 이에 따라 정확하게 부호화하고 채점하고자 하는 것이다. 이러한 목적을 달성하려면 피검자에게 왜 질문이 필요하며 무엇을 이야기하도록 기대되는지를 이해시켜야 한다.

질문단계 설명 : 질문을 시작하면서 검사자는 피검자에게 질문의 목적을 다음과 같은 표준방식으로 설명해야 한다.

"이제 우리는 다시 카드를 보겠습니다. 시간이 많이 걸리지는 않습니다. 나는 당신이 보고 말했던 것을 그대로 보고자 하며 당신이 보았던 그대로 볼 수 있기를 바랍니다. 이제 한번에 하나씩 검토해나갈 겁니다. 이제 당신이 말했던 그대로 내가 읽으면 당신은 나에게 어디서 그렇게 보았는지를 알려주시기 바랍니다. 그리고 그렇게 보도록 만든 것이 무엇인지를 나도 알 수 있고 당신이 본 그대로를 나도 볼 수 있도록 말해주기를 바랍니다. 이해가 됩니까?"

질문단계 진행 : 이러한 진술 후 피검자가 이해를 충분히 했다는 표시가 있을 때 질문을 시작해야 하며 피검자가 검사과정을 충분히 이해하지 못한 상태라면 다시 설명해주어야 한다. 피검자가 충분히 이해하고 준비된 상태라면 하나씩 카드를 건네주면서 검사자는 다음과 같이 말한다. "여기서 당신은……이렇게 이야기했습니다"라고 말하면서 피검자의 말을 그대로 반복해준다. 만약 피검자가 검사자의 설명을 듣고 충분히 이해한 상태라면 이러한 검사자의 진술이 끝난 후 반응 영역과 반응 특징을 설명할 것이다. 이와같은 방식으로 반응 하나 하나를 질문한다.

때로는 피검자가 충분히 이해하지 못했음이 드러나는데 이런 경우 검사자는 다음과 같이 다시 설명해 준다. "지금 우리가 왜 이 작업을 하는지를 다시 기억해 봅시다. 당신이 보았던 대로 나도 볼 수 있도록 당신이 도와주어야 합니다. 어디에서 그렇게 보았는지 무엇이 그렇게 보도록 만들었는지를 나에게 말해주기 바랍니다."

어떤 피검자들은 특히 나이가 어린 경우 반응 위치를 말하는데는 어려움이 없으나 무엇이 그렇게 보도록 만들었는지를 말하기는 어려워하면서 다음과 같이 말한다. "그 이유는 모르겠어요. 그냥 그렇게 보였어요." 그런 경우 검사자는 부드럽지만 단호하게 다음과 같이 말한다. "그렇게 보였다는 것은 알겠지만 나도 그렇게 볼 수 있어야 한다는 점을 기억하세요. 자, 나도 그렇게 볼 수 있도록 도와주세요. 그 부분에서 그렇게 보도록 만든 것이 무엇이었는지를 나에게 말해주세요."

질문의 결정 : 이러한 질문단계에서 검사자는 묘사 부호와 채점방식을 익숙하게 알고 있어야만 어떤 내용으로 질문해야 하는지, 어떤 질문은 불필요한지를 정확하게 판단할 수 있다. 일단 피검자의 응답이 주어지고 난 다음 다음 세 가지 항목에 대해 채점할 수 있어야 한다. (1) 위치(어디서 그렇게 보았는지) (2) 결정요인(무엇이 그렇게 보도록 만들었는지) (3) 반응내용(어떤 내용인지).

질문단계에서 피검자가 반응의 위치를 밝히고 나면 검사자는 반응기록지에 반응번호별로 반응의 위치를 기록해두고 표시해 두어야 한다. 그림 3에 위치기록의 예가 제시된다. 만약 3번 반응이 전체반응이었다면 3=W라고 기록하고 4번 반응이 D_1이었다면 해당되는 위치를 표시하고 그 옆에 4번 반응이라고 기록해야 한다. 또한 세부적인 부분들이나 특이한 위치 내용들도 모두 기록해둔다. 때로는 피검자가 반응한 드문 부분반응 Dd가 위치번호 표시에 나와 있지 않는 경우가 있다. 이와같이 Dd반응에서 위치표시가 없는 기타 Dd반응은 모두 Dd_{99}로 표시한다.

그림 3에 묘사반응 위치가 기록되어 있다.

검사자는 이 단계에서 반응의 위치를 정확하게 파악해야 그 반응의 형태질을 평가할 수 있다. 왜냐하면 형태질 평가는 카드내 위치에 따라 결정되기 때문이다.

만약 피검자가 반응 위치를 분명하게 말하지 않거나 반응 위치가 정확하지 않으면 다음과 같이 질문할 수 있다. "당신이 그것을 본 것은 어디이지요?", "정확하게 그 부분을 알 수 없군요. 손으로 그 위치를 가리켜 보세요."

비교적 쉽게 채점될 수 있는 반응 위치와 반응 내용과는 다르게 결정요인은 정확히 알아내어 채점하는 것이 어렵다. 특히 검사자의 질문에 영향받지 않고 피검자가 스스로 응답한 내용에만 근거하여 결정요인이 밝혀져야 하는데 대부분의 피검자는 결정요인을 명확하게 지각하고 있지 않는 상태이므로 스스로 결정요인을 쉽게 말할 수 없으므로 검사자가 질문을 해야 한다.

기본적인 질문방식 : 검사자가 질문하는 경우 어떤 단서도 제공하지 않고 비지시적인 방식으로 질문해야 한다는 점이 중요하다. 또한 피검자의 반응이 원래 반응단계에서 반응되었던 내용에 한해서 응답되어야 한다는 점 역시 중요하다. 이러한 원칙에 따라 결정요인을 질문하는 기본적 질문형태가 있기는 하지만 대부분 검사자는 상황에 따라 적절하게 질문해야 한다.

기본적인 질문은 다음과 같다.

"당신이 본 그대로 볼 수 있는 것 같지 않군요. 당신이 본 그대로 볼 수 있도록 도와주세요."

때로는 이와같이 변형된 질문을 던질 수 있을 것이다.

"그렇게 보도록 만든 것이 무엇이었는지 잘 알 수 없군요."

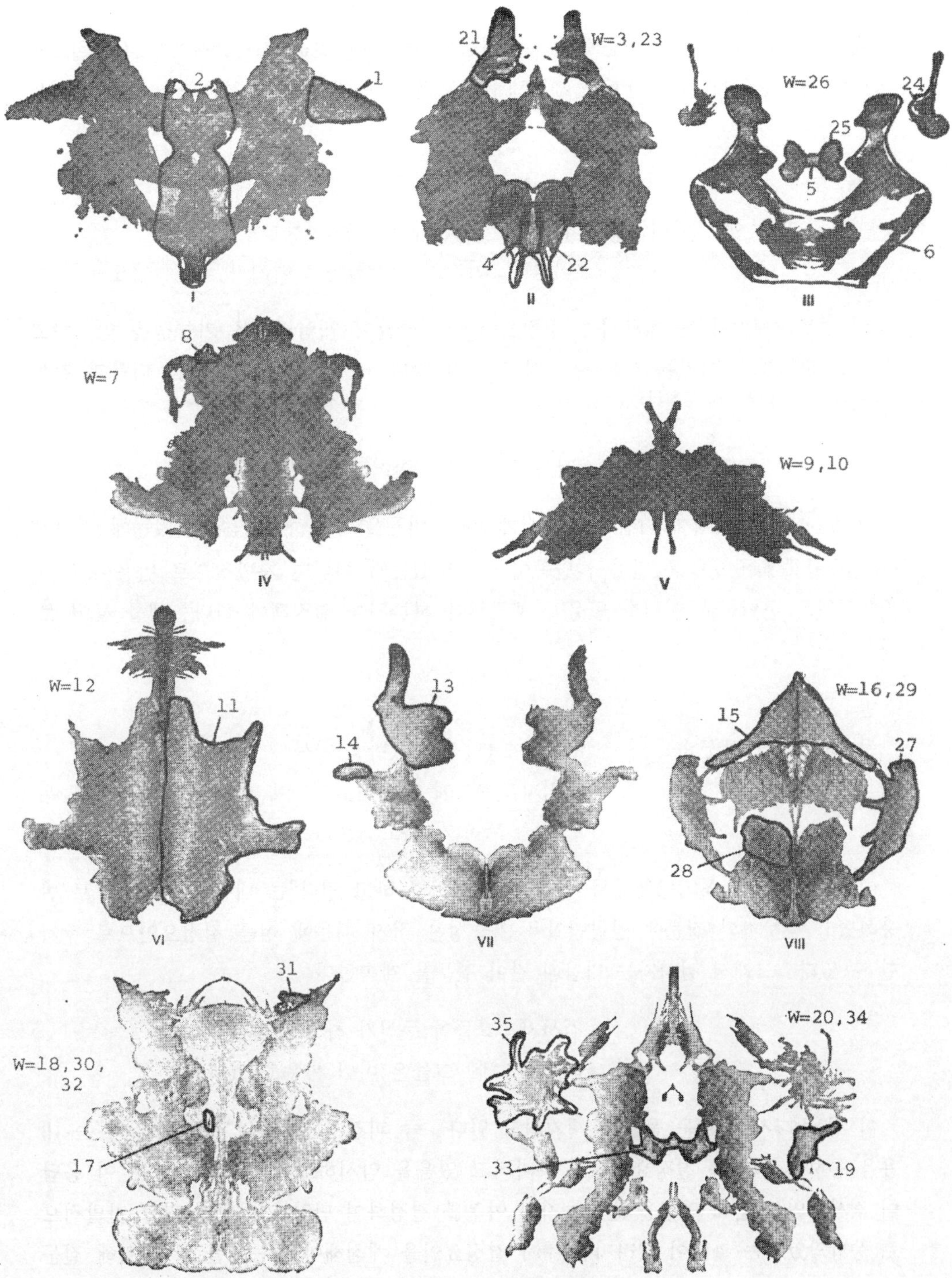

그림 3 료샤반응 위치기록

결정적 단어에 대한 질문: 다음은 반응단계에서나 질문 초기단계에서 자발적으로 응답한 결정요인에 관한 단서를 제공해주는 결정적 단어에 대해 질문하는 방식을 검토해 보기로 하자.

반 응	질 문
이것은 매우 예쁜 꽃이군요.	검사자 : (피검자의 반응 반복)
	피검자 : 여기가 꽃받침이고 여기가 꽃잎이예요.

이 경우 "예쁘다"는 형용사는 결정요인으로 색깔이 개입되었을 가능성을 암시하고 있지만 피검자는 여기에 대해 언급하고 있지 않다. 이런 경우 검사자는 다음과 같이 질문한다.

검사자 : 당신은 꽃이 예쁘다고 했는데요

때로는 질문단계에서 피검자가 새롭게 반응 내용을 추가하는 경우가 있는데 검사자는 질문단계에서 영향을 받아서 반응이 추가되었는지 아니면 자발적으로 반응이 추가되었는지를 판단하고 이러한 반응을 채점해야 하는지를 결정해야 한다. 예를 들어 보자.

반 응	질 문
두 마리의 곰 같군요	검사자 : (피검자의 반응 반복)
	피검자 : 여기에 한마리, 여기에 한마리 있는데 그들은 무언가 하고 있어요.

이런 경우 질문 초기단계에서 피검자가 "무언가 하고 있다"는 내용을 자발적으로 반응하였고 검사자의 질문에 영향받았을 가능성은 적기 때문에 이를 결정요인으로 추가할 수 있다. 그래서 검사자는 다음과 같이 질문을 계속한다.

검사자 : 그들이 무언가 하고 있나요?
피검자 : 네, 그들은 아마 싸우고 있나봐요

이 경우 다시 새로운 문제가 제기되고 있다. 즉 피검자는 다시 "싸우고 있다"는 내용을 통하여 색채가 결정요인으로 추가되고 있음을 암시하고 있다. 검사자는 이 응답이 검사자의 질문에 영향을 받았는지의 여부를 결정하여 만약 영향받지 않고 자발적으로 응답되었다는 판단이 내려지면 추가 결정요인을 채점해야 하는지를 알기 위해 질문한다. 반면 질문단계에서 검사자가 질문을 많이 한 다음에 검사자의 질문의 영향을 받아서 피검자가 추가반응을 했다면 이런 경우는 결정요인으로 추가하지 않는다. 이런 결정이 항상 쉬운 것은 아니지만 질문단계 초반부에 피검자가 자발적으로 응답한 경우가 아니라면 추가 채점은 신중하게 보류되어야 한다. 많은 경우 결정적인 단어가 질문단계에서 드러나는데 이러한 단어에 대해 질문하고 결정요인으로 포함시킬 것인가는 다음과 같은 원칙에 따른다. 만약 검사자가 피검자의 반응을 그대로 반복한 다음 새로운 결정적 단어가 반응되었다면 이에 대해 질문을 던져야 한다. 그리고 새로운 결정적 단어가 검사자의 첫번째 질문에 대한 응답속에 이미 포함되어 있었다는 인상이 든다면 이 경우에도 질문을 해야 한다.

다음 두 가지 경우를 비교해보면서 질문 선택과정을 검토해 보기로 하자.

반 응	질 문
사례 1 : 두마리 곰 같군요	검 : (피검자 반응 반복) 피 : 네, 여기, 여기가 머리, 다리같고, 싸우는 것처럼 앞발을 들고 있고 한마리는 상처를 입었어요 검 : 상처를 입었다구요? 피 : 빨간게 피 같아서 상처를 입은 것 같아요

반 응	질 문
사례 2 : 한쌍의 곰 같군요	검 : (피검자 반응 반복) 피 : 양쪽에 한마리씩 있어요 검 : 무엇이 곰처럼 보이게 했는지 잘 알 수 없군요 피 : 모양이요, 머리, 다리같고, 여기가 앞발이고 만지고 있는 것 같아요. 검 : 만지고 있다고요? 피 : 네, 앞발을 들고 함께 서 있는 것 같아요. 아마도 상처를 입었을 것으로 상상되는군요

사례 1을 보면 첫번째 응답에서 능동적 움직임과 결정적 단어, "상처"가 포함되고 있다. 여기서 색채결정요인이 사용되었을 가능성이 질문되었고 피검자의 응답은 이런 가능성을 확인해 주었다. 따라서 색채결정인이 추가된다.

사례 2을 보면 "만지고 있다"는 단어에 의해 움직임의 가능성이 제기되고 이에 대한 질문에서 수동적인 동작이 확인되었다. 그러나 "상처"라는 결정적 단어는 그 후에야 제기되고 있다. 따라서 이 단어는 최초 질문에 대한 응답속에 이미 포함되어 있었던 것이 아니고 두번째 질문과정에서 유도된 반응으로 보이기 때문에 더 이상 질문할 필요가 없다고 보여진다.

한편으로 질문단계 후반부에 자발적으로 반응된 단어라 할지라도 때로는 질문하고 결정요인에 포함시켜야 하는 경우도 있다. 이러한 판단의 기준은 피검자의 자발적인 반응 정도와 이러한 반응이 반응단계에 이미 포함되어 있었을 것이라는 검사자의 확신 정도이다.

다음 예를 검토해 보자.

반 응	질 문
두사람이 있어요	검 : (피검자의 반응 반복)
	피 : 네, 양쪽에 각각 한 사람씩
	검 : 무엇이 사람처럼 보이게 했는지 잘 모르겠군요
	피 : 네, 그들의 머리와 다리, 팔이 있고 그들은 구부리고 있으면서 뭔가 나르고 하고 있어요, 요리할 준비가 된 것 처럼

(요리할 준비가 되어 있다. 뭔가를 나르고 있다는 말은 질문을 필요로 한다)

검 : 요리할 준비가 되어 있다고요?
피 : 네, 그들은 이 주전자나 그런 유사한 것을 뒤에 있는 불에 나르고 있어요
검 : 불이라고요?
피 : 네, 뒷쪽에 빨간색이요
검 : 무엇이 불처럼 보이게 만듭니까?
피 : 빨간색 때문이예요, 불처럼 보여요

(처음 반응에서는 형태만이 결정요인으로 드러나고 있었다. 질문단계에서 움직임이 드러났고 그리고 나서 차원결정인이 추가되고 나중에는 색채가 결정요인으로 추가되었다. 이 경우 검사자가 네번째 질문까지 하였으나 반응의 흐름으로 볼 때 질문단계에서 새롭게 반응결정인이 추가되었다는 인상은 주고 있지 않다. 따라서 이 경우 질문단계 후반부에서 추가된 내용이 모두 결정요인으로 들어간다.)

이 사례는 소심한 피검자가 흔히 반응하는 예를 잘 나타내주고 있다. 이러한 피검자들은 흔히 반응단계에서 상당히 경계적이어서 반응이 짧게 드러난다. 그리고 검사 상황이 보다 체계적 상황으로 바뀌는 질문단계에 가서야 편안함을 느껴서 이미 반응하였던 내용을 그때서야 내놓게 되는 것이다.

부적절한 질문 : 앞서 강조된 바와 같이 질문 방식은 간단하고 비지시적이어야 한다. 다음과 같은 질문 내용은 지시적이고 유도적이라는 점에서 부적절하다. "여기서 색채가 느껴졌나요?", "거기에 대해서 좀 더 다른 것을 말해 줄 수 있나요?" 이러한 방식으로 검사자가 과도하게 질문한다면 단순한 반응이 검사자의 질문에 따라 복잡한 반응으로 응답될 가능성이 있고 특히 이런 경우 음영반응이 증가되는 경향이 있다. 이와같은 경우로서 만약 카드 I에서 "박쥐"로 응답하고 "모양이 박쥐같아서"라고 응답했다면 형태반응으로 채점해야 한다. 이런 경우 무채색이 개입될 가능성이 있다고 해서 집요하게 더 이상의 결정요인에 대해 질문해서는 안된다. 때로는 질문단계에서 완전히 새로운 추가반응이 일어나는 경우가 있는데 이는 정식으로 채점되지는 않지만 그 내용은 참고된다. 만약 피검자가 반응단계에서의 반응 내용을 부정하면서 그런 응답을 한 적이 없다고 말한다면 계속 잘 기억해 보도록 격려하여 반응에 대한 설명을 듣도록 한다. 이러한 격려에도 불구하고 계속 응답을 거부한다면, 위치는 Dd, 결정요인은 F로 채점한다.

이상과 같이 볼 때 질문단계는 로샤검사를 처음 배우는 과정에서 매우 어렵고 좌절을 주는 작업임이 틀림없다. 이러한 과정에서 기억할 점은 서둘러서 질문단계를 완료하지 말고 충분히 시간을 두고 질문단계에서 새롭게 반응된 내용과 반응단계에서 원래 반응된 내용을 검토하여 질문을 결정한다는 점이다. 만약 이러한 검토 후에도 확신이 서지 않는다면 직접적인 질문을 하는 것이 질문을 안하는 것 보다 안전하다는 것을 기억하기 바란다.

직접 질문과 한계 검증

때로는 다른 사람들은 흔히 대답했던 내용을 피검자가 응답하지 않는 경우가 있다. 예를 들면 흔히 반응되는 평범반응을 피검자가 반응하지 않을 때이다. 이런 경우 피검자가 심한 혼란으로 인하여 평범반응을 하지 않았는지 아니면 매우 독창적인 반응을 하느라고 평범반응을 하지 않았는지를 가리는 것이 의미가 있다. 이런 경우는 카드 10번까지 질문단계를 완료한 다음 직접 질문하고자 하는 카드로 되돌아가서 직접적인 방식으로 질문한다. "우리는 이제 검사를 끝냈지만 잠시 이 카드(손으로 카드를 건네주면서)를 보기로 하겠습니다. 어떤 사람들은 이 카드에서 박쥐(그 카드의 평범반응을 언급해준다)를 보기도 합니다. 당신은 이 카드에서 그런 종류의 것을 볼 수 있나요?" 이러한 직접 질문 후 독창적인 반응을 하느라고 평범반응을 보지 못했던 피검자는 즉시 평범반응을 볼 수 있는 반면 혼란된 환자의 경우는 그렇지 못할 것이다. 그러나 이러한 직접 질문을 하는 경우 검사자가 유의해야 하는 점은 이러한 추가 과정이 이후의 로샤 재검사과정에 직접적으로 영향을 미칠 수 있다는 점이다. 따라서 꼭 필요한 경우에 신중하게 직접 질문해야 한다.

질문단계 후 직접 질문을 하는 또 다른 경우가 있다. 평범반응이 매우 빈약한 정신분열증환자의 경우 그 환자가 실제로 심한 지각장애가 있어서 평범반응을 응답하지 못했는지 아니면 독특한 반응을 선호한 결과 평범반응을 응답하지 못했는지를 구별하는 것이 도움이 된다. 이러한 질문이 치료계획을 설정하는데 중요한 단서를 제공해줄 수 있다. 질문은 다음과 같이 제시된다. "가끔 사람들은 이 카드에서-을 봅니다. 당신은 이 카드에서 그러한 반응과 비슷한 것을 보지 않았습니까?" 만약 이러한 질문에 대해 평범반응을 반응단계에서 보았다고 응답한다면 이런 경우는 심각한 지각장애로 인하여 평범반응이 결여되었던 것이 아님이 밝혀지게 된다.

6. 반응의 채점

반응 채점은 로샤검사에 대한 반응을 로샤 부호로 바꾸는 과정이다. 로샤반응을 부호로 바꾼 다음에는 각 부호의 빈도, 백분율, 비율, 특수 점수를 산출하여 이러한 자료들을 체계적으로 요약하고 해석을 시도하게 된다. 이러한 요약과정은 피검자의 전반적인 반응스타일과 심리적 특징을 평가할 수 있게 해준다.

반응의 채점과정은 채점이 정확해야지만 채점을 근거로 한 해석의 타당성이 보장될 수 있기 때문에 이 과정의 중요성은 아무리 강조하여도 지나치지 않는다. 따라서 임상가는 훈련과정에서 정확한 채점을 위해 노력해야 한다. 이러한 정확한 채점을 위해 교과서에 제시된 사례를 중심으로 채점 연습을 하고 그 후로는 지도감독을 통하여 채점의 정확성을 검토받아야 한다.

종합체계의 반응은 기본적으로 다음 9가지 항목으로 채점된다.

1. 반응의 위치 : 피검자가 브롯의 어느 부분에서 반응했는가?

2. 반응 위치의 발달질 : 위치반응은 어떤 발달수준을 나타내는가?
3. 반응의 결정요인 : 반응을 결정하는데 영향을 준 브롯의 특징은 무엇인가?
4. 형태질 : 반응된 내용은 자극의 특징에 적절한가?
5. 반응내용 : 반응은 어떤 내용 범주에 속하는가?
6. 평범반응 : 일반적으로 흔히 일어나는 반응인가?
7. 조직활동 : 자극을 조직화하여 응답했는가?
8. 특수점수 : 특이한 언어반응이 일어나고 있는가?
9. 쌍반응 : 사물을 대칭적으로 지각하고 있는가?

다음은 반응 채점의 주요 원칙이 제시되고 있다.

1. 피검자가 자유연상단계에서 자발적으로 응답한 반응만 채점한다. 따라서 질문단계에서 검사자의 질문을 받고 유도된 반응은 원칙적으로 채점되지 않는다. 그러나 질문단계에서 응답되었다 할지라도 검사자의 질문을 받지 않고 자발적으로 피검자가 응답한 경우라면 채점에 포함된다.
2. 반응단계에서 나타난 모든 요소들이 빠짐없이 모두 채점되어야 한다. 혼합반응에서처럼 피검자가 응답한 내용을 어느 부분도 빼놓지 않고 모두 채점해야 된다는 점은 채점과정에서 주의해야 하는 중요한 원칙이다.

반응위치 *Location*

반응 위치에 대한 채점은 브롯의 어떤 부분에서 반응이 일어났는가를 판단하는 과정이다. 대부분의 피검자는 쉽게 반응이 일어난 위치를 말하지만 때로는 그렇치 않는 경우도 있다. 때로 피검자가 쉽게 위치를 말하지 못하는 경우가 있는데 이런 경우는 "손가락으로 그 부분을 짚어 보세요"라고 지시를 내려준다. 종합적 방식에서 반응 위치의 채점은 기본적으로 Beck의 분류방식에 따르고 있는데 전체반응 W *whole*, 부분반응 D *detail*, 드문 부분반응 Dd *unusual detail*로 채점되고 카드의 흰색부분에 대한 반응은 공백반응 S *space*로 채점된다. 그러나 S반응은 단독으로는 채점되지 않고 다른 위치 반응에 추가적으로만 채점된다. 즉 WS, DS, DdS로만 채점된다. 반응위치의 구별, 반응위치에 매겨지는 번호가 이 책 부록에 각 카드별로 제시되어 있다. 각 카드에 제시되지 않은 위치는 대부분 Dd에 속한다. 각 위치의 채점기준을 익히고 부록표를 참고하여 위치를 채점해나가도록 한다. 표 9-2에 위치반응 부호와 채점기준이 제시되고 있다.

표 9-2* 반응 위치 부호와 기준

기호	정 의	기 준
W	전체반응 *whole response*	브롯의 전체가 응답에 사용된 경우에 한하여 W로 채점된다.
D	부분반응 *common detail response*	흔히 반응되는 브롯이 사용되었을 때 D로 채점된다. 따라서 정상집단의 반응 빈도를 기준으로 하여 정상집단의 반응 가운데 반응 빈도가 95%이상 빈번하게 응답된 영역이 반응에 사용되었을 때 D라고 채점된다.
Dd	드문 부분반응 *unusual detail response*	반응빈도가 5% 미만으로 드물게 반응되는 영역이다. 이 반응은 대부분 크기가 작은 영역에서 응답되지만 반드시 그렇지는 않다. 때로는 전체 반응에서 일부를 제외한 큰 부분에서 반응되는 경우도 있다. 위치반응표에 모든 Dd반응이 제시되어 있지는 않다. 따라서 W, D반응으로 분류되지 않는 반응은 Dd반응으로 분류해도 무방할 것이다. 위치반응표에 기록되지 않은 Dd반응은 Dd_{99}로 분류된다.
S	공백반응 *white response*	공백반응은 카드의 흰 공백부분에 대해 반응이 일어나는 경우 채점된다. 공백반응 S는 독립적으로 채점되지 않고 WS, DS, DdS와 같이 부가적으로 채점된다.

* 표 9-2를 포함한 전체 표는 「The Rorschach : A Comprehensive System」(Exner 1986)에서 인용되었음.

앞서 지적된 바와 같이 반응 기록과정에서 반응 기록지를 준비하여 두고 반응의 위치와 특징을 즉시 기록해 두어야 한다. 다음은 각 위치별로 주의점이 제시될 것이다.

전체반응 : 흔히 전체 반응으로 응답되는 내용일지라도 실제로는 일부분을 제외하고 반응되는 경우가 있다. 예를 들면 카드 V에서 박쥐반응이라고 응답될 때 일부분이 제외되고 응답될 수 있다. 이때는 전체반응으로 채점되지 않는다.

부분반응 : 종합체계에서는 79개 부분반응을 정하고 카드별 반응위치표에 각 부분반응의 번호를 매겨 놓았다. 각 반응의 위치를 표시할 때 위치 번호를 함께 기록한다. 또한 전체 반응이 아닌 경우는 D 반응인지 아니면 Dd 반응인지를 카드별 반응위치표를 참고하여 가려야 한다.

드문 부분반응 : 전체반응이나 부분반응으로 분류되지 않는 반응은 드문 부분반응이 된다. 카드별 반응위치표에 포함되어 있지 않는 위치는 드문 부분 위치반응으로 채점

되며 이 경우 Dd_{99}로 기록된다.

공백반응 : 공백반응은 다른 위치와 연결되어 반응되거나 단독으로 공백반응만 응답되거나 간에 독립적으로 채점되지 않고 WS, DS, DdS와 같이 부가적으로만 채점된다.

다양한 D반응의 합성 : 만약 몇개의 D반응들이 합성되어 반응될 때 반응 내용이 각각 분리된 사물로 나타나면 D로 채점되고 새로운 특이한 하나의 사물로 나타나면 Dd로 채점된다.

반응위치의 발달질 *Developmental Quality of Location*

위치반응이 단순하게 채점되는 경우에 비해 위치반응에 대한 질적 평가가 이루어질 때 피검자의 인지기능에 관한 정보가 제공되기 때문에 종합방식에서는 Friedman (1953)의 6단계 채점방식을 변형하여 반응위치의 발달질을 채점하고 있다. 발달질은 피검자의 인지기능의 발달수준을 평가해주는 지표로서 지각의 정확도(혹은 관례에 따르는 경향으로 해석되기도 한다)를 나타내주는 형태질 평가와는 구별되고 있다. 다시 말하자면 반응위치 발달질과 형태질이 반드시 일치하는 것은 아니라는 것이다. 표 9-3에 보면 반응위치의 발달질 평가 기준이 제시되고 있다.

주의할 점은 + 반응이나 v/+ 반응으로 채점되려면 하나 이상의 사물이 분리되어 있지만 서로 의미있는 관계속에 있어야 한다는 것이다. 그리고 또다른 주요한 기준은 언급된 사물이 원래 일정한 형태를 지니고 있는 사물인지를 판단하여 원래 사물 형태가 분명하지 않은 경우에는 v, v/+로 채점해야 한다는 것이다. 예를 들면 사람, 동물 등은 일정한 형태를 지니고 있는 반면 구름, 호수, 하늘, 섬 등은 원래 일정한 형태를 지니고 있지 않으므로 v 혹은 v/+ 반응으로 채점된다. 드물기는 하지만 원래는 형태가 일정하지 않은 사물로 응답했다가 질문단계에서 자발적으로 사물의 형태를 구체적으로 명시할 때가 있다. 예를 들면 "구름"이라고 응답했다가 질문단계에서 "굴뚝모양의 구름"이라고 응답한다든지 "지도"라고 응답했다가 "우리나라 지도모양"이라고 응답한다면 o나 +로 채점한다. 이러한 방식에 따라 만약 "두 구름이 함께 흘러가고 있다"라고 응답된 경우는 v/+인 반면 "두 구름이 피어오르고 넓게 퍼지면서 함께 흘러가고 있다"라고 응답된 경우는 +라고 채점된다. 왜냐하면 "넓게 퍼지고 피어오르고"에서 형태가 명시되고 있기 때문이다.

표 9-3 발달질 평가 기준

기호	정 의	기 준
+	통합반응 *synthesized response*	브롯의 전체 부분이나 분리된 부분들이 처음에는 분리되었다가 하나의 반응으로 다시 통합된다. 두개 이상의 사물들이 분리되어 있지만 서로 의미있는 관계속에 있다. 관련된 사물들 중 최소한 하나의 사물은 원래 일정한 형태를 지니고 있거나 일정한 형태를 지니고 있는 상태로 묘사되어야 한다.
o	보통 반응 *ordinary response*	브롯의 한 영역이 단일한 사물을 가리키는데 사용된다. 이때 사물은 원래 일정한 형태를 지니고 있거나 형태를 지니고 있는 상태로 묘사되어야 한다.
v/+	모호-통합반응 *vague/synthesized*	브롯의 전체 부분이나 분리된 부분이 처음에는 분리되고 난 다음 하나의 반응으로 다시 통합된다. 두개 이상의 사물들이 분리되어 있으나 의미있는 관계속에 있다. 관련된 사물들 가운데 어떤 것도 원래 일정한 형태가 있는 사물이 아니거나 특정한 형태를 지니고 있는 것으로 묘사되고 있지 않다.
v	모호반응 *vague response*	브롯의 영역에서 한 사물이 응답되는데 응답된 사물이 특정한 형태를 지니고 있지 않으며, 사물 묘사가 특정한 형태를 드러내고 있지 않다.

다음 표 9-4에는 반응위치의 발달질 평가에 관한 실례가 제시되고 있다.

표 9-4 위치반응의 발달질 평가 예

카드	반 응	부호화
I	여자의 주변에서 춤추는 두 마녀(W)	W+
	산호 조각(D1)	Dv
	언덕(Dd24)위를 올라가는 두 유령(DdS30)	DdS+
II	코를 비비는 두 마리 개(D6)	D+
	어떤 종류의 지도(W)	Wv
	고드름(Dd25)	Ddo
III	퍼즐 조각들(W)	Wv
	거울을 통해 자기 모습을 보는 사람(D1)	D+
	메기 한 마리(D2)	Do
IV	그루터기에 앉아있는 남자(W)	W+
	구름을 동반한 폭풍우(W)	Wv/+
	양쪽에 하나씩 있는 한 켤레 구두(D6)	Do
V	박쥐(W)	Wo
	X-ray의 내부(W)	Wv
	미국 지도(W)	Wo
VI	찢겨진 모피(D1)	Dv
	곰가죽 양탄자(D1)	Do
	언덕에 있는 수풀(D3)	Dv/+
VII	목걸이(W)	Wo
	대양에 떠 있는 섬(WS)	WSv/+
	둥지(D6)에서 미끄러진 새(Dd25)	Dd+
VIII	밝게 빛나는 샹들리에(W)	Wo
	해부된 동물의 단면(W)	Wv
	막대기에 걸려있는 찢겨진 천(D5)	Dv/+
	폭발(W)	Wv
	버섯 구름 모양의 원자 폭발(W)	Wo
	말라버린 혈액(Dd28)	Ddv
X	바위 주위를 함께 헤엄치고 있는 해저동물들(W)	W+
	물고기나 게 등 물속의 여러가지 동물들(W)	Wo
	중심(D3)에 보석이 있는 부처(DdS29)	DdS+

결정요인 *Determinants*

채점과정에서 가장 어렵고 중요한 것은 바로 결정요인의 채점으로서 이는 어떤 브롯의 특징이 지각 형성에 영향을 미쳤는지를 알려준다. 결정요인을 채점하는 목적은 반응을 일으킨 복잡한 지각-인지과정에 관한 정보를 얻기 위한 것이다. 종합방식에서는 기존의 채점방식을 전체적으로 검토하여 다음과 같은 9가지 내용으로 결정요인을 분류하였다 : (1) 형태 *Form* (2) 인간, 동물, 무생물의 움직임 *Movement* (3) 색채 *Color (chromatic)* (4) 무채색 *Color (achromatic)* (5) 음영-재질 *Texture Shading* (6) 음영-차원 *Shading Dimensionality* (7) 음영 확산 *Diffuse Shading* (8) 형태-차원 *Form Dimensionality* (9) 쌍반응과 반사반응 *Pairs and Reflections*.

표 9-5에 이러한 결정요인 기호와 채점기준이 제시되어 있다.

표 9-5 결정요인 기호와 분류기준

분류	기호	기 준
형태	*F*	**형태반응**. 브롯의 형태를 단독적으로 보고 반응하는 경우 채점된다.
움직임	*M*	**인간의 움직임 반응**. 인간이 동작을 보이거나 동물이나 가공적 인물이 인간과 유사한 움직임을 보이는 경우에 채점된다.
	FM	**동물의 움직임 반응**. 동물의 움직임을 지각한 반응에 대해 채점된다. 움직임은 동물의 자연적인 움직임이어야 한다. 만약 동물의 움직임이 그 동물의 자연적인 동작이 아닌 경우는 M으로 채점된다.
	m	**무생물의 움직임 반응**. 생명이 없는 사물의 움직임에 대해 채점된다.
색채	*C*	**순수 색채반응**. 브롯의 색채만을 근거로 하여 반응했을 때 채점된다.
	CF	**색채-형태반응**. 브롯의 색채가 일차적으로 주요 결정요인이고 형태는 이차적인 결정요인으로 사용되었을 때 채점된다.
	FC	**형태-색채반응**. 브롯의 형태가 주요 결정요인이고 이차적으로 색채가 개입되었을 때 채점된다.
	Cn	**색채명명반응**. 브롯의 색채에 대해 이름을 붙이는 경우에 채점된다. 이 경우 색채 명명이 단순히 위치를 지적하는 것이 아니고 실

분류	기호	기 준
		제의 반응으로 나타난 경우에 한하여 채점된다.
무채색	C'	**순수 무채색반응.** 브롯의 무채색, 즉 회색, 검정색, 흰색의 무채색이 반응을 결정하는 요인으로 작용한다.
	$C'F$	**무채색-형태반응.** 회색, 검정색, 흰색의 무채색이 반응을 결정하는데 일차적으로 작용하고 이차적으로 형태가 결정요인으로 개입한 경우 채점된다.
	FC'	**형태-무채색반응.** 일차적으로 형태에 의존하고 이차적으로 무채색이 결정요인으로 사용되었을 때 채점된다.
음영-재질	T	**순수 재질반응.** 브롯의 음영이 형태가 개입되지 않은 순수한 재질 현상을 나타낸다고 지각되는 경우 채점된다.
	TF	**재질-형태반응.** 브롯의 음영이 재질을 나타낸다고 일차적으로 지각되고 이차적으로 사물의 윤곽을 나타내거나 자세하게 묘사되는데 형태가 개입되는 경우 채점된다.
	FT	**형태-재질반응.** 기본적으로는 형태에 따라 반응을 지각하고 이차적으로 음영의 특징이 재질을 나타내는 것으로 해석되는 경우 채점된다.
음영-차원	V	**순수 차원반응.** 음영의 특징이 형태를 개입시키지 않고 차원이나 깊이만을 나타내는 것으로 해석되는 경우 채점된다.
	VF	**차원-형태반응.** 일차적으로 음영이 깊이나 차원을 나타내는 것으로 지각되고 이차적으로 형태가 지각되는 경우 채점된다.
	FV	**형태-차원반응.** 브롯의 형태에 근거하여 일차적으로 반응이 결정되고 음영이 깊이나 차원을 나타내는데 이차적 결정요인으로 개입되는 경우 채점된다.
음영-확산	Y	**순수 음영반응.** 형태를 개입시키지 않고 브롯의 밝고 어두운 특징에 따라서만 반응이 결정되는 경우 채점된다.
	YF	**음영-형태반응.** 브롯의 밝고 어두운 특징을 근거로 하여 일차적으로 반응이 결정되고 형태는 이차적으로만 개입되는 경우 채점된다.
	FY	**형태-음영반응.** 주로 브롯의 형태에 의존하여 반응이 결정되고 이차적으로 음영 특징이 반응을 결정하는 요인으로 작용하는 경우 채점된다.
형태차원	FD	**형태에 근거한 차원반응.** 깊이나 거리, 차원의 인상이 브롯의 크기나 모양을 근거로 하여 결정되는 경우 채점된다. 이러한 과정에 음영은 개입되지 않는다.

분류	기호	기 준
쌍	(2)	**쌍반응.** 브롯의 대칭성에 근거하여 두개의 동일한 사물을 지각하는 경우 채점된다. 사물들은 모든 점에서 동일해야 하며 반사나 거울에 비친 모습이라고 반응되는 경우 쌍반응이 아닌 반사반응으로 채점된다.
반사	*rF*	**반사-형태반응.** 브롯이 대칭적인 성질에 근거하여 반사되거나 거울에 비친 모습을 나타낸다고 반응될 때 채점된다. 구름이나 그림자와 같이 원래 일정한 형태를 갖추고 있지 않은 사물로 반응된다.
	Fr	**형태-반사반응.** 브롯의 대칭성에 근거하여 반사되거나 거울에 비친 모습으로 지각되는 경우 채점된다. 이때 반응된 사물은 일정한 형태를 지니고 있다.

다음은 각 결정요인의 세부적인 채점 기준이나 주의점, 구체적 예를 제시해 보고자 한다.

형태 결정인 *Form Determinant*

형태반응은 브롯의 모양에 따라 반응이 결정되는 경우로서 대부분 피검자들은 "모양이 그렇다"는 식으로 응답한다. 때로는 직접 모양을 언급하지 않더라도 "이 바깥 부분이 날개같고 안쪽 부분은 몸통이 같다"라고 응답하는 경우도 있다. 이와같이 형태반응은 쉽게 인지될 수 있는데 피검자가 형태를 직접 언급하기도 하고 때로는 형태가 지각되었음을 간접적으로 나타내기도 한다. 따라서 직접 형태를 언급하지 않더라도 모양을 지각한 경우 형태결정인이 채점된다.

드물기는 하지만 응답된 사물의 원래의 조건이 일정한 형태를 갖추지 않은 경우라 할지라도 형태반응이 채점될 수 있다. 예를 들면 "비구름" 혹은 "비구름처럼 온통 까만 구름"으로 응답된 경우는 형태가 결정인으로 사용되지 않았으나 "꼭대기가 비구름처럼 불규칙적이고 좁다"라고 응답된다면 F로 채점된다.

움직임 결정인 *Movement Determinants*

동작반응은 인간의 움직임 M, 동물의 움직임 FM, 무생물의 움직임 m으로 나뉘어진다. 인간의 동작 M반응은 "달리고 뛰어오르고 싸우고 논쟁하는" 적극적 반응 *active movement*과 "잠자고 생각하고 미소짓고 쳐다보는" 소극적 반응 *passive* *movement*으로 구별되며 적극적 인간운동반응은 M^a, 소극적 인간운동반응은 M^p로 표시된다. 동물움직임과 무생물움직임 역시 적극적 반응에 FM^a, m^a, 소극적 반응에 FM^p, m^p를 기록한다. 움직임반응에는 형태가 이미 개입되고 있지만 형태반응이 따로 채점되지 않는다. M반응은 인간반응 H가 있다고 자동적으로 채점되는 것은 아니고 자유연상단계나 질문단계에서 자발적으로 움직임이 언급되어야 M이 채점된다. 그렇치 않으면 M반응 대신 F반응이 채점된다. 예를 들면 연상단계에서 "두 사람이 있다"고 응답하였다가 질문단계에서 피검자가 자발적으로 "두 사람이 무언가를 들고 있다"고 말한다면 연상단계에서 이미 움직임을 지각하였으나 표현하지 않은 것으로 간주하여 M반응이 채점되지만 이러한 자발적 표현 없이 "두 사람이 있다"고 반응한다면 F반응으로 채점된다. 동물의 움직임이나 무생물은 움직임반응이 M으로 채점되는 경우가 있는데 동물이나 무생물이 인간과 같은 활동을 보이고 있을 경우이다. 예를 들어 보자. "두 마리 짐승이 논쟁을 하고 있다. 카드놀이를 하고 있다" "매우 행복한 나무"와 같은 경우 M으로 채점된다.

또한 M반응은 감각적 경험이나 정서적 경험이 추상적으로 표현되는 경우에도 채점된다. 예를 들면 "두 사람이 우울해 하고 있다" "이 사람이 사랑을 느끼고 있다"와 같은 경우이다. 이런 M반응은 형태가 개입되고 있지 않기 때문에 형태질 평가에서 제외되고 Mnone(형태가 언급되지 않은 M반응)으로 분류된다.

FM 동물움직임반응은 흔히 볼 수 있는 원래의 동물의 움직임을 지각한 경우 채점된다. 예를 들면 "개가 짖는다, 나비가 날아 오르고 있다"는 반응은 FM으로 채점된다. 매우 드문 경우이지만 "뱀이 공중을 날다", "물고기가 서 있다", "곰이 카드놀이를 하고 있다"와 같이 동물의 원래의 동작이 아닌 경우는 응답과정에 공상이 관여되었음을 나타내기 위해 M반응으로 채점된다.

FM반응도 적극, 소극 움직임반응으로 구별하여 FM^a 혹은 FM^p로 분류된다. 일반적으로는 동물움직임 반응이 동물 전체모습에서 나타나지만 때로는 동물의 부분이 움직임을 나타내거나 (예를 들면 "개의 다리가 뛰고 있다") "용"과 같이 상상의 동물이 움직임을 나타내는 경우 모두 FM으로 채점된다.

무생물의 움직임 m반응은 인간이나 동물이 아닌 무생물의 움직임을 나타낼 때 채점되는데 예를 들면 "불이 타오르고, 폭발하고 있고, 피가 떨어지고 있고, 폭포물이 떨어지고, 나무가 기울어지고 있다"는 반응이다.

때로는 m반응이 정적인 경우도 있다. 예를 들면 "팽팽하게 펴진 가죽, 옷걸이에 걸린 외투, 떠다니는 잎사귀"와 같은 반응을 들 수 있다. 이런 경우 자연스럽지 않은 긴장상태를 나타내기 때문에 m반응으로 채점된다. 그러나 "마루에 깔린 융단"과 같은 경우는 자연스런 상태로서 긴장이 들어가 있지 않은 상태이기 때문에 m으로 채점되지 않는다. "왈츠에 맞추어 춤추는 나무"와 같은 인간움직임과 유사한 내용으로 반응되는 경우 M으로 채점된다. m반응 역시 적극적, 소극적 반응으로 분류된다(m^a, m^p).

적극적, 소극적 움직임의 분류

앞서 지적한 바와 같이 M, FM, m반응 모두 적극적, 소극적 움직임반응으로 분류되는데 Exner는 "이야기를 하고 있다"를 소극적 반응의 기본 반응으로 설정하고 이 움직임 반응보다 적극적일 경우 적극적 반응으로 분류하고 이 보다 소극적일 경우 소극적 움직임반응으로 분류한다고 기준을 제시하고 있다. 이러한 기준에 비추어 볼 때 "속삭인다, 쳐다본다, 서 있다, 웅크리다, 기대다, 한숨짓다" 등의 반응은 소극적 반응으로, "다툰다, 소리지른다, 노려보다, 가까이 다가선다" 등은 적극적 반응으로 분류된다.

움직임 반응 가운데 정적으로 표현되는 움직임은 항상 소극적 반응으로 채점된다. 예를 들면 "싸우고 있는 두 마리의 개 그림"과 같이 움직임이 그림이나 사진으로 표현되거나 추상적으로 표현되는 경우이다.

드문 경우로서 적극적-소극적 움직임이 동시에 채점되는 경우가 있다. 이러한 경우는 둘 이상의 대상이 존재하는 상황에서 각 대상이 다른 움직임을 보이고 있을 때이다. 예를 들어 보자. "가운데 한 사람이 서 있고 주위에 두 사람이 춤을 추고 있다"고 응답된 경우 M^{p-a}로 채점된다. 만약 한 대상이 적극적, 소극적 움직임을 동시에 보이고 있다면 이런 경우는 적극적 움직임만이 채점된다.

부록 1에 료샤연구소에서 일반인과 학생에게 적극, 소극 움직임반응을 분류하게 하였을 때 채점되었던 결과가 요약되어 제시되고 있다. 이 부록에 자세하게 적극적, 소극적 움직임 반응들이 제시되어 있으므로 이를 참고하기 바란다. 표 9-6에 움직임반응 분류 예가 제시되고 있다.

표 9-6 움직임반응

카드	위치	반응	부호화
I	*D4*	서 있는 여자	M^p
I	*W*	어떤 물체 주위를 춤추는 두 마녀	M^a
I	*W*	미끄러지고 있는 나비	FM^p
I	*W*	위로 날아오르고 있는 박쥐	FM^a
I	*Dd24*	울리고 있는 종	m^a
I	*W*	찢겨지고 있는 낙엽	m^p
II	*W*	원을 그리며 춤추는 어릿광대	M^a
II	*D3*	월경	M^p
II	*D6*	싸우는 두 마리 개	FM^a
II	*D4*	발기된 남성성기	M^a
II	*DS5*	돌아가는 팽이	m^a
III	*D1*	기대어 있는 두 사람	M^p
III	*D1*	무언가 들어올리고 있는 두 사람	M^a
III	*D3*	계곡 사이를 날으는 나비	FM^a
III	*D2*	거꾸로 매달려 자는 박쥐	FM^p
III	*D2*	흘러내리는 피	m^p
IV	*W*	그루터기에 앉아 있는 남자	M^p
IV	*W*	다가서고 있는 거인	M^a
IV	*D1*	기어다니는 유충	FM^a
V	*W*	공중에 떠있는 나비	FM^p
V	*W*	버니걸처럼 옷입은 사람이 춤을 추고 있다	M^a
V	*W*	서로 기대어 있는 두 사람	M^p
VI	*D3*	발기된 남성 성기	M^a
VI	< *D4*	조용히 떠 있는 배	m^p
VI	*Dd19*	강을 따라 질주하고 있는 보우트	m^a
VII	*D2*	거울을 보고 있는 소년	M^p
VII	∨ *W*	춤추고 있는 두 여인	M^a
VIII	*Dd*	(D1 절반을 포함) 올라가고 있는 동물	FM^a
VIII	*D4*	뛰고 있는 개구리	FM^a
VIII	*D5*	바람에 펄럭이는 두 깃발	m^a
IX	*W*	성교장면(D9는 남자, 그 나머지는 여자)	M^a
IX	> *D1*	어린이에게 뛰어기고 있는 여인	M^a
IX	∨ *W*	원자폭탄이 터지고 있는 장면	m^a

카드	위치	반응	부호화
IX	*DS8*	폭포	m^p
X	*D1*	무언가를 붙잡고 있는 게	FM^a
X	*D2*	앉아있는 개	FM^p
X	*Dd*	(D9 아래) 이야기하는 두 소년	M^a
X	∨ *D10*	그네타는 사람(D5 사람, D4 그네)	M^a
X	∨ *D6*	서로 다가서려고 하는 두 사람	M^a
X	*W*	불꽃놀이	m^a
X	*D7*	뛰어오르는 사슴	FM^a
X	*D3*	땅에 뿌려진 씨	m^p
X	*W*	떠다니는 해초들	m^p
X	*Dd*	피어오르고 있는 꽃(D9, D3, D6, D10을 포함한 중심부분)	m^p
X	*D11*	기둥을 올라가려는 두 동물	FM^a

색채 결정인 *Color Determinants*

반응결정인으로 색채가 개입되는 경우 순수색채반응 C, 색채-형태반응 CF, 형태-색채반응 FC, 색채명명반응 Cn이 있다.

순수색채반응 C는 연상단계에서 형태의 개입없이 순수하게 색채만을 근거로 하여 반응되는 경우로서 "피, 물감, 아이스크림" 등이 흔한 예이다. 이러한 반응이 응답될 때 검사자가 질문단계에서 형태결정인을 유인하는 일이 없도록 주의해야 한다. C 반응을 채점하는 기준은 피검자가 반응할 때 형태를 개입시키고 있지 않다는 것이다. 예를 들면 피검자가 "피"라고 응답하고 난 다음 형태에 대한 언급이 전혀 없는 경우 C로 채점되는 반면 "둥근 모양으로 번진 핏자국"이라고 응답하였다면 CF반응으로 채점된다. 즉 "피" 자체가 지니고 있는 형태가 문제가 아니라 피검자가 응답할 때 형태를 개입시키고 있느냐가 기준이 된다.

색채-형태반응 CF는 흔히 형태 자체가 불분명한 대상에 대해 색채반응이 개입되는 경우에 채점된다. 예를 들면 "호수, 지도, 바다속 풍경"과 같은 반응이 흔한 반응이다. CF반응은 순수색채반응과는 차이가 있는데 예를 들면 "두 겹으로 쌓인 아이스크림", "오렌지 색깔의 숲속의 불길"과 같이 형태가 개입되고 있다는 점에서 C반응과 차이가 있고 "많은 꽃들"과 같이 형태가 비교적 막연하다는 점에서 FC와도 차이가 있다. 앞서 지적된 바와 같이 채점의 기준은 피검자가 형태를 강조하는 정도이다. 따라서 피검자가 충분히 형태를 강조하는 경우 FC로 응답될 수 있는 내용일지라도 피검자가 형태를 강조하지 않는다면 CF로 채점된다. 그러므로 채점할 때 피검자가 어떤 표현을 하고 있는지를 자세하게 검토하는 것이 요구된다. 만약 질문하고 난 다음에도 어떤 경우인지 불분명한 경우는 다른 반응을 참고로 하여 대체로 다른 반응과 같이 채점을 하는 것이 안전하다. 때로는 검사자가 직접 질문을 하여 형태사용 여부를 결정한다.

형태-색채반응 FC는 형태가 분명하게 제시되면서 색채가 개입되는 경우로서 "빨간 리본, 폐의 해부도"와 같은 예를 들 수 있다. 이런 경우 형태가 일차적으로 결정요인이 되고 색채는 이차적인 결정요인이다. FC 반응은 때로는 형태가 불분명한 사물에 대해서도 채점될 수 있는데 예를 들면 "신체내부 기관, 바다 식물, 혈액, 세포" 등과 같이 원래의 사물의 모양이 분명하지 않은 경우라 할지라도 응답과정에서 형태 묘사가 일차적으로 주요할 때는 FC로 채점될 수 있다.

색채명명반응 Cn은 색채의 이름이 반응으로 이용되는 경우에 채점된다. 여기서 주의해야 할 점은 때로 피검자가 위치를 가리키는 수단으로 단순히 색채를 언급하는 경우가 있는데 예를 들면 "이 빨간색 부분은 모자와 같다"라고 응답한다면 이는 색채명명반응이 아닌, 위치를 구별하기 위한 단순한 진술이므로 Cn으로 채점되지 않는다. 대부분의 색채명명반응은 기계적으로 응답되는데 이는 복잡한 자극들을 인지적으로 통합시키는데 장애가 있음을 나타내고 있다.

이상과 같이 색채반응에 대한 설명이 주어졌지만 실제적인 상황에서 C와 CF, CF와 FC 반응을 구별하는 명백한 기준이 있는 것이 아니고 동일한 내용일지라도 응답방식에 따라 채점이 달라지기 때문에 정확한 채점이 매우 어렵다. 따라서 흔히 일어나는 몇 가지 혼란스런 경우를 구체적으로 제시해 보겠다.

반 응	질 문
아름다운 꽃	피 : 아름다운 오렌지 색깔의 꽃이다. 그리고 녹색의 잎이 있고 이건 밑받침이다.
아름다운 꽃	피 : 여기에 밑받침이 있고 잎이 있는 꽃이다. 항아리 안에 담겨져 있다. 검 : 아름다운 꽃이라고요? 피 : 네, 오렌지 색깔의 꽃이다.

이 두 경우를 비교해보면 첫번째 경우는 CF인 반면 두번째 경우는 FC로 채점되는

데 그 이유는 첫번째는 색깔이 주요하게 사용되고 있는 반면 두번째는 형태가 주요하게 사용되고 있기 때문이다.

반 응	질 문
오렌지 부분이 불같다	피 : 불을 쳐다볼 때 볼 수 있는 오렌지 색깔의 불이다.
오렌지 빛깔이 불을 생각나게 해준다	피 : 오렌지 부분이 불같은데 위로 올라가고 있는 것 같다.
오렌지 불과 같다.	피 : 캠프파이어에서 보듯이 위로 치솟아 오르고 있는데 통나무들이 골고루 타오를 때 처럼 양쪽이 대칭으로 보이는데 한쪽이 타오르는 것과 다른 쪽이 타오르는 것이 거의 같다.

이 반응 역시 거의 동일하게 반응되었으나 질문과정에서 피검자가 차이있게 응답을 하고 있다. 이러한 응답을 근거로 하여 첫번째는 C, 두번째는 CF, 세번째는 FC로 채점된다. 그 이유를 보면 첫번째는 형태 특징이 개입되고 있지 않고 두번째는 "위로 올라가고 있다"는 언급에서 형태 특징이 드러나지만 그래도 색채가 주도적이며 세번째는 색채보다는 형태가 주로 묘사되고 있기 때문이다.

드물지 않는 경우로서 분명 색채가 언급될 수 있는 반응에서 색채를 언급하지 않는 경우가 있다. 예를 들면 "매우 아름다운 꽃이다"라고 반응한 다음 질문단계에서 검사자가 "매우 아름다운 꽃이라고요?"라고 질문했을 때 "네, 매우 여리고 섬세해 보입니다"라고 응답한다면 피검자의 응답에 기초하여 F라고 채점되어야 한다. 항상 채점의 기준은 피검자의 응답방식임을 명심해야 한다.

때로는 피검자가 반응하는 내용에서 색채가 결정요인으로 사용되고 있음이 직접적으로 나타나는 경우가 있다. 예를 들면 다음과 같다.

"이 빨간 색은 나에게 피처럼 보입니다"
"이 오렌지 빛깔은 숲속의 불과 같아요"
"이 푸른 색은 바다예요"

이 경우 색채 사용이 분명하고 색채와 내용이 혼합되고 있으므로 색채가 결정요인으로 채점된다. 그러나 색채 사용이 이와같이 분명하지 않은 경우도 있다. 예를 들어 보자.

"이 빨간 색은 피일 수도 있겠군요"
"이 오렌지 빛깔은 아마도 불이나 다른 어떤 것일 수 있을 거예요"
"이 푸른 부분은 바다일 수 있겠죠"

이 경우에는 피검자가 확실하게 응답하지 못하고 그럴 수 있다고 애매하게 응답하고 있으므로 검사자가 이와같이 질문을 던져야 한다. "어떻게 해서 그렇게 보이는지 잘 알 수 없군요. 무엇이 그렇게 보이게 하나요?"

색채반응을 채점하면서 주의할 점은 피검자들이 자발적으로 색채가 결정인으로 사용되었음을 쉽게 말하는 것은 아니므로 검사자가 질문을 해야 하는데 지나치게 질문을 하여 색채결정인을 유인하는 일이 없도록 해야 한다는 것이다. 이를 위해서 검사자는 반응 초기에 피검자의 반응방식을 파악하여 이러한 정보를 이용하여 매번 색채반응을 반복적으로 질문하지 않고서도 채점할 수 있어야 한다. 예를 들면 만약 피검자가 색채반응을 하고 난 다음 쉽게 이를 말하기 어려워 하는 경우라면 검사자가 이런 방식을 파악함으로써 색채반응이 명백한 경우 이러한 정보를 기초로 하여 색채반응을 채점할 수 있다. 표 9-7에 4가지 형태의 색채반응 예가 제시되고 있다.

표 9-7 4가지 형태의 색채반응

카드	위치	연 상	질 문	부호화
II	*D3*	이 빨간색은 피처럼 보인다	피 : 이건 완전히 붉다	C
II	*D3*	빨간색 나비		FC
II	*D2*	불, 횃불같은 것	피 : 위로 타오르는 횃불처럼 온통 빨갛다	CF. m^a
II	*W*	서커스의 두 어릿광대	피 : 빨간 모자 때문에 서커스가 생각났다	FC
III	*D2*	상한 고기	피 : 색깔이 썩은 것 같이 보이게 한다.	C
III	∨*D2*	벽이나 그런 곳을 흐르는 피	피 : 색깔이 붉고 밑으로 흐르는 것을 볼 수 있다	CF. m^p
III	*D3*	머리 리본	피 : 귀여운 빨강색이다	FC
VIII	*W*	죽은 동물	피 : 부패된 내장같이 보인다 검 : 부패되었다고요? 피 : 예, 모든 색깔들이 부패했고 조각의 뼈를 볼 수 있다	CF
VIII	*D5*	두개의 파란 깃발		FC

카드	위치	연 상	질 문	부호화
Ⅷ	*W*	분홍과 주황 그리고 파란색		Cn
Ⅷ	*D4*	개구리 한마리	피 : 다리가 밖에 있고, 개구리 같은 몸집이고, 개구리 같은 색깔이다	FC
Ⅷ	*D2*	과일을 얹은 아이스크림	피 : 오렌지와 딸기 아이스크림 두 숟가락	CF
Ⅸ	*W*	산불	피 : (D3) 여기 불이 나무와 수풀을 타고 올라오고 있다 검 : 나무와 수풀 ? 피 : 여기 녹색은 나무이고 또 다른 건 수풀이다	m^a.CF
Ⅸ	*D9*	여기가 분홍색	피 : 바로 이 아래	Cn
Ⅸ	*D4*	갓 태어난 아기	피 : 이 머리를 보면, 분홍빛이 있기 때문에 갓난 아이가 틀림없다	FC
Ⅸ	∨ *W*	원자폭발	피 : 꼭대기가 버섯모양이고 아래의 주황색 부분은 불길이 폭발한 모양이고 녹색부분은 연기이다	m^a.FC
Ⅹ	∨ *D4*	해마	피 : 형태와 녹색이 그러하다	FC
Ⅹ	*D9*	산호	피 : 산호색 같다	C
Ⅹ	*W*	솜씨좋은 추상예술작품들	피 : 예술가는 양쪽에 똑같은 모양을 만들려고 애를 썼고, 그는 마침내 여러 다른 색으로 그의 다른 생각을 나타냈다	FC
Ⅹ	*W*	일종의 추상화	피 : 단지 여러 색깔이 추상적 생각을 나타내고 있고, 상당히 훌륭하다	CF
Ⅹ	*D13*	감자 칩	피 : 감자칩같이 생겼고, 그런 색깔이다	FC
Ⅹ	*D15*	꽃 한송이	피 : 어떤 꽃인지 종류는 모르지만, 귀여운 노란꽃이다. 줄기가 없고, 당신은 꽃의 일부인 꽃잎을 볼 수 있다	FC
Ⅹ	*D12*	잎사귀	피 : 녹색이 잎사귀같다	CF

무채색 결정인 *Achromatic Determinants*

무채색반응은 결정인으로 검정색, 회색, 흰색을 사용하였을 때 채점된다.

순수무채색반응 C′는 매우 드문 반응으로 브롯의 무채색을 근거로 하여 반응되고 형태는 언급되지 않는다. 예를 들면 카드 V에서 "석탄같다. 색깔이 까맣기 때문이다"라고 응답하는 경우이다. 만약 "몇 덩어리의 석탄"이라고 응답한다면 C′반응 보다 C′F 반응이 더 적절할 것이다.

무채색-형태반응 C′F는 무채색 내용이 일차적 결정인으로 사용되고 형태가 이차결정인으로 사용되는 경우이다. 예를 들면 I번 카드에서 "하얀 구름이 덮힌 까만 하늘"이라고 진술되는 경우 형태는 모호하고 분명하지 않다. 그러나 하얀 공백부분과 전체의 까만 부분이 분리되어 대상의 윤곽을 나타내므로 C′반응 보다는 C′F반응으로 분류되는 것이 타당하다.

형태-무채색반응 FC′는 주요 결정인이 형태이고 무채색은 정교화와 명료화과정에서 부차적으로 사용될 때 채점된다. 흔한 FC′ 반응은 "검은 박쥐(카드 I 혹은 카드 V)" "아프리카의 검둥이(카드 III)"와 같다.

일반적으로 무채색반응은 "검은", "흰", "회색"이라는 색깔이 분명하게 언급되고 때로는 밝고 어두운 색깔이 언급되기도 한다. 밝고 어두운 색깔은 무채색과 관계가 있을 수도 있고 음영과 관련되는 경우일 수도 있다. 예를 들면 "밤처럼 어둡다", "온통 어둡다, 여기가 더 깊게 보인다"라고 응답한 경우 전자는 C′, 후자는 V로 채점된다. 만약 "구름의 꼭대기처럼 더 밝다"고 응답했다면 Y반응으로 채점된다.

음영 결정인 *Shading Determinahts*

음영의 밝고 어두운 특징을 결정요인으로 사용하는 반응으로서 가장 논란이 많고 연구는 가장 적었던 결정요인이다. 종합방식은 기존의 음영방식 채점체계를 검토한 결과 3개 음영반응 분류체계가 Binder, Piotrowski, Rapaport의 2개 분류방식 보다 더 타당하다는 결론에 따라 Beck의 3개 분류방식 T, Y, V를 채택하였다. 그러나 종합방식은 Beck방식에 비해 보다 엄격한 기준을 제시하고 있는데 V는 음영이 드러나는 반응만을 포함하며 Y는 무채색반응으로 응답되는 경우는 제외시켰다.

재질 결정인 *Texture Determinants*

브롯의 음영이 사물의 표면적인 촉감을 나타내는데 사용되는 경우로서 "부드러운,

거칠은, 털이 많은, 복술복술한, 차갑고, 뜨겁고, 미끈미끈한" 등의 형용사로 표현된다. 그러나 이러한 표현이 있을 경우 자동적으로 재질반응이 채점되지는 않는다. 왜냐하면 때로는 "거칠은, 털이 많은"과 같은 표현이 음영과 상관없이 형태를 묘사하는데 사용되기도 하며 "차갑고, 뜨거운"이라는 표현이 색채를 근거로 한 반응일 수 있기 때문이다. 재질반응은 형태가 개입되는 정도에 따라 다음 세가지 반응으로 분류된다.

순수재질반응 T는 형태가 전혀 사용되지 않은 드문 반응으로서 "나무, 양털, 얼음, 머리카락, 기름, 실크"와 같은 내용으로 표현된다. 언급된 사물 자체의 형태가 모호한 경우라 할지라도 반응과정에서 형태가 언급된다면 T보다 TF반응으로 채점된다.

재질-형태반응 TF는 일차적으로 음영이 재질을 나타내는데 사용되고 이차적으로 형태가 반응을 정교화하고 명료화하는 과정에서 추가되는 경우에 채점된다. 대개의 경우 "몇조각의 얼음", "털조각"과 같이 사물의 형태 자체가 모호한 경우가 많다. 드문 경우로는 사물의 형태가 언급되기는 하지만 이러한 형태는 일차적 결정요인인 음영 특징이 이러한 형태를 유도하는 경우가 있다. 예를 들면 다음과 같다. "뭔가를 구운 것 같은데--새우같아요, 그래요, 바로 새우튀김이예요." 이런 경우는 언급되는 사물이 구체적인 형태를 지니고 있다 하더라도 일차적으로 음영 특징을 재질로 지각하고 난 다음 이러한 음영 특징을 보다 명료화하는 과정에서 형태를 추가하고 있기 때문에 TF로 채점된다.

형태-재질반응 FT는 일차적으로 형태가 지각되고 난 다음 반응을 정교화하고 명료화하는 과정에서 재질이 추가되는 경우에 채점된다. 예를 들면 II번, VIII번 카드에서 흔히 동물을 먼저 지각한 다음 음영 재질반응을 추가하고 IV번 카드에서 사람이 털코트를 입은 것으로 지각한다. 이와같이 사물의 형태가 분명하고 재질이 이차결정요인으로 사용되는 FT반응과는 다르게 VI번 카드 동물가죽반응은 먼저 재질을 응답하고 난 다음 형태를 지적하는 경우에도 FT로 채점될 수 있다. 그러나 VI번 카드 동물가죽반응이 TF로 채점되어야 할지 FT로 채점되어야 할지는 응답자의 반응에 따라 결정되어야 한다. 구체적인 예를 제시해 보겠다.

	연상단계	질문단계
IV	이것은 가죽같군요, 동물 가죽 같은	검 : (피검자의 반응 반복) 피 : 그래요, 이것은 솜털같이 보푸라기가 있는 느낌이고 여기에 다리가 있는 것 같군요.

이 반응에서는 연상단계에서 형태를 일차결정요인으로 사용하기 보다는 막연하게 가

축반응을 먼저 하고 난 다음 동물가죽이라고 반응하였고 질문단계에서 일차적으로 재질을 먼저 언급하고 난 다음 형태를 지적하고 있기 때문에 TF라고 채점해야 한다.

연상단계	질문단계
Ⅳ 이것은 동물가죽처럼 보이는군요.	검 : (피검자의 반응 반복) 피 : 그래요, 이건 바로 모피모양인데 가장자리는 동물가죽처럼 거칠고 여기는 다리모양이고 이 부분은 엉덩이 모양이군요.

이 반응은 연상단계에서 형태가 주도적이었을 가능성이 있고 질문단계에서 자발적으로 응답된 내용에서 주로 형태가 언급되고 있기 때문에 형태가 주도적이므로 FT로 채점해야 한다.

재질반응을 채점할 때 주의할 점은 겉으로 재질반응처럼 들리는 응답을 했다고 해서 반드시 재질반응은 아니라는 것이다. 예를 들어보면 "털조각"이라고 응답한 다음 질문단계에서 "가장자리가 온통 불규칙한 모양이기 때문이다"라고 응답했다면 F로 채점된다. "이 선이 울퉁불퉁한 굴곡이 있는 것처럼 보이게 만들기 때문이다"라고 응답했다면 깊이나 차원반응으로 채점해야 한다. 이와 유사하게 차갑게 보인다고 반응한 다음 질문단계에서 "정말 추운 날 얼음이 만드는 그런 얼룩이 있기 때문이다"라고 응답한다면 이는 확산음영반응으로 채점해야 한다.

음영-차원 결정인 *Shading-Dimensional Determinants*(VISTA)*

흔하지 않은 음영-차원반응은 반점의 명암 특징을 깊이나 입체로 해석하는 경우이다. 이러한 반응은 음영을 사용하여 브롯의 평면적 모양을 깊이나 거리, 입체가 있는 모양으로 바꾸게 되는데 이러한 반응 가운데 깊이에 관한 반응이 더 자주 일어난다. 형태개입에 따라 다음 3가지 음영-차원반응이 있다.

순수차원반응 V는 매우 드문 반응으로서 형태는 사용되지 않고 음영특징에 근거하여 깊이나 입체감이 지각되는 경우로서 "깊이", "전망", "나를 향해 찌르고 있다"는 식

* VISTA는 "조망", "통경" 등으로 해석되어 왔으며 일반적으로 "통경반응"이라는 명칭으로 사용되어 왔다. 이 책에서는 "통경(通景)"이라는 용어 대신 "차원반응" 이라는 용어를 사용하고자 한다.

으로 표현될 수 있다. 이러한 반응에 형태 묘사가 개입된다면 VF로 채점된다.

차원-형태반응 VF는 깊이나 입체 *dimensionality*를 나타내는 음영 특징을 일차적으로 강조하고 명료화나 정교화를 위해 브롯의 형태를 추가한다. 대부분 VF반응은 특정한 형태를 지니고 있지 않은 사물이 대상이 되는데 "지리시간에 볼 수 있는 산과 고원이 있는 지도", "물이 흐르고 있는 계곡"과 같은 경우이다. 만약 이러한 경우 형태가 강조된다면("미국의 서북부지역 지도", "콜로라도강") FV로 채점된다.

형태-차원반응 FV는 형태가 강조되고 음영이 명료화와 정교화를 위해 사용되는 경우이다. FV반응은 특정한 형태를 지닌 사물에서 반응되지만 FV와 VF를 구별하는 기준으로서 사물이 특정한 형태를 지니고 있어야 한다는 조건을 제시하기는 어렵다. 그 이유는 "우물"은 특정한 형태를 지니고 있지만 대부분 "우물"반응은 FV가 아닌 VF로 채점되기 때문이다. 즉 사물이 특정한 형태를 지니고 있다 하더라도 피검자가 반응할 때 일차적 결정요인으로 형태나 음영 가운데 어떤 결정요인을 사용했는가에 따라 채점이 결정된다는 것이다. 한편 FV 반응은 형태가 주된 어떤 반응에서도 채점될 수 있는데 예를 들면 I번 카드 중앙 D부분에서 "커튼 뒤로 보이는 사람", IV번 카드 D_1에서 "나뭇잎 사이로 기어 나오고 있는 벌레"와 같이 형태가 일차적 결정요인이고 음영이 차원적 지각에 영향을 준 경우라면 FV로 채점된다.

때로는 VF와 TF를 구별하는 것이 쉽지 않다. 예를 들면 VI번 카드 중앙부분에서 "뇌의 회선 *the convolution of the brain*"이라고 응답된 경우 입체감이 드러나고 있으므로 VF로 채점되는 반면 "부풀어 오른 것 같다"고 응답되었다면 이는 TF로 채점되어야 한다. 만약 질문 후에도 정확한 채점을 결정할 수 없다면 피검자의 이전의 반응들을 살펴서 피검자의 이전 반응에 TF반응이 있고 VF반응이 없었다면 TF반응으로 채점하는 것이 바람직하다.

표 9–8에 여러 종류의 재질과 차원반응의 예가 제시되고 있다.

표 9-8 재질, 차원반응

카드	위치	연 상	질 문	부호화
I	*W*	마른 나무 잎사귀	피 : 떨어져 나간 부분들이 있고 오글거린다. 검 : 오글거린다니? 피 : 거칠어 보인다	FT
I	*D4*	한 여자가 커텐 뒤에 있다	피 : 당신은 그녀 모든 부분을 다 볼 수는 없고 단지 몸 아래 부분(D3)을 커텐을 통해서 볼 수 있다	FV
I	*W*	낡고 찢어진 넝마에 번진 기름 방울들	피 : 검은 게 온통 기름이 묻혀져 있는 것으로 보인다	TF
II	*D4*	할례된 페니스	피 : 중심부에 주름들을 볼 수 있다	FV
II	*D1*	장난감 곰 한마리	피 : 그런 모양과 털을 가지고 있다	FT
II	*DS5*	마치 구멍처럼 어떤 깊은 것	피 : 둥근 가장자리를 볼 수 있다. 마치 밑바닥없는 구덩이처럼. 밑바닥이 안보이는 것 같다	VF
III	*D1*	벨벳 옷을 입고 있는 두 신사	검 : 당신은 벨벳양복을 얘기했는데 피 : 어둡고 반짝거리는 벨벳으로 보인다	FT
III	*D3*	나비넥타이	피 : 중간에 크게 튀어나온 매듭을 갖고 있다	FV
IV	*W*	말뚝에 걸쳐놓은 사냥꾼의 장화들	피 : 장화 뒤에 기둥이 있다고 얘기할 수 있는데 왜냐하면 그것은 멀리 떨어져 있는 것 같기 때문이다 검 : 멀리 떨어져 있다니? 피 : 장화와 기둥이 함께 있는 부분을 보면 색깔 때문에 기둥이 좀더 뒤에 있는 것처럼 보인다.	FV
IV	*W*	늙은 곰의 가죽	피 : 털이 닳은 것처럼 보인다.	FT
IV	*Dd30*	빨갛게 달아오른 뜨거운 못	피 : 아주 뜨거운 금속처럼 바깥쪽이 훨씬 더 밝아 보인다	FT

카드	위치	연 상	질 문	부호화
V	*W*	털있는 헐거운 외투를 입는 사람	피 : 망또처럼 보이고 털처럼 보인다(카드를 손가락으로 비빈다)	FT
V	*W*	만약 당신이 이것을 만진다면 끈끈할 것 같다	피 : 아! 이것은 끈적끈적한 더러운 것으로 보인다	T
V	*W*	오른편은 왼편보다 더 낮다	피 : 중앙 오른쪽 아래에 깊은 금이 가 있고 오른쪽이 더 낮게 보이는 것 같다	V
V	*W*	큰바위 뒤의 토끼 머리	피 : 여기(D6), 당신은 단지 형태만 볼 수 있는데 어두운 부분은 앞으로 나와있는 바위다	FV
VI	*D1*	관개수로	피 : 중심부 아래서 당신은 어떻게 많은 다른 양의 물이 땅에 영향을 미치는지를 볼 수 있다	FV
VI	*D4*	얼음 덩어리	피 : 그것은 얼음처럼 차갑게 보이고 모두 회색이다	TF
VI	*W*	동물인데, 가죽이 있고 머리가 있다	피 : 온통 털이 있고 여기에서 머리를 볼 수 있다(손가락으로 지적)	FT
VI	∨ *Dd*	깊은 골짜기	피 : 이부분(D12)은 밑바닥이고 당신은 꼭대기로 솟아있는 벽면을 볼 수 있다	VF
VII	> *D2*	스코틀란드개	피 : 개의 정강이 부분에 털이 많이 나 있고 다리는 검다	FT
VII	*W*	바위	피 : 네개의 바위처럼 보이고 바닥에 있는 바위는 깊고 둥글다	VF
VII	*Dd25*	댐(저수지)처럼 보인다	피 : 글쎄, 여기가 댐이고 이부분(Dd25중앙)과 앞부분은 물이 떨어지는 부분같고 강이 이리로 흘러가는 것 같다	FV
VII	∨ *W*	머리카락, 숱이 많은 머리카락	피 : 나에게는 머리결처럼 보인다	T

카드	위치	연 상	질 문	부호화
Ⅷ	*D5*	숲을 공중에서 내려본 모습	피 : 아, 이 어두운 부분은 큰 나무들이 빽빽히 서 있는 것 같다	VF
Ⅷ	*D2*	아이스크림 샤벳	피 : 샤벳이 있는 것처럼 보인다	TF
Ⅸ	*D6*	솜사탕	피 : 솜사탕이 로울케익처럼 감겨있고 부풀어 있다	VF
Ⅸ	*DS8*	유리잔안에 나무가 있다	피 : 단지 줄기(D5)만을 볼 수 있고 유리잔 속에서 보는 것처럼 흐리게 보인다	FV
Ⅸ	*DS8*	마치 당신이 동굴이나 어떤 것의 안을 들여다 보는 것 같다	피 : 그것은 열려있고 마치 동굴의 입구같은 것을 들여다 볼 수 있다	VF
X	*D9*	이 분홍색 부분은 지도처럼 보인다	피 : 그것은 학교같은 데서 길이라든가 어떤 곳은 다른 곳보다 더 높다든가 하는 것을 보기 위해 사용되는 지도 같다	VF
X	*D13*	가죽 조각	피 : 한번도 손질된 적이 없는 것처럼 거칠다 검 : 거칠다니? 피 : 색깔들이 다른게 그렇게 보이게 한다.	TF
X	*D3*	단풍나무의 씨앗	피 : 끝부분이 더 어두운 색깔이다. 그 부분이 더 두꺼운 것처럼 보이고 뭉뚝해 보인다	FV

확산음영 결정인 *The Diffuse Shading Determinants*

음영이 일반적인 확산을 나타내는데 사용되기도 하는데 재질이나 차원과 연관되지 않는 모든 음영반응은 확산 음영반응으로 채점된다.

순수음영반응 Y는 형태 개입없이 브롯의 밝고 어두운 특징만을 언급한 경우 채점되는데 특정한 형태를 지니고 있지 않은 안개, 어두움, 연기 등이 대표적인 내용이다. 순수음영반응은 매우 드문 반응에 속한다.

음영-형태반응 YF는 반응을 결정하는데 브롯의 밝고 어두운 특징이 일차적 결정요인으로 사용되고 형태가 정교화나 명료화의 목적으로 사용되는 경우에 채점된다. YF 반응은 특정한 형태가 없는 구름, 그림자, 특정하지 않은 유형의 x-ray, 연기가 흔한 예이다. YF는 모호하기는 하지만 형태를 언급하려는 피검자의 의도가 있다는 점에서 Y와 구별이 된다.

형태-음영반응 FY는 형태가 일차적 결정요인이고 명료화나 정교화의 목적으로 음영을 사용한 경우에 채점된다. 예를 들면 특정한 신체부위의 x-ray, 특정한 모양의 구름, 더러운 얼굴과 같은 반응에서 음영은 형태를 명료화하거나 정교화하는 목적으로 부가적 결정요인으로 사용된다. 대부분 FY는 반응내용이 일정한 형태를 지니고 있는 경우에 채점되지만 구름반응은 예외일 수 있다. 대부분 구름반응은 일정한 형태를 지니고 있지 않고 YF로 채점되지만 피검자가 구름 모양을 특히 강조하는 경우는 FY로 채점된다.

주의할 점은 때로 음영이 단순히 형태의 윤곽을 나타내는데 사용되는 경우가 있는데 이런 경우는 FY가 아닌 F로 채점되어야 한다는 것이다. 예를 들면 I번 카드 D_3부분에서 사람의 하체를 지각하면서 "이 검은 선은—"이라고 언급하거나 음영 내부에서 눈동자를 언급한다면 이는 단순히 형태를 나타내는 과정에서 위치를 언급하고 있으므로 F로 채점되어야 한다.

표 9—9에 확산음영 결정인의 예가 제시되고 있다.

표 9—9 확산음영 결정인

카드	위치	연 상	질 문	부호화
I	*W*	골반 X-ray		FY
I	< *D8*	밤에 보이는 크리스마스 츄리	피 : 밤처럼 어둡다	FY
I	*W*	잉크	피 : 잉크가 까맣게 온통 검다	Y
II	*D3*	아주 정교한 나비	검 : 매우 정교하다고 말했는데 피 : 날개속의 다른 색깔들이 그림자처럼 보인다.	FY
II	*D4*	교회 뾰족탑	피 : 꼭대기에 빛나고 있는 것 같고 마치 태양이 그 위에 비치는 것처럼 밝다.	FY
III	*D7*	어떤 종류의 X-ray	피 : X-ray처럼 얼룩덜룩하다.	YF
IV	*W*	어두움	피 : 어두움처럼 보인다. 왜 그런지는 얘기할 수 없다	Y

카드	위치	연 상	질 문	부호화
IV	*D3*	여러 빛깔의 꽃 한송이	피 : 다양한 색깔들이 있다. 꽃잎 중심부에 다양한 색깔들이 있듯이	FY
V	*W*	못쓰게 된 고기 한조각	피 : 나머지 부분보다 더 못쓰게 된 조각 검 : 더 못쓰게 되었다고? 피 : 색깔들이 다르다.	YF
VI	*D2*	아주 잘 닦인 침대기둥	피 : 매우 반짝거려 보인다	FY
VI	*D4*	밤에 순항하는 항해선	피 : 모든게 검은 빛이라서 밤처럼 보인다	m^a.FY
VII	*W*	구름인 것 같다	피 : 구름처럼 모양이 울퉁불퉁하고 어둡고 밝은 부분이 있다. 아마 뭉게구름인 것 같다	FY
VII	*W*	폭풍우 구름	피 : 폭풍우 구름이 검은 것처럼 검다.	YF
VII	*D2*	화강암으로 만든 조각품	피 : 화강암처럼 검다	FY
VIII	*D1*	얼굴이 더럽혀진 동물 한마리	피 : 이 부분은 오물처럼 눈주위에 동그라미가 그려져 있고 그 부분에 가까울수록 더 더럽게 보인다.	FY
VIII	∨ *W*	연기와 불	피 : 오렌지 색깔 부분은 불이고 나머지는 연기이다. 당신은 색깔들이 어떻게 섞여있는지를 볼 수 있다.	CF.YF
X	*D11*	말라빠진 뼈들	피 : 마른 뼈들처럼 보인다. 이 부분은 더 밝다. 그러니까 말라빠져 보인다	YF

형태-차원반응 *The Form-Dimension Response* : FD

이 반응은 종합방식에서만 독특하게 채점되는 것으로서 다른 묘사채점방식에는 이와 같은 채점 항목이 포함되어 있지 않다. FD는 브롯의 형태나 크기, 다른 부분과의 관계를 근거로 하여 조망이나 입체감을 지각하는 경우에 채점된다. 흔한 FD반응은 IV번 카드에서 "사람이 등을 기대고 있다"에서 채점된다. 이러한 반응에서 발이 다른 부위에 비해 크기 때문에 머리가 멀리 있는 것처럼 느껴진다고 응답한다면 이는 발과 머리의 상대적 크기에 따라 이러한 거리감을 지각했기 때문에 FD로 채점된다. 대부분의 FD반응은 브롯의 크기나 형태를 근거로 하고 있는데 일부 FD반응에서는 사물의 "결여"가 FD반응의 근거가 되기도 한다. 예를 들면 V번 카드에서 동물의 다리를 지각하고 큰 부분은 숲으로 지각하고 난 다음 동물이 숲 뒤에서 뛰고 있다고 반응하는데 그 이유는 동물의 다리가 하나 밖에 보이지 않고 다른 다리는 보이지 않기 때문이라고 응답하는 경우이다.

표 9-10에 형태-차원반응의 예가 제시되고 있다.

표 9-10 형태-차원반응

카드	위치	연 상	질 문	부호화
I	< *D2*	언덕에서 떨어져 있는 나무 한그루	피 : 나무가 매우 작다. 멀리 떨어져 있음이 틀림없다	FD
II	*D4+DS5*	호수 끝에 있는 성전	피 : 이건(DS5) 호수이고 여기는 (D4) 성전이다. 이것은 원근화법으로 생각해야 한다.	FD
III	∨ *Dd20*	멀리 언덕 위에 있는 두그루 나무와 거기에 이르는 길	피 : 이것은(D4) 나무들이고 이것은(D11)길이다. 검 : 당신은 언덕위에 떨어져 있다고 얘기했는데 피 : 반드시 언덕일 필요는 없다. 그것은 조그맣고 길은 꽤 넓어서 길에서 떨어져 있는 것처럼 보인다	FD
IV	*W*	사람이 누워있다	피 : 그의 발은 앞으로 뻗어있고 그의 머리는 등을 대고 누워 있는 것처럼 뒤에 있다	M^p.FD
V	*D4*	한 동물이 수풀뒤에서 뛰고 있고 단지 그 동물의 다리만 볼 수 있다	피 : 여기가 수풀의 끝이 있는 곳이고 여기에 다리가 있으니까, 수풀 뒤에 있는게 틀림없다	FM^a.FD
VI	*W*	언덕 위에 있는 하나의 종교적인 조각	피 : 자! 조각이 훨씬 더 작기 때문에 멀리 떨어져 있는 것이고 상상력을 발휘한다면 이것은 언덕으로 보일 것이다	FD
VII	*Dd19*	멀리 떨어져 있는 도시	피 : 그곳 빌딩들을 볼 수 있다	

카드	위치	연 상	질 문	부호화
			검 : 멀리 떨어져 있다고 얘기했는데	FD
			피 : 매우 작기 때문이다. 멀리 떨어져 있음에 틀림없다	
Ⅷ	*D4*	두 사람이 언덕 위에서 떨어져 서 있다	피 : 당신은 여기(Dd24)에서 사람을 볼 수 있고 여기는 언덕이다	M^{p}.FD
Ⅸ	< *Dd26*	한 사람이 바위 위에 서 있다	피 : 아, 여기(D3대부분)가 벼랑이고 사람이 나무나 어떤 것에 기대어 서 있고 그 거리는 꽤 멀다	M^{p}.FD
			검 : 꽤 멀다고?	
			피 : 그는 너무 작아서, 그를 보는 것조차 어렵다	
X	∨ *D6*	두 남자가 그 앞에 있는 어떤 것을 밀고 있다	피 : 그들의 몸은 앞으로 구부리고 있는 것처럼 보이고 그들의 팔은 그늘 앞에 있는 이것을 밀고 있는 것처럼 바깥으로 뻗쳐 있다	M^{a}.FD

쌍반응과 반사반응 *Pair and Reflection responses*

반사반응과 쌍반응은 종합방식에 독특한 채점항목으로서 Exner에 의하면 이 반응들은 "행동화" 연구과정에서 동성애환자와 "반사회적 인격장애자"에게서 반사반응이 높다는 점을 발견한 뒤 이러한 반응이 자기중심성 *egocentricity*과 연관된다는 가설을 설정하고 이 가설의 타당성을 다른 자아중심성 측정치를 동원하여 검증하면서 새로운 채점 항목으로 채택되었다고 한다. 반사반응은 브롯의 대칭성에 근거하여 사물이 반사되고 있음을 언급한 반응으로 반사-형태반응 rF와 형태-반사반응 Fr이 있다.

반사-형태반응 rF는 브롯의 대칭성에 근거한 반사가 일차 결정요인이고 형태가 이차적인 결정요인인 흔치 않은 반응으로 그 내용은 구름, 그림자, 바위, 비와 같이 형태가 일정하지 않은 사물을 대상으로 한다. 때로는 반응내용 자체는 형태가 일정하지 않다 하더라도 피검자가 반응하는 과정에서 형태를 강조하는 경우는 Fr로 채점되어야 하는데 예를 들면 호수에 비친 풍경이 자세하게 묘사된다면 Fr로 채점되어야 한다.

형태-반사반응 Fr은 브롯의 형태가 일차적으로 지각되고 브롯의 대칭성에 따라 반사가 이차적으로 언급되는 경우에 채점된다.

쌍반응(2)은 브롯의 대칭성을 근거로 하여 2개의 사물을 반응하는 경우로서 일반적으로 전체 반응 수의 1/3을 차지한다. 쌍반응은 "둘"이라는 단어가 사용되거나 "여기에 하나, 또 여기에 하나"라고 표현되기도 한다. 그러나 항상 이런 표현이 드러나는 것은 아니다. 때로는 "곰들" "개들"과 같이 복수로 표현되기도 하는데 이 경우 역시 쌍반응으로 채점된다. 쌍반응은 반응되는 두 부분이 대칭성을 이루는 경우에만 채점되는데 매우 드문 경우로서 대칭이 아닌 부분에서 두 개의 사물을 언급하였다면 이런 경우는 쌍반응으로 채점되지 않는다. 표 9-11에 쌍반응과 반사반응의 예가 제시되고 있다.

표 9-11 쌍반응과 반사반응

카드	위치	연 상	부호화
I	< *D2*	두 마리의 당나귀들이 양옆에 한마리씩 있다	F(2)
I	*D1*	두 마리의 작은 새들이 둥지 밖으로 머리를 내밀고 있다	FM^{a}(2)
II	< *D6*	토끼가 얼음 연못에 미끄러져서, 얼음에 비춰지고 있다.	FM^{a}.Fr
		피 : 이 하얀 것은 얼음이고 얼음에 비춰진 모습을 볼 수 있다	
II	*W*	두마리 곰들이 서커스를 하고 있다	FM^{a}.FC(2)
		피 : 그들은 서커스에서처럼 빨간모자를 쓰고 있고 발을 서로 대고 있다	
III	*D1*	두 사람이 무엇인가를 들어 올리고 있다	M^{a}(2)
III	*D1*	한 사람이 거울속으로 자신을 들여다 보고 있다	M^{p}.Fr
		피 : 그는 자기 자신을 바라보면서 앞으로 숙이고 있다.	
IV	< *W*	만약 카드를 이런 식으로 돌려보면 마치 무엇인가 비춰지는, 아마도 구름같이 보인다	YF.rF
		피 : 자, 안쪽 편의 이것들이 여기에 비춰지고 있고 구름같이 보인다.	
		검 : 어떻게 당신이 그것을 구름처럼 볼 수 있는지 알 수가 없군요	
		피 : 그래요, 밤의 구름처럼 모든 것이 검고 더 구체적으로 말하지 못하겠다	
IV	*D6*	한 쌍의 부츠	F(2)

카드	위치	연 상	부호화
V	*W*	두 사람이 서로 등과 등을 대고 누워 있다	M^p(2)
VI	> *W*	이 모든 것은 아래에 있는 것과 똑같다	rF
		피 : 그것이 무엇인지는 모르겠다. 바위종류인 것 같기도 하고, 뭔가가 비춰진 것처럼 양쪽이 똑같다	
VI	< *D1*	이것은 물에 반사된 밤의 잠수함처럼 보인다	FC′.Fr
		피 : 밤처럼 모든 것이 새까맣고, 당신은 원추형의 탑과 전체 모양이 보이고 이것이 모두 반사되고 있음을 볼 수 있다	
VII	*D2*	이것은 한 작은 소녀처럼 보인다. 양편에 한사람씩 있다	F(2)
VII	*D2*	한 작은 소녀가 거울을 보고 있다	M^p.Fr
VIII	*D5*	한쌍의 깃발들	F(2)
VIII	< *W*	한 동물이 작은 시냇물같은 데서 바위를 건너고 있는데 거기에 반사된 모습을 볼 수 있다. 그 동물은 아래를 보고 있다	FM^a.Fr
IX	< *D5*	당신은 마치 물위에 있는 것 같고, 멀리 있는 해안선을 볼 수 있다	FD.rF
		피 : 자, 이것이 물에 반사된 것이고, 여기에서 해안선을 볼 수 있고(중앙선을 가리키면서), 이것은 너무 작아서 멀리 떨어져 있음에 틀림없다. 쉽게 구별이 안되겠지만, 나무나 그런 것 같다	
IX	*D3*	두 명의 할로윈의 마녀들	
		피 : 그들은 마녀들처럼 얼굴을 색칠했고 오렌지같은 빛깔이고 서로 웃으면서, 등을 기대고 있다.	M^a.FC(2)
X	*D1*	한쌍의 게들	F(2)
		피 : 양편에 있고 그들은 똑같다	
X	*D7*	사슴들, 점프하고 있는 것 같다	
		피 : 한마리는 여기 있고 한마리는 여기, 그들은 똑같다. 뛰고있는 것처럼 다리들을 쭉 뻗었다	FM^a(2)

혼합, 인지조직활동

피검자가 반응한 모든 료샤반응에 대해서 다음 세가지 항목, 1) 혼합반응 2) 인지적 조직활동 3) 형태질을 평가해야 한다. 이 세가지 항목은 해석할 때 의미있는 내용을 평가할 수 있도록 해주기 때문에 정확하게 채점되어야 한다.

혼합반응 *Blend*

한 반응의 결정요인이 2개 이상일 때 혼합결정인으로 점수가 매겨지는데 혼합결정인에서는 반응을 결정하는데 개입된 모든 결정요인들이 채점되어야 한다. 이와같이 2개 이상의 결정요인이 있을 때 각 결정요인을 기록하는 방식은 결정요인들 사이에 마침표를 찍고 각 결정요인이 동등한 정도의 중요성을 지니고 있는 것으로 취급한다. 보통 2개의 결정요인이 혼합되지만 드물게는 4개 정도의 결정요인이 혼합되기도 한다. 주의할 점은 반응과 관련되는 결정요인은 모두 혼합반응으로 채점되어야 한다는 것이다. 기록지에 보면 혼합반응의 채점란이 따로 마련되어 있다. 기록방식을 보면 카드 I 에서 D4를 춤추는 여성으로 지각하고 D2를 주변의 안개 낀 모습으로 지각했을 경우 결정요인은 M.YF가 된다. 이와같이 혼합반응은 반응이 일어난 순서에 따라 기록한다.

F반응이 혼합반응으로 채점되는 경우는 매우 드물며 F 반응이 혼합 결정요인으로 채점되는 경우는 신경학적 장애나 정신지체와 같은 심한 인지적 기능장애를 나타낸다는 점에서 해석상 중요하기 때문에 주의해야 한다. F가 혼합반응으로 채점되는 경우는 다음과 같다. 2개 이상의 사물이 지각될 때 그 가운데 한 반응이 전적으로 형태에 의존하여 지각되고 그 사물이 다른 사물과 의미있는 관계로 지각되지 못하는 경우이다. 예를 들어 보자. 카드 III에서 "두 사람이 있고, 나비가 있고, 두 사람이 무언가를 들려고 하고 있어요." 이 반응은 독립적인 2개 반응처럼 들리지만 반응 중간에 나비가 응답되고 있기 때문에 그렇지 않을 가능성이 검토되어야 한다. 따라서 다음과 같이 질문한다.

검 : (피검자의 반응을 그대로 반복)
피 : 네, 여기에 사람들이 있고 그들의 머리와 다리가 있어요.
검 : 당신은 나비가 있다고 했어요.
피 : 네, 바로 가운데 있어요.
검 : 당신은 사람들이 무언가를 들려고 하고 있다고 말했어요.
피 : 네, 그건 여기 있는데, 아마 주전자인 것 같아요.
검 : 당신이 본 것처럼 내가 나비를 보고 있는지 확실하지 않군요.
피 : 그건 바로 여기에 있어요. 보세요, 여기 날개가 있어요.

이 예에서는 반응된 순서에 따라 반응 내용을 부분적으로 질문해 나가고 있다. 이 과정에서 나비는 두번 질문되었지만 응답과정에서 나비와 사람 혹은 주전자를 통합하는 언급이 드러나고 있지 않다(나비가 사람들 사이에서 날고 있다고만 응답될 뿐 의미있는 연관성이 언급되고 있지 않다). 그렇다고 해서 사람, 나비, 주전자가 독립된 반응으로 응답된 것도 아니다. 이러한 경우 채점은 M^a.F.가 된다. 이와같이 하나의 반응속에 두 가지 사물이 드러나지만 이 사물들이 통합된 관계속에 있지 않고 분리된 상태에서 지각될 때 혼합반응으로 F가 들어간다. 그리고 이러한 혼합반응은 지각과정에 있어서의 인지적 손상을 암시한다.

혼합결정인 반응에 나타나는 여러 사물들은 서로 가까이 있고 의미있는 관계속에 있는 것으로 표현된다. 예를 들면 카드 I 에서 "한 여성이 서 있는데 그녀 주변에 온통 안개가 끼어 있다"라고 응답되는 경우 여성과 안개는 가까이 접근되어 있고 의미있는 관계가 있는 것으로 표현되고 있다. 이런 경우 M^p. YF가 채점된다. 만약 반응이 "한 여성 주변에 온통 안개가 있다"고 응답되고 연상이나 질문단계에서 인간움직임 결정인이 응답되지 않으면 채점은 단순히 YF가 된다. 이 경우 여성과 안개는 서로 연결되어 통합되고 있으므로 F.YF라고 채점되지 않는다.

특히 주의해야 하는 혼합결정인은 음영결정인들이 혼합되는 경우이다. 여러가지 음영결정인이 혼합반응으로 드러나는 경우는 매우 드물기 때문에 표면적으로는 음영결정인이 혼합되어 있는 것처럼 보일지라도 실제로는 단일한 음영반응이 단지 그렇게 표현되고 있는 것은 아닌지 검토되어야 한다. 예를 들면 "이 카드에서 어두운 부분은 벨벳처럼 부풀어 보이고 담요의 주름처럼 부드러워 보인다"라고 응답했다면 "어두운 부분, 벨벳처럼 부풀어 오른, 담요의 주름처럼 부드러운"이라고 복잡하게 표현되고 있지만 실제의 결정요인은 음영이 재질을 나타내는데 사용되고 있으므로 채점은 T, 혹은 TF로 채점된다. 이와 다르게 "매우 부드러운 천조각인데 서로 겹쳐있고 주름이 잡혀있다"라고 응답되고 질문단계에서 결정요인으로 "부드러운", "주름"을 함께 응답한다면 결정요인은 TF.VF가 된다.

표 9-12에 혼합반응 예가 제시되고 있다.

표 9-12 혼합반응

카드	위치	연 상	질 문	부호화
I	W	주위에 짙은 안개가 있고 중앙에는 팔을 올린 여자가 있다	검 : (피검자의 반응 반복) 피 : 이것은 팔이고 이것은 몸이고 안개처럼 어둡고 흐릿하다.	M^p.YF
II	W	두 마리 곰이 싸우고 있다. 발을 서로 세우고, 머리와 다리에는 피가 흐르고 있다.	검 : (피검자의 반응 반복) 피 : 머리, 발, 몸체, 다리, 그리고 붉은 부분이 피다.	FM^a.CF
III	W	두 집사가 서로에게 절을 한다.	검 : (피검자 반응 반복) 피 : 파티가 있고, 붉은 것은 장식물이며, 정장을 한 집사들이 서로에게 고개 숙여 인사한다. 검 : 정장은? 피 : 예, 턱시도우같은 검은 색	M^a.FC.FC′
IV	∨ W	이것은 나뭇잎 아래서 기어 나오고 있는 뱀이나 벌레같다.	검 : (피검자의 반응 반복) 피 : 머리가 보이고, 이것을 뱀으로 본 이유는 거기에 다른 마크가 있기 때문이었다. 검 : 나뭇잎은? 피 : 나머지는 나뭇잎같이 보이는데, 모두가 말라서 죽은 나뭇잎이다. 검 : 말라서 죽은? 피 : 오래 전에 죽은 나뭇잎은 검다. 검 : 나뭇잎 아래에서 기어 나온다고 말했다. 피 : 머리만 보이기 때문에 아래에 있다.	FM^a.FY.C′F.FD
IV	W	한 사내가 오래된 너구리 코트와 같은 모피코트를 입고 그루터기에	검 : (피검자의 반응 반복) 피 : 그는 웃는 것처럼 상체를 뒤로 젖히고 있다.	M^p.FT.FD

카드	위치	연 상	질 문	부호화
		앉아있다.	여기가 다리이고, 큰 다리, 머리, 작은 팔이 있다. 검 : 오래된 너구리 코트와 같은 모피코트라고 했는데요. 피 : 나의 모피와 같아 보인다.	
VI	*D1*	강이 있는 깊은 골짜기인데 얼마전에 범람했던 것 같다.	검 : (피검자의 반응 반복) 피 : 이 중앙은 정말 깊이 보이고, 어두워 보인다. 그러나 주변 땅에는 부분적으로 물이 흐르면서 색깔이 달라보인다.	FV.YF
VII	*D2*	두 명의 어린이가 똑같이 더럽힌 것처럼 얼굴이 진흙투성이고 더럽다.	검 : (피검자의 반응 반복) 피 : 윗부분에서 두 소녀가 얼굴을 찌푸리는 것처럼 입을 다물고 있다. 검 : 그들의 얼굴이 진흙투성이고 더럽다고 말했는데 피 : 온통 진흙투성이고 더러운 것처럼 어둡다.	M^p.FY
VIII	*D2*	여기 아래에 포도와 오렌지 맛의 이탈리아 아이스크림이 있다.	검 : (피검자의 반응 반복) 피 : 여기가 포도와 오렌지처럼 분홍빛이다. 검 : 아이스크림이라고 말했는데 피 : 그렇다. 그것은 얼음같아 보이고 진짜 아이스크림은 아니고 얼음조각 같다.	CF.TF
X	∨ *W*	아, 불과 연기의 폭발이다.	검 : (피검자의 반응 반복) 피 : 모든 것이 폭발되고 있고 여기 불이 있다. 오렌지색과 모든 녹색은 안개같다.	m^p.CF.YF

카드	위치	연 상	질 문	부호화
X	*D9*	이것은 흘러내린 피다.	검 : (피검자의 반응 반복) 피 : 이것은 피다. 거기에는 의문의 여지가 없고 이 바깥부분이 어둡기 때문에 말라있다고 말할 수 있다.	m^p.C.Y.

인지조직활동 *cognitive organization activity*

인지적 조직활동 Z는 Beck가 자극의 조직화와 복잡성에 대해 점수를 부여한 이후(1933) 지능과의 연관성이 검토되어 왔다. Kropp(1955)는 Z가 W나 M과 높은 상관은 있으나 지능과 직접적인 상관은 없다고 밝혔으며 Exner는 선행연구들을 종합하면서 지능이 인지적 조직 활동 Z의 선행조건이기는 하지만, 지능외의 다른 요인이 Z의 빈도와 특징에 영향을 미친다고 보았다.

인지적 조직활동 Z는 형태를 포함하는 반응 가운데 다음의 조건이 충족되면 채점된다. 1) 전체 위치반응 W의 발달질수준이 +, v/+, o일 때(Wv는 Z점수가 부과되지 않는다) 2) 2개 이상의 근접한 부분이 서로 의미있는 관계속에 있을 때 3) 서로 근접하지 않은 부분들이 의미있는 관계를 이루고 있을 때 4) 공백반응이 다른 부분반응과 의미있게 통합되고 있을 때. Z점수는 형태가 사용되는 경우에만 채점되므로 C, C′, T, Y, V와 같은 반응은 Z점수가 부여되지 않는다.

구체적으로 각 반응에 채점되는 Z점수는 앞의 조건 가운데 어떤 조건에 해당되는지, 그리고 어떤 카드에서 Z 반응이 나왔는지에 따라 결정된다. 다음 표 9-13에 카드 번호와 반응 조건에 따른 Z점수가 제시되고 있다. 그리고 Z점수를 매기는 실례가 표 9-14에 제시되고 있다.

표 9-13 카드별 Z값

카드	조직활동유형			
	전체반응 (DQ : +, v/+, 0)	인접부분	비인접부분	공백반응
I	1.0	4.0	6.0	3.5
II	4.5	3.0	5.5	4.5
III	5.5	3.0	4.0	4.5
IV	2.0	4.0	3.5	5.0

카드	조직활동유형			
	전체반응 (DQ : +, v/+, 0)	인접부분	비인접부분	공백반응
V	1.0	2.5	5.0	4.0
VI	2.5	2.5	6.0	6.5
VII	2.5	1.0	3.0	4.0
VIII	4.5	3.0	3.0	4.0
IX	5.5	2.5	4.5	5.0
X	5.5	4.0	4.5	6.0

표 9-14 Z점수

카드	연 상	질 문	Z점수
I	박쥐	(W를 확인함)	1.0
I	할로윈의 가면	입과 눈의 흰 부분이 가면이다	3.5
I	눈 위에 떨어진 낙엽	잎의 뚫려진 구멍을 통해 눈이 보인다.	3.5
I	두 마리의 새이고, 그들은 산에서 멀리 떨어져 있는 새들이다		6.0
II	서로 차고 있는 어릿광대 두명	(아래영역(D3)이 발로 차기를 나타낸다)	4.5
II	코를 비비는 두 마리 개		3.0
II	불을 내뿜으며 이륙하는 로켓트	(DS5+D4가 로켓트 D3는 불꽃)	4.5
II	싸우는 수탉처럼 공격하려고 하는 두마리 암탉	(D2)	5.5
III	두 마녀가 동굴에서 트로피를 걸어놓고 무언가 술을 빚고 있다	(W)	5.5
III	두 여인이 바구니를 들고 있다	(D1)	3.0
III	두 여인이 서로 쳐다보고 있다	(D9이고 D7은 제외)	4.0
IV	그루터기에 앉은 거인	(D1이 그루터기)	4.0
IV	곰가죽	(W)	2.0
IV	서로 논쟁하는 두 마녀	(Dd26)	3.5
IV	한스와 그레텔처럼 사탕나무를 물어뜯고 있다	(DdS24 한스와 그레텔, D1 사탕나무)	5.0[1)]
V	나비	(W)	1.0

카드	연 상	질 문	Z점수
V	악어머리, 양옆에 하나씩 있다		Z점수 없음
VI	산에 높이 있는 토템이다.	(D3토템, 카드 나머지는 산이다.)	2.5
VI	반사되고 있는 잠수함	(D4가 잠수함)	2.5
VI	둥지에 있는 두 마리 어린 새	(Dd28)	2.5
VI	서로를 부르는 두 마리 새	(Dd21)	6.0
VI	전체가 섬 같다	(W)	Z점수 없음
VII	두 여자가 서로 웃고 있다	(D1)	3.0
VII	두 여자가 바위 뒤에서 서서 이야기하고 있다	(W, D2 여자, D4 바위)	1.0
VII	두 명의 캉캉 무희	피 : 그들의 머리는 서로 닿아있고 한쪽 다리는 올리고 있기 때문에 한쪽 다리만 보인다	3.0[2)]
VII	산맥과 호수	피 : 흰부분(DS7)이 호수이고 나머지는 산이다. 당신은 호수를 내려다 보고 있다	4.0
VIII	쓰레기더미로 올라가고 있는 두 마리 쥐	(W)	4.5
VIII	두 마리 동물, 양쪽에 한마리씩 있다		Z점수 없음
VIII	나무에 올라가는 곰	(D1곰, D4나무)	3.0
VIII	통나무 위의 우유병	(중앙의 작은 흰 여백이 우유병, D5 통나무)	4.0
VIII	누군가 여기에 페인트를 튀겼다	(W)	Z점수없음
IX	전체가 원자폭발	(W, D6에 구름, 녹색 부분이 연기, 주황색 부분이 불)	5.5
IX	섹스폰을 부는 사람	(D1 사람, 나머지는 섹스폰)	2.5[3)]
IX	서로 담소하는 두 마녀	(D3)	4.5
IX	가스가 분출하고 있는 태양의 폭발같다	(D8 윗부분이 태양, Dd25 가스 분출) 피 : 태양과 가스폭발 사이에 공간이 있다. (Dd S32)	5.0
X	화가의 추상화, 특정한 모양을 지닌 대칭적인 물체가 양쪽에 있다.	(W)	5.5

카드	연 상	질 문	Z점수
X	페인트, 잔뜩 묻혀 있다.	(W)	Z점수 없음
X	배의 노	(D11 손잡이, Dd S30 아래가 노, D3 노의 장식물)	6.0
X	두마리 개, 둘은 각자 앉아 있다	(D2)	Z점수 없음
X	달에게 짖는 것처럼 머리를 들고 양쪽에서 함께 바라보며 앉아있는 두 마리 개	(D2)	4.5
X	기둥을 올라가려는 두 마리 동물	(D8 동물, D14 기둥)	4.0
X	바다 속 생물들, 두 마리 게, 두 마리 바닷가재, 두 마리 물고기	(D1 게, D7 바닷가재, D13 고기)	Z점수 없음

1) 한스와 그레첼은 비인접 D반응이지만 가운데 사탕나무가 인접되어 있고 공백부분이 의미있게 통합되어 있으므로 5.0이 부여되었다.

2) 여기서는 비인접 D반응으로 Z점수가 부여되었는데 브롯의 부분들은 실제 접촉되어 있으나 사람들이 인접된 것으로 지각되고 있지 않기 때문이다.

3) 여기서는 단일한 D영역이 분리되고 통합되면서 Z점수가 부여된 예로서 인접부분 Z점수가 매겨졌다.

만약 한 반응이 2개 이상의 Z점수를 동시에 받을 수 있는 경우라면 그 가운데서 가장 높은 Z점수를 준다. 예를 들면 카드 I 에서 전체반응 W는 1.0을 받는데 "한 여인이 서 있고 주위에 두 마리 괴물이 서 있다"고 응답된다면 근접한 부분들이 의미있는 관계를 보이고 있으므로 4.0점을 받을 수 있다. 이 경우 높은 점수를 채택하므로 4.0점이 매겨진다.

Z점수를 매기는데 반응의 부분들이 의미있는 관계를 보인다는 점이 중요한 채점 기준이 되는데 예를 들어 보자. 카드 Ⅶ에서 "두 사람이 서로 다른 방향을 가리키고 있다"는 반응은 의미있는 관계를 보이고 있지 않으므로 Z점수를 부여하지 않는다. 이와 반대로 "두 사람이 어느 방향으로 갈 것인지를 서로 의논하고 있다"라고 응답된다면 의미있는 관계를 보이고 있으므로 Z점수를 부여한다.

형태질 *Form Quality*

반응내용이 브롯의 특징에 어느 만큼 적합한가를 평가하는 형태질 분석은 로샤검사의 양적 평가의 주요 부분으로 인식되어 왔으며 Beck(1961)은 반응빈도를 근거로 하여 형태수준을 양호한 수준 +와 불량한 수준 −로 분류하여 왔다. 그러나 이러한 분류방식은 +반응이나 −반응에 속하는 반응들이 전체적으로 동일한 질적 수준을 지니고 있지 않다는 문제점이 지적되고 나아가서 이러한 형태질 분류가 임상진단 판별에 주요한 근거가 될 수 있다(Weiner 1966)고 지적됨에 따라 질적 평가의 세분화가 요구되었다. 이러한 견해에 동조적인 입장을 취하는 Rapaport(1946)는 형태질 수준을 6개 범주로 분류하고 형태질이 피검자의 "현실검증력"을 평가해 준다고 제안하였고 Mayman(1970)은 Rapaport 방식을 발전시켜 6개 범주의 형태질 분류기준을 제시하면서 이러한 형태질의 세분화가 임상진단 판별에 유용하며 정신건강, 자아강도, 불안 인내력, 동기, 대인관계 특징과 상관관계가 있는 유용한 지표임을 통계적 자료를 통하여 입증하였다. Exner(1986)는 Mayman의 분류방식을 사용하였을 때 평가자간 일치도가 낮음을 발견하고 그의 분류방식을 4개 범주로 변형시켰을 때 평가자간 일치도가 87-95%로 상승함을 보고하였다. 특히 Beck의 형태분류표를 기초로 하여 +형태반응과 −형태반응으로 분류하였을 때 평정자간 일치도는 99% 정도로 상승하는 결과를 보고하기도 하였다. 이러한 선행연구들을 근거로 하여 Exner는 반응빈도에 따라 형태질을 분류했던 Beck 방식을 채택하는 동시에 Mayman의 형태 적절성 평가기준을 종합체계방식의 형태질 평가기준으로 채택하였다. 즉 Exner의 종합체계방식에서는 반응빈도와 형태질의 적절성을 기준으로 하여 4개 범주에 따라 형태질을 분석하기로 결정하였다. 이러한 4개의 형태질수준은 형태질이 양호하다고 평가되는 2개 수준(+, o)이 있고 형태질이 양호하지 못하다고 분류되는 2개 수준(u, −)이 있는데 u 수준은 반응형태의 적절성은 브롯의 특징에 비추어 볼 때 크게 문제가 되지 않으나 반응빈도가 낮은 경우이며 −수준은 형태 사용이 부적절하고 왜곡되어 있는 경우이다. 4개 형태질 평가기준이 표 9−15에 제시되고 있다.

형태질 평가는 앞서 지적된 바와 같이 현실검증력이나 지각장애를 판단해주고 임상진단을 구별해주는 주요한 지표이므로 정확한 평가를 위해서 평가기준을 익히고 부록에 있는 카드별 형태질 분류표를 참고로 하여 정확한 형태질 평가를 반복 연습해야 할 것이다.

표 9-15 형태질 평가 부호와 기준

부호	정 의	기 준
+	우수하고 정교한 *superior-overelaborated*	매우 정확하게 형태가 사용됨으로써 형태가 적절하면서도 질적으로 상승된 수준에서 반응된다. +반응이 반드시 독창적일 필요는 없으나 부분들이 구별되고 형태가 사용되고 명료화되는 방식이 매우 독특하다.
o	보통의 *ordinary*	흔히 지각되는 사물을 묘사함에 있어서 명백하고 쉽게 이해될 수 있는 방식으로 브롯의 특징이 사용된다. 반응내용은 평범하며 반응된 내용을 쉽게 알아 볼 수 있다. 브롯의 특징을 사용하는 수준은 평범하므로, 브롯 특징의 사용이 매우 정교하여 반응내용을 풍부하고 독특하게 해주는 우수한 형태질 수준과는 구별된다.
u	드문 *unusual*	흔히 반응되지 않는 낮은 빈도의 반응으로서 반응내용이 브롯의 특징과 크게 부조화되지는 않는다. 이런 종류의 반응은 비교적 빠르고 쉽게 알아볼 수는 있지만 흔히 일어나는 반응은 아니다.
−	왜곡된 *minus*	반응과정에서 브롯의 특징이 왜곡되고 인위적이며 비현실적으로 사용된다. 브롯의 특징을 완전히 혹은 거의 무시한 반응이 지각된다. 즉 반응과 브롯의 특징이 전혀 조화되지 않는다. 때로는 반응된 형태를 지각할만한 브롯의 특징이 없는 상태에서 독단적으로 형태가 지각된다.

형태질의 평가를 기록하는 방식은 결정요인 다음에 형태질을 기록하면 된다. 예를 들어 보기로 하자. F+, Fo, Fu, F−, M^{a}o, TFu, FC.FD−, FM^{p}.FC′+.

이제부터는 형태질을 결정하기 위해 부록에 있는 형태질 표를 사용하는 방법을 설명해보기로 하겠다. 부록표에는 카드별로, 영역별로 반응이 제시되고 각 반응의 형태질이 표기되어 있다. 이 표는 7,500개 반응기록지(정상성인의 2,500개 기록지, 정신분열증을 제외한 외래환자의 2,500개 기록지, 정신분열증과 정신증을 제외한 입원환자의 2,500개 기록지)에 제시되었던 162,427개 반응을 기초로 하여 작성되었다고 한다 (Exner 1986). 이 표에서 보면 형태질은 o, u, −수준으로 구별되고 있으며 +반응은 o반응 가운데서 +반응 조건을 갖추고 있는 반응이라고 판단되는 경우 채점되므로 따로 +반응을 명시하지는 않았다. 이 표에 제시되고 있지 않는 대부분의 반응은 −반응일 가능성이 높고 때로는 u반응이나 드물게는 +반응도 있을 것이다. u반응과 −반응의 차이는 앞서 지적된 바와 같이 쉽고 빠르게 반응내용을 알아 볼 수 있다면 u반응으로 채점될 수 있다. 매우 드물기는 하지만 독창적이고 형태질이 우수한 반응도 있을 수 있다. Exner는 1-2개 정도의 −반응은 정상성인의 기록지에 나타날 수 있으며 해석적으로 크게 의미있는 것은 아니라고 지적하면서 평가표에 제시되지 않은 반응 가운데 반응 형태질이 의심스러울 경우 −반응으로 채점할 것을 제안하고 있다.

Exner는 반응빈도와 형태의 적절성을 기준으로 하여 형태질 평가표를 제시하였는데 평가기준이 되는 반응빈도를 보면 W나 D에서 보통 반응 o는 7,500개 기록지의 2% 이상에서 반응된 것을 기준으로 하였고, Dd에서 o의 채점은 50명 이상이 반응한 것을 기준으로 하였다. W나 D에서 드문 반응 u의 채점은 7,500개 기록지의 2% 미만에서 반응된 것을 기준으로 하였고, Dd에서 u의 채점 기준은 50명 이하에서 반응된 내용 가운데 쉽고 빠르게 반응을 알아 볼 수 있는 조건이 충족되는 경우 채점되었다.

이러한 형태질은 신경진과 원호택(1991)이 지적한 바와 같이 국내 규준연구를 기초로 하여 한국성인에게 적절한 기준이 제시되고, 이에 따라 형태질 평가표가 작성되고, 이러한 근거에 따라 형태질이 평가되어야 할 것이다. 그러나 현재로서는 한국성인의 형태질 평가표가 제시되고 있지 않기 때문에 Exner의 형태질 평가표를 사용하고 있지만 앞으로는 한국성인을 위한 평가표가 새롭게 작성되어야 할 것이다.

반응내용과 평범반응 *Contents and Populars*

로샤반응을 채점하는 또다른 작업은 반응내용을 부호화하고 반응된 내용이 평범반응인지를 가리는 것이다.

반응내용 *Contents*

Exner의 종합체계방식에서는 반응내용을 가장 다양하게 채점하였던 Beck 방식에 따라 채점한 후 반응빈도가 지나치게 적은 반응내용을 제외시키고 동일한 반응 내용일지라도 반응빈도가 높은 반응은 독자적으로 분리한 결과 26개 반응내용과 흔치 않은 독특한 내용 *idiographic contents*의 기호 및 분류 기준을 결정하였다. 이에 대한 자세한 설명이 표 9−16에서 제시되고 있다.

표 9-16 반응내용 기호와 기준

분 류	기호	기 준
전체인간 *Whole human*	H	전체 인간의 모습이 지각될 때
전체인간(가공적이거나 신화적 인간) *fictional or mythological*	(H)	거인, 악마, 귀신, 천사, 이상한 나라의 엘리스와 같은 가공적, 신화적 전체 인간의 모습이 지각될 때
인간부분 *Human detail*	Hd	불완전한 부분적인 인간의 모습이 지각될 때, 사람의 머리, 팔, 다리등이 지각된다
인간부분(가공적이거나 신화적) *fictional or mythological*	(Hd)	신의 손, 악마의 머리, 괴물의 발과 같은 가공적, 신화적 인간의 신체 부분이 지각된다
인간경험 *Human experience*	Hx	사랑, 우울, 행복, 소리, 냄새, 공포 등 인간의 정서나 지각경험이 반응된다. Hx로 채점되는 경우 특수점수로 AB가 채점되기도 하며, 추상적이지 않은 반응내용에서 이차반응으로 채점되기도 한다. 예를 들면 두 사람이 깊이 사랑하면서 쳐다보고 있다면 Hx는 이차내용이다.
전체동물 *Whole animal*	A	전체 동물형태가 지각될 때
전체동물(가공적이거나 신화적) *fictional or mythological*	(A)	용, 날라다니는 붉은 말, 유니콘, 마술개구리 등과 같이 가공적, 신화적 동물 형태가 전체적으로 지각된다
동물부분 *Animal detail*	Ad	불완전한 동물의 형태가 지각된다. 동물가죽이 포함된다.
동물부분(가공적이거나 신화적) *fictional or mythological*	(Ad)	날개돋친 천마의 날개와 같이 신화적, 가공적 동물의 신체 부분이 지각된다.
추상반응 *Abstraction*	Ab	추상적 개념, 즉 공포, 우울, 행복, 분노, 상징, 추상예술등을 지각하는 경우
알파벳 *Alphabet*	Al	2, 4, 7 혹은 A, M, X와 같은 숫자나 글자를 지각하는 경우
해부 *Anatomy*	An	사람이나 동물의 골격, 근육, 내부기관이 지각될 때, 예를 들면, 골격, 두개골, 갈비뼈, 심상, 폐, 위, 간, 척추

분 류	기호	기 준
예술 *Art*	Art	추상적이든 구상적이든 그림이나 다른 예술작품, 가문의 문장 *a family crest*, 조각품등. 예를 들면 보석류, 샨델리아, 촛대, 투구장식, 뱃지, 인장, 데코레이션 등
인류학 *Anthrpology*	Ay	특정한 문화역사적 배경을 지닌 유품. 토템기둥, 로마시대의 투구, 선사시대 도끼, 화살촉, 나폴레옹의 모자
피 *Blood*	Bl	동물이나 인간의 피반응
식물 *Botany*	Bt	꽃, 나무, 숲, 해초와 같은 식물반응. 나뭇잎, 꽃잎, 나무둥지, 뿌리 등 부분반응도 포함된다.
의복 *Clothing*	Cg	모자, 장화, 벨트, 바지, 넥타이 등과 같은 의복반응
구름 *Clouds*	Cl	구름반응이 포함된다. 여기서 변형된 안개, 노을반응은 자연반응으로 분류되든가 독자적인 반응으로 기록된다.
폭발 *Explosion*	Ex	흔히 카드 IX에서 나타나는 원자폭탄이나 폭풍에 의한 폭발반응, 불꽃놀이 반응이 포함된다. 대체로 m 반응이 동반된다.
불 *Fire*	Fi	불과 관련된 반응으로, 연기, 타오르는 촛대, 램프의 불꽃 등
음식 *Food*	Fd	음식과 관련된 반응, 아이스크림, 요리된 새우, 구운닭, 사탕, 껌, 스테이크, 야채
지도 *Geography*	Ge	특정한 또는 비특정한 지도, 섬, 만, 반도 등. 만약 이와같은 내용이 실제로 지각 된다면 풍경으로 분류된다.
가구 *Household*	Hh	의자, 양탄자, 식기, 침대, 램프, 컵, 은그릇 등 가구반응(양탄자는 동물가죽인 경우 Ad로 채점된다).
풍경 *Landscape*	Ls	풍경이나 해저의 풍경반응. 산, 산맥, 언덕, 섬, 동굴, 바위, 사막, 늪 혹은 산호초, 해저 풍경 등의 바다풍경
자연 *Nature*	Na	식물이나 풍경으로 분류되지 않은 자연환경의 다양한 내용들. 예를 들면, 해, 달, 유성, 하늘, 물, 대양, 강, 얼음, 눈, 비, 안개, 진눈개비, 무지개, 폭풍, 회오리바람, 밤, 빗방울
성반응 *Sex*	Sx	성기능과 관련된 성기관과 성행위. 예를 들면 남근,

분 류	기호	기 준
		자궁, 가슴, 고환, 월경, 유산, 성교, 보통 성교는 이차반응으로 채점된다. 일차 내용은 H, Hd, An이다.
과학 *Science*	Sc	과학과 연관되거나 과학의 산물, 혹은 과학적 상상력의 산물. 예를 들면, 현미경, 망원경, 무기, 로켓트, 발동기, 우주선, 광선총, 비행기, 배, 기차, 자동차, 전구, TV 안테나, 전파탐지기.
x-선	Xy	뼈, 내부기관의 X선 반응, Xy가 채점되면 An은 채점되지 않는다.
직업적 반응 (이차적 채점)	Vo	피검자의 직업과 연관되는 반응으로서 이차반응으로만 채점된다.

한 반응에 2개 이상의 내용이 포함될 때 해당되는 내용을 모두 포함시켜야 한다. 다음 2가지 경우는 예외이다. 자연반응, 식물반응, 풍경반응이 동시에 반응되는 경우 자연반응에 모두 포함시키고 식물이나 풍경반응을 따로 채점하지 않는다. 예를 들면 "이 동물은 물속에서 돌 위를 걷고 있는데 이 나무에 가까이 가려고 하고 있다"라고 반응한다면 반응내용은 동물 A, 돌 LS, 물 Na, 나무 Bt로 분류되지 않고 동물 A과 자연 Na 반응으로 채점된다. 만약 자연반응이 포함되지 않고 풍경과 식물반응만 있는 경우는 두개 반응 중 하나만 채점된다. 예를 들면 "한 동물이 이 나무 곁에 있는 돌 위를 오르고 있다"라고 응답된다면 A, Bt 혹은 A, Ls라고 채점된다. 이와같이 자연, 풍경, 식물반응의 채점을 예외로 규정한 이유는 한 반응이 소외지표에 지나치게 영향을 미치는 것을 막기 위해서이다.

2개 이상의 반응내용을 기록할 때 가장 중심적인 내용을 맨먼저 기록한다. 일반적으로 중심적인 내용이 맨처음 언급이 된다. 예를 들어보자. "그림인데, 어떤 사람의 모습이고 그는 모자를 쓰고있고 나무 옆에 서 있다." 이 경우 반응내용은 Art, H, Cg, Bt로 채점된다. 예외적인 경우도 있는데 중심적인 내용이 맨처음 언급되지 않을 수 있다. 예를 들어 보자. "자, 이건 나무같은데, 그 곁에 사람이 있군요, 그리고 그 옆에는 나무가 있고 이 여자는 모자를 쓰고 있어요." 이 경우 중심적인 내용은 사람이므로 채점은 H, Bt, Cg로 된다.

흔치 않는 내용 *idiographic contents*은 반응내용이 표준분류에 포함되지 않은 내용들이다. 이러한 경우 반응 기록지 Id란에 이 내용을 기록한다. 그러나 겉으로 보기에 흔치않은 반응처럼 보인다 할지라도 검토해보면 표준분류에 해당되는 경우가 있으므로 유의해야 한다. 예를 들면 시험관 *test tube*은 겉으로 보기에 매우 드문 반응이지만 Sc에 분류될 수 있다.

평범반응 *Popular Responses*

종합방식에서는 7,500개 반응 기록지에서 전체 반응수의 1/3이상 빈번하게 반응되는 내용 13개를 추출하여 평범반응으로 정하였다. 평범반응과 내용 및 위치가 매우 유사하지만 정확하게 일치하지 않는 경우 평범반응으로 채점되지 않는다. 표 9-17에 종합체계에서 사용하는 평범반응이 제시되고 있다.

표 9-17 평범반응

카드	위치	기 준
I	*W*	박쥐, 전체 브롯을 포함하고 있어야 한다.
I	*W*	나비, 전체 브롯을 포함하고 있어야 한다.
II	*D1*	동물, 곰, 개, 코끼리 등 구체적으로 동물의 이름이 제시된다. 보통은 동물의 머리나 상체부분으로 표현되지만 동물 전체 모양이 지각될 때도 평범반응으로 채점된다.
III	*D9*	인간의 모습이나 인형, 만화등 인간의 모습. 만약 D1이 두 사람으로 지각된다면 D9이 단일한 인간으로 지각되어도 평범반응으로 채점된다.
IV	*W or D7*	인간 혹은 인간과 유사한 존재(거인, 괴물, 공상과학적 존재)
V	*W*	박쥐, 카드의 정위치나 거꾸로 돌려본 위치에서 전체브롯을 포함한다.
V	*W*	나비, 카드의 정위치나 거꾸로 돌려본 위치에서 전체브롯을 포함한다.
VI	*W or D1*	동물가죽, 융단, 가죽. 흔히 고양이나 여우의 전체 모양의 가죽이 언급된다. 평범반응은 피검자가 반응하는 과정에서 가죽을 실제로 묘사할 경우 채점된다.
VII	*D1 or D9*	인간 머리나 얼굴 특히 여성, 어린이, 인디안으로 지칭되거나 성이 언급되지 않기도 한다. 만약 D1이 사용된다면 D5는 머리카락이나 깃털로 묘사된다. D2가 반응된다면 머리나 얼굴은 D9에 국한되어야 한다. 만약 Dd23이 인간의 부분으로 묘사된다면 평범반응으로 채점되지 않는다.
VIII	*D1*	전체 동물 모습, 흔히 개, 고양이, 다람쥐 등 다양한 동물이 언급된다. 또한 동물 모양의 문장과 같은 W반응의 일부분으로 D_1이 지각 된 때도 평범반응으로 채점된다.
IX	*D3*	인간이나 인간과 유사한 존재, 마귀, 거인, 괴물, 공상과학적 존재.
X	*D1*	게, D1 영역에 국한되어야 한다.
X	*D1*	거미, D1 영역에 국한되어야 한다.

특수점수

Rapaport(1946)는 특이한 특징을 내포하고 있는 반응을 체계적으로 채점해야 할 필요성을 주장하였는데 종합체계는 이러한 제안을 받아들여 과거 질적인 분석 대상이 되었던 특수 반응 내용을 체계적으로 채점하고자 시도한 결과 14개 특수점수를 제시하고 있다. 그 내용을 분류해보면 다음과 같다.

특이한 언어반응 *unusual verbalization* : 6개
반응반복 *perseveration*과 통합실패 *integration failure* : 2개
개인적 반응 *personalization* : 1개
특수 색채반응 *special color* : 1개
특수 내용 *special contents* : 4개

이러한 특수점수는 개인의 인지적 활동 뿐만 아니라 방어기제, 자아지각, 대인지각에 관한 정보를 제공해주며 개인의 독특한 반응이 드러난다는 점에서 투사가 활발하게 개입되고 있다고 볼 수 있다.

Ⅰ. 특이한 언어반응 *unusual verbalization*

특이한 언어반응은 인지적 활동에서 인지적 탈선 *cognitive slippage*에 대한 주요한 정보를 제공해준다. 특히 인지적 장애가 일시적이든 장기적이든지 간에 인지장애가 있을 때 이러한 인지장애는 피검자의 언어적 표현에서 다음과 같은 반응 특징을 드러낸다. (1) 이탈적 언어표현 *deviant verbalization* (2) 부적절한 반응합성 *inappropriate combination* (3) 부적절한 논리 *inappropriate logic*

6개 특이한 언어반응은 이탈적 언어표현 2종류(DV, DR), 부적절한 반응합성 3종류(INCOM, FABCOM, CONTAM), 부적절한 논리 1종류(ALOG)가 있다.

종합체계에서는 이러한 특수점수들이 동일한 범주내에 있을지라도 질적인 차이가 있음을 고려하여 특수 반응의 기괴성 *bizarreness* 정도에 따라 수준 1과 수준 2로 나누고 있다. 즉 수준 1은 반응의 질적 수준이 심하게 이탈되지 않은 경우이며 수준 2는 반응이 심하게 이상하여 질적으로 수준 1과 구별되어야 하는, 심각하게 기괴한 반응을 말한다. 이와같은 수준 구별이 요구되는 특수 반응 가운데 언어적 표현의 구체적인 반응들은 Exner의 원문장 그대로 참고하였다. 그 이유는 원문장의 이탈적인 언어적 표현을 번역하면 원래의 반응 특징이 상실되어 번역된 반응 내용이 무의미해지기 때문이다.

이탈적 언어표현 *Deviant Verbalization* : DV, DR

Ⅰ. 이탈적 언어표현 *Deviant Verbalization* : DV

이탈적 언어표현은 다음 두 가지 경우 가운데 한 가지 경우에 해당될 때 채점된다.

1) 신어조작 *neologism* : 피검사자의 언어적 능력으로 볼 때 충분히 정확하게 표현할 수 있는데 부정확한 단어를 사용하거나 새로운 용어를 사용하는 경우이다. 예를 들면 "현미경 아래 있는 세포"라는 표현을 "망원경 아래 있는 세포"라고 표현하는 경우가 있다.

반 응	채 점
Spiders trying to *squish* each other (거미들이 서로 밀어 제치려고 한다)	DV1*
Some bacteria you might see under a *telescope* (망원경 아래서 볼 수 있는 박테리아들)	DV1
It's a pencil, this is the *pointy* part (이것은 연필인데, 여기가 포인트가 있는 부분이다)	DV1
The *pubic* arch of somebody (누군가의 음부 아아치)	DV2

* 숫자는 특수반응 수준을 나타낸다.

2) 과잉표현 *redundancy* : 은어라든가 언어적 표현 부족이라고는 설명되지 않는 부적절한 방식으로 어휘를 사용하는 경우이다. 예를 들면 "새 두마리의 쌍" "세 사람의 트리오"와 같은 경우이다.

반 응	채 점
The *two twin* lips of a vagina(질의 두 쌍 입술)	DV2
A *tiny little* bird(한 작고 적은 새)	DV1
The *dead corpse* of a person(죽은 시체)	DV1
A *trio of three* people(세 사람의 트리오)	DV2
It's empty, like a *hollow void* (이것은 빈, 공허한 것으로 비어있다)	DV1

2. 이탈적 반응 *deviant response* : DR

응답된 내용이 질이 이상하거나 기괴한 경우 채점된다.

1) 부적절한 반응 *inappropriate response* : 문장이나 구가 완전히 부적절하게 표현되거나 완전히 앞뒤가 연결되지 않는 방식으로 표현된다. 예를 들어보자. "이것은 한 마리의 새이다. 그러나 나는 나비를 보기를 원했다." "어떤 종류의 곤충이지만 아직 이런 것을 한번도 본적이 없다. 그 일에 관한 한 아무도 그렇지 않았을 것이다."

반 응	채 점
It could be oysters *but I guess they're out of season* (이것은 굴인 것 같은데 때가 지난 듯 싶다)	DR1
It might be a cat, *my father always hated cats* (고양이일지도 모르는데, 나의 아버지는 늘 고양이를 미워했다)	DR1
It's some kind of bug that *no one has ever seen* (이것은 곤충종류인데 아무도 본 적이 없는 것이다)	DR2
It looks like the face of Reagan *if you're a Republican* (이것은 레이건의 얼굴같다. 만약 당신이 공화당원이라면)	DR2
A bird, *but I was hoping to see a butterfly* (이것은 새이다. 그러나 나는 나비를 보기를 원했다)	DR2

2) 우회적인 반응 *circumstantial response* : 주제가 지나치게 자세하게 묘사되거나 말하려는 목적에 도달하지 못하고 산만하고 우회적이다. 예를 들어 보자. "나는 과학자예요. 나는 곤충같이 생긴 다리와 머리와 꼬리를 볼 수 있지만 지금 그것을 보기는 어렵군요. 나는 한편으로나 양편으로 대칭적인 것을 볼 수 있는데 이것은 사물의 계통발생적 진화라는 측면에서 매우 흥미롭군요. 그러나 나는 내가 알고 있는 것을 보지 못해요. 나는 단지 곤충에 대해 얘기하고 있을 뿐이예요."

우회적 반응내용과 정교한 반응내용은 구별되어야 한다. 정교하면서 적절한 반응은 초점이 되고 있는 주제를 벗어나지 않는 범위에서 자세하게 응답되므로 우회적이기는 하지만 목표에 도달된다. 때로는 다음 예와 같이 우회적 반응내용이 심하게 이상하지 않고 그 내용 자체로는 적절할 수도 있다. "이런 것을 잡지에서 본 적이 있어요. 나는 항상 독서를 하는데 왜냐하면 독서는 마음을 예리하게 만들어 주고 세상에 대해 알게 해주기 때문이예요. 만약 당신이 매일 독서를 통해서 새로운 것을 배운다면 당신 자신을 발전시켜 나갈 수 있죠."

반 응	채 점
I'm not sure what this could be, something like an animal nose, maybe equine or bovine, *like in that play that was so filled with passions and psychological drama. I saw it twice*. Yes, the nose of a horse. (이것이 무엇인지 확실히 알 수 없지만 동물의 코같다. 아마도 말 아니 소같다. 마치 열정이 가득찬 연극과 싸이코 드라마에서와 같다. 나는 그것을 두번 보았다. 네, 말의 코이다.)	DR2
It's like a map of Ireland, maybe not Ireland, maybe it's someplace else, *but it could be a map of Ireland I think. I don't know much about Ireland but I know a lot about Mexico*. (이것은 아일랜드의 지도같애요, 아니면 다른 어떤 곳일 수도 있죠. 그러나 아일랜드 지도라는 생각이 드는군요. 나는 아일랜드에 대해 잘 모르지만 멕시코에 대해서는 많이 알아요.)	DR2
Maybe two snakes, *I always hated snakes, my brother used to tease me about it something awful*. (아마도 두마리 뱀 같은데, 나는 늘 뱀을 미워해왔고, 나의 형은 끔찍한 그것에 대해 나를 괴롭혀 왔어요.)	DR1

부적절한 반응 합성 *inappropriate combination*: IMCOM, FABCOM, CONTAM

지각적인 인상들이나 생각들을 비현실적으로 합성할 때 특수점수를 주게 된다. 이러한 반응들은 이미지나 사물, 사물과 관련되는 활동간에 비현실적 관계가 있음을 추론하는 반응이다.

1. 조화되지 않은 합성 *incongruous combination* : INCOM

브롯의 부분이나 이미지들이 부적절하게 하나의 사물로 합쳐질 때 채점된다. 예를 들어보자. "네개의 다리가 달린 닭" "손을 밖으로 뻗고 있는 나비" "닭의 머리를 달고 있는 여인." 때로는 색채와 형태가 부적절하게 합성될 때 채점되기도 한다. 예를 들면 "빨간 곰"의 경우이다. 다음은 수준 1, 수준 2 반응 예가 제시되고 있다.

반 응	채 점
네개의 고환을 가진 개구리	INCOM2
박쥐, 머리와 날개가 있고 손이 있다	INCOM1
닭의 머리가 달린 여인	INCOM2
빨간 곰	INCOM1
날개 달린 불가사의한 페니스	INCOM2
노란색 눈을 가진 남자	INCOM1

2. 우화적인 합성 *fabulized combination* : FABCOM

브롯에서 둘 이상의 사물이 있을 수 없는 방식으로 관계를 맺고 있는 것으로 지각된다. 이 경우 항상 둘 이상의 브롯의 분리된 부분들이 관계가 있는 것으로 기술된다. "두 마리의 닭이 농구공을 잡고 있다", "두 마리의 개미가 야구방망이를 가지고 싸우고 있다." 때로는 있을 수 없는 투영반응이 채점되기도 한다. "커다란 남자가 있는데 그의 심장이 뛰고 있는 것이 보인다." 다음에 수준 1과 수준 2의 반응 예가 제시되고 있다.

반 응	채 점
두마리 닭이 농구를 하고 있다	FABCOM1
두 여자가 잠수함을 공격하고 있다	FABCOM2
두 마리 개미가 춤을 추고 있다	FABCOM1
커다란 남자의 심장이 뛰는 것이 훤히 들여다 보인다	FABCOM2
회전목마를 타고 있는 쥐	FABCOM1
눈에서 연기가 나오고 있는 토끼 머리	FABCOM2

3. 오염 *contamination* : CONTAM

가장 심하게 부적절한 수준에서 합성된 반응이 오염반응이다. 이 경우 두개 이상의 인상들이 비현실적 방법으로 하나의 반응으로 융합된다. INCOM반응은 브롯의 분리된 부분으로부터 하나의 사물이 합성되는데 반해 CONTAM반응은 브롯의 한 부분만이 사용된다. 이는 마치 필름이 겹치듯이 인상이 겹쳐지면서 이상한 새로운 사물이 합성되는 방식이라고 할 수 있다. 전형적인 오염반응은 곤충의 얼굴과 황소의 얼굴이 겹쳐서 "곤충황소의 얼굴"로 보인다고 응답하는 경우에서 볼 수 있다. 또 다른 예는 카드 III에서 D3가 나비처럼 보이고 카드를 돌려서 꽃을 본 다음 두 인상이 겹쳐져서 "나비 꽃"이라고 응답하는 경우이다. 이런 반응도 있다. "여기는 섬이고 여기는 피다. 그러므로 피흘리는 섬이다."

때로는 질문단계에 가서야 오염반응이 나타나기도 한다. 카드 I 에서 예를 들어보자.

반 응	질 문
이것은 나비이다	검 : (피검자의 반응 반복)
	피 : 여기 날개(D2), 몸둥이(D4), 얼굴(DdS26), 입(DdS29)이 있다.

이 경우 반응단계에서는 평범반응인 나비로 표현되고 있으나 질문단계에서 얼굴과 나비가 겹쳐진 오염반응이 드러나고 있다. 나비와 얼굴반응의 형태반응은 두 경우 모두 보통수준이므로 다음과 같이 채점된다 : WSo Fo A P 3.5 CONTAM

3. 부적절한 논리 *inappropriate logic* : ALOG

ALOG는 검사자가 강요하지 않은 상태에서 응답자가 자발적으로 자신의 반응을 정당화하려는 노력으로 논리적인 설명을 하는데 그 설명이 타당하지 않고 연상의 이완과 지나치게 단순한 사고형태를 나타낼 때 채점된다. 다음의 예를 보자. "이것은 당근인데 왜냐하면 토끼 옆에 있기 때문이다." "남자와 여자인데 왜냐하면 함께 있기 때문이다." 부적절한 논리는 응답자가 이런 반응을 할 때 이런 응답이 정당하다고 믿으면서 응답한다. 만약 응답자가 "꼭 그런 것 같지는 않고 실제로 좀 무리인 것 같기도 하지만—" 이런 단서를 달면서 논리적으로 연결이 잘 안되는 응답을 하는 경우는 ALOG가 아닐 가능성이 높다. 이런 경우는 현재의 반응 내용이 자연스럽지 못하다고 판단하면서 좀 더 적절한 응답을 찾으려고 시도하고 있기 때문에 ALOG로 채점되지 않는다.

그리고 검사자가 응답을 좀 더 분명하게 설명해주도록 요구하고 난 다음에 이러한 강요에 대한 응답으로 설명이 나온 경우도 상황적으로 억지로 응답하려고 시도한 결과일 수 있기 때문에 ALOG로 채점되지 않는다. 다음에 부적절한 논리반응의 예가 제시되고 있다.

> 이것은 북극인데 왜냐하면 카드 위쪽에 있기 때문이다
> 그는 광부인데 그 이유는 그가 온통 검기 때문이다
> 토기 옆에 있으니까 당근이다
> 카드를 모두 차지하고 있으니까 커다란 새이다

대부분은 부적절한 논리반응은 반응단계에서 처음부터 드러나지만 때로는 질문단계에서야 드러나기도 한다. 다음은 질문단계에서 드러나는 반응 예가 제시되고 있다.

반 응	질 문
커다른 발을 갖고 있기 때문에 거인임에 틀림없다	(이 경우 질문단계에서 ALOG가 드러난다)
그는 사악한 사람이다	검 : (피검자의 반응 반복)
	피 : 여기 머리가 있고 다리가 있다
	검 : 사악한 사람이라고 말했는데요
	피 : 틀림없다. 그는 검은 모자를 쓰고 있으니까
이건 고양이다	검 : (피검자의 반응 반복)
	피 : 여기가 머리, 다리이고 그의 눈이 보이지 않는 것으로 보아 고양이가 죽은게 틀림없다

II. 반응 반복과 통합 실패 *perseveration, integration failure*

어떤 기록지에서는 두개 이상 거의 동일한 내용이 한 카드내에서 반복되어 응답되거나 다른 카드에서 반복되어 응답된다. 이러한 경우는 인지적 장애나 현저한 심리적 집착을 나타내는 경우가 있다.

반응 반복 *perseveration* : PSV

1. 카드내 반응반복 *Within card perseveration* : 동일한 카드내에서 위치, 결정요

인, 내용, 발달질, 형태질, 인지적 조직활동이 완전히 동일하거나 거의 동일한 반응을 연속적으로 응답할 때 채점된다. 이때 동일한 범주로 간주되는 반응이 연속적으로 반복된다는 점이 주요 조건이 된다. 예를 들면 카드 V에서 "이것은 박쥐이군요"라고 응답한 후 이어서 "이것은 나비이군요"라고 반응한다면 카드내 반응반복으로 채점된다. 이 두 반응은 "박쥐" 반응이 평범반응인데 비해 "나비" 반응은 평범반응이 아니라는 차이점 외에는 위치, 결정요인, 내용, 형태질이 동일하다. 평범반응은 카드내 반응반복의 필요조건은 아니다. 그러나 위치, 결정인, 내용, 형태질은 필요조건이며 반응반복으로 채점되려면 두 반응이 연속적으로 응답되어야 한다.

2. 내용반복 *Content perseveration* : 내용반복은 현재의 카드에서 반응되는 내용이 앞서 다른 카드에서 반응되었던 내용과 동일하다고 지각될 때 채점된다. 예를 들어 보자. 카드 II에서 "두 사람이 싸우고 있다"고 응답한 다음 카드 VI에 가서 "전에 싸웠던 사람들이 또 싸우고 있군요. 그들이 연속적으로 싸우고 있어요"라고 응답하는 경우 내용반복이 채점된다. 이 경우 두번째 반응이 첫번째 반응과 채점 부호가 반드시 일치하는 것은 아니다. 예를 들면 앞서 두 사람이 싸우고 있다고 응답한 다음 "아 여기 그 사람들이 또 있군요, 그러나 이제 그들은 싸우지 않아요"라고 응답하는 경우 내용반복으로 채점된다. 중요한 점은 새로운 대상을 이전에 반응했던 대상과 동일한 대상으로 지각한다는 점이다.

3. 기계적 반복 *Mechanical perseveration* : 이 반응은 카드가 바뀌더라도 거의 기계적으로 동일한 내용을 반복한다는 점에서 쉽게 알아 차릴 수 있다. 이런 반응은 지능의 제한이 있거나 기질적 장애가 있는 경우에 발견된다. 예를 들면 심한 기질적 장애를 지닌 피검자는 카드 VII까지 "박쥐"라고 대답한 후 카드 VIII에서는 "채색된 박쥐", 카드 IX에서는 "박쥐가 어디로 갔나? 더 이상 박쥐가 없군요"라고 동일 범주의 반응을 반복한다. 때로는 심한 저항을 보이는 경우 비협조적 태도로 인하여 이런 결과가 나타날 수도 있다. 이런 경우 피검자들은 반복하여 동일한 응답을 한다. 즉 카드 I도 나비, 카드 II도 나비, 카드 III은 박쥐라는 식으로 동일한 내용을 반복하는 것이다. 이와같이 저항으로 인하여 의도적으로 반응을 반복하는 경우는 피검자의 인지장애로 인하여 반응을 반복하는 경우와 구별되어야 한다.

우화반응 *Confabulation* : CONFAB

브롯의 부분을 지각하고 난 다음, 브롯의 전체 영역이나 보다 큰 부분에서 이러한 동일한 지각을 일반화하는 경우이다. 예를 들면 카드 VI의 Dd26에서 고양이 수염을 지각하고 난 다음 전체 위치 W에 대해 고양이라는 지각을 일반화시키는 경우, CONFAB 반응으로 채점된다. 피검자는 부분적인 지각을 일반화하고 이런 응답을 정당화하려고 하지만 브롯의 부분과 나머지 부분과의 의미있는 통합을 이루지 못한다. 이런 경우 응답자는 전체 브롯의 사용을 주장하지만 Z점수는 매겨지지 않는다. 채점은 Wo F- A CONFAB가 된다. 주의해야 할 점은 검사에 대해 저항할 경우 무성의한 응답이 마치 CONFAB처럼 들릴 수 있는데 이 경우 전체적으로 저항의 태도를 보인다는 일관성을 발견할 수 있으므로 실제적인 CONFAB는 채점되지 않아야 한다. 때로는 CONFAB가 연상단계에서 실제로 반응되었지만 질문단계에서야 비로소 드러나는 경우도 있으므로 주의해야 한다. CONFAB는 심한 인지 통합의 실패를 나타내기 때문에 응답하는 과정에서 ALOG와 유사한 응답을 하더라도 ALOG로는 채점되지 않는다. 예를 들면 "자, 이건 발이고 이 발이 있으므로 게가 틀림없어요"라고 응답한다면 ALOG처럼 들리지만 심한 지각-인지적 손상을 나타내는 CONFAB로 채점된다.

7. 특수내용

특수내용으로는 추상적 내용, 공격적 내용, 협조적 내용, 병적 내용이 있다. 이들은 자아이미지와 대인관계에 관한 정보를 제공해 준다.

1. 추상적 내용 *Abstract content* AB

추상적 내용은 두 가지 경우에 채점된다. 첫째는 인간의 지각이나 정서적 경험과 관련되는 내용, 둘째는 주제가 명백하고 특정한 상징적 의미를 지니고 있는 경우이다. 예를 들어보자. "독재자를 상징하는 조각", "여성의 아름다움을 상징하는 춤", "악마를 상징하는 가면", "이것은 우울을 생각나게 한다", "이것은 끔찍한 냄새와 연관이 있다" 등이 추상적 반응 예이다.

2. 공격적 내용 *Aggressive Movement* AG

"싸운다, 공격한다, 부순다, 찢는다, 화가 나 있다" 등의 내용이 M, FM, m 반응에 포함되어 있을 때 AG로 채점된다. AG는 공격적인 행위가 주체적으로 일어나는 경우에만 채점되고 공격을 당하는 피동적인 경우에는 채점되지 않는다. 예를 들면 총에 맞은 곰, 파괴된 배와 같은 경우는 AG가 채점되지 않는다. 폭발장면에는 폭발에 따라 무엇인가가 파괴되는 경우에만 공격내용이 채점된다. 예를 들어보자. "두 동물이 싸우고 있다", "무엇인가를 격파하고 있는 대포", "두 사람이 무언가 말다툼하고 있다", "당신을 곧장 노려보고 있는 사람이다" 등이 공격적 내용의 예이다.

3. 협조적 동작 *Cooperative Movement* COP

어떤 움직임 반응이든지 간에(M, FM, m) 둘 이상의 대상들이 서로 호의적으로 협조적인 상호작용을 하고 있는 장면에 대해 이 반응이 채점된다. 이 경우 상호작용하고 있다는 특징이 명백하게 드러나야 하므로 서로 쳐다본다, 이야기한다 등의 반응은 협조 동작으로 채점되지 않는다. 예를 들어보자. "두 사람이 함께 무언가를 들려고 하고 있다", "두 마리의 벌레가 이 기둥을 함께 쓰러뜨리려고 한다", "두 사람이 서로 비밀을 나누면서 기대고 있다", "두 사람이 함께 춤을 추고 있다", "새가 새끼에게 먹이를 주고 있다", "두 어린이가 시이소를 타고 있다", "두 마리의 여우가 다른 동물을 함께 공격하고 있다" 등이 협조적 반응으로 채점된다.

4. 병적인 내용 *Morbid content* MOR

병적 내용 MOR는 사물이 다음 중 한가지 특징을 지니고 있을 때 채점된다.

1. 파괴되고 손상된 사물. 예를 들면 깨어진 유리, 부러진 날개, 부패한 잎사귀, 헤어진 장화, 닳아빠진 외투, 죽은 개.
2. 우울한 느낌을 주는 사물. 예를 들면 음울한 집, 불행한 사람, 슬픈 나무, 울고 있는 사람.

개인적 응답 *Personalized answers* PER

PER은 응답을 정당화하고 명료화하는 과정에서 개인적인 지식이나 경험을 언급하는 경우 채점된다. 예를 들면 카드 III에서 "개미"라고 응답한 후 "이건 내가 정원에서 늘 보던 것이기 때문에 잘 알고 있다"라고 응답한다면 PER로 채점된다. 예를 들어보자. "우리는 전에 저런 것을 가진 적이 있었다", "나의 아버지가 나에게 전에 이런 것을 보여준 적이 있었다", "나는 그들에게 이런 것을 만들어 주곤 하였다".

특수한 색채현상 *Special Color Phenomena*

드물지만 색채의 이름을 잘못 언급하는 경우가 있는데 이러한 반응이 일시적인 실수인지를 가리기 위해 검사자는 조심스럽게 질문해야 한다. 응답하는 과정에서 실수가 정정되거나 정정되지 않던지 간에 DV로 채점되어야 한다.

특수 색채투사 *Color Projection* : CP

CP는 무채색영역에서 색채를 응답하는 경우 채점된다. 예를 들면 카드 V에서 "아름다운 나비군요"라고 응답한 후 "아주 상쾌한 자주 빛깔의 나비"라고 질문단계에서 답한다면 CP가 채점된다. 드물기는 하지만 이런 특수 색채투사반응이 카드 IV와 V에서 응답되는 경우가 있다. 이런 경우 반응단계에서는 색채를 암시하는 반응을 보인다. "아! 아름다운 나비예요." 이때 검사자는 질문단계에서 "아름다운"이라는 핵심 단어에 대해 질문한다. 만약 피검자가 "아, 여기에 아름다운 자주색이 있어요, 노란 색과 푸른 색이 있어요"와 같이 무채색 카드에서 색채를 지각하고 반응한다면 CP가 채점된다. 때로는 브롯의 음영을 설명하기 위한 수단으로 색채를 응답하는 경우가 있는데 이 때는 실제로 색채를 지각한 경우가 아니므로 CP로 채점되지 않는다.

8. 구조적 요약 *Structural Summary*

각 반응을 정확하게 부호화하고 채점하는 목적은 궁극적으로 구조적 요약을 완성하려는 것이다. 구조적 요약에서는 각 반응의 빈도나 가산된 총점수, 비율이나 백분율을 계산한다. 이러한 구조적 요약 자료들은 임상가로 하여금 피검자의 심리적 특성과 기능에 관한 가설을 세우고 이러한 가설을 바탕으로 피검자의 성격적 특징과 임상진단에 관한 기술을 할 수 있게 해준다.

구조적 요약은 다음 세 단계를 거치면서 완성된다 : (1) 각 반응을 순서에 따라 부호화 채점 (2) 각 반응의 빈도를 기록 (3) 비율, 백분율, 총점수 등 계산.

점수계열 : 첫번째 단계는 반응 순서에 따라 반응들을 기록하면서 이들을 부호화하는 것이다. 일부 임상가들은 반응기록지에 있는 질문난 오른쪽 옆에다 반응을 부호화한 후 이 부호들을 다시 기록지에 옮기는 절차를 거친다. 이 기록지를 보면 카드번호, 반응번호, 위치와 발달질, 위치번호, 결정인과 형태질, 쌍반응, 내용, 평범반응, Z점수, 특수점수를 차례로 기록하도록 난이 만들어져 있다. 위치 번호는 반응영역마다 매겨져 있는데 번호를 기록하는 것이다. 위치반응표에 나와있지 않는 Dd반응인 경우는 99번으로 번호를 매긴다. 이러한 번호는 개인 사례를 해석하는데 도움이 되고 특히 연구용으로 매우 유용하다.

표 9-18에 반응기록표가 제시되어 있고 표 9-19에 구조적 요약기록지가 제시되어 있다.

표 9-18 반응기록지

카드	반응번호	위치와 발달질	위치번호	결정인과 형태질	(2)	내용	평범반응	Z점수	특수점수
I	1	Wo	1	Fo		A	P	1.0	
	2	D+	4	M^ao	2	H, Id		4.0	
	3	WSo	1	M^au		(Hd)		3.5	
II	4	WSo	1	M^p.CF−		Hd		4.5	MOR, AB
III	5	D+	1	M^ao	2	H, Hh	P	3.0	COP
	6	WSo	1	F−		Hd		5.5	
IV	7	Wo	1	FDo		(A)		2.0	
V	8	Wo	1	Fo		A	P	1.0	
	9	Do	7	Fu		(A)			
VI	10	Wo	1	Fo		(A)		2.5	MOR, DV
VII	11	D+	9	M^a.FYo	2	Hd	P	3.0	AG
VIII	12	W+	1	FM^a.Fr.FCo		A, Na	P	4.5	INC
	13	Dv/+	4	FC.FVo		Ls		3.0	
	14	DdSo	99	FC−		Ad		4.0	PER
IX	15	Wv	1	M^a.C		Hx			AB
X	16	W+	1	M^pu		(H), Art		5.5	
	17	DdS+	22	F−		Hd, Id		4.0	

표 9-19. 구조적 요약

반응위치	결정요인 혼합	결정요인 단일	반응내용	접근방식 카드 : 위치
Zf = 15			H = 2	
ZSum = 51.0	M.CF	M = 4	(H) = 1	I : W.D.WS
ZEst = 49.0	M.FY	FM =	Hd = 4	II : WS
	FM.Fr.FC	m =	(Hd) = 1	III : D.WS
	FC.FV	FC = 1	Hx = 1	IV : W
W = 10	M.C	CF =	A = 3	V : W.D
(Wv = 1)		C =	(A) = 3	VI : W
D = 5		Cn =	Ad = 1	VII : D
Dd = 2		FC′ =	(Ad) =	VIII : W.D.dS
S = 5		C′F =	An =	IX : W
		C′ =	Art = 0, 1	X : W.DdS
		FT =	At =	
		TF =	Bl =	
		T =	Bt =	
		FV =	Cg =	
		VF =	Cl =	
		V =	Ex =	
		FY =	Fd =	
		YF =	Fi =	
		Y =	Ge =	
		Fr =	Hh = 0, 1	
		rF =	Ls = 1	
		FD = 1	Na = 0, 1	
		F = 6	Sc =	
		=	Sx =	
		=	Xy =	
		=	Idio = 0, 2	

DQ

	(FQ−)
+ = 6	(1)
o = 9	(3)
v/+ = 1	(0)
v = 1	(0)

형 태 질

	FQx	FQf	MQual	SQx
+	=	=	=	=
o	= 9	= 3	= 3	=
u	= 3	= 1	= 2	= 1
−	= 4	= 2	= 1	= 4
none	= 1		= 1	=

특수점수

	Lvl-1	Lvl-2
DV = 1	x1	x2
INC = 1	x2	x4
DR =	x3	x6
FAB =	x4	
ALOG =	x5	
CON =	x7	

Raw Sum6 = 2
Wgtd Sum6 = 3

AB = 2	CP =
AG = 1	MOR = 2
CFB =	PER = 1
COP = 1	PSV =

비율, 백분율, 점수

R = 17	L = 0.55	
EB = 7 : 4.0	EA = 11.0	EBPer = 1.8
eb = 1 : 2	ES = 3	D = +3
	Adj es = 3	Adj d = +3
FM = 1	C′ = 0	T = 0
m = 0	V = 1	Y = 1

정서영역

FC : CF+C	= 3 : 2
Pure C	= 1
Afr	= 0.55
S	= 5
Blends : R	= 5 : 17
CP	= 0

대인관계

COP = 1	AG = 1
Food = 0	
Isolate/R	= .18
H : (H)+Hd+(Hd)	= 2 : 6
(H)+(Hd) : (A)+(Ad)	= 2 : 3
H+A : Hd+Ad	= 9 : 6

사고영역

a : p = 6 : 2	Sum6 = 2
M^a : M^p = 5 : 2	Lvl-2 = 0
2AB+(Art+Ay) = 5	WSum6 = 3
M− = 1	M none = 1

중재영역

P	= 5
X+%	= .53
F+%	= .50
X−%	= .24
S−%	= 1.00
Xu%	= .18

과정영역

Zf	= 15
Zd	= +2.0
W : D : Dd	= 10 : 5 : 2
W : M	= 10 : 7
DQ+	= 6
DQv	=

자아지각

3r+(2)/R	= 0.35
Fr+rF	= 1
FD	= 1
An+Xy	= 0
MOR	= 2

☐ SCZI = 1 ☒ DEPI = 5 ☐ CDI = 1 ☐ S-Con = 3 ☒ HVI = Yes ☐ OBS = No

구조적 요약-상단부

다음은 구조적 요약의 윗부분에 있는, 빈도가 기록되어야 할 항목들이 제시되고 있다.

1. 위치

위치와 관련되어 기록되어야 하는 세가지 항목은 (1) 조직적 활동 *Organization activity* (2) 위치부호 *Location codes* (3) 발달질 *Developmental Quality*이다.

(1) 조직활동 *Organization Activity*

조직활동은 3개 항목이 채점되어야 한다. 첫째 Z빈도 *Zf*는 반응기록에 나타난 Z반응의 총 빈도이다. 두번째 Z점수의 총합 *Zsum*은 각 카드별, 위치별로 제시된 Z점수를 모두 합산한 총점수이다. 즉 각각의 Z반응의 값을 표 9-13에서 찾아서 합산하면 전체 Z반응 값이 나온다. 셋째 최대 Z값 *Zest*은 표 9-20에서 Z빈도에 따라 기대되는 점수를 찾으면 된다. 사례기록에서 보면 Zf는 15, Zest는 49.0이다.

표 9-20 최대 Z값 추정

Zf	Zest	Zf	Zest	Zf	Zest	Zf	Zest
1	–	14	45.5	26	88.0	39	134.0
2	2.5	15	49.0	27	91.5	40	137.5
3	6.0	16	52.5	28	95.0	41	141.0
4	10.0	17	56.0	29	98.5	42	144.5
5	13.5	18	59.5	30	102.5	43	148.0
6	17.0	19	63.0	31	105.5	44	152.0
7	20.5	20	66.5	32	109.5	45	155.5
8	24.0	21	70.0	33	112.5	46	159.0
9	27.5	22	73.5	34	116.5	47	162.5
10	31.0	23	77.0	35	120.0	48	166.0
11	34.5	24	81.0	36	123.5	49	169.5
12	38.0	25	84.5	37	127.0	50	173.0
13	41.5			38	130.5		

(2) 위치부호 *Location Codes*

3개 위치반응 전체 W 부분 D 드문부분 Dd의 빈도가 각각 구해진다. 그리고 S의 빈도 역시 구해지는데 WS의 경우 1개 W, 1개 S반응으로 빈도가 구해진다. 즉 S빈도는 W, D, Dd와 상관없이 독자적으로 계산된다.

(3) 발달질 *Developmental Quality*

발달질은 W, D, Dd를 모두 합하여 전체적으로 빈도가 계산된다. 즉 반응된 위치와 상관없이 위치발달질은 전체적으로 빈도가 구해진다. 발달질 옆 오른편에 ( )속에는 발달질 수준마다 나타난 −반응수가 기록된다. 만약 발달질 +수준에서 형태질 − 반응이 2개 있었다면 (2)라고 기록한다.

2. 결정요인 *Determinants*

각 결정요인의 빈도가 구해지고 혼합결정인의 경우는 혼합결정인 칸에 따로 기록된다. 단일결정인이나 혼합결정인 모두 빈도는 동일하게 계산된다. 즉 단일 M반응 2, 혼합반응으로 M반응이 2개 기록되면 M반응 총합은 4가 된다. 혼합결정인 칸에 기록된 결정요인은 단일 결정요인의 빈도를 계산하는데 다시 포함되지 않는다. 다시 말하자면 단일 결정요인이나 혼합 결정요인 어느 한편에서만 빈도가 계산되고, 중복되어 계산되지는 않는다.

3. 형태질 *Form Quality*

형태질에는 4개 항목이 있다. 첫번째 항목은 기록에 포함된 모든 반응의 형태질 FQx(확대 형태질)이 평가된다. 확대 형태질은 +, o, u, − 4개 수준이 있고, 형태가 포함되지 않은 반응은 별도로 기록된다. 두번째로는 형태반응의 형태질 FQf의 빈도가 구해진다. FQf에는 형태만이 결정요인으로 사용된 반응의 형태질 빈도가 +, o, u, − 4개 수준으로 집계된다. 세번째 M반응 질 MQual은 모든 인간 움직임반응 M의 형태질이 +, o, u, − 그리고 형태가 포함안된 Mnone 5개 수준으로 나누어 빈도가 구해진다. 네번째 S반응 질 SQx는 S반응이 포함된 모든 반응들의 형태질이 +, o, u, − 그리고 형태가 없이 S가 반응된 무형태로 나뉘어 빈도가 계산된다.

4. 내용

내용안에는 27개 항목이 포함되어 있는데 각 항목은 일차적인 반응내용, 이차적인 반응내용으로 구분되어 기록된다. 만약 "한 남자가 나무 위에 앉아있다"는 반응이 있다면 일차반응은 인간반응 H, 이차반응은 나무 Bt가 된다. 이 사례에서 보면 Bt는 일차반응으로 2개, 2차반응으로 1개가 드러나고 있으므로 Bt= 2, 1이 된다.

5. 접근방식 요약

구조적 요약의 오른편 상단에 보면 피검자가 사용한 반응의 위치를 순서대로 기록하는 칸이 있다. 예를 들면, 앞서 제시된 사례에서 I 번 카드에서 첫번째 반응은 전체반응, 두번째 반응은 부분반응, 세번째 반응은 전체반응과 공백반응 혼합으로 반응되었으므로 접근방식 요약에서 카드 I 은 W, D, WS로 기록된다. 나머지 모든 카드에 대해서는 위와같이 위치반응이 응답된 순서대로 기록된다.

6. 특수점수

14개 특수점수의 빈도가 기록된다. 그리고 6개 특수점수의 총합이 계산된다. 즉 DV, INCOM, DR, FABCOM, ALOG, CONTAM 6개 특수점수를 수준 1, 수준 2로 응답된 빈도를 모두 합하여 Raw Sum6에 기록한다.

다음은 6개 특수점수에 대한 가중치를 곱하고 이 점수들을 모두 합한 총점수 WSUM6을 계산한다. 특수점수는 각 점수의 인지 이탈정도, 즉 수준 1과 수준 2에 따라 가중치가 차이있게 곱해진다.

6개 특수점수에 대한 가중치 계산방법은 아래와 같다.

$$\begin{aligned}\text{WSUM6} = {} & (1)\times\text{DV} + (2)\times\text{DV2} + (2)\times\text{INCOM} + (4)\times\text{INCOM2} + (3)\times\text{DR} + \\ & (6)\times\text{DR2} + (4)\times\text{FABCOM} + (7)\times\text{FABCOM2} + (5)\times\text{ALOG} + \\ & (7)\times\text{CONTAM}\end{aligned}$$

위의 계산방식을 간단히 설명하면 수준 1의 DV 반응에는 1점을 주고 수준 2의 DV 반응에는 2점을 곱한다. INCOM반응의 수준 1은 2점, 수준 2는 4점을 곱하고, DR 반응의 수준 1은 3점, 수준 2는 6점, FABCOM이 수준 1로 채점되면 4점, 수준 2로 채점되면 7점, ALOG와 CONTAM은 각각 5점과 7점을 곱한다. 그리고 이 모든 점수의 총점수를 구한다.

9. 구조적 요약-하단부

구조적 요약 상단부에서는 반응빈도가 구해지고 하단부에서는 이 빈도들을 기초로 하여 비율이나 백분율, 가중점수 등이 구해진다. 그리고 이러한 점수들을 기초로 하여 7개 군집이 분석된다. 가장 아래 부분에는 6개 특수지표, 정신분열증지표, 우울증지표, 자살지표, 대응손상지표, 강박성지표, 과민성지표가 있는데 이 지표들이 기준표에 따라 가장 나중에 계산된다.

중심부분

이 부분에는 전체반응 R, 인간움직임 M, 색채반응 총합 SumC, 동물움직임 FM, 무생물 움직임 m, 음영반응들 C′, T, V, Y빈도를 근거로 하여 아래와 같은 점수들이 구해진다.

1. 람다 *Lamda L*

람다는 형태반응과 형태반응이 아닌 반응들의 비율로서 다음과 같은 방식으로 구해진다. 이 사례에서는 17개 반응 가운데 순수 형태반응 6개, 다른 결정인 반응이 11개이므로 L=6/11=.55이다.

2. 경험형 *Erlebnistypus* : EB

이는 인간운동반응 M과 색체반응 총점수 SumC와의 관계를 나타낸다(M : SumC). 색체 점수는 다음과 같이 계산되며 색채명명반응 Cn에는 점수가 매겨지지 않는다.

WSumC= (0.5)×FC+ (1.0)×CF+ (1.5)×C

이 사례에서 보면 M반응 7개, FC 3개, CF 1개, C 1개이므로
WSumC= (0.5)×3+ (1.0)×1+ (1.5)×1=4.0이며 M : SumC=7 : 4이다.

3. 경험실제 *Experience Actual* : EA

이 점수는 EB 양편의 점수를 더하면 된다(M+SumC). 이 사례에서는 EB=7+

4=11이 된다.

4. EB 지배성 *EB Pervasive* : EBPer

이 비율은 의사결정 활동에 있어서 EB 가운데 우세한 경향성 대 다른 경향성의 지배적 정도를 나타낸다. EB에서 높은 점수를 낮은 점수로 나누면 EBPer가 계산된다. 이 사례에서는 7과 4.0이므로 두 점수를 나누면 1.8이 된다.

주의 : EBPer는 EB에서 명백한 경향성이 있을때만이 계산된다. 만약 EA의 합이 10.0보다 적으면, 한쪽이 다른 쪽보다 2.0점 이상 점수가 많아야 하며, EA의 합이 10.0 이상이면, 한쪽이 다른 쪽보다 2.5점 이상차이가 있어야 EBPer가 계산된다.

5. 경험기초 *Experience Base* : eb

이는 동물과 무생물 움직임 반응의 합과 음영, 무채색 반응의 합을 비교한 것이다. 즉 sum FM+m : Sum all C′+all T+all Y+ all V이다. 이는 피검자에 의해 경험된 자극 압력에 대한 정보를 제공해준다.

비율의 오른편에 있는 자료는 4개 점수에 해당되는 모든 결정요인이 포함된다. 즉 “T”에는 “T, TF, FT”가 포함된다. 다른 3개 결정요인도 마찬가지이다. 이 사례에서는 1FM, m=0, 1V, 1Y가 반응되었으므로 eb=1 : 2가 된다.

6. 경험자극 *experienced stimulation* : es

이 점수는 eb로부터 계산되는데 eb의 양편 점수를 모두 합하면 된다. 즉 es=sum FM+m+all C′+all T+all Y+all V이다. 사례에서는 es=1+2=3이다.

7. D점수

D점수는 EA와 es관계에 대한 정보를 제공해 주는데, 이 점수는 스트레스 인내도와 통제요소와 관련이 있다. 계산방식은 EA−es에서 원점수가 나오면, 이 원점수를 표준점수로 전환한 D점수를 구하면 된다. 즉 원점수의 차이점수가 표준점수로 전환된다.

만약, EA−es의 점수차이가 +2.5~−2.5사이에 있다면, 두 점수간의 차이는 유의미하지 않으며 D점수는 0이 된다. 만약 원점수 차이가 +2.5 이상이면 2.5점 증가마다 D점수 1점씩 증가하게 된다.

표 9-21에 D점수 환산표가 제시되어 있다.

표 9-21 D점수

EA-es	D 점수
+13.0 to +15.0	+5
+10.5 to +12.5	+4
+8.0 to +10.0	+3
+5.5 to +7.5	+2
+3.0 to +5.0	+1
−2.5 to +2.5	0
−3.0 to −5.0	−1
−5.5 to −7.5	−2
−8.0 to −10.0	−3
−10.5 to −12.5	−4
−13.0 to −15.0	−5

이 사례에서 EA−es= 11.0−3= +8.0이므로 D점수는 +3점이 된다.

8. 조정 es : Adj es′

D 점수는 스트레스 인내도와 유용한 자원에 관한 정보를 제공해 줄 뿐만 아니라, 이러한 요소들이 상황적 요소에 의해 영향 받았는지를 알려준다. 이를 위해서는 es로부터 상황적 요인과 관련이 있는 요소들을 빼면 된다. 계산방식은 1m과 1Y(FY와 YF를 포함하여)를 제외한 m, Y점수를 es로부터 빼면 조정 es′점수가 나온다. 이 사례에서는 es로부터 뺄 점수가 없으므로 조정 es′는 es와 마찬가지로 3점이 된다.

9. 조정 D 점수 : Adj D

조정 D 점수는 EA−조정 es′를 통하여 얻어진 원점수를 표 9-21에 있는 D점수 환산표에서 D점수로 환산하면 된다. 이 사례에서는 11.0−3= +8이므로 조정 D점수는 D점수와 마찬가지로 +3점이 된다.

사고 영역 *The ideation section*

여기에는 8개 항목이 포함되는데, 4개 빈도(M−, Mnone, Sum6, 수준2 특수점수), 특수점수의 총점수외에 2개 비율과 1개 지표가 포함된다.

1. 능동 : 수동 *active : passive ratio*—a : p

이 비율은 사고와 태도에 있어서의 융통성과 관계된다. 왼편에는 운동반응들 가운데 능동 운동반응들의 합($Ma^a+FM^a+m^a$)이 들어가고 오른편에는 수동 운동반응들의 합($M^p+FM^p+m^p$)이 들어간다. 만약 한 움직임반응에 능동, 수동움직임 반응이 모두 채점되었다면(예 M^{a-p}) 이 경우는 능동반응과 수동반응에 모두 1점씩 가산된다. 이 사례에서 a : p= 6 : 2이다.

2. 인간움직임 능동 : 수동 *M active : passive ratio*—M^a : M^p

이 항목은 사고특징과 연관되는데 인간움직임반응만이 이 항목에 해당된다. 앞서와 마찬가지로 M^{a-p}의 경우는 능동, 수동반응에 모두 1점씩 계산된다. 이 사례에서 M^a : M^p=5 : 2이다.

3. 이지화 지표 *Intellectualization Index*—2AB+(Art+Ay)

이 지표는 특수내용인 추상반응 AB와 예술, 인류학 반응내용으로 계산된다. 추상반응에 2를 곱하고 여기에 예술반응내용과 인류학 반응내용를 합하면 지표점수가 나온다. 일차반응과 이차반응이 모두 해당된다. 이 사례에서 2AB, 1Art반응이 있으므로 이지화 지표는 5가 된다.

정서영역 *The Affect Section*

6개 항목이 들어있는데 3개 빈도(C, S, P), 3개 비율이 여기에 해당된다.

1. 형태-색채비(FC : CF+C)

이 비율은 정서의 조절 *the modulation of affect*과 연관된다. 왼편에는 FC반응 총합, 오른편에는 CF+C+Cn 총합이 들어간다. EB나 EA에서와는 다르게 여기서는 FC, CF, C, Cn의 점수 비율이 모두 동등하다. 사례에서는 3FC, 1CF, 1C반응이 있으므로 형태-색채비는 3 : 2가 된다.

2. 정서비 *Affective Ratio* : Afr

이는 Ⅰ-Ⅶ번 카드까지 반응 총합과 Ⅷ-Ⅹ번까지 반응 총합의 비율이다. 이 비율은 정서 자극에 대한 관심과 연관이 있다.

$$\text{Afr} = \frac{\text{Ⅷ}+\text{Ⅸ}+\text{Ⅹ 반응 총합}}{\text{Ⅰ}+\text{Ⅱ}+\text{Ⅲ}+\text{Ⅳ}+\text{Ⅴ}+\text{Ⅵ}+\text{Ⅶ 반응 총합}}$$

이 사례에서는 마지막 3카드에서 6개 반응, 그 이전 카드에서 11개 반응을 하였으므로 $\text{Afr} = \frac{6}{11} = .55$가 된다.

3. 복합비율 *Complexity Ratio* : 혼합반응수 대 전체반응

이 지표는 왼쪽에는 혼합반응의 수가 들어가고 오른쪽에는 전체 반응수가 들어간다. 이 사례에서는 혼합반응 5, 전체반응 17이므로 복합비율은 5 : 17이 된다.

조정영역 *The Mediation Section*

여기에는 6개 항목이 들어가는데 1개 반응빈도와 5개 백분율이 해당된다.

1. 관습적 형태 *Conventional Form* : X+%

형태가 관습적으로 사용되는 정도가 계산된다.

$$\text{X}+\% = \frac{\text{확대형태 +, o반응의 합 (Sum FQx+and FQx o)}}{\text{전체 반응수 (R)}}$$

이 사례에서는 +반응이 없고 9개 o반응이 있으므로 X+%는 0.53이 된다.

2. 관습적 순수 형태반응 *Conventional pure Form* : F+%

순수 F반응에서 관습적 형태사용의 비율이 계산된다.

$$F+\% = \frac{(F+)+(Fo)}{\text{전체 F반응 수}}$$

이 사례에서는 순수 F반응 6개 가운데 3개 o반응이 있으므로 F+%는 0.50이 된다.

3. 왜곡형태(X−%)

X−%는 지각적 왜곡과 관계된다.

$$X-\% = \frac{\text{FQx−반응 합 (Sum FQx−)}}{\text{전체 반응 수 (R)}}$$

이 사례에서는 4개 −반응이 있으므로 X−%는 0.24이다.

4. 공백 왜곡반응 비율 *White Space Distortion* : S−%

S−%는 공백반응을 포함한 응답에서 나타나고 있는 지각 왜곡정도가 계산된다.

$$S-\% = \frac{\text{SQ−반응 합 (Sum SQ−)}}{\text{FQ−반응 합 (Sum FQx−)}}$$

이 사례에서는 4개 −반응이 있는데 4개 반응이 모두 S−반응이므로 S−%=1.00이 된다.

5. 드문 형태반응 *Unusual Form* : Xu%

Xu%는 형태수준에서는 적절하지만 반응 빈도로 볼 때 비관습적인 수준에서 반응되는 형태반응 비율을 나타내준다.

$$Xu\% = \frac{\text{드문 확대형태반응 총합 (Sum FQxu)}}{\text{전체반응수 (R)}}$$

이 사례에서 보면 3개 드문 반응이 있으므로 Xu%는 $\frac{3}{17}$로서 0.18이 된다.

과정영역 *The Processing Section*

이 부분은 6개 변인 Zf, Zd, W : D : Dd, W : M, DQ+, DQ−가 포함되어 있다.

1. 경제성 지표 *Economy Index* (W : D : Dd)

이 지표는 위치반응에서 전체반응, 부분반응, 드문 부분반응들의 관계를 나타낸다.

이 사례에서는 10개의 W반응, 5개의 D반응, 2개의 Dd반응이 있으므로 경제성 지표는 10 : 5 : 2가 된다.

2. 기대 지표 *Aspirational Ratio* (W : M)

이 지표는 W 반응수 대 M 반응수로서 피검자의 능력과 기대수준과의 관계를 나타내준다.

이 사례에서는 10개의 W, 7개의 M이 있으므로 W : M= 10 : 7이 된다.

3. 과정 효율성 *Processing Efficiency* (Zd)

Zd= Zsum−Zest 공식에 따라 Zd점수가 구해진다. 이 사례에서 보면 Zsum은 51.0이고 Zest는 49.0이므로 Zd는 +2.0점으로 계산된다.

대인관계영역 *The Interpersonal Section*

이 부분은 특수점수에서 협력반응 Cop, 공격반응 AG, 일차, 이차반응으로 나타난 음식내용 Food의 빈도와 소외지표 *Isolate Index*, 그리고 대인관계 관심지표를 포함한다.

1. 소외지표 *Isolation Index* (Isolate/R)

이 항목은 사회적 소외와 관련이 있는 5개 반응내용(식물, 구름, 지도, 풍경, 자연)을 포함하며 다음 공식에 따라 계산된다. 5개 반응내용은 일차, 이차 반응이 모두 포함된다.

$$소외지표 = \frac{식물+2\times 구름+지도+풍경+2\times 자연\ (Bt+2Cl+Ge+Ls+2Na)}{전체반응수\quad (R)}$$

이 사례에서 보면 1개 풍경반응, 1개 자연반응이 있으므로 총점은 3점이 되며 소외 지표는 $\frac{3}{17}$으로 0.18이 된다.

2. 대인관계 관심 *Interpersonal Interest – H* : (H) + HD + (HD)

이 부분은 타인에 대한 관심을 나타내주며 일차, 이차반응이 모두 포함된다. 순수 인간반응 H와 기타 인간반응이 비교된다.

3. (H) + (HD) : (A) + (AD)

이 부분은 타인에 대한 개념이 현실적 경험을 바탕으로 하기 보다는 상상에 의해 형성된 정도를 나타내준다. 일차, 이차반응 내용이 모두 포함된다.

4. H+A : HD+AD

이 부분은 전체 인간과 전체 동물반응 대 부분 인간과 부분 동물반응의 비를 나타내주며 일차, 이차반응이 모두 포함된다.

자아지각영역 *The Self Perception Section*

이 부분은 3r+(2)/R, Fr+rF, FD, An+Xy, MOR로 이루어진다. 이 가운데 해부 An와 X-ray, 병적 내용 MOR는 일차, 이차반응을 모두 포함한다.

1. 자아중심성 지표 *Egocentricity Index* (3r+(2)/R)

이 항목은 자아존중 *self-esteem*과 관련되며 반사반응, 쌍반응과 전체반응의 비를 나타내며 반사반응은 가중 점수가 곱해진다. 다음과 같은 공식에 의해 이 점수가 계산된다.

$$자아중심성지표 = \frac{3\times 반사반응합+쌍반응합\ [3\times (Fr+rF)+Sum(2)]}{전체반응수\quad R}$$

이 사례는 1개 반사반응과 3개 쌍반응이 있으므로 R=3×1+3/17=0.35가 된다.

특수지표 *Special Indices*

구조적 요약 하단에 보면 6개 특수지표들이 있다. 6개 지표는 정신분열증지표 *Schizophrenia Index*(SCZI), 우울증지표 *Depression Index*(DEPI), 대응손상지표 *Coping Deficit Index*(CDI), 자살지표군 *Suicide Constellation*(S-Con), 과민성지표 *Hypervigilance Index*(HVI), 강박성지표 *Obsessive Style Index*(OBS)이다. 이들 6개 특수지표의 구성변인들과 충족조건이 군집작업표 *Constellations Worksheet*에 제시되어 있다. 었다.

자살지표 : *S-Constellation*

☐ 8개이상 충족되면 자살지표는 +가 된다.
주의점 : 14세이상에만 적용된다

- ☐ FV+VF+V+FD>2
- ☒ Color-Shading Blends>0
- ☐ 3r+(2)/R<.31 혹은 >.44
- ☐ Mor>3
- ☐ Zd>+3.5 혹은 Zd<-3.5
- ☐ es>EA
- ☐ CF+C>FC
- ☒ X+%<.70
- ☒ S>3
- ☐ P<3 혹은 P>8
- ☐ Pure H<2
- ☐ R<17

정신분열증지표

☐ 4개이상 충족되면 정신분열증 지표는 +가 된다.

- ☐ EITHER : (X+%<.61) and (S-%<.41)
  OR : (X+%<.50)
- ☐ X-%>.29
- ☒ EITHER : (FQ->=FQu)
  OR : (FQ->FQo+FQ+)
- ☐ (Sum Level 2 Sp. Sc.>1) and (FAB2>0)
- ☐ EITHER : (Raw Sum 6 Sp.Sc.>6)
  OR : (W Sum 6 Sp.Sc.>17)
- ☐ EITHER : (M->1)
  OR : (X-%>.40)

우울증지표 DEPI

☒ 5개이상 충족되면 우울증지표는 +가 된다.

- ☒ (FV+VF+V>0) OR (FD>2)
- ☒ (Col-Shd Blends>0) OR (S>2)
- ☐ (3r+(2)/R>.44 and Fr+rF=0)
  OR (3r+(2)/R<.33)
- ☐ (Afr<.46) OR (Blends<4)
- ☒ (SumShading>FM+m)
  OR (SumC'>2)
- ☒ (MOR>2) OR (2×AB+Art+Ay>3)
- ☒ (COP<2) OR ([Bt+2×Cl+Ge+Ls+2×Na]/R>.24)

대응손상지표 CDI

☐ 4개나 5개 충족되면 대응손상지표는 +가 된다.

- ☐ (EA<6) OR (AdjD<0)
- ☒ (COP<2) and (AG<2)
- ☐ (W Sum C<2.5) OR (Afr<.46)
- ☐ (Passive>Active+1) OR (Pure H<2)
- ☐ (Sum T>1)
  OR (Isolate/R>.24)
  OR (Food>0)

과민성지표 HVI

☒ 제1번 조건이 충족됨과 동시에 아래 8개 가운데 최소 4개 조건이 충족되면 HVI는 +가 된다.
- ☒ (1) FT+TF+T=0
- ☒ (2) Zf>12
- ☐ (3) Zd>+3.5
- ☒ (4) S>3
- ☒ (5) H+(H)+Hd+(Hd)>6
- ☒ (6) (H)+(A)+(Hd)+(Ad)>3
- ☒ (7) H+A : Hd+Ad<4 : 1
- ☐ (8) Cg>3

강박성지표 OBS

- ☐ (1) Dd>3
- ☒ (2) Zf>12
- ☐ (3) Zd>+3.0
- ☐ (4) 평범반응>7
- ☐ (5) FQ+>1

☐ 아래 조건 가운데 1개 이상이 충족되면 +가 된다.
- ☐ 제1번부터 5번까지 모두 충족
- ☐ 4번까지 2개 혹은 1개이상 충족 동시에 FQ+>3
- ☐ 5번까지 3개이상 충족 동시에 X+%>.89
- ☐ FQ+>3 그리고 X+%>.89

주의점 : 아동의 경우 Raw Sum6, WSum6, 3r+(2)/R은 연령표를 기준하여 ±1SD가 기준이 된다.

10. 해 석

로샤검사의 해석을 위해서는 로샤검사 자체에 대한 지식 뿐만 아니라 임상가의 기본 지식이 요구된다. 즉 인격과 행동이론, 정신병리이론, 심리검사에 관한 기본 지식이 요구되며, 동시에 이러한 이론을 바탕으로 한 임상경험이 요구된다. 이러한 기초 지식과 경험은 해석적 가설을 발전시키고 이의 타당성을 검토함에 있어서 풍부한 참조의 틀을 제공해 준다. 다시 말하자면 로샤검사 자료에서 제시되는 가설의 타당성을 검토해 나가는 과정에서 임상가가 기본적으로 지니고 있는 다각적인 지식을 근거로 하여, 당면한 사례를 검토하고 종합하는 과정을 거치게 된다는 것이다. 또한 이러한 해석적 가정을 세우고 이를 수용하거나 배제함에 있어서 판단의 근거가 되는 것은 규준 자료이다. 임상가는 로샤검사를 통하여 한 개인의 반응형태를 전체적으로 파악하여 개인내적 특징을 해석하고자 시도하는 한편, 규준 자료를 근거로 하여 개인간 비교를 통하여 개인의 특징을 해석하고자 시도한다.

또한 타당한 해석을 위해서는 적절한 검사 수행과 정확한 채점이 요구된다. 앞서 지적되었지만, 실제로 적절한 검사수행과 정확한 채점의 중요성은 아무리 강조해도 지나치지 않을 것이다. 여기에다 마지막으로 요구되는 것은 임상가의 축적된 임상경험이다. 이와같은 지식과 경험과 기술이 로샤자료를 사용함에 있어서 필요한 전제조건이 된다.

해석과정

Rorschach는 검사 자료를 전체적으로 파악하고 이를 근거로 해석하는 방식을 취하였고, 그후 로샤 연구가들도 이에 동조하여 전체적 해석방식 *global approach*, 즉 자료의 모든 내용이 연결되면서 해석되는 방식의 중요성을 강조하였다.

Exner는 해석과정을 가설설정단계 *the propositional stage*와 통합단계 *the intergration stage*로 구별하였다.

1. 가설설정단계

로샤반응의 가설설정단계에서는 다음의 다양한 요소들을 검토하면서 가설을 세운다. 로샤반응을 채점하여 그 결과를 정리한 구조적 요약 *structual summary*—반응의 빈도, 비율, 백분율, 반응의 특수점수—을 통하여 가설이 설정되고 반응계열 분석, 자유연상과 질문단계에서의 언어표현이 분석되면서 가설이 검토된다. 이 단계에서 중요한 점은 모순된 내용이라도 모두 수용되며, 특이한 반응 내용 뿐만 아니라 평범한 내용 역시 모두 고려되어야 한다는 것이다. 해석과정은 구조적 요약, 반응계열, 자유연상 내용, 질문단계 내용의 순서로 검토되고 이러한 과정에서 전문가의 경험과 기술에 따라 풍부한 가설이 제기될 수 있다. 대단히 극적인 경우가 아니라면 단일반응의 의미가 과장되게 해석되어서는 아니된다. 그러나 예외적으로 극단적인 특이 내용일 경우에는 단일반응 내용일지라도 중요한 가설을 제기해줄 수 있다. 예를 들면 "부패한 남성 성기"라는 반응과 같은 경우이다. 그러나 이와같이 극단적으로 특이한 내용일지라도 다른 자료와 연결되어 조심스럽게 그 의미가 해석되어야 한다. 임상 경험에 의하면 이러한 극단적 내용일지라도 다른 자료와의 연결에 의해 그 의미가 상당히 완화될 수 있기 때문에 로샤반응의 다른 자료 뿐만 아니라, 다른 검사자료와의 관계속에서 이러한 반응의 의미가 해석되어져야 한다.

2. 통합단계

앞서 제시된 바와 같이 여러가지 가설적 내용이 제시된 후, 다양한 가설적 내용을 논리적 연결에 따라 통합해야 한다. 이 단계는 단순하게 가설들을 함께 나열하는 것이 아니라 가설을 기각하거나 변형하거나 명료화하고, 임상가의 경험에 따라 이러한 통합된 내용을 근거로 하고 행동과 정신병리에 대한 지식을 추가하면서, 개인 행동을 깊이 이해하는 과정을 진행시켜 나아간다. 이러한 점이 바로 로샤임상가의 전문적인 작업이라고 말할 수 있다.

임상가가 이러한 통합단계에서 종합적인 해석을 통하여 료샤 자료를 가설적인 자료에서 개인을 이해하는 실제적인 자료로 바꾸는 과정이 바로 심리평가가 존재하는 의미이며 가치라고 말할 수 있다. 이러한 과정을 설명해 보기로 하자. 어떤 개인 환자의 료샤 기록지를 검토한 결과 그는 스트레스 상황에서 감정을 조절하고 통제함에 있어서 감정을 쉽게 발산해 버리는 경향성이 있다고 암시되었다. 이때 임상가는 이러한 정서적 발산이 실제로 적응과정에서 어떤 역할을 하는지를 알아보기 위해 현실접촉, 타인과의 공감능력, 현실 판단력을 검토한다. 이러한 검토를 통하여 이 사례에서는 감정적 발산이 효율적으로 다루어지고 있고, 적절한 현실지각이 이루어짐으로써 적응과정에 큰 지장을 초래하지 않는 상태라고 판단되었다. 이와같이 자료를 종합하는 과정에서 임상가는 그의 지식과 경험 그리고 평가 기술을 총동원함으로써 개인을 이해할 수 있는 생생한 정보를 제공할 수 있게 되는 것이다. 이러한 해석과정이 중요하므로 다시 정리해 보기로 하자.

1. 임상가는 경험적인 선행연구들이 근거가 되는 구조적 요약을 충분히 검토한다. 구조적 요약에 포함된 채점항목은 100개 이상으로 이러한 항목들에 대한 신뢰도와 타당도 자료가 축적되어 있는데, 구조적 요약 내용을 검토해보면, 15개 이상 30개까지 가설을 만들어 볼 수 있다. 이 단계는 개인간 비교를 하는, 법칙 발견적 입장 *nomothetic approach*을 취하면서 반응빈도에 근거하여 가설을 설정하는 단계라고 볼 수 있다.* 이와같이 구조적 요약 분석단계에서는 규준자료를 기초로 하여 가설이 설정된다. 즉 반응의 빈도, 비율, 백분율, 특수점수등이 정상범위내에서 반응되고 있는지? 아니면 정상 평균치에서 ISD만큼 벗어난 이탈된 범위에 있는지를 먼저 가린다. 이 과정에서 일차적으로 관심의 대상이 되는 것은 정상 반응범위를 벗어난 채점항목이나 비율, 점수 등이다. 그러나 실제로는 이 단계에서는 정상범위내에 있는 채점항목도 검토하고 그 의미를 분석해 보도록 시도하는 것이 바람직하다. 이와같이 구조적 요약을 중심으로 한 해석단계는 규준자료에 비추어 정상범위에 있거나 비정상범위에 있는 채점항목을 기준으로 하여 잠정적인 가설을 세워나가는 단계이다.

---

* 개인의 성격을 이해하는 두 가지 입장은 법칙발견적 입장 *nomothetic approach*와 개체 기술적 입장 *idiographic approach*이 있다. 후자는 개인의 성격을 설명하는 일반 특성론은 의미가 없으며 개인의 전체적인 독특성, 역동성이 중요하다고 생각하므로 객관적 검사에서 규준자료에 비추어 개인의 성격 특징을 상대적인 정도에 따라 해석하는 방식을 배제한다. 전자의 방식은 일반적인 특성론에 입각하여 객관적인 검사를 통하여 규준자료를 근거로 하여 개인의 특성을 파악하고자 한다.

2. 반응들이 어떤 순서로 나타나고 있는가를 검토하는 반응계열분석은 반응의 특징을 집합적으로 볼 수 있게 해주고 구조적 요약 결과를 풍부하게 해준다. 즉 반응계열은 구조적 분석에서 파악된 양적인 특징(예를 들면 M 반응 증가, F 반응 증가)을 보다 구체적으로 해석할 수 있게 해준다. M 반응이 어떤 카드에서, 어떤 내용으로 증가되고 있는지? F-반응 후 해석의 정리부분에서 자세하게 검토될 것이므로 여기에서는 반응계열 분석이 구조적 분석을 보다 명료화 해준다고 이해하면 될 것이다.
3. 마지막 단계는 반응내용, 언어적 표현방식을 충분히 검토함으로써 투사내용을 찾아보고자 하는 것이다. 이러한 단계는 앞서 제기된 가설을 발전시키는 중요한 자료를 제공해 주는데, 대부분의 언어적 내용 *verbalizotion*은 그 의미가 분명하지 않고 상징적이거나 서로 연결이 안되어 있는 상태이다. 따라서 이러한 자료를 해석할 때는 매우 신중하게 접근해야 하며 근거없는 추론이나 속단은 배제해야 한다. 임상가가 구조적 요약, 계열분석을 거쳐서 내용분석이나 언어적 표현 분석을 시도한다면 보다 독특한 해석 자료를 얻게될 것이다.
4. 마지막으로, 이제까지 얻어진 결과를 통합하고 인격과 행동, 정신병리에 대한 지식과 경험을 근거로 하여 한 개인의 전체적 특징을 정리하는 작업을 한다. 그리고 이러한 평가 결과가 개인 사례에서 실제로 의미가 있는 것인지를 검토하는 작업을 한다. 따라서 이 단계에서는 다각적인 이론적 지식과 임상 경험, 개인사례에 대한 사실적 정보를 심리평가 결과와 연결지우는 작업이 요구된다. 그리고 작업의 질적 수준에 따라 임상가는 한 개인의 고유한 모습을 다각적으로 생생하게 볼 수 있게 되고 그 개인의 행동의 의미를 이해할 수 있게 될 것이다.

다음에 전개될 해석과정에서는 Exner에 의한 해석내용(미국 성인의 규준자료를 근거로 한)이 소개될 것이다. 한국 성인의 규준자료가 신경진과 원호택(1991)에 의해 발표되어 한국인의 규준자료를 근거로 한 해석적 접근이 가능하게 되었다. 이 책에서는 이 규준자료를 근거로 하여 해석을 시도하지는 않았지만, 독자들이 참고할 수 있도록 이 규준자료를 제시하고자 한다.

구조적 자료 I -타당도, 스트레스 통제력, 대응방식

구조적 자료는 잠정적인 가설을 세우고자 하는 목표 아래 유사한 주제로 연결되는 변인들을 중심으로 한 주제씩 체계적으로 접근된다. 이러한 해석과정의 전제조건은 료샤반응이 개인의 대표적 행동의 표집이 될 만큼 로샤검사의 전체 반응 빈도가 충분해야 한다는 것이다. 만약 전체 로샤반응 수가 충분하지 못하다면 구조적 접근은 시도되지 못하고 구조적 방식의 해석은 의미가 없기 때문에 먼저 전체 반응 수가 충분한지를 검토해 보아야 한다.

전체 반응 수 *number of response* ; *R*

전체 반응 수를 검토하는 이유는 해석을 내릴 수 있을 만큼 충분한 정도로 전체 반응이 표집되었는지를 알아보기 위해서이다. 대부분의 성인은 평균 반응수가 17－27개 사이에 있는데, 만약 성인의 반응이 17개 이하이거나 27개 이상인 경우, 위치반응이나 결정요인이 영향을 받게 되므로 규준자료를 적용하는데 논리적 설명이 추가되어야 한다. 예를 들면 반응이 지나치게 적은 경우 거의 모든 반응이 형태반응에 국한될 가능성이 높으므로, 이 경우 형태반응의 의미를 그대로 적용하여 해석하는 것은 무리이고, 반응 수 저하에 따른 결과라는 논리적 추론이 있어야 한다. 한국 성인의 경우 평균 반응 수는 11－27개이므로 최저 반응수 11개 이하일 경우 형태반응을 해석함에 있어서 신중하게 접근해야 할 것이다.

반응수, 람다, 타당도의 문제

피검자의 로샤반응이 과연 그의 원래의 심리적 특징을 대표해 주는 표집인지에 대한 검토가 해석의 출발점이 되어야 한다. 로샤검사는 개인의 인지적 행동을 반영해 주는데, 충분한 반응 수가 드러나지 않으면 대표성이 보장되지 않는다. 따라서 10개 이하의 반응을 보이면, 대부분은 신뢰롭지 않은 반응으로 보아야 한다. 때로 10개 미만의 반응일지라도 임상적으로는 중요한 정보를 줄 수 있지만, 구조적 접근은 가능하지 않게 된다. 왜냐하면 반응 수가 너무 적어서 반응 비율의 계산이 적절하지 않기 때문이다. 만약 반응이 10－12개 사이라면, 충분한 대표성이 있는지의 여부는 전체반응에 대해 차지하는 형태반응의 비율인 람다(Lamda ; L)에 근거하여 검토된다.

L은 전체반응에서 순수 형태반응이 차지하는 비율인데, 순수 형태반응은 일종의 경제적인 심리적 활동 *psychological economy operation*을 나타낸다. 즉 반응과정에서 자극의 복잡성을 무시하고 단순하게 브롯의 윤곽선만을 사용하여 반응하였음을 나타낸다. 성인의 경우 L이 1.2이상, 7세 이상의 아동에서 L이 1.5이상이면, 지나치게 단순하고 경제적인 심리적 작용을 통하여 반응하고 있고 자극의 복잡성을 무시하고 있음

을 나타낸다고 말할 수 있다. 따라서 성인의 경우 반응수가 12개 이하이고, L이 1.2 이상이라면 검사에 대한 방어나 저항, 혹은 기본적인 대응방식의 소극성을 나타내준다. 어떤 경우에 속하든지, 심리검사 작업에의 거절이나 비참여를 암시하므로, 이런 경우 반응의 신뢰도를 의심해봐야 하고 자료의 해석에 있어서 주의해야 한다.

람다와 순수형태반응

Beck(1945)과 Klopfer(1954)에 의해 F반응이 피검자의 사고과정에서의 주의집중과 연관된다고 제안된 이래 F반응은 정서지연(Beck 1945, Klopfer 1954), 형식적 추론작용(Rapaport 1946)과 연관되며, 갈등을 일으키는 상황에서 갈등을 지연시키고 논리적 사고를 진행하는 일종의 자아기능적 혹은 자아방어적 기능과 연관된다고 제안되어 왔다(Exner 1986). Exner는 이러한 주장을 입증해 주는 연구결과를 제시하면서, 기본적으로 이러한 가설을 받아 들였다.

정상 성인은 전체 반응의 30−35%에서 형태반응을 보인다. Exner는 만약 L이 1.2 또는 1.5이상, 즉 F반응이 높아진다면, 이는 기본적인 성격이나 대응방식이 회피적이거나, 복잡한 자극을 피하고 가능한 단순하게 반응하는 경향성을 나타낸다고 해석하고 있다. 즉, 단순하게 대응하는 기본적인 행동방식을 나타낸다는 것이다. 그러나 검사외적 자료에서 이를 뒷받침할 만한 증거가 전혀 없다면, 이러한 결과는 현재의 상황에서 일시적으로 방어적 태도를 취하고 있는 상태적 특징과 관련이 있을 가능성을 검토해 보아야 할 것이다.

순수 F반응 빈도가 평균보다 낮을 때 L이 낮아지는데, 이런 경우 3가지 가능성이 제시된다. 첫째, 내적으로 지나친 갈등이나 감정에 휩싸여서 외부자극에 지나치게 과민하게 개입하게 되고 적절하게 통제된 상태로 대응하는데 실패하게 됨으로써 그 개인의 내적 자원을 충분히 활용될 수 없는 경우이다. 둘째, 성취지향적인 개인이 검사를 일종의 도전으로 받아들임으로써 F반응이 감소되는 경우가 있는데 이러한 경우는 상황적인 융통성을 나타내는 다른 지표들이 있는지를 검토해 보아야 한다. 이런 경우라면 다른 변인들이 피검자들의 융통성, 적응력, 심리적 강인성을 나타내준다. 즉 X+%와 평범반응은 정상범위에 있으며 Zf, W, DQ+ 빈도는 증가되고 Zd는 정상범위에 머무르게 된다. 이와 비슷하지만 다른 경우는 지적 성취 야심이 높은 개인이 실패를 피하려는 동기에서 F감소를 보이는 경우가 있다. 이런 방식은 상황적이라기 보다 고정된 인지적 특징을 암시해 주는 것으로서 이런 경우에는 Zd가 +3.0 이상으로 상승한다. 즉, 과도하게 조직하려는 인지적 특징이 동반된다는 것이다. 앞서의 경우와 이 경우를 비교해보면, 성취지향적인 공통점이 있는 반면 전자는 융통성이 있는 상황적인 반응의 결과이며, 후자는 보다 고정적이고 비효율적인 인지활동의 결과라고 볼 수 있다.

스트레스 대응과 통제

다음은 스트레스 대응 및 통제와 연관되는 4개 점수, 경험형 EB, 경험실제 EA, 경험기초 eb, 경험자극 es와 이를 기초로 하여 계산되는 D점수, 조정 D점수에 대해 알아보기로 하자.

D점수

전체 반응 수 R과 L이 검토되고 이러한 검토 결과 해석의 타당성을 보장할 만큼 반응의 대표성이 충분하다는 결론이 내려지면 D점수를 평가한다. D점수는 앞서 구조적 요약에서 제시된 바와 같이 EA와 es의 점수 차이다. D점수는 개인이 사용할 수 있는 자원과 현재 개인에게 부과되고 있는 스트레스 정도와의 관계를 나타내준다. 즉 스트레스 통제와 대응에 관한 정보를 제공해준다. 대부분의 성인은 D=0인데, 이런 경우 대부분의 상황에서 개인의 자원을 문제해결 방향으로 효율적으로 사용할 수 있으며, 현재 개인에게 부과되고 있는 스트레스가 개인의 대응능력 범위를 벗어나지 않고 있음을 의미한다.

만약 D점수가 D>0 즉, D=1이거나 D=2이면, 문제해결을 위해 사용할 수 있는 개인의 자원이 보다 풍부하며 이에 따라 스트레스 대응능력이 높음을 의미한다. 이런 개인들은 그들의 자원을 효율적으로 조직화하는 능력이 양호하다. 따라서 대부분의 경우는 충분한 적응력을 암시해 준다. 그러나 예외적인 경우를 유의해야 한다. 예외적인 경우로는 정신분열증 환자에게서 D+가 나타날 때이다. 이들은 스트레스 상황에서 쉽게 붕괴되지 않는 강한 자아통제력이 있기는 하지만, 상황을 회피하고 직면하지 않으려 하고, 결과적으로 치료나 변화에 저항하는 방향으로 이러한 힘을 사용하게 된다. 따라서 인격구조의 병리적 요소가 강한 경우에 +방향으로 D점수가 상승한다면 특히 정신분열증의 경우 D점수가 상승한다면 치료에 대한 저항이 완강할 가능성을 고려해야 한다.

D점수가 −1, −2와 같이 −방향일 때 보다 제한된 스트레스 대응능력을 가지고 있으며, 따라서 스트레스 상황에서 압도되고 불안정해질 가능성이 높다. 이와같이 스트레스에 압도되는 상황은 발달장애로 인해 개인의 능력이 원래 제한되어 있거나 인격구

조가 미성숙한 결과로 초래될 수 있다. 그러나 때로는 발달장애로 인한 인격의 미성숙과 상관없이 과도한 현실적 스트레스 상황에서 인격의 붕괴가 일어나는 경우에도 이러한 결과가 초래될 수 있다. 이와 연관하여 주목해야 할 점은 스트레스 상황이 장기적인지 일시적인지를 구별해야 한다.

조정 D점수 *the adjusted D score*

조정 D점수 *the adjusted D score*는 es점수에서 m−1, Y−1을 뺀 다음(es′), EA에서 es′를 빼면 D′ 즉 조정 D점수가 계산된다. 이를 부호화하면 다음과 같다.

[D′=EA−es′, es′=es−(m−1)−(Y−1)]

이와같이 조정 D점수를 구하는 이유는 m, Y변인의 독특한 성질 때문이다. m과 Y변인은 상황적인 스트레스에 따라 쉽게 변화되는 매우 불안정한 점수이다. Exner 등의 연구에 의하면 m, Y변인은 재검사에서 .30이하의 상관을 보여왔다. 우울증 환자에서 전기충격치료 후 m반응이 증가하였고(Armbruster와 Miller, Exner 1974) 외과환자에서 수술후 m반응이 증가하였다(Exner 등 1975). 이러한 연구들을 기초로 하여 Exner는 m, Y가 상황적인 스트레스와 매우 밀접하고, m은 상황적 긴장이나 의식적 갈등상황에서 증가하고, Y는 Klopfer등(1954)의 불안 가설과 Beck의 반응 수동성 가설을 기초로 하여 스트레스 상황에서 무기력하게 후퇴하면서 수동적으로 대응하는 경향성으로 해석될 수 있다고 정리하였다. 즉 m과 Y는 상황적 위기에서 증가되고 위기가 사라지면 낮아진다는 것이다. 따라서 D점수에서 1m, 1Y를 빼고 계산된 조정 D점수가 D점수 보다 증가되면 이는 스트레스 상황이 일시적일 가능성을 제시해 준다. 예를 들면, 피검자의 D점수가 −2이고 조정 D점수가 0이면, 스트레스 과중 상태가 일시적인 것으로서, 이러한 상황에서 벗어나면 적응할 수 있는 자원을 개인이 충분히 지니고 있다고 해석될 수 있다. 반대로, D점수와 조정 D점수가 모두 −수준이면 스트레스 상황이 지속적이거나 개인의 원래의 대응자원이 제한된 경우라고 해석될 수 있다. 이제는 이러한 D, 조정 D를 구성하고 있는 4개의 점수를 각각 검토해 보기로 하자.

경험 실제 *the experience actual* ; EA

Beck(1960)은 Rorschach의 가설을 출발점으로 하여 정신치료를 완료했던 피검자들의 반응 결과를 검토함으로써 EA에 관한 가설을 제기하였다. 다시 말하면 M과 색채반응의 총합으로 이루어지는 EA점수가 정신치료 받기 전, 받은 후 그 방향은 일관되지만 총점수는 증가한다는 결과를 토대로 하여 EA는 개인의 자원이 효과적으로 사용될 수 있도록 조직화되어 있음을 나타낸다고 가정하였다. 이후 여러 연구자들이 EA 점수의 일관성을 증명하였고(Piotrowski와 Schreibe 1952, Erginel 1972), Exner (1974)는 성공적인 치료 후 EA 점수의 증가를 보고하면서 Beck의 가설을 지지하였다. 이와같은 연구 결과는 어떤 극적인 변화가 발생하지 않는 한 EA는 시간이 지나더라도 변화되지 않고 안정되어 있으며 내적 자원의 효율적인 사용 방식을 나타낸다는 가설을 지지해주고 있다. 다시 말하자면 EA는 충분히 조직화 되어있고 신중하게 의도된 심리적 행동과 관계가 있다는 것이다.

경험형 *the erlebnistypus* ; EB

Rorschach(1921)는 EB가 이 검사의 가장 중요한 특징으로서 개인의 반응 스타일을 나타낸다고 하였다. EB는 M반응의 합과 색채반응의 합(FC는 0.5, CF는 1.0, C는 1.5를 곱해서 이 세 변인의 점수를 합한다)의 비율이다. M과 색채반응에 점수 차이를 두는 이유는 뚜렷하지 않으나 Rorschach는 색채반응이 빈번하게 일어나므로 M과 C반응을 균등화하고 형태없는 색채반응 비율을 강조하고자 이런 점수를 선택한 것으로 여겨진다.

Rorschach는 M반응의 비중이 높은 개인은 기본적인 충족을 위해 그의 내적 생활을 더 많이 사용하는 경향이 있는 반면, 색채반응의 비중이 높은 개인은 기본적 충족을 위해 외적 세계와의 상호관계를 이용하는 경향이 있다고 가정하였다. 다시 말하자면 전자는 내향적인 기질 *introversiveness*을 지니고 있다는 것이다. 그러나 이러한 내향성은 융 학파의 내향성 기질 *introversion*—타인으로부터 거리감 있고, 소외되고 자신에게로 철수하는—과는 차이있는 것으로 해석된다. 앞서 지적된 바와 같이 EB방향에서의 내향성은 욕구충족을 위해 개인의 자원을 적극적으로 이용하는 방식을 말하는 것으로서, 내향적인 개인일지라도 타인과의 관계에서 사교적일 수 있으며, 이러한 내향성이 직접적인 행동 표출과 상관이 있는 것은 아니라는 것이다. 다시 말하자면 이 개념에 따르면 내향적인 개인이라고 해서 반드시 외현적 행동이 억제되거나 제한된다는 의미는 아니고, 개인의 문제해결방식이나 행동방식에서 내적 자원, 즉 사고활동을 보다 적극적으로 활용한다는 것이다. 반면 외향적인 개인은 욕구충족을 위해 환경과의 관계에 의존하며, 환경에 그의 감정을 지속적으로 표출한다는 것이다. 그리고 이러한 내향성, 외향성이 거의 비슷한 경우는 양향적인 성향 *ambitent style*을 지니고 있다고 가정하였다. 이러한 그의 가정을 지지하는 연구로는 고아원에서 성장한 아동에 관한 연구(Goldfarb, 1945, 1949), 외향성군과 내향성군간의 EEG 차이(Gabinovitch 등, 1955), 면담 대기실에서 관찰된 내향성군과 외향성군의 행동특징의 차이(Singer 등, 1954)에 관한 연구가 있다. Singer와 Molish(1984)는 이와 관련된 연구들을 종합하면서 두 군간의 문제해결, 스트레스 반응, 환경에의 반응 행동이 차이가 있다고 결론지었다.

Exner 등(1978)은 성인에 있어서 EB의 방향이 일관되게 지속적임을 재검사를 통하여 입증하였다. 그는 M과 색채반응 총점 사이에 2점 이상 차이가 있는 경우를 내향성, 혹은 외향성으로 분류하였는데, 이들 연구에서 77명의 피검자가 3년후 재검사되었을 때 오직 2명만이 방향에 있어서 변화를 보였고 나머지 75명은 내향성, 외향성에 있어서 방향이 변하지 않고 일관된 방향으로 나타났다고 한다.

Exner가 제시한 정상인 반응에서는 정상 성인의 3/4 이상이 내향성, 외향성을 고르게 보인 반면, 정신분열증 환자군은 42%가, 우울증 환자군은 52%가 양향성을 보였다. 그후 계속된 다른 연구들에서도 양향성 집단의 적응방식에 있어서 문제점을 드러내 보임으로써 양향성은 일관성없는 적응방식과 관련되고, 보다 불리한 문제해결방식을 나타낸다는 가설을 지지하여 주었다(Exner, 1978). 양향성은 융통성있는 적응방식이나 대응방식이라기 보다 일관성없는 문제해결방식을 나타낸다는 것이다.

인간운동반응 *The human movement response* ; M

운동반응은 인간운동 M이든 비인간 운동 FM, m이든지 간에 투사가 개입된다는 점이 공통요소로 제기된다. 즉 브롯 자체가 움직이는 것은 아니므로 운동반응은 개인의 상상력에 의해 창조되며, 이러한 과정에서 투사가 일어난다는 것이다. 그러나 M반응이 이러한 공통요소를 지니고 있기는 하지만 모든 M반응이 동일한 요소만을 지니고 있는 것은 아니고, 매우 복합적인 작용이 개입되고 있음이 인식되어야 한다. 이러한 제안과 연관되는 선행연구를 보면, Piotrowski(1957)와 Exner(1974)는 M반응의 특징이 대인행동 및 대인관계 효율성과 관계가 있다고 제안하였다. 수동적인 내용의 M반응은 타인에 대한 의존성, 책임회피와 상관이 있는 반면, 공격적인 M반응은 언어적, 비언어적 공격행동과 높은 상관이 있음을 보고하였다(Exner 1983). Witkin 등(1962)은 자기주장적 내용의 M반응이 장독립적 성향 *field independence trait*과 높은 상관이 있음을 발견하였다. 이러한 연구 결과들은 운동반응을 모두 동일하게 취급해서는 안된다고 경고해 주지만, 그럼에도 불구하고, M반응을 동일한 범주로 묶어서 연구하는 방식은 M반응과 관련되는 심리적 작용을 이해하도록 도와줄 것이다.

M반응에 관한 선행 연구들을 간단히 살펴보면, M반응과 지능과의 정적 상관관계 연구들이 있었고(Tanaka, 1958, Ogdon과 Allee, 1959), M반응과 공상과의 관계(Page, 1957), 수면이나 꿈박탈 후 M반응 증가(Lerner, 1966) 연구 등이 있었다. Mirin(1955)은 M반응과 사회적응 행동에서의 반응 지연과의 상관성을, Levine과 Spivack(1962)은 M반응과 억압지표 *repression index*와의 상관성을 보고하였다. 그리고 정신장애와 M과의 상관연구를 보면, 우울증에서 M빈도가 낮고(Guirdham 1936) 조증환자에서는 M반응이 증가하며(Schmidt와 Fonda, 1954), 신체망상 *somatic delusion*보다 대인망상 *interpersonal delusion*을 가진 정신분열증 망상형에서 M반응이 높다고 보고되었다(King 1960). M반응의 질과 정신병리와의 관계에 대한 선행연구들을 보면, Weiner(1966)는 M− 반응이 사회적 기술 및 대인관계 능력의 결여와 연관된다고 보았고, Exner와 Weiner(1982)는 M− 반응이 정신분열증의 진단지표가 된다고 하였다. 한편 M+ 반응은 좋은 예후지표로서 인식되고 있다(Klopfer 등 1951, Piotrowski 등 1961).

Exner는 이와같은 연구결과를 종합하면서 다음과 같이 M반응의 의미를 정리하였다. M반응은 매우 복잡한 정신활동과 관련되는데, 여기에는 추리, 상상활동 등, 고차적인 사고작용이 포함된다. 또한 검사자극에 대한 자동적인 해석이나 반응을 지연시키면서 활발하게 심사숙고하는 사고작용이 일어난다. 이와같이 반응과정에서 생각이나 공상이 활발하게 일어나면서 주어진 검사자극에 대한 반응을 선택하게 되는 것이다. 이러한 선택 이후 사고활동이 계속되거나 아니면 직접적이거나 간접적인 행동을 선택하게 된다. M과 연관되는 정신활동이 때로는 의식수준에서 경험되기도 하지만, 개인이 지각하지 못하는 잠재적 수준에서 무의식적 활동으로 일어나기도 한다.

M반응 빈도는 다른 검사변인과의 관계속에서 그 의미가 해석되어야 한다. 예를 들면 동일하게 5개 M반응을 보이더라도 외향성 기질과 내향성 기질에서의 M반응의 의미는 차이가 있는데, 내향성 기질에서의 M반응이 의사결정과정에서 심사숙고하고 반응을 지연하는 전략을 훨씬 더 자주 사용할 것이다. 대부분 정상성인의 M반응빈도 범위는 3−10개이며 최소 1개이상의 M반응을 보인다.

색채반응 *Chromatic color responses* : FC, CF, C

브롯의 색채자극에 대한 색채반응이 정서반응과 연관있다는 색채−정서가설이 Rorschach(1921)에 의해 제기된 이후 이 가설의 타당성에 대한 집중적인 연구가 있어 왔다. Rorschach는 형태−색채반응 FC는 정서표현에 대한 통제성, 색채−형태반응 CF는 정서의 지배성, 색채반응 C는 정서적 충동성이나 변동성과 각각 연관된다고 제안하였다. 이러한 가설은 원칙적으로는 수용되어 왔으나 몇 가지 내용이 수정되어 왔는데 Exner는 이러한 수정된 내용을 다음과 같이 정리하였다.

1. CF와 C변인은 독립적으로 취급되기 보다 동일한 정서적 반응 특징을 지니고 있다고 여겨진다. 왜냐하면 이 두 변인을 독립적으로 취급해서 재검사 신뢰도를 구할 경우 각각 신뢰도 계수가 .51, .66인데 반해 이 두 변인을 합해서 재검사 신뢰도를 구하면 .80 이상이 된다. 따라서 C반응이 보다 강렬하고 통제가 덜 되는 정서적 반응과 연관되기는 하지만 이 두 변인을 합하여 정서적 반응과의 관계를 알아보는 것이 보다 타당하다.
2. CF, C 색채변인에서 드러나는 정서반응을 성격차원의 정서반응 스타일이라고 해석하는 것은 무리이다. CF와 C는 변동적이고 강렬하고 보다 덜 통제적인 정서방출과 관계가 있지만, 정서통제나 충동성은 D점수와 직접적으로 관계가 있다. 따라서 색채반응의 유형은 정서가 표현되는 방식이나 정서표현의 결여를 나타내주기는 하지만 반드시 정서통제를 알려주는 것은 아니다. 정서통제는 색채반응 비율, 색채반응 총점수, D점수 등을 종합함으로써 해석될 수 있다.
3. FC : CF+C의 해석적 의미를 살펴보면 FC는 정서표현에 있어서 인지적 활동이 주로 개입되고 CF와 C는 잘 조절되지 않는 강한 정서적 반응과 연관되는데 이러한 정서반응은 특성적인 것이라기 보다 현재의 정서적 방출방식과 연관되는 것으로 해석된다. 정상성인의 경우 평균적인 FC : CF+C는 1.5−2.5 : 1이다. 만약 이 비율이 3 : 1이상이라면 FC가 지배적인 반면 1 : 1이거나 CF+C>FC이면 CF, C반응이 우세하다고 볼 수 있다.

이상과 같은 색채−정서 가설을 지지했던 선행연구를 살펴보면 Klaskin(1952)은 색채와 재질 반응을 보이는 사람들이 스트레스에 민감하는 것을 발견했으며 Crumpton(1956)은 무채색 카드에 비해 색채카드에서 부정적인 정서와 공격적인 내용이 빈번하게 반응되고 불안이 자극된다고 보고하였다. 이외에도 색채반응 점수와 피암시성과의 정적 상관관계를 밝힌 연구들도 있었다(Brennen과 Richard 1943). 이와같은 색채−정서가설을 지지해주는 선행연구들은 Rorschach의 제안이나 현재의 Exner의 주장의 타당성을 뒷받침해준다고 보여진다. 그러나 이러한 정서가 성격차원의 일관된 반응이 아닌 현재의 반응방식이라는 점, 이러한 색채반응이 다른 반응과 연관지워져 해석되어야 한다는 섬을 주의해야 할 것이다.

경험기초 *The Experience Base* : eb

eb는 FM+m : C′+T+V+Y 반응비율이다. Exner는 선행연구들을 검토한 결과 M과 FM, m 결정요인간 직접적인 상관은 없으나 공통점이 존재하며, C와 C′, T, V, Y 결정요인들도 이와 마찬가지로 직접적인 관계는 없지만 기저의 공통점이 존재한다고 제안하였다. 즉 FM과 m반응에서도 M반응처럼 투사가 일어나며 사고가 개입되고 있다는 공통점이 있지만, FM, m반응은 자발적으로 심사숙고하는 사고활동을 나타내는 M반응과는 다르게 욕구 자극에 의해 유발된 소극적인 사고활동과 관계된다는 차이점도 있다는 것이다. 또한 색채반응은 상당히 자발적인 정서반응인데 반해 음영반응은 욕구자극에 의해 유발된 소극적인 정서반응이라는 것이다. 이러한 반응 하나 하나를 검토해 보기로 하겠다.

FM과 m반응

앞에서 지적된 바와 같이 FM과 m은 욕구자극에 의해 유발된 내적 사고활동이라는 공통점이 있지만 m은 스트레스 상황에서 일어날 수 있는 불안정한 반응으로, 무력감, 통제력 상실, 집중력장애와 같은 정신활동과 연관된다. 앞서 지적된 바와같이 m이 상황적 스트레스와 관계가 깊다. 즉 스트레스 상황에서 증가된다.

FM반응은 .70 미만의 장단기 재검사 신뢰도를 보이고 있으므로, 어느 정도는 상황적 변인에 의해 영향지만 한편으로는, 상당히 일관성 있는 반응으로도 해석될 수 있다.

FM반응은 충족되지 못한 욕구상황에서 자극된다는 가설을 지지해주는 선행연구들이 있었다. 이러한 연구들을 보면 비만증을 치료하는 금식과정에서 FM반응 증가(Exner 1975), 소년원에 구금된 상태에서 FM반응 증가(Exner, Bryant와 Miller 1975), 시험전 FM 반응 증가와 개인의 성취욕구 수준과의 정적 상관(Ridgeway 등 1980), 신체적 구속상태에서 FM반응증가(Exner 1979)의 결과를 보여주었다. 그리고 FM반응과 행동장애와의 상관성을 보고한 연구들은 다음과 같았다. 알콜이나 약물중독과 같은 의식 저하상태에서 FM반응이 높은 집단이 공격행동을 더 많이 보이는 것으로 나타났으며(Piotrowski와 Abrahamsen 1952), FM반응은 MMPI의 무책임성, 공격성, 주의산만 척도와 정적 상관관계를 보였고(Thompson 1948), FM반응은 폭행과 같은 공격행동과 높은 상관성을 보여주었다(Sommer와 Sommer 1958). 또한 MMPI의 정신분열증척도에서 점수가 높은 학생집단이 점수가 낮은 집단에 비해 FM

반응이 유의하게 높았으며(Altus 1958), 행위장애 청소년집단이 정상 청소년집단에 비해 높은 FM반응을 보였다(Exner 1978). m반응은 이러한 선행연구들이 충분하지 않았다.

FM반응연구들은 FM반응이 욕구좌절로 인해 증가된다는 가설을 지지해주고 있다. 이와같이 FM과 m은 내적 욕구나 상황적 자극에 따라 유발된 사고활동으로서 이러한 사고활동이 각성과 주의력을 요구하는 상황에서는 적절한 대응행동을 증가시켜 줄 수 있지만 이러한 사고활동이 지나치게 자극되는 경우 적응장애가 초래될 수 있을 것으로 예견된다.

정상성인의 eb 비율을 보면 FM과 m이 음영반응들의 총합에 비해 더 많은 반면(정상성인의 80%이상), 성격장애, 정신분열증환자집단, 우울장애집단은 음영반응이 FM과 m반응에 비해 높은 경향을 보인다(Exner 1986).

무채색반응과 음영반응 *The Achromatic, Shading variables* : SH

SH는 C′, T, V, Y 네가지 변인을 함께 표시하는 기호이다. 이 4가지 반응은 초조 정서와 관계가 있다는 공통점이 있기는 하지만 서로 다른 특징을 지니고 있다. 이 네변인들의 안정도를 보면 앞서 지적된 바와 같이 Y 변인은 상당히 불안정하며 T, V 변인은 매우 안정되어 있고 C′ 변인은 중간정도로 안정되어 있다. 정상성인의 경우 SH는 1-3개 반응을 보이며 만약 SH가 5개 이상이거나 FM+m 보다 SH반응 수가 많다면(정상성인의 경우 80%에서 FM+m이 SH보다 많다) 이는 고통스런 개인의 내적 감정을 나타낸다고 해석될 수 있다. 그러나 SH의 구성 내용이 개인의 감정 특징을 구체적으로 밝혀줄 수 있으므로 각 반응의 심리적 특징에 대해 살펴보기로 하자.

일반확산음영반응 Y는 무기력하고 통제력을 상실하고 효율적인 대처행동을 하지 못하는 상황에서 유발되는 정서적 감정과 관련되어 있으며 이러한 감정은 불안, 염려감, 긴장, 불편감등 다양한 형태로 경험될 수 있다. 정상성인의 1/2 정도가 1개 Y반응을 보이며 평균반응 수는 .98이다.

재질반응 T는 정상성인의 약 90%에서 1개 FT반응을 보이며, 대부분 VI번 카드에서 반응된다. 평균반응수는 정상성인에서 1.16이다. 많은 선행연구들은 재질 반응 T가 애정과 의존 욕구를 나타내 준다고 보고하여 왔는데 그 결과는 다음과 같다 : 과잉보호적 모성 역할과 재질반응의 정적 상관(Breecher 1956), 의존적 특성을 스스로 인정한 피험자의 높은 재질반응(Pontanin 1959), 별거나 이혼 후 재질반응의 증가

(Exner와 Bryant 1978), 부모 상실로 인한 고아원 입양아동의 높은 재질반응 (Exner와 Leura 1975), 잦은 이동을 경험한 입양 아동의 재질반응 결핍(Leura와 Exner 1976), 재질반응이 결여된 피검자의 대인 회피적 행동 및 치료 동기 결여 (Exner 1978, Exner, Martin와 Thomas 1983), 치료후 재질반응의 증가(Exner 1978). 이러한 연구들을 종합하면 높은 재질반응은 강한 애정욕구와 연관되고 재질반응의 결여는 애정욕구나 의존욕구의 메마름, 이로 인한 대인관계의 거리감이나 경계와 연관되며 이러한 애정욕구의 결여는 성격화되는 경향이 있다고 볼 수 있다.

무채색 반응 C′는 정상성인의 75%, 우울증환자의 90%에서 1개 반응을 보이며 정상성인의 평균반응수는 1.31, 우울증환자의 평균반응수는 2.99이다. 무채색반응과 우울증과의 상관성이 Klopfer(1938)에 의해 제시된 이후 이러한 가설을 검증하려는 연구들이 진행되어 왔다(Rapaport등 1946, Piotrowski 1957). 특히 Exner(1974)는 정서장애 입원환자 가운데 자살기도자의 31%에서, 자살시도하지 않은 환자의 71%에서 C′반응이 나타나고 있음을 주목하면서 이 반응은 정서적 억압과 관련이 있다고 제안하고 FC′는 인지적으로 통제된 상태에서의 정서 억압과, C′F, C′는 인지적 통제력이 약한 상태에서의 정서 억압과 연관이 있다고 결론지었다. 특히 이러한 정서 억압은 불안과는 차이가 있으며 이러한 정서 억압을 보다 구체적으로 표현한다면 "혀를 깨물면서 참고 있는" 정서적 억압상태이며 이러한 정서 억압으로 인해 정서 표현이 억제되고 초조감이 일어나고 막연한 불편감으로 부터 심한 긴장에 이르기까지 다양한 형태의 정서적 반응이 뒤따른다고 제안하고 있다.

차원반응 V는 Klopfer와 Kelley(1942), Beck(1944)에 의해 채점되었고 자아를 성찰하는 내성적 활동과 연관된다고 제안되었다. Exner(1974)는 선행연구들을 종합하면서 특히 우울증환자 가운데 자살기도자에게 이 반응이 높고 통찰치료 도중 이 반응이 증가되며 집단치료 상황에서 이 반응이 높은 피검자들은 자아중심적인 진술이 증가한다는 점에 주목하면서 피검자가 자신을 관찰하는 내성적 과정에서 뒤따르는 부정적인 정서경험과 관련된다고 제안하였다. 즉 재질반응과는 다르게 이 반응은 정상성인의 평균반응 수가 .48로서 1개미만이므로 이 반응이 높게 나타나는 경우 개인이 자아의 부정적 측면에 지나치게 초점을 맞추는 반추적 내성적 활동이 심하고 이로 인한 고통스런 감정이 동반된다는 것이다.

형태-차원반응 *The Form Dimension response* : FD

이 반응은 자살기도자에게서 높은 빈도를 보일 뿐만 아니라 다른 정신장애자 집단에서도 비교적 반응수가 높았기 때문에 Exner(1974)에 의해 다른 반응과 분리되어 채점되기 시작하였으며 이 반응이 내성적 활동과 연관이 있다는 가설이 제기되었는데 이러한 가설을 지지하는 Exner의 연구들은 다음과 같다 : 1. 내향적, 외향적 피검자들을 비교할 때 내향적 피검자에게 FD 반응이 유의하게 높았다(M=2.42 SD=.94 : M=.93 SD=.91). 2. 집단상담장면에서 FD가 높은 군은 낮은 군에 비해 자기지향적 발언을 많이 하였고 두 군의 자아중심성 점수는 차이가 없었다. 3. 역동적 정신치료과정에서 내성적 활동이 증가하리라는 가설에 따라 FD반응을 치료 전, 치료 10회 후 비교한 결과 유의한 증가를 보였다. 4. 바이오피이드백으로부터 정신분석에 이르기까지 여러 종류의 치료를 받는 피검자 집단을 치료전, 치료 9개월 후 비교한 결과 치료 종류에 상관없이 치료 9개월 후 FD반응의 유의한 증가를 보였다.그리고 치료 18개월이 경과하면서 치료를 종결한 집단과 종결하지 않은 집단을 비교해 보니까 치료 종결집단은 FD반응이 유의하게 낮아 있는 반면 치료 비종결집단은 FD반응이 계속 높은 수준에서 유지되었다. 그러나 차원반응의 결과는 달랐다. 치료 18개월 후 차원반응 V는 평균 1.68로부터 .78로 유의한 감소를 보였고, 이러한 V의 감소는 치료종결집단이나 비종결집단 모두 동일하였다. 이러한 결과를 Exner는 다음과 같이 정리하였다. 내성적 활동과 관계되는 FD반응은 치료종류에 상관없이 치료 초기에 증가하고 치료가 계속되는 한 계속 높은 수준의 빈도를 보이는 반면 이러한 내성활동에 동반되는 고통스런 정서와 관련되는 V반응은 치료 초기에는 증가하지만 어느 정도 치료가 지속되거나 종결되면 유의하게 감소된다는 것이다. 즉 Exner는 FD와 내성활동과의 연관성, V반응과 고통스런 정서와의 연관성을 제안하였다. FD반응은 정상성인의 약 75%에서 1개 반응을 보이고 있는데 1-2개 정도의 FD반응은 자아 성장을 촉진하는 내성적 활동을 나타내지만 그 이상의 FD반응은 부적응적일 수 있으며 FD 반응의 결여는 자아 자각이나 자아 성찰의 회피를 시사한다.

경험자극 *The Experienced Stimulation* : es

앞서 토의된 바와 같이 내적으로나 상황적으로 욕구자극에 의해 유발되는 FM, m, SH 반응을 합한 es 점수는 현재 경험되고 있는 사고활동이나 정서반응이 욕구 자극에 따라 촉발된 수동적인 경험이라는 점에서 자발적이고 능동적인 경험과는 차이가 있음을 나타내준다. es는 EB 반응과 비교되고 D 점수가 검토됨으로서 es의 적응 결과,

스트레스의 종류나 급성, 만성적 스트레스 여부가 평가될 수 있다.

구조적 자료 II－인지, 사고내용, 정서

다음은 인지활동, 지각의 정확성, 사고 및 태도의 융통성, 정서의 조절, 목표지향, 자아개념, 타인지각 등 다양한 관한 정보를 제공해주는 각 요소들을 검토해보기로 하자.

인지활동 : 복잡성과 조직성

료샤반응의 선택과 표현에서 나타나는 인지활동의 수준과 질은 통제능력 및 대처방식에 관한 정보를 제공해준다. 개인의 인지활동의 특징은 Zf, DQ, 위치반응, Zd를 통하여 알아볼 수 있다.

조직적 인지활동 *Organizing Activity* : Zf

조직적 인지활동의 빈도는 피검자가 보다 복잡한 인지적 책략을 사용하여 과제에 접근하는 정도를 나타내준다. Z로 채점되는 반응은 단순한 Wo 반응을 제외하고는 브롯의 특징을 조직하고 통합하려는 활동이 개입되게 된다. 정상성인과 아동의 경우 전체 반응의 약 40－50%에서 Z점수가 매겨진다. L이 높은 피검자는 Z점수를 낮게 받는 경향이 있다. 즉 단순하고 경제적인 방식으로 반응함으로써 형태반응 비율이 높아진 피검자는 당연히 Z점수 빈도가 낮을 것이다. Z점수가 낮은 경우 때로는 지적 제한이 원인일 수 있으나 대체로는 자세하고 정확하게 검사 자극을 다루는 인지활동의 제한이나 동기의 결여가 원인일 수 있다. 따라서 Zf는 인지활동의 적극성에 관한 정보를 제공해 주지만 이러한 인지활동의 질은 DQ와 함께 분석되어야 한다.

발달질 *Development Quality* : DQ

발달질은 료샤 자극들을 의미있는 방식으로 분석하고 통합하려는 의욕 및 능력과 연관된다. 일반적으로 DQ+는 명석하고 심리적으로 분석적인 개인에게 높게 나타나는 반면 DQv는 아동이나 지적 능력의 제한이 있는 성인 혹은 기질적 장애자에게서 빈번하게 나타난다. DQv/+는 4가지 발달질 가운데 가장 적게 반응되는데 아동이나 청소년과 다르게 성인에게 있어서 DQv/+ 반응이 2개 이상인 경우는 통합적 인지활동을 통하여 형태를 분명하게 지각함에 있어서 장애가 있음을 드러낸다. DQo는 단순하지만 분명하게 형태를 지각하는 과정을 나타낸다. DQv는 지나치게 단순하고 막연한 형태지각을 나타낸다.

정상성인의 경우 Zf와 DQ와의 상관관계를 보면 $r = .417(p < .01)$으로서 성인의 경우 Zf 증가에 따라 DQ+ 혹은 DQv/+의 빈도 역시 평균 이상이 될 것으로 기대된다. 만약 Zf는 높지만 DQ+나 DQv/+는 평균 이하의 빈도라면 인지적 노력이 있지만 인지활동은 덜 정교하고 보다 단순할 가능성이 암시된다. 이와 반대로 Zf가 증가되고 DQ+ 역시 증가된 경우라면 피검자가 인지적 과제에 의욕적으로 참여할 뿐만 아니라 복잡하고 정교한 인지적 활동을 하고 있음을 나타낸다. 그러나 복잡하고 정교한 인지활동이 반드시 효율적 적응을 나타내는 것은 아니다. 때로는 인지과정이 매우 복잡하지만 현실에 근거를 두지 않기 때문에 부적응이 초래되기도 한다.

반응의 위치 *location of responses*

W, D, Dd 분류는 개인이 환경에 접근하는 인지적 방식에 관한 정보를 제공해 준다.

전체반응 W

W반응은 성인의 전체반응의 30-40%에서 나타나며 자극상황을 전체적으로 다루는 인지활동과 연관된다고 해석된다. 그러나 보다 복잡하고 정교한 인지활동은 단순한 W 반응빈도 보다는 Zf, DQ, W : M, W : D와의 관계에서 검토되어야 해석의 타당도가 높아질 것이다.

W : M 비율

성인의 경우 W : M 비율은 1.5 : 1 혹은 2.5 : 1 정도로 나타난다. W 반응은 앞서 지적된 바와 같이 자극상황을 전체적으로 다루려는 의욕 및 동기와 연관된다고 가정되는 반면 M 반응은 추론이나 복잡한 사고활동과 연관되기 때문에 성취지향적 활동에 요구되는 실제적 능력에 대한 대략적인 지표라고 볼 수 있다. 따라서 성인의 경우 3 : 1 이상으로 W 반응 비율이 M반응 보다 높다면 이는 개인의 능력 수준에 비해 과도하게 인지적으로 성취하고자 추구하는 경향성이 있음을 암시한다. 반면 1 : 1 이하로 W반응이 M반응에 비해 낮다면 이는 피검자가 지나치게 조심스럽고 자신의 능력을 과소평가하고 목표 달성이나 목표설정에 있어서 지나치게 소극적일 가능성이 검토되어야 한다. 특히 Zf와 DQ+ 비율이 평균보다 높은 개인에게 있어서 W : M에서 W 비율이 낮다면 앞서 제시된 능력에 대한 과소평가, 소극적 성취동기 가설이 타당하다고 받아들여진다. 이러한 가설은 W : D, Dd를 검토하면서 더욱 잘 정리될 수 있다.

D반응

검사 자극을 분류하고 재통합하는 과정이 요구되는 W반응과는 다르게 D반응은 브롯의 분리된 부분에서 쉽게 인지될 수 있는 자극 과제를 경제적으로 단순하게 다루는 경향성과 일치된다. 이러한 상반된 경향성이 있으므로 W : D 비율이 피검자의 인지 특징으로 다루어진다.

W : D 비율

이 비율은 전체 반응수를 고려하여 검토되는데 만약 전체 반응이 17개 이하인 경우라면 W반응은 D반응보다 많거나 같을 것이다. 반면 전체 반응 수가 평균이거나 평균 이상이라면 D반응은 W반응보다 많고 D : W 비율은 1.5 : 1 또는 2 : 1이 된다. 따라서 D반응이 2 : 1이상으로 W반응보다 많다면 이는 W반응에 요구되는 복잡한 인지활동을 회피하는, 지나치게 경제적이고 단순한 인지적 활동을 나타낸다고 볼 수 있다. 이와 반대로 전체 반응수가 평균일 때 W 반응수가 D반응과 같거나 D반응보다 많으면 피검자는 경제적인 인지활동을 희생하고 있다고 볼 수 있다. 이러한 현상이 반드시 부정적인 것은 아니고 이용 가능한 피검자의 자원의 정도와 질에 따라 다르게 해석된다. 그러나 경우에 따라서는 피검자가 자신의 자원을 효율적으로 사용하지 못하고 있음을 나타내기도 한다. 예를 들면 정신분열증환자와 우울증환자의 경우 D반응이 낮고 Dd반응이 상대적으로 높은 경우가 있다. 이런 경우 정신병리적 상태로 야기된 혼란으로 경제적 접근이 실패되고 그들의 병리적 집착이 비통상적인 자극 형태에 접근하도록 유도하기 때문인 것으로 해석될 수 있다.

주의할 점은 모든 D반응이 동일하게 경제적 인지활동과 연관된다고 해석되어서는 안된다는 것이다. 왜냐하면 검사 자극이 보다 완성된 형태를 이루고 있는 경우 D+반응은 상당히 복잡한 분석과 통합과정을 요구하기 때문에 이러한 D+반응은 경제적 인지활동과는 다르게 해석되어야 한다. 따라서 D반응 비율이 높은 경우라 할지라도 D+반응이 높다면 이러한 점을 고려하여 해석해야 한다. 높은 D+반응은 정확성이나 완벽주의적 인지 특징과 연관될 수 있으므로 이러한 경우 Dd반응이 검토되어야 한다.

Dd 반응

전체 반응 수가 평균 범위에 있을 때 3개 이상의 Dd반응은 신중하게 검토되어야 하는데 일차적으로는 강박적 인지적 특징이 고려된다. 그러나 아동과 청소년의 경우 S반응이 증가하면서 이로 인해서 Dd반응이 증가하는 경우가 있다. 때로는 보다 다루기 용이한 좁은 범위의 자극만을 다루는 회피적 태도와도 연관된다. Dd반응은 브롯의 모호성으로부터 일시 후퇴하는 경향성을 나타내는데, 1-3개의 Dd반응을 보일 경우 일시적인 후퇴 경향성을 암시하는 반면 3개 이상의 Dd반응은 완벽주의적 특징 또는 일상적 요구로 부터 회피하는 경향성을 암시한다. 특히 Dd반응이 운동결정인과 함께 반응된다면 매우 특이한 반응영역에서의 투사를 나타내기 때문에 신중하게 그 의미가 검토되어야 한다.

조직적 인지활동의 효율성 *Organizational Efficiency* : Zd

Zd반응은 또 다른 인지활동에 관한 정보를 제공해준다. 즉 Zf는 자극을 조직화하려는 인지적 노력과 연관되는 한편 DQ는 이러한 노력의 질을 나타내며 Zd는 이러한 인지활동의 결과로 나타나는 효율성과 연관된다. 정상성인과 청소년의 약 70%가 +3.0점부터 −3.0점 사이의 Zd점수를 받으므로 Zd점수가 −3.0 이하이거나 +3.0 이상일 때 인지적 활동은 과소 통합적 *underincorporation*이거나 과대 통합적 *overincorporation*이라고 할 수 있다. 즉 −3.0 이하인 경우 자극이 충분히 검토되지 않고 반응되고 통합과정이 충분하지 않기 때문에 과소 통합적 인지활동과 연관되는 한편 +3.0 이상인 경우 자극에 주의 깊게 접근하여 통합하는 과도한 인지적 활동과 연관될 수 있다는 것이다. 과도 통합적 특징이 강박성이나 완벽주의에서 흔히 볼 수 있지만 Zd점수가 높다고 해서 반드시 이러한 경향성을 나타낸다고 해석될 수는 없다. 왜냐하면 이러한 경향성을 보이지 않는 정상성인의 경우도 약 18%에서 이러한 점수를 나타내기 때문이다.

인지적 경직성과 인지적 장애 : PSV, CONFAB

정상성인 피검자의 약 5%에서 1개의 반복반응 *perseveration*이 발견된다. 이와같이 반복반응이 정상 피검자에게서 나타날 때는 대부분 "카드내 반복반응"이다. 예를 들면 한 카드내에서 연속되는 반응들이 거의 동일한 반응으로 반복된다는 것이다. 이러한 반복반응은 인지적 변화가 쉽게 일어나지 않는 정보처리과정 혹은 의사결정에서의 융통성의 결여를 암시한다. 또한 이러한 반응은 기질적 손상, 지적 결함, 일종의 심리적 무능력 *psychological paralysis*과 연관되기도 한다.

반복반응이 1개 나타나는 경우 인지적 경직성이 일시적일 가능성이 검토될 수 있고 2개 나타나는 경우는 인지활동을 나타내는 다른 자료가 검토되어 인지적 경직성의 정도가 검토되어야 하며 2개 이상인 경우 피검자의 인지활동에 대한 철저한 검토가 요구된다.

한편 "카드간 반복반응"은 흔히 일어나지는 않은 드문 반응으로서 이러한 반응이 일어난다면 심한 정신증적 상태로 인한 사고집착 여부가 검토되어야 한다. 즉 카드내 반복반응이 아니라 다른 카드에서 보았던 사물이나 사람을 인지하는 반복반응이 나타난다면 반복되는 내용이 무엇인지 검토되어야 한다. 그리고 이러한 내용의 사고집착이 실제로 존재하는지를 TAT와 같은 다른 검사 자료에서 찾아본다.

우화반응 *Confabulation*

CONFAB는 정상성인이나 정신장애자 모두에게 잘 반응되지 않는 희귀한 반응으로서 지나치게 일반화하는 인지적 특징과 연관된다고 볼 수 있다. 즉 이러한 반응은 정신분열증환자에게서 흔히 볼 수 있는 자폐적 사고를 나타낸다기 보다는 단순한 사실을 근거로 하여 일반화하는 인지적 장애를 나타낸다고 보인다. 이런 반응이 있으면 어떤 종류의 인지장애가 있는지를 자세하게 검토해 보는 것이 필요하다.

관습적 인지와 지각의 정확성

피검자가 수용할만한 관습적인 반응을 하고 있는가는 또다른 인지적 특징을 나타내 주는데 P, X+%, F+%, X−%에서 이러한 인지적 특징이 드러난다.

평범반응 P

평범반응은 브롯의 평범한 특징을 지각하고 반응하는 능력과 연관되는데 문화간 다소 차이는 있을지라도 기본적인 평범반응 내용은 동일하다고 알려져 있다. Exner는 정상성인과 정신장애자들의 선행연구들을 고찰하여 정상성인의 평범반응 범위는 5－8개이며 이를 벗어날 때 관습적인 지각과 관련하여 의미가 있다고 제안하였다. 그의 제안에 따르면 성인의 경우 평범반응이 4개 이하인 경우 경제적이거나 관습적인 방식으로 지각하지 못함을 나타내는데 이는 심각한 정신병리의 표현이거나 피검자의 독특한 인격특징으로 인한 인지적 특성의 표현이라는 것이다. 한편 평범반응이 8개 이상으로 많은 경우 L이 1.5 이상이라면 이는 경제적으로 반응하려는 시도를 반영하며 만약 L이 높지 않다면 단순하고 정확한 방향으로 반응하는 시도를 나타낸다고 볼 수 있다는 것이다.

형태질 X+%, F+%, X－%

형태반응은 Rorschach(1921)에 의하면 다음과 같은 과정과 관계된다고 제안되었다. 1) 자극특성에 대한 집중능력 2) 명백한 기억자료를 사용할 수 있는 능력 3) 이러한 기억을 의식화하는 능력 4) 이러한 기억 가운데 자극에 가장 적절한 내용을 분별하는 능력. 이러한 Rorschach의 가설은 형태반응이 관습적, 현실적 지각능력과 연관된다고 정리될 수 있다. Rapaport(1946)는 이러한 가설을 지지하면서 형태반응이 논리적 추론과정과 연관된다고 제안하였다. 즉 형태 반응은 브롯의 윤곽에 주의를 집중하면서 현실적 준거에 따라 판단을 내리기 위해 통제하는 과정이 동반된다는 것이다. 한편 Korchin(1960)은 형태반응이 브롯의 현실에 집중하고 이로부터 거리를 두고 판단할 수 있는 현실판단 능력을 요구한다는 점에서 지각과정 뿐만 아니라 자아 강도까지도 나타낸다고 제안하였다. 이와같은 주장들은 형태반응이 자극의 현실을 지각하면서 적절한 통제와 조절과정에서 일어난다는 점을 공통적으로 제안하고 있다. 이러한 점에서 형태반응은 현실적 지각능력과 밀접한 관계가 있는 묘사반응의 주요 결정요인으로 받아들여지고 있다. 특히 형태반응의 질은 적절한 현실지각 능력을 나타내는 주요한 지표로 인식되고 있으므로 이에 대해 검토해 보기로 하겠다.

양호한 형태질 F+%

선행연구들은 초기에는 형태질과 지능과의 상관성(Molish 1967), 뇌손상환자에서의 형태질수준(Molish 1959)에 대해 검토하였고 그후 정신분열증환자집단 연구를 통하여 정상성인과 정신분열증환자군의 형태질 수준의 차이를 제시함으로써 주목할만한 결과를 제공해 주었다. 즉 정신분열증환자군은 양호한 형태질이 60% 수준인데 반해 정상성인의 경우 대체로 80% 이상이라고 반복 확인되었다(Knopf 1956, Molish와 Beck 1958). 그러나 이러한 형태질 분석이 실제로 유용하기 위해서는 적어도 8개 이상의 순수 형태반응이 있어야 하고 L이 .70 이상이어야 한다. 왜냐하면 이러한 조건이 충족되지 않을 경우에는 F+%는 한 두개의 반응에 따라 영향을 받음으로써 형태질의 비율이 극단적으로 변할 수 있기 때문이다. 따라서 Weiner(1966)는 확대 형태질 분석을 제안하였다.

확대 형태질 X+%

선행연구들은 X+%가 정상성인과 정신증집단을 변별해준다고 보고하였는데(Exner 1974, 1978) 정상성인의 경우 X+%가 대략 80% 정도였다. X+% 재검사 신뢰도는 검사기간과 상관없이 .80-.90의 높은 상관도를 보였다.

X+%는 F+%와 마찬가지로 현실적 방식으로 브롯의 형태 특징을 지각하는 능력과 연관된다고 해석된다. 만약 X+%가 90% 이상 지나치게 높은 수준일 경우 피검자가 브롯의 특징을 해석함에 있어서 지나치게 관습적이어서 창의적이거나 개성적인 지각활동이 거의 일어나지 않는 지나치게 엄격한 지각과정으로 해석될 수 있다. 이러한 경우 평범반응의 상승과 Dd반응의 상승이 동반될 수 있다. 만약 X+%가 70% 이하로 낮은 경우라면 피검자가 브롯의 자극을 비전형적 방식으로 해석하려는 경향성이 있다고 해석될 수 있다. 이와같이 낮은 형태질 수준은 지각과정의 왜곡, 지나친 개성적인 지각, 정서적 경험의 통제 실패가 원인일 수 있으며 때로는 이 3개 요인이 모두 작용할 수도 있다.

지각의 왜곡 X-%

X-%는 브롯의 윤곽을 적절하게 사용하지 않은 흔치 않은 반응을 나타낸다. 또한 이러한 반응들은 반응 빈도가 낮을 뿐만 아니라 지각의 적절성이 결여되어 있어서 이러한 반응들이 어떻게 지각될 수 있었는지를 피검자의 설명을 듣고난 후에도 쉽게 알아내기 어렵거나 전혀 알아낼 수 없다. 정상성인의 경우 1개 X- 반응은 약 80%에서 나타나지만 평균 X-%는 6%에 불과하다. 만약 X-%가 15% 이상 상승한다면 피검

자가 자극을 적절하고 정확하게 지각하는데 문제가 있음을 암시하므로 이러한 지각 왜곡이 한정적인 것인지 아니면 광범위한 것인지를 검토해 보아야 한다. 예를 들면 특정한 반응 내용이나 반응 결정인에 한하여 X- 반응이 일어난다면(예 : 색채반응에서만 X-반응이 나타난다) 특정 영역에 제한되는 지각 왜곡일 가능성이 높다. 앞서 제시된 예의 경우 색채반응에서만 형태질 -반응이 증가한다면 정서자극이나 정서통제 상황에서 지각 왜곡이 일어나고 있음을 유추해 볼 수 있다. 이와 반대로 이러한 특정 영역에서의 -반응이 발견되지 않는다면 지각 왜곡은 광범위한 경우라고 생각해 볼 수 있다.

만약 X+%가 유의하게 낮고 이와 더불어 X-%가 높다면 피검자의 지각 왜곡이 심각할 가능성이 높다. 만약 X-%가 20%를 넘는다면 심각한 지각 손상이 있다고 해석될 수 있다.

형태질 빈도 FQx, FQf

낮은 X+%가 X-%의 상승으로 인하여 초래되기도 하지만 때로는 비통상적인 형태반응 Fu의 상승으로 인해 초래될 수도 있다. 이러한 Fu 반응은 현실을 크게 벗어나지는 않으나 지나치게 주관적인 지각양상을 나타낸다. Fu 반응이 적게 나타나는 경우는 지나치게 관습적인 지각에 얽매이지 않는 건강한 신호라고 볼 수 있지만 만약 지나치게 많이 나타난다면 관습에 따르지 않는 지나치게 주관적인 지각 가능성을 암시한다. 이러한 경우 FQu 상승으로 인한 X+% 저하, 낮은 평범반응, L의 상승이 동반된다.

형태질 빈도에 영향을 주는 다른 요인으로는 형태가 전혀 개입되지 않은 반응을 들 수 있다. 이러한 반응은 C, T, C′와 같이 형태가 개입되지 않은 순수 결정인이다. 드물기는 하지만 이와같이 형태가 개입되지 않은 반응이 증가함으로써 X+%가 감소될 수 있다. 이러한 반응은 피검자가 정서적 경험에 통제적인 면을 개입시킬 수 없거나 개입시키려 하지 않음을 나타낸다. 또한 현실이나 관습으로부터 벗어나려 하거나 무시하려는 경향성을 반영한다. 만약 피검자가 정서에 압도됨으로써 X+%가 낮아진다면 D점수는 -가 될 것이다. 이러한 경우는 관습을 지각하고 따르고자 하지만 감정조절에 실패하여 관습적 행동을 하지 못하게 될 것이다. 반면 D점수가 0이거나 +이면서 X+%가 낮다면 이는 통제를 위해 요구되는 노력을 하기 보다는 감정에 쉽게 굴복하는, 즉 관습적 통제를 무시하려는 경향성을 암시한다.

사고의 특징 a : p, Ma : Mp, M+, Sum6 Special Score

사고에 관한 정보를 제공해주는 항목들로는 능동 대 수동운동 비율, M반응의 형태질, 6개 특수점수(WSum=DV, INCOM, DR, FABCOM, ALOG, CONTAM)가 있는데, 이들은 사고의 융통성, 수동성, 공상의 남용, 인지장애에 관한 정보를 제공해 준다.

능동 대 수동운동반응 a : p

운동반응의 유형이 성격특징 기술에 있어서 유용할 것이라고 Rorschach(1921)가 가정한 이후, Beck(1961)과 Piotrowski(1960)가 이 가설의 타당성이 검토하였고, Exner(1974)는 운동반응을 능동반응과 수동반응으로 구별하고, 이러한 운동반응 비율의 의미를 밝히고자 하였다. 그가 진행했던 연구들은 정신장애집단간 차이, 정신치료 반응과의 관계, 백일몽과의 관계, 능동적 행동과 능동적 운동반응과의 관계, 수동적 운동반응과 의존성과의 관계에 관한 연구들이었다. 이런 연구들을 통하여 Exner는 능동 대 수동반응 비율은 인지적 융통성에 관한 정보를 제공해 준다고 제안하고 있다. 즉 두 방향으로 반응이 고르게 나타날수록 사고방식에서 융통성을 나타내는 반면 한 방향으로 반응이 치우쳐 있으면 사고가 고착되어 있고, 고정되고, 편협할 가능성이 높다는 것이다. 그에 의하면, 능동적 운동반응이 반드시 능동적 행동과 상관이 있는 것은 아니며, 수동적 운동반응이 심리적 의존성의 지표인지는 불확실하지만, 한 방향으로 치우친 경우는 태도나 사고, 가치관에 있어서 융통성이 결여되고 이에 따라 적응장애가 초래될 가능성이 높다고 제안하였다.

a : p의 비율은 부록에 있는 정상성인의 반응표에서 보면, 6.48 : 2.69, 약 2.5 : 1의 비를 보이면서, 능동반응의 비율이 높게 나타나고 있다. 수동반응이 능동반응보다 1개 이상 많을 경우, 수동적 행동 경향성이 있다고 보여지므로 수동반응 지표로 삼고, 대체로 2.5 : 1의 비율에서 한 방향으로 치우치는 경우를, 극단형이라고 판정하고 있다.

능동적 인간운동 대 수동적 인간운동 M^a : M^p

Exner(1974)는 백일몽연구와 주제통각검사연구를 거치면서 M반응 역시 개인의 사고 특징에 관한 단서를 제공해준다고 제안하였다. 즉 수동적 M반응이 능동적 M반응보다 높으면, 개인의 사고나 공상은 방어적인 수단으로 사용되는 경향성이 있는데, 이러한 경우 수동적인 공상으로 도피하고, 결정이나 행동을 독자적으로 주도하지 않는 도피적 경향성이 있다고 제안하였다.

인간운동반응의 형태질 MQ

M반응의 형태질은 M반응이 질적으로 우수하거나 열등한 정도를 나타낸다. 대부분 M반응은 3−10개 범위이며 적절한 형태의 M반응이 기대된다. 따라서 M− 반응이 하나정도일지라도 사고장애 가능성을 의심해봐야 한다. M− 반응은 Exner의 규준집단에서 정상집단의 6%, 정신분열증 환자집단의 73%, 우울장애집단의 27%에서 최소 1개 M−반응을 보였다. 만약 M−반응이 두개 이상이면, 상당히 드문 경우로서 분명한 정신증적 사고를 의심해 볼 수 있다. 즉 반응성 정신증이나 고정된 망상을 지닌 심한 정신분열증에서 이런 반응이 나타날 수 있다.

사고장애를 암시하는 다른 종류의 M반응은 형태가 사용되지 않은 M반응(M no form)으로서 예를 들면 "광기를 나타낸다, 슬픔을 나타낸다"는 식으로 직접적인 운동 표현없이 추상적인 내용으로 표현되는 경우이다. 이러한 반응은 검사자극으로부터의 심한 이탈을 나타내며, 환각과 유사한 경험을 나타낸다. 이러한 무형태 M반응은 매우 드물기 때문에 이런 반응이 나타나면 M−반응과 같은 의미로 해석되어야 한다.

Mu반응은 주관적인 반응이기는 하지만, 반드시 사고장애를 나타내는 것은 아니다. 1−2개의 Mu반응은 다른 M반응들이 적절한 형태수준의 반응이라면 양호한 경향성을 암시해 준다. 다시 말하자면 Mu반응이 압도적이지 않는 경우라면 상당히 주관적이지만 사고장애와는 관계없는 양호한 반응이라고 해석될 수 있다. 만약 M반응이 거의 Mu반응이라면, 이는 사고가 지나치게 독특함을 나타내며 이러한 사고의 독특성이 부적응적으로 표현될 가능성을 고려해 보아야 하며, 이를 위해서는 또 다른 사고장애의 지표인 Wsum6을 검토해 보아야 한다.

6개 특수점수 DV, INCOM, DR, FABCOM, ALOG, CONTAM

이들 특수점수는 인지과정에 문제가 있음을 암시해 준다. CONTAM을 제외한 특수반응들은 낮은 빈도로 일어난다면 크게 염려할 바는 아니다. Exner(1986)의 정상집단에 있어서 75%가량이 최소 1개정도의 특수반응을 보였다는 사실이 이를 입증해준다. 이러한 특수 반응들은 가벼운 인지과정의 이탈에서부터 심각한 인지장애에 이르기까지 다양한 질적 수준의 인지적 이탈과 관계가 있다.

일반적으로 말하자면, 정상성인의 경우는 만약 특수반응이 일어난다면 DV, INCOM, DR과 같은 가벼운 반응들이 나타날 것이다. 반면 사고장애가 주요 특징인 정신분열증 환자군은 FABCOM, ALOG, CONTAM이 나타날 것이다. 6개 특수점수의 의미를 살펴보기로 하자.

이탈적 언어표현 DV : 이는 일시적인 인지적 실수나 표현장애와 연관되는데, 잘못된 언어사용이나 독특한 언어적 표현과 같은 인지적 장애가 검토되어야 한다. 정상 성인의 경우 이 점수가 나타난다면, 2-3개 정도는 크게 문제되지 않는 것으로 알려지고 있다.

부적절한 반응합성 INCOM : 이 반응은 성인과 아동반응에서 보다 흔하게 일어난다. 이 반응은 브롯의 부분들을 부적절하게 융합시켜 하나의 사물로 지각하는 것으로서, 정확한 변별의 실패, 구체적인 수준의 논리과정을 나타낸다. 이 경우도 INCOM이 유일한 특수 반응이고, 1-2개 INCOM반응이 일어난다면, 크게 염려할 바는 아니다. 대부분은 판단착오의 결과일 수도 있으나 때로는 사고에 대한 통제 결여를 나타낼 수도 있다.

이탈적 반응 DR : 대부분의 DR반응은 우회적인 산만반응으로 나타난다. 이러한 반응은 잠재적인 인지적 불안정에 대한 단서를 제공해 주기 때문에 주의해야 한다. 정상 성인의 1/3에서 한개의 DR반응이 보이지만, DR반응이 많아지면 효과적인 결정과정을 방해하는 통합되지 못한 사고과정을 암시한다.

우화적인 합성 FABCOM : 앞서 반응들과 다르게 FABCOM은 비합리적인 통합과정이 개입되므로, 연상의 이완과 관계가 있고, 이는 정신분열증환자에서 보이는 연상의 일관성 및 논리성의 결여, 우회적이고 산만한 사고와 연관된다. 즉 이러한 반응은 사고장애의 신호가 된다. 따라서 한개의 FABCOM반응이라도 신중하게 검토되어야 한다.

부적절한 논리 ALOG : 이는 정상성인의 10-15%에서 한 두개 반응되지만, 대부분은 정신분열증환자군에서 반응된다. 이는 잘못된 인과관계가 설정되고 이에 대한 검증이 안되는 비논리적 사고를 나타낸다. 따라서 논리적 사고장애와 판단장애의 지표가 된다.

오염 CONTAM : 이는 가장 심한 인지장애를 나타내며, 심한 논리적 장애, 경험의 비현실적 혼합을 나타낸다.

이상과 같은 특수반응은 정상성인이나 정상아동집단에서 가벼운 수준의 반응일 경우 3개 반응까지도 일어난다. 그러나 정상성인의 경우 4개 이상의 특수반응이 일어나거나 아동의 경우 해당 연령집단의 평균에서 1SD 범위 이상으로 특수 반응이 증가한다면, 사고장애가 당연히 검토되어야 한다. 특수반응의 총점수는 정상성인집단에서 평균 4점으로 나타나고, 정신분열증을 진단하는 기준은 총 11점 이상일 경우이다. 이때 총점수보다 더 중요한 것은 어떤 수준의 특수반응들이 주로 나타나고 있는가이다. 그리고 동일한 특수반응이라도 그 내용의 비현실성 정도에 따라 인지장애의 심각성이 검토되어야 할 것이다. 즉 수준 1과 수준 2로 구별해 볼 때 동일한 특수반응일지라도 수준 2에서 인지장애의 심각성이 두드러진다고 볼 수 있다. 이러한 특수반응이 어떤 결정요인이나 어떤 반응내용에서 반복적으로 일어나는지를 검토해보는 것도 의미가 있다. 이러한 검토가 필요한 이유로는 정신분열증 망상형 환자군에서는 특수반응이 인간반응 H에서 일어나고 있으며, 우울증환자군에서는 특수반응이 색채, 무색채 결정요인 반응에서 일어나고 있음이 보고 되었기 때문이다(Exner 1986).

정서의 특징 FC : CF+C, Afr, S, CP, 혼합반응

다음 다섯가지 자료는 정서적 표현이 조절되는 방식, 정서반응에 대한 수용성, 정서의 복잡성 등에 관한 단서를 제공해 준다.

색채반응비율 FC : CF+C

이 지표는 정서적 방출이 조절되는 정도 및 방식과 관계가 있으므로, EB, D점수와 연관지워서 검토될 때 보다 유용하게 해석될 수 있다. 왜냐하면 정서조절은 외향적 성향을 지닌 개인에게 더욱 중요할 수 있다. 앞서 지적된 바와 같이 외향성 스타일의 개인은 보다 정서저항적이고 시행착오적이므로 정서조절이 더 중요하다. 또한 정서조절은 D가 −일 경우 스트레스 상황에서 더욱 제한될 수 있다. 따라서 EB, D와의 관계 속에서 정소저절이 검토되어야 한다.

Exner(1978)는 형태보다 색채를 지각하는데 인지적 노력이 더 적게 요구된다는 점과 색채반응과 정서가 깊은 관계가 있다는 점을 근거로 하여 FC반응은 인지적 과정이 더 지배적이고 정서적 경험은 보다 덜 지배적인 반면 CF, C반응은 정서적 경험이 보다 지배적이고 인지적 과정은 덜 지배적이라고 제안하였다. 그리고 CF, C반응을 각각 평가했을 때 보다 CF+C반응을 평가했을때 재검사 신뢰도가 높았기 때문에 FC :

CF+C반응비율이 의미있다고 하였다.

정상성인의 경우 FC : CF+C 비율은 1.5-2.5 : 1로 나타나며 12세 아동까지는 CF+C가 FC보다 더 우세함을 보인다. 성인환자집단은 전반적으로 FC : CF+C가 대략 1 : 1의 비율을 보인다. 따라서 FC : CF+C가 3 : 1 이상으로 FC가 우세하다면 정서방출을 조절하는데 보다 많은 노력을 기울이는 경향이 있다고 해석될 수 있다. 그리고 CF+C가 FC와 같거나 우세하다면, 정서표현을 조절하지 못하거나 또는 조절하지 않으려는 경향성을 나타낸다고 할 수 있다. CF, C가 우세할 때, 다른 변인과 상관없이 정서조절 결여라고 직접적으로 해석되어서는 아니된다. 이 경우 D점수, 형태질, 사고내용의 안정성에 따라 해석이 좌우된다. 그럼에도 불구하고 이러한 반응비율은 강한 정서나 충동성이 보다 빈번하게 드러나는 정서적 행동을 시사해 준다. 그리고 C반응은 가볍게 해석되어서는 아니된다. 이런 경우 충동조절의 실패와 연관된다고 해석되며, 이러한 충동조절의 실패는 정서적 경험이 지나치게 강렬하여 인지적 조절이 실패한 경우일 수도 있고, 때로는 충동적 반응을 하고자 하는 결정에 따른 결과일 수도 있다. 어쨌든 C반응은 통제가 결여된 정서적 경험과 밀접한 관계가 있다. C반응이 2개 이상일 경우 장기, 단기간 재검사 신뢰도가 .9로 매우 높았다. 이는 C반응이 많을수록 개인의 정서반응이 강렬하고 충동적인 특징을 지니고 있을 가능성이 높고 이로 인한 부적응의 가능성이 높음을 암시해 주고 있다.

정서비 Afr

정서비 Affective Ratio는 3개 색채카드 Ⅷ, Ⅸ, Ⅹ과 비색채카드 Ⅰ-Ⅶ까지의 반응비율로서 재검사 신뢰도는 단기, 장기 추후연구에서 .80 이상으로 높았다. Afr의 평균 범위는 외향성군과 내향성군의 Afr 비율을 고려할 때 .50-.80이라고 볼 수 있다. Afr은 정서자극에 대한 수용성 혹은 반응성으로 해석되는데 이러한 가설을 뒷받침해주는 많은 연구가 보고되었다. Exner(1979)는 EB에서 드러난 외향성집단과 내향성집단의 Afr 비교를 통해 외향성 집단의 Afr이 유의하게 높음을 발견하였으며, 아동발달연구에서 연령이 증가할수록 Afr 평균 점수가 점진적으로 감소한다는 것을 보고했는데 이러한 결과는 어린이들이 자극에 대해 쉽게 감정반응을 보이지만, 연령 증가와 함께 이를 조절할 수 있게 됨을 시사해준다. 그리고 이외에도 정서 억제를 시사하는 C′반응이 나타나는 집단은 그렇지 않은 집단에 비해서 Afr 점수가 높게 나타났는데 이러한 연구결과는 정서표현에 어려움을 갖고 있는 피험자들은 그렇지 않은 피험자들보다 정서적 자극에 보다 빈번하게 반응하려는 경향이 있음을 시사해 준다.

이러한 Afr 비율이 정서통제나 정서반응성을 직접적으로 나타내는 것은 아니며, 정서적 자극상황을 개인이 어느 정도 수용하는지를 반영해 준다. 이러한 정서자극의 수용이 실제 상황에서 지나친 반응이나 지나친 억압으로 발전되자면 다른 요인이 개입되므로 다른 정서반응이나 인지반응과 연관지워져서 해석되어야 할 것이다.

공백반응 S

Klopfer등(1954)은 공백반응이 건설적인 자기주장, Piotrowski(1957)는 독립에의 추구와 상관이 높다고 해석하였고 Rosen(1952)은 MMPI의 Pd척도 점수와 S반응 빈도사이에 상관이 있음을 발견하였다. Fonda(1960)는 이러한 선행연구들을 고찰한 후 S반응은 자율성을 방어하려는 노력과 연관이 있다고 정리하였다.

S반응의 재검사 신뢰도는 모든 S반응이 동일한 심리적 기제와 연관되지 않음을 나타내 준다. S반응의 단기 재검사 신뢰도는 .59－.73, 장기 재검사 신뢰도는 .72－.79로서 장기 재검사 신뢰도가 더 높았다. 이에 따라 S반응을 WS, DS, DdS, 또는 이 세 반응에서 모두 일어난 경우로 분류하고, 카드 I, II, 기타 다른 카드에서 반응된 경우로 분류하여 재검토한 결과 S반응이 모든 위치 반응에서 일어나고 전체 카드에서 고르게 반응되었을수록 안정되고 지속적임이 밝혀졌다. 즉 이런 경우는 보다 안정된 성격특징을 반영한다는 것이다.

Exner는 기존의 선행연구들과 더불어 S반응의 빈도(우울증 입원환자 17%, 경계선 인격장애 21%, 정신분열증 망상형 23%, 청소년 행위장애 15%), 4개 이상의 S반응과 자살지표와의 긍정적 상관을 근거로 하여, S반응이 분노 조절의 어려움, 심리적 불만족감과 관계가 있다고 제안하였다. 이러한 제안은 선행연구자들의 제안과 크게 다르지 않는데, Exner는 전체 반응이 평균범위에 있고 S반응이 1－2개이면 어느정도 주어진 과제로부터 거리를 유지하고 독립적인 상태를 유지할 수 있는 긍정적인 경향성으로 보았다. 그리고 S반응이 카드 I, II와 같이 앞 카드에서만 나온다면, 이는 검사상황과 관련된 저항의 표시일 수 있으며, 카드 III번 이후에 S반응이 3개 이상으로 나오면, 이는 성격차원의 저항과 관계 있으며, 특히 자율성에 대한 위협이 있을 때 일어나는 분노반응과 연관된다고 보았다.

색채투사 *Color Projection* : CP

CP반응은 Piotrowski(1957)에 의해 비현실적인 낙관적 감정과 관련있다고 제안되었지만, 극히 낮은 반응빈도(정상성인의 1%, 정신분열증환자군의 3%, 우울장애의 5%) 때문에 가설의 타당성이 검토되기 어려웠다. Exner(1986)는 장기치료에 자원하였던 369명 가운데 1개 이상의 CP반응을 보인 51명의 환자들에 대한 치료자 평가를 검토한 결과 CP반응이 원치않는 감정을 처리하려는 부정방어 *denial defense*와 관계가 있다고 제안하였다. 물론 이러한 1개의 선행연구를 기초로 하여 내린 가설의 타당성이 의문스럽지만, 극히 낮은 반응빈도가 오히려 해석의 의의를 높혀준다고 보여지며, CP반응이 높은 집단에서 C′반응이 상승한다는 보고는 앞으로의 연구과제를 던져주는 흥미로운 시사점이라고 보여진다.

혼합반응 *Blend Responses*

하나의 반응에 결정요인이 여러개 있으면, 반응과정에서 보다 복잡한 활동이 개입되었음을 나타내는데, 이러한 혼합반응은 정상성인집단의 전체반응 가운데 1/5정도에서 나타났다. 혼합반응은 그 정도와 내용을 검토하면서 해석해야 하는데 정상성인의 경우 전체 반응 수가 평균수준일 때 혼합반응이 없으면 심리적인 협소함 *narrowness*이나 억압 *constriction*을 시사한다. 즉 개인 자신이나 환경에 대한 민감도가 낮음이 예견된다. 반면 혼합반응이 지나치게 많으면—전체 반응 수가 정상 범위내에 있을 때 혼합반응이 8개 이상—이는 심리적인 복잡성을 암시한다. 이러한 경우 개인의 내적 자원이 풍부하다면, 자극에 대한 예민성이 효율적으로 기능을 발휘하는데 장애를 가져오지 않겠지만 개인의 자원이 적은 경우는 그 반대의 결과가 초래될 것이다.

혼합반응이 어떤 결정요인들로 구성되어 있는가를 검토해야 하는데, 예를 들면 M^{p}.FC 혼합반응과 M^{p}.YF 혼합반응을 비교해 보면 전자의 경우 수동적인 정서 억압상태를 암시하지만, 후자에 비해서는 양호한 상태임을 나타낸다. 왜냐하면 후자의 경우는 의식수준의 갈등으로 인하여 무기력상태가 초래되고 있음을 시사하기 때문이다.

특별히 주목해야할 혼합반응이 두 가지 있는데, 이는 음영 혼합반응과 색채—음영 혼합반응이다. 음영혼합반응은 드문 경우로서, 이는 보다 극심한 심리적 고통을 반영한다. 음영혼합반응으로 Y 결정요인이 들어가는 경우는 심리적 고통이 상황과 관련된 것임을 나타내는 반면, Y가 포함되지 않으면 고통이 보다 만성적일 가능성을 암시해준다.

한편 색채—음영반응은 색채와 음영결정인이 한개의 반응에서 혼합되는 경우로서, 우울증환자집단의 70%에서 이런 혼합반응이 나타났다(Exner 1974). Exner(1978)는 자살군의 색채—음영반응 증가(Applebaum 등 1962), 자살 성공과의 상관성

(Exner 등 1977)을 기초로 하여 색채－음영반응이 혼란된 정서경험 또는 양가감정을 나타낸다고 가정하였다. 그리고 음영 혼합반응과 마찬가지로 색채－음영 혼합반응에서도 Y반응이 결정인으로 들어가면 상황적인 경우이고, Y반응이 결정인으로 들어가지 않으면 성격특성과 유사한 만성적인 정서적 혼란상태일 가능성을 암시해 준다.

구조적 자료 III－자아이미지와 대인관계 태도

다음은 자아지각과 타인지각과 연관되는 구조적 변인들을 살펴보기로 하자.

자아이미지의 특징 3r+(2)/R, MOR, PER, Ab+Art, An+Xy

자아이미지나 자아지각의 개념은 매우 넓은 의미를 포함하기 때문에, 평가방법이 그렇게 단순하지가 않다. 료샤검사에서도 자아지각과 타인지각, 대인관계에 관한 해석은 여러 연관된 자료를 기초로 하여 추론되어야 한다.

자아중심성지표 *The Egocentricity Index* : 3r+(2)/R

Exner(1969)는 동성애집단과 반사회적 인격장애집단의 반사반응과 쌍반응이 유의하게 높다는 점에 착안하여, 자기중심성 평가도구로서 자기초점 문장완성검사 *Self Focus Sentence Completion* : SFSC를 선정하여, 이 검사에서 상위점수군과 하위점수군을 비교한 결과 반사반응과 쌍반응이 두 집단간 유의하게 차이가 있음을 발견하였고, 이에 따라 두 점수를 자아중심성지표로 삼았다. 반사반응에 3점의 가중치를 주는 이유는 판별분석 결과 반사점수는 자기초점문장완성검사의 상위 2/5에 속하는 피험자를 판별하는 특징을 지니므로, 이러한 특징을 근거로 하여 가중치 3을 곱하도록 하였다.

자아중심성지표의 타당도 연구로서 Exner(1973)는 면담 상황에서의 행동관찰 및 면담내용 분석을 실시하였다. 그 결과 자아중심성 점수가 높은 사람들은 낮은 사람들에 비해서, 면담 대기중에 거울을 들여다보는 시간이 길고 면담중 '나는, 나의, 나를'과 같은, 자신을 언급하는 발언 빈도와 시간이 더 긴 것으로 나타났다. 그리고 치료전후에 이루어진 료샤검사 결과 치료후 개선되지 않은 환자들과는 달리, 치료가 성공적인 환자들은 자기중심성 점수가 평균 점수로 이동하는 것으로 나타났다(Exner 1974). 이외에도 아동이 나이가 들면서 자기중심성이 줄어들면서 반사반응의 빈도도 감소한다고 보고되었다(Exner 1978). 료샤연구소의 자료수집 결과 정상성인의 자아중심성지표의 평균은 .30으로서 .30-.42가 평균범위로 산정되었다.

이러한 연구결과를 정리하면서 Exner는 자기중심성 변인은 자기에로의 초점 *Self-focusing* 혹은 자기 관심 *self-concern*에 대한 지표로 볼 수 있다고 제안하였다. 그리고 이러한 지표가 지나치게 높거나 지나치게 낮은 경우, 적응장애를 초래하며, 특히 지나치게 이 지표가 높으면 피상적인 대인관계와 지나친 자기에로의 몰입이 초래된다고 보았다. 한편 이 지표에 반사반응이 포함되어 있다면, 이는 자아도취적인, 보다 미성숙한 자기중심성이 암시된다고 보았다. 반면 이 점수가 낮은 경우는 부정적인 자기평가와 관계가 있다고 보았다. 낮은 점수는 강박증, 우울증, 공포증, 정신신체장애 등 강박적 성향을 보이는 집단에서 나타났고 특히 자살성공집단에서 이 지표의 낮은 점수가 주목되었다. 따라서 낮은 점수는 우울증의 빈도나 강도를 높힐 수 있는 부정적 자아상과 연관된다고 볼 수 있다.

병적인 내용 *Morbid content* : MOR

병적인 내용 MOR은 자아중심성지표와 부적 상관이 있으며(Exner와 Wylie, 1977), 우울집단의 평균 MOR반응이 정신장애군 가운데 가장 높고(Exner와 Weiner, 1982), MOR반응이 3개 이상인 경우 다양한 통제군으로부터 자살군을 판별해준다는 분석 결과에 따라(Exner등, 1984) MOR반응과 부정적 자아이미지와의 연관성이 검토되었다. MOR반응은 브롯의 특징과 관계없는 특징을 투사한 반응으로서 자아이미지가 부정적이거나 손상된 경우, 그리고 자아나 환경에 대한 태도가 매우 비관적인 경우 높게 반응되는 것으로 검토되었다. 이러한 MOR반응이 낮은 자기중심성지표, S반응 상승, X+% 저하와 병행될 때 부적응행동이 유발될 가능성이 높아질 것이다.

신체반응내용 An+Xy

자아 이미지나 자아 관심과 관련되는 또 다른 지표는 An+Xy 반응 빈도이다. 해부반응은 X선 반응보다 더 빈번하게 나타나며, 두 반응은 모두 신체에 대한 관심과 관계가 있다고 해석된다. 선행연구들을 재검토한 Draguns 등(1967)은 이러한 반응이 일종의 자기몰입의 표현이거나 신체질병이나 임신과 같은 신체적 변화로 인한 신체염려감의 표현이라고 정리하였다. Exner 등(1979)은 신체증상이 있는 정신분열증환자군, 신체기능장애가 표현되는 우울증환자군이 이러한 신체적 문제가 개입되지 않은 정신분열증환자군, 우울증환자군에 비해 해부, X선 반응이 높다는 점에 주목하였다. 따라서 해부반응과 X선 반응의 증가는 신체집착이나 신체염려감과 연관되며, 특히 드물게 일어나는 X선 반응이 있을 경우 이러한 집착이 심리적 고통을 수반한다고 해석된다. 그 이유는 이런 경우 대부분 음영반응이 동반되기 때문이다. 이러한 신체집착은 전반적인 자아이미지와 관계가 깊다고 할 수 있다.

개인적 반응 *The Personal Responses* : PER

자아 이미지에 대한 정보를 얻을 수 있는 또다른 방법은 개인적 반응 PER을 통해서이다. 선행연구들은 아동의 연령 증가와 함께 PER반응이 감소되고, 성인 강박증환자군의 PER반응의 평균이 3개 이상이라고 보고하였다. 또한 Goush Adjective Check List에서 부정 방어가 강한 집단에서 PER 반응 증가, 그리고 장기 정신치료에서 저항과 PER반응의 정적 상관관계(Exner 1978)를 보고한 연구들이 있었다. 이러한 연구들을 근거로 하여 Exner는 PER반응이 증가하는 경우, 자아 이미지를 방어하려는 경향성, 지각의 완고성, 자아이미지의 완고성을 나타낸다고 제안하였다.

추상·예술반응 내용 Ab+Art

Schafer(1954)는 이 반응이 자아방어 가운데 이지화 *intellectualization* 방어와 관계가 있다고 가정하였고, 정신치료과정에서 이지화방어집단과 다른 집단간의 Ab+Art 반응차이가 유의미함을 입증하였고, Exner 등(1984)은 이지화방어를 사용하는 정신분열증 망상형집단과 비망상형 집단간에 유의미한 차이를 제시하였다. 그러나 이러한 연구들이 후향적 연구임을 지적하면서 Exner는 이러한 해석의 가능성을 보다 엄격하게 검토해야 한다고 강조하면서 성인의 평균치에 1SD를 더한 3개의 Ab+Art반응은 큰 의미가 없는 반면 추상, 예술반응이 3개 이상이고 특히 추상반응이 포함되어 있다면 자아방어 가운데 이지화 방어가 개입되고 있을 가능성을 제안하였다.

대인관계지각 H, Hd, Isolate : R, AG

타인에의 관심 및 다른 사람에 대한 태도는 인간내용을 포함한 반응에서 유도될 수 있으며 다른 자료들의 활용도 중요하다.

인간반응내용 H, Hd, (H), (Hd)

Draguns 등(1967)은 선행연구 고찰에서 낮은 빈도의 인간반응 내용이 사회접촉의 철수와 연관된다고 제안하였다. 료샤연구소자료(1982)에 의하면, 정상인의 H반응은 평균 5개, 대부분의 환자군도 평균 4-6개 사이였다. 따라서 인간반응 H, Hd, (H), (Hd)가 0인 경우는 매우 드문 경우로서, 타인으로부터의 철수, 대인관심의 결여를 나타낸다고 제안되었다. 그리고 평균치보다 낮은 인간반응은 사회적 가치에 동일시하지 못하는 성격장애자(Walters 1953), 판결받은 반사회적 행위자(Ray 1963, Richardson 1963), 선고를 기다리는 폭행범죄청소년(Exner등 1975) 집단에서 드러났다.

여기서 고려되어야 할 점은 H반응 빈도 뿐만 아니라 H반응이 실제적인 인간반응 H 인지가 검토되어야 한다는 것이다. 즉 공상적인 인간반응이 아닌 실제적인 인간반응이어야 한다는 것이다. 정상성인의 "실제적" H반응은 평균 3개이며, 전체 인간반응 가운데 1/2-2/3를 차지한다. 8세부터 13세 아동의 경우 "실제적" 인간반응은 전체 인간반응의 1/3-1/2를 차지한다. 이에 반해 정신장애자집단은 "실제적" 인간반응의 비율이 낮은데, 정상성인집단의 38%는 "실제적" 인간반응만을 보이는데 반해 정신분열증 환자집단에서는 7%만이 "실제적" 인간반응만을 보였다. 이에 따라 Exner는 "실제적" 인간반응은 실제적인 대인관계 경험을 바탕으로 하는 외부 환경에 대한 관심과 견해를 나타낸다고 제안하였다. 만약 평균수준의 전체 인간반응 가운데 "실제적" 인간반응이 1개이거나 0이라면, 나머지 인간반응은 Hd이거나 (H), (Hd)일 것이다. 이러한 H반응 결여는 성인정신과환자들이나 10세 이하의 정상아동에게 나타나기 쉽다. "실제적" H반응이 전체 인간반응의 1/2보다 적다면 이는 대인지각이 비현실적 경험을 기초로 하여 형성될 가능성이 높아진다. 다시 말하자면 실제적 경험이 아닌 공상에 근거하여 대인지각과 태도가 결정된다는 것이다.

인간부분반응

Hd, (Hd)는 Klopfer(1954)에 의해 강박성 혹은 지적인 접근방식으로, Beck(1945)에 의해 철수적인 방어나 환경으로부터의 위축 경향성으로 가정되었다. 한 연구에서는 정신분열증 망상형집단 119명은 H+(H) : Hd+(Hd) 비율이 1 : 1이고, Hd+(Hd)점수가 H+(H)보다 높았다(Exner와 Hillman 1984). 이에 반해 정상성인의 경우는 H+(H) : Hd+(Hd)가 3 : 1정도였다. 이러한 결과를 바탕으로 하여 Exner

(1986)는 Hd반응 증가가 대인관계에서의 경계, 환경에 대한 의심, 현학적 태도, 타인 지각의 왜곡을 나타낸다고 하였다. 그러나 이러한 태도를 가진 경우 인간반응 자체가 저하될 수 있으므로, Hd, Ad반응을 동시에 검토함으로써 이러한 경향성이 정확하게 드러날 수 있다고 하였다. 정상성인의 경우 H+A : Hd+Ad 비율은 4 : 1로 드러나는데 만약 Hd, Ad가 증가된다면, 이는 앞서 지적된 바와 같이 사회환경에 대한 왜곡된 지각이나 태도를 드러낸다고 볼 수 있다.

비현실적 인간반응 (H)는 정상성인의 경우 반응빈도가 매우 낮고(M=0.64, SD=0.77), 현저한 망상증을 가진 집단은 (H) 반응이 평균 4개정도이다(M=3.79). 이러한 (H) 반응의 증가는 사회환경에 대한 부정, 현실로부터의 철수, 공상으로의 철수경향성을 나타낸다고 해석된다. 또한 (H)+(A) : (Hd)+(Ad) 반응 역시 현실로부터의 철수를 나타내는데 대체로 그 빈도가 낮으며 1 : 0 혹은 2 : 1의 비율로 나타난다. 따라서 이 4개 반응의 합이 3개 이상이고, 특히 (Hd)+(Ad)가 더 높다면, 환경에 대한 왜곡된 지각이 검토되어야 한다.

공격적 운동반응 *The Aggressive Movement Response* : AG

공격적 운동반응이 공격적 행동과 관계있다는 제안은 작업치료시 행동관찰과 료샤반응의 상관연구(Kazaoka 등 1978), 학습행동과 료샤검사의 공격적 운동반응과의 상관연구(Exner등 1979)등을 근거로 하고 있다. 이러한 연구결과는 공격적 운동반응이 높을 경우 공격성 행동이—언어적이든 비언어적이든— 표출될 가능성이 높고 타인에 대한 부정적이고 적대적인 태도가 암시된다고 제안하고 있다. 또한 AG반응 빈도가 높으면 사회환경을 보다 공격적으로 지각하고 그러한 태도를 피검자의 성격의 일부로서 지니게 된다고 한다. 이러한 공격적 행동은 적절한 통제력(D≧0), 감정적 자극의 회피경향(낮은 Afr비율), 효과적인 정서조절(FC>CF+C), 상식적 지각에 근거한 반응(X+%>70%, 평균수준의 P반응)과 병행될 때, 사회적으로 수용될 수 있는 방식으로 표현될 것으로 예견된다. 반면 공격반응이 부적절한 통제력(D≦0), 감정자극에 대한 수용성(높은 Afr비율), 비효율적 정서반응(CF+C>FC), 현실지각 결여(X+%<70%, 낮은 P반응 수), S반응 증가(S>3)와 병행될 때, 직접적인 공격행동이 표출될 가능성이 높아질 것이다.

소외지표 *The Isolation Index, Isolate* : R

로샤검사 발달과정에서 단일한 반응내용 증가는 의미가 있을 것으로 가정되었으나 (Beck 1945, Klopfer와 Kelly 1942, Rapaport, Gill과 Exner 1974) An+Xy반응을 제외하고는 특별한 해석적 의미가 발견되지 않았다. 료샤연구가들은 반응내용의 해석 가능성을 검토하기 위한 작업 끝에 5개 자연반응의 해석 가능성에 관한 단서를 얻게 되었다. 식물, 구름, 지도, 풍경, 자연반응으로 구성되는 소외지표는 430명 외래환자들의 사회적 접촉평가와 의미있는 상관을 나타냈으며, 139명 고등학생 사회접촉평가 결과 다른 사람으로부터 호의반응을 얻지 못한 피검자들의 소외반응이 비교집단에 비해 유의하게 높았고(Farber 등 1982), 여대생집단에서도 동일한 결과가 반복되었다(Exner와 Farber 1983). 따라서 Exner는 5개의 소외지표반응이 전체 반응 수의 1/4 이상을 차지한다면 대인관계로부터 소외되고 현실접촉이 단절되어 있을 가능성을 검토하도록 제안하고 있다.

구조적 자료 Ⅳ-특수지표

구조적 자료를 종합하기 전에 검토해 보아야 할 세가지 지표가 있다. 이들은 자살지표, 정신분열성지표, 우울지표로서, 이들 지표의 집단간 판별력은 상당히 높기 대문에 기준점 이상으로 점수가 높으면 그 의미가 신중하게 검토되어야 한다. 그러나 이러한 지표가 분명하게 기준점 이상으로 드러나지 않은 경우라 할지라도 실제적으로 문제가 존재할 수 있다는 사실도 간과되어서는 아니된다. 따라서 이러한 지표들은 임상가에게 신중을 기하도록 촉구해주는 신호로서 받아들여지지만, 한편으로는 이러한 결과를 무조건 신뢰할 수 만은 없다는 신중한 태도가 요구된다.

다음에 제시될 세 지표들의 기준은 공통적으로 다음과 같은 과정을 거치면서 선정되었다. 선행연구 결과에 의해 타당성이 있다고 검증된 료샤 반응들과 이론적으로 관련이 있다고 생각되는 료샤 반응들을 선택하여 실험적인 지표로 설정하였다. 그리고 이러한 지표가 진단하고자하는 정신장애군과 대조군을 정확하게 평가해내는가를 검증해 나가면서, 진단하고자 하는 정신장애군을 가장 높은 비율로 정확하게 진단해내는 동시에 대조군이 정신장애군으로 잘못 판정되는 비율이 가장 적은 조건을 선택하면서 지표 변인이 조정되었다.

자살지표 *The Suicide Constellation*, S-CON

자살 가능성은 아래 12개 반응 가운데 8개 반응이 충족될 때, 그 위험성이 심각하게 받아들여져야 한다. 8개 변인을 사용할 때 자살군은 76-90%까지 정확하게 예측될 수 있으며, 이에 비해 우울장애군의 12%, 정신분열증환자군의 6%가 자살군으로 잘못 판정되는 오차가 있게 된다. 그러나 정상성인군은 이러한 기준에 따를 때 자살군으로 잘못 판정되는 경우는 없었다. 따라서 이러한 다양한 지표를 사용할 때 주의할 점은 8개 지표를 사용하는 경우 약 15%에서 허위부정 판정 *false negative*이 내려질 수 있고, 10%이상에서 허위긍정 판정*false positive*이 내려질 수 있으며, 또한 8개 변인보다 적은 수의 변인이 충족되는 경우일지라도 자살 가능성이 완전히 배제되는 것은 아니라는 점이다. 그리고 이러한 기준은 15세 이상 청소년군에게는 해당되지만 15세 미만의 연령군에는 해당되지 않는다는 점이 유의되어야 한다. 15세 이하인 경우 대부분의 자살지표 변인들이 정상아동에게서도 발견될 수 있기 때문에, 현재로서는 보다 좋은 자료와 연구가 축적될 때까지 기다려야 할 것이다.

자살지표 *S-Constellation*

다음 12개 항목 가운데 8개 이상 항목이 충족되면 자살 가능성이 검토되어야 한다.

1. FV+VF+V+FD>2
2. 색채-음영 혼합>0
3. 3r+(2)/R<.31, >.44
4. MOR>3
5. Zd>+3.5 혹은 Zd<-3.5
6. es>EA
7. CF+C>FC
8. X+%<.70
9. S>3
10. P<3 or P>8
11. Pure H<2
12. R<17

정신분열증지표 SCZI

정신분열증은 정신장애 가운데 가장 높은 비율을 차지할 뿐 아니라 적절한 치료선택을 위해서도 정확한 판단이 요구되는 주요 정신장애이다. 그러나 이미 알려진 바와같이 정신분열증은 급성적인 정신분열증반응, 정신분열형성격장애 *Schizotypical personality disorder*, 정신분열성 성격장애 *Schizoid personality disorder*로부터 만성 정신분열증에 이르기까지 여러 유형의 정신분열증 양상들이 존재하는 일련의 스펙트럼을 형성하고 있으므로, 정신분열증진단과 세부 유형의 감별진단은 매우 어려운 과제가 되어 왔다. 료샤검사를 통하여 정신분열증을 진단하려는 시도는 료샤검사에서의 어떤 변인들이 정신분열증의 특징과 관계가 있는가를 밝히고자 하였으나(Weiner 1977) 정신분열증의 개념 및 특징들이 명료화되지 못한 상태에서 어려운 작업으로 인식되어져 왔다. 그러나 료샤연구소는 정신분열증의 4개 기본특징－부정확한 지각, 사고장애, 부적절한 통제, 대인관계장애－가운데 지각장애와 사고장애와 관련되는 변인들을 함께 묶어서 정신분열증의 지표로 삼았다. 아래 항목에서 1, 2번은 지각장애와 연관되고, 3, 4, 5번은 사고장애와 연관되는 장애이다. Exner(1990)에 의해 제시된 정신분열증지표 SCZI는 다음과 같다. 5개 항목가운데 4개 항목이 충족되면 정신분열증이 고려된다.

1. [X+%<.61 그리고 S−%<.41] 혹은 [X+%<.50]
2. X−%>.29
3. FQ−>=FQu 혹은 FQ−>FQo+FQ+
4. 특수척도 수준 2의 합>수준 1의 합 그리고 FAB 수준 2>0
5. 6개 특수척도의 합>6 혹은 특수척도 평가치 WSum6>17
6. M−>1 혹은 X−%>.40

이러한 5개 변인가운데 4개 변인을 기준으로 잡으면 정신분열증 환자군이 87%에서 정확하게 진단되고, 우울장애군 4%, 정상성인집단 1%에서 정신분열증 진단이 내려지는 반면 5개 변인을 기준으로 잡으면 정신분열증환자군의 76%에서 정확한 진단이 내려지고, 정상집단에서는 오차비율이 0이 된다. 이러한 점을 재검토해 보면, 선행연구들을 통하여 정신분열증 진단율을 가장 높히고 동시에 허위긍정 판정을 줄일 수 있는 4개 변인이 선택되기는 하였으나, 어느 정도 판정의 오류가 있음을 유의해야 한다. 이러한 점을 좀더 세부적으로 보면, 정상성인의 X+%는 평균 80%, 1SD가 10% 수준으로서, 70% 이하이면 비관습적인 지각, 60% 이하이면 적응장애를 가져올 정도의 지각장애를 드러낸다.

한편 정상성인의 X-% 평균은 약 6%, 1SD는 5%이며, 15% 이상의 X-%는 상당한 지각 왜곡, 20% 이상은 심각한 지각 왜곡을 나타낸다. X+%<70%와 X-%>20%, 이 두가지 조건이 함께 충족되는 비율은 정신분열증집단 83%, 우울증집단 7%이다. 따라서 이 두가지 지표를 사용할 때 상당히 높은 비율로 정신분열증 집단을 판별해 주지만, 이 조건은 단지 지각장애의 존재를 알려줄 뿐이므로, 이 조건이 충족되었다고 곧바로 정신분열증의 진단을 내려서는 아니되며, 사고장애 조건이 동시에 충족되어야 한다. 왜냐하면 정신분열증외에도 기질적 장애, 반응성 정신분열증, 학습장애, 심한 정서장애에서도 지각장애가 나타날 수 있기 때문이다.

사고장애는 정신분열증에서만 나타나는 증상이라고 볼 수 있는데 사고장애는 사고연상장애, 비합리적 인과관계 *cause-and-effect relationships* 설정, 혼란스러운 추상적 주제집착, 괴이한 상징주의, 현저한 과잉일반화 등 다양하게 나타난다. 1개 M-반응은 정상성인의 6%에서, 성격장애의 13%, 우울증환자의 25%에서 나타나고 있지만, M-평균은 각각 .03, .18, .33으로 1미만인 반면 정신분열증집단의 평균치는 1.5이다. 따라서 1개 이상의 M-반응, 특히 형태가 없는 M반응(Mnone)을 포함할 경우 사고장애의 지표가 된다. 6개 특수점수를 보면 정신분열증의 평균치는 6.58로 정상성인 1.6, 성격장애 3.29, 우울장애 3.12에 비해 현저하게 높다. 또한 Wsum6을 보면 정신분열증집단의 평균점수는 16.88, 정상성인 3.96, 성격장애 6.52, 우울장애 6.98이었다. 따라서 특수점수 4개 이상, 특수점수의 총합 11점 이상을 넘는 경우 심각한 사고장애를 시사한다.

우울증 지표 DEPI

Exner(1990)는 The Rorschach 제3판에서는 7가지 기준을 제시하였는데 7개 변인가운데 5개 변인이 충족되면 우울증이 고려된다.

1. FV+VF+V>0 혹은 FD>2
2. 색채-음영 혼합>0 혹은 S>2
3. [3r+(2)/R>.44 그리고 Fr+rF=0] 혹은 [3r+(2)/R<.33]
4. Afr<.46 혹은 혼합반응<4
5. 음영반응합>FM+m 혹은 SumC'>2

6. MOR>2 혹은 2AB+Art+Ay>3
7. COP<2 혹은 (Bt+2Cl+Ge+LS+2Na)/R>.24

해석의 종결

이외에도 3가지 지표-대응손상지표, 과민성지표, 강박성지표-를 추가하고 있는데 그 내용은 앞서 제기된 바와 같다.

지금까지는 표상반응의 구조적 변인들을 중심으로 해석해 왔는데, 이러한 구조적 해석은 신뢰롭고 타당한 해석의 자료를 제공해 주지만, 여기에 계열분석과 언어화가 검토된다면, 피검자의 전체 모습, 즉 피검자의 약점이나 문제점 뿐만 아니라 강점과 특징이 추가되어 해석이 보다 구체화되고 풍부해질 수 있다.

계열분석과 반응내용 *Analysis of the sequence and verbalizations*

지금부터 분석되는 내용은 구조적 자료가 뒷받침되지 않는다면 하나의 가설에 머무르거나 임상가의 주관적인 해석에 머무를 가능성이 있기 때문에 매우 신중하게 해석의 타당성이 검토되어야 한다. 따라서 반응계열과 언어화 분석은 구조적 자료를 명료화하고 풍부하게 해주는 보조적 자료로서 사용되어야 한다.

반응계열분석 :

반응계열분석이란 반응들이 어떤 순서로 나타나고 있는가를 검토하는 것이다. 여기서는 다음과 같은 점들이 검토된다.

1. 접근방식에 있어서 일관성이 있는가? 예를 들면 거의 모든 카드에서 반응위치 순서에 있어서 전체반응 W가 먼저 선택되고 난 다음 부분반응 D가 선택되는 식으로 일정하게 위치반응이 선택되는가? 만약 이러한 일관성이 있다면, 이러한 반응방식은 피검자의 일관성있는 문제해결방식, 대처방식을 나타내 줄 것이다.
2. 형태질에 있어서 u와 -반응이 어떤 부분에 특정하게 몰려 있는가? 예를 들면 I, II번 카드처럼 처음 부분에 주로 나타나는지, IX, X번처럼 맨 마지막 카드에서 나타나는지, 혹은 모든 색채카드에서 고르게 나타나는지, 어떤 특정 결정요인에 한정

되어 나타나는지가 검토된다. 이러한 검토는 혼합반응의 경우에 있어서도 마찬가지로 검토된다.

3. −반응이 일어날 때 동일한 카드내에서 곧 이어서 좋은 형태질 반응이 뒤따르는지? 만약 그러하다면 이는 보다 양호한 경우로서 불량한 형태질 반응에 대한 자각이 있으며, 지각의 융통성이 있음을 시사해준다. 그리고 만약 불량한 형태질이 첫번째나 두번째 반응에서만 국한되어 나타난다면, 이는 성급한 반응 결정에 따른 일시적인 지각 정확성의 결여일 가능성이 높다.
4. 평범반응이 어떤 카드에서 일어나고 있는지? 보다 흔하게 평범반응이 일어나는 카드 Ⅷ, Ⅴ, Ⅰ에서의 평범반응 결여는 그 의미가 주의깊게 검토되어야 한다. 예컨대 카드 Ⅵ에서 T반응이 일어나지 않으면서 P반응이 일어난다면, 이는 T반응 결여를 보다 확실하게 해준다.
5. 조직활동이 반응기록의 처음부터 끝까지 고르게 나타나는지? 아니면 어떤 부분에 집중적으로 나타나는지? 만약 고르게 나타나지 않는다면, 이는 L, W : D, W : M, Zd 자료에 의미있는 정보를 추가해 줄 수 있다.
6. S반응이 Ⅰ, Ⅱ번 초기 카드에만 국한되는지? 아니면 전체 카드에서 고르게 나오는지? 만약 Ⅰ−Ⅱ번 카드에서만 S반응이 일어난다면, S반응에서 추정되는 분노와 같은 정서는 성격차원의 것이 아닌, 상황적일 가능성이 높다.
7. 특수반응이 특징적인 양상으로 일어나는지? 예를 들면 특수반응이 색채반응이나 음영반응에만 국한되는지? 만약 Afr 비율이 낮고 특수반응이 색채결정요인에서만 나타난다면, 이는 정서적 자극상황이 지각적 장애를 자극하는 경향성이 있음을 암시해 준다.

이외에도 어떤 특징적인 방식의 반응계열이 발견되면 구조적 자료와 연결하여 그 의미가 검토되어야 한다.

반응내용분석

"내용분석"의 중요성이 Lindner(1943)에 의해 강조된 이후, 많은 연구가들은 임상진단유형, 성격특징, 언어적 특징의 특별한 의미와 관계가 있는 내용분석을 시도하였다(불안−Elizur 1949, 공격성−Walker 1951, 공격성−Stone 1953, 신체상 경계−Fisher와 Cleveland 1958, 방어효과−Holt 1960). 그러나 이러한 연구의 타당성은 입증되지 못하였고, 이에 따라 특정한 반응내용의 상징적 해석은 현재로서는 그 타당성이 지지되지 못하고 있다. 이 외에도 카드 Ⅳ, 카드 Ⅶ이 "부친과 모친"과 연관되는 이미지를 나타낸다는 가설(Levy 1958, Zelin와 Sechrest 1963) 역시 그 타당성이 입증되지 못하고 있다.

한편 Schafer(1954)는 내용분석에 관한 보다 종합적인 견해를 제시하고 있는데, 그는 공통 주제를 나타내는 반응들이 있는지를 검토해 보는 방법을 제안하고 있다. 이 방식은 이론적 배경과 관계없이 주제의 일관성이라는 측면에서 유용한 자료를 제공해 주고 있다. 예를 들어, 신, 경찰, 가문의 문장과 같이 권위상과 관계있는 반응들이 반복되는 경우, 이러한 반응의 공통 주제의 의미를 검토한다는 것이다. 또한 Schafer는 반응내용에서 전달되는 "정서적 분위기"를 파악하는 것이 의미있다고 제안하고 있다. 만약 임상가가 반응 하나 하나를 분석해 나간다면, 지나치게 구체적인 접근방식이 될 것이며 이러한 공통 주제의 의미나 "정서적 분위기"를 검토한다면 비교적 반응내용에 함축된 공통적인 의미를 발견하는데 도움이 될 것이다.

앞서 지적된 바와 같이 모든 반응에 투사가 일어나는 것은 아니며, 자세한 설명, 독특한 묘사가 있는 경우에 투사가 일어났을 가능성이 높다. 따라서 단순하게 반응된 내용보다는 표현이 풍부하고, 내용이 반복되는 경우에 투사의 가능성이 높으므로 이러한 경우에는 반응내용의 의미를 해석하고자 시도하여야 한다. 이러한 해석방식에 따르면 단순히 사물을 분류하는 식의 반응은 언어화 분석대상에서 제외된다. 예를 들면 카드 I 부터 IV까지 "박쥐", "고양이 얼굴", "두마리 개", "땅에 있는 구멍", "나비", "피", "두 사람", "고릴라" 등의 사물 분류반응은 언어화 분석대상에서는 제외된다.

이러한 반응내용 분석에서 주의해야 할 점이 두가지 있다. 하나는 연상단계에서의 반응과 질문단계에서의 반응이 연속적인 것으로 취급되어서는 안된다는 것이다. 연상단계에서는 검사자의 지시가 모호한 상태에서 피검자의 자유연상에 따라 반응이 자발적으로 일어나는 반면 질문단계에서는 연상단계와 비교해 볼 때 지시적으로 반응을 끌어내기 때문에 연상단계에서의 반응처럼 해석되어서는 안된다. 따라서 반응내용을 해석하고자 한다면, 연상단계에서 반응된 내용들만 가지고 그 의미를 검토해 보아야 하며 질문단계에서 반응된 내용이 검사자의 지시에 따르지 않고 자발적으로 연상되었다는 조건이 충족될 때만 그 내용이 검토될 가치가 있음을 명심해야 한다. 또 다른 점은 반응내용을 해석할 때 지나치게 빠른 속단은 금물이며 특히 한 두개 반응에 근거하여 해석을 내려서는 안된다는 것이다.

또한 구조적 자료와 내용분석 결과가 일치하지 않는 경우는 원칙적으로 구조적 자료를 우선적인 것으로 받아들여야 한다. 그러나 일견 보기에는 구조적 자료와 내용분석이 모순되게 보일지라도, 자세하게 검토해 보면 그 내용이 연결되는 경우가 있으므로 주의해야 한다. 예를 들면, 구조적 자료에서 전체 20개 반응에서 −, u반응이 높아서 X+%가 65%, X−%가 20%였다고 하자. 이때 계열분석을 한 결과 −반응은 카드 Ⅰ, Ⅱ에서의 S반응에서 반응되었고 u반응은 전체 카드에서 고르게 반응되었음이 발견되었다. 이런 경우 지각장애가 존재한다는 구조적 자료는 계열분석에 의해 더욱 명료화된다고 볼 수 있다. 즉 이 경우는 검사에 대한 저항이 일시적으로 강해서, 카드 Ⅰ, Ⅱ에서 S반응이 증가되면서 부정확한 지각현상이 일어난다는 것이다. 따라서 이 개인은 위협적인 자극상황에서는 지각의 정확성이 일시적으로 무너진다고 해석될 수 있다. 만약 이런 경우에 지각장애가 상황과 관계없는 일반적이고 지속적인 현상이라고 해석된다면 이는 계열분석 결과를 간과한 해석이므로 타당한 해석이라고 볼 수 없다.

이외에도 해석을 종결하면서, 여러 변인들을 종합하여, 개인의 장점, 문제점, 행동의 의미 등을 전체적으로 이해하려고 시도해야 한다.

10
주제통각검사

이 장에서는 자아와 환경관계를 평가해 주는 주제통각검사(Thematic Apperception Test : TAT)의 이론적 배경, 검사 실시 및 해석방법에 대해 살펴보기로 하자.

주제통각검사가 어떤 심리적 특성을 평가해주는가? 이러한 질문에 대한 해답을 찾아보면 다음과 같다. 주제통각검사는 피검자 성격의 역동성 요소－대인관계와 환경지각에서 나타나는－를 알려준다(Bellak 1959). 이 검사는 개인의 인격 가운데 주요 동기 *drives*, 정서 *emotions*, 기분 *sentiments*, 컴플렉스 *complexes*, 갈등 *conflicts* 등 다양한 요소들을 나타내준다. 특히 개인이 자각하지 못하는 억제된 요소들을 드러나게 해준다(Murray 1963).

이러한 소개에서 드러나듯이 주제통각검사는 개인과 환경과의 관계, 즉 개인의 성격과 환경과의 상호관계에 대해 알려주는 검사라고 볼 수 있다. 이러한 점으로 볼 때 이 검사는 기본적으로 정신분석적 입장을 따르고 있고 특히 자아와 대상과의 관계를 다루는 자아심리학과 가장 밀접한 관계가 있는 심리평가 도구라고 볼 수 있다. 일반적으로 주제통각검사는 심리평가에서 보조적인 검사로 사용되는 경향이 있다. 저자의 경험으로는 피검자의 성격, 내적 욕구 및 동기, 환경과의 갈등에 대한 정보를 빠른 시간내에 제공해줄 수 있다는 점을 이 검사의 장점으로 꼽을 수 있다. 특히 짧은 시간동안 내담자나 환자의 심리적 갈등－정신 내적이거나 환경과의 갈등－을 파악하고자 하는 경우 주제통각검사가 도움이 된다. 이에 따라 이 검사는 정신치료나 치료적 면담 이전에 시행함으로써 유용한 정보를 미리 얻게 된다.그리고 로샤검사와 상호보완적 기능을 하기 때문에 두 검사를 동시에 시행하는 것이 추천되기도 한다(Murray 1963).

주제통각검사를 시행하는 과정에서 저자는 이 검사 시행이 매우 어렵다는 인상을 받았는데 그 이유는 대부분의 피검자들이 반응하는 내용이 매우 단순하고 간단한 경향성이 있기 때문이었다. 이와같이 피검자들의 반응이 제한되는 현상이 일반적인 것인지는 확인하지는 못했으나 저자 나름대로는 이러한 반응 제한이 자유로운 의사표현방식과 연관되지 않는가 추론해보았다. 즉 개인의 의사표현방식이 억제적이고 자유롭지 않은 경우 이러한 검사에서 반응이 매우 제한될 것으로 기대된다는 것이다(물론 이러한 추론 역시 검증된 사실은 아니기 때문에 앞으로 이에 대한 검토가 요구된다). 이러한 인상에 따라 저자는 국내에서 이 검사를 시행하는 방법은 표준절차에 지시적인 내용을 추가하여 피검자들이 보다 자세하게 응답할 수 있도록 도와주어야 한다는 인상을 받았다. 이러한 이유 때문인지 정확하지는 않지만 현재 국내에서 주제통각검사가 활발하게 사용되고 있지 않으며 특히 연구 도구로서 거의 활용되고 있지 않는 실정이다. 그러나 저자의 경험으로는 다른 심리평가 도구가 제공해 줄 수 없는 독특한 자료, 특히 개인의 내적 욕구와 동기, 방어방식, 환경에 대한 개인의 왜곡된 지각 등에 관한 정보를 제공해주기 때문에 평가와 치료과정에서 뿐만 아니라 연구 목적으로도 유용하게 사용될 수 있다고 기대된다.

아동용 주제통각검사 *Children Apperception Test* : CAT는 아동들의 역동적 평가에 매우 유용하다는 인상을 주고 있는데 CAT는 1976년 김태련, 서봉연, 이은화, 홍숙기에 의해 한국판 아동용 회화통각검사가 한국 아동에게 적용 가능하도록 개정되었고 한국 아동의 반응분석이 사례로 제시되어 있어서 임상장면에서 매우 유용하게 사용될 수 있다. 따라서 앞으로 성인용 뿐만 아니라 아동용 주제통각검사가 국내에서 평가, 연구, 치료 목적으로 활발하게 사용되기를 기대해 본다.

이 장에서 주제통각검사를 소개하는 입장은 Murray(1969)의 『Thematic Apperception Test-Manual』, Stein(1955)의 『Thematic Apperception Test』에서 소개되는 욕구-압력 분석방법이 기초가 되고 있으며 이차적으로는 저자의 임상 경험과 Bellak(1959)의 『The Thematic Apperception Test in Clinical Use』에서 소개되는 직관적 해석방식을 따르고 있다.

1. 발달배경

주제통각검사가 1935년 Harvard대학의 Murray와 Morgan에 의해 소개되기 이전부터 그림을 보고 반응하게 하는 시도가 있어 왔다고 한다. 초기 시도로는 1879년 Galton의 자유연상실험을 들 수 있는데 이 실험에서 Galton은 연상 내용이 어린시절의 생활 내용과 연관되며 "이와같은 연상은 표현되지 않는 개인의 사고 내용의 기초를 이루고 있다"고 제안하였다. 1907년 Brittan은 그림에 대한 이야기를 하도록 한 결과 소년과 소녀의 성차이가 이야기 속에 나타남을 발견하였고 1908년 Libby는 청소년의 연상에서 연령에 따른 이야기 내용의 차이를 발견하였다. Clark(1926)는 정신분석과정에 대한 보조기법으로 이야기를 도입하였는데 피검자로 하여금 그가 유아라면 그림에서 나타나고 있는 상황에 대해 어떤 감정을 느끼겠는가를 상상하도록 하였고 이와같은 방법을 통하여 자기도취적인 환자 *narcissistic patients*로 하여금 전이신경증 *transference neurosis*을 발전시키도록 하는데 유용함을 발견하였다. 이와같이 이야기를 통한 개인의 이해와 평가가 시도되어 오다가 1935년 Harvard대학의 Murray와 Morgan에 의해 TAT가 공상연구의 방법으로 소개되었고 1938년 『Explorations in Personality』에 욕구-압력의 이론적 체계가 발표되었다. 이 검사는 초기에는 진단적 자료를 수집하기 위하여 사용되었고 정상적 상태와 정신병리적 상태, 아동의 발달, 태도와 정서, 문화와 성격의 상관성 연구에 사용되었다.

검사에 사용되는 도판은 1936년 하바드대학의 Psychological Clinic에서 소개된 도판이 1943년까지 3회 개정되면서 Murray에 의해 31매로 표준화되었고 검사요강이 출판되었다. 1949년 Bellak은 3-10세 아동에게 적용할 수 있는 아동용 주제통각검사 CAT를 제작하였고 1952년 수정판을 출판하였다. 한국판 아동용 주제통각검사는 앞서 소개된 바와 같이 1976년 김태련, 서봉연, 이은화, 홍숙기에 의해 표준화되었다.

2. 기본적 가설

다음은 주제통각검사의 이론적 배경 및 기본 가설에 대해 소개하고자 한다. Murray(1943)는 일련의 그림을 피검자에게 제시하면서 이 그림들에 대해 이야기해 보도록 권유한 결과 이 이야기들이 피검자의 주요한 성격 측면을 나타내준다고 제안하면서 다음 두 가지 점을 그 논리적 근거로 제시하였다. 첫째 사람들은 모호한 상황을 그들의 과거 경험과 현재의 소망에 따라 해석하는 경향이 있고 둘째 경험의 축적과 의식적, 무의식적 감정과 욕구와 일치되는 방향으로 이야기를 만드는 경향이 있다는 것이다.

Bellak(1959)은 주제통각검사의 기본 가정으로서 "통각 *apperception*", "외현화 *externalization*", "정신결정론 *psychic determination*"의 개념을 도입하고 있다. 그의 이론에 의하면 주제통각검사에 대한 개인의 반응은 "통각" 현상이라고 개념화할 수 있는데 개인의 지각과정은 그의 내적 욕구에 의해 어느 정도 왜곡됨으로써 순수한 지각과정이라기 보다 통각과정이라는 것이다. 또한 주제통각검사에서는 전의식적 수준에 있는 개인의 내적 욕구가 의식화되는 "외현화"과정을 거쳐서 반응된다는 것이다. 그리고 외적 자극에 대한 반응으로 이야기되는 모든 것은 역동적 의미가 있다는 것이다. 이와같은 설명과 더불어 Bellak은 주제통각검사의 반응이 통각, 외현화, 정신결정론을 통하여 결정된다고 제시하고 있다. 이와같은 Bellak의 통각개념을 알기 쉽도록 그림으로 표시하면 다음과 같다.

통각의 과정

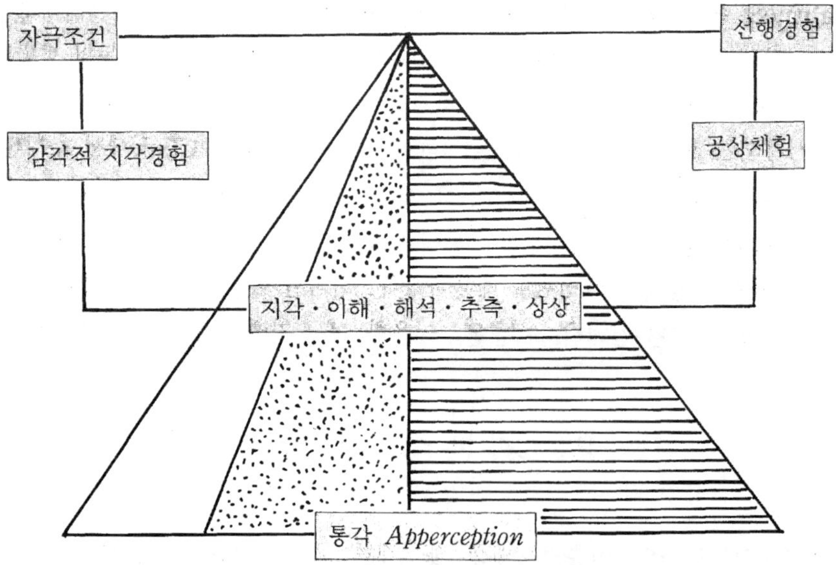

그림 1.*

* 그림 1은 TAT 성격진단법(이상로 등 1973)에서 인용되었음.

이 그림에서 보면 피검자가 자극도판을 보고 이야기를 만들 때 주로 자극조건에만 의존하거나 자극조건 보다 그의 순수한 선행경험에만 의존하거나 아니면 이 두 가지 경험을 결합하여 혼합적인 반응을 할 수 있다는 것이다. Bellak은 검사에 대한 지각과정을 개인의 선행경험이 영향을 미치지 않는 순수한 지각과정이라기 보다 개인의 선행경험에 의해 지각이 왜곡되고 공상적 체험이 혼합되는 통각과정이라고 본다. 이러한 통각개념은 이 검사에 대한 반응의 성격을 설명하는 주요한 개념으로 여겨진다. Murray도 개인의 공상은 개인의 내적 욕구와 환경의 압력의 결합에 의해 결정되며 이와같은 공상 주제를 통일하는 지각과정을 통각이라고 정의하면서 이 검사에 대한 반응으로 통각과정이 일어난다고 동의하고 있다.

한편 Murstein(1961)은 TAT 반응이 자극 카드의 그림의 특성에 의해서도 결정된다고 주장하였다. 그는 카드그림의 특징을 구성적 특징과 모호성으로 지적하였는데 구성적 특징이란 그림에서 몇 사람이 동시에 등장하며 인물의 성이나 상황의 배경이 카드에 제시되고 있다는 점이고 모호성이란 그림의 내용이 불확실하여 여러가지 해석이 가능하다는 점이다. 그에 의하면 이러한 두 가지 카드의 성질에 의해 반응이 결정되므로 공상의 주제는 완전히 자유롭게 결정된다기 보다는 제시된 자극에 대한 공상이 나타난다는 것이다. 따라서 지각된 내용은 자극 조건과 개인의 내적 경험－개인의 의식적, 무의식적 욕구와 방어, 갈등상태－이 동시에 나타난다는 것이다. 이러한 Murstein의 주장은 실제 임상장면에서 해석의 주요한 지침으로 제공될 수 있다고 보인다. 왜냐하면 임상장면에서 모든 TAT 반응이 개인에게 독특한 반응이라고 보기는 어렵고 반응 가운데는 평범하고 일반적인 반응도 있고 개인의 독특한 역동적 내용도 있다는 인상을 받게 되기 때문이다. 이러한 근거에 따라 앞으로 제시될 카드의 그림 내용을 보고 카드별 평범반응을 익히는 것이 필수적으로 요구된다.

TAT 반응의 기본 전제에 대해 Murstein(1961)은 다음과 같은 세부적인 사항들을 지적하고 있다.

1. 비구성적인 장면을 완성하면서 피검사자는 자신의 성격을 드러낸다.
2. 피검사자는 이야기속의 어떤 인물과 동일시 한다. Murstein은 "자극이 피검사자와 유사할수록 투사의 정도가 클 것"이라고 가정하였으나 이를 검증하기 위해 피검사자와 유사하게 그려진 그림을 이용한 연구 결과 이 가정이 부정적이라고 하였고 "피검사자와 비슷한 고통, 직업, 외양과 같은 유사성이 있다고 투사가 증가되지는 않는다"고 주장하였다.
3. 피검사자의 충동이 때로는 이야기속에 상징석으로 나타난다. 이 가정은 지지되는 경향이 있으나 아직 상징적 해석의 원칙은 명백치 않다.

4. 피검사자의 이야기 내용이 충동과 갈등을 진단하는데 반드시 유용한 것은 아니다. 이야기 내용이 진단에 타당한 자료가 되기도 하지만 때로는 보완적이거나 전혀 무가치한 경우도 있다. 이 가정도 지지되고 잇다.
5. 자극에 따라 반응된 내용은 자극과 직접 상관없이 결정된 내용에 비해 진단적으로 덜 의미있다.

Murstein은 자극이 모호할수록 피검사자의 성격이 반응에 나타난다고 함으로써 위의 가정을 지지하고 있다.

6. 이야기 속에서 반복되는 주제는 피검사자의 성격을 반영한다. 이 가정의 지지는 약한 수준에 있다.
7. 이야기 내용은 피검사자의 지속적인 기질과 갈등뿐만 아니라 그 상황의 순간적인 자극에 따라 일어난 충동과 갈등이 표현되며, 이 두 가지 내용이 동일한 방식으로 반영된다. 이 가정에 대한 직접적인 지지의 증거는 제시되지 않고 있다.
8. 이야기 속에 피검사자의 과거의 사건이 나타날 수 있으며 이는 진단적인 가치가 있다.

Murstein은 어떤 반응이라도 우연한 것은 없으며 모든 반응은 개인의 성격 분석과 연관된다고 하였다.

9. 이야기 속에 개인적 내용만 반영되는 것이 아니라 개인이 소속된 집단, 사회적, 문화적 요인과 관련된 내용이 반영된다. 이 가정 역시 지지되고 있다.
10. 이야기 속에 나타난 충동, 갈등과 외부 행동사이에 상관관계가 있다. 이와같은 가정은 현재 불충분한 지지를 받고 있으며 상관관계가 있는 경우와 없는 경우의 연구가 계속되어야 한다.
11. TAT 반응내용으로부터 개인의 성격에 대한 판단을 내리는 데 정당한 근거가 있다.

Murstein은 TAT기록지에 담겨진 정보의 양은 매우 차이가 있다고 하였다. 이야기가 부족하거나 부적당한 경우는 성격장애의 결과이거나 지적 능력제한의 결과일 수 있다.

12. 피검사자는 자신에 대해 무엇을 반응하고 있는지 알지 못한다.

Murstein은 이 가정을 부정하면서 정상인과 장애자집단 모두 투사적 반응내용과 직접적인 진술내용 사이에 불일치가 없다고 하였다. 즉 TAT에 반응된 내용과 자신의 성격 기술 사이의 모순점이 크지 않다. 또한 지적인 세련이 높은 경우는 자신을 드러내는 것을 방어하여 객관적인 자신의 모습과 일치하게 자신의 상을 나타낼 수 있다.

13. 욕구의 강도는 기록지에 직접적으로 또는 간접적으로 나타난다.

Murstein은 적대감이 비슷한 두 집단이 자아개념이 다른 상황에서 Rorschach 반응에 대한 적대감의 투사가 달랐음을 발견하였다. 투사적 검사에 반응된 내용과 직접적인 행동의 상관관계 연구는 명백한 해답이 제시되지 못하고 있으며 투사적 검사상황과 외부상황사이에 전체적인 요소들의 상호작용이 비슷하지 않으면 행동을 나타낼 수 없다고 생각되어지므로, 욕구의 강도만으로는 행동의 예측이 불충분하다.

14. TAT 내용과 외부행동 사이에 관계가 있다. 이 가정은 현재까지 확실하게는 지지받고 있지 못하다.

3. 실시방법

검사 실시에 앞서 검사 도구와 검사 준비사항에 대해 간단히 살펴보기로 하겠다. TAT 도판은 흰색과 검은색으로 그림이 그려진 31개 카드가 있고 이 가운데 한개의 백지카드가 포함되어 있다. 각 카드 뒷면에는 카드를 선정할 때 고려할 남자와 여자, 소년과 소녀의 성별, 연령 구별이 제시되어 있다. 즉 카드 뒷면에 소년, 남자라고 기록되어 있으면 그 카드는 소년이나 남자에게 해당되는 카드라는 것이다.

검사 준비사항은 다른 검사에 비해 특별한 사항은 없으나 반응이 적거나 저항이 강하거나 의심이 있는 환자나 내담자의 경우 이 검사를 시행하기 전에 다른 검사를 시행하는 것이 자유로운 반응을 끌어내는데 도움이 된다. 예를 들면 지능검사나 로샤검사를 먼저 시행하는 것이 피검사자의 반응 수준을 자극할 수 있다. TAT에서 얻어지는 자료는 TAT를 실시하는 동안 피검자의 개방된 정신활동의 결과로 얻어진다. 모든 다른 심리검사와 마찬가지로 이 검사의 반응이 의미있는 자료가 되려면 검사자와 피검자 사이의 관계 형성이 최대로 이루어져야 한다. 피검자가 검사 실시동안 자유롭게 상상하고 이러한 공상을 언어로 표현하려면 피검자가 편안하게 느낄 수 있어야 한다.

검사 실시는 성, 연령을 고려하여 선정된 20개 카드를 2회에 걸쳐서 실시한다. 즉 1회에 10개, 2회에 10개 카드를 실시한다. 1회 시행시간은 대략 1시간이 소요된다. 검사 지시는 1회와 2회 내용이 차이가 있으며 피검자의 연령과 지능수준에 따라서도 다소 차이가 있다. 표준절차에서는 지시 내용을 검사자가 읽어주도록 되어 있다.

1회 검사

지시 내용(평균 지능을 가진 성인에게)

"이 검사는 상상력의 검사이고 일종의 지능검사입니다. 지금부터 당신에게 몇장의 그림을 한번에 한장씩 보여주겠습니다. 그림을 보면서 극적인 이야기를 만들어 보십시오. 그림에 나타난 장면이 있기까지 어떤 일이 있었는지, 현재 무슨 일이 일어나고 있는지, 사람들은 무엇을 느끼고 있고 무엇을 생각하고 있는지를 이야기해 주십시요. 그리고 그 결과에 대해서도 이야기하시기 바랍니다. 생각이 떠오르는대로 이야기 해주십시요. 자, 어떻게 하는 것인지 이해가 갑니까? 지금부터 10장의 그림을 보는데 50분 정도 시간이 있으니 한장에 약 5분 정도 이야기할 수 있습니다. 자, 여기 첫번째 그림이 있습니다."

지시 내용(아동, 교육수준이 낮은 성인, 정신과 환자에게)

"이것은 이야기를 만드는 검사(a story-telling test)입니다. 여기 몇장의 그림이 있는데 이것을 당신에게 주겠습니다. 각 그림을 보고 당신이 이야기를 꾸며 보도록 하십시요. 이 그림을 보면서 과거에는 무슨 일이 일어났는지, 그리고 현재는 어떤 일이 일어나고 있는지를 이야기 해주십시요. 사람들이 무엇을 느끼고 있고 무슨 생각을 하고 있는지를 이야기하고 앞으로는 어떻게 될 것인지를 이야기 해주십시요. 어떤 이야기이든지 자유롭게 만들 수 있습니다. 자, 어떻게 하는 것인지 이해가 갑니까? 그러면 여기에 첫번째 그림이 있습니다. 그림 한장에 5분 정도 시간을 쓸 수 있습니다. 그러면 당신이 할 수 있는지를 보기로 합시다."

일반적으로 피검사자의 연령, 지능, 성격, 검사 상황에 따라 다소는 지시 내용이 변경될 수 있다. 그러나 "이것은 자유연상을 위한 검사입니다"라는 지시는 금하는 것이 좋다. 왜냐하면 이러한 지시는 피검사자에게 자유연상을 해석하는 검사라는 인상을 불러일으켜서 자유로운 연상을 억제하는 결과를 가져오게 되기 때문이다.

첫번째 카드에 대한 반응을 보고 지시대로 수행되지 않은 경우 검사자는 다시 한번 지시 내용을 일깨워 준다. 예를 들면 다음과 같다. "참 흥미로운 이야기이군요. 그러나 당신은 그 소년의 어머니가 소년을 비난하였을 때 그 소년이 어떻게 행동했는지를 이야기하지 않았고 이야기를 마무리짓지 않았군요. 이야기의 결말이 없어요. 당신은 3분정도 이야기를 했는데 더 길게 이야기할 수 있습니다. 그러면 다음에는 어떤지 보기로 합시다."

2회 검사

2회 검사는 1회 검사 후 적어도 하루가 지난 뒤 시행한다. 2회 검사 지시는 1회 검사 지시와 거의 동일하지만 상상을 완전히 자유롭게 할 것을 강조한다.

지시 내용(평균 지능을 가진 성인에게)

"오늘 검사 시행방법은 상상을 좀 더 자유롭게 한다는 점 외에는 지난번 방법과 동일합니다. 첫번째 10개 이야기들은 매우 훌륭했습니다. 그러나 그 이야기들은 일상적인 사실들에 국한되는 것이었습니다. 이제 상식적인 현실을 무시할 때 이 그림에서 무엇을 볼 수 있는지를 알아보기로 합시다. 신화나 동화, 우화에서 처럼 상상력을 마음껏 발휘해 보시기 바랍니다. 자 여기에 첫번째 카드가 있습니다."

지시 내용(아동, 교육수준이 낮은 성인, 정신과 환자에게)

"오늘 몇 가지 그림을 더 보여주겠습니다. 이 그림들은 더 재미있고 더 좋은 그림들이기 때문에 이번에는 이야기하는게 더 쉬울 것입니다. 지난 번에 당신은 이야기를 매우 잘 해 주었습니다. 이제 몇 장 더 이야기할 수 있는지 알아보고자 합니다. 이번에는 이야기를 동화나 꿈과 같이 더 재미있게 꾸며보기를 바랍니다. 자 여기에 첫번째 그림이 있습니다."

카드 16번 백지카드 지시 내용

"이 백지 카드에 대해 당신이 무엇을 볼 수 있는지를 알아봅시다. 이 백지에서 어떤 그림을 상상해보고 그것을 자세하게 말해보십시요." 만약 피검사자가 이 지시에 잘 따르지 못한다면 다음과 같이 지시한다. "당신의 눈을 감고 무엇인가를 상상해 보십시요." 피검사자가 이 지시를 받고 상상을 말하면 다음과 같이 지시한다. "자, 이제 그것을 이야기로 꾸며 보십시요."

검사자의 질문과 면담

검사자는 이러한 지시를 편안한 방식으로 전달해야 하며(표준 절차는 이 지시를 읽도록 되어 있다) 중요한 점은 과거, 현재, 미래가 포함된 극적인 한다는 점을 분명하게 알려주는 것이다. 일반적으로 검사자는 표준 지시를 내린 다음에는 더 이상의 지시를 내리지 않는 것이 원칙이다. 그러나 만약 피검사자가 결정적인 사항들-예를 들면 선행되는 사건이나 일의 결과-을 생략한다면 검사자가 짧막한 지시를 보충해야 한다. "이런 일이 어떻게 해서 일어났을까요?" 만약 지나치게 이야기가 길어지거나 우회적일 경우 다음과 같이 개입할 수 있다. "그래서 어떻게 되었나요?" 만약 그림의 세부적인 점을 지적하면서 그것이 무엇인지 말해달라고 피검사자가 요청한다면 검사자는 "당신의 마음대로 생각할 수 있다"고 말해준다. 피검사자가 한 그림에 대해 매우 짧은 몇 가지 이야기를 할 때 검사자는 한가지 이야기를 집중적으로 하도록 지시해준다. 검사자는 검사 도중 중립적이어야 하며 피검자의 반응에 대해 검사자의 개인적인 감정반응을 말해서는 안된다. 그러나 지나치게 내용이 피상적이고 기술적일 경우, 예를 들면 피검사자가 "여자가 있고 남자가 있다"라고 반응하고 더 이상 반응없이 그친다면 검사자는 "좀 더 구체적으로 이야기를 만들어 보시오"라고 개입한다.

검사자는 중간 질문이나 종결 질문을 통해 가치있는 정보를 얻을 수 있다. 중간 질문의 원칙은 검사자가 생각하기에 이야기가 불완전해 보이는 부분에 대해 질문한다. 예를 들면 "이 소년은 친구와 같이 가지 않았다"고 응답한 경우 "이 소년은 그때 어떤 느낌을 가졌을까? 혹은 이 소년이 같이 가지 않은 친구에 대해 더 이야기 해줄 것은 없는가?"라고 질문한다. 그러나 이런 질문은 경험이 많은 전문가가 조심스럽게 해야지 자칫하면 연상의 흐름을 방해하고 이야기의 내용을 유도할 수 있다. 대부분 중간 질문은 초보자에게 극히 위험하기 때문에 초보자는 종결질문만을 한다. 종결질문은 20개 카드에 대한 응답이 전부 끝난 다음에 검사자가 다시 처음부터 보충하고 싶은 부분에 대해서 질문을 던지는 것이다. 종결 질문에서 그가 가장 좋아하는 카드와 가장 덜 좋아하는 카드를 고르게 하고 그 이유를 묻는 것이 도움이 될 때가 있다.

검사시행후 그림에서 반응된 피검사자의 이야기가 그의 순수한 생각인지, 아니면 다른 잡지나 소설, 혹은 친지의 경험에서 나온 것인지, 이야기의 원천에 대해 질문해 보는 것이 도움이 된다. 그리고 나서 피검사자의 이야기의 주요 줄거리를 상기시켜 주면서 그 주제에 대해 자유롭게 이야기하도록 한다. 이러한 경우 TAT 반응이 피검사자로 하여금 자유로운 연상을 유도하고 의미있는 경험을 의식화시키는 기회를 제공해주고 나아가서는 통찰력을 제공해주며 기회도 주게 된다. 실제로 저자는 피검사자의 조건에 따라 적절한 경우 이러한 사후 면담을 이용하는 경우가 있는데 이때 피검사자들은 이에 대해 매우 흥미를 느끼면서 자신의 이야기가 투사되고 있음을 스스로 인정하고 보다 개방적이고 솔직한 응답과 통찰을 보여주었던 경험이 있었다.

반응 기록방식은 검사자가 피검사자의 말 그대로를 기록하는 방식이 가장 일반적이다. 다른 방식으로는 피검사자가 직접 기록하게 하는 방식, 기록보조자의 도움방식, 녹음방식 등이 있다.

4. 카드별 기본반응

다음은 각 카드의 전형적인 반응이 어떤 내용인지를 살펴보기로 하자.

앞서 피검사자의 반응내용에는 카드의 자극 그림의 내용과 개인의 내부적 경험이 모두 나타난다고 하였고, 보다 평범한 반응내용일수록 개인의 성격이 덜 반응된다고 하였으므로 평범내용이 무엇인가가 먼저 파악되고 난 다음 개인의 독특한 반응내용이 구별되어야 할 것이다.

도판 #1

한 소년이 바이올린 앞에서 무엇인가 골똘히 생각하는 모습의 그림이다

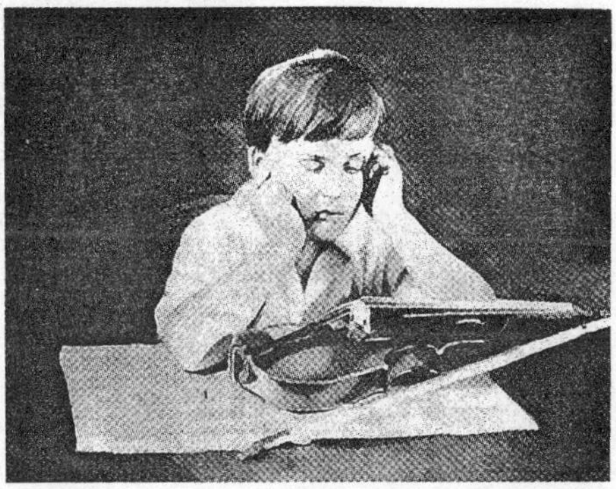

공통된 주제는 소년이 부모에 의해 바이올린을 공부하거나 연주하도록 강요받는다는 내용이다. 의무에 대한 태도, 순응, 반항, 공상으로의 도피, 부모의 태도, 즉 공격적인가, 협조적이고 이해적인가, 권위에 대한 복종과 자립에 대한 갈등, 죄악감, 야망, 좌절, 희망, 성취 등의 내용이 나타난다. 주인공의 반응은 유사한 환경에 대한 그의 반응을 나타낸다고 기대된다.

다른 주제는 소년의 야망, 성취 목표, 성취공상이다. 이러한 이야기는 흔히 야심적인 피검자에 의해 기술된다.

도판 #2

시골 풍경으로 한 젊은 여인이 손에 책을 들고 있고 뒤에는 한 남자가 일을 하고 있고 그 옆에는 부인이 나무에 기대어 먼 곳을 응시하고 있다.

이 그림에서는 앞쪽의 젊은 여인이나 남자가 주인공이 된다. 흔히 인급되는 내용은 마음에 들지 않는 환경이나 자극이 없는 환경에 대한 주인공의 반응, 혹은 가족관계로

부터 일어나는 문제이다. 이러한 이야기로부터 피검자가 그의 환경을 어떻게 생각하는지, 야망의 수준은 어떠한지, 부모에 대한 태도는 어떠한지를 알 수 있게 된다. 환경에 대한 반응으로는 자립, 복종 야망이 나타나며, 가족의 반응으로는 가족의 이산, 부모의 태도가 나타난다. 나무에 기대어 있는 부인과 관련되어 성적 갈등이나 임신, 잉태에 관한 내용이 주제가 된다.

도판 #3

한 소년이 의자에 기대어 머리를 파묻고 주저앉아 있으며 그 옆에는 권총이 놓여있다.

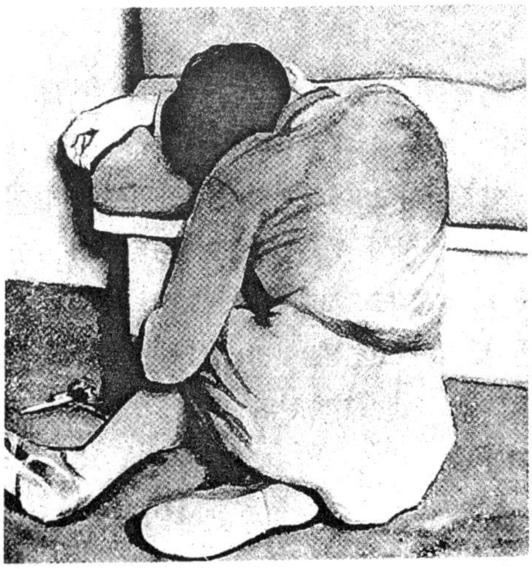

우울과 자살에 대한 집착, 그 이유가 반응된다. 이 소년이 해를 입었거나 무슨 잘못을 저질렀다는 내용이 흔히 표현되며, 이 곤경을 어떻게 해결해 나가는가에 대한 해결책이 반응된다. 이러한 이야기는 피검사자가 좌절을 느끼는 상황과 이에 대한 반응을 드러낸다. 때로 다음과 같은 지각의 왜곡이 일어나는데 주목되어야 한다. 즉 주인공이 소녀로 보인다거나 권총이 왜곡되어 지각되는 경우가 있다. 주인공의 성의 왜곡이 다른 도판에서도 반복될 때 강한 여성적 경향성이나 잠재적 동성애 경향을 시사한다. 권총은 공격의 양상이 외벌적인가, 내벌적인가, 공격이 억압되어 회피되고 있는가와 연관된다. 만약 권총이 지각되지 못하거나 왜곡되어 지각된다면 공격의 억압, 공격 표현의 억제가 시사된다.

도판 #3GF

한 젊은 여인이 손으로 얼굴을 가리고 머리를 수그린채 문에 기대어 있다.

여주인공의 실망, 우울과 관련된 주제가 언급되는데, 남자친구나 남편 또는 가족과의 어떤 갈등, 죄책감에 관련된 사건이 언급된다. 즉 여주인공이 어떤 잘못을 저지르고 그에 대해 죄의식을 느끼거나 이를 해결할 방법을 계획한다. 때로는 여주인공이 사랑하는 이의 죽음을 슬퍼하기도 한다.

도판 #4

한 여인이 남자를 붙들고 있으며 남자는 어디론가 빠져 나가려는 모습이다.

그림 앞면에 나타나는 남자와 여자의 갈등이 언급된다. 남자 피검사자의 경우 남자가 여자를 떠나고 싶어하는데, 그 이유는 남자가 어떤 활동에 대한 계획을 가지고 있기 때문이라고 응답된다. 그러나 여자는 남자가 그녀와 함께 머무르기를 바란다. 갈등은 일반적으로 "말다툼 혹은 언쟁"으로 표현된다. 때로는 뒷면에 반나체의 여성이 남자의 정부이거나 여자친구라는 삼각관계가 주제가 되기도 한다. 흔히 이야기에서 결혼적응의 문제, 여성과 성에 대한 태도가 언급된다. 피검사자가 여성일 경우 일반적으로 이야기 구성은 동일하다—남성이 다른 여성 때문에 혹은 사업계획 때문에 떠나고 싶어한다. 남자를 다루거나 상황을 처리하는 기술이 흔히 진술된다. 여자의 경우 역시 이성과의 적응에 관한 정보가 드러난다.

도판 #5

한 여인이 방문을 열고 방안을 들여다 보고 있다.

이 이야기는 중년여성이 방안을 보고 놀라는 장면, 방안에서는 비밀스런 행동이 한 사람이나 여러 사람에 의해 행해지는 장면이 묘사된다. 혹은 중년여인이 여러가지 이유로 방안을 조사하는 주제가 반응되기도 한다. 이 이야기는 흔히 피검사자의 어머니, 아내, 여자 피검사자의 어머니나 그녀 자신에 대한 태도가 드러나고 호기심을 갖는 장면이 묘사된다. 또는 자위행위가 발견되는 공포감이나 성적 호기심이 암시되기도 한다. 여성에게는 공격공포, 남성의 경우는 구원, 소망에 대한 공상도 자주 나타난다. 때로는 어머니에 대한 태도와 기대가 암시되며, 어머니가 지나치게 염려하는가, 억제하는가, 비난을 하는가가 반영된다.

도판 #6BM

한 여인과 청년이 서 있으며 청년은 침울한 표정으로 밑을 내려다 보고 있다.

보통 모자관계로 이야기되며 아들이 오래도록 계획했던 바를 실천하기 위해 어머니의 허락을 요구하는 모습으로 이야기 된다. 아들은 다른 도시에서 일하기 위해 집을 떠나기를 원하거나 혹은 결혼하거나 군에 입대하기 위해 집을 떠나기를 원한다. 어머니에 대한 피검사자의 태도가 나타나며, 죄책감, 의존, 독립, 과잉보호에 관련된 내용이 언급되며, 모자간의 갈등과 해결, 가정불화의 원인이 반영된다. 때로는 여기에 나오지 않은 다른 인물에 대한 강한 애착이 나타나기도 한다.

또 다른 주제는 젊은 남자가 여자에게 슬픈 소식을 전한다는 것이다. 특히 군인들에게 흔한 반응은 전쟁에서 죽은 전우에게 가족들에게 전우의 소식을 전해 주기로 약속한 주인공이 그 약속에 따라 전우의 소식을 가족에게 전하고 있다는 것이다.

도판 #6GF

여인의 등 뒤에서 입에 담배를 물고 이야기를 건네는 남자를 여인이 되돌아 보고 있다.

뒤에 있는 남자가 아버지로 응답되는 경우도 있으나 두 사람이 어떤 친밀한 관계가 있다고 보는 경우가 흔히 있다. 흔히 대화나 언쟁을 하고 있는 것으로 보여진다. 두 사람의 관계는 보통의 사이거나 보다 심각한 사이이기도 하다. 여자는 남자의 행동이나 동기 때문에 놀라고 거기에 대처하려고 한다. 남성에 대한 태도, 여성의 역할, 이성애적 상황에 대한 태도가 반영된다.

도판 #7BM

머리가 하얀 남자가 젊은 남자와 머리를 맞대고 무엇인가 상의를 하고 있는 모습이다.

흔히 젊은 남자가 조언을 얻기 위해 나이든 남자에게 가거나 두 사람이 공통의 관심사에 대해 이야기하고 있다고 진술된다. 이 이야기는 성인 남자에 대한 피검사자의 태도와 그가 염려하는 문제를 드러내기도 한다. 때로 이 이야기는 치료에 대한 태도를 반영하기도 한다. 또는 은밀한 범법계략을 꾸미고 있다는 내용에서 반사회적 경향이 드러나기도 한다.

도판 #7GF

한 여인이 책을 들고 앉아 있는 곁에 소녀가 무릎에 인형을 놓고 딴 곳을 쳐다 보고 있다.

흔히 어머니와 딸로 반응되며 어머니가 무엇을 설명해 주거나 읽어 주고 있다고 이야기된다. 모녀관계에 대한 내용으로, 어머니에 대한 태도, 자기 자신에 대한 태도가 반영된다. 또한 두 사람 사이에 거리가 있는 것처럼 보이므로 어머니에 대한 반항, 부정적인 태도가 쉽게 반응된다.

도판 #8BM

한 젊은 남자가 앞을 쳐다보고 있으며 한쪽에 엽총이 보이며 뒤에는 흐릿한 장면으로 수술과 같은 장면이 보인다.

흔히 앞면의 젊은 남자가 주인공이 된다. 공격을 강하게 암시하는 내용이지만 피검사자로 하여금 의사가 되려는 야망과 같은 내용으로 사회화되고 승화된 내용으로 표현되거나 또는 사회화된 직접적인 공격적 내용, 즉 사냥사건과 같은 내용으로 표현될 기회를 준다. 억압된 적대감의 대상이 표현될 수 있는 기회가 된다.

이 카드에서 유별나게 반응이 회피되거나 현실성이 부정되는 경우 피검사자의 공격성에 대한 강한 부정방어가 암시된다.

도판 #8GF

한 젊은 여인이 턱을 고이고 앉아 어딘가를 응시하고 있다.

이 그림에서의 여성이 피검사자에 의해 동일시되기도 하고 그렇지 않기도 한다. 동일시되는 경우, 이 여성은 가정주부나 직장여성으로 묘사된다. 그녀는 일을 잠시 쉬고 자신의 현재 생활을 생각해 보거나 미래를 공상해 본다.

도판 #9BM

네 사람의 남자가 풀밭에 누워 휴식을 취하고 있는 그림이다.

이 사람들은 심한 일을 하고 난 후 잠시 쉬고 있다거나 일하러 가기 전에 잠깐 쉬고 있다고 언급된다. 작업에 관한 느낌과 태도가 반영되며 동료에 대한 태도, 때로는 동성애의 충동과 신체적 접촉에 대한 동성애적 두려움이 반영되며, 사회적 태도, 편견이 나타나기도 한다. 보통 열정적이고 의욕적인 피검사자는 작업하러 되돌아가는 것으로 이야기 끝을 맺는다.

도판 #9GF

앞에서 급하게 달려가는 여인을 나무 뒤에서 다른 여인이 지켜본다.

바닷가를 달리고 있는 여인은 남자와의 어떤 관계에 얽혀 달아나고 있으며 나무 뒤의 여인은 그 일을 바라만 보고 있다든지 또는 만족하고 있다고 이야기 된다. 흔히 자매간 경쟁의식이 쉽게 나타나고 다른 여성이나 이성에 대한 태도가 드러난다. 때로는 삼각관계에서 오는 적의와 질투가 나타나기도 한다. 여기서 감시 당하고 있다는 망상과 유사한 내용이 반응되기도 하는데 이와같은 경우는 주의 깊게 검토되어야 한다.

도판 #10

한 여인이 남자에게 기대어 있다.

두 사람의 애정관계로 흔히 반응되며, 사랑하는 사람과의 이별에 대한 태도가 반영된다. 이 상황이 행복한 경우이거나 불행한 경우로 묘사된다. 흔히 현재의 부부관계에 대한 피검사자의 태도가 반영된다. 때로는 이야기 내용 중에 부모상에 대한 의존의 정도가 암시되며 미래의 결혼생활에 대한 적응문제가 시사되기도 한다. 두 사람 다 남자로 보는 경우 동성애의 경향을 나타낸다.

도판 #11

높은 절벽 사이로 길이 나 있으며 길 가운데 희미한 장면이 보이며 왼편에는 새나 용의 머리 같은 것이 바위로 된 벽에서 앞으로 나와 있는 그림이다.

공통적인 주제는 길 가운데의 모호한 대상(사람 또는 동물)이 용에게 공격을 받는 내용과 대처하는 방식이다. 위험에 대한 태도 즉 외부로부터의 위협적인 공격에 대한 태도가 반영되며 불안을 경험하는 방법이 나타나기도 한다(공격에 대한 공포, 공격에 대한 대처방식). 따라서 소아공포나 원시공포와 관련된 투쟁방법이 표현된다. 때로는 미지의 세계를 탐험하는 탐험가나 과학자의 주제를 통하여 탐험, 호기심과 같은 내용이 표현되기도 한다. 때로는 용이 내부로부터의 위협적인 본능적 욕구의 상징으로 용의 머리가 남성 성기나 구강적 공격 *oral agression*을 나타낼 때도 있다.

도판 #12M

한 젊은 남자가 누워있는 위로 다른 남자가 손을 뻗치면서 몸을 굽히고 있다.

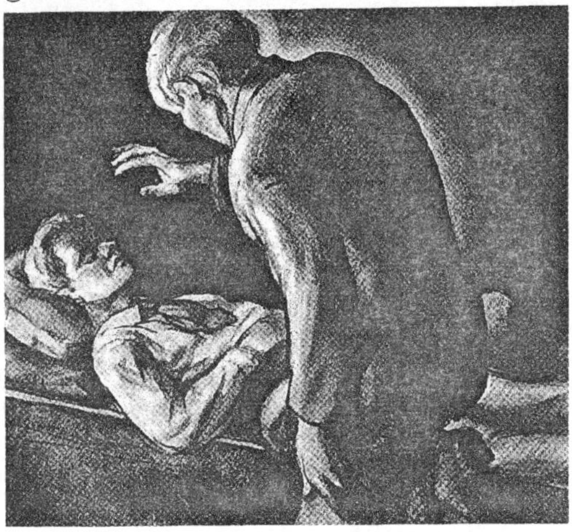

젊은 남자가 자고 있거나 앓고 있는데 나이든 남자가 깨우려 하거나 최면을 걸고 있거나 건강상태를 확인해 보려 한다는 내용이 흔히 반응된다. 치료에 대한 감정과 기대가 흔히 나타나며 때로는 수동적인 의존심에 대한 태도가 명백히 드러난다. 상사와 연장자와 같은 주변 성인 남성에 대한 두려움과 공포가 표현되기도 한다. 심층적인 해석으로 동성애적 경향이 나타나기도 한다. 이때 젊은 남자가 여자로 왜곡되어 지각되는 경향이 있다.

도판 #12F

젊은 여자의 모습 뒤에 이상한 모습을 한 늙은 부인이 흡사 유령과 같은 모습으로 보여진다.

두 여인이 서로 관계가 있으며 뒤에 있는 여인은 살아 있거나 죽은 사람으로 보여지며 두 여인이 갈등관계에 있거나 또는 충고를 받고 있는 모습으로 반응되기도 한다. 또는 한 여인의 내면의 두 모습으로 표현되기도 하는데 젊은 여인은 현재의 모습, 늙은 여인은 미래의 모습을 나타내기도 하며 뒤의 여인은 젊은 여인의 양심을 나타내는 내면의 모습이라고 반응되기도 한다. 흔히 어머니나 딸에 대한 태도가 반영될 수 있으며 나이 드는 것과 결혼에 대한 태도가 나타나기도 한다.

도판 #12BG

숲속의 시내가에 빈 배가 하나 있고 무성한 나무가 한 그루 서 있는 그림이다.

흔히 자살, 죽음, 우울의 경향이 잘 나타나고 이 그림에는 사람이 없는 것이 특징이다.

도판 #13MF

한 젊은 남자가 손으로 얼굴을 가리고 서 있고 뒤에는 한 여인이 누워있는 모습이다.

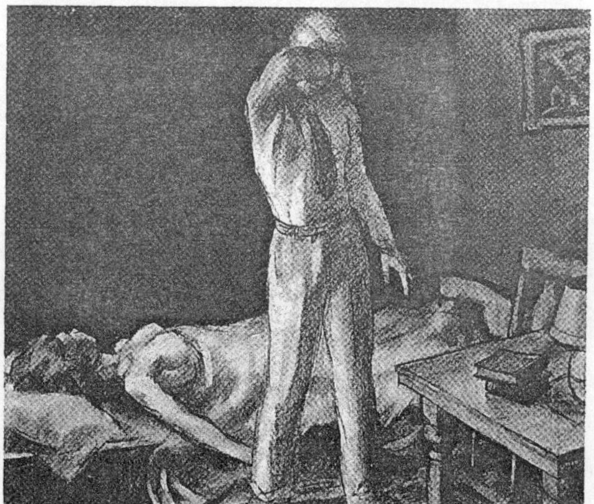

성적 장면이 이 그림에서 가장 빈번하게 나타난다. 이러한 경우 성에 대한 관념과 태도, 이성에 대한 태도가 나타난다. 젊은 남자가 침대에 있는 여인과 성관계를 가지려 하거나 성관계를 가진 장면으로 보는 수가 많다. 이 여인은 부인이거나 여자친구 혹은 윤락여성으로 표현되는데 이러한 대상 선정도 의미가 있을 것이다. 성행위에 대한 죄악감이나 위장된 동성애가 나타나기도 한다.

때로는 침대위의 여인이 주인공의 아내인데 병들어 있거나 죽어 있다고 반응되기도 하는데 자기 아내나 일반적인 여성에 대한 적개심이 암시된다. 피검사자가 여성인 경우 성적 충격, 성적인 공격을 당하는 내용으로 반응되는 경우가 많다.

이 장면에 대한 묘사가 매우 어렵거나 회피되거나 성적 요소가 강하게 부정되는 경우 성적 불안이 시사될 것이다.

도판 #13B

한 어린 소년이 통나무 집 문앞에 혼자서 쪼그리고 앉아있다.

주로 소년시절의 이야기가 주로 반응되며 때로는 돌아올 부모를 기다리면서 혼자 집을 지킨다는 내용으로 반응되기도 한다.

도판 #13G

한 소녀가 계단을 혼자서 올라가고 있다.

특별히 의미있는 이야기는 없으나 장래에 대한 희망이 표현된다.

도판 #14

까만 배경속에 열려진 창가에 한 남자가 서 있는 모습이다.

흔히 잠이 안오는 모습이라든가 창문가에서 여러가지 문제를 마음속으로 생각하고 있다는 내용으로서 좌절, 걱정, 기대, 야망의 표현이 이루어진다. 또한 자살에의 집착, 자살 충동이 표현되기도 한다.

도판 #15

이상한 모습의 남자가 무덤 앞에서 앙상한 손을 모으고 서 있는 그림이다.

주변의 인물 중 공격의 대상이 선택되고 그 대상이 죽게 되고 묘지에 묻힌다는 내용을 통하여 피검사자의 공격 대상 인물이 밝혀지며 이와 관련된 죄책감이 표현되기도 한다. 흔히 유령같은 사람이 죽은 사람의 묘에서 기도를 올리고 있다는 내용으로 죽은

사람에 대한 피검사자의 과거 및 현재의 태도, 감정, 특히 죽은 사람에 대한 공포, 우울경향이 나타난다.

도판 #16

한장의 백지카드에 피검사자가 자기 자신의 그림을 상상함으로써 여러 장면이 가능하나 대체로 현재 직면하고 있는 의식수준의 문제와 관련된 내용이 많고, 때로는 집밖에서의 상상된 생활이 그려지기도 하는데 장면이 활기있고 낙관적인 내용인가 단조하고 황량한 내용인가가 유의된다. 때로는 검사자나 치료자에 대한 태도가 표현되기도 한다. 임상경험에서 보면 현재의 갈등상황에서 벗어난 이상적인 환경이 그려지기도 한다. 상상력이 결여된 피검사자에게는 유용하지 못하다.

도판 #17BM

벌거벗은 듯한 남자가 줄에 매달려 올라가거나 내려가는 동작을 보이고 있다.

줄에 매달려 있는 남자가 대중 앞에 자기의 육체적 기교나 능력을 과시하고 있거나 위험한 장면에서 도피하려는 내용이라고 묘사된다. 전자의 경우는 인정의 요구, 포부

수준, 노출(자기현시)의 경향과 관련이 있고, 후자의 경우 현재의 해결할 수 없는 어려운 상황으로부터 도피하고자 하는 소망을 나타낸다. 주인공이 나체임을 언급하기도 하는데 이런 점이 피검사자에게 불안을 자극하기도 한다. 자위행위에 빠져있는 경우 주인공이 줄을 오르고 내린다는 표현이 강조되기도 한다.

도판 #17GF

다리위에 한 여인이 아래를 내려다 보고 있으며 그 위에는 높은 건물과 햇볕이 강열하며 아래는 작은 남자들의 모습이 보이고 있다.

흔히 우울과 불행에 대한 강한 감정이 나타나며 희망을 계속 가지려는 매달림과 자살하려는 포기 상태의 경향성이 나타난다. 멀리 떠났거나 돌아올 사랑하는 사람에 대한 태도가 반응되기도 한다.

도판 #18BM

한 남자가 다소 괴로운 표정으로 보이지 않는 사람들의 손에 붙잡혀 있다.

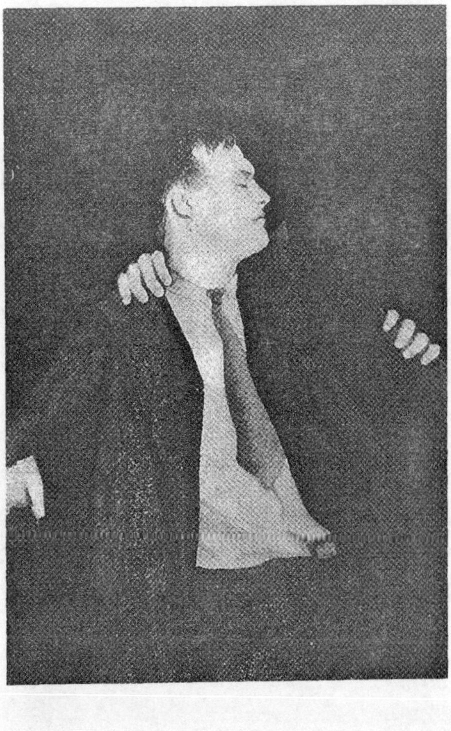

흔히 사고를 당한다거나 술에 취해 있다는 내용으로 반응된다. 또는 보이지 않는 인물이 구조하고 있거나 또는 공격하고 있다고 이야기 되기도 한다. 이 이야기는 주인공에게 향해지고 있는 공격에 관한 불안이 드러나기도 하고, 때로는 알콜중독이나 약물중독에 대한 반응이 드러나기도 한다.

도판 #18GF

한 부인이 넘어져 가는 사람을 붙들어 안고 있으면서 손을 목에 대고 있는 듯한 모습이다.

난간에 기대어 넘어져 가는 사람은 여자 또는 남자, 또는 어린아이로 인지되기도 하며 서 있는 여인이 도와주려는 것으로 반응되기도 한다. 때로는 이 두 사람의 심한 논쟁이나 살인, 교살에 대해 언급되기도 한다. 대체로 딸, 여동생, 어머니와의 관계, 일반적인 여성상과의 관계가 표현된다. 공격성, 질투, 열등감, 지배당하는데 대한 반응들이 언급되기도 한다.

도판 #19

눈이 뽀얗게 덮힌 풍경이며 위에 구름이 덮혀 있다.

다른 그림에 비해 보다 모호하고 체계성이 적기 때문에 이야기 전개가 어려우며 따라서 지각적 통합의 능력을 볼 수 있으며 또한 불안과 불안정이 표현될 수 있다. 움막에 사는 사람들의 환경조건, 그들이 어려움에 대처하면서 갖는 희망이 표현되는데 대체로 움막안의 사람들이 안전하다고 기술된다. 이러한 반응은 안전 욕구, 환경의 어려움, 극복 방법에 대한 단서를 제공해준다.

도판 #20

어두컴컴한 가로등 밑에 한 사람이 부분적으로 불빛을 받으면서 가로등 밑에 서 있다.

외로움, 어둠, 불확실함에 대한 태도가 관찰될 수 있으며 흔히 반응되는 주제는 마음속에 여러가지 문제를 생각하고 있다거나 친구를 기다리고 있다거나 또는 희생의 대상을 공격하기 위해 기다리고 있다고 응답된다. 이와같은 주제속에서 피검사자가 몰두하고 있는 문제—이성애적 문제와 태도, 피검사자의 공격적 경향성—가 표현된다.

5. 해석 방법

TAT 반응을 해석하기 전 다음과 같은 피검자에 관한 기본 정보가 있어야 한다 ; 피검사자의 성, 연령, 부친의 사망이나 이별, 형제들의 연령과 성, 직업, 결혼상태. 이러한 정보가 있을 경우 임상가가 반응 내용을 현실적으로 해석하는데 도움을 준다.

TAT 해석의 타당성은 임상가의 훈련과 경험, 특히 역동심리학에 대한 이해에 달려 있다. 따라서 TAT 해석에 대한 훈련도 중요하지만 임상가의 임상경험과 특히 역동심리학에 대한 경험과 연구가 훌륭한 해석의 길잡이가 된다는 점을 인식하고 있어야 한다. 다음은 일반적으로 나타날 수 있는 해석의 오류와 일반적인 해석방식을 개관한 다음 구체적인 해석방식을 살펴보기로 하자.

TAT 기록을 분석하고 해석하는 데 있어 흔히 범하기 쉬운 오류는 다음과 같이 지적될 수 있다(이상로 등 1973).

① 초보자는 해석과정에서 자신의 욕구와 성격을 투사하기 쉽다. 이것은 보다 객관적으로 TAT 자료에 접근하고 두 가지 혹은 그 이상의 이야기 가운데서 확증이 잡힐 때 판단을 내리고 또 자기 자신의 투사가 일어나기 쉬운 영역이 어떤 점인가를 스스로 깊이 알고 있음으로써 극복될 수 있을 것이다.

② 이야기의 내용을 너무 문자 그대로 해석하려고 한다. 개인이 자기의 감정이나 태도등을 투사하기 위해 선택한 그림의 대상이 곧 감정이나 태도 그 자체가 아니기 때문에 문자 그대로의 해석은 정확하지 못한 경우가 많다. 예를 들면 바이올린을 치는 소년이 있을 경우 피검사자가 원하는 것이 바이올린 그 자체라기 보다 어떤 다른 일일 수 있는데 문자 그대로 해석하는 것은 잘못된 것이다.

분석방법의 개관

Schneidman(1951)은 TAT가 다음 다섯가지 방식으로 해석이 내려질 수 있다고 제안하였는데 간략하게 살펴보기로 하자.

1. 표준화법

TAT 해석을 수량화하려는 입장이며, 평면적이고 통계적으로 TAT 분석을 시도하는데 각 개인의 검사기록에서 뽑아낸 TAT 반응상의 특징을 항목별로 분류하여, 유사

또는 이질의 피검사자군에서 작성된 표준화 자료에 비교하여 분석한다. 이는 성격진단법이라기 보다는 오히려 성격연구를 위한 한 방법으로 적용될 수 있는 것이며 Cox와 Sargent(1950), Eron(1950), Hartman(1949)등의 방식이 있다.

2. 주인공 중심의 해석법

이야기에 나오는 주요 인물, 주인공을 중심으로 분석하는 방법으로, 주인공 중심법, 요구-압력분석법, 이야기 속의 인물분석법이 있으며, 가장 중요한 의의를 갖는 연구방법이다. Murray(1943), Sanford(1939), Stein(1955)의 요구-압력분석법이 있고, 주인공의 욕구-방어에 중점을 둔 Aron(1950), 주인공의 감정과 상호작용에 주목하는 Pine(1960), 주인공과 다른 인물의 관계에 중점을 두는 Tomkins(1942), 주인공의 감정과 자아활동을 강조하는 Sargent(1945) 방법이 있으며, Arnold(1949), Bellak(1971), Cox와 Sargent(1950), Eron(1950) 등은 주인공 중심법을 부차적으로 활용하고 있다.

3. 직관적 방법

정신분석이론에 기초한 가장 비조직적인 분석방법으로서 해석자의 통찰적인 감정이입 *empathy* 능력에 따른다. 반응내용 기저의 무의식적 내용을 자유연상을 활용하여 해석하는 방식으로, Bellak(1971), Holt(1951), Rotter(1946) 등이 이 방법을 사용한다.

4. 대인관계법

Arnold(1949)의 인물들의 대인관계 사태분석법, Joel과 Shapiro(1950)의 이야기 중 인물간 및 인물들에 대한 피검사자의 역할에 비추어 공격, 친화 및 도피감정을 중심으로 분석하는 방법, 이야기에 나오는 여러 인물의 사회적 지각 및 인물들의 상호관계를 중심으로 분석하는 White(1944) 방식이 있다.

5. 지각법

지각법은 피검자의 이야기 내용의 형식을 분석하는 것으로 도판의 시각자극의 왜곡, 언어의 이색적 사용, 사고나 논리의 특성, 또는 이야기 자체의 기묘한 왜곡등을 포착하는 방법이다. Rapaport(1943), Schafer(1948), Balken과 Masserman(1940),

Wyatt(1947) 등이 있고, 이 방법을 부차적으로 이용하는 경우는 Bellak(1971), Eron(1950), Pine(1960), Hartman(1949), Stein(1955), Henry(1947)가 있다.

지금까지 해석방식을 개관하였는데 이제 Murray의 해석방식을 발전시킨 Stein의 요구-압력분석방식을 개략적으로 검토해보기로 하자.

요구-압력분석법

요구-압력분석법은 개인의 욕구 *need*와 환경 압력 *pressure* 사이의 상호작용 결과를 분석함으로써 개인의 심리적 상황을 평가하고자 하는 방식이다. 이러한 분석과정에서 반응 내용을 해석하는데 관련되는 기본 요인들은 다음과 같다.

* 해석에 관련되는 요인들

1. 주인공
2. 환경자극의 압력
3. 주인공의 욕구
4. 대상에 대한 주인공의 감정부착
5. 주인공의 내적 심리상태
6. 주인공의 행동표현방식
7. 결과

해석과 관련되는 요인들을 연결해보면 욕구-압력분석법의 핵심적 내용이 간략하게 부각될 수 있다. 이 분석방법은 TAT 반응 가운데 주인공을 밝히고 주인공을 둘러싼 환경자극의 특징을 파악하고 주인공의 주요 욕구는 무엇인지, 주요 대상에 대한 주인공의 감정적 부착은 긍정적인지, 부정적인지, 주인공의 욕구와 환경적 압력관계에서 빚어지는 주인공의 내적 상태는 어떠한지, 그의 행동은 어떻게 표현되는지, 이러한 욕구-압력관계의 결과는 어떠한지를 종합해보는 과정이라고 볼 수 있다. 따라서 이 분석법에서 해석과정은 다음과 같이 진행된다.

해석과정

1. 주인공을 찾는다.
2. 환경(일반적, 특수한)의 압력을 분석한다.
3. 주인공의 반응에서 드러나는 욕구를 분석한다.

주 요 분 석 (1~3)

4. 주인공이 애착을 표현하고 있는 대상을 분석한다. ------------ 부 가 분 석

5. 주인공의 내적인 심리상태를 분석한다.
6. 주인공의 행동이 표현되는 방식을 분석한다.
7. 일의 결말을 분석한다.

주 요 분 석 (5~7)

1. 주인공을 찾는다.

TAT 반응분석에서 제일 먼저 주인공이 누구인지를 가려서 주인공의 주요 욕구를 분석해야 하는데 대체로 주인공은 다음과 같은 경우에 해당된다.

첫째 제일 먼저 이야기에 등장하는 인물

둘째 이야기 전체에서 피검사자가 관심을 집중시키는 인물

세째 중요한 행동을 주동하는 입장에 있는 주요 인물

네째 이야기를 전환시키는 역할을 하는 인물

다섯째 다른 사람으로부터 행동을 강요받는 인물

여섯째 연령, 성, 기타 심리적 특징이 피검사자와 유사한 인물

이러한 조건을 고려할 때 대체로 주인공은 쉽게 밝혀지지만 때로는 쉽게 밝혀지지 않는 경우도 있다. 이러한 경우 다른 카드에서 밝혀지는 주인공의 성격이나 특징을 파악하여 이를 참고로 하여 주인공을 찾아보도록 한다.

2. 환경자극의 압력을 분석한다.

환경자극이 일반적으로 주인공에게 어떤 영향을 미치는지가 분석된다. 즉 환경자극이 주인공의 발달을 도와주는지 방해하는지, 주인공에게 적절한지 부적절한지, 조화로운지 대립적인지, 만족스러운지 불만족스러운지, 유쾌한지 불유쾌한지가 분석된다.

다음은 환경자극의 특수한 내용이 분석되는데 주인공의 주변 인물에 의한 압력과 기타 압력으로 구별되어 분석된다. 주변 인물이 주인공에게 가하는 압력은 다음과 같다.

1) 인적 압력

착취의 압력 *Pressure acquisition* : 주인공을 상날, 착취

친화의 압력 *Pressure affiliation* : 주인공과 사교적, 동료관계

공격의 압력 *Pressure aggression* : 주인공에게 언어적, 신체적, 파괴적인 공격
인지의 압력 *Pressure cognizance* : 주인공에 대해 호기심, 알고 싶어함
존경의 압력 *Pressure deference* : 주인공에 순응, 혹은 존경
지배의 압력 *Pressure dominance* : 주인공에게 명령, 강요, 행동 억제, 행동 유인
모범의 압력 *Pressure example* : 주인공에게 좋거나 나쁜 모델이 됨
전달의 압력 *Pressure exposition* : 주인공에게 가르쳐주고 설명해줌
양육의 압력 *Pressure nurturance* : 주인공을 양육, 격려, 보호, 돌보아줌
배척의 압력 *Pressure rejection* : 주인공을 거부, 경멸, 자존심 손상, 비난, 버림
확보의 압력 *Pressure retention* : 주인공이 바라는 것을 보유하고 제공해주지 않음
성의 압력 *Pressure sex* : 주인공과 사랑에 빠짐
구원의 압력 *Pressure succorance* : 주인공으로부터 보호와 동정을 바람

2) 기타 환경적 압력으로 주변 사물이 주인공에게 영향을 미치고 있는지, 천재지변이나 자연적 위험, 사회적, 이데올로기적 압력, 주변 환경의 불행 및 결핍, 환경의 변화나 무변화등의 압력을 분석한다.

3) 주인공의 조건으로서 주인공 자신에게 압력을 주는 내적 압력으로는 죽음, 신체적 질병, 욕구좌절, 범법행위나 이로 인한 죄의식, 신체적, 심리적 지체, 수술, 열등감 등이 있는데 이러한 압력이 있는지를 분석한다.

3. 주인공의 욕구를 분석한다. 주인공의 욕구는 다음과 같은 상황에서 일어난다.
   1) 사물이나 상황에 대한 주인공의 활동에서 드러나는 욕구
   2) 다른 사람에 대한 주인공의 활동에서 드러나는 욕구
   3) 다른 사람에 의해 야기된 활동에 대한 주인공의 반응에서 드러나는 욕구

각 사례에서 주인공의 욕구가 다양하게 드러나는 경우 주요 욕구는 빈도나 강도, 지속시간에 따라 결정된다. 구체적인 주인공의 욕구는 다음과 같이 분류된다.

1) 사물이나 상황에게로 향하는 주인공의 활동에서 드러나는 욕구
성취의 욕구 *need achivement* : 성취, 지식 및 기술 획득, 승리, 명성 획득, 창조적 활동수행

획득의 욕구 *need acquisition* : 사회적, 반사회적 획득, 변화 추구
  사회적 획득 *Social acquisition*--재산소유, 가치 획득, 이에 대한 선망
  반사회적 획득 *asocial acquisition*--훔치거나 탈취, 착취, 위조
  변화, 여행, 모험획득 *change, travel, adventure*--변화, 여행, 모험추구
인지의 욕구 *need cognizance* : 호기심, 관찰, 실험, 지적 탐구, 탐색
구성의 욕구 *need construction* : 정리, 정돈, 배열, 조직화, 건축 등 창조, 구성
만회의 욕구 *need couteraction* : 실패나 장애 극복, 자존심 만회, 열등감 극복
흥분의 욕구 *need exitance, dissipation* : 정서적 흥분, 탕진, 위험한 놀이 탐닉
섭취의 욕구 *need nutriance* : 음식과 음료 섭취, 즐김
수동의 욕구 *need passivity* : 휴식, 수면, 안락함, 평온
유희의 욕구 *need play* : 놀이, 오락, 사교적 모임, 유흥, 흥겨운 생활
확보의 욕구 *need retention* : 물건 수집, 저장, 보존, 절약, 검소
관능의 욕구 *need sentinence* : 향락적, 심미적 쾌락 추구
  향락적 욕구 *epicurean*--쾌락, 좋은 음식과 술 탐닉
  심미적 욕구 *aesthetic*--미적 추구, 창작 즐거움 탐닉, 자연의 신비 탐닉, 감각적 추구
이해의 욕구 *need understanding* : 지식과 지혜 추구, 독서, 경험 추구

2) 다른 사람에게로 향하는 주인공의 활동에서 드러나는 주인공의 욕구
친화의 욕구 *need affiliation* : 타인과의 집단적, 정서적 친화욕구
  집단적 친화 *associative* : 사교적 집단에서 일하고 노는 욕구
  정서적 친화 *emotional* : 강한 애정, 동정, 결혼
공격의 욕구 *need aggression* : 감정적, 언어적,신체적 공격
지배의 욕구 *need dominance* : 타인의 행동과 생각을 지배, 설득, 지도
전달의 욕구 *need exposition* : 소식 전달, 강의, 보도
양육의 욕구 *need nurturance* : 동정, 위로, 보호, 염려, 간호
인정의 욕구 *need recongition, exhibition* : 타인의 인정, 관심과 주목, 명성
거부의 욕구 *need rejection* : 경멸, 비난, 배척, 무관심, 냉담, 타인 요구 거부
성의 욕구 *need sex* : 이성교제, 성행동

구원의 욕구 *need succour* : 타인의 지지와 보호를 바람, 타인의 충고와 도움 바람

3) 다른 사람에 의해 야기된 활동에 대한 주인공의 반응에서 드러나는 주인공의 욕구

굴종의 욕구 *need abasement* : 타인과 우호적 관계 유지 위해 순응, 패배, 사과, 체념, 무저항

자율의 욕구 *need autonomy* : 자율적 행동에 대한 욕구

자유 *freedom*--구속이나 속박 벗어남, 학교나 사회, 직장 이탈, 군무이탈, 의무 해방

저항 *resistance*--강요나 권위에 저항, 반대, 과제 거부

반사회적 *asocial*--도덕적, 사회적 이탈행동

비난회피의 욕구 *need blame-avoidance* : 불명예나 비난을 두려워하여 잘못을 삼가함

존경과 복종의 욕구 *need deference* : 타인에 복종, 명령에 순응, 암시나 권유에 협조

복종 *compliance*--타인에 복종, 명령에 순응, 암시나 권유에 협조

존경 *respect*--타인을 존경, 칭찬, 타인의 업적 인정

재난회피의 욕구 *need harm-avoidance* : 파괴나 위험, 죽음을 두려워하고 걱정

방어의 욕구 *need defendance* : 공격, 비난, 비평으로부터 자신을 방어

은둔의 욕구 *need seculusion* : 외부 접촉을 회피, 은둔

불가침의 욕구 *need inviolafility* : 자존심 손상과 박탈을 방어, 좋은 평판 위해 심리적 거리 유지

해독회피의 욕구 *need noxious-avoidance* : 불쾌한 감각을 회피함

4. 주인공이 애착을 표현하고 있는 대상을 분석한다.

주인공의 마음속에 유쾌함이나 불쾌함의 감정을 일으키는 대상물을 부착대상이라 하며 이러한 대상으로는 사물, 활동, 사람, 관념이 있다. 그리고 이러한 대상에 향해지는 에너지의 축적이나 감정과 의미를 동반하는 관념의 대상을 부착이라고 한다. 주인공에게 유쾌한 감정을 일으키는 대상은 긍정적 부착대상이라 하고 부정적 감정을 일으키는 대상은 부정적 부착대상이라 한다. 따라서 반응 내용 가운데 주인공에게 긍정적이거나 부정적 감정을 일으키는 사물, 활동, 사람, 관념을 찾아본다.

5. 주인공의 내적인 심리상태 분석한다.

이야기 속에서 주인공이 경험하는 내적 심리적 상태가 행복한가, 갈등스러운가, 비관적인가를 판단한다. 일반적으로 내적 상태는 기쁨, 의기양양, 행복, 흥분, 갈등, 회의, 실의, 염세, 비탄 등으로 표현되는데 이러한 내적 상태를 크게 행복상태, 갈등상태, 비관적 상태로 구별할 수 있다.

6. 주인공의 행동이 표현되는 방식을 분석한다.

주인공이 환경적 힘에 자극되었거나 자극되고 있을 때 반응하는 행동방식을 검토한다. 주인공의 행동수준은 1) 공상수준 2) 행동이전 수준 3) 억제된 행동수준, 4) 행동수준으로 구별된다. 이 가운데 행동수준은 1) 몸짓으로만 표현되는 제스츄어 2) 능동적 반응 3) 수동적 반응 4) 외향적 행동 5) 내향적 행동으로 구별될 수 있다. 외향적 행동은 외부로 투쟁적 쟁취로 나타나며 내향적 행동은 행동의 에너지가 내부로 향하고 자기 비난적 행동으로 드러난다.

7. 마지막으로 일의 결말을 분석한다.

욕구와 압력관계에 의해 상황의 결말이 행복한가, 불행한가, 성공적인가, 실패인가 또는 문제해결이 이루어지고 욕구충족적인가 갈등해결이 이루어지지 못하고 문제해결이 지연되는 상태인가에 주목한다.

6. 사례 제시

다음은 TAT 사례 분석을 Stein의 『The Thematic Apperception Test(1955)』에서 발췌하여 제시해 보기로 하겠다. 실제 사례분석은 임상장면에서 저자가 직접 검사를 시행하고 면담을 시행한 사례를 중심으로 이루어지는 것이 바람직할 것이다. 그러나 이 책의 서문에서 밝힌 바와 같이 현단계는 기본적인 분석법을 철저하게 익힌 다음 임상장면에서의 실제 사례분석을 다루어 나가고자 하기 때문에 Stein의 요구-압력 분석법을 철저하게 익히는 의미에서 그의 사례분석을 그대로 인용하고자 한다. 그리고 이러한 해석에 대한 저자 나름대로의 견해를 제시하면서 해석 내용을 정리하고자 한다.

아래 제시되는 사례는 각 이야기들에 대한 분석과 해석을 독자가 분명하게 알 수 있도록 하기 위해 환자가 반응한 내용은 왼편에 기록하고 그 내용에 대한 분석과 해석은 오른편에 제시하고 있다. 이 사례의 주인공은 35세된 남자로서 기혼이고 두 자녀를 둔 가장이며 전문직에 종사하고 있다. 그는 4남 1녀 가운데 막내이며 그의 부모는 모두 살아계신다.

그림 1

반응내용	분석과 해석
이것은 작은 소년의 모습인데 그의 부모들은 음악가이고 그는 지금 막 바이올린 연습을 마친 상태이다.	여기서 주제는 이야기의 배경과 환경에 대한 일면을 제시해 준다. 그의 이야기 전개법은 심리학자의 지시와 일치되고 있다. 과거에 대한 언급을 보면 "과거에는"이라고 직접 표현되고 있지 않으나 부모에 대한 설명과 소년의 활동을 언급하고 있는 시제에 과거의 의미가 함축되어 있다. 이러한 표현은 원만하게 잘 구성된 이야기를 만들고 있으므로 높은 수준의 지적 능력과 인격적 통합을 암시한다. 이러한 반응은 검사 지시와 자극, 검사가 자극하는 공상과 욕구를 통합함에 있어서 그 자신의 자원을 활용하는 능력을 나타내고 있다. 따라서 이러한 반응은 양호한 자아강도나 통제력을 시사한다. 이 시점에서는 피검사자의 이러한 통합능력은 가설적인 것이다. 내용을 검토해 보면 주인공은 그의 부모의 직업인 음악에 몰두하고 있다. 주인공은 이 활동을 즐기는 것으로 보이고 외부로부터의 압력은 드러나고 있지 않다. 이 그림에 바이올린이 그려져 있기 때문에

"음악가"란 이러한 자극에 의해 유도된 반응일 수 있다. 그러므로 피검사자의 관심이나 그의 부모의 직업에 대해 내용 그대로 해석하는 것은 피해야 하고 이 주제의 기저의 구조에 주목할 필요가 있다. 즉 이 주인공은 모델이나 자아-이상을 지니고 있다는 것이다. 이러한 자아-이상이 가족내에 있는지, 가족 밖에 있는지는 아직 알 수 없다. 그러나 이 이야기에서 부모와 소년사이에 직접적인 상호관계가 드러나지 않고 있기 때문에 부모가 아들에게 성취하기를 바라는 기준과 관련되는 이야기이거나 아니면 모델이 가정 밖에 존재하는지도 모를 일이다.

여기서 언급되어야 할 점은 이 이야기에서 행동의 주체자는 소년이라는 것이다. 즉 주인공은 자발적인 동기를 지니고 있으며 외적 자극에 따라 동기가 유발되고 있는 것은 아니라는 점이다.

소년은 자신이 미래에 노장의 달인과 같이 위대한 바이올리니스트가 될 꿈을 꾸고 있다.

이 이야기의 주요 욕구는 성취이다. 이러한 성취욕구가 공상을 자극할 뿐만 아니라 실제적인 행동, 즉 바이올린 연습행동을 유도한다. 이러한 점으로 미루어 볼 때 피검사자는 현실적이며 노력없이 보상을 얻고자 하는 욕구에 지배되고 있지는 않음을 보여주고 있다.

그가 추구하고 있는 목표는 매우 높은 것이다. 그는 노장의 달인과 같아지기를 바란다. 그러나 그는 이와 동시에 가야할 길이 멀다는 것도 느끼고 있다. 이러한 점은 작은 소년과 "노장의 달인"사이의 커다란 차이에서 암시된다. 물론 이 그림에서 작은 소년이란 언급이 흔히 나타날 수 있으나 이 이야기에서는 소년과 부모, 달인의 대비때문에 그 의미가 중요한 것으로 여겨진다. 부모와 달인이 음악가이고 소년이 연습하고 있고 음악가가 되고자 하는 꿈을 꾸고 있기 때문에 여기에서 "작은"이라는 단어는 피검사자의 열등감이 일반적이라는 해석보다는 전문적인 활동에 있어서 그 자신에 대한 감정에 제한된 것이라는 가정이 타당할 것이다. 다시 말하자면 그는 현재 그의 직업분야에서 성공한 사람이라고 느끼지 않으며 따라서 성공한 사람들에 비해 열등감을 느끼는 것이다. 이는 자신에 대한 현실적 평가일 수 있는데 전문분야의 젊은이가 그 분야에 성공한 나이든 사람과 자신을 비교할 때 흔히 느낄 수 있는 감정이기 때문이다. 만약 이러한 감정이 그의 노력이나 작업과정을 방해하다면 심각한 문제가 제기될 수도 있을 것이다. 그러나 이 이야기에서 주인공은 열심히 연습하고 있으며 목표

아마도 결과는 이 주인공이 神童이고 나이가 들어감에 따라 보다 유명해질 것으로 보인다.

는 "끌어올리는" 힘으로 작용하고 있기 때문에 그러한 상황은 벌어지지 않을 것이다.

여기서 두 가지 점이 주목되는데 하나는 피검사자가 "아마도"라고 언급함으로써 다음에 진술될 내용을 수식하고 있다는 점이고 다른 하나는 "결과는"이라고 특별히 언급함으로써 자연스런 흐름을 막고 있다는 점이다. 이러한 점들은 피검사자가 성취하고자 하는 목표 달성에 대해 어느 정도 의심을 하고 있음을 시사해주고 있다. 그럼에도 불구하고 주인공은 미래에 명성을 획득하기 때문에 피검사자가 자신의 미래에 대해 어느정도 의심을 하고는 있지만 희망을 지니고 있다고 말할 수 있을 것이다. 그러나 주목할 점은 "神童"이라는 단어 사용인데 이 단어는 현재 시제로 사용되고 있다("이 주인공이 神童이고--"). 이 반응은 "작은" 소년에 대해 앞서 내려진 해석과 차이가 있다. 이 두 가지 차이있는 인물 묘사의 상대적 중요성은 다른 추가적 자료에 의해 검토되어야 할 것이다. 그러나 여기서 가정될 수 있는 점은 "작다"는 감정은 자아가 다른 사람과 비교될 때 일어나고 "神童"이라는 느낌은 자신에 대한 스스로의 평가를 반영할 수 있다는 것이다. 다시 말하자면 그는 미래에 자신의 능력을 보다 잘 성취시킬 수 있는 재능을 가진 사람으로 자신을 평가한다는 것이다. 그의 분야에서 노장의 달인과 비교할 때 느끼는 그의 감정에 관한 해석이 사실이라면 그는 그들 앞에서는 위축될 것이라고 시사된다.

그림 1. 요약

피검사자는 구조화된 방식으로 과제에 접근한다. 그는 성취에 대한 강한 소망을 지니고 있으며 그가 달성하고자 바라는 모델이나 자아-이상을 지니고 있다. 그는 바라는 목표를 이루기 위해 노력한다. 그는 자신이 상당히 재능이 있다고 느끼지만 이와 동시에 이미 성취한 사람과 비교할 때 어느 정도 열등감을 느끼는 것 같다. 이러한 결과 그러한 성공한 사람들 앞에서는 억제되는 경향이 있을 것이다. 그가 미래에 무엇을 성취할 것인가에 어느 정도 의심을 지니고는 있지만 그래도 희망적이다.

그림 2

반응내용	분석과 해석
이것은 한 가족의 그림인데, 아마도 오래된 시골에 있는 가족인 듯하다. 부모들은 교육을 거의 받지 못한 농부들인 것 같다.	이 그림에서 "오래된 시골"이란 언급은 전혀 없는 것은 아니지만 그래도 흔치 않는 표현이다. 그림의 내용으로 볼 때 이러한 표현이 아주 불가능한 것은 아니다. 그러나 이러한 기술이 비교적 드물기 때문에 피검사자가 왜 이러한 주제를 선택했는지를 질문해볼 필요가 있다. 하나의 가능성은 피검사자가 자신과 그림사이의 심리적 거리감을 증가시켜서 그림에 너무 개입되는 것을 막으려는 시도라는 해석이 내려질 수 있다. 다른 가능성은 피검사자의 부모가 실제로 "오래된 시골 출신"이거나 피검사자와는 다른 문화적 배경을 지니고 있을 수 있다는 것이다. 세번째 가능성은 그가 가족배경에 대해 기술하면서 그의 어린시절에 살았던 환경을 우리에게 이야기하고 있을 수 있다는 것이다. 어떤 경우이든지 간에 주목할 점은 그림 1에서 나오는 부모와 현재의 그림에서 표현되는 부모에 있어서 차이가 있다는 것이다. 그림 1에서는 부모들이 음악가였으며 그가 달성하고자 하는 이상적 모델로 드러나고 있었다. 그러나 이 이야기에서는 부모들이 농부로 표현되고 있다. 실제로 부모의 조건에 대해 알고 있지 못하기 때문에 우리는 이러한 차이있는 자료에 대해 판단할 위치에 있지 못하다. 가능한 추론은 이러한 이야기들이 피검사자가 바라보고 있는 여러 다른 모델들이나 이들에 대한 그의 감정을 반영하고 있을지 모른다는 것이다.
그러나 가족의 딸은 교육을 받기 위해 학교에 가야 하겠다고 결심하였다.	교육받고자 하는 동기는 내적인 것이다. 그것은 자발적인 것이다. 이러한 목표가 그림에서 책이 등장하고 있기 때문에 자극된 것은 아닌지에 대한 의문이 제기된다. 첫번째 카드에서도 "나이든 달인"에 대한 그의 존경과 이러한 목표를 추구하는 강도, 전문적 직업활동에 대한 강한 욕구가 드러나고 있기 때문에 이러한 의문에 대해서는 보다 확실하게 대답될 수 있다.
그러나 그림의 시점에서 어머니는 딸과 함께 말다툼을 하고 있는데 딸이 학교 가느라고 시간을 낭비하고 있다는 것이다.	이야기를 하는 방식이 변하고 있음에 주목할 필요가 있는데 피검사자는 "그림의 시점에서"라고 표현하고 있다. 이는 뒤따르는 것이 변화에 대한 자극이 되고 있음을 우리에게 예고해주고 있다. 이 자료를 분석하면서 우리는 그것이 사회적 갈등과 관계가 있는 것임을 발견한다. 결과적으로 이러한 상황은 통합적으로 행동하는 피검사자의 능력을 방해하는 요인이 된다. 이제까지 "부모들"에 대해 언급되어 왔었

다. 그러나 여기서는 딸과 갈등을 겪는 부모가 어머니에 국한되고 있다. 이는 아버지 보다는 어머니가 피검사자와의 관계에 있어서 지배적인 역할을 하고 있음을 암시하고 있다.

그러나 딸은 어쨌든 앞으로 나아가고 있다.

주인공은 어머니의 반대에 굴하지 않고 그녀의 목표를 향해 나아간다. 이는 부모에 대한 순종보다는 목표에 대한 강한 집착을 암시해주고 있다.

그 결과 그녀는 좋은 교육을 받고 그녀의 교육 수준과 걸맞는 사람을 만나 성공적인 결혼을 함으로써 인생에서 지위를 상승시키는데 성공을 한다.

교육의 효과 가운데 하나는 개인의 인생에 있어서 지위의 상승을 가져다 준다는 것이다. 이와같이 교육과 성공적인 결혼은 상승적 사회이동을 촉진시켜 준다는 것이다. 이 이야기의 주제는 피검사자의 성취욕구와 일치되는 것이다.

그림 2. 요약

여기서는 피검사자의 성취욕구와 교육을 통한 상승적 사회 이동이 드러나고 있다. 그는 자발적인 동기를 지니고 있으며 그가 바라는 목표는 그 자신의 가정환경 보다 높거나 다른 것이다. 목표를 성취해 나가고 방해물을 극복해 나감에 있어서 그는 확고부동하다. 그의 아버지 보다는 어머니가 지배적인 인물로 드러나고 있다. 대인관계 갈등상황은 어렵기는 하지만 그가 다루기 어려울 정도로 심각한 것은 아니다.

그림 3

반응내용	분석과 해석
이것은 방금 막 활동적인 놀이를 했던 소년이다.	여기서는 두 가지 점을 언급할 수 있다. 하나는 이 주제가 피검사자의 에너지 수준을 반영한다는 것이다. 이 경우 에너지 수준은 높은 것으로 나타난다. 두번째 언급은 보다 복잡하다. 이야기가 활동으로부터 시작하여 활동이 방해받고 내적 상태로 이동하여 마지막으로 다른 활동으로 끝을 맺는 점이 주목된다. 여기서 이야기의 구조는 첫번째 이야기의 구조와 비슷하다. 첫번째 그림에서 피검사자는 먼저 활동을 언급한 후 내적상태로 화제를 바꾸었다. 두번째 이야기에서는 "내적 활동"으로의 주제 변화가 일어나지 않았다. 이러한 주제의 변화에 있어서 차이점이 나타나게 된 이유를 설명해 본다면 두번째 그림에서만이 한사람 이상이 개입되고 있다는 것이다. 따라서 피검사자

는 혼자 있을 경우 반추적이거나 공상적인 활동에 몰입하는 경향이 있는 반면 외부로부터 자극을 받는 상황에서는 보다 활동적이기 쉽다는 가설이 제기될 수 있다.

그리고 노는 동안 그의 자전거는 부서졌다.

자전거의 파손은 공격적 행위이다. 그러나 어떤 공격자가 언급됨이 없이 공격이 발생되고 있다는 점이 흥미롭다. 여기에는 다른 개인이나 다른 사물에 대한 언급이 없다. 두 가지 가능성이 있다. 하나는 피검사자가 외적인 세계에서 적개심을 보거나 예견한다는 것이고 다른 하나는 그 자신이 공격적 경향성을 지니고 있다는 것이다.

후자의 경우라면 공격성이 어떤 사람이나 사물과 연관되지 않고 분리되어 있다는 점이 흥미롭다. 이러한 점으로 볼 때 이 공격성은 자아에 의해 용납되지 못하는 자아의 일부분이라고 여겨질 수 있다. 그는 자신의 인격으로부터 공격적 경향성이나 공격적 감정을 분리시키고자 시도하고 있는지도 모른다. 공격성은 자아 이질적이거나 억압적일 수 있다. 공격성이나 적개심이 피검사자가 다루기 힘들 것이라는 가정은 그림에 나오는 총을 언급하지 않은 점, 그리고 그림 2에서 어머니와의 갈등상황을 피검사자가 다루면서 이야기하는 방식이 변화된 점에서 지지될 수 있다.

그림에서 자전거가 나오지 않고 있음이 분명하다. 왜 자전거가 선택되었을까? 이에 대한 가정은 자전거 타는 행동을 분석함으로써 도출될 수 있다. 자전거를 타면서 자전거 타는 사람은 바퀴에 힘을 줌으로써 자전거가 가도록 한다. 이것은 자기-지시적 활동이다. 이것은 앞서의 이야기에서 지적되었던 자발성과 일치된다. 자전거에 대한 이러한 가설과 자전거가 박살났다는 진술을 엮어보면 사람들은 모델로서 간접적으로만 언급되었고, 두번째 그림에서는 주인공과 주변인물들의 관계가 충분하게 드러나지 않았다. 그러므로 피검사자는 "외로운 이리"일 가능성이 시사된다. 이러한 행동의 원인에 대해 시사되는 점은 그의 독립성이 간섭받고 있다는 점이다.

주인공이 스스로 자전거를 고쳤다고 언급되지 않은 점은 좌절 상황을 적절하게 처리할 그의 능력이 부족함을 암시하는게 아니냐는 질문이 제기될 수 있다. 이 점 역시 앞으로의 자료에서 검토될 것이다.

그림 3. 요약

피검사자는 자신의 목표를 달성하는 과정을 타인이나 환경요인이 방해하여 좌절될 것이라고 예견하는 그러한 사람인 것 같다. 그는 자신의 공격성향이나 감정을 수용하지 않으며 이러한 점을 다루는데 어려움이 있다. 공격성향에 대한 그의 반응으로 자신에게로의 철수가 일어난다. 그는 사회적 상황에 쉽게 뛰어들지 못하는 "외로운 이리"로 보이는데, 이러한 결과는 다른 사람들이 그의 독립을 방해할 것이라는 그의 염려감에서 비롯된 것일 수 있다.

그림 4

반응내용	분석과 해석
오, 이것은 사랑하는 남자와 여자에 관한 이야기다.	피검사자는 이성애적 상황을 다루고 이야기할 수 있다. 그러므로 그는 긍정적인 정서를 수용할 수도 있을 것이다.
그러나 그 남자는 매우 위험한 어떤 일을 시도하려고 하고 있다.	이 피검사자에 있어서 위험에 대한 어떤 두려움이 명백하게 드러나고 있지는 않다. 그러나 그는 위험한 상황을 극복하고자 하는 것으로 보인다.
그는 서커스의 낙하산 곡예사였다.	이 직업에 대한 두 가지 측면이 흥미롭다. 첫째는, 낙하산 점프는 매우 남성적인 활동이라는 점과 두번째로, 서커스는 다른 사람들의 인정을 받는 노출적인 활동이라는 점이다. 피검사자는 남성적인 역할을 수행하고자 하는 욕구를 지니고 있으며 이러한 임무를 잘 수행하여 칭찬받고자 한다는 것이 암시된다.
그의 여자 친구－아직 그의 부인은 아니다－는 그가 위험한 것을 시도하는 것을 원하지 않기 때문에 가지 말라고 설득하고자 애쓰고 있다.	여기서 다시(그림 2 주제를 참고) 한 여자가 그가 하고자 하는 일을 가로막고 있다. 그것은 마치 그가 여자와 결혼하기 전에 그 자신을 입증해 보이고자 노력하고 있는 것처럼 보인다. 그는 이미 우리에게 그들은 사랑하고 있고 그녀는 그가 가기를 원치 않는다고 말했다. 그는 묘기의 위험성을 언급함으로써 그 자신의 용감성을 강조하고자 함이 분명하다.
그러나 그는 어쨌든 가서 낙하산 점프의 위험하고 어려운 묘기를 수행하고 서커스 생활에서 은퇴한다.	그림 2의 이야기처럼 자신의 원래의 의도대로 진행된다.
그가 번 돈으로 농장을 사고 그녀와 결혼	위에 제시된 어려운 묘기 수행은 은퇴를 위한 행위이다. 따라서 일에 대한 피검사자의 태도가 일 자체로부터 만족을 추구하는 것이 아니고

하여 후에 행복하게 산다.	보다 먼 목표를 달성하는 하나의 수단으로 여긴다는 것이다. 또한 은퇴에 초점을 맞추어 보면 그의 목표를 성취하는데 상당한 긴장이 따르게 되고 그가 그렇게 노력하지 않아도 되는 보다 수동적인 상황에 있을 수 있기를 바란다는 것으로 해석해 볼 수 있다. 또한 피검사자가 이성관계를 맺을 수 있으며, 앞서 언급된 성취 목표에 더하여 행복과 은퇴에 대한 목표도 포함된다는 점이 주목된다.

그림 4. 요약

피검자는 이성애적 관계를 형성할 수 있다. 그는 그 자신을 입증해야 한다고 느끼고 있는 것으로 보인다. 그는 타인으로부터 인정받기를 바라고 있으며 그러나 이것은 그의 수행에 따라 성취되는 것이다. 초기에 언급된 성취 주제에 부가하여 그의 목표는 행복과 은퇴를 포함하고 있다.

그림 5

반응내용	분석과 해석
이것은 매우 잘 정돈된 집이다. 이 집의 부인은 유별나게 집을 청결하게 가꾼다. 그녀의 집은 항상 깨끗하지만 그녀의 남편은 게으른 사람이다.	이 여성은 "어머니"가 아니고 다른 이야기에 나오는 어머니상과 일치되지도 않는다. 정리정돈과 청결함은 여태까지 언급된 피검자의 성격 특징과 일치된다. 이러한 특징은 현재 그의 성격 특징의 부분이지만 그의 어머니로부터 배워진 것일 수 있다. 따라서 그는 어머니와 동일시되어 있음이 시사된다.
그림에서 이 여자는 남편이 정원에서 일할 때 입는 오래된 더러운 옷을 입고 긴 쇼파에 누워 잠들어 있는 것을 발견한다.	청결함과 관련된 갈등상황이 묘사되고 있다.
이런 결과 그녀는 매우 화를 내고 후에 이 점에 대해 생각한다.	여주인공의 계획이나 행동이 방해받게되자 적대감이 나타나게 된다. 이러한 감정은 공개적으로 표현되지 않고 "마음속의 생각"으로 나타난다. 이것은 피검자가 그 자신을 이해하려고 노력하며 적대감을 다루는데 어려움이 있음을 시사하는 것일 수 있다. 후자의 가설은 그림 3의 내용과 일치된다.

그리고 가정은 생활공간이지 공개장소가 아니라는 사실을 느낀다.	이것은 장소를 청결하고 질서정연하게 유지하고자 한다는 의미를 나타내므로 중요하다.—이것은 타인을 위한 일이지 그 자신을 위한 일은 아니다. 이것은 보다 멀리있는 목표를 성취하기 위해 위험한 묘기를 수행한다는 4번카드 반응과 일치된다. 그리고 여기에서의 청결함은 그 자체가 목표가 아니라 다른 사람이 칭송하는 전시장으로 집이 이용되고 있다는 사실이 의미가 있다. 따라서 그는 다른 사람이 그를 어떻게 평가하는가에 관심이 있는 것이다.
그녀는 점차 그녀의 방식을 바꾸고 이러한 변화덕택에 훨씬 좋은 부인이 된다.	피검사자는 변화할 수 있으며 타인의 평가에 덜 민감하게 되고, 이완되고, 보다 편해지는 방향으로 변화가 일어날 수 있다.

그림 5. 요약

피검자는 청결, 질서정연에 집착한다. 그는 타인이 그에 대해 어떻게 생각할지 관심을 갖지만 이러한 방식은 피검사자에 있어서 만족스런 적응방식이 아니라는 암시가 있으며 보다 이완되고 타인의 평가에 지나치게 관심을 두지 않는 방향으로 변화되기를 바라고 있는 것 같다.

그림 6

반응내용	분석과 해석
이것은 어머니와 이야기하고 있는 아들에 관한 그림인데, 아, 그가 공군에 입대하려고 한다.	주인공이 활동을 개시한다.
그녀는 그것이 너무 위험하다고 느끼기 때문에 매우 슬퍼한다.	이 이야기의 주제와 네번째 그림의 주제가 유사하다는 점이 주목된다. 여기에서는 여성이 어머니로 대치되고 있는 점을 제외하고는 두 이야기가 유사하다. 이러한 점으로 미루어볼 때 그가 과거에 어머니와 맺었던 방식을 이성의 파트너가 되는 여성에게 동일하게 반복하고 있는 것은 아닌지에 관한 가설을 제기해볼 수 있다.
그러나 그는 입대하여 날으는 것을 배우고 10대의 독일 비행기를	다시 피검사자는 위험한 역할을 맡고 훌륭히 수행하고 승리를 거둔다. 이 주제는 사춘기적 요소가 있으며 그 내용은 그 자신을 입증하고자 하는 강렬한 열망과, 명성에 대한 욕구, 순화된 공격성을 반영

격파하고 훈장을 받아 안전하게 집으로 돌아온다.	한다. 첫번째 그림에서 피검사자는 적대감을 직접 표현하였지만 이 그림에서는 사회화된 방식으로 표현되고 있는 점이 주목된다.

그림 6. 요약

피검사자는 자신이 위험을 두려워하지 않고 그것을 극복하고 있는 것으로 묘사한다. 이러한 공상은 사춘기적인 것이다. 피검사자가 그의 어머니에게 자신을 증명하는 것과 같은 방식으로 부인에게도 접근하리라는 점이 시사된다. 또한 명성에 대한 욕구와 승화된 공격성이 나타나 있다.

그림 7

반응내용	분석과 해석
이것은 두 남자에 대한 이야기인데 나이든 남자는 큰 회사의 사장이다.	여태까지 이야기에서 피검사자는 외로운 주인공에 대해 언급하였고 주인공과 여자에 관해 이야기하였다. 이 이야기에서는 그의 동성과의 관계가 어떤지를 알 수 있게 될 것이다. 그의 강한 성취욕구를 고려할 때 이미 성공한 나이든 사람에 대한 언급은—그는 큰 회사의 사장이다—흥미롭다.
젊은 남자는 아직 그 자신을 입증하지 못했다. 이 장면에서 그는 다른 회사 합병에 관해서 사업상 모임을 갖고 있다.	여기에서 피검사자는 이전에 제시되었던 가설—그 자신을 입증하고자 하는 그의 소망—을 지지해주는 직접적인 진술을 한다. 젊은 남자와 나이든 사람이 협조적이다. 이 이야기는 높은 지위에 있는 사람과 유대를 갖고자 하는 그의 욕구를 반영하며 그림 2에서 나타난 상승적 사회이동 가설에 지지적 자료를 제공해준다.
젊은 남자는 다른 회사를 인수하기 위한 매우 탁월한 제안을 막 끝마쳤고 나이든 사람은 그를 존경의 눈으로 바라보고 있다.	젊은 남자가 여기에서 어떻게 묘사되고 있는지 살펴보자. 그는 "명석하다." 이것은 그가 그 자신을 지각하는 방식이거나 그 자신을 보고자 하는 방식일 수 있다—우수한 사람으로서 피검자가 실무적인 위치에 있음은 그의 지배 욕구를 나타내며 "회사를 인수하고자 하는 제안"은 그의 획득욕구를 시사한다. 마지막으로 "존경의 눈으로 바라본다"는 그의 명성에 대한 욕구를 반영한다.
그는 그의 후계자로 선택한 젊은 남자가 일을 성공적으로 마칠 것이라는 것을 안다.	이야기는 성공적으로 끝나고 젊은 남자는 상승된다. 여기서와 다른 이야기에서 주인공은 그가 성취했다고 느끼기 전에 무엇인가를 해야 한다고 묘사되고 있음이 주목된다. 다시 말하면 그는 객관적인 근거에 따른 자신에 대한 판단을 원하고 있는 것이다.

이 이야기를 분석하기 시작하면서 우리는 여기서 새로운 어떤 것을 알게될 것이다.—그 남자와 피검사자의 관계—이전에는 그의 외로운 상황이나 여자와의 관계에 관한 정보를 얻었다. 이 이야기로부터 우리는 피검사자가 그 자신을 나이든 사람과 연결시켜서 그들이 하는 것 만큼 그도 할 수 있다고 느끼고 있음을 알게된다. 이와 대조적으로 여자와의 관계에서 그는 그들이 할 수 없거나 대개 하지 않는 활동에 참여함으로써 자신을 입증하고자 하였다. 여기에 함축된 점은 우월한 개인이 되고자 하는 욕구와 자신을 입증하고자 하는 욕구이다. 독자는 피검사자의 이야기가 성취와 우월에 대한 강한 욕구를 반영한다는 것을 관찰했을 것이다. 다양한 상황에서 이러한 욕구가 강렬하다는 점은 이러한 동기가 피검사자의 행동에서 분명하게 드러나고 있는 것인지—추진력이 있고 밀어붙이는 행동, 아니면 이러한 동기가 보다 억제되어 있어서 행동으로 잘 드러나지 않는지에 대한 의문을 갖게 한다.

이 시점에서 후자의 가설이 두 가지 이유에서 보다 그럴듯 하게 보인다. 첫째, 이야기속에서 그 자신을 입증하고자 하는 욕구는 열등감에 대한 보상을 나타내는 것이라는 암시가 있다. 둘째, 그는 적대감을 적절하게 다룰 수 없다. 만일 그가 앞서기 위해 밀고 나아간다면 이것은 그를 타인과 직접적인 갈등에 빠지게 할 것이고 이는 그가 회피하고자 하는 상황이다.

그림 7. 요약

자기 자신을 입증하고자 하는 피검사자의 욕구가 이 이야기에서 지지되었다(상승적인 이동을 향한 그의 욕구). 자신에 대한 피검사자의 공상은 그가 명석한 인물이라는 것이다. 지배욕구, 획득욕구, 명성에 대한 욕구가 이 주제에서 나타났다. 이 이야기에 반영된 것과 같은 정도로 분명하게 그의 야망이 표현되지 않을 수도 있다는 가설이 제기될 수도 있다.

그림 8

반응내용	분석과 해석
이것은 한 소년과 그의 아버지에 관한 그림이다. 그들은 사냥을 갔고 아버지가 사	이것은 공격적인 주제를 다룬 것이다. 공격적 행동이 우연히, 비계획적으로 발생되고 있음이 주목된다. 이는 이러한 욕구를 처리함에 있어서 피검사자의 어려움을 시사해준다. 더우기 총에 맞은 사람이 아버지라는 점은 피검사자가 아버지나 권위적인 남성에 대해 공격적인

고를 당했다. 그는 총을 떨어뜨려 그의 배에다 총을 쏘았다.	감정을 지니고 있음을 시사해준다.
이 그림은 사냥 사건에 대한 소년의 기억이다. 그가 그의 아버지를 옮겨 논 작은 농가에 의사가 와서 농부의 도움으로 즉각적으로 총알 제거수술을 했던 장면에 대한 기억이다. 의사가 이러한 일을 수행했기 때문에 이를 보고 소년은 의사가 되기로 결심했고 그는 그렇게 되었다.	이 이야기의 중요한 측면은 피검사자가 이러한 상황에서 건설적으로 일을 진행시켜 나아갔다는 점이다. 공격성이 이 이야기를 막다른 골목으로 몰고 가지는 않았다. 첫번째 이야기에서와 같이 그는 그의 전문적인 직업에 영향을 주는 모델을 마음속에 지니고 있음이 주목된다.

그림 8. 요약

공격성을 처리하는 피검사자의 어려움이 다시 지적되었다. 그러나 여기서는 그의 행동을 방해할 만큼 그렇게 공격성이 강렬하지 않다. 그의 미래지향적인 모델이나 자아이상이 있다는 지지적 증거가 제시되고 있다.

그림 9

반응내용	분석과 해석
이것은 네 형제에 대한 이야기다…	주인공과 그의 형제들로 이야기가 구성된다는 점이 다소 생소하다. 대개는 그림에서 단순한 남성집단이 언급되곤 한다. 이 이야기는 형제관계를 언급하고 있다고 볼 수 있다.
그들은 석유를 파고 있다. 그들은 유전에서 일하는 사람들이다. 그들은 자신의 재산으로 이 유전을 파고 있다. 위의 세 형	형들과 동생관계가 기술되었다. 그들은 동생을 그들의 일원으로 간주하지 않는다. 사실 그는 그들에게 열등한 존재로 취급되었다—"어린아이". 그들의 활동이 그들 자신의 소유지에서 이루어졌다는 사실은 이러한 활동이 가족관계를 언급하고 있음을 시사한다. 왜 그들은 유전에서 일하는 사람들인가? 한 가지 가설로 그는 이 분야에 특별한 관심을 가지고 있을 수 있다는 것이다. 다른 가설은 돈에 대한 함축

은 항상 막내를 어린 아이로 취급한다.

적 의미때문에 유전이 성취욕구를 대신하고 있다는 것이다. 따라서 유전을 파는 작업은 피검사자의 성격에 내포된 주요 욕구의 상징적인 대표상이라고 제안될 수 있다. 이것은 후에 설명되어질 것이다.

세 형들은 싫증이 나서 유전에서 일하는 것에 대한 그들의 노력을 포기하고 휴식하며 직업을 얻기 위해 어디를 가야할지 생각하고 있었다.

세 형들은 그들의 노력을 포기했다.

그러나 막내는 혼자 노력함으로써 다시 구멍을 뚫고 결국 유전을 얻었다.

그러나 막내동생은 그의 노력을 계속하였고 결국 그들을 넘어서게 되었다. 이전에 제공되었던 정보에 더하여 암시되는 점은 피검사자는 여성과 나이든 남자 뿐만 아니라 나이든 형제들 보다 우수해지고자 노력한다는 것이다. 또한 주인공은 다른 사람들보다 더 노력하여 그의 목표를 성취하고자 한다는 것이다.

그림에서 지금 그는 형제들을 깨워서 그들이 유전을 가지게 되었다고 말하고 있다.

이 이야기의 주인공은 그의 목표를 달성했다. 그는 유전을 발견했다. 그러나 그는 그것을 혼자서 소유하지 않는다. 그는 그의 형제들에게 그들이 유전을 가졌다고 말한다. 다시말해 피검사자는 단지 자신만의 쾌락이나 물질적 보상을 위해 일한 것이 아니다. 그는 대인관계 상황에서 획득될 수 있는 정서적 희열이나 만족을 얻기 위해 일했던 것이다. 이것은 피검사자의 직업의 의미를 반영하는 것일 수 있다. 그의 대인관계는 그가 직업적인 면에서 얼마나 성공하느냐에 달려있을 수 있다.

결과적으로 나이든 형들은 새삼 존경의 눈으로 막내를 바라본다.

그는 남들이 할 수 없는 것을 성취하여 남들의 존경을 받게된다. 이것은 젊은 남성이 직업성취를 통해 나이든 남자로부터 존중받는다는 두번째 이야기다(첫번째는 그림 7). 분석 초기에 이 이야기에서의 활동은 피검사자의 성격의 일부인 강렬한 욕구를 상징하는 것일 수 있다고 지적되었다. 이 활동(기름을 얻기 위해 땅을 파는 것)은 그가 형제들의 한 사람임을 입증하고자 하는 그의 욕망을 나타내고 있다.

그림 9. 요약

피검사자는 현실적인 성취를 통해서 타인으로부터 존경받고 자신보다 우수한 다른 사람을 능가하기 위해 애쓰는 인내심있는 사람이다. 이는 다른 남자들처럼 자신도 남성적임을 입증하고자 하는 피검사자의 욕망을 나타내는 것일수도 있다. 또한 그가 그의 일에서 얼마나 성취하느냐에 따라 그의 대인관계가 영향받을 수 있음이 시사된다.

그림 10

반응내용	분석과 해석
이것은 고위 관리 사무실에서 일하는 약한 의지를 가진 가정부에 관한 이야기다.	이 이야기는 두 가지 점에서 비통상적이다. 첫째, 그림에 나타난 두 사람사이에 밀접한 정서적 관계가 개입되어 있지 않다는 점이 일반적인 주제에서 벗어나는 것이다. 이것은 피검사자가 이성애적 상황에서 부드러움을 표현하는데 어려움이 있음을 시사하는 것일 수 있다. 얼핏보면 이 내용은 그림 4의 사랑하는 남녀에 관한 주제와 대조되는 것으로 보일 수 있다. 네번째 이야기에 대한 해석에서 피검사자가 긍정적인 정서를 수용할 수 있음이 제시되었다. 만일 이 가설이 타당한 것이라면 빈번하게 부드러운 관계가 표현되는 그림 10에서 두 사람 사이의 긍정적인 관계가 다루어질 것으로 예상될 수 있을 것이다. 이것은 부드러움이 그의 애정관계에서 항상 일관되게 나타나는 특징이 아닐 수도 있음을 시사해 주는 것이리라. 이 가설은 다른 이야기들에서 어느 정도 지지된다—그의 성취욕구가 주요하기 때문에 그의 힘이 대량적으로 이 방향으로 쏠리게 된다. 결과적으로 그의 에너지는 소모되어 부드러움을 표현할 에너지는 남겨져 있지 않게 된다. 이전 자료에서 보면 긍정적인 사회관계가 이루어지려면, 그의 성취가 필요했다. 따라서 이러한 관계는 그 자체가 목적으로서 추구되고 유지되는 것이 아니라 성취의 결과로서 그가 자신을 어떻게 생각하느냐에 달려 있다. 그가 아직까지 자신을 입증하고자 하는 욕구를 가지고 있기 때문에 그가 이성애적 관계에서 불안정감을 느낄 수 있고 이것이 부드러움을 감소시킬 수 있음이 시사된다.
이야기속에서 남자는 그를 위해 중요한 서류를 훔치도록 가정부를 설득하고자 노력하고 있다. 그는 외국 권력기관에 봉사하는 대리인이다.	이것은 이 이야기의 두번째 비통상적인 측면이다. 이 주제는 주인공이 지속적인 노력과 정직한 작업을 통해 그의 야망을 이루고자 하는 다른 주제와 일치되지 않는다. 그러나 목표달성을 위해 불합리한 수단을 이용할 만큼 강한 야망을 지닌 사람의 성격과는 일치되는 것으로 보여진다. 위의 관점에서 피검사자가 "대리인"의 행동으로 돌린 그런 활동에 참여했는지의 여부를 결정하는 것이 문제가 된다. 비록 그런 생각이 떠

올랐을지라도 그는 그렇게 하지는 않을 것이라는 가설을 제기할 수 있다. 이 가설을 지지해주는 두 가지 요소가 있다. 첫째, 주제가 다른 주제와 일치되지 않고 있으며 이 경우 이 그림에서의 주제는 억압된 욕구를 반영하는 것으로 보여진다. 동일한 해석이 피검사자의 언어표현과 일치된다는 자료에 근거하여 내려질 수 있다. 이 남자는 외국 세력의 대행자이다. 이 남자상은 자아 이질적이거나 피검사자와 관계없는 생소한 어떤 것을 나타내고 있을지 모른다. 다른 자료가 여기에서 강조되어야 한다. 이 이야기에서 억압과 관련된 자료, 피검사자가 공격성을 다루는 방식, 그의 강한 야망을 고려해 볼 때 피검사자가 통제적인 사람으로 보여질 수 있음이 시사된다. 이러한 통제는 피검사자가 "지금 이 그림에서는"이라고 말함으로써 이야기의 부드러운 흐름을 방해하는 방식에서 반영된다. 제안된 가설에도 불구하고 독자는 이 그림에서 피검사자가 누구와 동일시하고 있는지 궁금해 할 것이다. 피검사자가 여자와 강하게 동일시하고 있음이 암시된다. 그녀는 고위간부의 사무실에서 일함으로써 지위를 얻고 있는데 이 주제는 지위를 얻고자 하는, 피검자의 이전 이야기와 일치된다는 사실에 근거한다. 둘째로, 이야기에서 여자는 이전 이야기에서 나온 주인공들과 매우 유사한 위치에 있다—그녀는 아직 시험받고 있는 것이다. 여성이 의지가 약한 것으로 기술된 것은 피검사자가 약한 것일 수도 있고 이전의 이야기에서 드러나는 욕구가 약함에 대한 보상일 수 있음이 시사된다.

비록 이 집사는 그 남자의 설득으로 매우 유혹받았지만 즉시 그녀의 고용주에게 가서 모든 것을 자백한다. 그리고 이 적국 대리인은 비록 그녀의 마음을 아프게 하지만 그녀의 자백에 의해 체포되었다.

이 이야기에서 두번 피검사자는 여자를 가정부로 언급하였다 .그러나 여기서는 그녀를 집사로 언급하는 실수를 한다. 두번째 직업은 이 여자의 지위 상승을 나타낸다. 여자가 자백하려고 하는 시점에서 지위 상승이 나타난 것은 흥미롭다. 윤리적으로 낮은 수준의 음모가 있을 때 여자의 지위도 낮았는데 윤리적으로 높은 수준으로의 변화가 있을 때 그녀의 지위 역시 변화하고 있다. 우리는 피검사자가 상승적인 이동을 하고자 하는 것을 알기 때문에 여자에 의해 선택된 행동은 실제 생활에서 그 자신의 행동 특징일 수 있다는 것이 시사된다. 여주인공의 양심이 설득과 유혹을 이기고 승리한다. 이전 이야기처럼 "약한" 자가 주인공이 되고 이야기가 끝난다. 그러나 여기에 또 다른 중요한 부분이 있다. "그녀는 그렇게 하는 것이 비록 마음이 아플지라도 옳은 일을 했다"는 점이 주목된다. 이는 주인공이 감정을 우선적인 것으로 선택하지 않았다는 가정을 제기한다. 이것은 그림을 지각하는 피검자의 방식과 그림 4에 대한 언급과 다시 일치된다.

그림 10. 요약

피검사자의 강한 욕구와 야망은 그가 그의 목표를 성취하기 위해서는 극단으로 갈 수 있다는 생각을 갖도록 한다. 그러나 이런 생각들은 자아 이질적이며 그가 선택하고 따르는 행동은 사회적으로 수용될 수 있는 행동과 일치되는 경향이 있다. 피검사자는 그가 해야되는 일을 수행함에 있어서 감정이 중요한 역할을 하도록 허락하지 않는다. 이는 그가 통제적인 사람임을 시사해 준다.

그림 11

반응내용	분석과 해석
음…이 그림은 이상하다. 여기에서 사람을 보아야 하는가? (그건 당신이 좋을대로 무엇이든지 볼 수 있다.)* * 괄호안에 있는 언급은 임상가가 말한 내용이다.	피검사자가 그림에 대해 이러한 언급을 한 것은 이번이 처음이다. 이 그림은 보다 비구조적인 그림 가운데 첫번째 그림이므로 환자의 언급은 이러한 비구조적 특징에 대한 그의 반응이며, 통제에 대한 그의 욕구와 일치되는 명백함에 대한 욕구이다. 그러나 그가 이를 잘 극복하여 조리있는 이야기를 만들 수 있었다는 점이 흥미롭다.
이 상황은 지구의 초기로 거슬러 가는 것이다. 지구가 시작되는 시기가 아니라, 선사시대를 말한다. 사람이 있다. 여기 이 작은 모습이 남자인데, 가족을 위해 먹을 거리를 사냥하러 나왔다. 그는 힘든 시간을 보내고 있다.	주인공은 가족을 위해 적절히 제공하는데 어려움을 겪고 있다. 그래서 앞서 언급되었던 높은 에너지 수준과 욕구에도 불구하고, 그가 적절하다고 생각하는 만큼 가족들에게 공급하는데 어려움을 겪고 있다.
그의 가족이 굶주리고 있어서 이 좁은 길로	가족이 왜 굶주리고 있을까? 피검사자가 이러한 선택을 했던 이유는 몇 가지가 있을 것이다. 그의 가족이 비참한 환경에 있다는 환상은

올라가고 있다.	가족에 대한 그의 적대감의 반영으로 여겨진다. 그러나 가족을 위해 음식을 구하고 있다는 점은 가족에 대한 그의 양가적 태도와 관련이 있는 것으로 보여진다. 가족이 굶주리고 있다는 것은 그의 의무를 강조한 것이기도 하다.
그러다가 그는 갑자기 절벽 구멍에서 나오고 있는 파충류에 의해 공격받고 있다.	공격이 가해지고 있다.
그리고 조금은 두려워하고 있다.	완전히 두려워하고 있는 것이 아니다—따라서 피검사자의 용기를 반영하고 있다.
그는 자신이 살아 남아야지만 그의 가족도 살아남을 수 있음을 알고 있다.	가족의 안정성은 주인공에게 달려있다.
그래서 파충류와 그와의 싸움에서 결과는 확실해진다. 그는 파충류와 싸워 이겨서 파충류는 그의 가족을 위한 음식으로 제공되고 그 결과 모두가 행복해진다.	주인공은 싸움에서 승리하고 그의 목적을 달성한다. 여기서 두 가지 추가적 요소가 나타난다. 1) 여기서 언급된 활동은 먹는 것이다—이는 구강적으로 함입되는 활동이며, 이는 앞서 이야기에서 나타났던 야심적인 노력, 욕구와 일치된다. 2) 강조되어야할 두번째 요소는 이 그림에서 이야기되어진 바와같이 '파충류가 먹혀진다' 내용은 흔치 않다. 보통은 파충류가 살해된다는 내용으로 충분하다. 여기서는 이 내용의 상징적 해석을 시도하는 것이 가치있을 것이다. 이야기는 주인공이 음식을 찾는 것으로부터 시작된다. 이것은 그의 안정성에 대한 욕구의 반영이라고 해석된다. 욕구 충족을 추구하면서 그는 파충류와 마주치게 된다—남성 혹은 페니스상징—이는 억눌린 남성적 공격성을 나타내며, 그의 욕구 충족을 방해하고 위협한다. 이 피검사자의 경우 이러한 대상은 그의 아버지 혹은 형제 또는 둘 다일 가능성이 앞서의 이야기에서 추론된다. 이 주인공은 파충류에 대해 완전히 두려움을 느끼지는 않는다 ; 안정의 욕구(생존하는 것)는 강하며 그는 위협 대상을 죽임으로써 그의 문제를 해결하며 구강적으로 페니스를 함입하게된다. 따라서 그는 당당하게 남성이 되고, 이와 동시에 그가 바라던 안정성도 얻게된다. 이런 구강적 함입행동은 함입되는 대상과 닮고자 하는 유아적 공상이다—이 경우는 그러한 대상이 남성이다. 따라서 이 주인공은 그의 남성적 역할에서 약함을 느끼고

있음이 반영된다. 그의 남성적 추구에 관한 앞서의 자료와 이 자료를 연결하면, 이러한 추구는 본질적으로 남성적 주장이라고 해석해 볼 수 있다(보통 "남성적 주장"이란 특정한 여성적 행동방식을 지칭하는데 사용되지만 일차적으로는 남자에게 해당되는 것이다.)

이야기가 선사시대의 것이라는 점이 흥미롭다. 그렇게 함으로써 그는 자신과 그림에서의 심리적 의미의 연관성을 희석시키고 거리감을 증가시킨다.

이 이야기에서 상징의 해석은 이야기에 있는 비통상적 행동에 대한 설명을 위해 제시되었다. 이와같은 해석에 의해 얻어진 역동이 비상징적 해석에 의한 다른 이야기의 주제와 일치된다는 점이 강조되어야 한다. 이런 해석을 사용하지 못한다면 결국 이 사례에서 너무 많은 자료를 잃게 될 것이다.

그림 11. 요약

주인공은 가족에게 충분하게 제공하지 못하고 있음을 발견했다. 가족에 대한 억압된 적개심이 암시되며, 그는 자신이 가족의 결핍을 채워 줄 책임이 있는 존재로 보고있다. 그의 부적절한 남성적 자아상이 시사되며, 그 자신이 보다 안정감을 느끼도록 시도하고 있음도 시사된다.

그림 12

반응내용	분석과 해석
이것은 나쁜 동료에 빠진 젊은 남자의 이야기이고, 그는 최면술사인 나이든 남자에게 소개되었는데 나이든 남자는 도둑이고 범인이다.	이것은 주인공이 똑바르고 좁은 길에서 벗어날 뻔하는 두번째 이야기이다. 이 그림과 10번 카드에서 주인공은 약한 의지를 가지고 있으며 반사회적 행동이 누군가에 의해 충동질 되었다(여기서는 동료가 영웅을 최면술사에게 안내한다). 타인에 대한 반사회적 행동의 투사는, 그 자신의 억압된 경향성을 암시한다. 게다가, 주인공이 수동적 입장을 취하게 될 때마다, 그가 문제에 봉착하게 된다는 것은 흥미롭다. 결국, 바쁘게 지내고 야심을 얻으려 노력한다는 것은 그가 반사회적이라고 여기는, 따라서 자아 이질적인 욕구에 빠지는 것을 회피하고자 하는 동기가 있다는 것이다.
이 순간 젊은이는 늙은이가 거는 최면에 걸린다. 늙은이는 젊	이번 그림에서는 지배적이고 반사회적 충동이 이 노인의 마음속에 있는 것으로 투사되고 있다. 최면적 암시는 걸리지 않았다. 이는 주인공이 저항을 하거나 반사회적 충동에 강하게 방어했음을 의미한다.

은이에게 강도나 살인하는 일을 시키려 한다. 살인하는 일을 시키려하려고 하자 젊은이는 강한 의지가 있지만 이것은 그의 의지를 넘어서는 일이다. 그렇지만 그는 최면을 통해 그에게 주어진 과제를 수행하지 않았고, 즉각 경찰에 가서 모든 것을 자백한다.	그는 이 충동에 대해 어느정도 죄책감을 가지고 있는 것 같은데 왜냐하면, 그가 경찰에 가서 자백했기 때문이다. 경찰은 초자아상으로 여겨진다.
이렇게 이야기는 끝나고, 그는 자유롭게 보다 나은 삶을 살게된다.	충동에 굴복하지 않고 그것들을 자백하고 나서 그는 보다 나은 인생을 살아갈 수 있었다.

그림 12. 요약

주인공은 반사회적 욕구로부터 압력을 경험하는데 이것은 방어를 불러일으킨다. 이러한 충동의 경험에는 죄의식이 따르게 된다. 그러나 죄책감은 그가 견딜 수 없는 정도의 것은 아니다. 이런 반사회적 욕구는 그가 수동적 역할을 담당할 때 표면화된다는 것이 암시되고 있다. 결과적으로 그는 그의 내적 경향을 점검하기 위해 지배적인 위치를 유지하고자 애쓰게 된다고 추측된다.

그림 13

반응내용	분석과 해석
음… 그래! 이것은 젊은 병사에 관한 이야기인데…	여기서 이야기 방식이 변화되는 것에 주목하라. 피검사자는 "음-그래!"라면서 이야기를 시작하고 있다. 그가 이런 식으로 반응하기는 처음이며 그에게 어려움을 겪게 하는 성적 자극과 직접적으로 직면함을 암시한다.
그는 휴가동안-큰 도시에 갔고, 나이트 클럽주위를 돌아다녔	자극에의 욕구 성욕구가 주인공에 의해 수동적 방식으로 다루어 졌음에 주목하라. 여자가 먼저 그를 유혹하였다. 만일 앞서의 이야기와 이 이야기를 연

고, 한 여자에게 걸려 들었다. 그녀는 그를 그녀의 방으로 데려갔다. 그는 거기서 밤을 지냈다.

결짓는다면, 여기서의 주제는 다른 것과 일치하지 않는다. 앞서 이야기들에서 주인공은 강한 남성적 행동에 참여한다(독일 비행기를 침공하고, 낙하산 점프를 하고). 그러나 이성관계에서 그는 수동적이다. 이 주제는 앞서 제시된 남성적 역할에서의 무력감을 확인해 주고 있다.

그러나 새벽에, 그는 자신이 지난밤 했던 일을 깨닫고, 가능한 빨리 그곳을 빠져나왔다. 이 일은 그를 정말 좋은 녀석으로 만들었다. 이 밤의 기억은 그의 양심에 심한 가책을 가져왔다. 그는 자신이 결코 떳떳한 시민이 될 수 없음을 알게되었다. 그는 전쟁에 자원하였고, 거기서 생을 마감하였다.

죄책감을 유발시키는 상황에서 성욕이 충족되었다. 그 상황을 떠남으로써 한편으로는 죄책감을 경감시키는 경향이 있지만, 그의 행동은 계속 양심의 가책을 느끼게 만든다. 그의 행동은 돌이킬 수 없는 실수이며 그를 자살로 이끈다.

이야기 10, 12에서 그가 반사회적 행동에 참여했을 때, 자백함으로써 빠져 나올 수 있었으나, 여기서는 스스로 받아들일 수 없는 행동을 했을 때 죄책감이 너무 강해서 처벌을 유도하고 있음에 주목하라. 두 가지 다른 가설이 세워진다. 1) 이 이야기에서 그는 성욕에 굴복했고, 다른 이야기에서는 굴복하지 않았는데, 이는 그의 성욕이 강했음을 의미하고, 성욕이 문제를 일으켰기 때문에 그는 감시되어야 했다. 2) 그의 양심과 반사회적 경향때문에, 그는 이런 충동을 통제하기 위해 에너지를 소모해야 했고 그래서 그는 경계적으로 되고 긴장상태에 놓이게 되었다.

아! 만약 사람들이 모두 그렇게 했다면 얼마나 많은 병사들이 죽음을 맞이했겠는가.

이야기를 맺으면서 주제로부터 다소 거리를 두고 생각하면서 피검사자는 그 자신의 행동과 다른 사람의 행동이 얼마나 차이가 있는가 깨닫게 되었다.

그림 13. 요약

이 주인공에게 있어서 성이 문제이다. 그가 수동적으로 역할했을 때 그는 자신이 유지하려 애쓰는 도덕 기준과 일치되지 않는 행동을 저지르도록 유도되었다. 이 경우는 혼외 정사가 바로 그러한 행동이었다. 그는 강한 양심을 지니고 있으며 이에 따라 강한 죄책감을 느꼈고 처벌에 대한 욕구가 생겨났다.

그림 14

반응내용	분석과 해석
이것은 매우 열심히 일을 하고 위대한 발견을 하고자 하는 젊은 천문학자인데, 그는 바로 전날밤에도 망원경을 보면서 지새웠고 위대한 발견이 그의 코앞에 있다. 그는 해답을 얻지는 못한다. 새벽이 끝나는 순간, 밤 작업도 끝나고, 새로운 새벽을 응시하면서, 동시에 새로운 발견을 해내고자 노력하고 그것을 완성하고자 애쓴다. 결과는 행복할 것이다. 그는 완전한 발견을 하고 유명해진다.	이 주제는 앞서의 주제와 매우 유사하다. 분투 노력 끝에 얻어지는 성공에 대한 강한 욕구가 있다. 또 다시 성공은 미래에 일어나고 이러한 주제와 이야기 방식은 이것이 피검사자의 소망임을 암시해준다. 다른 이야기와 유사한 다른 주제는 그가 겪게될 어려움을 과장하는 경향성이다. 주제는 명성 욕구를 드러내고 있다.

그림 14. 요약

주인공은 열의가 넘치고, 열심히 일하는 노력가로서 성취욕구가 강하다. 명성에 대한 욕구 역시 드러나고 있다.

그림 15

반응내용	분석과 해석
이것은 최후 생존자 클럽의 마지막 생존자의 모습이다. 이 사람을 제외하고 다른 사람은 모두 사망하였다.	생존자의 이 이야기에서 주인공은 다른 이야기에서 그러했듯이 다른 사람을 능가한다. 여기서는 그 내용이 다를 뿐이다. 내재된 것은 경쟁적 태도이며, 자신에 대한 그의 평가이다.
그림의 장면은, 그가 그의 동료들이 묻힌 묘지에 서있고, 그의 동료들과의 지난 삶을 회상하고 있다. 그의 과거가 그의 기억속에 있다. 그는 친구들과 함께 있기를 원하며, 결국 그는 잠에 빠지고 내세에서 그의 친구들과 만난다.	외로움과 친화 욕구가 이 이야기에서 드러나고 있다. 다른 사람보다 나은 존재임에도 불구하고 완전히 만족하는 것은 아니다. 다른 이야기에서는 타인과의 친화욕구가 성취되는 주제가 없었다는 점이 흥미롭다. 이에 가장 가까웠던 주제는 9번 그림의 주제로서 그곳에서도 형제로부터 존경을 얻는다는 내용이 더 강했다.

그림 15. 요약

주인공의 경쟁적 태도와 자신에 대한 높은 평가를 반영한다. 인정에 대한 욕구와 소외감에 대한 주제가 얻어진다.

그림 16

반응내용	분석과 해석
바람이 물결치는 밀밭을 상상해 보자. 젊은 농부와 그의 아내가 들녁을 바라보며 손잡고 서있다. 이것은 그들이 기다려왔던 적절하게 좋은 곡물을 수	앞서 성공 주제와 대조적으로 이것은 꿈의 절정으로 기술된다. 주인공이 추구하고 있는 마지막 목표로 여겨진다. 독자는 앞서 이야기에서 피검사자가 자신을 증명하고자 했던 성취주제를 회상할 수 있을 것이다.

확하고, 농장의 빚을 갚아가면서 수년간 노력했던 꿈이 이루어진 절정의 순간이다.	
상상해보면 이 순간 밀이 성숙해지고 수확의 준비가 되어있고 모든일이 순조롭다.	마지막 목표는 행복한 결혼과 경제적 안정으로 나타난다.
밀은 잘 자라서 품질이 탁월하고 빚을 모두 갚고, 더 많은 땅을 구입할 만큼 충분하다.	이 이야기에서 부부가 손을 잡고 있는데, 이는 따뜻함과 부드러움을 수용하는 능력을 의미한다. 그러나 이는 성공과 경제적 안정과 연결된다. 따스함과 부드러움은 부인을 향해 표현되었으나 성욕구는 그림 13에서 윤락여성에게 표현되었다. 이는 주인공이 신체적 성욕, 성, 그리고 감미로운 느낌을 통합하는데 어려움이 있음을 시사한다. 또한 주목되는 점은 주인공과 그의 부인이 완전한 행복을 성취할 수 있을까 의문이 제기될 수 있음이다. 아니다. 마지막 문장은 그가 더 땅을 얻을 것임을 암시하고 있고, 그의 성취욕이 매우 강함을 암시한다. 이 이야기에서 농장의 선택에 대해 의문점이 제기될 수 있다. 이 이야기의 어떤 구석에도 그가 농장에 강한 흥미를 가지고 있음을 입증할만한 내용은 없다. 이 사례에 대해 기술된 바에 의하면 이 피검사자는 아버지이다. 그리고 이 그림에서 이야기되고 있는 내용을 보면 아이들이 등장하는 것이 자연스런 것이다. 그러나 이 그림에서 자녀들은 생략되었다. 왜 그랬을까? 하나의 가능성은 이 그림에서 표현되고 있는 욕구가 너무 강해서 아이들이 생략되었다는 것이다. 아니면 그는 아내의 애정을 온통 독차지하고자 원했고 경쟁자인 아이들을 언급하지 않았다는 것이다. 어떤 경우이든지 이 영역에 문제가 있음이 암시된다.

그림 16. 요약

주인공의 욕구의 절정은 결혼과 경제적 안정으로 행복을 얻고자 하는 것이다. 그가 농장에 특별한 흥미를 갖고 있다고 가정할 수 있다. 신체적 성욕과 부드러운 감정이 적절하게 통합되지 못하고 있음이 암시된다. 그의 합일과 획득 욕구는 매우 강하다.

그림 17

반응내용	분석과 해석
오래된 옛날 돛단배로 항해하던 시절로 되돌아가 한 선원에 대해 이야기해 보자. 두 배 사이에서 싸움이 일어났고 돛부분이 총을 맞아서 즉시 수선이 되어야 했다. 위험한 상황이었기 때문에 선장은 자원자를 구했는데, 마침 이 젊은이가 용감하게 앞으로 나섰다. 그리고 지금 막 돛에서 일하기 위해 돛위로 올라가고 있다.	이 이야기의 주제는 이야기 7과 매우 유사한데 주인공이 타인과 자신을 구한다는 점에서 다른 카드와도 비슷한 주제를 지니고 있다.
	이 이야기와 그림 2의 이야기에서 사물이 부서진다는 주제가 드러나고 있다. 그러나 이 두 이야기는 흥미로운 차이점이 있다. 그림 2에서, 주인공은 소년이었고 자전거가 고장났지만 누가 고쳤는지에 대해서는 언급이 없었다. 그림 17의 이야기에서는 주인공은 나이가 더 많고 배를 고쳤다. 만약 자전거의 부서짐과 돛의 부러짐이 거세로 해석된다면, 혹은 보다 의미있는 심리학적 용어로 남성으로서의 부적절감으로 해석된다면 인생의 후반부에 가서야 그는 이러한 감정을 극복하거나 대처할 수 있음이 시사된다.
결과는 배를 구하려는 그의 노력으로 배를 구하게 되고, 그는 '중견선원'이 되고자했던 그의 야망을 이루게 되었다.	이 이야기의 첫 부분에서 기술된 바와같이 현실적인 성취는 보상을 가져다 준다. 그러나 앞서의 이야기에서 드러나는 주인공의 강한 야망으로 볼 때, 주인공이 '중견선원'에 만족한다는 점이 흥미롭다. 선원이 된후 중견선원이 된다는 것은 분명한 사실이며 선장이 된다는 것보다 현실적이다. 따라서 주인공은 그가 성취할 수 있는 것에 대해 현실적이다.

그림 17. 요약

주인공의 야망이 다시 한번 지지되기는 하였으나 여기서 새로운 자료는 주인공이 그가 성취할 수 있는 것에 매우 현실적이라는 것이다.

그림 18

반응내용	분석과 해석
이 젊은이는-내 추측에는 재정적인 문제가 있기 때문에-금문교에서 뛰어내릴 것이다.	경제적인 어려움과 주인공의 성취욕구의 실패가 자살을 시도하게 하였다. 자살계획과 시도에서 우울증이 있음이 추측된다.(이러한 우울증은 강한 구강-함입적 욕구를 지닌 사람에게 있어서 드물지는 않다.) 자살계획 시도가 매우 극적이라는 점이 흥미롭다-금문교에서 자살이 선택되었다. 실패의 중요성은 이 그림에서 자살반응이 드물다는 사실로 반영된다.
그림의 장면은 지나가던 사람이 그를 붙잡아 자살을 막고 있다. 결과적으로 그를 구한 사람이 그를 위험으로부터 도왔던 것이다. 사귀었다.	이것은 이야기에서 주인공이 타인으로부터 직접 도움받는 첫번째 경우이다. 이와같이 어려움에 처한 경우 그는 도움을 받을 수 있다.

그림 18. 요약

경제적 실패는 우울감과 스스로를 처벌하는 반응을 불러 일으키고 있다.

그림 19

반응내용	분석과 해석
음.(피검사자는 그림 16을 언급하면서) 여기에서는 다른 것을 상상해도 되나요? 이 그림은 북쪽 숲에 눈 덮힌 오두막이 있는데 그 안에 두명의 사냥꾼이 갇혀 있어요. 그들은 오랜동안 눈속에	여기서 주제는 서로 친밀한 관계에 있는 두 사람으로 시작한다. 그 결과 의심이 초래된다. 문제는 무엇을 의심하느냐이다. 이 질문에 대한 답은 뒤에 나올 것이다. 그러나 여기서는 그가 다른 사람들을 믿지 못한다는 사실이 주목되어야 한다.

있었고 서로가 심하게 의심하고 있어요

그러나 그들은 나이든 사람들이니까 이 긴장을 풀어주지 않으면 무슨 일이 일어날른지를 알고 있어요.

이것은 대인관계에서 의심하거나 긴장하는 경험이 주인공에게 완전히 새로운 경험은 아니라는 사실을 나타낸다. 그리고 이런 상황을 다루는 기술은 주인공이 과거에 시도했던 방식이었음을 나타낸다.

봅시다. 그들이 무슨 일을 하도록 할까요? 그들은 오두막을 정확히 반으로 가르고 서로 그 반쪽에서만 움직이고 자신들을 위해 요리하고 서로에게 말 걸지 않아요.

내적 통제가 긴장을 다루기에 충분하지 않다. 의식적으로 계획된 상황이 문제를 다루기 위해 제시되어야 한다. 그리고 이러한 통제는 완전하였다. 이 통제는 두 사람 사이의 모든 가능한 의사소통을 중단시켰다.

그리고 이런 식으로, 그들은 폭풍우에서 살아남았고, 그리고나서 봄이 왔고, 이제 그들은 괜찮아 졌어요.

주목해야 할 점은 두 사람이 서로의 감정을 털어놓고 그들의 문제를 해결할 방식을 협조적으로 발전시키지 않고 이러한 방식이 선택되었다는 것이다. 이러한 일이 발생한 것은 두 사람이 동등한 위치에 있는 상황에서 였다. 결과적으로 그와 같은 상황에 있는 누군가와 마주치게 되면, 긴장이 일어나게 되고 이를 처리하는 유일한 해결책은 엄격한 통제라는 점이 시사되고 있다(다음 내용에서 보여지는 바와같이 동등의 문제가 어느 정도 자세하게 논의되어야 한다).

(그들이 서로에게 무슨 의심을 가지고 있었나?) 한 사람은 자신이 대부분의 집안일을 하고 있다고 느끼고, 또 한 사람은 자신이 중요한 역할을 하고 있다고 느꼈어요.

의심이 일어나게 된 것은 누가 지배받는 사람이고 누가 지배하는 사람인지, 이용당한다는 느낌 때문이었다. 의심에 대한 이유를 받아들이고 앞서 제시된 내용을 연결해 볼 때 다음과 같은 점이 시사된다. 주인공은 사회적 관계에서 개인들이 지배적이고 종속적인 위치로 갈라지게 된다고 느끼고 있고 지배적 위치에 있어야 한다는 욕구가 매우 강하여 그 욕구가 성취되지 않으면 다른 사람과의 자유로운 의사소통이 가능하지 않게 된다. 사회적 관계에서 사람들의 지위를 정하는 이유는 앞서 다루어졌다. 예를 들면 그 자신을 입증하고자 하는 욕구가 그로 하여금 우월한 입장에 있도록 강요한다. 반면 그가 종속적이거나 수동적인 위치에 있게 될 때 비사회적이거나 자아이질적 욕구가 표면화되고 따라서 이러한 상황이 피해져야 된다는 것이 관찰되었다. 검사자에 대한 피검사자의 반응이 이러한 구조에 따라 해석되었고 추가적인 자료는 내용을 해석함으로써 얻어질 것이다. 내용이 여성활동에 대해 언급되고 있음이 주목된다. 앞서 주인공이 그의 남성성에 대해 염려하고 있음이 시사되었다. 남성성에 대한 그의 염려감과 "집안 일"의 내용을 연결지워볼 때 주인공이 그의 동성애적 충동에 대한 두려움을 다루고 있음이 이야기에서 시사된다. 그러나 이 이야기에서 그는 이런 욕구를 통제할 수 있음이 주목된다.

그림 19. 요약

동등한 관계에서 주인공은 신뢰감을 나타내지 않았다. 그는 사회적 관계에서 각 개인의 위치에 대해 매우 민감해 보인다. 그는 이용당하는 것에 염려감이 있다. 갈등을 피하기 위해 주인공은 강한 통제를 요구한다.

그림 20

반응내용	분석과 해석
크리스마스 전날밤 거리를 걷고있는 한 젊은이다. 눈이 오고 있다. 그에게는 가족이 없는데 오늘이 크리스마스이브이다. 그래서 그는 갈 곳이 없고, 친구가 없어서 매우 의기소침해 있다. 그러다가 그는 걷는 도중에 한 집단을 만났다-이 집단은 크리스마스 성가대라고 하자-그들이 그를 초대했다.	여기서 우리는 친구가 없어서 외롭고 의기소침한 상태를 볼 수 있다. 사회적 접촉을 함에 있어서 타인들이 주도권을 쥐고 있다. 이것은 다른 이야기에서 주인공이 먼저 행동을 시도했던 점과 비교할 때 흥미롭다. 후자의 경우 목표를 추구하는 행동이나 자신을 입증하려는 행동이 특징적이었다. 전자의 경우는 친화, 사교적, 비사교적 욕구가 특징적이다. 이는 주인공이 성취동기를 행동화함에 있어서는 보다 능력있고 숙달되어 있으나 그의 비사교적 충동을 수용하고 친화욕구를 충족시키는 사회적 관계를 맺는데는 숙달되어 있지 못함을 시사한다.
그래서 그렇게 했고, 그들이 친절한 사람이라는 것을 알게 되고, 그는 마침내 크리스마	소속에 대한 욕구는 타인들이 먼저 행동을 취한 결과로서 성취되었다.

스 이브에 친구들을
사귀었다.

그림 20. 요약
친구가 없고, 이로 인해 외롭고 의기소침해졌다. 주인공은 그의 소속욕구를 충족시키는데 필요한 기술을 지니고 있지 못하다. 이점에서 타인들이 그를 도와주려고 나섰다.

TAT 반응 전체 요약

이 피검사자는 높은 야망을 가진 야심적이며 전력투구하는 사람이다. 그는 목표를 달성하기 위해 열정적으로, 양심적으로 그 자신을 투자하고자 하는 의지가 있고 또한 그럴 능력이 있다. 그는 장애물에 부딪치면 이를 견디고 그의 목표를 성취할 때까지 근면하게 일을 한다. 그는 노력하지 않고 목표를 얻을 수 있다고 생각하는 그런 사람은 아니다. 현 시점에서 그를 충족시키는 일은 사회적 명성과 그에 따르는 지위를 얻는 것인데, 그는 상위계층으로 상승하고자 원하기 때문이다. 이러한 일은 성질상 전문직이거나 행정-관료직일 것이며 거기서 그는 지배적 위치에 있을 것이다. 그의 직집적인 목표는 안정성있는 직업을 얻는 것이며, 그의 보다 장기적 목표는 은퇴와 가족과의 행복이다. 그러나 그의 욕구는 매우 강해서 그가 성취했다고 판단하기까지 상당한 시간이 걸릴 것이다. 성취욕과 관련되는 다른 욕구는 인정, 승인, 지배욕구이다.

성취욕구와 다른 욕구 밑에 깔려있는 요인은 그의 부적절감인데 이는 특히 그의 남성성과 관련이 있다. 그는 자신을 입증하고 다른 사람보다 우월하지 않는다 하더라도 최소한 동등하다는 것을 입증함으로써 자신의 남성성에 대한 열등감을 보상하고자 한다. 그는 이러한 상황의 역동적 의미를 깨닫지 못했고 결과가 그의 행동에 명백하게 드러나고 있음에도 불구하고, 그리고 그가 그러한 점을 말하고는 있을지라도 자신이 느끼고 있는 불안을 의식하지 못하고 있는 것 같다. 그는 자신의 행동의 의미를 찾아보고자 하는 내성적인 사람은 아니다. 이와 반대로 그는 행동가에 가깝고, 일반적으로 그의 힘을 내면적으로 보다 외면적으로 투자하는 사람이다. 그가 좌절에 부딪치고 그의 자동적인 행동이 장애물에 부딪치면 생각에 잠기게 되지만, 그는 행동의 동기를 생각하기 보다는 성공하지 못한 결과나 손상받은 감정에 대해 생각하는 편이다.

앞서 지적되었듯이 비록 야심이 강하기는 하지만, 그는 '추진력 있고' 공격적인 사람은 아니라고 보여진다. 그는 사회적 관계를 적절하게 다루는데 어려움이 있는데, 특히 이러한 상황이 자극할 적대적 감정을 다루는데 어려움이 있다. 또한 지나치게 친밀한 관계가 그의 부적절감을 드러내기 때문에 이러한 사회적 관계를 잘 처리하지 못한다.

이러한 점들이 그가 자기주장적으로 되고 지배적으로 행동하는데 방해요인이 된다.

정서적으로 이 피검사자는 억제적인 사람이다. 그의 힘은 상당 부분 적대감의 억제에 사용되고 성욕억제에 소모된다. 그는 부드럽고 따뜻한 감정을 표현하는 능력을 지니고 있으나 이것은 그가 그의 직업에서 얼마나 안정감을 느끼고 있고 그의 목표 성취를 어떻게 생각하느냐에 달려있다. 그에게는 성취로 인한 적절감 없이 따뜻한 감정을 표현하는 것은 무기력함의 표시가 된다. 긴장을 다루는 주요 방법 가운데 하나는 그의 직업을 에너지의 방출구로 이용하는 것이다. 확실하게 이것은 그의 억압된 욕구를 다룸에 있어 완전하게 만족스런 방법은 아니다. 왜냐하면 이러한 욕구들은 계속 밖으로 튀어나오려고 압력을 가하기 때문이다.

이 피검사자는 자신이 능력을 지닌 재능있는 사람이라고 생각한다. 언뜻보기에 이것은 앞서의 부적절감과 연관지워 볼 때 모순된다고 보인다. 그러나 이것은 그렇지 않다. 왜냐하면 그의 자기-가치감이나 긍정적인 자기-지각은 일차적으로 그의 일의 영역에서 현저하기 때문이다. 다시 말하자면 그는 자신이 직업부문에서 "유능한 사람"이라고 생각한다. 반면 부적절감은 보다 사적인 대인관계 상황에서 느껴지는 것으로서, 그는 이러한 상황에서 타인과 밀접한 관계를 형성해야 하는데 어려움을 느끼는 것이다. 달리 말하면, 그의 주요한 자아-획득의 원천은 직업에서 성취할 수 있었던 것이다. 또한 그는 인생의 후반부에 이르러서야 자신이 충분히 만족할만한 수단과 능력을 지니고 있다고 인정하게 된다. 그 이전에는 자신이 부적절한 존재라고 느낄 것이다.

피검사자는 문제를 해결함에 있어서 질서정연하고 체계적 방식으로 접근한다. 그는 사소한 일에 집착함으로써 문제를 회피하기 보다는 적절하고 관련된 중심문제에 집중하는 편이다. 이런 점으로 인해 그는 적절하고 명료함을 강조하는 습관이 있다. 이런 행동은 대개 그의 의식적인 노력을 요구하고 있으며, 이러한 기준을 완화하는 것을 그가 바란다는 증거들이 있다. 그러나 이러한 기준의 완화는 충동적인 욕구를 다스리는 통제력의 약화를 초래한다. 이는 불안을 자극하며, 외부의 도움없이 그가 원하는 것을 이완된 방식으로 성취할 수 있으리라고는 보이지 않는다. 그의 문제해결의 또다른 특징은 그가 간결하고 간명한 방식으로 그의 결과를 전달하는 경향성이 있다는 것이다.

피검사자는 사회적 관계를 맺는 것이 쉽다는 것을 알지 못한다. 그는 타인을 의심하는 경향이 있고 그의 자율적 행동 욕구를 타인들이 방해할 것이라는 염려감이 있다. 또한 그는 사회적 관계를 지위에 따라 생각하고 지배-순종의 위계적인 관계로 보며, 그가 피하고자 하는 복종적 상황에 처하게 될까봐 염려한다. 그는 "외로운 이리"가 되는 경향이 있다. 이로 인해 고립감, 외로움, 우울감이 초래된다. 이러한 상황에서 만약 타인이 솔선하여 그를 초대하거나 그를 그들의 집단으로 끌어들인다면 그는 그들의 행위를 환영할 것이다. 일과 성취에 있어서는 그가 행동을 주도할 수 있으나, 사회적 상황에서는 그렇게 효율적이지 못하다.

전문영역에서 성공한 나이든 남성상들이 그의 모델로서 등장하고 있다. 그는 그들의 성공과 겨루려 하고 앞서 기술된 그의 자기-확신감은 이런 점에서 그에게 크게 도움이 된다. 그는 그가 시도해야 하는 현실적인 성취를 통해 그들에게 자신을 입증하려고 하며, 이러한 방식으로 발전하고 명성과 인정을 획득하고자 한다. 이러한 행동의 원천은 초기 아버지와 남자 형제와의 관계이다-자신을 남성으로서 입증하고자 하는 욕구의 원천이기도 하다. 그의 생각속에서 나이든 남성상들이 차지하고 있는 역할을 보거나, 그의 강한 성취욕구와 기저의 역동성을 고려해 볼 때 그는 그 자신의 영역에서 동료들을 경쟁자로 인식하는 경향이 있을 것으로 기대된다.

여성상은 그에게 사랑과 감정의 원천이다. 그는 이러한 것을 단지 성취를 통해서 얻는다. 이러한 행동의 원천은 초기 어머니와의 관계인데, 그는 이러한 관계에서 자신이 아버지와 형제들 만큼 훌륭하다는 것을 어머니에게 입증해 보이고자 노력했다. 비록 이러한 해석과 앞서 지적된 상황에서 그의 행동의 원천은 초기 아동기 관계로부터 비롯된 것이지만, 그렇다고 해서 피검사자가 전적으로 가족관계에만 의존하여 충족을 얻는 것은 아니다. 그는 가족에게 의지하지 않으며 오히려 그의 현 상태에 보다 적절한 타인을 발견할 수 있었다. 이성애적 관계에서 그는 사랑과 성욕을 분리시키는 경향이 있다. 그는 이상적 여성과 성 대상으로의 여성을 통합하는데 갈등을 갖고 있다.

가족과의 관계에서 그는 자신을 공급자로 본다. 결과적으로 경제적 안정은 그에게는 중요한 요인이다. 자녀들은 그의 이야기와 환상에서 나타나지 않았고 이 부분이 긴장의 영역인 것 같다. 성공을 성취한 후 그와 그의 부인만이 행복을 얻게된다는 인상을 주고 있다.

피검사자는 과거에 집착해 있지 않다. 그에게 있어서 현재는 미래의 성공을 성취하기 위한 노력을 투자하는 시간이다. 미래에 대해 그는 약간 염려하고 있지만 그럼에도 불구하고 희망적이고 낙천적이다.

이 피검사자의 기록지 자료

그는 동부해안 농장에서 35년전 태어났다. 양친은 살아계시고 그들의 교육수준은 국민학교 수준이다. 우울증기간 동안 그의 아버지는 농사를 포기했고 사업을 시작했다. 피검사자는 그가 태어났던 농장으로 돌아가고 싶어했지만 거기에는 훈련의 기회가 없다고 느끼고 있다.

그의 가족은 "하위계층…크게 상승한 중류계층"이라고 기술되어 있다. 가족은 집은 소유하고 있으나 그외에는 아무 것도 없고 동네에서 사람들로부터는 인정받았다. 자녀들이 성장하여 어느정도 성공을 했으므로 부모들은 동네에서 인정을 받게 되었다.

아버지는 가정을 이끌어 온 좋은 노동자로 기술되어 있다. 어머니는 교회여성이었다. 부모간의 관계는 조화로웠고, 그는 아버지를 더 존경했지만 부모에게 호의적이지는 않았다. 가정에서 종교적인 분위기는 엄격했다 ; 자녀들은 흡연이나 술이 금지되었지만, "아무도 술, 담배를 하지 않았다."

그는 바로 위 형을 제외하고는 모든 사람과 접촉이 없었다고 말한다. 그를 포함한 모든 형제들은 대학을 졸업하였고 현재 산업체에서 연구자로 종사하고 있는 피검사자를 제외하고는 모두 회사에서 근무하고 있다.

그는 두 형제들과 갈등을 겪었다. 그 가운데 그보다 나이 많은 한 형제는 "항상 용하게도 성공했고" 지금에도 그는 이 형의 결혼과 혼외정사를 인정하고 있지 않다. 그의 바로 위형과는 어릴때부터 많이 싸웠다. 부모님들은 그들이 싸우다가 결국 피검사자가 지나치게 벌을 받는 상황에 이르러서야 그들의 싸움에 개입하였다—그는 이러한 개입에 고마워했다. 청소년기 동안 그들의 경쟁은 계속되었다. 그들은 한 여자를 놓고 경쟁했고, 이 경쟁의 결과 그는 청소년기에 첫번째 성경험을 했다. 둘은 서로 "누가 최상의 것을 얻는 자가 될 수 있는지" 보려고 경쟁했다.

형을 제외하고는 그의 아동기 동안 사회적 접촉은 몇 명 있었으나 친밀한 관계는 한 명으로 제한되었다. 이 시기동안 그는 자신과 함께 지내는, 그러나 형과 같은 사람에 의해 괴롭힘 당하지 않는 이상적인 가공의 인물을 설정하였다. 그는 집에서는 자신감 있으나 집밖에서는 수줍은 사람으로 기술되었다.

그는 초기 아동기 경험을 많이 회상하지 않았다. 그는 흔히 겪게되는 아동기 질병을 앓았다 -형이 먼저 앓고 난 다음 그에게 전염시켰다—그는 모유를 먹었고, 그리고 초기에 젖을 떼었던 기억을 한다. 아마도 "내 아이들이 그러는 걸로 미루어 볼 때 나도 배설물을 가지고 놀았던 것 같다"고 회상했다. 그의 어머니는 그를 최고의 아이로 여겼다고 회상했으나 이에 대해 자세히 이야기할 수는 없었다.

그는 전문가 자격증을 가지고 있다. 국민학교, 고등학교 동안 그의 성적은 매우 우수하였다. 대학원 성적은 낮았는데 그 이유는 그가 여학생에게 관심이 있었기 때문이었다. 그래서 그는 학교를 옮겼고 그곳에서는 유혹을 덜 받았다. 그러나 그의 수련과정은 군입대 때문에 방해되었다.

그는 대학다닐 동안 고학하였다. 그는 운동을 하였으나 키가 작았기 때문에 이 영역에서 큰 성과는 없었다. 군대에 있는 동안 그는 많은 행동을 보았다. 일들이 너무 빠르게 진행되었기 때문에 결코 두려워 하지 않았다. 전쟁이 끝난 후 그는 항상 "들뜬 기분"이었다. 그는 시민생활에 적응하는데 아무런 어려움이 없었다고 말했고, 학교를 마치기 위해 복교하였다.

그가 군대를 제대할 무렵 이미 결혼한 상태였기 때문에 그는 진지한 의욕을 가지고 학교로 돌아갔다. 그의 성적은 향상되었고 그는 전문적 관심과 관계가 있는 과외활동에서 지배적 역할을 담당했다. 이런 활동에서의 그의 역할에도 불구하고 그는 자신을 지도자가 아닌 추종자로 인식했고 그가 만약 작은 클럽 소속이 아니었더라면 훨씬 덜 지배적인 역할을 맡았을 거라고 말하였다. 그러나 다른 사람들은 그가 집단내에서 가장 연장자이기 때문에 그를 지도자로 선택했다.

그는 부인의 성격에 대해서는 말하지 않았지만, 매력적인 용모에 대해서는 이야기하였다. 두 사람은 그의 일에 대해 의논하고 아이들을 훈련시키는데 마음이 일치되었다. 그는 그들 모두를 좋은 시민으로 만들고자 했고 가능한한 그들 중 하나를 그의 후계자로 삼고 싶어했다. 첫 아이를 키우는데는 어려움을 겪었는데, 첫아이는 때려서 훈련했다. 그때부터 그는 자신의 성질을 억제하는 것을 배웠다.

그는 항상 과학에 관심이 있었다. 아동기 때 그는 유명한 사람들의 전기를 읽고 감명받았다. 청소년기 때는 나이든 선배가 그가 실험실에서 실험하는 것을 허락했고, 대학원에서 지도교수는 항상 그에게 관심을 보였다. 왜냐하면 그는 항상 교수의 눈에 띄는 위치에 있었기 때문이었다.

그는 일로부터 얻은 만족에 대해서 이렇게 말한다"…부분적으로 .그것은(나의 결과를) 남에게 보여주는 것이고, 내가 무엇인가 할 수 있고 새로운 것을 발견할 수 있다는 것을 보여주는 것이다." 현재 그는 그의 일이 "정확하고, 명백하며, 적절하다"면서 만족감을 보였다. "당신은 그 일을 하는데 꾸물거려서는 안됩니다. 그리고 오, 아마도 나는 이 직업에 종사하는 사람들이 드물다는 점때문에 만족하는 것 같습니다." 그는 그 분야에 있는 사람들의 능력에 대해 커다란 신뢰감을 지니고 있으며 미래의 사회는 그들의 손에 달려 있다고 믿는다.

그의 이상적인 상관은 그가 어떻게 하고 있는지를 말해주고, 그가 잘할 때는 간섭하지 않고 그대로 내버려 두는 사람이다. 그는 그의 아랫사람이 그에게 의존하는 것을 좋아하지 않지만, 그가 그들에게 지시한 것을 그들이 실행하기를 원한다. 그의 현재의 위치가 마음에 드는데 그 이유는 자유롭기 때문이다－그는 "자유활동가"이다. 그는 자신의 결점중의 하나는 사회적인 관계에서 안정과 자신감이 부족한 것이라고 생각하고 있고 이러한 점을 갖추고 있는 사람들을 존경한다. 그는 그가 다른 사람들에게 호감을 받고 있다고 믿지만 "잡담"에는 관심을 두지 않는다. 그의 동료와 상관들은 직업적인 면으로만 그와 접촉한다. 그는 일을 제외하고는 그들과 교제하지 않는다.

미래에 대해서는 부정적인 방향으로는 경쟁과 무관심을, 긍정적인 방향으로는 인정과 호의, 존경을 예견한다. 미래 사회에 대해 그는 사람들의 노력으로 상황이 점차적으로 올바르게 되어 "우리가 인생을 즐기고 우정을 즐길 수 있기"를 희망한다. 이러한 세계에서 그는 "사람들 가운데 한사람"이 되기를 바랄 것이고 "아마도" 지적인 공헌을 하게 될 것이다.

이상과 같이 Stein의 『The Thematic Apperception Test』에서 제시되고 있는 사례를 중심으로 반응 내용을 분석하고 해석하였다. Stein(1955)은 TAT가 개인의 성격을 이해하고 평가하는 도구로 사용되는 두 가지 방식을 제시하고 있는데 하나는 TAT가 개인의 역동적 성격을 이해하기 위해 역동적 이론에 근거하여 직관적 추론방식으로 해석되는 방식이며 다른 하나는 TAT가 객관적으로 개인의 반응을 측정하고 량화하여 개인간 반응을 비교하는 검사로 사용되는 경우이다. 앞서 제시된 사례분석은 전자의 경우에 해당된다고 보여진다. 그러나 저자가 이 점에 대해 덧붙이고자 하는 점은 실제 임상장면에서는 각 피검사자의 반응 내용이 그 분량으로나 질적으로 상당히 제한되는 경향이 있어서 Stein의 접근방식으로 해석될 수 없는 경우가 상당히 있다는 점이다. 이러한 경우 저자는 다음과 같은 점에 유의하여 반응내용을 대략적으로 해석하고자 한다.

첫째 전체 반응내용 가운데 반복되는 주제는 무엇인지? 즉 자극 그림이 바뀌더라도 반복하여 응답되는 내용은 대부분 피검사자의 내적 심리상태를 반영하기 쉽기 때문에 이러한 주제가 무엇인지를 먼저 파악하고자 한다. 둘째 앞서 제시된 각 카드의 평범반응 내용에 비추어 볼 때 반응내용이 특이하거나 크게 벗어나는 경우가 있는지를 검토한다. 여기에는 반응내용이 기대한 바와 다르게 매우 독특한 경우 뿐만 아니라 반응내용이 회피되거나 지나치게 모호하거나 우회적이고 산만하거나 여러가지 주제를 나열식으로 응답하는 경우도 포함된다. 이러한 경우는 대부분 피검사자의 방어방식을 반영하는 것으로 여겨지기 때문에 일반적으로 어떤 주제에 대해 두드러진 방어반응이 일어나는지를 검토하고자 하며 또한 이와같이 방어되는 내용이 반복되고 있는지를 검토하고자 한다. 셋째 반응내용을 상징적이거나 분석적인 수준에서 심층적으로 해석하려는 시도보다는 표면적 내용이나 표면적 내용 이면에 내포되어 있는 의미를 찾아보고자 한다. 이러한 방법으로 반복되는 주제나 방어되는 주제, 그리고 그 의미가 파악되면 이 결과를 가능한 다른 검사반응과 연결지우거나 면담으로 연결지우려고 노력한다. 예를 들면 TAT 반응에서 특히 이성관계가 심하게 왜곡되거나 회피되고 있다면 비교적 의식수준에서 응답되는 문장완성검사에서는 어떤 내용으로 다루어지고 있는지를 다시 분석한다. 그리고 대부분 이러한 다른 검사와 연관지워 해석해 볼 때 상당히 의미있는 결과를 얻을 수 있었다. 그리고 드물기는 하지만 환자나 내담자의 통찰력과 자아 강도가 매우 높고 치료적 전략이 통찰적일 경우 TAT 반응내용을 피검사자에게 읽어주면서 피검사자가 이러한 반응내용을 직접 해석해 보도록 권유한다. 이러한 경우 피검사자가 투사된 내용을 스스로 발견하고 이를 자신의 상황과 연결지우는 경우가 있었다. 이러한 체험을 통하여 저자는 TAT 검사가 평가 뿐만 아니라 치료과정에서도 이용될 수 있다고 생각한다.

마지막으로 강조되어야 할 점은 TAT 검사의 신뢰도와 타당도로서 저자의 경험에 의하면 Stein이 제시한 두 가지 해석방법 가운데 직관적 방식만으로도 임상적으로 충분히 가치가 있다고 여겨져 이 책에서는 TAT의 신뢰도와 타당도를 제시하지 않았다. 그러나 이러한 해석방식의 타당성이 보장될 수 있으려면 계속적인 임상적 평가와 이에 대한 연구가 진행되어야 한다고 보여진다. 따라서 앞으로 TAT의 신뢰도와 타당도, 그리고 이론적 배경에 대한 연구가 진행되어서 타당성있는 TAT의 해석을 뒷받침해주고 임상적 효용성이 보장될 수 있도록 연구가 계속되어야 한다는 점이 강조되어야 할 것이다.

11

인물화검사

저자는 그동안 임상장면에서 정신장애 환자들 뿐만 아니라 정신과 실습학생들에게 인물화검사를 시행하고 그 결과를 분석하여 왔다. 처음에 인물화검사를 실습학생들에게 시행했던 이유는 학생들이 실습과정에서 직접 심리검사를 받아보는 것이 도움이 되리라고 생각하였고 인물화검사가 시행이 가장 간편하기 때문이었다. 그러나 점차 저자는 인물화검사가 매우 유용한 정보를 제공해준다는 것을 발견하게 되었다. 대부분의 경우 인물화검사에 나타난 개인들의 반응은 매우 독특하고 개인에게 의미가 있는 매우 흥미로운 자료를 제공해주곤 하였다. 이러한 까닭으로 저자나 임상실습학생 모두 인물화검사에 대해 매우 강한 신뢰감을 가지게 되었다. 인물화검사를 해석하는 과정에서 저자는 충분한 근거없는 해석의 오류를 피하기 위해 검사 해석을 하나의 가설로서만 제시하고 이러한 가설을 그림을 그린 실습학생과 직접 토론하곤 하였다. 그리고 이러한 토론이 종결되는 단계에서 얻어지는 자료는 개인에게 매우 유용하였고 대부분의 경우 이러한 점이 인정되곤 하였다. 이러한 경험을 바탕으로 저자는 인물화검사를 시행할 때면 유용한 정보를 얻을 수 있으리라는 기대를 가지게 되었다. 그리고 실제 많은 경우 인물화검사는 개인에 대한 흥미로운 자료와 가설을 제공해주곤 한다. 이러한 점으로 미루어 볼 때 인물화검사는 정신장애자 뿐만 아니라 정상 성인, 아동에게 있어서 매우 유용한 자료를 제공해줄 수 있는 투사적 성격검사로서 특히 자아와 환경관계에 관한 정보를 제공해줄 것으로 기대된다.

이 장에서는 인물화검사의 발달과정과 실시, 해석방법을 Levy가 제안한 방식에 따라 검토해보기로 하겠다. 이 책에서 참조한 Levy 해석방식의 내용은 Abt와 Bellak (1950) 『Projective Psychology』에 실린 Levy의 『Figure Drawing as a Projective Test』에서 발췌하였고 다른 내용들은 최정윤(1984)의 『투사법 : 인물화성격검사(DAP)』, Anderson과 Anderson(1951) 『Projective Technique』에 실린 Machover의 『Drawing of the Human Figure : A Method of Personality』를 참고로 하였다.

1. 인물화검사의 발달

인물화검사 *Draw A Person Test* DAP가 투사적 성격평가도구로 사용되기 이전부터 그림은 그림을 그린 개인을 나타내는 경향이 있음이 널리 알려져 왔다. 이러한 인식은 화가들과의 대화나 회고록에서 흔히 접할 수 있는 점으로서 화가는 모델을 그리는 과정에서 실제로는 화가 자신의 모습을 혼합한다는 것이다. 따라서 화가의 그림을 보면서 그 화가가 어떤 인상과 성격, 분위기를 지니고 있는지를 상상해 볼 수 있고 실제로 이러한 상상이 크게 어긋나지 않는다는 것이다. 최정윤(1984)은 이와같이 그림이 자아를 나타내는 수단으로서 긴 역사를 지니고 있고 이는 예술세계에서 널리 인정되고 있음을 지적한 바 있다. 예술적 그림뿐만 아니라 일반인들의 낙서나 그림 역시 우연한 것이 아니고 개인이 그 당시 느끼고 있는 심리적 상태를 표현하거나 해결하려는 한 시도로서 행해지는 행위라고 볼 수 있다. 따라서 낙서나 그림은 그 개인의 심리적 특징이나 상태를 잘 나타내주는 투사적 도구라고 볼 수 있다.

처음에 인물화검사는 성격검사 보다는 지능검사 도구로서 사용되기 시작하였다. Goodnough(1929)는 『Measurement of Intelligence by Drawings』에서 아동화를 통하여 그림을 그린 아동의 지능발달 수준을 평가하기 시작하였는데 주로 세부 묘사를 얼마나 많이 하였는가를 측정치로 삼았다. Mackover(1948) 역시 처음에는 아동의 지능평가 수단으로 인물화검사를 사용하다가 투사적 성격검사로서의 가치를 인정하고 이러한 방향으로 인물화검사를 발전시켰다. 최정윤(1984)은 Mackover가 성격검사로서 인물화검사를 발전시킨 과정을 다음과 같이 정리하여 소개한 바 있는데 여기서 인용해보고자 한다. "－일단 팔을 그리기만 하면 IQ상으로는 똑같은 점수를 받게되는데 그 팔의 묘사가 천차만별(팔장을 낀다던가 그냥 옆으로 내려뜨리던가 등뒤로 감추던가)이라는 점이 주목되었던 것에서 출발되었다. 그려진 사람의 세부만이 아니라 크기,

위치, 획의 강도 등 다각적으로 가치있는 진단적 자료를 드러내고 있음을 간과할 수 없었다. 이러한 『상징적 언어』를 해독하기 위한 여러 해의 노력끝에 그녀는 『신체심상 *body image*)의 투사』라는 기본적 가정을 확립하였다. 이 가정의 바탕에는 전제가 있는 바 즉 성격은 진공 속에서 발달하는 것이 아니라 신체의 운동, 느낌, 생각을 통하여 이루어진다는 것이다. 따라서 신체심상은 자아관심 *self-regard*, 자아심상 *self-image*의 복잡한 반영으로 보는 것이다. Mackover는 '투사된 신체심상은 피검자의 충동, 불안, 갈등, 보상 등을 반영하며 그려진 인물은 바로 그 사람이며 종이는 환경을 의미한다'고 주장하였다."

한편 Levy(1959)는 인물화검사의 두 가지 기본 전제를 다음과 같이 제시하고 있다. 첫째 제스쳐, 얼굴표정, 낙서, 동작등 행동 측면은 어떤 의미가 있는 것으로서 이러한 의미가 해석가능한 경우도 있고 해석 가능하지 않은 경우도 있다. 즉 피검사자는 그림을 그리는 동안 어떤 행동 특징을 보이는데 이러한 행동 특징이 어떤 의미가 있다는 것이다. 예를 들면 사람을 그려보라는 지시를 받자마자 어떤 사람을 그리느냐, 남자를 그리느냐, 여자를 그리느냐는 식으로 질문을 시작하는 경우도 있고 그림을 그리면서 계속 그림을 지우거나 그림 그리기를 몹시 힘들어 하는 경우도 있다. 또는 전혀 그림을 그리려 하지 않거나 가느다란 선으로 사람을 그리는 경우도 있을 것이다. 이러한 행동 관찰은 다른 심리검사의 경우와 마찬가지로 개인을 대상으로 실시하는 검사 시행에 있어서 주요한 정보의 원천으로 큰 의미가 있다고 보여진다. 둘째 인물화검사는 개인의 신체상이나 자아지각의 투사라는 일면도 있지만 이보다 훨씬 다양한 측면을 평가해 준다. 즉 인물화검사에는 자아개념의 투사 뿐만 아니라 환경에 있는 주요 대상에 대한 피검사자의 태도의 투사, 이상적 자아 이미지의 투사, 외적 환경의 결과, 개인의 습관의 표현, 정서적 상태의 표현, 검사자나 검사 상황에 대한 피검사자 태도의 반영, 인생과 사회에 대한 피검사자의 태도 반영이 일어난다는 것이다. 그리고 이러한 다양한 측면들이 보통 한 그림안에 혼합적으로 나타나며 이러한 것이 직접적으로 표현되기도 하지만 무의식적 상징을 통하여 간접적으로 표현되기도 한다는 것이다. 이러한 해석의 전제조건을 제시하면서 Levy는 임상가가 인물화검사를 단순하게 주관적으로 해석하지 않도록 경고하였다. 다시 말하자면 비록 검사 시행은 간단하지만 인물화검사를 해석하는 과정은 임상가의 진지한 질문과 가설 제기와 이에 대한 다각적인 검토를 통한 경험의 축적과 연구가 요구된다는 것이다.

Hammer(1978)는 『Clinical diagnosis of Mental Disorders』에서 인물화검사의 신뢰도와 타당도에 관한 연구 결과들이 긍정적이기도 하지만 부정적 결과도 동시에 존재하고 있음을 지적하면서 과거 연구 가운데 이러한 측면에서 의미있었던 연구 결과와 앞으로의 연구 방향을 제시하였다. 임상장면에서 개인을 이해하는 보조적 수단으로서 인물화검사의 가치는 충분히 인정되고 있지만 이러한 점을 객관적으로 지지해주는 연구결과가 뒤따른다면 성격평가 뿐만 아니라 연구 도구로서도 발전될 수 있기 때문에 Hammer의 제안은 매우 의미가 있다고 보여진다. Hammer는 인물화검사의 연구 결과와 관련된 주요 논쟁점이나 앞으로의 연구 방향을 다음과 같이 제시하고 있다.

1. Levy(1959)는 인물화의 각 부분들의 비율이나 조화가 피검사자의 정신병리와 유의한 상관관계가 있다고 보고하였다. 즉 인물화에 나타난 각 부분들의 비율이 적절하지 않을 때 정신병리적 상태라고 볼 수 있다는 것이다. 이러한 근거에 따라 인물화는 세부적 부분에 따라 해석하기 보다는 부분들을 전체적으로 통합하여 해석하는 것이 타당하다고 제안하고 있다. 이러한 결과는 Irgens-Jensen(1971)의 연구에서도 지지되었다. 연구자는 남자 주정중독환자집단의 인물화를 검토한 결과 이 집단의 남자 인물상에서 비정상적 머리와 얼굴(흐려지거나 혼란되거나 생략된)이 드러나고 있고 여성상에 비해 크기가 작으며 이에 반해 여성상은 성적 특징이 강조된, 전형적인 성적 대상으로 그려지고 있다는 점을 발견하였다. 연구자는 이러한 결과에 대한 다변량분석을 근거로 다음과 같은 해석을 내렸다. 주정중독환자집단은 여성에 대한 적대적, 갈등적 태도를 지니고 있고 그들의 자아 신체상은 덜 분화되어 있고 자신감이 결여되어 있으며 정서 통제는 불안정하며 자아방어는 자기처벌적이라는 것이다. 이러한 결과는 다른 연구에 의해서도 지지되었는데 Craddick와 Leipold(1968)는 남성알콜중독환자집단이 정상남자집단에 비해 남성상의 크기가 작고 여상상과 비교해서 남성상의 크기가 작다는 점을 제시하였다. 특히 남성상과 여성상의 크기가 유의하게 차이가 있다는 점을 검토하면서 앞서 제시된 Irgens-Jensen이 제안한 가설을 지지하였다. 이러한 연구 결과들은 인물의 크기의 비교나 각 부분의 조화가 정신병리나 심리적 상태를 반영해 주며 이에 따라 이러한 해석적 접근방식이 유용함을 시사해주고 있다.

2. 역동적 자극을 실험적으로 도입함으로써 검사반응을 강화하고 이러한 검사반응의 타당도를 검증할 수 있다. 예를 들면 Ludwig(1969)는 인물화검사에 반영되는 자아이미지의 타당도를 검증하는 한 방법으로 남자 피검사자의 신체적 능력을 비판하는 부정적인 피이드백을 제공한 다음 인물화의 변화를 검토하였다. 그 결과 비판받은 피검사자들은 인물의 크기가 유의하게 작아졌는데 이러한 결과는 인물의 크기가

자아 존중감과 연관된다는 가설을 지지해주고 있다고 해석되어졌다. 그러나 흥미로운 것은 인물의 크기가 감소되는 대신 남자인물상의 근육이 강조되었다는 점이었다. 이러한 근육 강조는 비판적 자극으로 인해 낮아진 자아 평가를 보상하려는 시도로서 근육이 유의한 수준에서 강화되었다고 해석되었다. 이와 비슷한 다른 연구로는 인물화의 음영이 심리적 불안과 연관이 있다는 가정의 타당성을 검증하기 위한 연구가 있었다(Goldstein과 Faterson 1969). 이 연구는 피검사자들에게 불안을 자극하는 슬라이드(예리한 돌칼로 남자의 성기가 잘려지고 피가 흐르고 고통스러워하는 얼굴이 비쳐지는)를 보여주고 난 다음 인물화의 변화를 검토한 결과 유의하게 인물의 음영반응이 증가하였음을 발견하였다. 특히 피검사자의 자아 이미지를 나타내는 동성인물에서 음영이 증가하였고 이성인물에서는 음영반응이 증가하지 않은 점이 이러한 가설을 더욱 지지해 주었다. 물론 이러한 연구들이 피검사자에게 부정적 자극을 제시하고 이로 인하여 불안이나 고통, 부정적 자아 이미지를 유도한다는 문제점이 지적되기는 하지만 이러한 연구들은 실험적으로 조작된, 특정한 반응을 유발하는 역동적 자극을 도입하여 이러한 자극에 대한 반응으로 인물화에서 나타나는 변화를 검토함으로써 검사반응의 타당도를 지지해주고 있다는 점에서 흥미롭다고 보여진다.

3. 인물화를 통하여 정신의학적 진단이 아닌 피검사자의 행동 특징을 평가하는 경우 검사반응의 타당도가 증가한다고 보고되고 있다. Griffith와 Peyman(1965)은 인물화에서 귀와 눈이 강조될 경우 피검사자의 관계망상적 행동 *idea of reference*을 나타낸다는 가설을 검토하면서 정신의학적 진단보다 행동 특징이 평가의 준거로 사용되는 경우 해석의 타당도가 증가한다고 보고하고 있다. 이러한 결과는 인물화가 정신의학적 진단보다는 행동 특징을 평가하는데 보다 적절한 도구임을 시사해주고 있다.

4. 인물화의 형식보다는 내용 차원이 보다 타당성있는 지표가 된다는 연구가 진행되었다(Coopersmith등 1976). 연구자들은 자아 이미지에 대한 피검사자의 자기평가 *self-rating*와 행동평가사이에 큰 차이가 있는 97명의 청소년들의 인물화를 형식과 내용차원으로 각각 분석한 결과 내용 차원의 해석이 보다 타당하다는 점을 제시하였다. 또한 세부적 평가보다는 전체적 평가 *global interpretation*가 집단을 변별하는 정도가 높았다. 이러한 연구 결과는 인물화검사에 대한 형식적 해석보다 내용 차원의 해석, 세부적 해석보다는 전체적 해석이 보다 타당하고 유용함을 제시해주고 있다.

5. 성인의 인물화보다 아동의 인물화 타당도 연구가 보다 긍정적인 결과를 제시해주고 있다. 앞서 제시된 Coopersmith등의 연구외에도 이러한 연구들이 있는데 Vane과 Eisen(1965)은 유치원 부적응 아동의 인물화를 분석하였다. 연구자들은 적응아동에 비해 부적응아동의 인물화검사에서 차이있게 드러나고 있는 4가지 특징—"심하게 왜곡된 모습", "몸통의 부재", "입모습의 부재", "팔의 부재"—을 발견하였다. 또한 연구자들은 이 4가지 지표가 추후연구(1년후 시행된)에서 교사평가와 유의한 정적 상관성을 보였고 따라서 이 지표들이 부적응을 나타내주고 부적응을 예견해준다고 보고하였다. 다른 연구는 Davis와 Hoopes(1975)에 의해 진행되었는데 문제아동의 인물화는 적응아동의 인물화에 비해 그림이 빈약하고 최소한의 부분만을 포함하고 있으며 이러한 지표의 타당성을 보고하였다. Hammer는 아동의 인물화는 성인에 비해 방어가 적고 그림이 명백하기 때문에 타당도 연구가 보다 용이하고 그 결과가 용이하게 드러날 수 있음을 지적하면서 이러한 아동화의 타당도 검증연구가 축적됨으로써 성인의 인물화 타당도연구를 유도할 수 있다고 제안하였다.

6. Apfeldorf등(1974)은 검사자가 피검사자의 그림을 보면서 맨 처음 떠오르는 정서적 연상이 해석에 있어서 중요하다는 점을 제안하였다. 이 연구는 정서적 연상을 근거로 한 해석이 세부 분석을 근거로 한 해석보다 타당하고 유용하다는 점을 시사해주고 있다. 이와 동일하지는 않지만 인물화를 그린 후 인물에 대한 피검사자의 연상을 질문하는 방식이 있는데 이 방식 역시 인물화에 대한 정서적 연상 자료가 유용하다는 전제에 따라 시행된다고 보여진다.

7. 인물화검사연구에서 성과 연령 변인이 고려될 때 보다 정확한 결과가 기대될 수 있다. Roback(1966)은 그림이 크기와 우울정서와의 관계를 검토한 결과 여성의 경우 유의한 상관관계가 있었으나 남성의 경우 유의한 상관관계가 드러나고 있지 않음을 보고하면서 피검사자의 성을 고려하지 않았다면 이러한 유의한 결과가 드러나지 않았을 것임을 지적하였다.

8. 인물화검사 뿐만 아니라 다른 종류의 그림검사 역시 연구나 임상평가에 유용한 자료를 제공해준다. 즉 집—나무—사람그림(유채색이거나 무채색그림), 가족화 그림이 인물화검사에 보충될 때 인물화검사에서 제공되는 자료를 보완해준다는 것이다. Caliger(1952)는 정신분열증 망상형환자집단의 인물화연구에서 한 장의 그림보다 연속적인 여러장의 그림을 분석하였을 때 의미있는 자료를 대폭적으로 수집할 수 있었음을 보고하였다.

Hammer는 이와같은 연구 결과와 연구 방향을 제시함과 동시에 피검사자가 인물화에 표현하는 방식에는 개인차가 있음을 지적하면서 세부적 분석보다는 종합적 분석의 중요성을 강조하였다. 그의 진술을 직접 인용해보면 다음과 같다. "-우리가 포착하기 어려운 단서들을 항상 인지할 수 있는 것은 아니다. 왜냐하면 이러한 단서들이 항상 동일한 부분에서 드러나는 것은 아니기 때문이다. 동일한 행동 특징을 어떤 사람은 그림의 선으로 표현하고 다른 사람은 그림의 내용으로 표현하기도 하며 또 다른 사람은 그림의 위치나 동작으로 표현하기도 한다." 따라서 앞서 지적된 바와 같이 임상장면에서 인물화검사를 해석하는 방식은 전체적 분석방식이 보다 바람직할 것으로 여겨진다. 이에 덧붙여서 저자는 다음 3가지 점을 특히 강조하고자 한다. 첫째 인물화에 대한 연상적 해석방식의 유용성을 지적하고자 한다. 저자의 경험으로는 인물화검사에 대한 기술적 평가의 객관적 근거가 약하기 때문에 세부적으로 해석하기 보다는 전체적 인상, 전체적 조화를 중심으로 해석하는 것이 상당히 유용한 정보를 제공해준다. 예를 들면 인물의 분위기, 인물이 전달하고 있는 정서적 느낌, 인물을 보면서 떠오르는 연상 내용을 중심으로 피검사자의 자아 이미지와 환경과의 관계를 추론하고 이러한 추론의 타당성을 검토해보는 것이다. 둘째 한 피검사자에 대해 인물화를 장기간에 걸쳐 반복적으로 시행함으로써 피검사자의 심리적 변화상태를 평가할 수 있음을 강조한다. 이는 임상장면에서 흔히 관찰하는 현상인데 피검사자의 인격 통합과 정서적 안정에 따라 인물화나 다른 그림검사의 형식과 내용이 눈에 띄게 달라지는 것을 발견하곤 한다. 예를 들면 환자가 심한 혼란기에 그린 그림과 회복기에 그린 그림은 확연하게 차이가 있는데 어떤 점이 두드러진 특징인지를 자세하게 검토한다면 혼란과 문제를 야기한 핵심적 문제를 발견하는데 도움이 될 수 있을 것이다. 세째 인물화검사만 시행할 것이 아니라 다른 그림검사와 비교할 때 매우 유용한 자료를 얻을 수 있다는 것이다. 저자의 경험으로는 특히 아동의 경우 인물화와 가족화, 집-나무-사람그림을 함께 시행하는 것이 다각적인 자료를 제공해주었다. 예를 들면 12살난 한 아동의 경우 인물화검사에서 남자상을 그리고 난 다음 여자상을 그렸는데 남자상은 마치 마귀와 같은 모습의 아버지상을 여자상에서는 보호적이고 강한 어머니상을 그렸다. 그러나 가족화에서는 당당하게 출근하는 아버지를 배웅하는 약하고 무기력한 어머니와 가족들, 가족이 나들이를 나가서 풀밭에 둘러앉아 있는데 한 가운데 편하게 누워있는 아버지, 주변에 쭈그리고 앉아 있는 힘없는 가족들, 그리고 마지막으로 신나게 야구를 하는 자신의 모습을 그렸다. 이러한 일련의 그림들은 지배적이고 폭군적인 아버지와 무기력한 어머니, 그리고 위축되고 불안한 환자, 이러한 갈등을 해결하는 한 방식으로 계속해서 야구를 즐기는 환자의 모습을 그려내고 있는데 인물화만 그린 경우 보다 가족화를 추가함으로써 훨씬 생생하고 다양한 자료를 제공해주고 있다.

2. 검사의 실시

인물화검사의 준비물은 보통 연필(지나치게 흐리거나 진하지 않은), 16절지 종이 몇 장, 지우개이다. 그리고 평평하고 여유있는 책상에 피검사자가 편안하게 앉아서 그림을 그리도록 준비한다. 검사지시는 다음과 같다. "자, 사람을 그려보십시요." 이와같은 설명없는 간단한 지시를 내리고 나면 대부분 피검사자들은 여러가지 질문을 한다. "전체를 다 그립니까?" "어떤 사람을 그립니까?" "남자를 먼저 그립니까, 여자를 먼저 그립니까?" 이러한 질문에 대한 대답은 다음과 같다. "당신이 좋을대로 그리면 됩니다." 피검사자가 당황하여 그림을 잘 그리지 못하거나 그림을 그리려 하지 않을 때 검사자가 개입하는 경우에도 원칙적으로 위와같은 방식으로 피검사자가 그리고 싶은대로 그릴 수 있다는 점을 말해준다. 만약 피검사자가 자신의 그림 솜씨에 대해 걱정한다면 "괜찮습니다. 당신이 얼마나 그림을 잘 그리는가에 관심이 있는 것은 아닙니다. 그릴 수 있는대로 그리면 됩니다"라고 안심시켜 준다. 이러한 경우 검사자가 주의할 점은 모르는 사이에 피검사자에게 어떤 암시를 주거나 구체적인 지시를 내려서는 안된다는 것이다. 다시 말하자면 앞서 제시된 표준 지시를 가능한한 따라야 한다는 것이다.

만약 피검사자가 완전한 사람 모습을 그리지 않는다면 완전한 모습의 사람을 그리도록 다시 지시를 내린다(이와같이 피검사자가 2장 이상 여러장의 그림을 그리는 경우 그림 순서를 번호 매겨두어 그림이 그려진 순서를 해석과정에서 참조해야 한다). 완전한 그림이란 일반적으로 머리, 몸통, 팔, 다리가 포함된 그림을 말한다. 만약 다른 부분은 다 그려져있지만 얼굴의 일부가 생략된 채 그려졌다면 이 경우 완전한 그림으로 간주한다. 즉 불완전한 그림이란 머리, 몸통, 팔, 다리 가운데 한 부분이라도 완전히 생략된 경우를 말한다. 만약 그림의 인물이 만화나 선으로 그려진다면 다른 종이에 새로 사람을 그리도록 지시해준다. 이러한 지시를 받고도 계속 만화나 선으로 그림을 그린다면 완전한 사람을 그릴 때까지 계속 지시를 내린다. 물론 상황에 따라 계속 지시를 내리는 것이 큰 의미가 없거나 아니면 더욱 피검사자의 저항을 강화하여 오히려 역효과를 가져올 것으로 예상되는 경우는 그림 그리는 것을 중단하는 것이 바람직하다. 그리고 이러한 경우에는 만화나 선으로 그린 그림의 의미를 해석하는데 그쳐야 한다.

이와같은 과정을 거쳐서 완성된 그림이 한장 그려지면 검사자는 피검사자에게 그려진 인물이 남자인지 여자인지를 확인한 후 다음과 같이 지시한다. "이 그림은 남자 그림이군요. 이번에는 여자를 그리십시요." 만약 피검사자가 여자를 먼저 그렸다면 남자를 그리도록 지시를 바꾸면 될 것이다.

인물화검사 시행은 비교적 간단하지만 이 과정에서 피검사자는 여러가지 의미있는 행동을 보일 수 있다. 따라서 검사자는 행동관찰 자료를 수집하여 기술적, 해석적 의미를 종합해야 한다. 흔히 별다른 저항없이 자연스럽게 그림을 그리기 시작하는 경우, 매우 당황하고 여러가지 질문을 하면서 그림을 그리기 어려워하는 경우, 그림을 다 그리고 난 후 자신의 그림을 보면서 과도하게 부정적으로 반응하는 경우등 여러가지 경우가 관찰될 수 있을 것이다.

Levy 방식에는 피검사자에 대한 그림 후 연상질문단계가 구체적으로 제시되고 있지 않지만 Machover방식에는 이 단계가 추가되어 있다. 이러한 질문을 하지 않은 경우에 비해 질문을 한 경우 의미있는 자료를 다양하게 수집할 수 있다는 점에서 이 부분을 추가하고자 한다. 일반적으로 피검사자의 연상내용은 의식적 수준에서 연상된 것이므로 검사기법의 본래적 성질과 일치하지는 않지만 간접적으로나마 임상적으로 유용한 정보를 제공해주는 경우가 많기 때문에 이 기법이 추가되기도 한다. 질문방식은 피검사자에게 자신이 그린 그림을 보면서 그 인물이 연극이나 소설에 나오는 인물인냥 상상하면서 그 인물에 대한 이야기를 꾸며보도록 요청한다. 질문 내용에는 나이, 학력, 직업, 야심, 가족, 좋아하는 부모, 자신의 신체와 친구, 가족, 학교, 성 결혼에 대한 태도등에 관한 내용이 포함된다. Machover의 연상질문 내용이 그림 1, 그림 2에 제시되고 있다.

질문지 1. MACHOVER FIGURE-DRAWING TEST(아동용)

이름__________ 생년월일__________ 검사날짜 __________ 학년 __________

당신이 그린 인물이 소설이나 연극의 주인공인 것처럼 상상하면서 다음 질문에 가능한 한 자세하게 응답해주기 바랍니다.

1. 그(녀)는 무엇을 하고 있습니까?________ 2. 그(녀)는 몇살입니까?________
3. 그(녀)는 결혼했습니까____ 4. 자녀가 있습니까?____(아들인가요, 딸인가요?)
5. 그(녀)는 직업은 무엇입니까?________ 6. 학교에서의 성적은?________
7. 그(녀)는 야망은 무엇입니까?____ 8. 그(녀)는 어떤 면에서 뛰어납니까?____
9. 그(녀)는 어느정도로 건강합니까?__ 10. 그(녀)는 어느정도로 잘생겼습니까?__

11. 그(녀)의 신체중 가장 좋은 부분은? _ 12. 그(녀)의 신체중 가장 나쁜 부분은? _
13. 그(녀)는 얼마나 행복합니까? ____ 14. 그(녀)는 무엇을 걱정하고 있습니까? ____
15. 그(녀)는 언제 흥분하게 됩니까? ____
16. 그(녀)는 어떤 신경질적인 습관을 지녔습니까? ____
17. 그(녀)는 나쁜 습관 3가지는 무엇인가요? ____
18. 그(녀)는 장점은 무엇입니까? ____
19. 그(녀)는 친구가 많은가요?

____그보다 나이가 많은 친구인가요? ____그보다 나이가 어린친구인가요? ____

20. 사람들은 그(녀)에 관해 무슨 이야기를 합니까? ____
21. 그(녀)는 그(녀)의 가족과 얼마나 즐겁게 지냅니까? ____
22. 그(녀)는 학교를 얼마나 좋아하나요? ____
23. 그(녀)는 소년들과 얼마나 자주 외출합니까? ____
24. 그(녀)는 어떤 때가 즐거웠다고 기억합니까? ____
25. 그(녀)는 결혼할 것입니까? ____ 26. 몇살에 하나요? ____
27. 그(녀)는 어떤 형의 소녀(소년)와 결혼할까요? ____
28. 그(녀)의 중요한 소원 3가지는? ____
29. 그(녀)는 당신에게 누구를 생각나게 합니까? ____
30. 그(녀)와 같이 되고 싶나요? ____
31. 덧붙이고 싶은 것이 있으면 무엇이든 기록하여 주십시오. ____

주의 : 당신이 처음 그린 그림에 1번이라고 쓰십시오. 그림뿐만 아니라 당신이 적은 모든 답안을 검토하십시오.

질문지 2. MACHOVER FIGURE-DRAWING TEST(성인용)

이름____ 연령____ 날짜 ____ 기록번호 ____

주요문제____ 진단____

인물의 특징과 절차____

____

연상(당신이 그린 인물이 소설이나 연극의 주인공인 것처럼 상상하면서 다음 질문에 응답해주시기 바랍니다.)

1. 그는 무엇을 하고 있습니까? ____ 2. 몇살입니까? ____ 3. 그는 결혼했습니까? ____
4. 자녀는 몇 명입니까? ____ 5. 누구와 함께 살고 있습니까? ____

6. 그는 그의 어머니를 좋아합니까, 아버지를 좋아합니까? ______________________

7. 그는 형제·자매가 있습니까? ____

8. 그가 하고 있는 일은 어떤 종류의 일입니까? ______________________

9. 그는 학력이 어느정도입니까? ____

10. 그의 야망은 무엇인가? ______________________

11. 그는 어떤 면에서 뛰어난가? ______________________

12.그는 어떤 면에서 강합니까? __________ 13.그는 어느정도 건강합니까? __________

14.그는 잘 생겼습니까? __________ 15.그의 신체중 가장 좋은 부분은? __________

16.그의 신체중 가장 나쁜 부분은? ______________________

17.그는 예민한 사람입니까? ______________________

18.대개 그는 마음속으로 무슨 생각을 하고 있습니까? ______________________

19.그는 어떤 두려움이 있습니까? ______________________

20.그는 어떤 일에 대해 슬퍼합니까? ______________________

21.무엇이 그를 화나게 만듭니까? ______________________

22.그의 중요한 소원 세가지는 무엇입니까? ______________________

23.그의 장점은 무엇입니까? __________ 24.그의 단점은 무엇입니까? __________

25.그는 혼자 있기를 좋아합니까, 사람들 사이에 있기를 좋아합니까? __________

26.사람들은 그에 관해서 어떤 이야기를 합니까? ______________________

27.그는 의심이 많은 사람입니까? ______________________

28.그는 그의 아내와 어떻게 지냅니까? (만일 미혼이라면 부모) __________

29.그는 별거한 적이 있습니까? __________ 30.그는 외도한 적이 있습니까? __________

31.그의 아내는 외도한 적이 있습니까? ______________________

32.그는 아내에 대해 성적으로 어떻게 생각합니까? ______________________

33.최초의 성경험은 언제 있었습니까? ______________________

34.(만일 미혼이면) 꾸준히 사귀는 여성이 있습니까? ______________________

35.그는 결혼을 원합니까? __________ 36.그는 어떤 종류의 여성을 원합니까? __________

37.그는 남성들과 성관계를 가진 적이 있습니까? ______________________

38.그에게 남성이 접근해 온적이 있습니까? ______________________

39.그는 얼마나 자주 자위행위를 합니까? ______________________

40.그는 자위행위에 대해 어떻게 생각하고 있습니까? ______________________

41.그는 당신에게 누구를 생각나게 합니까? ______________________

42.당신은 그와 같아지고 싶습니까? ______________________

피험자에게 직접 질문하시오.

43.당신의 신체중 가장 나쁜 부분은 어디입니까? ______________________

44.당신의 신체중 가장 좋은 부분은 어디입니까? ______________________

45.당신의 장점은 무엇입니까? ______________________

46.당신의 단점은 무엇입니까? ______________________

오른편, 중앙이다. 성인의 그림은 중앙에 위치하는 경향이 있는데 중앙보다 위편에 위

주의 : 모든 질문은 피검사자의 성과 연령에 따라 조절되어야 한다. 임상적으로 관심을 끄는 응답이 나오면 추가 질문이 가능하다. 인물의 모습과 의복에서 의문점이 있으면 기록한다. 인물에게 기술된 내용이 피검사자에게도 해당되는지를 질문한다(시간적 여유가 있다면 이 마지막 질문은 매우 유용한 가치가 있다).

다음은 Levy가 인물화의 의미있는 부분에 관심을 집중시키려는 목적과 동일하게 기록된 자료 수집을 통하여 연구 자료로서 이용하려는 목적으로 제공하고 있는 검사반응 기록지를 그림 3에서 소개하고자 한다. 저자의 생각으로는 이러한 기록지방식은 인물화검사의 다각적 측면에 대해 관심을 고르게 집중하고 이러한 다각적 자료를 종합하는데 도움이 될 것으로 여겨진다.

기록지 3. 인물화 분석기록지

이름__________ 성__________ 연령 __________ 학력 __________ 검사날짜__________

1. 검사 지시에 대한 반응
2. 행동관찰
   a) 그림 그리는 동안의 행동
   b) 그림의 순서
3. 그림 분석

전체적 분석

1) 성 · 연령등 기술적 내용

2) 인물의 크기 1 2 3 4 5 6 7 8 9 10 11 12 13 14 15 16 17 18 19 20 21 22

3) 인물의 위치

4) 인물의 자세 정면______ 왼편 측면______ 오른편 측면______ 뒷면______

5) 동작 활동적__________ 중간 정도__________ 약간 억제적__________
활동정지__________ 내향적__________ 외향적__________

세부적 분석

6) 생략된 부분

7) 왜곡되거나 과장된 부분

8) 의복에 포함된 부착물

9) 인물의 보조물

4. 선의 분석

10) 압력 강함________ 중간________ 약함________

11) 지속성 지속적________ 비지속적________

12) 리듬 넓음________ 좁음________

13) 방향 다양_____ 위로_____ 아래로_____ 오른편_____ 왼편_____

14) 동작 억압적________ 자유로움________

15) 세부의 정도 :

16) 형태의 정확도 :

17) 균형 :

18) 음영 :

기타 :

3. 해 석

일반적으로 인물화는 그림의 형식, 그림의 선, 그림의 내용 세가지 차원에서 해석된다. 그림의 형식에는 그림의 순서, 크기, 위치, 대칭성이 포함되고 그림의 내용은 그림이 표현하고 있는 각 부분들의 특징, 그림의 선은 인물이 그려진 선의 강도와 특징을 포함한다. Levy는 이러한 점을 고려하고 있지만 이 세차원에 따라서 해석을 분류하고 있지는 않고 그려진 인물의 순서, 인물의 차이점, 크기, 위치, 동작, 왜곡이나 생략, 선의 특징을 중심으로 해석해 나가고 있다.

그림을 해석하기 앞서 임상가가 구별해야 하는 주요점은 인물 가운데 피검사자가 어떤 인물과 동일시하고 있는지를 가려보아야 한다는 것이다. Levy는 이 부분에 대해 명백하게 언급하고 있지 않으나 저자의 생각으로는 대체로 피검사자가 동일시하고 있는 인물에는 현실적인 자아 이미지가 나타난다고 보여진다. 즉 피검사자가 자신을 어떤 사람으로 지각하고 있는지가 드러난다는 것이다. 아니면 피검사자가 동일시하고 있는 인물에 이상적인 자아 이미지나 또는 현실적 이미지와 이상적 이미지가 혼합된 상이 드러날 수도 있다. 이와 반대로 피검사자 자신을 나타내지 않는 다른 인물 즉 대상을 나타내는 인물에는 이성에 대한 현실적, 이상적 이미지가 드러난다고 여겨진다. 그러나 때로는 대상을 나타내는 인물에 부모상이 드러나기도 하고 피검사자 자신의 이상적 자아상이 드러나기도 하는 것 같다. 그려진 인물이 누구를 대표하고 있는지를 가려내는 것은 피검사자의 연상, 인물의 특징, 그려진 인물에 대한 검사자의 연상, 그외 다른 자료를 중심으로 판별되어야 할 것이다.

그림의 순서

보통 피검사자들은 남자나 여자 가운데 어떤 인물을 먼저 그리는가? Levy에 의하면 5,000명 피검사자 가운데 87%가 피검사자와 동일한 성을 가진 인물을 먼저 그렸다고 한다. 그리고 동성연애자로 밝혀진 피검사자 16명 가운데 13명이 자신의 성과 다른 이성의 인물을 먼저 그렸다고 한다. 이러한 결과로부터 일반인들은 보통 자신과 동일한 성을 지니고 있는 인물을 먼저 그린다고 말할 수 있다. 그러나 이성을 먼저 그리는 모든 피검사자가 동성연애자라고 말할 수는 없다. 그외에도 성 정체감 *gender identity* 장애나 성적 장애가 있는 경우도 포함될 수 있다. 또한 이성 부모나 이성에 대한 강한 애착이나 의존과 관련이 있을 수도 있다.

저자가 경험한 한 사례에서는 그림의 순서에서 성 정체감 장애가 극적으로 드러나고 있었다. 29세된 한 남자환자가 비뇨기과에 입원한 상태에서 정신과 자문이 의뢰되었다. 심리평가의 필요성을 설명해주고 심리검사를 협조적으로 시행할만큼 관계형성이 이루어진 다음 저자는 이 환자에게 사람을 그려보도록 권유하였다. 그는 처음에는 그림을 그리기 시작하였으나 시간이 지나면서 계속 지우기만 할 뿐 그림을 전혀 그리지 못하였다. 점차 시간이 지나면서 그는 땀을 흘리고 몹시 불안해 하였다. 저자는 일단 그림그리기를 멈추게 한 다음 그에게 왜 그림 그리기가 어려운지 질문하였다. 그는 매우 혼란스런 표정으로 다음과 같이 응답하였다. "나는 남자를 어떻게 그려야 할런지, 여자를 어떻게 그려야 할런지 모르겠어요." 이 환자의 비뇨기과 입원은 자신이 정상적인 남자인지를 평가해 달라는 환자의 요청에 따라 전반적인 비뇨기과적 검사를 하기 위해 이루어졌고 검사결과 그는 매우 정상적인 남성이라는 평가를 받았다. 그러나 그는 계속해서 의사에게 자신이 정상적인 남성인지를 확인해줄 것을 요청하면서 불안해 하였다. 이 환자는 최근 약혼한 상태였는데 그의 과거력은 이러한 불안문제가 어디서부터 비롯되었는지를 드러내주고 있었다. 그는 어릴 때부터 남자가 아닌 여자로 성장하였는데 이는 그를 딸처럼 여기면서 귀여워했던 아버지와의 관계로부터 비롯되었다. 그는 어려서부터 여성복장을 하고 여성처럼 행동하였다. 그러던 그는 약혼을 하게 되고 정상적 남성으로서 역할을 해야하는 상황에 직면하자 자신의 성정체감에 혼란을 느끼고 비뇨기과에 입원하여 자신의 남성성에 문제가 없음을 확인하고자 하였다. 그러나 비뇨기과 검사 결과 그는 남성으로서 정상임이 판명되었으나 계속 심한 불안상태에 있었고 이러한 결과가 인물화검사의 순서에서 극적으로 드러나고 있었다.

그림의 비교

남성과 여성의 그림을 비교함으로써 피검사자의 정신 성적 태도 *psychosexual attitude*가 드러난다. 즉 남성과 여성의 성역할에 대한 피검사자의 태도가 표현된다는 것이다. 예를 들면 피검사자가 여성일 경우 만약 남성의 그림이 매우 크고 당당하고 활기있는 반면 여성의 그림은 매우 작고 다소곳하고 억압적인 모습이라면 이 여성의 성역할 인식은 지나치게 수동적이고 의존적이라고 해석될 수 있을 것이다. 만약 피검사자가 남성일 경우 남성의 모습이 매우 작고 정적이고 연약하고 위축되어 있고 여성의 모습은 크고 움직임이 있고 강하다면 이 남성은 매우 소극적인 성역할 태도를 지니고 있어서 여성의 보호적 역할에 의존적일 가능성을 암시해주고 있다. 혹은 이러한 남성과 여성의 모습의 차이가 피검사자의 가족관계 즉 피검사자의 부모의 부부관계 방식의 반영일 수도 있을 것이다. 즉 피검사자가 동일시한 부모들의 부부관계 방식과 관련될 수도 있다는 것이다. 이러한 가능성은 다른 반응 내용과 연관지워서 검토해보는 것이 요구된다.

크 기

종이의 크기에 비례한 인물의 크기는 피검사자와 환경의 역동적 관계를 시사한다. 즉 피검사자를 반영하는 인물의 크기는 피검사자가 환경과 관계를 맺는 방식, 환경 요구에 대응하는 방식을 암시해 준다. 만약 피검사자의 자아상을 투사하는 인물의 크기가 종이 크기에 비해 상대적으로 매우 작다면(보통 16절지의 2/3정도의 그림이 평균 크기라고 볼 수 있다) 그는 자신을 열등하고 부적절하다고 느끼며 환경 요구에 대해 이러한 태도로 대응할 가능성이 높다. 반대로 자아상을 나타내는 그림의 크기가 매우 크다면 피검사자는 환경 요구에 대해 자신감 있게 또는 공격적으로 대응하는 경향이 있을 것이다. 이러한 태도가 때로는 열등감에 대한 보상적 시도인 경우도 있지만 외적으로는 자신감이 넘치고 공격적인 태도를 드러내 보일 것이다. 여기서 고려할 점은 그림의 크기도 중요하지만 이에 못지 않게 그림이 전달하고 있는 분위기도 중요하다는 것이다. 비록 그림의 크기는 매우 크지만 실제로 인물의 모습이 매우 허약하고 불안정한 느낌을 전달하고 있다면 피검사자의 실제 느낌은 무기력감일 가능성이 고려되어야 한다.

만약 그림이 피검사자의 자아상을 나타내지 않는 인물일 경우 그 인물의 크기에 대한 해석은 당연한 달라져야 할 것이다. 이러한 경우 대상의 인물은 부모상이거나 혹은 피검사자 자신의 이상적 자아상일 경우가 있다. 만약 이러한 인물의 크기가 크게 그려진다면 이는 강하고 능력있고 의지할 수 있는 부모상을 나타내기도 하고 위협적이거나 공격적이거나 처벌적인 부모상을 나타내기도 할 것이다. 만약 이상적 자아상을 나타내는 인물이 크게 그려진다면 이는 피검사자의 내적 열등감에 대한 보상으로 강한 이상적 자아상에 대한 추구가 반영된 것이다.

그림의 위치

그림의 위치에는 일반적으로 다섯가지 위치가 있다—중앙 위편, 중앙 아래편, 왼편, 오른편, 중앙 이다. 성인의 그림은 중앙에 위치하는 경향이 있는데 중앙보다 위편에 위치하는 그림은 자아에 대한 불확신감, 혹은 긴장감을 나타낸다. 왼편에 치우친 그림은 자의식이 강하거나 내향적인 경향성이 검토될 수 있다. 비교적 안정되게 중앙보다 낮은 위치에 그려져 있는 그림은 안정되어 있는 평온상태를 반영하기도 한다. 그러나 우울하고 좌절감을 느끼는 경우 역시 이러한 위치에 인물을 그리기도 한다. 중앙에 그려진 인물은 자율적이고 적응적이고 자아중심적인 경향이 있다. 오른편에 치우친 그림은 다양한 해석이 시도되었으나 Levy는 저항, 적개심이 가능한 해석이라고 제시하고 있다. 주의할 점은 이러한 그림의 위치만으로 해석이 가능한 것이 아니고 전체적 해석 내용과 연관지워서 해석이 내려져야 한다는 것이다.

인물의 움직임

대부분의 인물은 어떤 방식으로든 움직임을 나타내는데 그 움직임은 매우 긴장되고 위축된 움직임으로부터 매우 능동적인 움직임까지 정도에 있어서 매우 차이가 있다. 활동적인 인물의 그림은 강한 행동 경향성을 암시한다. 그리고 매우 억압적인 위축된 그림은 심각한 내적 갈등에 대해 융통성없는 강한 억압이 사용되고 있음을 암시한다. 드문 경우로서 앉아있거나 누워있는 인물은 낮은 에너지, 충동성의 결여, 정서적 고갈상태를 암시하기도 한다. 만약 인물에 움직임이 전혀없는 기계적인 모습이라면 이는 정신증적 상태를 의심해보아야 한다. 이와 동일하게 만약 인물이 살아있는 생생한 느낌이 들지 않고 로보트나 생명이 없는 인형과 같이 그려진다면 정신분열증이 고려될 수 있다. 대부분 적절한 움직임을 묘사하는 경우 보다는 움직임이 매우 빈약한 상태로 인물을 그린다. 그리고 많은 경우 움직임이 없을 뿐만 아니라 매우 긴장되고 위축된 모습으로 인물을 그린다. 이러한 경우는 일반적으로 피검사자의 소극성이나 자신감 결여, 긴장감을 나타낸다고 보여진다.

왜곡과 생략

대부분 머리가 제일 먼저 그려지고 얼굴을 포함한 머리 그리기에 매우 관심을 쏟는다. 대부분의 경우 머리와 얼굴에서 자아개념이 집중적으로 드러난다. 만약 이 부분이 현저하게 크게 그려진다면 매우 공격적이거나 지적 기대수준이 높음을 암시한다. 때로는 이 부분에 신체적 증상이나 고통이 있을 수도 있다. 만약 머리와 얼굴이 희미하게 그려진다면 지나치게 자의식이 강하고 수줍음을 나타내기도 한다. 만약 머리가 맨 나중에 그려진다면 심각한 대인관계 장애가 있을 가능성이 탐색되어야 한다. 때로는 얼굴 이외 부분은 희미하게 그려지면서 머리와 얼굴 부분만 강조된다면 보상책으로 공상에 몰두하는 경우이거나 아니면 신체상이나 신체기능에 대한 열등감을 나타내는 경우일 수도 있다.

머리카락은 자아도취적이거나 동성애적 개인들에 의해 강조되는 경향이 있다. 얼굴에 수염이 그려지는 경우 자신의 남성다움에 대해 부족감을 느끼는 경우로 지나치게 성적 활력을 추구함을 나타내기도 한다.

입은 직선, 곡선, 타원형으로 그려지는데, 직선의 입은 언어적 공격성을, 타원형의 입이나 벌려진 입은 구강적 성욕이 강하고 의존적인 경우임을 암시한다. 만약 남자 피검자의 경우 입술이 감각적일 경우 여성적이거나 동성애적일 수 있다. 만약 입에 이빨이 드러나는 경우 구강적 공격성과 구강적 가학성향을 암시한다.

만약 남자 피검사자의 경우 눈이 크고, 눈썹이 그려지는 경우 동성애를 암시한다. 만약 눈동자가 생략되어 있다면, 도시증적 경향성과 연관된 죄의식을 암시하기도 한다. 만약 눈이 크고 응시하고 강하다면, 망상적 경향성을 암시한다.

일반적으로 눈은 의사소통의 수단이므로, 적절한 눈 묘사의 생략, 예를 들면 눈이 생략되거나 눈동자가 생략된 경우, 현실적 의사소통이나 현실접촉의 상실, 거부를 암시하며 정신분열증 또는 심한 자기중심적 자아도취를 나타낸다.

코는 남성성기의 상징으로 해석된다. 만약 코가 지나치게 크고 강조된다면 성적 열등감이나 무력감을 암시한다. 이와 반대로 코가 자신이나 타인에 대한 지각을 나타내기도 한다. 만약 피검사자와 동일시되는 인물의 코가 굽어 있고, 넓고, 평평하다면 배척감과 자기 모멸감을, 상대방과 동일시되는 인물에서의 그와 같은 코의 모습은 대상에 대한 배척감과 모멸감을 나타낸다.

턱은 힘과 주도권의 상징으로서 만약 자아상에서의 턱이 크게 강조된다면 강한 충동성이나 공격성의 표현, 혹은 허약감이나 무기력감에 대한 보상적 공격성을 드러낸다. 만약 상대인물에서 턱이 강조된다면, 강하고 공격적이고 주도적인 대상과의 관계에서 피검사자가 경험하는 열등감을 나타내기도 한다.

귀는 보통 자세하게 그려지지 않는다. 만약 귀가 크게 그려지거나 강조된다면, 이 부분의 신체적 장애 혹은 환청등을 의심해 보아야 한다.

목은 머리와 몸의 연결지점으로서 지적 통제와 원본능적 욕구 조정을 상징하기도 한다. 긴 목은 본능적 욕구 조정에 어려움을 암시하며, 이 부분의 신체적 장애를 암시하기도 한다.

팔과 손은 무엇인가를 잡고 조정하는 신체기관이다. 만약 손이 감추어져 있으면 손으로 조작하는 행위(예를 들면 자위행위)에 대한 죄의식이나 무엇인가 주도하는 행위에 대한 어려움을 시사한다. 만약 손이 지나치게 강조되어 있다면 이는 주도하고 조정하는 행위에 대한 열등감이나 장애를 나타낸다. 만약 손에 음영이 그려져 있으면 이러한 행위와 연관된 불안을 암시하기도 한다. 만약 팔이 지나치게 몸에 붙어있다면, 수동성이나 방어적 경향성을 나타낸다. 만약 팔이 몸밖으로 크게 벌려져 있다면 외부로 향하는 공격성을 암시한다. 만약 손가락이나 손톱, 관절 등이 그려져 있다면, 강박성이나 신체지각장애를 암시하기도 한다. 주먹쥔 손은 억제된 공격성을 암시한다.

발과 다리에 관심이 집중되거나 신체 다른 부분보다 먼저 그려진다면 좌절감이나 우울감을 암시한다. 만약 남자 피검사자에 있어서 보통의 경우보다 엉덩이가 강조되거나 크게 그려진다면 동성연애가 의심된다. 만약 몸통이 둥글거나 허리가 가늘게 강조된다면 유사한 해석이 가능하다. 만약 팔꿈치나 다른 관절부분이 강조된다면, 강박적인 성향을 나타내거나 의존적이고 자신감이 결여된 경우일 수 있다. 만약 내장들이 그려진다면, 정신분열증 또는 조증장애의 진단이 고려될 수 있다. 만약 몸이 모호하거나 이상하게 그려진다면 정신분열증이 의심된다. 남자 피검사자가 그리는 여성인물상에서 가슴이 강조되거나 지나친 관심이 기울여지면, 강한 구강 의존성이 암시된다. 또한 여성의 팔과 손이 길고 뚜렷하다면 이는 보호적인 모성상에 대한 소망을 반영하기도 한다. 만약 남성상에서 어깨가 강조되거나 남성상을 상징하는 다른 부분이 강조된다면 이는 피검사자의 남성상에 대한 부적절감을 드러내고 있는 것이다.

의복은 대부분의 그림에서 그려지는데 만약 인물이 나체로 그려지거나 성적 부분이 노출되어 그려진다면 이는 사회에 대한 반항을 나타내거나 의식적으로 자각된 성적 갈등을 반영하기도 한다. 도시증적 경향은 요란한 나체상으로 암시되기도 한다. 만약 자아 인물상이 나체이고 여기에 지대한 관심이 집중된다면 이는 신체상 자아도취를 암시하며, 자아상의 의복이 지나치게 화려하게 꾸며진다면, 이것 역시 사회적 자아상에 대한 자아도취를 나타낸다. 이 두 경우 모두 자기중심적이고 유아적인 성향을 암시한다.

다음은 단추나 주머니, 넥타이, 귀걸이 등 장식품과 다른 물품이 무엇을 상징하는지를 검토하기로 하자. 단추는 유아적, 의존적, 열등감을 느끼는 심리적 상태를 반영하며, 중앙에 그려진 단추들은 신체적 건강염려증을 암시하기도 한다. 소매끝과 같이 눈에 잘 띄이지 않는 위치에 단추를 그리는 경우는 강박증을 암시하기도 한다. 주머니가 가슴에 그려진 경우, 의존적이고 유아적인 개인의 애정박탈과 구강적 애정욕구를 시사한다.

넥타이는 흔히 남성성기의 상징으로 해석되는데 넥타이가 지나치게 묘사되거나 강조되면 여성적 경향성이나 동성애가 암시된다. 왜소한 넥타이는 열등한 신체상을 반영한다. 귀걸이는 자기과시적, 자기노출적 성적 취향이 있는 경우 과장되게 그려진다. 파이프 담배는 성적 활력의 상징으로 해석된다.

선의 성질 *Graphology*

인물을 묘사하는 선의 압력, 방향, 지속성, 각짐, 리듬에 따라 선의 특성이 분별되고 이에 따라 해석된다. 보통 선의 압력은 피검사자의 에너지 수준을 반영하는 것으로 알려진다. 매우 의욕적이고 욕구가 강한 피검사자는 강한 선을 그린다. 그리고 낮은 에너지 수준을 갖고 있는 사람은 약하고 희미한 선을 그린다. 불안정하고 충동적인 개인은 선의 압력이 변동적인 경향이 있다.

선의 방향은 수직적이거나 수평적인데 보통 수평적인 선은 무력감, 여성적 취향, 공상 도피와 연관이 있다고 하며 강한 수직선은 주도권, 활동성, 강한 자기주장, 남성적 취향과 연관된다고 한다. 만약 선이 주저함이 없이 그어져있다면 안정성, 지구력, 지속성을 암시하며, 주저함이 많고 선의 방향이 바뀌는 경향은 지속성의 결여를 암시한다. 매우 짧은 스케치하는 선은 불안감이나 불확신감을 나타낸다. 만약 선이 자유롭고 리듬감이 있다면, 위축됨이 없이 반응이 자유로움을 암시하며, 선이 억압적이면, 긴장하고 위축되어 있고 억압되어 있음을 나타낸다. 만약 인물의 외곽선이 명료하고 강한 선으로 그려져 있다면 외적 압력으로 부터 자신을 보호하고자 하는 피검사자의 욕구를 암시한다. 보통 음영은 불안을 나타내는데 성기부분의 음영은 성기능과 관련된 불안을 시사한다.

피검사자를 향하는 내향적 선은 자기몰입, 내향성, 불안을, 피검사자로부터 바깥쪽으로 나가고 있는 선은 공격성이나 외향성을 암시한다. 오른편에서 왼편으로 향하는 것은 내향성이나 고립감을, 왼편에서 오른편으로 향하는 선은 외향성이나 사회적 자극 추구, 지지에 대한 욕구를 암시한다.

그외 다른 인물 묘사의 특징이 어떤 상징적 의미를 지니고 있는지 검토해 보기로 하자. 만약 피검사자가 인물을 추상적으로 그리거나 "선"으로 그린다면, 이는 회피성을 암시하는 것으로서 불안정하고 자기 불신이 강함을 드러낸다. 만약 인물이 광대나 만화, 우스꽝스런 모습으로 그려진다면, 이는 피검사자의 타인에 대한 적대감이나 경멸감을 드러낸다. 이는 흔히 배척받고 거부받은 청소년들에게서 드러난다. 마녀와 유사한 인물은 적대적이고 외벌적으로 공격성을 드러내는 사람들에게서 나타난다.

때로는 땅이나 울타리 같은 보조물이 그려지기도 한다. 이는 지지에 대한 욕구를 나타낸다.

이상과 같이 Levy의 전체적 접근방식에 따라 그림의 형식, 내용, 선을 중심으로 해석 내용을 검토해보았다. 이러한 검토과정에서 드러나는 것은 인물화검사는 다각적 측면에서 해석이 시도될 수 있으며 한 분야에서 제시된 가정은 다른 내용이 이를 지지해 주는 경우 그 의미가 수용될 수 있다는 것이다. 그러나 선행 연구자들이 경험적, 임상적 연구를 근거로 하여 의미있는 가설을 다양하게 제시하고 있으나 문화적, 시대적 차이가 있을 수 있으며 개인에 따라 상징의 의미에 차이가 있을 수 있기 때문에 임상가는 앞서 제시된 해석 내용을 하나의 길잡이로 삼아서 각 사례마다 실제로 의미있는 해석이 가능할 수 있도록 집중적인 검토를 거친 후 종합적 해석을 내려야 한다는 것이다. 이를 위해서는 심리평가와 더불어 집중적인 면담과 경험적 연구가 병행될 것이 요구된다.

4. 인물화검사 사례

다음에 Hammer가 제시하고 있는 한 사례를 살펴보자. 이 그림은 원도판이 복사되는 과정에서 분위기나 내용이 제대로 전달되는 데 제한점이 있을 것임을 밝혀둔다. 예를 들면 선의 굵기나 선의 성질, 음영등이 생생하게 전달되기 어려우며 이와같은 요소들이 의미있게 분석되어야 하는데 여기서는 그와같은 특징이 제한될 것이다.

이 그림은 마치 조각된 인형과 같고 생동감이 없다. 이 그림을 그린 환자는 자신이 생생하게 살아 있다는 느낌보다는 인조인간같다는 의인증 *depersonalization*을 느낀다

고 하였고, 자발성, 부드러움, 정서적 반응이 거의 상실된 상태에 있었다.

그리고 소외감, 환경으로부터 분리된 느낌이 기본적인 자아상으로 반응되었다. TAT에서는 대인관계 형성의 실패가 보여지고 있고 Rorschach 반응도 동물이나 사람의 활발한 움직임이 없고 정적이거나 단조한 반응만이 표현되고 정서와 밀접한 색채반응은 거의 없고 움직임반응은 외부의 힘에 의해 수동적으로 움직여지는 내용이었다. 검사결과는 치료전략과 목표에 관해 언급하기를 이 환자의 성격의 메마름의 위축, 정신분열증적 성격 *schizoid structure* 때문에 치료장면에서의 행동에 제한이 있을 것이며 장기적 치료가 요구되고 점진적으로 소외감의 벽이 관계형성으로 허물어져야 하지만 방어적 철수를 자극하지 않는 범위여야 한다고 진술되었다.

12

자아방어기제평가

다음은 자아방어기제 *Ego Defense Mechanisms*에 관한 평가에 대해 살펴보기로 하자. 자아방어기제는 신경증적 증상형성의 결정적 요인으로 Freud(1984)에 의해 주목된 이래 개인의 적응상태에서나 부적응상태에서의 갈등해결방식으로 알려지고 있다. 이러한 자아방어기제는 정신병리의 기저에 있는 고통스런 정서나 사고를 방어해줌으로써 증상형성이라는 결과를 초래할 수도 있지만 한편으로는 잠재적인 치유와 적응과정을 유도하기도 한다고 알려져 있다. 이러한 점으로 볼 때 개인의 주요 자아방어기제의 평가는 정신상태나 임상적 진단과정에서 뿐만 아니라 개인의 잠재적 적응능력을 평가는 과정에서도 필수적인 요소로 인식되고 있다(Vaillant 1990). 이러한 점으로 볼 때 자아방어기제 평가를 통하여 개인의 반복적인 갈등해결방식, 적응방식, 나아가서는 정신장애적 특징을 밝힐 수 있을 것으로 기대된다. 이 장에서는 이러한 근거에 따라 개인의 주요 자아방어기제를 평가할 수 있도록 표준화된 이화방어기제에 대해 살펴보기로 하겠다.

1. 이화방어기제검사

이화방어기제검사 *Ewha Diagnostic Test of Defense Mechanism* : EDMT가 제작된 목적을 간략하게 살펴보면 다음과 같다.

1) 내적 갈등이나 외부 자극 조건의 다양성에도 불구하고 개인이 비교적 지속적으로 사용하고 있는 주요 방어기제 *major defense mechanisms*를 측정해 보고자 한다.
2) 개인의 주요 방어기제가 어떤 성질을 띠고 있는지를 검토함으로써 개인의 일관된 적응행동의 특징을 규명해 보고 이러한 적응행동이 개인의 정신건강에 어떤 영향을 미칠 수 있는지를 예견해 보고자 한다.
3) 정신과 환자에게 이 검사를 사용함으로써, 개개 환자의 특징적인 정신장애적 표현양상을 밝히고 개개 환자가 사용하고 있는 부적응적 행동방식을 이해함으로써 치료적인 방안을 모색하는데 도움을 주고자 한다. 또한 증상적인 행동이 완화된 다음 재검사를 통하여 부적응적이고 퇴행적인 방어기제와 원래적인 주요 방어기제를 비교함으로써 장기적인 정신건강 회복을 위한 접근 방안을 모색하는데 도움을 주고자 한다.

이 검사의 제작과정과 표준화과정은 이화방어기제검사 요강에 자세하게 나와 있으므로 여기서는 간단하게 전체 과정과 표준화 결과를 검토해보기로 하겠다. 검사제작과정을 보면 속담분석을 기초로 하여 예비문항을 작성하였는데 속담을 예비문항과정에서 기초로 삼은 이유는 전래의 속담은 오랜 세월동안 민중의 생활속에서 발생하고 수전되어 오면서 한국인의 특성과 정신을 담고 있으므로 한국인의 적응방식과 방어방식을 평가하는데 기초적인 자료를 제공해 줄 수 있으리라 기대되었기 때문이었다. 속담분석은 7,800여개 속담이 수록된 사전(이기문, 1962)에서 자아방어기제와 연관된다고 생각되는 속담을 검사제작자 2인이 독립적으로 추출한 결과 800여개 속담을 추출하였다. 제 2단계는 800여개 속담이 구체적으로 어떤 방어기제에 속하는지를 심리학자 3인과 정신과전문의 3인에게 평가해 주도록 의뢰한 결과 4인 이상이 일치되게 응답한 속담 587개를 추출하였다. 속담을 방어기제로 분류하는 과정에서 Comprehensive Textbook of Psychiatry에 제시된 방어기제의 정의를 기준으로 삼아 587개 속담이 분류된 18개 방어기제에 허세와 회피척도를 추가하여 20개 방어기제척도를 검사척도로 결정하였고 262개 예비문항을 제작하였다. 허세와 회피척도를 방어기제 척도로서 추가한 이유는,

이 두 방어기제는 한국인의 독특한 방어기제로 사려되었기 때문이었다(이근후 등 1990). 두번째 단계 성, 연령, 학력 별로 층화무선표집한 일반 성인 528명을 대상으로 하여 실시된 결과를 분석하여 문항의 난이도, 표준편차, 내적 일치도, 반분신뢰도에 따라 문항을 분석하였고, 문항분석 결과 예비문항 262개 가운데 200개 문항을 최종적으로 선정하였다(박영숙, 1990). 표준화검사연구는 '85 인구 및 주택 센서스 보고서의 통계자료에 기초하여 성, 연령, 학력, 거주지 별로 층화무선표집한 일반 성인 1,323명을 대상으로 하였고, 2주일이 경과된 다음 시행된 재검사는 무선 표집된 70명을 대상으로 하였다. 교차타당도는 1,323명 가운데 무작위로 선정된 284명에게 성격요인검사(염태호, 1990)를 본 검사와 병행하여 실시하였다.

이 검사의 자세한 통계적 결과는 이화방어검사 요강에서 참고할 수 있을 것이다. 이 검사에서 Spearman-Brown교정공식으로 계산된 반분신뢰도는 .66-.68사이였고 검사 신뢰도는 20개 척도 모두 .72이상이었다. 타당도 검증 결과는 이화방어검사 요강에 자세하게 기술되어 있는데 성격요인검사와 예견된 방향으로 상관관계를 보이고 있었다.

이 검사의 제작상 특징이 몇 가지 있는데 아래와 같다.

검사의 특징은 속담 내용을 기초로 하였으나 속담을 일상적인 평이한 말로 바꾸고 가능한 한 문항이 구체적인 행동을 나타냄으로써 일반인들이 보다 쉽게 질문에 응답할 수 있도록 만들었다는 점이다. 이에 따라 문항의 의미가 분명하고 구체적인 행동을 나타내고 이해하기 쉬운 내용으로 꾸미고자 노력하였다.

이 검사의 또 다른 특징은 검사문항에 대한 피검사자의 응답을 통하여 방어기제를 평가하는 질문지형 검사라는 점이다. 질문지형 검사의 가장 주요한 단점은 자칫하면 검사 결과와 피검사자의 실제 행동이 다를 수 있다는 것이다. 다시 말하면 검사 결과가 개인의 일상행동과 일치되지 않아서 개인을 이해하는데 검사결과가 도움되지 않을 수 있다는 것이다. 이에 따라 본 검사는 이런 단점을 극복하기 위하여 문항 내용이 가치 중립적이 되도록 만들므로써 문항의 사회 바람직성 *social desirability*이 경감될 수 있게 하였다. 그리고 피검사자 자신의 방어기제에 속하지만 이를 직접적으로 표현했을 때 받아들이기 곤란한 행동 특징들의 경우에는 제삼자의 행동 특징인 것처럼 표현하거나 객관적인 사리판단인 것처럼 표현함으로써 우회적으로 피검사자의 방어기제를 파악하는 소위 "투사적 기법"을 함께 병용했다.

이와같이 이 검사는 보다 구체적인 행동수준에서 피검사자가 보다 쉽게 지각 해낼 수 있는 방어적 목적을 띈 사고, 감정, 행동, 태도에 관한 문항으로 이루어졌다. 응답 방식은 피검사자가 검사문항을 읽고 자신의 생각이나 행동, 감정, 태도가 문항 내용과 일치하는지를 판단하여 아래 보기에서 제시되고 있는 5점 척도에서 해당되는 번호에 표시를 하도록 되어 있다.

> 보 기
> ① 전혀 아니다 ② 아니다 ③ 중간이다 ④ 그렇다 ⑤ 아주 그렇다

이화방어기제검사의 척도

1. 허세 척도 *Bragging Scale* : Brag Scale

허세를 나타내는 속담내용을 보면, 남 앞에서나 겉으로 개인이 자신을 과시하는 행동이나 태도가 나타나고 있다. 예를 들면 부자인 체, 유식한 체, 잘난 체 행동한다는 식으로 실제의 자신보다 더 우월한 자아상을 겉으로 표현하는 것이다. 또한 실속보다 겉치레, 외양이 중요하므로, 이를 중요하게 여긴다는 내용이 있다. 검사 문항들은 실속보다도 겉 꾸밈을 보다 중요하게 여기고, 분수에 넘치더라도 기왕이면 최고급의 의식주를 지향하며, 자신의 능력에 비해 허세를 부리는 것이 필요하다는 내용으로 구성되어 있다.

스텐점수가 8점 이상으로 나타나는 개인은 허세행동이 보다 강한 수준에 있다고 해석될 수 있다. 이러한 개인은 위에서 지적된 허세 행동을 보다 강하게 나타낼 것이며, 화려한 외양이나 겉으로 드러나는 형식에 치중하는 반면, 실속이나 내용을 보다 덜 중요하게 여기는 행동이나 태도를 취할 것이다. 즉 자신의 능력에 비해서 과분한 행동목표를 결정하고 이를 과시하고 특히 자신의 행동이 타인에게 어떻게 평가받을지에 대해 상당히 민감한 타인지향적 경향성을 지니고 있을 것이다.

2. 반동형성 척도 *Reaction formation Scale* : Reac Scale

이 방어기제는 용납될 수 없는 충동을 억압하고 그러한 충동과는 반대되는 감정이나 행동을 겉으로 표현하도록 만든다. 반동형성에 의해 나타나는 감정표현이나 행동은 매우 과장되어 있고 상황에 어울리지 않고 부자연스럽다는 점이 특징적이다. 그 예로서는 적개심이 지나치게 복종적이거나 상냥하거나 정중한 태도로 나타나는 경우를 들 수 있겠다. 속담에는 겉과 속이 다르게, 겉으로는 웃는 낯을 보이고, 순결하고 자비스럽

고 욕심이 없는 태도를 나타낸다는 내용이 있었다. 검사의 문항들은 다음과 같은 내용들로 구성되어 있다. 1) 배척이나 혐오, 적개심의 부정적 감정을 관심이나 상냥함, 애정 등의 호의적인 감정으로 표현하는 경우, 2) 이와 반대로 긍정적인 감정을 부정적인 태도로서 감추는 경우, 3) 내적인 열등감이나 우월감을 겉으로는 반대로 나타내는 경우, 4) 성에 대한 관심을 무관심으로 위장하는 경우 등을 포함하고 있다.

스텐점수가 8점 이상으로 나타나는 개인은 반동형성기제를 보다 강하게 사용한다고 볼 수 있겠다. 이와같이 반동형성을 사용하는 경우, 겉으로 드러나는 행동이나 태도가 상황에 어울리지 않게 융통성이 없고, 지나치게 강한 경향성이 있을 것이다. 검사 척도내용으로, 상냥함이나 호의적인 애정표현을 겉으로 하거나, 반대로 부정적인 적대적인 표현을 하거나, 성적으로 지나치게 순결하게 보이려고 하거나 자기 비하나 자기 과시를 하는 경우, 이러한 행동들이 위에서 지적된 바와 같이 지나치게 과장되고, 상황에 부적절한 경향이 있을 것이다. 따라서 스텐점수가 8점 이상으로 높은 경우는 이와 같은 방어기제가 장기적으로 사용되어 성격으로 고착되어 있는지, 또는 강박적인 신경증적 증상이 있는지를 검토해 볼 수 있다.

3. 동일시 척도 *Identification Scale* : Iden Scale

동일시가 방어기제에 속하는 것인지에 대한 논란이 있고, 동일시, 함입 *incorporation*, 내사화 *introjection*라는 개념이 서로 중복 사용되고 있다. Brenner(1973)는 동일시, 내사화, 함입을 동의어로 사용한 반면, Ferenzi(1912)와 Abraham(1925)은 내사화를 주로 사용하면서, 동일시와 내사화 개념을 구별하고 있다. 그러나 Schafer (1968), Hartman(1939), Silverman(1986)은 내사화와 동일시를 구별하고 있는데, 동일시는 보다 선택적이고, 에디푸스기 이후의 자아의 기본틀이 유지되는 상태에서의 기제라고 개념화하고 있다. 동일시 방어기제로 사용되는 경우는 1) 존경하는 대상의 힘을 내면화하기 위해 그 대상의 특징, 행동, 가치관을 모방하고 2) 대상과의 이별상황에서 대상을 내면화 함으로써 분리의 현실을 방어하고 3) 공격자와 동일시를 통하여 공격적 정서가 자신의 통제 아래 있도록 함으로써 두려움을 방어할 수 있게 된다.

속담에서는 타인의 행동을 쫓아한다, 주위 인물의 행동을 배운다, 동류의 공감을 한다, 권위자와 동일시를 한다, 검사척도로는 남의 행동을 모방하거나 쫓아한다, 존경하는 인물의 행동을 모방한다, 대상이 마치 나의 분신인 것 같은 일체감을 느낀다는 내용으로 구성되어 있다.

스텐점수가 8점 이상인 경우, 동일시 방어기제가 높다고 볼 수 있다. 이러한 개인들은 동일시 방어기제를 통하여 대상관계에서 느껴지는 갈등이나 불안을 방어하는 경향성이 강하며, 이러한 방어기제를 사용함으로써 대상의 행동에 따라 강하게 영향을 받고 대상과의 관계에 밀착되어 있을 것이다. 기본적으로는 의존적이고 수동적인 성향을 지니고 있을 가능성이 있다. 스텐점수가 10점인 경우, 의존적 인격장애 *dependent personality disorder* 또는 경계선 인격장애 *borderline personality disorder*를 검토해 볼 수 있겠다.

4. 수동-공격적 행동 척도 *Passive-aggressive behavior Scale* : Pass Scale

다른 사람에 대한 공격적인 감정을 직접적으로 표현하지 않고, 간접적으로 수동적인 저항행동으로 표현함으로써 공격적인 감정을 처리한다. 이러한 행동으로 실수, 꾸물거리는 행동, 저항적인 묵묵부담이 포함될 수 있다. 이러한 행동은 어느 시기까지는 개인 자신보다 상대방에게 자극을 주게 되지만, 나중에는 개인 자신에게 해롭게 파괴적인 결과를 초래하게 된다. 속담에서는 주로 심술궂은 행동을 뒷전에서 하거나 상대방에게 어긋나는 행동을 한다는 내용으로 나타났다. 검사척도의 내용으로서는 상대방에게 화가 날 경우 직접 화를 내는 대신, 뒷전에서 일을 훼방 놓거나 골탕 먹이는 심술궂은 행동을 하거나, 소극적으로 저항하거나 고집을 세우고, 비협조적인 태도를 취하거나 묵묵부담으로 침묵하고, 늑장을 부리는 행동 등을 포함하고 있다.

스텐점수가 8점 이상인 경우, 수동-공격적 방어기제 사용이 높다고 볼 수 있다. 이러한 개인들은 직장에서나 가정에서 상대방에게 화가나는 경우 직접적으로 분노의 감정을 표현하는 대신 간접적으로 상대방을 곤경에 빠뜨리는 행동을 하게 된다. 이러한 행동이 지속될 경우, 의도적으로 비능률적인 태도를 취하거나 고집을 세우거나 빈둥거리거나 꾸물거리는 태도를 취할 것이다. 이러한 방어기제는 약속이나 지시를 쉽게 잊어버리는 행동에서도 나타날 수 있다. 장기적으로 이런 수동-공격적 행동은 개인에게 불리한 결과를 초래하게 되겠지만, 당장에는 이런 행동은 상대방으로 하여금 분노감을 느끼고 좌절감을 느끼게 함으로써 단기적으로 개인의 공격적인 정서를 간접적으로 발산시키고 충족시켜줄 것이다.

5. 투사 척도 *Projection Scale* : Proj Scale

부인하고 싶은 개인 자신의 감정이나 소망, 태도, 성격 특징이 자신에게 속한 것이 아닌, 다른 사람에게 속한 것이라고 지각하게 된다. 즉 자신의 감정이나 소망이 견디기 어려운 고통스런 감정을 불러 일으키는 경우 이러한 감정이나 소망이 자아 밖에서 존재하는 것으로 받아들인다. 따라서 비난하거나 경멸할 만한 특징을 소유하고 있는 것이 정작 개인 자신임을 깨닫지 못하게 된다. 이러한 투사기제를 사용하는 경우, 다른 사람의 무의식에 지나치게 민감하게 되고 편견, 부당한 의심이나 경계, 오해 그리고 남에게로의 책임전가, 현실왜곡이 나타나게 된다. 이와같이 투사는 정신증적 상태에서, 특히 망상증후군에서 발견되며, 또한 정상상태에서도 널리 사용되는 기제이다. 속담에서는 주로 남의 탓을 하는 책임전가, 개인 자신은 동일한 흉을 지니고 있음에도 불구하고 남의 흉을 보는 투사적 지각의 내용이 있었다. 검사척도는 타인의 반응이나 비난에 대한 지나친 관심이나 염려감, 개인 자신의 불행의 원인이 전적으로 타인의 잘못 탓이라는 책임전가, 타인이 이유없이 싫어지고 마음에 거슬림, 편견, 지나친 의심이나 경계, 망상적인 경향성의 내용으로 구성되어 있다.

스텐점수가 8점 이상일 때, 투사방어기제사용이 높다고 볼 수 있다. 이런 경우는, 투사방어기제 사용으로 인해 자신에 대한 통찰력이나 내성적인 태도 보다는, 우선 먼저 타인의 잘못이나 타인의 행동을 문제의 결정요인이라고 비난하는 경향성이 높을 것이다. 대인관계 내에서 상대방의 태도를 매우 민감하게 지각하고 상대방의 행동을 오해하거나 왜곡 판단하는 경향성도 높을 것이다. 또한 개인이 용납할 수 없는 자신의 성격적, 행동적 특징을 타인의 성격이나 행동 가운데서 예민하게 자각하고 이에 대한 불쾌한 감정을 느끼게 될 것이다. 점수 8점 이상의 높은 점수를 보일 경우, 망상적 성격 *paranoid personality*이나 정신증적인 망상증이 있는지 검토해 볼 수 있다.

6. 전치 척도 *Displacement* : Disp Scale

원래의 대상에게로 향하던 감정을 유사점이 있는, 그러나 보다 덜 중요하고, 덜 위협적인 대상에게로 옮긴다. 이때 원래의 대상에게 느꼈던 감정이나 욕구의 성질은 변화되지 않은 채 대리대상에게로 옮겨진다. 이와같이 원래의 대상 대신 대리대상에게로 감정이 옮겨지고 있다는 사실을 개인이 자각할 수도 있고, 자각하지 못할 수도 있다. 특히 분노감이나 성적 욕구가 대리 대상에게 전치되기 쉽다. 전치의 특수한 경우로서, 감정의 자연반응이 일어나는데, 원래의 상황에서 느꼈던 분노나 슬픔, 이에 동반되는 두려움, 수치감, 죄의식을 시간이 지연된 다음에야 다른 상황에서 이러한 감정을 느끼는 경우가 있다. 정신치료의 전이, 공포증과 강박증도 전치의 결과로 나타난다. 속담에서는 직접 분노를 느끼는 대상이나 상황에 대해 분노감을 직접 표현하지 못하고 원래의 대상이나 상황보다 덜 위협적이거나, 보다 약한 대상이나 상황에게로 분노감을 전이시키는 내용이 나타나 있다. 검사척도는 1) 원래의 대상이나 상황에 대한 분노 감정을 다른 대상이나 상황으로 전치 2) 원래의 대상에게로 향하는 애정을 대리 대상이나 사물에게로 전이 3) 감정반응지연 4) 개인 자신에게로 향하는 감정을 다른 사람에게로 전이 5) 공포증상, 강박증상의 내용으로 구성되어 있다.

스텐점수 8점 이상인 경우, 전치방어기제 사용이 높다고 해석할 수 있다. 이러한 경우는, 어떤 대상이나 상황에 대해서 느끼는 분노나 애정, 또는 공포나 불안 등의 감정을 직접 원래의 대상이나 상황에 대해 표현하지 못하고, 대상을 바꾸거나 시간이 지난 후 다른 상황에 대해 그러한 감정을 표출하게 되므로 상황에 적절치 못한 감정 방출을 하게 될 것이다. 이와같이 상황에 적합치 못한 감정발산은 또다른 부적응적 경과를 초래하고 개인을 좌절에 빠뜨릴 수 있다. 스텐점수가 10점일 경우, 전치 방어기제를 과도하게 사용한 결과, 강박증, 공포증과 같은 신경증적 증상이 나타날 가능성을 검토해 볼 수 있다. 또한 상황에 부적절한 감정표현 그 자체로서 정신증적인 판단력 장애를 의심해 볼 수 있고, 결과적인 현상으로 정신증이 초래될 수 있음을 검토해 볼 필요가 있을 것이다.

7. 부정 척도 *Denial Scale* : Deni Scale

이 방어기제는 현실의 고통스런 측면을 인정하는 것을 회피하고자 사용된다. 억압 *repression*과 다르게 이 기제는 외부 현실의 지각과정에 영향을 미친다. 사건 자체에 대한 부정이나 사건이나 경험과 관련되고 감정에 대한 부정이 있다. 보고 들은 것을 인정하기를 거부하거나 경험을 부인하는 것이 부정의 한 예이다. 정상이나 정신증적 상태에서 사용될 수 있는데, 자아 발달에 따라 현실 판단력이 강화되면서, 정상성인의 경우는 아동과 다르게 부정을 사용하는 경향이 줄게 되고, 부정을 사용하더라도 고통스런 현실을 자각하는 동시에 일시적으로, 그리고 심각하지 않은 정도에서 부정을 사용한다. 신경증적 상태에서는 현실을 지각하고는 있으나 마치 그런 현실이 존재하지 않는 것처럼 행동한다. 속담에서는 현실에 대한 반의식적인 지각 회피, 고통스런 과거나 개인의 고통스런 현실에 대한 무의식적, 의식적 부정이 표현되고 있다. 검사척도로는 질병이나 실패, 불행한 사건을 현실로서 인정하지 않으려는 내용과 개인의 부정적인 현실 측면을 인정하지 않으려는 내용으로 이루어지고 있다.

스텐점수 8점 이상인 경우, 불쾌한 현실을 인정하지 않으려는 방어 경향성이 강하고, 불쾌한 현실 대신 공상을 통하여 기분좋은 현실을 일시적으로나마 대체시켜 보려고 시도할 것이다. 따라서 현실로 부터의 도피 경향성이 강하고, 현실과 직면하면서 문제를 해결하려는 경향성은 낮을 것이다. 이로 인하여 문제해결 능력이나 통찰력은 낮은 대신, 정서적으로는 상당한 안정상태에 있을 수도 있다. 스텐점수가 10점과 같이 매우 높은 경우는 신경증적 상태 이상의 정신증적 상태, 망상형성의 가능성을 검토함으로써 현실검증력 장애 여부에 유의하여야 할 것이다.

8. 통제 척도 *Controlling Scale* : Cont Scale

개인이 자신의 불안을 줄이고 내적 갈등을 해결하기 위한 수단으로 주변환경에 있는 대상이나 사건을 조정하고 이용하는 과도한 시도이다. 예를 들면 부모가 자신의 개인적 성취에 대한 갈등이 있을 경우, 자신이 원하는 방향으로 자신의 갈등을 완화하고 대리 성취하려는 경우가 있다. 속담의 내용으로는 남의 일에 개입하여 조정하려 한다는 것이었다. 검사척도 내용은 주변 일에 대한 지나친 간섭과 개입, 다른 사람들에 대한 행동 조정이나 행동 주도 등이었다.

스텐점수 8점 이상인 경우는 주변 사람들과의 관계에서 자기 주장이 강하고, 주도권을 행사하면서, 자신의 뜻대로 주변사람들을 움직이는 경향성이 강할 것이다. 더 나아가서는 타인을 간섭하거나 조정하는 경향성도 강할 것이다. 이러한 개인들은 대인관계에서 능동적이고 솔선수범하는 측면이 있는 반면, 타인에게 지시적이고 자신의 뜻대로 타인을 조절하고 상황을 유도하려는 측면이 있기 때문에, 주변 사람들에게 긍정적이거나 부정적인 영향력을 보다 강하게 행사하게 될 것이다. 또한 타인으로부터의 지시나 강요에는 강하게 저항하고 반발하게 되고 집단 내의 질서에 순응하려 하지 않고, 집단을 자신이 원하는 방향으로 몰고 가려는 직접적, 간접적인 행동을 취하게 될 것이다.

9. 억제 척도 *suppression Scale* : Supp Scale

현재 어떤 갈등이나 욕구가 적절하게 다루어질 수 없는 상황일 경우, 이러한 감정이 적절하게 다루어질 때까지 일단 이에 대한 관심을 보류하고 문제해결을 지연시킨다. 이는 의식적이거나 반의식적인 결정이며, 회피나 뚜렷한 동기없는 나태한 태도와는 구별된다. 예를 들면 보다 긴급하게 해결해야 할 문제가 있을 때 그외의 감정이나 행동을 일단 보류시키고 긴급한 문제를 해결하고 난 다음 적절한 시기가 오면 억제하고 있던 갈등이나 욕구를 다룬다. 이러한 과정에서는 갈등의 요소를 감수하면서 행동이나 감정, 염려김을 보류한다. 속담에서는 보다 큰 목표를 위해, 또는 미래의 문제해결을 위해서 현재 인내하면서 기다리는 태도를 주로 언급하고 있다. 즉 상황을 관망하면서 대기하는 자세에 대해 언급하고 있다. 검사척도 내용은 인내하는 태도, 즉각적인 행동으로 대처하지 않고 적절한 기회가 올 때까지 관망하면서 대기하는 태도를 중심으로 꾸며져 있다.

스텐점수 8점 이상인 경우는, 문제상황에 대해 즉각 대처하고 직접 해결하려는 태도보다는, 상황 판단을 보류하거나 문제해결을 지연하면서 적절한 기회를 기다리는 태도가 강할 것이다. 따라서 이러한 억제가 의식적인 결정이고 보다 장기적으로 문제해결을 기대하면서 관망하는 태도이지만 실제로는 현실을 소극적으로 대응하고, 때로는 적절한 문제해결의 가능성을 놓치는 결과를 초래할 수도 있을 것이다. 특히 스텐점수 10점인 경우는 이러한 태도가 매우 강하여, 현실 회피적인 자세를 취하게 될 것이다. 그러므로 스텐점수가 매우 높은 경우는, 실제로 이와같은 현실회피적 행동이나 태도가 부정적인 결과를 초래할 가능성도 유의해야할 것이다.

10. 왜곡 척도 *Distortion Scale* : Dist Scale

왜곡 방어기제를 사용하는 경우, 내적인 욕구를 충족시키기 위해 외부 현실을 새롭게 재형성한다. 예를 들면 환각, 망상, 특히 과대망상적 신념, 우월감과 연관되는 망상이 여기에 속한다. 왜곡은 종교적 신념에서와 같이 매우 적응적일 수 있다.

속담내용은 개인의 감정에 따른 지각의 왜곡, 특히 가족에 대한 지나치게 감정적인 지각, 그리고 자기비하적이고, 타인 과대평가적인 지각과 연관되는 것이었다. 검사척도에서는 다른 척도와는 다르게 속담내용 보다는 방어기제의 내용에 따르면서, 과대망상적인 자아지각의 왜곡, 가족에 대한 지각의 왜곡(지나치게 긍정적으로 지각하는 경향성)의 내용으로 문항을 구성하였다.

스텐점수가 8-9점 사이에 있는 경우는 자아이미지를 과장되게 긍정적으로 지각하는 경향성이 있고 스텐점수가 10점인 경우는 자아이미지의 과대망상적 경향성이 있다고 볼 수 있다. 다소 과장된 자아이미지를 형성함으로써 자아방어를 하는 경우는 대인관계에서 자아이미지를 긍정적으로 전달함으로써 자아에게 유리하고 적응에 도움이 되는 결과를 가져올 수도 있다. 따라서 왜곡 방어기제는 일반적으로 자아 도취적이고 현실왜곡을 초래하는 것으로 인식되고 있지만, 긍정적으로도 작용할 가능성을 검토하여야한다. 스텐점수가 10점인 경우는, 정신분열증이나 심한 현실 판단의 왜곡 여부를 검토할 필요가 있을 것이다.

11. 예견 척도 *Anticipation Scale* : Anti Scale

미래의 내적 불편함에 대해 현실적인 예견을 하고 계획을 세우는 방식이다. 다시 말하면 실제적이거나 잠재적인 걱정스런 결과를 미리 생각해 보고 감정적 반응을 예견해 봄으로써, 현실적인 여러 대안책들을 탐색해 본다. 속담내용으로는 상황을 예견해 보고 미리 문제해결이나 성취를 위한 준비를 단단히 한다는 내용, 매사에 지나칠 만큼 조심스럽게 대처한다는 내용이었다. 검사척도는 1) 미리 상황을 예견하고 2) 매사 만반의 준비를 갖추고 3) 장래에 대해 계획성 있게 대처한다는 내용으로 구성되어 있다.

스텐점수 8점 이상인 경우는, 일상생활에서 신중한 판단을 내린다음 일을 처리해 나가고, 매사에 조심스럽게 대처하고, 미리 예견해보는 경향성이 강할 것이다. 이에 따라 매우 신중하고 합리적인 판단에 따라 결정을 내리고, 이러한 결정을 바탕으로 하여 행동이 상황에 적합하고, 충동적인 결정에 의한 실수를 범하지 않게 될 것이다. 그러나 한편으로는 행동이 억제되는 경향성이 있고, 지나치게 조심스런 태도 때문에 쉽게 현실에 접근하지 못하고 현실을 소극적으로 대응하고 회피해가는 결과를 초래할 수도 있을 것이다. 그러므로 스텐점수가 8점 이상인 경우는 예견방어기제에 의해 실제로 이러한 현실 회피적인 결과가 초래되고 있는지의 여부를 검토해 볼 필요가 있을 것이다. 스텐점수가 10점 이상인 경우는 강박적인 성격이나 강박신경증을 유의해 볼 수 있다.

12. 합리화 척도 *Rationalization Scale* : Rati Scale

합리화 기제는 용납하기 어려운 개인 자신의 태도, 신념, 또는 행동을 정당화하기 위한 노력으로써 합리적인 설명을 제공하는 방식이다. 실제로는 행동이 그런 정당한 동기에 의해서만 결정되는 것은 아니고 여러 동기에 의해 결정될 수 있는데, 그 가운데서 용납될 수 있는 동기만을 선택하여 개인 자신의 행동이나 태도가 정당한 것인 냥 나타내고자 한다. 이런 방식에 의해 개인의 행동 결정에 보다 큰 영향력을 미칠 수 있는 자기 중심적인 동기는 감추어지고, 합리적이고 정당화될 수 있는 동기만이 노출되고 의식화된다. 이에 따라 개인의 행동이나 태도가 정당한 것인냥 느껴지게 된다. 속담에서는 개인의 행동 동기를 합리화하거나 변명하는 내용이 주를 이루었다. 검사척도에서는 여러 상황에서 개인이 자신의 행동을 정당화하거나 합리화하는 내용으로 이루어지고 있다.

스텐점수가 8점 이상인 경우, 합리화 방어기제 사용이 강한 편이라고 볼 수 있다. 이러한 개인은 자신의 행동을 정당화하고 합리화 함으로써 상당한 정서적인 안정감을 얻게될 것이다. 그러나 개인이 자신의 행동에 대한 통찰력을 얻게 되거나 이를 바탕으로 한 행동의 변화를 갖기는 어려울 것이다. 합리화방어기제는 이러한 부정적인 측면이 있음으로써 진정한 자아 모습을 직면하지 못하고 이를 회피한다는 댓가를 치루지만, 방어기제로서의 효과는 상당하기 때문에, 스텐점수 10점 이상으로 매우 강한 합리화 방어기제를 사용하는 개인은 심리적인 갈등을 거의 느끼지 않을 가능성이 높다.

13. 해리 척도 *Dissociation Scale* : Diss Scale

감정적인 고통을 피하기 위하여 개인의 인격이나 자아정체감, 의식의 일시적이지만 극적인 변형이 일어난다. 다시 말하면, 감정적인 고통을 주는 인격의 부분이 해리에 의해 제거되고 개인의 통제를 벗어나 정상적인 의식과 분리되어 독립적인 의견으로 기능한다. 여기에는 대부분의 히스테리성 전환반응, 일시적으로 개인의 행동이나 감정이 자신의 행동이나 감정이라는 사실을 지각하지 못하는 경우들이 포함된다. 속담에서는 일시적으로 정신이 멍해지거나 의식이 흐려지고, 정신없이 어떤 행동을 하게 된다는 내용이 나타나고 있다. 검사척도는 스트레스를 받거나 감정적인 어려움이 있을 때 정신이 멍청해지거나 개인 자신이 다른 사람인냥 느껴지거나 자신이 어떤 행동을 하고 있는지 지각하지 못하는 경우가 있다는 내용으로 구성되어 있다.

스텐점수 8점 이상인 경우 해리 방어기제 사용이 강한 편이라고 볼 수 있다. 해리 방어기제를 사용하는 경우, 개인의 통제력을 벗어나서 억압되어 있던 감정이나 인격의 일부 요소가 일시적인 행동화 과정을 통하여 밖으로 표출된다고 볼 수 있다. 이러한 결과는 일시적이지만 극적인 자아정체감의 변화까지도 일어날 수 있다. 해리방어기제를 보다 심하게 사용함으로써 둔주와 같은 비정상적인 행동이 뒤따라오는 경우, 대부분은 인격특징으로 히스테리성 인격을 보인다고 한다(이근후 등 1988). 따라서 스텐점수 10점 이상과 같이 심한 해리방어기제를 사용하는 경우는 히스테리성 인격의 경향성, 또는 히스테리성 인격장애, 해리성 장애의 여부를 검토해 볼 필요가 있다.

14. 신체화 척도 *Somatization Scale* : Soma Scale

이 기제는 심리적인 갈등이 신체적인 증상으로 전환됨으로써 신체적인 반응을 보이게 된다는 것을 나타낸다. 이러한 경향성이 있는 개인은 해결되기 어려운 갈등에 처하면 반복하여 신체적인 증상을 나타내는 반면, 심리적인 갈등은 회피하는 반응을 보인다. 속담은 심리적인 갈등이 있을 때 신체적인 증상으로 나타난다는 내용으로 기술되고 있다. 검사척도는 스트레스나 갈등이 있을 때 신체증상이 나타나거나 평상시 신체증상이 빈번하게 나타난다는 내용으로 구성되어 있다.

스텐점수 8점 이상인 경우는 신체화 방어기제의 사용이 강한 편이라고 볼 수 있다. 이러한 방어기제를 사용하는 개인은 갈등장면에서 회피하면서 극적인 방법으로 자신을 과시하는 행동을 한다. 그리고 즉각적인 충족을 원하지만, 목표 달성이나 갈등의 해결을 위한 노력은 피한다. 대인관계에서는 의존적이고 동정과 관심을 끌고자 자기 과시적인 행동을 한다. 이러한 의미에서 신체화 방어기제는 개인이 갈등장면에서 타인에게 도움을 요청하는 과장된 호소로서, 일종의 소극적인 행동화라고도 볼 수 있을 것 같다. 스텐점수 10점 이상으로 신체화 방어기제가 매우 높은 경우는 신체화 장애, 전환성 장애, 신체형 장애가 있는지를 검토하고, 히스테리성 인격이나 기타 다른 인격특징을 검토해 보는 것이 필요하다.

15. 승화 척도 *Sublimation Scale* : Subl Scale

원초적이며 용납될 수 없는 충동을 억제하는데 사용되던 에너지가 사회적으로 용납될 수 있는 방향으로 방출된다. 이러한 과정에서 욕구는 억제되지 않고 방출되고 충족되지만, 욕구의 대상과 목적은 사회적으로 바람직한 방향으로 바뀌게 된다. 예를 들면 개인의 원초적인 욕구가 예술, 문학, 종교, 과학 등의 직업 활동으로 표현되거나 공격성의 경우는 오락이나 운동, 취미로 표현된다. 심리적 갈등과 깊은 관계가 있는 승화적 반응이 나타나는 경우에만 이 방어기제를 사용하고 있다고 평가되어야 한다. 속담에서는 어려운 환경을 극복하고 성공한다는 내용이 주를 이루었다. 검사척도는 생활속에서 스트레스나 갈등을 운동이나 예술, 생산적인 작업, 종교 등으로 해소하는 경향성을 주제로 하고 있다.

스텐점수가 8점 이상인 경우, 승화 방어기제 사용이 강한 편이라고 볼 수 있다. 이 범주에 속하는 개인은 사회적으로 바람직한 목표나 대상에게로 향한 작업을 통하여 내적인 욕구나 갈등을 해결하고자 시도하고, 이러한 결과 갈등 해결이나 욕구 충족이 보다 생산적이고, 적응적인 방향으로 이루어질 수 있게 될 것이다. 따라서 이러한 자아방어기제를 적극적으로 사용하는 개인은 보다 능동적이고 이러한 방어기제 사용으로 자아를 보다 확대시키고 강화시키는 경향이 있을 것이다. 이러한 의미에서 승화 방어기제는 성숙한 수준의 정신건강에 도움이 되는 방어기제로 알려져 있다. 본 검사의 문항 내용은 장기적인 직업 성취나 생산적인 활동보다는 보다 단기적인 갈등해결책이 제시되고 있는 경향이 있기 때문에, 승화의 방향으로 해결하는 경향성이 보다 잘 드러날 것으로 예상된다.

16. 행동화 척도 *Acting out Scale* : Acti Scale

행동화 이후에 나타날 부정적 결과를 고려하지 않고, 무의식적 욕구나 소망을 즉각적으로 행동으로 충족시킨다. 이때 행동은 개인의 통제를 벗어난 충동적인 수준에서 일어난다. 행동화는 욕구 충족의 지연에 뒤따르는 긴장을 피하게 해주는 대신, 부정적인 결과가 뒤따른다. 예를 들면, 비행 행동, 충동적인 욕구 발산 행동, 긴장완화를 위한 상습적 약물 복용, 자해적인 행위, 지나친 과식 등이 있다. 속담에서는 분노의 즉각적인 행동화의 내용이 표현되고 있다. 검사척도에서는 분노를 통제하지 못하고 즉각적으로 행동화하는 경향성을 중심으로 한 충동적인 감정표현, 가출이나 자해적인 행동이 주 내용을 이루고 있다.

스텐점수가 8점−9점 사이에 있는 경우는 행동화 방어기제를 어느정도 강하게 사용한다고 볼 수 있다. 이런 경우 감정을 통제하고 견디는데 따르는 긴장을 이기지 못하여 즉각적으로 감정을 행동을 통하여 발산해 버린다. 본 검사의 문항 내용이 주로 분노 감정의 행동화를 다루고 있으므로 스텐점수가 8점 이상인 경우는, 보다 장기적인 행동화 경향성, 반사회적 인격장애, 비행의 가능성이 검토될 필요가 있을 것이다.

17. 이타주의 척도 *Altruism Scale* : Altr Scale

이 방어기제에 의하여 개인은 다른 사람에 대한 건설적인 봉사를 통하여 개인적인 만족감을 얻고 대리 충족을 하게된다. 충족적인 경험을 간접적으로 경험하게 된다. 이러한 방어기제가 사용되고 있다고 평가되지만, 이타적인 행동을 통하여 대리적인 충족감을 느끼고 있다는 확실한 증거가 있어야 한다. 이 기제를 통하여 개인은 다른 사람의 반응에 의해서나 또는 스스로에 의해서 감정적인 충족을 느끼게 된다. 이때 개인은 자신의 욕구를 알고 있거나 자신의 행동기저의 감정을 알고 있다. 속담은 남에게 베풀어 주고 이에 만족한다는 내용이었다. 검사척도는 주위 어려운 사람을 돕고 이로 인해서 느끼는 감정적 충족감의 내용으로 구성되어 있다.

스텐점수가 8점-9점 사이에 있는 경우, 이타주의 방어기제를 보다 높게 사용한다고 볼 수 있다. 즉 자신의 욕구 충족보다 타인을 돕는 희생적이고 이타적인 행동을 통하여 대리적인 충족을 느끼는 경향성이 높을 것이다. 스텐점수가 10점인 경우는 이러한 이타적인 방어기제가 매우 높은 수준에 있다고 해석해 볼 수 있을 것이다. 그러나 이타주의 척도는 어떤 다른 척도보다 사회적으로 바람직한 행동으로 꾸며져 있기 때문에, 때로는 방어적인 태도나 남에게 모범적으로 보이고자 하는 무의식적인 동기에 의해서 이 척도 점수가 높아질 가능성이 있다. 따라서 스텐점수가 다소 높거나 매우 높은 경우는 이와같은 방어적 태도가 개입되었을 가능성에 유의해야 할 것이다.

18. 퇴행 척도 *Regression Scale* : Regr Scale

퇴행이란 개인이 직면하고 있는 갈등이나 좌절을 현재의 인격성숙 수준에 알맞는 방식으로 해결하기 보다는 과거보다 나이 어린 시기에 의존하였던 방식으로 되돌아가서 미성숙한 적응방식을 취하는 현상이다. 정상적인 퇴행과 비정상적인 퇴행이 모두 가능한데 긴장이완, 수면, 성적 극치에서의 퇴행은 정상적인 현상으로서 필수불가결하며, 또한 창조적 과정의 필연적인 부수적 현상이기도 하다. 비정상적인 퇴행은 쉽게 회복되기 어려운 심한 퇴행으로서 자아 자체가 퇴행을 하게 됨으로써 검사의 퇴행 척도에서는 좌절이나 갈등 상황에서 무기력해지고 공상에 탐닉하거나 누구에게 의존적으로 매달리거나 적극적인 해결방법을 포기하고 미성숙한 방식으로 대처하는 방식이 문항내용으로 제시되고 있다.

스텐점수 8-9점 사이에 있는 경우는, 갈등에 직면하여 퇴행기제를 보다 자주 사용하는 경향성이 있다고 볼 수 있다. 따라서 개인의 연령 수준에 알맞는 성숙한 방식보다는 미성숙하거나 무기력한 방식으로 갈등에 대처하는 경향성을 나타낼 것이다. 그러나 이러한 퇴행이 보다 강한 수준에 있다 하더라도 퇴행 상태로 부터 원래의 성숙 수준으로의 복귀 정도가 매우 중요하므로 퇴행척도에서 높은 스텐점수를 보일 경우 퇴행 후 적응 여부를 검토하는 것이 요구된다. 만약 보다 빈번하고 보다 강한 퇴행으로 인한 부정적인 결과는 크지 않을 수 있다. 퇴행척도에서 스텐점수 10점을 보이는 경우는 정신분열증이나 보다 심한 퇴행 상태의 정신증적 상태인지를 검토해 볼 수 있다.

19. 유우머 척도 *Humor Scale* : Humo Scale

이 방어기제는 다른 사람에게 불쾌한 자극을 주지 않고 개인에게도 불편감을 주지 않으면서 해결해야 할 갈등에 관한 개인의 감정이나 생각을 사실대로 말할 수 있도록 해준다. 이런 방식으로 개인이 직면하기 고통스런 측면을 직면할 수 있게 되고, 이를 타인에게도 전달해 준다. 이러한 유우머는 어느정도의 "관찰적인 자아요소" 없이는 사용되기 어렵다. 속담에는 보다 낙천적이고 여유있는 문제해결방식이 제시되어 있다. 검사의 유우머척도에서는 유우머스러운 감각이나 행동으로 갈등이나 좌절을 대처하고 문제를 식변하고 해결하는 방식이 포함되어 있다.

스텐점수가 8-9점 사이에 있을 경우 유우머 기제를 보다 강하게 사용하고, 10점일 경우는 유우머 기제를 매우 강하게 사용한다고 말할 수 있다. 즉 갈등이나 불안, 고통의 상황에서 유우머를 통하여 이런 상황을 견디는 힘을 얻게 된다는 것이다. 이런 상황을 유우머 방어기제는 일반적으로 성숙한 방어기제에 속한다고 알려지고 있고 앞서 지적된 바와같이 상당한 정도의 자아 관찰력과 자아 강도가 요구되므로, 유우머 척도에서 높은 점수를 보이는 개인은 높은 자아 강도를 지니고 있을 가능성이 높다.

20. 회피 척도 *Evasion Scale* : Evas Scale

회피 척도는 부정방어와 억제방어가 구별된다고 사려됨으로써 새로운 방어기제 척도로서 추가하였다. 앞서 지적된 바와 같이 부정방어기제를 사용하는 경우 사건이나 사건과 관련되는 감정을 부인하며, 억제 방어기제는 거의 의식적인 결정으로서 합리적인 해결을 위한 임시적인 반응지연 단계라고 볼 수 있다. 그러나 회피는 비교적 의식적인 반응 철수라는 점에서는 억제와 유사하지만, 억제와 같은 인내심 있는 합리적인 판단이 아닌, 소극적으로 도피하고자 하는 동기가 보다 강하다는 점이 특징적이다. 검사 회피 척도는 갈등상황이나 문제해결상황을 무조건 도피하고자 하는 동기가 강하고, 이러한 동기에 따라 문제상황을 항상 도피하고 외적인 상황에 순응하고, 문제해결을 체념하는 행동방식을 나타낸다.

스텐점수가 8-9점인 경우, 갈등이나 문제상황을 회피하고자 하는 경향성이 비교적 강한 편이고, 스텐점수 10점인 경우는 이러한 경향성이 매우 강하다고 볼 수 있다. 이러한 경우 문제상황에 대해 매우 수동적으로 도피하는 경향성이 강하기 때문에, 갈등 직면과 문제해결에 따른 불안은 줄어들겠지만 장기적으로는 문제해결이 방치되고 누적되고, 이로 인하여 문제해결이 더욱 어려워지고, 자신감이 상실되는 악순환이 일어나게 될 것이다. 스텐점수가 10점으로 높은 경우에는, 회피성 인격장애, 정신분열성 인격장애를 검토해 볼 수 있다.

검사실시와 채점

검사실시

이 검사는 개인의 의식수준이나 전의식 수준에서 지각되고 있는 자아방어기제를 알아보고자 하는 목적으로 만들어 졌다. 모든 다른 심리검사와 마찬가지로 본 검사도 검사실시 과정이 매우 중요하다. 왜냐하면 검사가 실시되는 여러 상황적 조건과 피검사자의 동기가 검사 결과여 영향을 미칠 수 있기 때문이다. 더욱이 본 검사는 개인의 자아방어기제를 평가하는 검사이므로 만약 개인이 솔직하지 않은 태도로서 방어적으로 응답한다면, 검사 결과는 매우 제한적인 가치만을 지니게 될 것이다. 때로는 상당히 왜곡된 결과가 나올 수도 있을 것이다. 따라서 본 검사를 실시하는 검사자는 일반적인 심리검사 실시에서 요구되는 검사자와 피검사자의 협력관계 이상으로 피검사자와의 관계형성에 주의를 기울여야 한다. 또한 검사자는 다음에 제시되는 검사실시과정에서 반드시 지키고 고려해야할 사항들을 익혀서 올바르게 검사를 실시해야 한다.

검사가 표준화된 방식에 따라 동일하게 실시되게 하기 위해서 검사실시 방법이 구체적으로 제시되고 있다. 검사지시는 검사자가 말로 전달하지 말고, 기록된 내용을 그대로 읽어주어야 한다. 검사가 실시되는 과정은 다음과 같다.

1) 검사지를 피검사자에게 제시하기 전에 검사자는 검사의 목적, 예상되는 검사실시 효과, 결과의 비밀보장에 대해 설명해 주면서 피검사자를 격려해 주고 안심시켜 준다.
2) 이런 준비과정이 어느정도 마무리되면 검사지를 주면서 다음과 같이 말한다. "자 그럼 지금부터 이 검사를 실시해 보겠습니다. 이 검사를 실시하는 방법이 다음 장에 있는데, 읽어 보기로 하겠습니다. 그럼 표지를 넘기고 다음 장을 보십시오."
3) 피검사자가 지시문을 적혀있는 그대로 읽어 내려간다. 검사 지시문을 읽어주고 난 다음 "그럼 이제부터 시작하십시오"라고 말한다. 이때 검사자가 피검사자가 응답 요령을 이해하고 대답하는데 별 어려움이 없다고 판단되면 나머지는 피검사자가 혼자서 응답하도록 한다. 그리고 응답이 끝났을 때 빠진 곳이 있는지를 살펴보고 빠진 곳 없이 응답을 완성하도록 설명해 준다.

검사 실시 과정에서 검사자가 주의할 점은 검사자의 지시나 행동이 피검사자의 응답방향에 영향을 미쳐서는 안된다는 것이다. 이를 위해서 검사자는 가능한 한 지시문을 그대로 읽어주는 것이 좋다.

검사 도중에 흔히 "애매하다" "대답하기 곤란하다"는 반응이 나올 수 있는데, 이런 경우는 그 문항을 남겨두고 다른 문항부터 응답했다가 나중에 응답하도록 말해준다. 지나치게 시간을 끌면서 결정을 못 내리는 피검사자에게는 그가 대체로 어떤 편인지를 생각하면서 머리에 떠오르는 대로 즉각 응답하도록 격려한다.

채 점

채점의 첫번째 단계에서는 전체적으로 답안지를 점검해 본다. 무응답이 얼마나 있는지, 이중으로 응답하거나 번호 중간이 애매하게 표시한 경우가 있는지를 알아본다. 또한 응답이 전체적으로 어느 한편으로 몰려 있지는 않은지를 본다. 이러한 과정에서, 잘못된 응답은 정정하고 지나치게 무응답이 많거나 불성실한 응답이 분명한 경우는 재검사를 실시할 수 있다. 그러나 이런 경우는 재검사 역시 응답의 왜곡이 있을 가능성을 참작하여야 한다.

두번째 단계에서는 각 척도 별로 원점수를 계산한다. 각 척도의 원점수는 각 척도에 해당되는 10개 문항의 점수를 합산하면 된다. 각 문항의 점수는 응답한 번호가 바로 원점수가 된다. 따라서 각 척도 내 10개 문항 각각에서 응답한 번호를 전부 더하면 그 척도의 원점수가 된다. 각 척도 별문항 번호는 다음과 같다.

표 12-1 이화방어감사 척도별 문항번호

척도	문항번호									
허세	1	21	41	61	81	101	121	141	161	181
반동형성	2	22	42	62	82	102	122	142	162	182
동일시	3	23	43	63	83	103	123	143	163	183
수동-공격	4	24	44	64	84	104	124	144	164	184
투사	5	25	45	65	85	105	125	145	165	185
전치	6	26	46	66	86	106	126	146	166	186
부정	7	27	47	67	87	107	127	147	167	187
통제	8	28	48	68	88	108	128	148	168	188
억제	9	29	49	69	89	109	129	149	169	189
왜곡	10	30	50	70	90	110	130	150	170	190
예견	11	31	51	71	91	111	131	151	171	191
합리화	12	32	52	72	92	112	132	152	172	192
해리	13	33	53	73	93	113	133	153	173	193
신체화	14	34	54	74	94	114	134	154	174	194
승화	15	35	55	75	95	115	135	155	175	195
행동과	16	36	56	76	96	116	136	156	176	196
이타주의	17	37	57	77	97	117	137	157	177	197
퇴행	18	38	58	78	98	118	138	158	178	198
유우머	19	39	59	79	99	119	139	159	179	199
회피	20	40	60	80	100	120	140	160	180	200

181번은 내용이 반대로 된 문항이므로 점수를 계산할 때 거꾸로 채점한다. 즉 1에 답한 사람은 5점을 2는 4점을 3점은 그대로 두고 4는 2점 5는 1점으로 바꾸어 채점한다. 예를 들면 다음과 같다. 어느 피검사자가 1번 문항에서 4에, 21번에서 3에, 41번에서 5에, 61번에서 2에, 81번에서 4에, 101번에서 1에, 121번에서 3에, 141에서 5에, 161에서 2에, 181에서 2에 응답했다고 하면 이 사람의 허세 척도 원점수는 4+3+5+2+4+1+3+5+2+4*=33점이 된다(181번 문항은 거꾸로 채점하므로 2번 문항이 4점을 준다.)

20개 척도의 원점수 *raw score*를 계산한 다음에는 본 검사에서 사용하는 표준점수 *Standard score*, 즉 "표준 10점 *standard ten*"을 의미하는 "stens"점수로 환산해야 한다. 이 스텐점수의 평균치는 5.5, 그 표준편차는 2이고, 1점-10점으로 표시된다. 이 점수는 상당히 간편하게 사용될 수 있으며, Z점수처럼 스텐점수가 정상분포곡선을 이루기 때문에 각 스텐점수에 해당되는 사례의 백분율을 알 수 있고, 이에 따라 각 스텐점수를 보고 개인의 점수가 규준 집단에 비해 상대적으로 어느 위치에 있는지를 평가해 볼 수 있다.

각 스텐점수에 해당되는 백분율은 다음과 같다.

%	0.62	6.68	15.87	30.85	50	69.15	84.13	93.32	97.72	99.38
스텐점수	1	2	3	4	5	6	7	8	9	10

스텐점수 1인 경우, 정상집단 가운데 0.62%에 해당되는 사람들이 이 점수를 보이며, 스텐점수 8인 경우 정상집단 내에서 이 점수를 받은 개인은 93.32% 수준에서 높은 점수를 보이고 있음을 의미한다.

이 검사에서 스텐점수 5-6점은 평균점수, 4점과 7점은 평균에서 약간 이탈된 점수, 2-3점, 8-9점은 평균에서 심하게 이탈된 점수, 1점, 10점은 극단적으로 낮거나 높은 점수라고 해석할 수 있다. 따라서 평균 수준에서 의미있게 점수가 벗어나 있는 스텐점수는 3점 이하, 8점 이상이라고 말할 수 있다.

개인이 얻은 원점수를 스텐점수로 환산하기 위해서는 규준표를 참고한다. 피검사자의 연령, 성에 해당되는 규준표를 보면 원점수에 따른 스텐점수가 나와 있다. 예를 들면 피검사자가 25세 남성이라면, 20-29세 남자 규준표를 보면 각 척도마다 원점수에 따른 스텐점수가 나와 있다.

이 표준점수를 검사지 맨 위에 있는 프로파일 용지에 옮겨서 도표를 그려보면 전체적인 양상을 파악할 수 있다. 프로파일은 지나치게 높거나 낮은 방어기제 만을 부각시키기 위해서는 스텐점수가 4-7점 상에 있는 척도는 무시하고 3점 이하, 8점 이상인 척도만을 연결하여 도표를 그리는 것이 도움이 될 것이다. 이런 도표 상에서 보면, 지나치게 점수가 높은 방어기제, 지나치게 점수가 낮은 방어기제가 쉽게 드러날 것이다.

해 석

이화방어기제검사의 해석은 형식상으로는 매우 단순하다. 즉 전체 20개 척도의 스텐점수를 환산하여 각 척도별로 스텐점수가 8점 이상인 척도를 추출하고 더 나아가서는 스텐점수가 10점으로 매우 높게 나타난 척도를 찾아본다. 그리고 이러한 척도가 각각 어떤 의미를 지니고 있는지 즉 스텐점수가 8점인 경우, 10점인 경우 어떻게 해석할 수 있는지를 알아본다. 그러나 이러한 형식적인 해석이 전부는 아니다. 검사자가 각 방어기제의 의미를 보다 깊게 이해하고 있고, 정신역동적인 성격이론이나 정신병리 이론에 대해 지식이 많을수록 본 검사를 통하여 내릴 수 있는 해석은 의미가 깊어질 것이다. 즉 이 검사의 방어기제척도를 통하여 개인의 성격, 방어적 행동, 정신병리에 대해 폭넓은 추론을 내리고 이를 검증해 볼 수 있는 기회를 갖게 될 것이다.

이화방어기제검사의 해석과정

제1단계에서는 개인의 주요 방어기제를 평가해 본다. 자아방어기제는 성, 연령에 따라 차이가 있을 수 있기 때문에 성, 연령에 따라 규준을 마련하였다. 피검사자의 성, 나이에 따라 해당되는 규준표에서 스텐점수가 8점 이상인 방어기제척도를 찾는다. 스텐점수가 8점 이상인 경우는 다른 사람과 비교해 볼 때 그 방어기제를 매우 높게 사용하고 있으므로 피검사자의 주요 방어기제라고 생각해 볼 수 있다.

제2단계에서는 8점 이상의 주요 방어기제들을 성숙단계별로 구별해 본다. 과거 선행연구들은 자아방어기제들이 개인의 정신건강이나 정신장애와 밀접한 상관관계가 있고, 개인의 정신건강을 예견해 줄 수 있음을 밝힌 바 있다(Vaillant 1977 : Vaillant 1985 : Luborsky 1962 : Battista 1982 : Endicott 1976 : Bond 1983 : Kaplan 1989). 이러한 연구 결과를 토대로 하여 자아방어기제의 성숙단계가 4단계로 제시되고 있는데, 이러한 성숙단계는 임상적으로도 그 타당성이 인정되고 있는 까다락에 본 검사에서는 주요 방어기제들의 성숙단계를 검토해 보고자 한다.

20개 방어기제들의 성숙단계는 다음 <표 1>같이 구분된다.*

표 12-1 EDMT 척도의 성숙단계

척 도	성 숙 단 계	척 도	성 숙 단 계
허 세	(신경증적 III)**	예 견	성 숙 IV
반 동 형 성	신 경 증 적 III	합 리 화	신 경 증 적 III
동 일 시	미 성 숙 II	해 리	신 경 증 적 III
수 동 공 격	미 성 숙 II	신 체 화	미 성 숙 II
투 사	자아도취적 I	승 화	성 숙 IV
전 치	신 경 증 적 III	행 동 화	미 성 숙 II
부 정	자아도취적 I	이 타 주 의	성 숙 IV
통 제	신 경 증 적 III	퇴 행	미 성 숙 II
억 제	성 숙 IV	유 우 머	성 숙 IV
왜 곡	자아도취적 I	회 피	(미 성 숙 II)**

I 자아도취단계 : 3개 척도 II 미성숙단계 : 6개 척도
III 신경증적단계 : 6개 척도 IV 성 숙 단 계 : 5개 척도
* 이 표는 Comprehensive textbook of Psychiatry(Kaplan과 Sadock, 1989)를 참고로 하였음.
**이 척도는 본 검사에서 새로 선정하고 성숙단계도 본검사에서 잠정적으로 결정한 것임.

2단계에서는 위의 표 1을 참고로하여 개인의 주요 방어기제들이 어떤 성숙단계에 있는지를 검토해 본다. 여기서 유의할 점은 각 단계별 방어기제 빈도를 고려해 볼 때 자아도취 : 미성숙, 신경증, 성숙단계 방어기제 1 : 2로 나타나는 것이 정상적으로 기대된다는 것이다. 만약 어떤 개인의 주요 방어기제가 주로 자아도취 수준에 있다면 이는 기대되는 비율을 벗어나서 자아도취적 수준의 방어기제가 우세하므로 이러한 경우는 그 의미는 보다 신중하게 검토해 볼 필요가 있을 것이다.

제3단계에서는 요인 결과를 기초로 하여 역동적인 해석을 시도한다.

이화방어기제검사 표준화 연구(이근후 등, 1991)에서 요인분석 결과 4개 요인이 추출되었고 각 요인에 속하는 방어기제들의 공통 특징이 탐색되었다. 이러한 연구 결과는 현재로서는 축적된 증거가 미흡하지만, 상당히 흥미롭고 임상 경험에 비추어 볼 때 그 내용의 타당성이 있다고 사려되므로 이를 바탕으로 잠정적인 해석을 시도하고자 한다. 이러한 해석의 타당성이 계속 검토되어야 한다는 사실을 유의한다면, 이러한 해석의 시도가 무리가 없을 것 같다.

요인분석 결과를 요약해 보면 다음과 같다.

표 12-2 EDMT 표준화 과정에서의 요인분석 결과

요인 1 불안정한 예민화방식	요인 2 자아확대적 방식	요인 3 자아부정적 방식	요인 4 행동억제방식
행동화 전치 신체화 해리 투사 수동공격	통제 왜곡 이타주의 유우머 승화	반동형성 허세 동일시 퇴행	부정 합리화 억제 예견 회피

이와같은 방식의 해석을 예를 들어 보자. 만약 어떤 개인의 주요 방어기제가 행동화, 수동 공격적 행동, 전치였다면, 불안정하게 예민화되어 있고 이에 따라 행동화 가능성이 높은 공통점을 지니고 있다고 볼 수 있다. 즉 이 개인은 주로 불안정한 예민화 방식의 주요 방어기제를 사용한다고 말할 수 있다.

제4단계는 3점 이하의 낮은 방어기제를 가려내고 그 의미를 추적해 본다. 이런 경우 우선적으로는 의식적인 저항의 결과로서 점수가 낮게 나타났을 가능성을 검토해본다. 그 다음으로는 이러한 방어기제를 실제로 매우 낮게 사용하는 경우를 생각해 볼 수 있다. 그리고 이러한 낮은 방어기제들이 주로 어떤 성숙단계에 해당되는지를 알아 본다. 즉 성숙수준의 방어기제, 미성숙수준의 방어기제들이 어떤 비율로 점수가 낮게 나타나는지를 알아 보고 그 의미를 탐색해 본다. 예를 들어 보자. 예견(성숙수준) 점수가 1점이었다면, 상황에 대한 예견적인 방어 능력의 결여를 의심해 볼 수 있다. 또는 통제(신경증수준) 점수가 1점으로 매우 낮았다면, 지나치게 자기억제적이고 피동적이고 피학적일 가능성을 검토해 보아야 할 것이다. 이와같이 낮은 점수의 방어기제 역시 다양하게 그 의미를 탐색해 보는 것이 요구된다.

제5단계에서는 검사 태도, 과거력에 나타난 행동 특징을 검사 결과와 연결시키면서 해석을 보완한다. 예를 들면, 어떤 개인의 검사 결과 20개 척도 모두 점수가 고르게 평균 이하 수준인데 그의 검사행동에서 강한 방어적 태도가 있었고 과거력에서 의미있는 정보를 얻기가 매우 어렵다면, 검사 결과는 그의 강한 방어적 태도를 반영한다고 해석해 볼 수 있다. 이와같이 이 단계에서는 피검사자의 검사 태도, 응답 특징을 유의하면서 이를 해석과정으로 연결시킨다.

이상과 같이 본 검사의 해석과정은 매우 단순해 보이지만 실제로는 다각적인 측면에서 깊이 있는 해석을 내릴 수 있다. 이를 위해서는 1단계 해석에 그치지 말고 5단계 해석을 꾸준히 시도해 보는 노력이 요구된다.

이화방어기제검사를 실시하여 수집된 자료를 근거로 요인분석한 결과가 표 10에 제시되고 있다. Principal component axis factor analysis방법에 의해 요인분석을 시행한 후 Varimax rotation에 의해 4개 요인을 추출하였다.

표 10에서 요인 부하치가 .50이상인 4개 요인이 추출되었는데 첫번째 요인에서는 행동화, 전치, 신체화, 해리, 투사, 수동 공격적 행동이 .64 이상의 높은 부하치를 나타내었다. 두번째 요인은 통제, 왜곡, 이타주의, 유우머, 승화가 .60 이상으로 부하되었다. 세번째 요인으로는 반동형성, 허세, 동일시, 퇴행이 .57 이상으로 부하되었다. 네번째 요인으로는 부정, 합리화, 억제, 예견, 회피가 .51 이상으로 부하되었다. 이 4개 요인에 의해 설명되는 변량의 정도는 58%였다.

요인 1에 해당되는 방어기제는 행동화, 전치, 신체화, 해리, 수동 공격적 행동이었다. 이 방어기제들은 성격요인검사와의 교차타당도(표 3)에서 보면 정서적 불안정상태를 나타내는 민감성 요인(Ⅰ)과 정적인 상관관계를 보이고 있고 정서적 긴장을 나타내는 긴장성요인(Q4)과도 정적인 상관관계를 보이고 있다. 이와 반대로 정서 안정성요인(C), 내적인 통제, 도덕적이고 책임감 있는 성격을 반영하는 완벽성요인(G)과는 부적인 상관관계를 보이고 있다. 다시 말하자면 이러한 방어기제들은 공통적으로 정서적 불안정성이나 민감성을 내포하고 있다고 보여진다. 따라서 이들 방어기제들은 통제력이 약하고 지나치게 민감한 불안정한 방어방식이라고 명명될 수 있을 것 같다.

요인 2에 해당되는 방어기제들은 통제, 왜곡, 이타주의, 유우머, 승화이다. 이들의 공통 특징은 왜곡을 제외하고는 기존의 방어기제 분류에서 성숙수준의 방어기제이다. 다시 말하면 갈등을 적극적으로 극복하거나 타인을 조정함으로써 결과적으로 자신에게나 타인에게 유익하고 갈등이 보다 성숙한 수준에서 조정되게 해준다. 한편 왜곡은 이러한 공통 특질을 지니고 있지 않는 방어기제이지만 본 검사의 왜곡척도 문항을 자세히 검토해 보면 긍정적인 자아상과 연관되고 있음을 시사해 준다. 예를 들면 "나는 이 사회에서 중요한 인물이다", "지금 내가 하고 있는 일은 역사적으로 대단히 중요한 일이다." 이러한 문항 내용이 보다 긍정적인 자아상과 연관된다는 점은 정신분열증환자의 방어기제 분석(이인길, 1990) 결과가 뒷받침 해 준다. 이 연구 결과에서 보면 정상인의 왜곡척도가 환자집단 보다 유의미하게 높았는데 정상인의 자아상이 환자집단 보다 긍정적이기 때문에 이러한 결과가 나타났으리라고 추정된다. 따라서 요인 2에 해당되는 방어기제들은 긍정적인 자아상, 적극적인 방식, 결과적인 유익성이 공통적으로 보여지므로 자아확대적인 방식으로 명명될 수 있다.

표 12-3 요인분석

	요인 1	요인 2	요인 3	요인 4
행동화	-.78	.06	-.02	-.16
전치	.74	-.00	.32	.01
신체화	.69	.06	.06	.30
해리	.67	.05	.34	.15
투사	.67	-.10	.41	-.05
수동-공격적	.64	-.04	.43	-.03
통제	.15	.81	-.04	.03
왜곡	.04	.73	.15	.10
이타주의	-.05	.71	-.22	.19
유우머	-.13	.63	.33	-.06
승화	.05	.60	.23	.09
반동형성	.15	.19	.73	.10
허세	.32	.02	.61	-.14
동일시	.37	.16	.58	.11
퇴행	.50	-.03	.57	-.09
부정	.11	-.00	.03	.69
합리화	.04	.37	-.11	.63
억제	-.37	.36	.08	.61
예견	-.10	.50	-.21	.53
회피	.18	-.33	.37	.51

요인 3으로는 반동형성, 허세, 동일시, 퇴행이 집락되었는데, 이들의 공통점은 발견이 용이하지 않다. 반동형성은 자신의 감정을 솔직하게 표현하지 않으며 허세는 자신의 열등감을 감추고 과장된 자아이미지를 밖으로 표현해 낸다. 동일시는 강하고 두려운 대상을 모방하고 그런 행동을 내면화하는 방식이라고 보여진다. 이들 방어기제가 어떤 공통적인 특질을 지니고 있는가는 성격요인검사와의 교차타당도에서 추정해 볼 수 있을 것이다. 이 척도들은 공상적이고 사변적이며 비현실적인 성향의 사변성요인과 정적인 상관관계를 나타내고 있고, 안정된 정서, 자아성숙, 현실적응능력의 안정성요인(C)과 부적 상관관계를 나타낸다. 그리고 낙천적이고 정열적인 충동성요인(F)과 정적인 상관관계를 보이고 있다. 이러한 점을 정리해 볼 때 요인 3에 해당되는 방어기제들의 공통 특징은 표면적인 수준에서는 개인이 자신의 자아를 솔직하게 표현하지 않고 부정하면서 개인의 현실보다 우월한 특성이나 행동을 겉으로 드러내는 경향이라고 지

적될 수 있겠다. 그리고 이러한 방어기제들의 기저에는 이상적인 수준에 대한 비현실적인 강열한 욕구가 개입되고 있지 않나 추정된다. 이 방어기제들은 자기-부정방어기제라고 명명할 수 있겠다.

요인 4에 해당되는 방어기제는 부정, 합리화, 억제, 예견, 회피이다. 이 가운데서 억제는 행동을 지연시키고 결정을 유보시킨 상태이며 예견은 행동에 앞서 미리 상황을 점검하거나 검토하는 상태이다. 따라서 이들의 공통점은 행동 억제 또는 행동지연이라고 볼 수 있으며 회피도 이러한 공통점을 지니고 있다고 볼 수 있다. 한편 부정과 합리화는 현실을 직면하지 않고 왜곡하는 방식이다. 이러한 행동억제와 현실 회피의 결과는 상당한 심리적인 안정을 가져다 줄 것이다. 따라서 이 방어기제들은 행동 억제와 현실 왜곡이라는 대가를 지불하면서 갈등과 불안을 피하도록 해주고 심리적인 안정을 가져다 준다. 이 방어기제들은 현실직면 회피방식으로 명명될 수 있을 것이다.

13

신경심리평가

신경심리평가(neuropsychological evaluation)는 1940년대 이래 후천적이거나 선천적인 뇌손상과 뇌기능장애를 진단하는데 이용되어 왔지만(Howieson과 Lezak 1992), 1970년대 이전에는 특정한 신경심리검사가 아닌 일반적인 심리검사가 신경심리평가 목적으로 사용되어 왔다. 앞으로 신경심리평가의 역사부분에서 자세하게 검토되겠지만 1970년대 이후로는 특정한 신경심리검사들이 표준화되어 사용되기에 이르렀다. 신경심리평가는 기존의 뇌손상검사라는 용어를 대신하는 새로운 영역으로서 본질적으로 뇌와 행동과의 관계 *brain-behavior relationships*를 다룬다. 따라서 적절한 신경심리평가를 수행하기 위해서는 신경해부학 *neuroanatomy*, 신경병리학 *neuropathology*, 그리고 행동의 신경학적 기본 원리에 대한 지식이 요구된다. 이러한 영역에 대한 지식이 없이는 신뢰성있는 신경심리평가가 이루어지기 어렵다(Jones와 Butters 1983). 이러한 점으로 볼 때 신경심리평가는 임상심리전문가의 진단영역내에서 보다 특수한 전문영역이라고 볼 수 있으며 이러한 평가를 수행할 때 임상심리전문가의 전문성은 더욱 고도화된다고 볼 수 있다. 일반적으로 신경심리평가에 대한 수요는 계속 증가할 것으로 예상되는데 그 이유는 뇌손상 환자 뿐만 아니라 정신장애자, 정상인과 노인의 기능평가 등에 확산되어 이용되고 있기 때문이다(Goldstein 1990).

이러한 점을 고려할 때 신경심리전문가 뿐만 아니라 일반 임상심리전문가도 앞서 지적된 신경심리평가를 위한 기본 지식과 신경심리평가에 관한 훈련이 요구된다고 보여진다. 따라서 이 장에서는 간략하게 신경심리검사의 발달, 평가의 목적, 바테리형 신경심리검사, 단일형 신경심리검사를 소개하고자 한다.

신경심리검사 발달과정을 소개하기 앞서 임상가들이나 연구자들의 뇌손상에 대한 개념의 변천을 살펴보기로 하겠다(Lezak 1983). 초기 1930-40년대 혹은 50년대까지 임상가들의 뇌손상에 대한 개념을 보면 대부분 뇌손상은 단일한 현상이라고 생각하였다(Lezak 1983). 다시 말하자면 뇌손상을 일차원적 현상이라고 생각하였다. 물론 이 시기에도 뇌손상은 다양한 조건에서 발생되고 매우 차이있는 결과를 가져오며 특정한 뇌와 행동간의 상호관계가 알려져 있었다. 그러나 뇌손상 환자를 직접 평가하고 치료하는 기본 가정은 뇌손상은 중심적인 손상이 있고 이로 인한 단일한 행동장애가 특징적으로 나타난다는 것이었다. 따라서 이 시기에는 이러한 단일한 행동장애를 나타내는 뇌손상을 평가해줄 수 있는 단일한 검사, 스크린용검사를 주로 사용하였다. 다시 말하자면 이 당시 검사 목적은 단일한 검사를 통하여 뇌손상 유무를 밝히고 신경증이나 정신분열증환자와 뇌손상환자를 구별하는데 있었다. 비유하자면 이 당시 사용되던 이러한 단일한 검사는 신경심리 리트마스 시험지와 같았다. 그러나 이러한 단일 차원의 뇌손상 행동 지표를 추구하던 시도는 성공적이지 못하였다.

뇌손상에 대한 개념은 그후 변화되어 뇌손상이 아직 단일한 현상으로 취급되기는 하였으나 측정 가능성이나 측정 범위가 매우 확장되었다. 이러한 개념은 Karl Lashley의 동등 기능잠재성의 원리 *the principle of equipotentiality*에 근거를 두고 있다. 그는 동물실험을 거치면서 뇌손상의 위치가 중요한 것이 아니라 뇌손상의 정도가 문제가 된다고 하였다. 즉 대뇌의 다른 영역들이 손상된 기능을 보상해 주는 역할을 하므로 대뇌 영역은 잠재적으로 동등한 기능을 감당한다는 것이다. Chapman과 Wolff(1959)는 기능의 국소화에 관한 연구 결과를 고찰하고 그들 자신의 임상연구를 종합하면서 인지적 손상의 정도를 결정하는 것은 손상의 위치가 아닌 손상된 영역의 정도라고 주장하였다. 따라서 이 시기 역시 뇌손상을 단일한 차원의 현상으로 취급하였다. 그러나 이전 단계와의 차이점은 이 당시에는 뇌손상 측정에 대한 적극적인 시도가 다양한 단일검사나 바테리검사를 통하여 이루어졌다는 점이다.

최근 뇌손상은 측정 가능한 다차원적 현상으로 인식됨으로써 이에 따른 다차원적 측정방식이 필요하다는 입장이 수용되고 있다. 뇌손상으로 나타나는 행동은 손상의 본질, 정도, 위치, 기간에 따라 매우 다양하며 환자의 연령, 성, 신체적 조건, 심리사회적 배경에 따라 달라진다. 따라서 해부학적으로나 기능적으로 차이가 있는 대뇌영역에 손상을 입은 환자들은 차이있는 손상양상을 보인다. 뿐만 아니라 유사한 영역에 손상을 입은 환자들일지라도 나타나는 양상은 달라질 수 있다. 그러므로 뇌손상은 다차원적이고 특정한 행동장애로 나타난다고 볼 수 있다. 따라서 뇌손상에 대한 개념발달과정에서 초기나 중간단계에서 보였던 단일 차원개념은 적절하지 않으며 앞서 지적된 바와 같이 뇌손상은 단일한 행동지표를 드러내는 것이 아니므로 다차원적 측정방식이 요구되고 있다.

1. 신경심리평가의 발달

다음은 임상장면에서의 신경심리평가의 발달에 대해 살펴보기로 한다(Weiss 등 1988). 신경심리평가가 신경병리적 조건에 따른 행동변화를 측정하는 평가법이라고 정의된다면 최초의 신경심리평가는 1930년대와 1940년대 특정 뇌손상에 따른 행동효과 연구에서 시작되었다고 볼 수 있다. 거슬러 올라가서 1905년 뇌손상아동과 정신지체아동에 대한 비네지능검사 시행도 신경심리평가의 시초라고 볼 수도 있겠지만 특정한 뇌손상과 행동과의 연관성을 평가 목적으로 삼았던 1930-1940년대를 최초의 신경심리평가 시기로 잡을 수 있을 것이다(Hersen 등 1983). 앞서 지적된 바와 같이 이 시기 대부분의 임상가들은 뇌손상을 단일한 현상으로 취급하였다. 물론 이 시기에도 뇌손상은 매우 다른 조건에서 비롯되고 매우 다른 결과를 가져오며 특정한 뇌와 행동관계가 있음이 알려져 있었다. 그러나 뇌손상 환자를 직접 평가하고 치료하는 기본 가정은 뇌손상은 중심적인 손상이 있고 이로 인한 단일한 행동 손상이 나타난다는 것이었다. 따라서 이 시기에는 뇌손상을 평가해줄 수 있는 단일한 검사, 스크린용 검사를 주로 사용하였다. 이 당시 검사 목적은 신경증이나 정신분열증환자와 뇌손상환자를 구별해줄 수 있는 단일한 검사를 통하여 뇌손상 유무를 밝히는데 있었다. 그러나 이러한 단일 차원의 뇌손상의 행동지표를 추구하던 시도는 성공적이지 못하였다. 이러한 전체적인 경향성에도 불구하고 예외적인 연구도 있었는데 1930-1940년대 초기 연구 가운데 일부는 실어증 *aphasia*에 있어서 지능손상, 전두엽 손상이 지능이나 고차적 정신기능에 미치는 효과 등과 같이 특정한 기능손상을 평가하기도 하였다. 전반적으로 이 시기에는 종합적인 신경심리검사가 일반화되지는 않은 상태였다.

종합적인 신경심리학적 검사는 Ward C. Halstead로 부터 시작되었다(Weiss 등 1988). 그는 1935년 시카고대학에 신경심리실험실을 창설하면서 광범위한 인지, 지각, 지각운동 기능들에 대한 뇌손상 효과를 연구하기 시작하였다. 그는 연구 초기단계에서는 직업이나 사회적 상황에서 뇌손상환자들의 행동관찰을 함으로써 검사에서 측정해야 할 행동특징을 결정하고자 하였다. 이러한 행동관찰 후 그는 기존의 검사과제와 새로운 검사과제를 종합하여 만든 바테리형 검사를 뇌손상환자들에게 실시하고 그 결과를 요인분석하여 신경심리검사 바테리를 1947년 제작하였다. 이 바테리형 검사에는 7개 검사가 포함되어 있었는데 7개 검사는 Category Test, Tactual Performance Test, Speech Sounds Performance Test, Seashore Rhythm Test, Finger Oscillation Test, Critical Flicker Fusion Test, Time Sense Test였다. 그의 업적은 뇌손상 효과를 평가하기 위한 광범위한 행동관찰 자료 수집에 있는데 그는 다양한 대뇌피질 손상의 결과를 관찰하기 위해 특정 영역에 뇌손상을 입은 환자들에 대한 체계적인 연구를 시행하였던 것이다.

이러한 Halstead 연구는 Ralph M. Reitan에 의해 확대되고 개정되어 현재 가장 널리 사용되는 신경심리검사로 발전되었다. Halstead의 제자였던 Reitan은 1951년 Indiana대학 의학센타에 신경심리학 실험실을 설립하였고 Halstead 바테리형 검사를 보완하여 1955년에 Halstead-Reitan Battery : HRB를 개정하였다. 이 검사에서는 원래의 Halstead 바테리형 검사에서 Critical Flicker Fusion Test와 Time Sense Test를 삭제하고 Trail Making Test, Strength of Grip Test, Sensory-Perceptual Examination, Tactile Perception, Modified Halastead-Wepman Aphasia Screening Test를 추가하였다. 이후부터 Raitan과 그의 동료들은 HRB를 많은 환자들에게 실시하였는데 특히 뇌손상의 영역－손상받은 대뇌반구 혹은 대뇌영역, 뇌손상 과정－급성적, 만성적, 정적 진행상태, 뇌손상 유형－내인성 종양, 외인상 종양, 뇌혈관성 장애 등을 진단하기 위해 이 검사를 사용하엿다.

신경심리학적 영역에서 커다란 영향을 끼친 다른 연구자들은 1950년대 후반부터 Montreal 신경심리연구소와 McGill대학에서 특정 영역의 뇌수술을 받은 신경과환자들의 행동을 계속적으로 연구하였던 Brenda Milner와 그녀의 동료들이었다(Goldstein 1990). 이들은 다른 방법으로는 통제될 수 없었던 간질발작 세포 *epileptogenic tissue*를 외과적으로 제거한 환자들을 대상으로 수술 이전과 이후의 환자 행동을 집중적으로 연구하였다. 이러한 연구 결과 좌측 측두엽 손상 *left temporal lobe lesions*과 언어학습장애, 우측 측두엽손상과 시지각과 시각 학습장애와의 연관성이 밝혀졌으며 해마 손상 *Hippocampal lesion*이 있는 경우 영구적인 전진성 기억장애 *anterograde amnesia*와 일부 역행성 기억장애 *retrograde amnesia*가 발생한다는 점이 알려지게 되었다. 이외에도 좌우 전두엽 *frontal lobe* 제거와 추상적 개념손상과 셑트 변화손상(Wisconsin Card Sorting Task), 좌측 전두엽 제거와 언어유창성 저하(Thurstone's Word Fluency Test), 우측 전두엽 제거와 비언어적 유창성(Fluency For Designs Task) 및 공간학습능력 손상과의 관련성이 밝혀졌다. 특히 이러한 연구들에 사용되었던 신경심리검사들은 현재 신경심리평가 도구로서 사용되고 있는데 이들은 Kimurs's Recurring Figures Test, The Visual Verbal Memory Test, Dichotic Listening Test, The Thurstone type of Verbal Fluency Test (Controlled Word Association Test), The Jones-Gotman Fluency for Designs Test, Wisconsin Card Sorting Test 등이다.

또다른 신경심리 연구자는 1950년대 후반부터 뉴욕대학에서, 그리고 그 이후에는 메사추세츠 기술연구소에서 다양한 시각과 공간능력에 영향을 미치는 대뇌손상 영역 효과를 연구하였던 Hans-Lukas Teuber(Weuiss 등 1988)이다. 그는 2차대전 재향군인들을 대상으로 하여 뇌손상영역에 따른 행동변화에 관한 연구에서 여러가지 결과를 제안하였다. 예를 들면 후두엽손상 *occipital lobe lesions*과 시각적 공간의 즉각 보고의 손상, 전두엽 손상과 자발적 자세 변화상태에서의 공간배열 변화의 보상기제의 손상, 두정엽 *parietal lobe*손상과 공간관계 지각에서의 손상 등이 보고되었다. 그의 연구는 임상연구 결과와 동물실험 결과를 연결시켰고 현재와 미래 연구방향에서 이론적 근거를 제시하였다는 점에서 특히 공헌하였다고 보여진다.

또다른 탁월한 연구들을 활동적으로 전개하였던 연구팀은 보스턴의과대학 연구팀으로 Harold Goodglass, Edith Kaplan, Nelson Butters 등이 주요 역할을 하였다(Weiss 등 1988). 이들은 특히 실어증, 실행증, 건망증, 치매, 노화문제에서 탁월한 연구를 진행하였다. 그리고 이들이 발전시킨 평가도구들은 현재 임상장면에서 활발하게 사용되고 있다. 예를 들면 The Boston Diagnostic Aphasia Examination, The Boston Retrograde Amnesia Battery 등이 있다.

이들은 연구에서 두 가지 점을 강조하였는데 그것은 다음과 같다. 첫째 실어증, 건망증, 치매는 단일한 인지적 손상이 특징적으로 나타나는 단일한 양상의 장애가 아니라 다양한 하위 양상이 존재한다는 것이다. 따라서 임상가는 표현성 언어, 이해력, 반복, 읽기, 쓰기의 표준 바테리과제를 수행하여 Broca's 실어증, Wernicke's 실어증, 전도성 실어증 *conduction aphasias*을 구별할 수 있게 된다. 둘째 이들이 상소한 섬은 기질적 장애의 질적 과정에 대한 평가가 중요하다는 것이다. 예를 들면 좌반구나 우반구 대뇌 손상을 입은 환자는 모두 개념과제나 그리기과제에서 양적으로 손상을 보이지만 이러한 수행을 자세히 검토해보면 전혀 다른 이유에 의해 이러한 손상이 나타난다는 것이다. 즉 우반구손상환자는 그림의 전체 윤곽을 파악하지 못하는 반면 좌반구 손상환자는 전체 윤곽 파악은 성공하지만 그림의 내부 부분을 분석하는데 실패한다는 것이다. 따라서 인지장애에 대한 질적인 분석없이는 진단과 예후에 관한 적절한 정보를 제공하지 못한다는 것이다.

한편 Iowa대학의 A.L. Benton은 1945년 Benton Visual Retention Test를 출발점으로 하여 주로 시각적 기억장애, 시각적 개념장애, 좌우 분별 실패, 손가락 위치, 수 조작, 실어증 진단, 전두엽장애의 차별적 효과 등에 관한 연구를 통해 공헌하였다(Weiss 등 1988). 예를 들면, 2차원적 공간구성 능력은 좌반구, 우반구 손상환자에게서 동일한 빈도로 나타나지만 3차원적 공간구성 능력은 좌반구손상환자에 비해 우반구손상환자에게서 2배 정도 빈번하게 나타난다는 것이다. 이들이 사용했던 도구들 역시 현재 신경심리학 영역에서 널리 사용되고 있는데 이들은 The Revised Visual Retention Test, The Neurosensory Center Comprehensive Examination for Aphasia, The Test of Three-dimensional Constructional Praxia, The Test of Facial Recognition 등이다.

1966년 『Higher Cortical Functions in Man』이 영역되어 서구에 소개되기 이전에는 A.R. Luria는 잘 알려지지 않았지만 1930년대부터 그는 모스코바에 있는 Burkenko 신경외과연구소에서 뇌손상을 입은 재향군인들, 그외 신경과, 신경외과 환자들을 대상으로 하여 신경심리 연구를 진행한 결과 종합적인 신경심리평가 도구를 개발하고 있었다(Weiss 등 1988). 다른 연구자들은 다양한 대뇌피질영역의 통합적 기능이 반영되고 있는 능력에 관심이 있었던 반면 그는 뇌에서의 기능적 체계화이론을 제시하였다. 예를 들면 기능체계의 어떤 부분이 보상적으로 메꾸어지는가를 알아보기 위해 복잡한 기능을 검사 가능한 단순한 요소로 분해하여 이러한 행동요소들을 분리하여 측정하였다. 이러한 방식으로 그는 대뇌 기능의 국소화 입장이나 통합적 입장 어느 한 편으로 기우는 것을 피하였다. 그의 측정방식은 표준화, 신뢰도, 타당도의 검사 원칙보다는 질적 평가를 더 중요시했다는 점이 특이하였다. 그후 1975년 덴마크의 심리학자 Anna-Lise Chrstensen에 의해 Luria 검사의 자세한 검사 요강이 발표되었으나 표준화는 시도되지 않았다. 1978년 Golden과 그의 동료들은 Luria-Nebraska Neuropsychological Battery : LNNB를 표준화하였고 1980년 표준화검사를 출판하였다. 이 검사바테리는 Halstead-Reitan Batter와 더불어 임상 장면이나 연구영역에서 널리 사용되고 있는 신경심리평가 바테리이다. 특히 국내에서는 이 신경심리검사의 표준화가 완성단계에 있어서 임상장면과 연구영역에서 널리 사용될 것으로 기대된다 (김재환 1992).

2. 기질적 기능장애

일반적으로 뇌손상은 인지적 과정에 가장 큰 영향을 미치기 때문에 신경심리검사는 다양한 영역의 인지기능을 평가하며 한편으로는 지각과 운동기능도 평가한다. 따라서 신경심리검사는 다양한 인지, 지각, 운동기능을 평가하는 도구라고 생각할 수 있다. 다음은 Goldstein(1990)이 소개한 내용을 중심으로 뇌손상에 의해 영향받는 대표적인 인지적, 지각적, 운동적 기능영역을 간략하게 기술해보고자 한다.

1) 뇌손상으로 인해 영향받는 가장 대표적인 영역은 일반적인 지적 능력 손상 *general intellectual impairment*이다. 뇌손상 이후 환자들은 병전 수준의 일반적인 지적 능력을 유지하지 못하여 원래의 지적 능력 수준이 저하된다. 이에 따라 문제해결을 효과적으로 접근하지 못하고 목표-지향적 행동이 체계적이지 못하며 계산 능력, 속담 해석 등 다양한 특정 능력들이 손상된다. 이러한 일반적인 지적 능력을 단일한 지표로서 나타내고자 하는 시도가 있었는데 Goldstein과 Scheerer(1941)의 추상적 태도 *abstract attitude*가 그러한 예이다. 추상적 태도란 개인이 세계를 지각하는 방식과 연관되는데 추상적 태도가 상실된 개인은 개념을 형성하거나 개인적인 사건을 일반화함에 있어서 실패하며 머리속으로 미리 상상하여 계획을 세우지 못하며 직접적인 자극 상황을 초월하여 상상할 수 있는 능력이 상실된다. 이러한 추상적 태도의 상실은 해결되어야 할 문제가 주어지는 검사 상황에서 가장 잘 관찰된다. 이러한 능력 손상을 측정하는 검사는 추상적 사고능력이나 개념 형성과 연관된 과제를 포함하며 피검자는 이러한 검사에서 어떤 일정한 방식에 따라 과제를 분류하고 유목화해야 한다. 최초의 신경심리 배터리검사라고 볼 수 있는 Goldstein-Scheerer(1941) 검사는 이러한 추상적 개념을 다루고 범주화하는 과제를 포함하고 있다.
2) 뇌손상이 있을 때 그 다음으로 흔히 나타나는 기능장애는 기억장애이다. 기억장애는 전반적인 지능손상에 동반되기도 하고 때로는 다른 기능 손상없이 독립적으

로 나타나기도 하며 때로는 기억장애 외에도 다른 많은 기능들을 손상시키는 진행적 장애의 초기 징후로 나타나기도 한다. 대부분의 경우 장기 기억 *remote memory*보다 최근 기억 *recent menory*이 더 손상된다. 이러한 경우 환자는 그의 초기 생애에 대해서는 아주 상세하게 기억할 수 있으나 바로 전날 일어났던 사건은 회상해내지 못한다. 소위 일차기억 *primary memory*은 비교적 잘 유지되는데 환자는 금방 제시된 몇개의 단어나 일련의 숫자는 즉각적으로 반복할 수 있지만 보다 시간이 지나고 특히 중간에 사건이 개입된 후에는 자극단어나 숫자를 기억하지 못한다. 최근 기억장애에 관한 연구들의 발전으로 기억검사가 발전하게 되었다(Butters와 Cermak 1980, Warrington과 Weiskrantz 1982). 이러한 연구 결과 모든 뇌손상환자가 동일한 종류의 기억장애를 경험하는 것이 아님이 밝혀지게 되었다. 따라서 자세한 평가를 통하여 특정한 유형의 기억장애가 진단되어야 한다. 일반적으로 종합적인 베터리형 신경심리검사는 기억력장애 유무와 그 심각도를 평가해준다.

3) 숙련된 활동을 수행하는 운동속도의 저하가 뇌손상의 흔한 증상이다. 일반적으로 이러한 손상은 정신성 운동속도의 손상이나 지각-운동 협응장애라는 용어로서 기술되어졌다. 이러한 속도의 손상이 때로는 순수한 운동속도의 저하로 인한 것일 수도 있으나 때로는 정신적 활동의 지연이나 지각적 자극과 운동 협응장애로 인한 것일 수도 있다. 후자의 경우 환자는 손가락 두드리기 *finger tapping*와 같은 단순한 운동과제는 잘 수행하지만 바꿔쓰기와 같이 시각적 자극과 동작이 협응되어야 하는 운동과제는 잘 수행하지 못한다. 후자의 과제는 여러 종류의 뇌손상 환자들에 있어서 공통적으로 수행 속도가 느리고 수행이 어려운 과제이다. 동작 지연과 관계없이 목적 달성을 위한 행동수행의 장애로 인하여 운동지연이 나타날 수 있는데 이러한 경우는 실행증(失行症) *apraxia*으로 인한 결과이다. 실행증은 서투르거나 어색한 동작으로 보여지는데 옷입기 같은 기능적 활동에 개입되는 일련의 목표지향적 운동들을 수행하지 못하거나 제스추어를 취하고 가장된 운동을 수행하는 것과 같이 가상적 활동속에서 동작을 수행하는 기능이 손상되어 있다. 순수한 형태의 실행증은 비교적 드물고 정신성 운동속도의 손상은 일반적이며 다양한 조건에서 보여진다.

4) 시각-공간능력의 손상도 기질적 장애와 연관된다. 운동과 지각을 연결하는 능력들은 환자가 어떤 형태의 모형을 만들거나 모형을 베끼는 과제에서 평가된다. 초기 신경심리검사라고 볼 수 있는 벤다-게슈탈트검사(Bender 1938)나

Wertheimer(1923)에 의해 고안된 일련의 도형 베끼는 과제들이 시각-공간능력을 평가하는 검사들이다. 이러한 검사를 수행하면 뇌손상이 있는 환자들은 지각과정에서는 정상적이지만 도형을 정확하게 베끼는데 어려움이 있다. 이러한 문제가 있는 경우 다양한 형태 왜곡, 도형의 위치 회전, 형태의 단순화, 보속증 *perseveration*이 나타난다. 베끼기 과제와 관련이 있는 다른 과제는 구성과제 *constructional task*로서 모형을 보고 삼차원적 구성을 이루어야 한다. 이러한 검사로 Weschsler 지능검사의 토막짜기 *Block Design*, Kohs Blocks 검사가 있다. 이러한 검사에서의 실패는 베끼기과제에서 보여지는 것과 유사한 기능장애로 인한 것이다. 즉 토막짜기에서 보면 모델의 형태를 분석하고 분석된 형태의 내적 구조를 정확하게 재생하는데 실패한다. 따라서 이러한 실패는 단순한 운동속도 지연과 관련된 것이 아니라 삼차원적 공간에서 형태를 구성하지 못하는 것과 관련이 있다. 즉 시각-공간 능력의 손상과 관련이 있다.

5) 일반적으로 뇌손상이 있는 환자는 흔히 복잡한 자극을 정확하게 지각하지 못하는 시지각장애가 있다. 예를 들면 숨겨진 도형과제 혹은 다른 도형과 겹쳐진 과제 혹은 불완전한 형태나 모호한 형태과제에서 환자들은 정확한 도형을 인식하지 못한다. 또한 시야에 여러 요소를 첨가함으로써 시각과제가 복잡해지는 경우 환자들은 시지각장애를 보인다. 즉 환자들은 단일한 요소는 알아볼 수 있으나 두개의 요소는 알아보지 못한다. 두개의 시자극이 동시에 제시되었을 때 환자들은 단지 하나의 자극만을 보고 있다고 반응한다. 이러한 현상은 멸실(滅失) *extinction* 혹은 무시 *neglect*라고 알려지는데 복잡한 시자극을 지각하지 못하는 시지각장애 현상을 나타낸다.

6) 많은 뇌손상 환자들은 청지각과 촉지각 영역에서도 장애가 있다. 청각 손상은 들을 수는 있으나 소리가 인식되거나 해석되지는 못한다. 이러한 일반적 손상은 실인증(失認症) *agnosia*으로 알려지고 있으며, 시각, 청각 혹은 촉각 영역에서 일어날 수 있다. 실인증은 "의미가 동반되지 않는 지각 *perception without meaning*"으로 정의되는데 일차적인 지각기능은 온전하지만 입력되는 정보를 이해하는 능력은 상실되어 있음을 나타낸다. 청각 실인증은 비교적 드물지만 다음에 제시되는 다른 종류의 청지각장애는 뇌손상환자들에게 흔히 나타난다. 청각적 무시 *auditory neglect*는 시각적 무시현상과 비슷한 청각적 장애이다. 이러한 경우 각 각 한쪽 귀에 들리는 소리는 정상적으로 지각되지만 두 귀에 동시에 들리

는 소리는 한 쪽 귀의 소리만이 인식된다. 청각 주의장애 *auditory attentional deficits* 역시 일반적인데 이러한 장애는 환자가 인지하거나 즉 적으로 재생해야 하는 복잡한 청자극(예를 들면 리드믹한 자극)을 제시하는 경우 쉽게 드러난다. 한편 고차적인 촉각장애가 있는 경우 환자는 손으로 물건을 만져서 그 물건이 무엇인지 확인하지 못한다. 촉각적 무시 *tactile neglect*는 하나의 자극과 두개의 자극을 환자가 만져보고 난 다음 드러나며 촉각 재인장애 *tactile recognition deficits*는 환자로 하여금 그의 손에 놓여진 물건의 이름이나 물건의 표면에 적힌 숫자나 글자를 확인하게 함으로써 평가될 수 있다. 촉각기능에서는 일차적인 촉각기능장애와 고차적인 인지기능장애를 구별하는 것이 매우 어려우며 신경심리학자들은 가벼운 촉각 식별역 *light touch thresholds*, 두점 변별 *two-point discrimination*, 날카롭고 무딘 촉각 자극의 구별능력과 같이 정밀한 손에 대한 감각 검사를 수행한다(Semmes 등 1960).

7) 실어증(失語症) *aphasia*은 뇌손상으로 인한 언어능력의 손상을 나타내는 일반적인 용어인데 의사소통장애가 있는 모든 뇌손상환자들이 실어증이 있는 것은 아니다. 실어증은 다양한 하위 유형을 포함하는 일반적인 용어이기는 하지만 언어를 지배하는 대뇌 반구-대부분의 사람들에게는 좌반구-의 초점성 손상 *focal damage*과 관련되는 의사소통 능력장애로 정의된다. 실어증은 일반적으로 뇌졸증 *stroke*과 두뇌 외상과 같은 갑작스런 발병으로 인해 생기지만 때로는 뇌종양과 초점성 감염 *focal infections*과 같은 다른 국소적 질병에서 나타나기도 한다. 뇌졸증은 가장 흔한 실어증의 원인이 된다.

   실어증은 다양한 하위유형이 있으므로 실어증을 평가할 때 이러한 하위유형을 구별해야 한다. 실어증은 말하고 다른 사람의 말을 이해하고 사물의 이름을 알아내고 읽고(독서불능증 *alexia*) 쓰고(필기불능증 *agraphia*) 계산하고(계산불능증 *acalculia*) 제스처를 사용하거나 이해하는 능력에 장해가 있는 경우를 모두 포함한다. 임상적으로 이러한 기능장애에 대한 유용한 평가는 실어증의 특징을 밝힐 수 있어야 한다. 예를 들면 환자가 말하는 능력을 상실했다고 기술할 때 아래와 같은 다양한 경우가 포함될 수 있다. 즉 환자가 벙어리가 되었다거나 혹은 더듬거리며 힘들게 단지 몇 마디만 말할 수 있다거나 유창하게 단어를 말하지만 말하는 단어와 문장의 의미를 파악하지 못하는 경우가 포함될 수 있다. 또한 환자가 언어를 이해하지 못한다고 기술되는 경우 환자가 말은 하지만 글로 쓴 말은 이해하지 못한다거나 이해하는 기능이 모두 손상되었다는 의미일 수도 있다. 이와같이 다양한 실어증이 존재하며 뇌손상의 위치와 상관성을 제시하고 합리적 치료방안을 제시하기 위해 어떤 하위유형의 실어증인지를 밝혀야 한다. 표준화된 바테리형 신경심리검사는 집중적인 실어증검사가 포함되어 있지 않다는 점이 유의되어야 한다. 실어증은 Boston Diagnostic Aphasia Examination(Goodglass와 Kaplan 1983), Western Aphasia Battery(Kertesz 1979)으로 검사될 수 있다. 보통 이러한 실어증검사는 신경심리검사 바테리와 병행하여 실시되지만 이 검사 자체로 상당한 시간이 소요되며 실시와 해석에 있어서 전문적인 경험과 지식이 요구된다는 점이 유의되어야 한다.

8) 여러가지 이유로 주의력 *attention*을 신경심리검사의 부분으로 평가하는 것이 유용하다. 때때로 주의력 장애는 뇌손상의 주요 증상이다. 그리고 뇌손상으로 인한 주의력장애가 주요 증상이 아니라 할지라도 주의력장애가 있는 경우 현재까지 토의된 모든 기능평가에 영향을 미치므로 주의력장애는 평가될 필요가 있다. 주의력에 대한 논의에 있어서 넓은 주의력 *wide aperture attention*과 좁은 주의력 *narrow aperture attention*을 구별하는 것이 유용하다(Kinsbourne 1980). 넓은 주의력이란 동시에 여러 자극들에 대해 주의를 기울이는 개인의 능력과 관련이 있다. 자극무시 *neglect* 검사는 넓은 범위의 주의력을 평가하고 있다. 좁은 범위의 주의력은 세부적인 사항에 대해 주의를 유지하는 능력과 관련이 있다. 경계성 과제 *vigilance task*나 WAIS의 빠진곳 찾기 *Picture Completion*와 같은 과제에서 좁은 범위의 주의력이 평가될 수 있다. 뇌손상 환자는 이 두가지 형태 중 한가지 형태의 주의력장애를 나타낸다. 환자들은 지각적 환경에 주의를 기울이는데 실패하거나 혹은 세밀한 작업에 요구되는 세부적 사항에 대한 주의집중이 실패되기도 한다. 주의력장애가 있는 개인은 주의산만 혹은 충동적이라고 표현되며 실제로 대부분의 뇌손상 환자들은 이러한 용어로 정확하게 그 특징이 기술되기도 한다. 따라서 주의력장애 여부와 정도에 대한 평가는 임상적으로 유용하다.

요약해 보면, 신경심리평가는 일반적인 지적 능력, 기억, 정신성 운동 속도, 시각-공간 능력, 시지각, 청각, 촉각, 언어 그리고 주의력과 같은 기능들에 대한 평가를 포함한다. 따라서 종합적인 신경심리검사는 이러한 영역 모두를 평가하는 절차로 정의된다. 그러나 실질적으로는 아무리 종합적인 신경심리검사라 할지라도 이러한 모든 영역을 모두 포함할 수는 없으며 또한 그러한 평가가 모든 사례에서 요구되는 것도 아니므로 현실적으로 가능한 범위내에서 종합적인 평가를 신경심리 바테리검사에 의해 시도된다.

3. 신경심리검사의 선정

신경심리평가에 있어서 바테리검사를 사용하는 방식과 개별검사를 사용하는 방식이 있다. Jones와 Butters(1983)는 『Neuropsychological Assessment』에서 이 두가지 방식의 장단점을 다음과 같이 논의하고 있는데 여기서는 이 논의 내용을 중심으로 바테리 검사와 개별검사 사용에 대해 검토해보기로 하겠다.

두 검사법을 간단히 정의한다면 바테리검사는 환자를 신경심리학적으로 평가하고자 할 때 신경심리검사 가운데 바테리형으로 제작된 검사 세트를 모두 실시하는 방식인 반면 개별검사는 모든 환자에게 가장 기본적인 소수의 신경심리검사를 수행함과 동시에 평가가 의뢰된 목적에 따라 적절한 신경심리검사를 선정하여 특정하게 실시하는 방식이다.

바테리검사의 장점은 첫째 평가되는 기능에 관한 자료가 종합적이라는 것이다. 이러한 종합적인 기능평가는 소검사간 점수를 비교분석하여 임상진단에 관한 유용한 정보를 제공해 줄 수 있다. 둘째 바테리검사의 구성에 따라서 개개 환자의 원래 기능수준에 대한 평가가 가능하게 되고 이에 따라 환자의 현재 기능수준이 어느 정도 손상된 수준인지를 알아볼 수 있다. 이는 나중에 검사해석법에서 자세하게 설명되겠지만 개인의 기본 기능수준을 기준으로 하여 평가하는 개인중심적 해석법 *ipsative interpretation*을 통하여 분석적이고 질적인 해석을 가능하게 해준다. 셋째 바테리검사 실시는 임상장면에서 동일한 검사 자료가 자동적으로 축적되게 함으로써 임상적 평가 목적과 연구 목적이 함께 충족될 수 있다. 네째 바테리검사는 신경심리검사만을 실시하는 심리사의 채용을 촉진한다.

한편 바테리검사의 단점은 첫째 일부 기능에 대해서는 필요 이상으로 자료를 제공하는 반면 어떤 기능에 대해서는 불충분한 자료를 제공하게 된다. 예를 들면 언어성지능지수가 120으로 평가되는 개인은 실어증에 대한 검사가 필요없는 반면 실제로 실어증이 있는 환자는 바테리검사에 포함된 실어증 스크린검사만으로는 불충분하다. 둘째 과잉 검사 자료문제와 관련하여 생각할 때 바테리검사 실시는 시간과 경비문제에 있어서 소모적인 경우가 있을 수 있다. 셋째 바테리검사를 시행하는 경우 현재 신속하게 변화되고 있는 신경심리학적 연구 추세에 따라 평가방법을 변형할 수 없기 때문에 최신의 신경심리학의 발전과 개념을 반영하는데 적절하지 못하다.

개별검사의 장단점은 바테리검사의 장단점을 역으로 생각하면 된다. 개별검사의 장점은 첫째 기본 검사에서 기능이 온전하게 평가되면 불필요한 검사를 시행하지 않아도된다. 둘째 필요한 검사에 대해서는 집중적으로 검사를 시행할 수 있다. 셋째 연구가 진행되면서 특정한 뇌손상 영역과 연관되는 기능장애를 평가하는 최신의 검사가 개발되고 이러한 검사가 개별적인 신경심리검사로 사용될 수 있다. 개별검사의 선택과 실시, 해석과정은 훈련과 경험에 있어서 고도의 전문성을 요구한다. 즉 개별검사는 바테리형검사에 비해 해석과정에서 규준이나 원칙(자동화된 해석체계)이 제시되지 않기 때문에 기본 지식과 경험에 있어서 고도의 전문성이 요구된다.

개별검사의 단점은 신경심리전문가가 검사를 직접 시행해야 하고 훈련과정에 많은 시간이 요구된다는 것이다. 그러나 신경심리전문가가 검사를 직접 시행한다는 사실은 어떤 면으로는 장점일 수도 있다. 왜냐하면 검사를 직접 시행하는 동안 전문가가 직접 검사 행동과 결과를 종합함으로써 풍부한 정보를 제공해줄 수 있기 때문이다. 다른 단점은 개별검사는 환자마다 다른 검사가 선택되어 시행되어야 하므로 검사 결과와 연구가 쉽게 연결될 수 없다는 것이다.

다음은 신경심리검사의 본질을 개관해보고 나아가서는 개별검사 중심으로 각 손상기능별 신경심리검사에 대해 간략하게 검토해보기로 하겠다.

신경심리검사의 본질

신경심리평가는 인간의 인지적(때로는 정서적) 상태와 인지적 기능 정도를 측정하는 방법으로서 그 기본가정이 심리측정과는 차이가 있다. 심리측정은 동일한 검사를 시행한 규준집단의 반응과 개인의 반응을 비교하는 반면(Anastasi 1988), 신경심리측정은 환자의 현재 기능수준과 이미 알려지거나 추정되는 개인의 과거 병전 기능수준을 비교한다(Lezak 1983). 그러나 이러한 개인내 비교방식 뿐만 아니라 심리측정방법과 동일하게 규준집단의 반응과 개인의 반응을 비교하는 방식도 있다. 이와같은 신경심리검사는 문화권내의 모든 성인들이 수행할 수 있는 인지과제나 감각운동과제로 구성되어 있고 대부분의 성인들이 이러한 과제를 온전하게 수행할 수 있을 것으로 기대된다. 따라서 이러한 과제에서의 실패는 기질적 손상의 결과로서 해석된다. 이러한 심리측정방식과 동일한 신경심리검사가 전제하고 있는 가정은 대부분의 정상 성인들은 신경심리과정에서 중간정도의 점수를 얻는 반면 기질적 장애가 있는 뇌손상환자들은 극단적인 손상을 보인다는 것이다. 즉 신경심리학적으로 온전한 사람들일지라도 극소수 개인만이 만점을 얻고 대다수가 중간정도의 점수를 얻을 것이라는 기대에 따라 검사가 제작된다는 것이다. 이러한 검사에서 점수는 연속변인이며 모든 사람들의 검사점수는 정상분포곡선을 그리게 된다. 다른 행동과 마찬가지로 인지기능 역시 개인차가 있고 동일한 개인일지라도 시간에 따라 점수가 달라질 수 있는데 이러한 점수 변동 역시 정상분포곡선을 그린다. 이러한 정상적인 점수 분산으로 인하여 개인의 점수는 정확한 값이라기 보다는 그 개인의 점수가 속할 수 있는 범위를 대표하는 값이라고 볼 수 있다. 이러한 이유로 신경심리학자들은 개인의 점수를 정확한 점수라기 보다는 개인의 능력범위를 나타내는 점수로 보고하는 경향이 있다.

한 개인의 점수를 규준집단의 점수와 비교함에 있어서 평균치로부터의 표준편차를 이용하여 표준점수나 Z점수를 계산하게 된다. 이러한 표준점수에 의하면 평균치로부터 ±0.6 표준편차내에 있는 점수는 규준집단의 50%가 이 범위의 점수를 나타내기 때문에 평균점수 범위로 간주된다. 또한 Z점수를 통하여 개인의 점수가 있을 수 있는 점수인지 아니면 기질적 손상으로 인한 점수인지를 설명할 수 있다. 개인의 점수가 평균치에서 2 표준편차 이상 벗어나는 낮은 점수일 때는 규준집단의 97.8%가 그 이상의 점수를 보이기 때문에 "손상"을 나타낸다고 해석된다.

검사 점수를 해석하기 위해서 신경심리검사 제작자들은 "절단 *cut-off*" 점수를 제안하였는데, 이 점수는 신경심리학적으로 온전한 사람들은 대부분 이 보다 높은 점수를 받게 되는 점수를 나타낸다. 따라서 이 절단점수 보다 낮은 점수를 얻으면 해당 능력에 있어서 손상이 있는 것으로 평가될 수 있다. 이 점수는 건강한 통제집단의 점수분포를 근거로 해서 얻어진다. 일반적으로 통제집단의 평균치보다 1.5 표준편차가 낮은 점수까지를 "정상범위"로 간주하며 이 점수는 통제집단의 상위 95%를 포함한다. 이러한 경우 만약 절단점수가 평가의 대상이 되는 개인을 충분하게 대표하는 규준을 기초로 하지 않은 경우 문제가 발생한다. 예를 들어 절단점수의 계산이 개인의 기능수준을 고려하지 않은 경우를 생각해볼 수 있다. 이런 경우 절단점수는 평균 지능을 가진 개인에게는 만족스러운 점수이지만 우수한 능력을 가진 사람에게는 만족스럽지 않은 점수가 된다. 또한 절단점수를 정신장애자집단과 같이 "정상적"인 통제집단 보다 뇌손상이 더 많은 편파된 표본에서 구한 경우가 있다. 이러한 절단점수는 기본적인 언어능력이나 운동능력과 같이 모든 성인이 정상적일 것이라고 기대되는 능력을 재는 검사에서 유용하게 사용된다.

어떤 심리검사는 다른 검사에 비해 아주 미미한 정도의 기질적 장애도 포착하도록 도와준다. 주의력을 재는 간단한 신호탐지검사(한 페이지에 있는 철자 A에 모두 줄을 긋도록 하는)는 A와 C에 모두 줄을 긋도록 하는 분리된 주의과제보다 주의력에 덜 민감한 검사이다. 집중력과 새로운 학습능력을 측정하는 검사는 다른 인지검사 보다 대뇌손상을 잘 포착해주는데 이는 대뇌손상이 있을 경우 이러한 검사 수행이 쉽게 방해받기 때문이다. 그러나 우울, 불안, 약물부작용이나 다른 질병으로 인한 낮은 활력수준 역시 이러한 검사에서의 인지기능을 방해한다. 따라서 이러한 검사는 인지적 혼란에 예민한 검사이기는 하지만 기질적 장애로 인한 인지적 혼란에만 특정적인 반응을 보이는 것은 아니다. 다른 질병에 의한 인지장애에 대해서도 점수가 저하될 수 있으므로 신경심리검사로서의 예민성 *sensitivity*은 충분하지만 특정성 *specificity*은 충분하지 않다고 볼 수 있다. 기질적 장애를 나타내는 신경심리검사의 특정성은 정상적인 개인들과 기질적 장애를 지닌 개인들의 점수 분포의 중복의 정도에 달려있다. 언어이해력을 측정하는 Token Test(Boller와 Vignolo 1966)와 같은 검사는 매우 특수한 검사로서 실어증이 없는 정상인들에게 비정상적인 점수가 나타나는 경우는 거의 드물다. 좋은 신경심리검사라면 이와 같은 두가지 조건, 즉 검사의 예민성과 특정성이 적절한 균형을 취해야 할 것이다.

검사를 선택하기 위해서는 어떤 검사가 가장 유용한 정보를 제공할지에 대해 깊이 검토해야 한다. 어떤 검사에서든지 잘못된 긍정적 또는 부정적 정보를 제공받을 수 있다. 신경심리검사를 해석할 때는 반응의 의미있는 유형과 일관성이 결여된 반응을 살펴보아야 한다.

대뇌기능장애는 검사의 양적인 분석 뿐만 아니라 검사 수행의 질적 분석을 통해서도 알 수 있다(Pankratz와 Taplin 1982). 한 과제에 실패하는 원인은 여러가지가 있는데, 검사의 양적 분석만으로는 환자가 응답에 실패하는 이유가 무엇인지에 대한 해답을 얻지 못한다. 때로는 환자가 질문과는 거리가 먼 응답을 하는 경우가 있다. 이런 경우 현명한 임상가는 반복하여 질문함으로써 환자가 문제나 지시를 잘못 이해한 것이지 올바른 응답을 할 능력이 부족한 것은 아니라는 점을 발견하게 된다. 이와같은 질적 분석을 통하여 양적 분석만으로는 얻지 못하는 정보를 얻게되는 것이다. 검사를 시행하는 동안 환자가 검사상황에 접근하거나 검사자와 상호작용하는 방식을 잘 검토해보면 행동장애의 특징이 잘 드러나게 된다. 뇌손상을 입은 환자들은 주의 범위가 제한되어 있고 혼란, 충동성, 낮은 자기-통제력, 비조직화, 민감성, 의심과 같은 문제를 지니고 있다. 예리하고 유능한 임상가는 이러한 요인들과 단순한 인지적 무능력을 구별할 수 있어야 한다.

해석의 원칙과 주의점

검사 자료의 해석은 주로 환자가 수행할 것으로 기대되는 수준을 근거로 하며 기대수준으로 부터의 이탈을 알려진 손상양상에 따라 평가되어야 한다(Lezak 1983). 인지검사에서 정상인들 대부분은 기대된 범위내에서 반응하므로 기대수준 이하의 수행을 보이는 경우는 기질적 손상을 의심해보아야 한다. 어떤 사람이 여러 검사에서 평균점수 이상을 얻으면서 하나의 기능영역에서는 평균이하의 수행을 보일 수 있다. 그림 13－1에서 이러한 예를 들어 보자. 그림 13－1은 과거 예술가였던 91세 노인의 신경심리검사 결과를 보여주고 있다. 이 환자의 가족은 그녀의 점진적인 기능 저하가 노화에 의한 것인지 아니면 치매에 의한 것인지를 평가해달라고 요청하였다. Z 점수로 표현된 그녀의 수행은 동일한 연령과 교육배경을 지닌, 신경심리학적으로 온전한 사람들의 점수와 비교되었다. 표에서 보는 바와 같이 기억검사와 사물이름말하기 *naming*에서 점수 저하가 있었다. 이러한 점수 저하는 동일 연령 개인들에게 기대되는 수준에 미달되는 것이었다. 이러한 점수 저하와 개인력을 종합해 볼 때 환자가 가벼운 치매 *mild dementia*를 앓고 있다는 진단이 타당하다고 해석될 수 있었다.

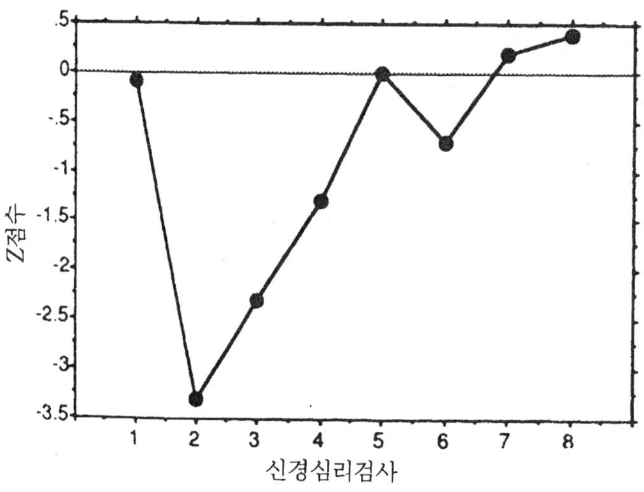

그림 13－1 이 표는 91세된 가벼운 수준의 Alzheimer형의 치매를 앓고 있는 여자환자의 신경심리검사의 결과이다. 1＝기본지식 2＝언어성 기억 3＝시각-공간 기억 4＝이름말하기 5＝이해 6＝언어성 추리 7＝시각적 추리 8＝구성적 실행

인지과제에서 기질적 손상과 관련없는 점수 저하를 보이는 예외적인 경우가 있기는 하지만 대부분은 인지과제에서의 점수 저하가 기질적 손상을 나타낸다는 평가가 타당성이 있다(Matarazzo와 Prifitera 1989). 유사한 검사를 통하여 반복적인 측정을 한 경우 결과의 신뢰도는 높아지게 된다. 어떤 사람이 한 검사에서 낮은 점수를 얻었고

이와 동일한 기술을 재는 다른 검사에서도 그러한 결과가 반복되었다면 검사 결과는 신뢰로운 것으로 간주될 수 있다. 유사한 과제를 수행하여 동일하게 점수가 낮게 나오지 않는다면 첫번째 검사 결과가 신뢰롭지 못하든지 혹은 두번째 검사가 측정하는 내용이 광범위하여 환자의 문제를 정면으로 평가해내지 못한다고 의심해 볼 수 있다. 이러한 경우 가운데 실제로 어떤 경우인지는 반복하여 검토되어야 한다. 이러한 이유로 특정한 인지기능의 손상을 평가하기 위해서는 여러번 다른 검사를 사용하는 것이 요구되기 때문에 흔히 신경심리검사는 길어지게 마련이다.

검사 결과를 해석할 때 인구통계학적 변인을 고려해야 한다. 개인 내적인 비교를 하기 위해 병전 기능 수준을 추정하고자 할 때 임상가는 환자의 검사 결과와 더불어 교육, 직업, 성별, 인종을 고려해야 한다. 검사 검수가 심하게 손상된 경우일수록 어떤 과제에서도 이전의 기능수준을 발견하기 어렵기 때문에 검사자는 환자의 인구학적 배경과 개인력을 근거로 하여 과거 기능수준을 추정하고자 할 것이다(Crawford 등 1989). 일부 검사들－예를 들면 어휘문제와 상식문제－은 뇌손상의 영향을 쉽게 받지 않기 때문에 병전 기능 수준을 잘 추정할 수 있도록 도와준다(Baddeley 등 1988, Crawford 등 1988).

신경심리검사를 의미있게 해석하기 위해서 검사자는 가능한 범위에서 여러 검사를 동시에 실시해야 하고 신경심리학적 의미가 있는 반응양상을 검토해야 한다. 신경심리학과 관련된 영역에 있어서 질병 특유의 진단적 *pathognomonic* 결과가 아직은 충분하게 많지 않기 때문에 하나의 반응양상을 근거로 하여 여러가지 진단이 내려지기 마련이다. 예를 들면, 지연된 사고, 집중력장애, 기억 손상을 포함하는 반응양상은 어떤 하나의 기질적 장애에서만 나타나는 결과라기 보다는 여러가지 장애에서 나타날 수 있는 비특정적인 결과이다. 즉 이러한 결과는 매우 가벼운 치매, 가벼운 뇌진탕후증후군 *mild post concussion syndrome*, 가벼운 독성에 의한 뇌질환 *mild toxic encephalopathy*, 다발성 경화증 *multiple sclerosis* 에서 나타날 수 있으며 우울증이나 피로상태에서도 나타날 수 있다. 다른 양상은 특정한 조건에만 나타나는 매우 특정적인 것일 수 있다. 좌측 시야의 무시 *neglect*와 좌측 시공간적 손상은 대뇌기능장애의 신호이고 이는 특히 우반구 손상과 함께 일어난다. 여러 신경심리학적 조건에서 전형적인 반응의 손상양상이 알려지고 있으므로 검사자는 이와같이 알려져 있는 손상양상에 따라 환자의 수행을 평가하게 된다.

신경심리평가는 여러 요인을 종합하여 내려져야 한다. 따라서 임상장면에서 신경심리검사 결과를 진단과 치료에 적용하고자 하는 경우 오로지 검사 점수에만 근거하여 (과거력, 면담, 검사행동관찰을 통한 정보없이) 신경심리적 진단을 내리거나 충분한 지지적 증거없이 진단을 내리는 것을 경계해야 한다. 또한 신경심리검사가 대뇌 손상을 측정하는 것은 아니라는 것을 경계해야 한다. 손상된 정신기능은 기저의 대뇌 장애 *an underlying brain disorder*가 있음을 암시한다. 다시 말하자면 신경심리검사에서 점수가 낮다고 해서 반드시 대뇌 손상이 있음을 의미하는 것은 아니며 다른 가능한 해석이 있을 수 있음을 명심해야 한다.

주요 신경심리검사들

이 부분에서는 주로 인지영역을 측정하는 검사들에 대해 알아보고자 한다.

1) 지적 능력

성인의 일반지능을 측정하는 가장 보편적인 검사는 웩슬러지능검사 *Wechsler Intelligence Scale*: WIS로서 각 소검사는 다양한 기술을 포함하는 인지 과제에 대한 점수를 나타내준다. 지능지수는 11개 소검사들의 환산점수를 합산하여 구해지는데 전체 소검사들의 평균점수라고 볼 수 있다. 때로 이 지능검사의 11개 소검사들은 신경심리검사로 사용되기도 한다. 이 소검사들은 산수, 추상적 사고, 시공간적 조직화와 같은 독립적인 인지 영역을 측정하기 위해 만들어졌으며 다양한 뇌영역의 기능장애에 차별적으로 예민하다. 따라서 WIS는 특정한 인지적 영역의 손상을 밝히는데 사용된다. 소검사 점수들의 평균치인 지능지수를 기질적 장애가 있는 환자들에게 적용하는 경우 소검사들의 평균치인 지능지수는 뇌손상의 성질을 밝혀주는데 도움이 되지 않는다. 예를 들면, 만약 친숙한 사물을 식별하는 능력이 손상된 시각적 손상이 있는 환자라면 빠진곳 찾기 *Picture Completion* 소검사에서 점수가 낮고 다른 소검사 점수는 낮지 않을 것이다. 이런 경우 전체 소검사 점수를 평균낸다면 이러한 특정한 손상 내용은 밝혀지지 않고 감추어지게 되고 전체 평균치만이 드러나게 될 것이다. 따라서 전체 소검사의 총합으로는 중요한 정보를 알지 못하게 될 것이다. 따라서 신경심리학자는 소검사 점수들의 총합이나 평균 점수보다는 소검사들의 점수분포에 관심을 가지게 된다.

때로는 신경심리학자들은 특정 영역의 인지적 손상을 밝히기 위해서 웩슬러지능검사의 언어성 검사와 동작성 검사의 점수 차이를 이용한다. 이는 좌반구 손상은 언어성 지능의 저하를 초래하고 우반구 손상이나 확산적인 손상은 동작성 지능의 저하를 초래한다는 논리적 근거에서 비롯된 것이다. 그러나 이러한 방식의 점수 총합 역시 중요한 내용을 간과하도록 만드는 경향이 있다(Bornstein 1983). 위의 예에서와 같이 동작성 검사 가운데 어느 한 소검사의 점수는 낮지만 전체 동작성 검사의 평균치는 저하되지 않을 수 있다. 더욱이 언어성 검사 가운데 산수문제와 숫자외우기는 언어적 기능만을 측정하는 것이 아니며 동작성 검사 가운데 3개의 소검사만이 운동반응을 측정하고 나머지 동작성 소검사 빠진곳 찾기 *Picture Completion test*는 언어적 기능을 측정하기도 한다. 따라서 각 소검사들의 점수를 평균치로 다루지 않고 개별적으로 다루어서 각각 해석하는 것이 중요하다. 각 소검사의 원점수는 "환산점수 *scaled score*"로 변환되어야 하는데, 이 점수는 규준집단의 점수 분포를 근거로 한 표준점수이다. Wechsler 검사 요강을 보면 16-17세부터 70-74세에 이르는 연령집단의 원점수를 환산점수로 변환하기 위해 필요한 환산표들이 제시되어 있다. 연령에 따른 환산점수는 개인의 점수가 해당 연령집단의 평균치에서 이탈된 정도를 나타내므로 신경심리학적인 목적에 알맞는 점수가 될 것이다. 그러므로 각 소검사별로 개인의 환산점수가 해당 연령집단의 평균치를 근거로 할 때 의미있는 차이가 있는지를 검토해보는 것이 필요하다.

2) 언어

말과 언어를 지배하는 반구는 오른손잡이의 95-97%에서, 왼손잡이의 60-70%에서 좌반구이다(Strauss와 Goldsmith 1987). 따라서 언어를 지배하는 좌반구의 손상은 다양한 상징 형성 *symbol formation*이나 사용에 있어서 장애를 초래할 수 있다. 연구자들은 실어증환자들을 모두 하나의 표준 실어증 증후군으로 묶어서 분류하는데 반대하지만 실어증은 주요 증상으로 언어 이해(수용적 실어증 *receptive aphasia*), 언어 표현(표현적 실어증 *expressive aphasia*), 반복(전도성 실어증 *conduction aphasia*), 명명(건망성 실어증 *anomic aphasia*) 가운데 어떤 유형에 속하는가에 따라 분류될 수 있다.

여러 종류의 언어측정검사가 종합적으로 사용될 수 있는데 이러한 실어증검사바테리는 훈련받은 언어병리학자나 임상가들이 실시해야 한다. 이 검사바테리는 자발적인 언어, 언어 이해, 반복, 명명, 읽기, 쓰기능력을 측정한다.

검사 실시는 진단을 내리기 위해서, 예후를 평가하기 위해서 혹은 재활치료를 위해서 실시될 수 있는데 이러한 검사 목적에 따라 검사 종류가 선택되어야 한다. 예를 들면, Boston Diagnostic Aphasia Examination : BDAE(Goodglass와 Kaplan 1983)은 실어증의 여러 특징을 잘 평가해주기 때문에 치료계획을 세우고자 하는 경우 시행되는 것이 적합하다. 그리고 Porch Index of Communicative Ability : PICA (Porch 1983)검사는 작은 변화에도 민감하기 때문에 치료 경과를 알아보는데 적합한 검사이다. 아주 짧으면서도 유용한 검사는 Aphasia Language Performance Scales : ALPS(Keenan과 Brassell 1975)인데 이 검사는 듣기, 말하기, 읽기, 쓰기를 측정하고 실시에 소요되는 시간은 약 30분이다.

3) 주의력과 정신적 추적능력

일반적인 대뇌 손상의 결과는 사고가 지연되고 집중적인 행동수행에 장해가 오는 것이다(Gronwall 1977). 이에 더하여 뇌간 *brain stem*이나 대뇌반구 손상을 포함하는 확산적인 손상은 다양한 주의장애를 초래한다. 많은 신경심리검사는 이러한 능력을 측정하게 된다. Wechsler 지능검사 가운데 숫자외우기에서 바로 따라외우기는 수에 대한 주의력 *attention span*이나 단기기억 *immediate memory*을 측정한다. 이에 비해 거꾸로 따라외우기는 집중력 *concentration*과 정신적 추적능력 *mental tracking*을 요구하는 과제로서 바로 따라외우기 보다 어려운 과제이다. 일반적으로 뇌손상을 입은 환자는—심한 뇌손상을 입은 경우까지 포함하여—거꾸로 따라외우기에서만 수행이 떨어지는 경향이 있다. 바로 따라외우기와 거꾸로 따라외우기는 서로 다른 기능을 측정하기 때문에 각각의 결과는 독립적으로 해석되어야 한다. 또한 웩슬러지능검사의 바꿔쓰기 역시 집중력을 요구하며 이와 동시에 성공적인 수행을 위해서는 운동속도와 정신적 속도를 요구한다. 개인은 정확하고 빠르게 숫자를 기호로 부호화하여야 한다. 주의력 장애가 있는 개인들은 수학능력이 뛰어나더라도 산수문제에서 수행이 떨어지는데, 그 이유는 산수문제를 계산하는 동안 구두로 길게 진술된 문제를 집중하고 주의하는 능력이 요구되기 때문이다.

집중력과 정신적 추적능력을 측정하기 위해 사용되는 또 다른 검사는 Trial Making Test(Armitage 1946)이다. 이 검사는 A와 B형이 있는데 A형에서는 피검자에게 번호가 매겨진 원들을 순서에 따라 빠르고 정확하게 연결하도록 지시가 주어진다. B형은 A형에 비해 난이도는 높은데 B형에서는 번호와 알파벳 글자가 매겨진 원들을 번호와 알파벳 순서를 바꾸어 가면서 연결하라는 지시가 주어진다. 즉 1번 다음에 A를 찾고 다음에 2번, 그리고 B, 다음 3 그리고 C -- 이런 방식으로 순서에 따라 원을 연결하는 과제가 주어진다(1→A→2→B→3→C→4→D…)(그림 13-2). 이 검사는 인지적 세트를 변환하는데 요구되는 집중력, 시각적 탐사활동 *visual scanning*, 융통성을 측정한다. 이 검사는 뇌손상에 가장 민감한 검사 가운데 하나이다(Crockettt 등 1988). 그러나 이 검사는 뇌손상 뿐만 아니라 신경손상 *nerve damage*이나 관절장애 *joint disease*와 같은 말초적 요인에 의한 시력 감소나 운동활동 지연이 있는 경우에도 점수가 저하된다. 또한 교육적 배경에 의해서도 영향을 받는데 알파벳에 익숙하지 않은 저학력자에게는 사용되기 어렵다는 제한점이 있다.

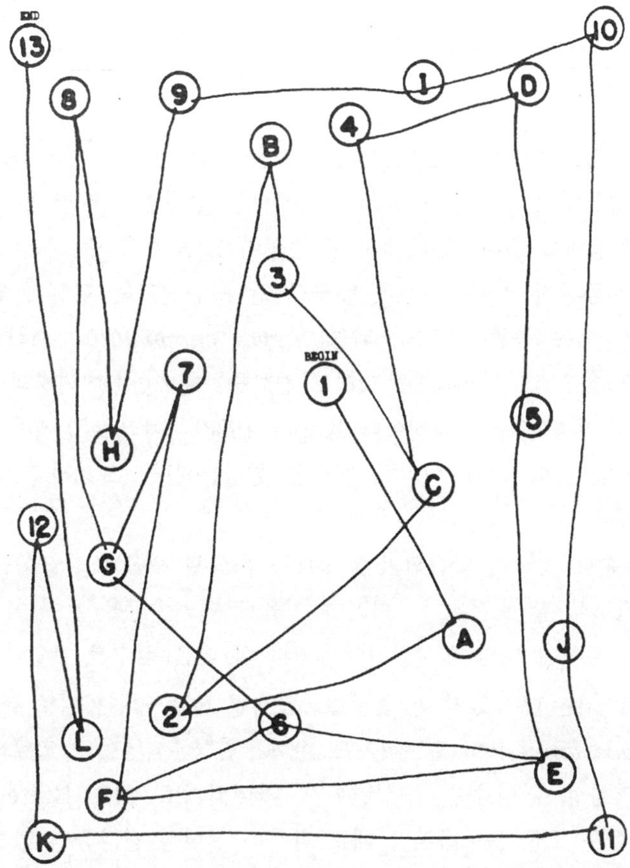

그림 13-2 Trail Making Test의 B부분을 정상 압력 수두증 *normal-pressure hydrocephalus* 진단을 받은 61세된 남자환자가 그렸다. 두 종류의 실수가 드러난다 : 잘못된 연속(1->A->2->C), 수와 글자를 교환하지 못함(D->5->E->F)

경미한 뇌손상을 평가하는 경우 집중력과 정신적 추적능력을 측정하는 고도로 어려운 검사-예를 들면 Paced Auditory Serial Addition Test(PASAT ; Gronwall 1977)와 같은-를 사용하여 측정의 민감도를 증가시키는 것이 요구된다. 이 검사는 환자가 방해자극을 받으면서 연속적으로 숫자를 덧셈해야 하는 과제가 주어진다. 숫자가 일정한 비율로 제시되므로 피검자는 제시된 마지막 두개의 숫자를 더해야 한다. 이 검사 시행방법을 설명해 보자. "3-5-2-7"이라는 숫자가 제시되면 피검자는 5 다음에는 "8"이라고 응답해야 하고(3과 5를 덧셈하여), 2 다음에는 "7"(5와 2를 덧셈하여), 7

다음에는 "9"라고 응답해야 한다. 이 과제의 난이도는 높은 편이며 숫자의 제시 속도를 빠르게 한다면 난이도를 더욱 높힐 수 있다.

4) 기억

기억 역시 뇌손상으로 장애받는 인지기능 가운데 하나이다. 대뇌 손상이 확산적인 경우 새로운 학습능력과 파지능력 *retention*에서의 장애를 초래한다. 여러 국소적인 뇌손상 역시 기억장애를 초래하는데 좌반구 손상이 있는 경우 주로 언어적 기억장애가 초래되는 반면 시공간적 기억장애는 우반구 손상과 관련되는 경향이 있다(Ojemann 등 1985). 기억장애는 종종 헤르페스뇌염 *herpes encephalitis*, 저산소증 *hypoxia*, 폐쇄성 뇌손상 *closed head injury*, 그리고 경화증, 알쯔하이머씨병의 초기단계와 같은 신경계 퇴행성 질병의 주요 특징이다(Kapur 1988). 여러 질병에서 기억장애가 심한 건망성증후군을 초래하는데 이러한 질병은 헌팅튼씨병, 코르사코프증후군이 있다(Butters 등 1976).

일반적으로 뇌손상 이전에 학습되었던 정보는 손상후 새롭게 학습되는 정보와 비교할 때 기억이 비교적 잘 보전된다. 이러한 이유로 기억손상을 보이는 많은 환자들은 상식문제와 과거 사건에 대한 회상검사에서 비교적 좋은 점수를 보인다. 그러나 기억장애가 있는 경우 뇌손상이 있기 전 몇주일, 몇개월 혹은 몇년까지로 확대되는 역행성 건망증 *retrograde amnesia*이 일어나기도 한다. 헌팅튼씨병이나 코르사코프증후군에서 나타나는 역행성 건망증은 수십년까지 확대되기도 한다(Butters와 Miliotis 1985). 그러나 매우 드물기는 하지만 때로 환자는 선행성 건망증이 없는 상태에서 역행성 건망증만 보이기도 한다. 다시 말하자면 역행성 건망증이 있지만 새로운 학습능력은 온전하다는 것이다(Goldberg 1981). 선택적인 역행성 건망증을 보이거나 자아 정체감에 대한 기억상실을 보이는 경우 대부분 심인적 요인에 의해 초래된 것이라고 볼 수 있다.

Wechsler Memory Scale-Revised : WMS-R(Wechsler 1987)은 새로운 학습과 파지를 측정하는 가장 흔히 사용되는 검사이다. 이 배터리는 언어적, 시공간적 자료의 자유회상 *free recall*과 재인 *recognition*을 측정하는 소검사들로 이루어져 있다. 또한 WMS-R은 개인적 정보에 대한 회상, 주의력, 집중력, 정신적 추적능력을 측정한다. 이 검사의 초판(Wechsler 1945)은 측정의 민감도가 낮은데 그 이유는 어려운 기억조건, 즉 새로 학습된 정보에 대한 지연 회상 *delayed recall*이 포함되지 않았기 때문이다. 개정판의 소검사들은 즉각 회상 *immediate recall*과 지연 회상(약 30분)을 모두 측정하고 있다.

단어목록 학습과제를 포함하는, 흔히 사용되는 기억검사는 Rey Auditory Verbal Learning Test, California Verbal learning Test가 있고(Lezak 1983) 시공간적 과제를 포함하는 Rey Complex Figure Test(Baser와 Ruff 1987)가 있다. 환자들이 언어적 반응을 하거나 주로 사용하는 손으로 그림을 그릴 수 없을 경우에는 간단히 "예", "아니오"로 반응하도록 하는 재인검사가 유용하며, 이러한 검사는 Continuous Recognition Memory Test(Hannay 등 1989)와 Continuous Visual Memory Test(Trahan 등 1988), Recognition Memory Test(Warrington 1984) 등이 있다.

5) 지각

어떤 감각기관을 통과하는 지각이든지 간에 뇌손상으로 인한 손상이 일어날 수 있다. 지각적 부주의 *perceptual inattention*는 주요 지각증후군 가운데 하나로서 흔히 국소적 뇌손상과 연합되어 일어난다. 이 증후군은 입력되는 자극들 가운데 어느 한 방향의 자극을 지각하는 능력이 감소되거나 장애되는 양상으로 나타난다. 일측성(한 방향에서 일어나는) 부주의는 뇌졸중과 같은 급성 뇌손상 후에 가장 두드러지게 나타난다. 가장 흔히 일어나는 부주의 증후군은 우반구 뇌졸중과 관련되는 좌측 부주의 증후군이다.

이러한 일측성 부주의를 진단하기 위해 이용되는 몇가지 기법들이 있다. 시각적 부주의는 Line Bisection Test(Schenkenberg 등 1980)를 이용하여 평가될 수 있다. 이 검사는 피검자에게 종이위에 그려져 있는 여러 선들을 이등분하도록 요구하거나 여러 유사한 기호들 가운데 지정된 기호를 지우도록 요구한다. 널리 사용되는 촉각 부주의검사로는 Face-Hand Test(Berg 등 1987)가 있다. 이 검사에서 검사자가 피검자의 얼굴이나 손의 일정 부위를 가볍게 만진 다음 피검자로 하여금 눈을 감은 상태로 해당 부위를 가리키도록 지시를 내린다. 처음에는 한쪽씩 만져진 다음 나중에는 왼쪽 뺨과 오른쪽 손을 만지는 경우와 같이 양쪽이 함께 만져진다. 피검자는 한쪽 부위가 검사되는 경우는 문제가 없으나 양쪽이 검사되는 경우는 어느 한편의 자극을 보고하는데 실패하게 된다. 이러한 실패가 있을 때 촉각 부주의로 진단된다.

지각검사들 가운데 가장 일반적으로 사용되는 방식은 유사한 자극들을 지각적으로 변별하는 방식이 있다. 이러한 시각검사들의 과제로는 기하학적 형태, 각도, 색깔, 얼굴, 친숙한 사물이 사용된다. 일부 지각검사들은 피검자의 지각적 통합능력을 검사한다. Hooper Visual Organization Test(Hooper 1958)는 널리 알려진 사물의 그림을 조각으로 제시하고 사물의 이름이 무엇인지를 질문한다. 이러한 검사들이 촉각적인 과제로 변형되어 실시되기도 한다. 가장 흔히 사용되는 촉각검사로는 형태 재인과 글자나 숫자의 재인검사가 있다.

다른 주요한 지각검사로는 친숙한 시각적 자극에 대한 재인검사가 있다. 이러한 시각적 증후군이 드물게 일어나고 각각 개별적으로 일어나기는 하지만 뇌손상으로 인해 친숙한 사물이나 얼굴을 시각적으로 재인하지 못하는 실인증이 초래된다(시각적 사물실인증 *visual object agnosia*과 얼굴실인증 *prosopagnosia*). 재인검사에서는 피검자에게 실제의 모습이나 변형된 모습으로 제시된 사물의 이름을 말하도록 요구한다. 웩슬러지능검사 가운데 빠진곳찾기는 피검자로 하여금 친숙한 사물의 모습 가운데 빠진 곳을 말하도록 지시하는 지각검사이다.

뇌손상을 입은 일부 환자들은 1차적인 청력장애와 실어증이 없는 경우일지라도 소리를 변별하는데 어려움이 생긴다. 따라서 말소리와 비상징적 소리(예를 들면 싸이렌소리나 종소리등)을 변별하는 능력을 측정하기 위한 검사들이 고안되어져 왔다. 말소리 변별장애는 좌측 측두엽손상과 관련되며 사이렌이나 종소리, 문닫는 소리 등 비상징적 소리에 대한 변별 실패는 우측 측두엽 손상과 관련이 있다(Milner 1971). 청각변별과 관련되는 검사에 대한 환자의 반응을 해석하는 경우 검사자는 주의력장애로 인해서 점수 저하가 나타날 가능성에 대해 검토해보아야 한다. 그 이유는 이러한 검사에서 점수가 저하되는 경우 때로는 주의력장애로 인한 결과일 수 있기 때문이다.

6) 실행증

많은 실어증 환자들은 적어도 한가지 형태의 실행증 *apraxia*을 동반한다. 환자들이 요구받은 연속적 운동활동을 수행하지 못하는 것은 운동신경에 결함이 있기 때문이 아니라 요구받은 활동을 수행하고 계획하는 능력에 결함이 있기 때문이다. 실행검사들은 얼굴이나 손발의 동작을 따라서 재현하는 환자의 능력을 측정한다. 이러한 동작과제는 사물의 용도(보통 사물의 용도를 몸짓으로 전달한다), 몸동작, 연속적인 동작이 검사자의 시범으로 전달된다.

7) 구성능력

이전에는 구성능력 *constructional ability* 장애는 일종의 실행증으로 간주되었지만 최근에는 공간적 관계에 대한 인지장애가 기본적으로 문제가 되고 있다고 알려지고 있다. 즉 구성능력의 실패는 원근이나 각도, 크기, 거리 판단의 실패나 부분들의 통합이나 그들의 관계성에 대한 인지 실패로 인하여 일어난다는 것이다. 따라서 실행증과는 다르게, 선을 그리지 못하거나 모형대로 조립하지 못하는 것이 문제가 아니라 공간적 관계나 지각대상의 세부적 특징을 잘못 지각하고, 잘못 판단하는 것이 문제이다. 시공간 정보처리를 다루는 모든 검사들이 신경심리학적 평가도구로 이용될 수 있다. 그림 13-3에 구성능력을 평가하는 Rey Complex Figure의 도형이 제시되고 있는데 이 검사에서 환자는 기하학적 도형을 보고 정확하게 묘사하도록 지시를 받는다(Loring 등 1988). 웩슬러지능검사의 토막짜기에서는 피검자가 토막들을 가지고 검사자극 모형을 재구성하고 조립하도록 지시를 받게 된다. 대뇌피질의 후부 *posterior cerebral cortex* 손상이 있을 경우 구성능력에 있어서 심각한 장애가 초래되는데 특히 좌반구 손상보다는 우반구 손상이 있을 때 구성능력의 장애가 심각해진다.

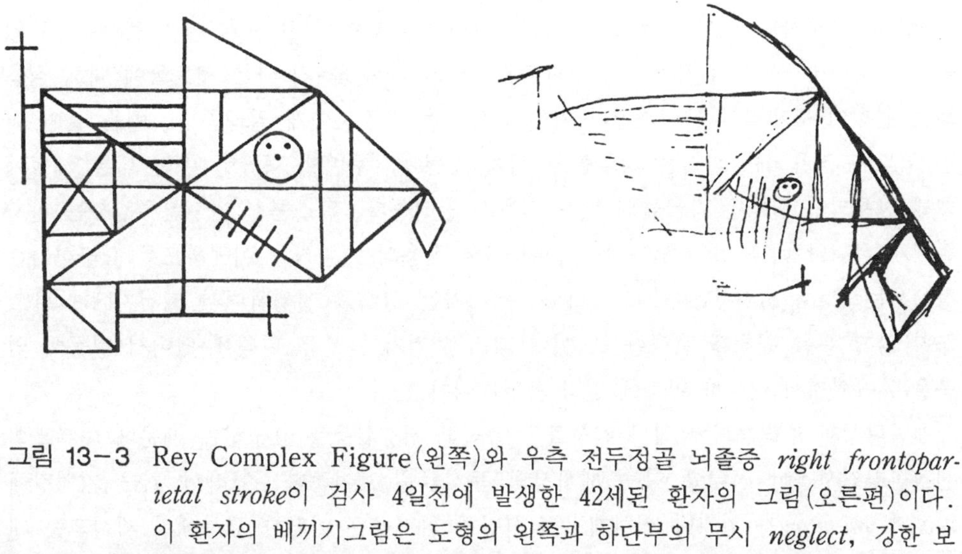

그림 13-3 Rey Complex Figure(왼쪽)와 우측 전두정골 뇌졸중 *right frontoparietal stroke*이 검사 4일전에 발생한 42세된 환자의 그림(오른편)이다. 이 환자의 베끼기그림은 도형의 왼쪽과 하단부의 무시 *neglect*, 강한 보속증 경향, 시각-공간 단편화 *visual-spatial fragmentation*를 보이고 있다.

8) 개념적 기능 *Conceptual Function*

개념형성 *conceptual function*에 대한 검사들은 추리력, 추상적 사고력, 문제해결 능력등을 포함하는 사고기능들을 측정한다. 개념수준의 장애는 손상 부위에 상관없이 심한 뇌손상으로 인해 초래된다. 대부분의 신경심리검사들은 단순한 수준의 개념적 기능을 요구한다. 예를 들면 추리능력은 대부분의 웩슬러 소검사들의 성공적인 수행을 위해서 요구되는 기능이다. 웩슬러지능검사의 이해문제는 속담에 대한 상식적 수준의 언어적 추리능력과 해석능력을 평가한다. 빠진곳찾기는 지각적인 추리능력을 요구하며 공통성문제는 사물이나 개념들간의 유사성에 대해 질문함으로써 추상적으로 사고하는 능력을 측정한다. 산수문제는 수학적 문제해결능력과 연관이 있으며 차례맞추기는 주제가 있는 그림들에 대한 연속적인 추리능력 *sequential reasoning*을 검사한다. 토막짜기와 모양맞추기는 시공간적 분석능력과 토막과 조각으로 문제를 해결하는 능력을 평가한다.

개념형성을 다루는 다른 검사로는 Category Test(Halstead 1947)와 Wisconsin Card Shorting Test(WCS)(Berg 1948)가 있다. 이러한 검사들은 개념형성, 가설검증, 문제해결 능력, 사고의 융통성을 측정한다. Category Test는 여러가지 자극을 제시하면서 피검자에게 한 세트내에 있는 문항들에 대해 적용되는 원칙이나 개념을 이해하도록 요구한다. 즉 한 세트내에 있는 여러 자극들이 어떤 원칙 아래 분류 되고 있는지를 파악하도록 피검자에게 요구한다. 그리고 나서 6개의 다른 세트들에 대해 적용되는 원칙이나 개념이 동일하거나 차이가 있음을 피검자에게 알려준다. 예를 들면 어떤 세트에 적용되는 원칙은 자극들의 위치(첫번째, 두번째…등)인 반면 다른 세트에 대해 적용되는 원칙은 자극들의 數가 된다고 알려준다. 위스콘신 카드분류검사는 환자들에게 한 세트내에 있는 모든 문항들에 대해 적용되는 원칙을 이해하도록 요구한다는 점에서는 Category Test와 유사하다. 검사자는 검사를 진행하면서 피검자에게 예고하지 않고 분류 원칙을 변경한다. 이에 따라 피검자는 분류 원칙에 있어서 변동이 있음을 알아차려서 이러한 변동에 따라 응답하여야 한다.

개념형성과 추리능력에 대한 검사들은 복잡한 정신활동을 요구하기 때문에 대부분의 신경심리검사들이 지니고 있는 해석상의 문제들을 보여준다. 따라서 최근 기억장애 *recent memory*가 있거나 심하게 주의산만한 환자들은 이러한 검사에서 제시되는 개념형성문제를 해결할 능력은 있지만 정확한 문제해결방식을 저장하지 못하기 때문에 응답에 실패할 수 있다. 이러한 경우 임상가는 환자의 전체적인 수행을 평가하기 위해서 점수에만 의존하여 평가하는 수준을 벗어나서 다각적으로 해석할 수 있어야 한다.

9) 실행적 기능 *Executive Functions*

실행기능 *executive functions*은 목표를 설정하고 계획을 세우고 목표지향적인 계획을 효율적으로 수행하며 이러한 수행을 스스로 감독하고 개선해 나가는 능력과 관련이 있다. 이러한 실행능력은 전두엽이나 광범위한 영역에 뇌손상을 입은 환자들에게는 어려운 과제이다. 한편 이러한 능력은 한 개인으로서 책임을 지고 사회적으로 적절하게 행동해야 하는 성인들에게 있어서는 필수적으로 요구되는 능력이다. 실행기능을 평가하는 과제들은 환자로 하여금 과제가 완성되는 때를 스스로 결정하거나 계획하도록 하는 검사들이다. 계획능력을 요구하는 검사로서는 미로검사가 있다. 오래된 방식이기는 하지만 신경심리검사 가운데 하나인 Bender-Gestalt검사는 공간을 잘 배치하여 한 페이지에 9개의 그림을 적절하게 그릴 수 있기 위해서는 예견능력이 요구된다. 성공적인 수행을 위해서 계획능력에 의존하는 다른 과제들은 의사결정이나 우선 순위 설정을 요구하는 다단계 과제들이다. 이러한 행동측면만을 측정하도록 고안된 신경심리검사들은 거의 없지만 복잡한 과제들은 이러한 분석을 가능하게 해준다.

자발적으로 활동하지 못하는 무력상태 *inertia*는 신경심리학적으로 가장 평가하기 어려운 문제 가운데 하나이다. 왜냐하면 자발성이나 목표지향적 행동수행을 평가하는 개방형 검사들이 거의 없기 때문이다. 대부분의 검사들은 구조화되어 있기 때문에 환자의 자발성이 별로 요구되지 않는다. 비교적 더 적게 구조화된 검사로는 Tinker-typetest와 Free drawing test가 있다. 전자의 검사에서 환자들은 무엇을 만들고 어떻게 설계할 것인가를 스스로 결정하게 된다. 그리고 후자의 검사에서는 피검자에게 자전거나 집을 그리도록 요구한다. 이러한 검사에서는 규칙이 거의 없기 때문에 환자들이 스스로 그들의 생산적 수준을 선택해야 한다.

10) 운동기능 *Motor Functions*

신경심리검사들은 운동활동에 대한 표준화된 측정방식을 제시함으로써 운동기능에 대한 신경학적 검사를 보완해줄 수 있다. 손으로 쥐는 힘 *grip strength*과 손가락 두드리기와 같은 운동기능에 대한 규준자료가 축적되어져 왔다(Bornstein 1985). 섬세한 운동협응 능력에 대한 복잡한 검사로는 Grooved Pegboard Test와 Purdue Pegboard Test와 같이, 환자들에게 구멍속으로 말뚝을 빠르게 집어넣도록 요구하는 검사들이 있다. 이러한 검사들은 절대적인 수행을 평가할 뿐만 아니라 단측성 운동장애의 가능성을 검토하기 위해 선호되는 손과 선호되지 않는 손에 의한 수행을 비교하고, 양손의 통합을 측정하기 위해 한손의 수행과 두손의 수행을 비교한다.

11) 성격과 정서적 상태

신경학적이거나 의학적인 질환을 가진 환자들의 신체적, 정신적 증상을 측정하기 위한 질문지들이 개발되어 왔다(Lezak 1983). 이러한 독립적인 검사를 예로 들면 Neurobehavioal Rating Scale로서 이 검사는 대뇌 손상과 관련되는 문제들을 검사자가 평정하는 측정도구이다. 이와는 다르게 심리적인 고통이나 정신장애를 평가하는 여러 검사들이 뇌손상을 지닌 개인들에게 사용되어져 왔다. Symptom Check List-90 개정판 : SCL-90-R(Derogatis 등 1983)은 정신장애와 관련되는 증세들이 높은 빈도로 나타날 때 이러한 증세에 대해 환자가 스스로 보고하도록 하는 검사이다. 다면적 인성검사 MMPI(Hathaway와 Mckinley 1940) 역시 뇌손상환자들의 정서적 상태를 평가하는데 널리 사용되어져 왔다(Dahlstrom등 1975). MMPI-2(Graham 1990)는 MMPI와 동일한 타당도척도와 임상척도내에서 새로운 문항들을 추가하거나 이전의 문항을 수정하고 새로운 규준을 제시하고 있다. MMPI-2에서의 문항 개정에 따라 근본적인 임상 프로파일의 변화가 초래되리라고 기대되지는 않지만 최근에 검사가 개정되었기 때문에 새로운 규준자료의 결과에 대한 정보가 아직은 충분하지 않은 상태이다.

일반적으로 뇌손상환자들의 MMPI 프로파일은 상승하는 경향이 있는데, 그 이유는 뇌손상환자들에게 정서적인 문제가 빈번하게 발생하고 있기 때문이다. 그러나 이러한 정서적 문제와는 상관없이 MMPI 프로파일 상승이 뇌손상으로 인한 기질적 장애의 증상과 손상을 반영해주는 경우도 있고 때로는 환자가 검사문항을 읽거나 이해하는 능력이 손상되어 있음을 반영해주는 경우도 있다. 일반적으로 1번척도 Hs, 3번척도 Hy, 8번척도 Sc가 상승하는 경향이 있는데 그 이유는 실제적인 "신경학적"증후들이 이러한 척도들의 문항에 포함되어 있기 때문이다.

뇌손상환자들의 MMPI 자료를 해석할 때, 뇌손상으로 인한 신경학적 증후와 정서적 반응과 병전 성격을 고려해야 한다. 정신장애와 신경학적 질환의 감별진단을 위해서 MMPI를 사용하는 시도들이 있어 왔다. 그러나 감별진단의 효과는 뇌손상과 그와 관련되는 문제가 너무나 다양하기 때문에 대체적으로 만족스럽지 못했다. 또한 MMPI는 국소적인 대뇌손상이 있는 환자들에 대한 평가도구로는 효과적이지 못했다.

신경심리학자들은 흔히 나타나고 있는 신경심리학적 증상이 심리적 증상과 중첩된 것인지 혹은 순전히 기능적인 것인지를 평가해주도록 요청받는다. 그러나 일반적으로 어떤 환자의 질환이 기능적인 것인지, 기질적인 것인지를 확연하게 감별한다는 것은 대단히 어려운 작업이다. 특히 상황을 더욱 복잡하게 만드는 것은 뇌손상환자들이 때로는 그들의 증상을 꾸미고 과장하는 경향이 있다는 것이다(고의적인 경우도 있고 그렇지 않은 경우도 있다). 따라서 임상가는 기능적인 진단을 지지하거나 의심할만한 요인들을 주의하여 탐색해보아야 한다. 일반적인 요인으로는 과거력, 보고된 증상, 검사수행에 있어서 불일치의 증거, 개인의 정서적 소인, 2차적 이득의 가능성, 질병에 대한 환자의 정서적 반응이 포함된다.

심리검사들은 피검자가 증상을 과장하는 경향성이 있는지를 확인하는데 도움이 될 수 있다. MMPI 타당도척도 L, F, K는 증상이 과장되었을 가능성과 검사를 받는 동안의 협조정도에 대한 정보를 제공해준다. 인지적 손상이 없는 피검자에게 있어서 F척도가 상승된다면 이는 증상을 과장하고 있을 가능성을 암시하는 가장 강력한 신호가 된다. 일반적으로 피검자가 자신을 실제보다 더 심한 상태로 과장하여 보이려고 하는 경우는 F척도가 상승하는 경향이 있고 이에 반하여 L과 F척도는 평균보다 내려가는 경향이 있다. 그러나 F척도가 높은 경우는 환자들이 뇌손상 때문에 문제를 이해하거나 자신의 반응의 타당성을 감지하는데 문제가 있는 경우일 수도 있다.

뇌손상이 있는 것처럼 위장하는 피검자들은 그들의 반응 실패나 저하된 수행을 과장하는 경향이 있으므로 이러한 경향성을 잘 나타내주는 유용한 도구로 Symptom Validity Test가 있다. 이 검사의 기본절차는 환자로 하여금 간단한 2개의 응답지 가운데 정답을 선택하도록 한다. 이러한 문항을 여러번 반복 시행함으로써 검사자는 피검자의 수행이 의도적일 가능성을 평가해낼 수 있게 된다. 병을 꾸미는 피검자들은 자신들의 무능력을 극단적으로 과장하는 경향이 있기 때문에 이러한 극단적인 결과는 통계적으로 우연히 일어날 수 있는 범위를 넘어서게 되고 따라서 고의적으로 틀린 반응을 하고 있음을 시사해주게 된다. Portland Digit Recognition Test(Binder와 Willis 1990)는 기억검사로서 피검자의 과장하려는 의도를 평가하기 위한 목적으로도 사용된다. 2개의 강제선택형 검사가 의도성을 평가하기 위한 목적으로도 사용된다. 이 검사에서 피검자는 2개의 강제선택형 재인과제로 주어지는 일련의 숫자들을 회상하도록 지시를 받으며 이러한 과제 수행과정에서 환자의 기억장애 호소의 타당성을 검토할 수 있게 된다.

다음은 가장 대표적인 신경심리검사 바테리 가운데 하나인 Luria-Nebraska Neuropsychological Battery(LNNB)에 대해 소개하고자 한다. 특히 LNNB는 1993년 한국판 표준화가 발표될 예정에 있으므로(김재환 1992) 보다 집중적인 검토가 요구된다. 이 부분은 Goldstein이 『Comprehensive Neuropsychological Assessment Batteries』(1990)에서 소개한 내용을 중심으로 하여 기술하고자 한다.

4. Luria-Nebraska Neuropsychological Battery : LNNB

Luria는 신경심리학 이론 뿐만 아니라 환자 평가 방법에 있어서 그 자신의 독특한 방식을 개발했던 훌륭한 임상가로 알려졌으나, 구체적인 내용은 1960년대 이후 그의 주요한 저서가 번역된 이후에야 알려졌다. 예를 들면 1966년 영역되어 출판된 그의 저서 『Higher cortical functions in man』이후 서구권 신경심리학자들의 그의 이론적 배경과 임상적 평가방법, 임상적 경험에 접할 수 있게 되었다. 그러나 이 당시 Luria는 Halstead-Reitan과 같은 표준화된 검사 배터리를 가지고 있지 않았다. 그의 진단 방식과 사례 제시가 매우 인상적이고 혁신적이었지만 실제 임상적 적용에 있어서 이러한 그의 경험을 어떻게 적용할 수 있는지 그 구체적인 내용은 잘 알려지지 않고 있었다. 따라서 그의 이론적 배경과 신경심리학적 평가 방법을 알기 위해서는 그를 직접 방문하고 배워야만 했다. 그리고 Anne-Lise Christensen은 실제로 그런 방식을 취하여 그를 직접 방문하여 그의 이론적 배경과 방법을 접할 수 있었다. Christensen은 『Luria's Neuropsychological Investigation』이라고 불리우는 책에서 그녀가 Luria로 부터 배웠던 내용을 기록하였다.

이 책은 Luria와 그의 동료들이 사용한 검사 자료들을 포함한 신경심리학적 평가법과 검사 요강으로 구성되었다. 따라서 이 책을 통하여 Luria가 사용하였던 검사자료와 검사법이 알려지게 되었고 이를 임상 장면에서 실제로 사용할 수 있게 되었다. 그러나 이 책에서 이러한 검사 문항의 표준화와 관련된 정보는 제공되지 않았다. 다시 말하자면 이 당시까지 Luria의 신경심리검사는 표준화가 이루어지지 않은 상태에서 Luria검사의 규준, 신뢰도, 타당도, 표준 배터리 구성에 관한 내용이 전혀 소개되지 않은 상태였다.

Charles J. Golden이 이러한 작업을 완성하였다고 볼 수 있는데 그는 Luria 신경심리검사의 표준화 작업을 진행하였고 이러한 결과를 1978년 논문에 처음으로 보고하였다. 따라서 Luria는 그의 이론적 배경에 따라 신경심리학적 검사 문항을 채택하거나 개발했다고 볼 수 있으며 Christensen은 이러한 문항과 그의 이론적 배경을 영역하여 소개하였고 결국에는 Golden과 그 동료들이 표준화 작업을 완성하였다고 볼 수 있다. 이러한 그와 그의 동료들의 작업으로 Luria-Nebraska Neuropsychological Battery로 알려진 신경심리검사 바테리가 제작되기에 이르렀다.

이 배터리검사는 1980년 출판되었으며, 현재까지 임상과 연구영역에서 폭넓게 사용되고 있다. 이 신경심리검사의 아동판 역시 표준화되어 현재 임상장면에서 유용하게 사용되고 있다(Golden 등 1985).

이론적 배경

다음은 Luria-Nebraska Neuropsychological Battery를 표준화하는데 실질적인 역할을 하였던 Golden 등(1982)이 소개한 Luria-Nebraska 신경심리검사의 이론적 배경에 대해 검토해보기로 하겠다.

Luria의 기본 이론적 배경 가운데 가장 중요한 개념은 기능적 시스템 *functional system*이다. 그의 견해에 따르면 국소적인 대뇌영역들은 특정한 기술을 담당한다고 한다. 이러한 기술들은 매우 특정적이고 한정적이기 때문에 매우 단순한 행동일지라도 다양한 기본적인 기술을 필요로 하며 다양한 대뇌 영역의 활동을 요구한다. 정상적인 상태에서 특정 영역의 기술을 담당하는 대뇌 영역 활동은 그러한 특정 기술의 활동이 발휘되는데 필수조건은 되지만 충분조건은 되지 않는다. 다시 말하자면 행동이 일어날 수 있으려면 특정한 대뇌 영역 뿐만 아니라 기본적인 기술을 담당하는 여러 대뇌 영역의 활동이 온전해야 한다는 것이다. 즉 여러 대뇌영역들의 활동이 상호 협조될 때만 행동이 일어날 수 있다는 것이다. 기능적 시스템은 행동에 요구되는 대뇌 상호작용의 양식을 나타낸다. 이러한 이론적 입장에 따르면 일정한 행동이 일어나기 위해서는 한 가지 이상의 기능적 시스템들이 관여한다는 것이다. 역으로 특정한 과제를 수행하는 방법은 다른 기능적 시스템을 이용하는 다른 방법들이 존재할 수 있다는 것이다. 예를 들면 수학문제를 푸는 방식은 논리적인 방식에 의존할 수도 있지만 기계적인 방식에 의존할 수도 있다는 것이다.

Luria는 특정한 대뇌 영역의 손상이 있을 때 그 영역이 관장하는 기술과 관계되는 모든 행동들이 영향을 받는 반면 그 영역의 기술을 필요로 하지 않는 다른 행동들은 정상적으로 수행된다는 것을 관찰하였다. 기능적 시스템에 따라 손상된 대뇌영역에 의해 조절되는 기본적 기술이 요구되는 행동들이 증후군적 행동장애로 표현될 것이다. 장애된 기능적 시스템들과 연관되는 기본적 신경심리적 기술을 분석함으로써 지속적으로 실패되는 과제와 관련되는 기술을 밝힐 수 있으며 대뇌영역별 손상을 추론할 수 있을 것이다.

신경심리검사에서 증후군 분석의 논리는 요인분석의 논리와 유사하다. 두 기법에서 찾고자 하는 것은 일련의 과제들 기저에 있는 공통분모격인 과제를 찾고자 하는 것이다. 간단히 예를 들면 만약 다음의 기술을 요구하는 세가지 과제가 실패되고 있다고 한다면－기술 A, B, C를 요구하는 과제, 기술 B, D, E를 요구하는 과제, B, F, G를 요구하는 과제－이 세 과제의 실패는 공통분모격인 기술 B의 실패에 기인하고 있음을 알 수 있다. 즉 기술 B가 실패됨으로 인해서 이 세 과제의 실패가 일어난다는 것이다. Luria는 기능적 시스템에서의 특정한 손상이 어떻게 전체적으로 행동에 영향을 미치는가를 밝힘으로써 이러한 문제에 접근하고자 하였다. 예를 들면 좌반구-측두엽 손상환자는 유사한 소리를 지니고 있는 音素를 혼돈하게 된다. 이와같이 손상의 질적인 분석을 통하여 손상의 정확한 본질에 관한 가설을 세우고 이를 위해 언급된 방식으로 계속 검토해볼 수 있다.

Luria 자신은 표준화된 방식을 사용하거나 이러한 방식의 필요성을 제안하지 않았다. 그 보다는 다양한 방식으로 기술들을 조합한 과제들을 구성하고 이러한 과제들을 형태 분석하는 방식을 따랐다. 그러나 앞서 지적한 바와 같이 Golden은 이 검사의 표준화 작업과 아울러 질적인 평가외에 양적인 평가를 추가하였다. 따라서 Luria-Nebraska 신경심리검사는 질적인 평가와 아울러 양적인 평가를 실시하게 되었고 이러한 병행적인 해석방식에 따른 장점을 취하게 되었다. 표준화된 검사방식에 다른 양적인 분석을 할 경우 검사에 대한 경험적인 연구에 근거한 해석이 가능하다는 이점이 있다. 이러한 방식은 Halstad-Reitan 신경심리검사가 제작될 당시 기본적인 입장이었는데 이 검사는 국소적 손상을 지닌 환자는 손상의 위치, 만성화, 원인에 따라 일정한 형태를 나타낸다는 것이다. 따라서 Luria-Nebraska Neuropsychological Battery는 원래의 Luria의 질적 분석 뿐만 아니라 양적인 분석을 통합하고자 하는 시도였다고 볼 수 있다.

정리해보면 LNNB는 Luria의 질적 분석과 더불어 표준화된 검사 시행을 통한 양적 분석을 시행하여 표준화된 해석을 가능하게 하고 동시에 질적인 분석을 가능하게 만들었다. 다시 말한다면 임상가에게나 연구자에게 모두 가치가 있는 질적 분석과 양적 분석을 통합하고자 발달되었다고 볼 수 있다.

검사 구성

이 검사는 총 269문항으로 구성되어 있고 각 문항은 2점이나 3점의 점수가 매겨진다. 즉 0점은 정상적인 수행을 나타내고 2점은 명백하게 비정상적인 수행을 나타낸다. 그리고 일부 문항에서는 정상과 기능손상의 경계선을 나타내는 1점이 매겨지기도 한다. 각 척도의 원점수는 0, 1, 2점의 합이 된다. 따라서 원점수의 합이 높을수록 기능수행의 손상을 나타낸다. 척도마다 원문항의 수가 다르기 때문에 원점수는 평균 50, 표준편차 10인 T점수로 환산된다. 각 문항에 대한 점수는 속도, 정확도, 반응의 질에 따라 매겨진다. 어떤 경우에는 동일한 과제에 두가지 점수가 매겨지기도 하는데 예를 들면 속도나 정확도에 따른 점수가 각각 매겨진다. 이러한 두 점수는 개별 문항에 대한 점수로 취급된다. 예를 들어보자. 토막세기 과제는 실패된 수에 대해 점수가 매겨지고 이와 다르게 완성 시간에 대해 또다른 점수가 매겨진다. 시간에 대해 점수가 매겨진 경우 0, 1, 2점에 해당되는 시간이 제시되며 반응의 질에 대해 점수가 매겨지는 경우 검사 요강에 점수를 매기는 기준이 제시된다. 그리고 그림을 베끼는 과제에 대해 점수가 매겨지는 경우 0, 1, 2점을 나타내는 모형의 범례가 요강에 제시된다.

269개 문항은 11개의 내용 척도로 나누어지는데 각 척도는 독립적으로 시행될 수 있다. 표 13-1에 각 내용척도의 명칭과 이에 대한 간략한 설명, 표본 문항이 제시되고 있다. 표 13-1에서 제시되는 척도 명칭은 C1에서 C11 척도로 명명되기도 한다.

표 13-1 Luria-Nebraska 신경심리검사의 척도들

척 도	척도 설명과 대표적 문항
운동 *Motor*	단순한 동작으로 부터 복잡한 동작(복잡한 언어적 지시와 함께 요구되는)에 이르는 다양한 동작 기술을 평가하는 문항들을 포함한다. 예 : 자, 내가 강하게 두드리면, 당신은 약하게 두드리세요. 내가 약하게 두드리면, 당신은 세게 두드리세요.
리듬 *Rhythm*	주로 비언어적인 청각적 지각을 측정하는 문항을 포함한다. (음의 고저 분별 혹은 리듬의 분별) 예 : 이제 당신은 이 녹음기에서 두 가지 소리를 듣게됩니다. 당신이 듣는 음이 같은 것인지 다른 것인지를 말해주기 바랍니다.
촉각 *Tactile*	기본적으로 감각검사로서 가벼운 접촉의 위치, 두 지점의 변별, 촉각의 인지를 평가한다. 예 : 연필의 끝으로 당신을 건드릴 것입니다. 내가 어느 부분을 건드리고 있는지를 말해 보세요.
시각 *Vision*	기본적인 시지각 기술 뿐만 아니라 복잡한 시-공간적 과제를 포함한다. 예 : 이제 몇가지 그림을 보여 주겠습니다. 그게 무엇인지 말해주세요.(일반적인 사물의 사진이 포함된 카드가 제시된다)
수용적 언어 *Receptive Speech*	단순한 소리의 지각에서 복잡한 문법 구조의 이해에 이르기까지 광범위한 문항이 포함된다. 예 : 누군가 당신에게 "A가 B를 때렸다"라고 말했습니다. 누가 희생자입니까?
표현적 언어 *Expressive Speech*	소리나 단어들, 단어군들을 반복하고 사물의 이름을 말하고 말하는 능력을 평가하는 문항이 포함된다. 예 : 세대간의 갈등에 대해 이야기를 만들어 보시오.
쓰기 *Writing*	단어를 문자로 나누거나 다양한 조건 아래서 쓰기 능력을 평가한다. 예 : 다음 단어를 써보시오.

척 도	척도 설명과 대표적 문항
읽기 *Reading*	단어를 소리로 바꾸는 능력과 간단한 내용을 읽는 능력을 평가한다. 예 : 몇장의 카드를 보여 드리겠습니다. 각 카드에 씌여있는 단어를 읽어 보세요.
산수 *Arithmetic*	숫자에 대한 지식, 수개념, 단순한 계산 능력을 평가하는 문항을 포함한다. 예 : 다음의 문제들을 푸시오. 필요하다면 계산과정을 기록할 수 있습니다. 문제 1) 3+4 문제 2) 6+7
기억 *Memory*	간섭과 연상학습이 제공되는 목록 학습, 즉시 기억, 단기기억에 대한 간략한 기억검사이다. 예 : 이제 짧은 이야기를 읽어 주겠습니다. 주의깊게 듣고서 이야기가 다 끝났을 때 그 이야기에 대해 당신이 기억할 수 있는 것 모두를 반복해 보시오.
지적과정 *Intellectual process*	인과관계, 문제해결, 추상적 내용에 대한 간단한 지적 과정에 대한 평가를 한다. 예 : 다음의 속담이 의미하는 것은 무엇입니까? "쇠는 달은 김에 두들겨라"

이러한 11개 내용척도를 바탕으로 하여 이차적인 3개 척도가 추출되는데 진단적 척도 *Pathognomonic scale*, 좌반구척도 *Left Hemisphere scale*, 우반구척도 *Right Hemisphere scale*가 있다. 진단적 척도는 특히 뇌손상 유무를 잘 분별해 준다고 알려진 문항을 중심으로 구성되었다. 좌반구척도와 우반구척도는 신체의 왼편과 오른편 부위에서의 운동과 촉각기능을 평가하는 문항으로 구성되어 있다. 따라서 이 척도는 오른편과 왼편에서의 감각운동의 불균형을 나타내준다.

몇 개의 추가 척도들이 Golden과 그의 동료들에 의해 개발되었는데 이러한 척도들은 모두 기본 269개 문항을 기초로 하여 점수가 산출된다. 새로운 우반구와 좌반구척도는 우반구와 좌반구, 확산적인 뇌손상 장애를 가장 잘 변별해주는 문항들로 구성되어 있다. 또한 국소화척도 *localization scale*는 국소적 뇌장애가 있는 환자들에 대한 연구를 근거로 하여 경험적으로 도출되었다. 우반구와 좌반구에 있어서 대뇌 전두영역척도, 감각-운동영역척도, 측두영역척도, 두정-후두영역척도가 있다. 요인척도는 각각의 주요 내용척도에 대한 요인분석연구를 근거로 하고 있다(Golden과 Berg 1983). 요인척도에 관한 내용이 표 10-2에 제시되고 있다. 이 표에서 보면 부호는 내용척도의 약자에 숫자가 명기되어 있는데 M3는 내용척도 가운데 운동척도에서 세번째 요인임을 나타낸다.

표 13-2 Luria-Nebraska 요인척도

부호	요 인 척 도	
M1	동작성 움직임	*Kinesthetic-Based Movement*
M2	그리기 속도	*Drawing speed*
M3	정교한 동작 속도	*Fine Motor Speed*
M4	공간적 움직임	*Spatial-Based Movement*
M5	구강적 움직임	*Oral Motor Skill*
Rh1	음 고저, 리듬지각	*Rhythm and Pitch Perception*
T1	단순 촉각적 감각	*Simple tactile Sensation*
T2	立體인지	*Stereognosis*
V1	시력과 명명	*Visual Acuity and Naming*
V2	시각-공간적 구성	*Visual-Spatial Organization*
Rc1	음성분별	*Phonemic discrimination*
Rc2	연관적 개념	*Relational Concepts*
Rc3	개념적 인지	*Concept Recognition*
Rc4	시각-공간적 관계	*Verbal-Spatial Relationships*
Rc5	단어 이해력	*Word Comprehension*
Rc6	논리적 문법관계	*Logical Grammatical Relationships*
E1	단순 음성 읽기	*Simple Phonetic Reading.*
E2	단어 반복	*Word Repetition*
E3	다음절 단어 읽기	*Reading Polysyllabic Words*
Rg1	복잡한 자료 읽기	*Reading Complex Material*
Rg2	단순한 자료 읽기	*Reading Simple Material*
W1	철자	*Spelling*
W2	쓰기기술	*Motor Writing Skill*
A1	산수문제 풀기	*Arithmetic Calculations*
A2	수 읽기	*Number Reading*
Me1	언어적 기억	*Verbal Memory*
Me2	시각적 복합적 기억	*Visual and Complex Memory*
I1	전체 언어성지능	*General Verbal Intellignece*
I2	복잡한 언어수학	*Compelx Verbal Arithmetic*
I3	단순한 언어수학	*Simple Verbal Arithmetic*

이차 척도인 우반구, 좌반구, 국소화, 요인척도들은 평균 점수가 50점인 T점수로 전환될 수 있다. 이중변별척도 *double discrimination scale*는 아직까지 실험적 단계에 있으나 다발성 경화증을 평가하는데 효율적이라고 보여진다(Golden 1979). 이 이중변별척도는 두개의 하위 척도를 포함하는데 하나는 특정한 진단을 받은 환자들이 전체 기질적 장애환자들에 비해 높은 점수를 보이는 문항들로 구성되어 있다. 특정한 진단은 이 두개 하위 척도 모두에서 적절한 범위의 점수를 보일 때 내려진다. 또한 기능장애에 대한 전체 지표가 되는 두개 척도가 있는데 이 척도는 *Halstead Impairment Index*와 동등한 의미를 지니고 있다. 이들은 프로파일 상승척도와 장해척도라고 불리운다.

위에서 살펴보았듯이 이 신경심리검사는 요인분석 연구가 광범위하게 이루어졌으며 각 주요척도의 요인구조가 확인되었다. 이러한 분석은 척도간 상관보다는 문항간 상관를 근거로 하였다. 한 척도내에 있는 대부분의 문항들은 다른 척도의 문항보다 높은 상관관계를 보이는데 이는 척도내 동질성을 나타내며 척도내 문항간 상관성을 나타낸다(Golden 1981). 이런 결과는 척도가 동질적이어야 한다는 견해를 확인해주며 269개 문항을 현재와 같은 척도로 분류하는 방식의 타당성을 제시해준다.

카드 I

평범반응은 W : 박쥐 혹은 나비
Z점수 : W=1.0 인접부분=4.0 비인접부분=6.0 공간=3.5

** 이 표는 응답된 내용이 복수 혹은 쌍반응임을 나타내고 있음

위치	FQ	반응
W	*u*	까마귀
	o	가면(동물, 괴물, 파티가면등)
	–	가슴
	u	가재
	–	가축(무리)
	u	각다귀, 모기
	–	간(들)**
	–	감귤나무
	–	개구리
	–	개미
	–	개미핥기
	–	거미
	–	거북이
	–	꺽쇠, 죄는 기구
	o	게
	–	견장(군복, 경찰복)
	∨ *u*	경기장(투명지붕이 달린)
	–	고기
	–	고양이
	o	곤충, 벌레(날개있는)
	–	곤충, 벌레(불특정적, 날개없는)
	–	골격(불특정적)
	o	골반
	–	곰
	u	꽃병
	u	괴물
	u	구름(들)**
	–	기구(氣球), 비행선
	∨ *u*	기차(D4를 가대(架臺)로 교차시킴)
	–	기타 치는 피크
	–	깃발
	–	나무(wood)
	o	나방
	o	나비
	–	난로
	–	난장이(무리)**
	–	뇌
	u	뇌(종단면)
	u	누에고치
	–	눈송이
	–	늑골(들)**
	–	다랑어
	–	다리(인공의)
	u	다리(자연의)
	–	담요
	–	닻
	–	달걀
	–	대바구니, 나무상자
	∨ *u*	뗏목배(앞모습)
	–	도로지도
	o	독수리
	u	동굴
	–	동물(날개가 없는) (곰, 고양이, 개, 사자 같이 날개나 지느러미가 없는 동물들)
	u	동물(날개가 있지만 특정적이지 않은)
	–	돛단배
	o	두개골(인간 혹은 동물)

위치		FQ	반응
카드 I			
	V	*u*	둥근 지붕(dome)
		–	둥지
		u	드라큐라
		o	디스크(해부)
		–	램프
		u	로보트
	V	*u*	로켓선
		o	마녀들(두명 혹은 세명)**
		u	말벌
	V	*u*	머리(모양을 갖춘)
	V	*o*	머리쓰개
		u	먼지(작은 반점, 얼룩)
		u	메두사
		–	메론
		u	모기
	V	*o*	모자(여자의)
			머리(얼굴을 참고할 것)
		u	모피(조각)
		–	목
		–	목뼈
		u	무늬, 도안
		o	무용수(의상 또는 망토 입은)
		–	문
		u	문장(coat of arms)
		–	미소
		–	민들레
		o	바다동물(D2, 혹은 DdS34를 지느러미로 본다)
	V	*u*	바위
		u	바위(조각된)
		–	바이올린
		o	박쥐
		–	배
		–	배의 키
		–	밸브
		o	뱃지
		–	버클(금속, 염주등의) 장식품
		u	벌
		u	뼈(해골의)
		u	벼룩
		–	보트
		–	뾰족탑
		–	부엉이
		–	불
		u	비행기(위에서 본 모습)
		–	비행기(앞에서 본 모습)
		–	사람
		o	사람(날개있는, 망토걸친)
		u	사람들(두 사람이 마주보고 있는)**
		–	사람들(등을 돌린 두사람)**
		o	사람들(세사람)**
		u	사발(손잡이가 있는)
	V	*u*	산
	V	*u*	산봉우리(눈덮힌)
		u	산호
		o	새
		–	새우
		–	새장
	V	*o*	샘
	V	*o*	샹들리에
	V	*u*	서커스 텐트
		–	서표(書標)
		u	석탄 부스러기
		–	선인장
		–	선풍기
		u	섬
	V	*u*	성

카드 I

위치	FQ	반응
	–	세탁기
	–	소
	o	소녀들(춤을 추거나 원을 만들고 서있는)
	u	솜털(조각)
	–	송곳, 드릴
	–	숲
	–	시계
	–	식물(plant)
	–	신체
	–	신체(분리된)
	u	아메바.
	u	악마(망토걸친)
	u	안개
	–	양탄자
	u	어깨망또(cape)
∨	u	언덕
	–	얼굴
		(대부분 얼굴은 o나 u인데, 이 경우 Dd34는 귀, DdS29와 30은 눈과 입, 내용은 (Hd), Ad, (Ad)이다. 몇몇 얼굴은 브롯의 윤곽에 부적절하다. 그 명단은 아래와 같다.)
	o	고양이, 늑대, 여우, 호랑이
	o	동물(불특정적)
	u	개, 곰, 괴물, 소, 쥐
	u	로봇트
	u	추상적 모습
	–	개미, 거북이, 너구리, 말, 물고기, 바다표범, 사람, 새, 염소
	–	얼음
	o	X–ray(가슴)
	o	X–ray(골반)
	o	X–ray(불특정)
	–	X–ray(심장)
	–	X–ray(위)
	–	X–ray(폐)
	o	여자(날개있는, 망토 걸친)
	u	오두막집
	u	오리
	o	오페라가수들(두사람, 세사람)
	–	옷
∨	o	왕관
	–	외투
	u	외투(소매없는)
	–	요트
	–	용골(배)(boat keel)
	–	우주선
	–	원기둥
	–	음식
	–	음차(音叉)(tuning fork)
	–	음표(음악)
	–	음핵(clitoris)
	–	인쇄기
	u	잉크반점
	o	잎(leaf)
	–	잎(전체 초목의)(foliage)
	–	자동차
	–	잠자리
	–	잡초
	–	전복
	–	전함
	–	정원
	–	정자(sperm)
∨	u	정자, 전망대
	o	조각(2개 혹은 3개)
	–	종

카드 I

위치	FQ	반응
	–	주전자
	–	주차요금 징수기
	u	쥐
	u	지도(불특정한)
	–	지도(특정한)
	u	진흙, 오물
	∨ *u*	집
	–	책
	o	천사
	u	추상화
	–	케이크
	–	코
	–	탄환
	–	탱크(군대용)
	–	턱받이, (앞치마의)가슴받이
	–	턱수염
	∨ *u*	텐트
	o	토템(날개있는)
	–	파도
	u	파리
	–	폐(들)**
	–	포탄구멍
	–	폭발
	∨ *u*	풀무(대장장이가 쓰는)
	u	풍경(바위, 산과 같은 넓은 풍경을 포함)
	u	풍뎅이나 딱정벌레
	–	풍향계
	–	하복부
	u	항아리(장식용)
	–	해시계
	–	해파리
	–	헬리콥터
	∨ *o*	헬멧
	–	호주
	u	화석
	–	회오리바람
	o	휘장(emblem)
D1	*o*	갈고리 발톱(새, 짐승의)**
	–	개미**
	–	게**
	–	곤충**
	–	곤충, 벌레**
	u	괴물**
	u	귀신**
	–	깃발**
	–	나무
	u	나비**
	o	나팔**
	–	난장이**
	–	남성 성기(penis)
	o	더듬이
	u	독수리 머리**
	–	로켓트
	u	머리(괴물)**
	–	머리(동물)**
	o	머리(새)**
	u	머리(파충류)**
	–	무용수**
	u	바위
	o	벙어리장갑**
	–	뼈들**
	–	뿌리**
	u	뿔**
	o	사람**
	–	새**
	o	새 머리**
	o	손**

카드 I

위치	FQ	반응
	o	손가락**
	u	손가락 인형**
	u	엄지손가락**
	u	오리머리**
	–	원숭이들(꼬리없는)**
	–	이빨
	–	작은 새우
	–	전지가위
	u	조각(추상적인)
	u	집게**
	–	천사**
	–	총
	–	파도
	–	포오크
D2	–	개(동물 참고)
	–	고양이
	o	곡예사
	u	곤충(Dd34를 날개로 본다)
	–	곤충(날개없는)
	u	구름
	–	나무
	< u	나무(들)**
	o	날개(들)**
	–	늑대
	–	다람쥐
	u	딱다구리(옆모습)
	–	닭
	–	동물(고양이, 소, 일부 개같이 짧은 귀를 가진)
	o	동물(당나귀, 코끼리, 일부 개같이 긴 귀를 가진)
	o	동물(만화)
	u	동물(불특정)
	–	돼지
	o	머리, 새
	o	무용수
	–	물고기
	–	박쥐
	–	비행기
	o	사람
	o	사람같은 존재
	o	새(Dd34를 날개로 본다)
	–	소
	o	악마
	–	악마
	o	얼굴(Dd34를 귀로 본 동물, 새, 괴물)
	o	얼굴(Dd34를 날개로 본다)
	–	얼굴(Dd34를 귀로 보고, 동물, 새, 괴물의 얼굴)
	–	얼굴, 사람
	–	X–ray(특정적, 불특정적인)
	o	용
	u	지도(불특정)
	–	지도(특정)
	o	천마(天馬)
	o	천사
	o	풍경
	–	풍뎅이, 딱정벌레
	–	하늘
	–	해부
D3	–	곤충
	o	꽃병
	–	나무
	–	남성 성기(penis)
	–	뇌간(해부)
	o	다리**
	u	로보트

카드 I			
위치		FQ	반응
		o	미이라 관
		u	바이올린
		—	뱀
	∨	o	보울링 핀
		o	사람(아랫부분)
		u	악어
		u	악어(반사된)
		—	얼굴
		u	우주선
		o	인간(하반신)
		—	장신구
		o	조각상
		—	질(해부)
		u	척추(해부)
		—	초
		—	촛대
		—	총
		—	코
		o	토템 기둥
D4		—	개구리
		—	개미
		—	거미
		—	거북이
		—	게
		o	고릴라
		—	고양이
		o	곤충(더듬이나 촉수 있는, 불특정적인)
		o	곤충(D1을 더듬이나 촉수로 본다)
		u	꽃병
		o	괴물
		u	기념비
	∨	u	나무
		u	도깨비 상자
		—	동물(불특정적인)
		—	램프
	∨	u	로켓트
		—	말벌
		o	망치
		—	문
		—	물고기
		—	바닷가재
		—	뼈구조
		u	비올라(악기)
		o	사람(두사람)
		o	사람(머리없는)
		o	사람(전체)
		—	새
		—	섬
		—	식물
		—	악어
		—	얼굴
		o	여자
		u	왕관(예식용)
	∨	u	우주선
		—	음핵
		o	조각상
		—	지네
		o	첼로
		—	코
		—	탄환
		—	파충류
		—	해부
D7		o	까마귀
		—	곤충(날개없는)
		u	곤충(날개있는)
		u	구름

카드 I

위치	*FQ*	반응
	o	날개
	o	독수리
	—	동물(날개없는)
	o	동물(날개있는)
	—	두개골
	u	둥지
	—	모자
	u	바위
	—	뼈
	o	새
	o	스핑크스
	—	식물
	u	언덕
	u	얼굴, 동물(Dd34 코로 봄)
	u	얼굴, 만화(Dd34 코로 봄)
	—	얼굴, 사람
	u	오리
	o	조각(새)
	u	주전자(Dd34 손잡이로 봄)
	u	지도(불특정)
	—	지도(특정)
	o	풍경
	u	풍향계
	u	화살촉
Dd21	*u*	게
	o	곤충(D1을 촉수로)
	o	둥지
	—	바다동물
	u	방패
	—	심장
	—	잎의 전체모양
	—	조각상
	u	풍경
	—	해부
	—	해파리
Dd22	—	공**
	—	나무**
	—	머리(동물)**
	u	머리(사람)**
	o	산**
	o	언덕**
	—	엉덩이**
	u	음순(해부)**
	u	젖가슴**
Dd23	*u*	곤충**
	—	비행기**
	—	상징물**
	u	새**
	o	섬**
	—	음표(음악)**
	—	파리**
Dd24	—	곤충
	u	괴물
	u	램프
	—	머리
	—	사람(전체)
	u	사람(하반신)
	u	손전등
	—	식물
	—	X-ray
	o	종
	o	첼로
	u	치마
	u	헬멧
	u	휘장
Dd25	—	나무
	—	동물

카드 I

위치		FQ	반응
		–	동물 엉덩이
		u	얼굴, 사람
		o	얼굴, 사람(추상)
DdS26		o	가면부분**
		o	구름**
		o	귀신**
		–	나무**
		o	눈(eyes)**
		u	눈(snow)
Dd27		–	꼭대기
		–	궤양
		–	머리
		u	방패
		u	배(가운데 선이있는)
		o	버클
		–	심장
		–	얼굴
		u	엘리베이터(가운데 선이있는)
		u	우주선
Dd28		u	나무
		–	막대기
		–	머리(동물)
		–	머리(사람)
		o	머리(새)
		u	모자
		–	새(전체)
		–	신발
		u	화살촉
DdS29		o	구멍**
		o	귀신**
		u	날개**
		o	눈(추상)**
		–	눈(eyes)**
		u	눈(snow)
		u	비행접시**
		u	산**
		u	우주선**
		u	텐트**
		u	트라이앵글**
		u	피라미드**
DdS30		o	귀신**
		–	나무**
		o	눈(eyes)**
		u	눈(snow)
		u	사람(옷을 입은)
		–	폐**
Dd31		u	다리
		–	망치
		–	머리(불특정)
	∨	u	머리(토끼)
		–	뿌리
		u	이빨
		–	코
		–	해골
DdS32		–	가면
		–	꽃병
		u	만
		–	새
		u	협곡
Dd33		–	공
		u	꼬리
	∨	o	나무
		–	램프
		–	머리(동물)
	∨	u	머리(사람)
	∨	u	버섯

카드 I

위치		FQ	반응
		–	뼈
		–	전등
		–	종
Dd34		–	곤충
	<	*u*	귀신
	<	*u*	나무(불특정)
	<	*o*	나무(전나무)
	<	*u*	도장, 문장
		–	머리
		u	바위
	<	*o*	산
	<	*u*	시럽
		o	언덕
		–	얼굴
	<	*u*	우산(접혀있는)
		o	지느러미
		u	칼날
		u	코(만화)
	<	*u*	탑
		u	톱
		u	화살촉
Dd35	<	*u*	개
		–	얼굴(동물)
	∨	*u*	얼굴(사람)
		–	얼굴(새)

카드 II

평범반응은 D1 : 곰, 개, 코끼리 등 동물머리나 전체
Z점수 : W=4.5 인접부분=3.0 비인접부분=5.5 공간=4.5

카드 II

위치	FQ	반응
W	u	가면(여기에서 다양한 동물, 만화모습, 할로윈, 파티 등의 마스크가 포함된다)
	−	고기(meat)
	u	고릴라들**
	−	곤충
	∨ u	곤충(날개달린)
	∨ u	골반**
	o	곰들**
	u	그림(추상)
	∨ o	나비
	−	내장(intestines)**
	u	동굴
	−	디스크(해부)
	−	목구멍
	o	무용수들**
	u	문양, 무늬(추상)
	−	박쥐
	−	뱃지
	o	불 혹은 연기
	o	사람 혹은 사람같은 존재**
	−	새
	−	식물
	−	신장**
	−	신체
	−	심장
	o	악마들**
	−	얼굴
	−	X−ray
	−	우주선
	−	위
	−	입
	o	조각상**
	−	지도
	−	직장(intestines)(해부)**
	−	질(해부)
	u	책꽂이(양끝에 받치는)**
	−	파리
	−	폐**
	∨ o	폭발
	u	해부(불특정한)
	−	해부(특정한)
	u	화산
	∨ u	횃불(연기 동반)
	u	휘장
D1	o	개
	−	거북이
	∨ u	고릴라
	< o	고양이
	o	곰
	−	광대
	∨ o	괴물
	u	구름
	−	기계
	−	기념비
	−	나무
	−	날개
	u	동물(불특정한)
	< u	들소
	−	모자
	−	물고기
	u	바위
	−	사람
	∨ o	사람
	∨ o	산(들)**
	−	새
	o	소
	−	심장

카드 II

위치		FQ	반응
		–	아메바
	∨	u	악마
		o	양
	∨	u	외투
		–	지도
		o	코끼리
	<	o	토끼
		u	풍경
		–	해면동물
D2		o	가면(동물, 새, 만화, 인간같은 모양)
		–	곤충(날개없는)
		u	곤충(날개있는)
		–	꽃병
	∨	u	권총집
		o	나비(옆으로 본)
	∨	u	남아메리카(지도)
		–	다리
		u	달팽이
		u	닭
		o	만화의 인물
		–	머리(동물)
		–	머리(사람)
		u	머리(사람같은 모양)
		u	머리(새)
		o	모자
		u	발자국
		–	벌레
		–	벙어리 장갑
		o	새
		–	세포(피)
		–	손
		u	손가락 그림
		–	손가락 페인팅
		–	신발
		–	신장
		u	악마
		–	양초
		u	용암
	∨	u	이태리(지도)
		o	인장
		o	인형(손가락으로 돌리는)
	∨	u	짧은 양말
		–	장화
		–	쥐
		u	천사
		–	초롱(lantern)
		–	치아
		u	토끼
		–	페니스
		o	피
		–	혀
		o	횃불
D3		–	가면
		–	가재
		–	개미
		o	게
		u	고기
		u	곤충(insect)
		–	곤충(날개없는)(Bug)
		o	곤충(날개있는)(Bug)
		u	꽃
		u	괴물
		o	그림
		u	나방(moth)
		o	나비
		–	낙지
		–	딱정벌레

카드 II

위치	FQ	반응
	u	달팽이
	u	말미잘(바다)
	–	머리(동물)
	–	머리(사람)
	–	머리(새)
	–	물고기
	–	바닷가재
	o	불
	u	산호
	–	선풍기
	u	식물
	–	신장
	–	심장
	u	애벌레
	–	얼굴(동물)
	–	얼굴(사람)
	u	얼굴(악마 또는 괴물)
	u	우주선
	u	월경
	–	자궁
	o	질(해부)
	–	집게
V	*o*	태양
	–	파리
	–	폐
V	*o*	폭발
	o	피
	–	항문
	u	해파리
V	*u*	헤드폰(라디오)
V	*o*	횃불
D4	*u*	기념비
	–	꼬리
	–	꽃병
	–	나무(불특정)
	u	나무(전나무)
	u	남성 성기(penis)
	u	둥근 지붕(dome)
	o	로켓트
	–	머리
	u	모자
	o	미사일
	–	뱀
	o	뾰족탑
	o	사원
	–	산
	u	성
	u	손(기도하는)**
V	*u*	송곳
	–	십자가
	–	십자가에 목박힘
	–	야구방망이
	u	양초
	–	얼굴
	o	우주선
	o	우주캡슐(우주선의)
	–	유리병
	–	종(bell)
	u	집게
	u	창끝
	o	총알
	–	칼
	–	코
	o	탑
	u	투구
	u	펜촉
	u	피라미드
	o	화살

카드 II

위치	FQ	반응
	o	화살촉
DS5	—	가면
	u	가오리
	o	꼭대기
	o	꽃병
	o	교회
	o	구멍
	—	나비
	o	동굴
	u	둥근 지붕 (dome)
	o	로켓트
	u	모자 (여성용)
	o	미사일
	u	바구니
	—	박쥐
	—	배 (보트)
	u	뾰족탑
	o	불 (light)
	o	비행기
	u	사발
	—	새
	u	샘
	o	샹들리에
	u	섬
	o	성 (城) (D4를 포함할 수 있다)
	u	술잔 (받침달린 잔)
	—	심장
	u	아치길 (archway)
	u	연
	—	옷
	u	왕관
	o	우주선
	—	위
	—	입
	o	장식물 (ornament)
	u	장신구 (목걸이, 귀걸이 등)
	o	전등 (lamp)
	u	종
	u	질 (해부)
	o	터널
	u	헬멧
	o	호수
D6	—	곤충 (날개없는)
	u	곤충 (날개있는)
	∨ *o*	골반
	u	구름 (들)**
	u	나방
	u	나비
	—	동물
	u	동물 (두마리 불특정한)**
	o	동물 (두마리, D1에서 o반응 기준에 맞는다)**
	—	박쥐
	—	새
	u	섬
	—	양탄자
	∨ *o*	X-ray (골반)
	u	X-ray (골반외 특정 부분)
	u	X-ray (불특정한)
	u	지도 (불특정한)
	—	지도 (특정한)
	u	척추 (Ds5를 포함할 수 있다)
	—	폐**
	—	해부
Dd21	—	개구리
	—	관목 (shrub)
	—	귀

카드 II

위치	FQ	반응
	–	둥지
	o	머리(동물)
	–	머리(물고기)
	–	머리(사람)
	–	머리(새)
	o	산
	–	새
	–	새 부리
	–	X-ray
	–	인장
Dd22	–	나무
	–	닭
	–	머리(동물)
	∨ *u*	머리(사람)
	∨ *u*	바위
	∨ *o*	숲
	∨ *u*	토끼
Dd23	–	개구리
	–	나무
	–	머리
	∨ *u*	바위
	∨ *u*	산
	u	숲
Dd24	*u*	귀신
	u	남성 성기(penis)
	u	로켓트
	u	보울링 핀
	–	사람
	u	사람같은 존재
	–	얼굴
	–	이빨
	o	질(해부)
	u	초
	–	출입구
	u	탄환
	u	토템
	∨ *u*	폭포
	u	항문(해부)
Dd25	*u*	고드름
	–	꼬리
	u	대못(spike)
	o	더듬이
	u	바늘
	o	뿔
	–	송곳니
	u	지팡이
	u	창
Dd26	*u*	모충(나비의 유충)
	u	벌레
	o	불
	u	일몰(sunset)
	o	피
	–	해마
Dd27	*u*	갈고리 발톱
	–	꼬리
	u	다리(그림)
	–	벽
	–	손톱
Dd28	–	거북이
	u	광택, 니스
	u	나무(착색된)
	–	머리
	–	X-ray
	u	핏자국
Dd29	*u*	도기류

카드 II

위치	FQ	반응	위치	FQ	반응
	u	동굴	*Dd31*	–	갈고리 발톱
	u	둥근지붕 (dome)		∨ *u*	귀(동물)
	∨ *u*	술잔(받침달린 잔)		–	나무**
	u	컵		*u*	돌조각
	u	터널		*u*	부리
DdS30	–	굴		–	머리(동물)
	–	눈(eyes)**		*u*	머리(사람)
	–	머리		*u*	머리(사람같은)
	–	식용조개		< *u*	산**
	u	입구			

카드 III

평범반응은 D1 혹은 D9 : 인간 모습 혹은 추상적 모습
Z점수 : W=5.5 인접부분=3.0 비인접부분=4.0 공간=4.5

카드 III

위치		FQ	반응
W			(주의점 : 브롯의 분리 때문에 대부분의 W는 −로 채점된다. 인위적으로 만들어진 형태에 의존하지 않고 전체 윤곽에 일치되는 경우 u반응으로 채점되는 소수 반응들이 있다. 여러 대상을 포함하는 W가 대체로 o로 채점된다)
		−	갈비뼈
		−	개미
		−	거미
		−	게
	∨	*u*	경치
		−	고릴라
		−	고양이
		−	곤충
		−	꽃
	∨	*u*	꽃병(손잡이와 문양이 있음)
	∨	*u*	괴물
		u	그림(추상)
		−	나비
		−	도깨비불
		−	동물
		o	동물들(써커스에서와 같이 D1이 다른 사물을 붙들고 있는 것으로 지각된다. 이 경우 사물 자체가 o로 채점될 수 있는 것이어야 한다)**
		u	뱃지
		−	벌레
		−	사람
		o	사람들 혹은 사람같은 존재들(D1이 사람으로 지각되며, 파티, 축제, 운동장에 있는, o로 채점될 수 있는 다른 사물들이 함께 지각된다)**
		u	사발
		u	샹들리에
		o	새들(D1이 새로 지각되고, 새장에 있는 분리된 사물이 함께 지각된다. 다른 사물들이 분리되어 지각될 경우 이들이 모두 o로 채점될 수 있어야 한다.)**
	∨	*u*	섬들**
		−	얼굴
		−	X−ray
		−	올가미
		u	지도(불특정한)
		−	지도(특정한)
		−	파리
		−	해골
		−	해부
		−	해파리
		u	휘장
D1		−	개
		o	개들(2마리 D7을 분리된 대상으로 지각)**
		−	개미
		−	거미
	∨	*o*	경치
		−	곤충
		o	골반
		u	꽃병
		u	괴물
		−	나무들**

카드 III

위치		FQ	반응
	∨	*u*	동굴 입구
		—	동물
		u	동물들(두마리, 불특정한)**
		—	두개골
		—	바닷가재
		u	배의 용골(D5를 받침대로 봄)
		—	벌레
		o	뼈조직
		—	사람
		o	사람들(2사람 D7을 분리된 대상으로 지각)**
	∨	*u*	사람들(D5를 팔로 지각)**
		—	새
		o	새들(2)**
	∨	*u*	아아취
		o	양들(2마리 혹은 새끼양들)**
		o	X-ray(골반)**
		u	X-ray(불특정한)**
		o	원숭이들(D7을 분리된 대상으로 지각)**
		o	인형(2)**
		u	지도(불특정한)
		—	지도(특정한)
		o	타조들(2)**
	∨	*o*	풍경
		—	해골
D2		*u*	갈고리
		—	개
		—	고기
		o	고기(걸려있는)
		—	곤충
	∨	*o*	꼭두각시
	∨	*u*	꽃
		—	꽃병
		u	기타
	∨	*u*	나무
		—	내장
		u	노트(음악)
		—	뇌
		—	누에고치
		—	달팽이
		o	닭(매달린)
		—	닻
		—	동맥
		o	동물(꼬리가 긴)
		—	동물(꼬리가 길지 않은)
		u	로보트
		o	마귀
		—	막대기
		—	머리(동물)
		—	머리(사람)
		u	머리(사람같은)
		—	머리(새)
		o	모자(어릿광대의 혹은 여자의)
		—	물고기
		—	뱀
		—	벌레
		—	뼈
		o	불
		o	사람(이 반응에는 곡예사, 어린이, 체조선수와 같이 다양한 사람반응이 포함된다)
		o	사람과 유사한 존재(이 반응은 악마, 난쟁이, 요정, 도깨비등 만화 인물, 신

카드 III					
위치	FQ	반응	위치	FQ	반응
		화적, 공상과학적 인물들		—	고환
		이 포함된다)		—	곤충(날개없는)
	u	산호		*u*	곤충(날개있는)
	—	살(flesh)		*o*	골반
	o	상징(추상)		*o*	나비
	u	샹들리에		*o*	나방, 유충
	o	새		*o*	나비 넥타이
	u	섬		*u*	날개
	u	세균		—	내장
	u	식도		—	뇌
V	*u*	식물		*u*	댐(언덕들 사이)
	o	신경(neurone)		—	더듬이
	—	심장		*o*	리본
	u	아메바		*u*	말벌
V	*o*	앵무새		*u*	모기
	—	오리		—	박쥐
	—	용		*u*	뼈
	o	원숭이		*o*	불
	u	위		—	뿔
	o	장식(불특정한)		—	브라자
	u	조각(동물)		—	사람(들)**
	o	조각(사람)		*u*	상징(추상)
	u	조각(추상)		—	새
	u	콩팥		*u*	썬글라스
	o	태아		*u*	섬
	o	탯줄(태반과 함께)		—	씨앗
	—	토끼		—	심장
	—	파리		*u*	아령
V	*u*	파이프		—	안경
	o	피		*u*	안대
	u	해마		—	오렌지
	—	허파		*u*	운동기구
D3	—	가면		—	입
	—	게		—	입술

카드 III

위치	FQ	반응
	—	잠자리
	o	장식(불특정한)
	—	젖가슴
	—	차골(새의 가슴뼈 앞에있는 Y자형의)
	u	척추(단면)
	—	코
	u	콩팥
	—	파리
	o	폐
	o	피
	—	해골
	u	행글라이디
	—	헬멧
	u	화석
	o	활
	—	흉골
D5	u	곤봉
	—	나무
	u	나무(갈라진 부분)
	o	다리(동물)
	o	다리(사람)
	o	다리(새)
	—	덩굴
	u	로켓트
	u	막대기
	o	물고기
	u	미사일
	u	반도
	u	발톱
	—	뱀
	—	벌레
	—	뼈
	o	상어
	—	새
	u	섬
	—	손
	u	어뢰
	u	우주선
	—	지도
	u	창, 작살
	—	총
	u	탄환
	u	통나무
	u	팔
	u	폭탄
	u	활
D7	o	게
	o	골반
	u	그림자
∨	o	나무**
	—	나비
	o	난로
	—	딱정벌레
	—	동물
	o	등우리
	—	머리
	u	문
	o	바구니
	o	바위
∨	u	버섯
	u	뼈
	o	북
	u	석탄
	—	선인장
	u	섬
	o	솥, 남비
	—	신장

카드 III

위치		FQ	반응
		–	안경
		–	얼굴
		o	X–ray(골반)
		–	X–ray(골반의 특정한 부분)
		u	X–ray(불특정한)
		u	연기
		–	위
		–	질(해부)
		u	척추
		–	콩팥
		–	해부
		–	허파
D8		–	가슴
		o	갈비뼈**
		u	곤봉
		u	골격(늑골외 특정한)
		o	골격(불특정한)
	∨	*u*	꽃병
		u	괴물
		o	늑골
		–	뇌간
		u	돌
		u	램프
		u	모래(물)시계
		o	뼈**
		–	X–ray
		–	용
	∨	*u*	와인 잔
		–	질(해부)
		–	호박
		u	호수(산에 있는)
	∨	*u*	횃불
D9		*o*	개

위치		FQ	반응
		–	개미
		–	거미
		–	곤충
		o	꼭두각시
		u	괴물
		u	구름
		u	귀신
		–	나무
		u	닭
		u	도깨비 상자
		u	동물(불특정한)
		o	마녀
		o	만화인물
		–	벌레
		–	뿌리
		o	사람
	∨	*u*	산
		o	새
		u	악마
		u	앵무새
		o	양
		–	X–ray
		u	오리
		o	원숭이
		o	인형
		–	잎(한 포기 초목의 전체)
		u	조각
		–	킹콩
		–	토끼
	∨	*u*	풍경
		u	해골
		–	해부
Dd21		–	개

카드 III

위치	FQ	반응
	∨ *u*	나무
	u	반도
	–	머리(동물)
	o	머리(물고기)
	–	머리(사람)
	o	머리(새)
	∨ *o*	산
	u	새
	u	절벽
	–	폭탄
	u	풍경
Dd22	∨ *u*	경치
	u	구름
	–	동물
	–	뼈
	u	사람(상반신)
	o	새
	–	설치류 동물
	u	조각
DdS23	*u*	구름
	u	귀신
	–	머리
	u	물
	u	새
DdS24	*u*	꽃병
	u	눈(snow)
	∨ *u*	램프
	–	머리
	∨ *u*	버섯
	u	사발
	–	얼굴
	∨ *u*	조각
	u	호수
Dd25	*u*	꼬리
	u	관
	u	끈
	u	막대기
	–	머리
	u	벌레
	u	뿌리
	u	식도
	–	얼굴
	–	연장
	–	창
	u	탯줄
Dd26	*u*	그루터기
	o	남성 성기(penis)
	–	다리
	–	머리
	u	지느러미
Dd27	–	두개골
	o	머리(동물)
	u	머리(물고기)
	–	머리(사람)
	o	머리(새)
	–	빌딩
	< *u*	산
	o	젖가슴
	u	코
Dd28	*u*	그물
	u	댐
	–	머리
	u	문(자동식)
	–	얼굴
	–	이빨
	u	코르셋

카드 III			
위치		FQ	반응
Dd29		−	곤충
		u	나비
		u	만화 인물
		−	머리
	<	*u*	발렌타인 축일에 보내는 카드
		−	비행기
		−	사람
		u	새
		−	심장
		u	젖가슴
		−	태아
		−	텐트
		−	화살
		u	화살촉
Dd30		−	게
		u	고드름
		−	머리
		−	미사일
		−	발
		−	손
		u	통나무
		u	팔
Dd31		−	거북이
		o	공
		u	구름
		−	귀가리개(방한용)
		u	기구, 풍선
	∨	*o*	나무**
		−	눈(eye)
		o	돌**
		u	동물
	∨	*o*	두개골
		−	램프
		−	머리(동물)
	∨	*o*	머리(사람)
	∨	*o*	머리(해골의)
		−	모자
		o	바구니
		u	벙어리 장갑
		u	뼈
		−	산
		−	얼굴
		−	자궁
		u	조롱박
		o	주전자
		u	캐틀드럼(솥 모양의 큰 북)
		−	태아
		o	해골
		−	해부
		u	허파
Dd32		*u*	가면
		−	계란
		−	공
		u	굴(oyster)
		−	눈(eye)
		u	대합조개
		−	동물
		−	머리(동물)
		o	머리(사람)
		o	머리(새)
		−	물고기
		u	바위
		u	조각
		u	코코넛
Dd33		*o*	구두
		−	머리(동물)

카드 III

위치		FQ	반응
		−	머리(사람)
		u	머리(새)
		u	발
		o	발굽
		u	발톱
		u	손
		u	손가락
		−	창
		−	펜촉
		−	포크
Dd34		−	곤충
		−	동물
		−	물고기
		o	사람(상반신)
	∨	*o*	산
		o	새
		−	X−ray
	∨	*o*	풍경
		−	해골
Dd35		−	개구리
		−	게
		o	골반
		−	나무들**
		u	뼈**
		u	사발
		u	산(공중에서 본)**
		o	새(2마리)**
		u	섬**
		u	아아치
		o	X−ray(골반)
		−	X−ray(골반의 특정한 부분)
		u	X−ray(불특정한)
	∨	*o*	풍경

카드 IV

평범반응은 W 혹은 D7 : 인간 혹은 유사 인간 모습
Z점수 : W=2.0 인접부분=4.0 비인접부분=3.5 공간=5.0

카드 IV

위치		*FQ*	반응
W		*u*	가면
		o	가죽(동물)
		u	개구리
		o	거인
		—	게
		o	고릴라
		—	곤충
	∨	*o*	골반
		o	곱사등이
		u	꽃
		o	관목(들)**
		o	괴물
		u	구름(들)**
		o	나무
	∨	*u*	나방, 유충
		o	나비
		—	뇌
		—	눈송이
		u	다람쥐(날다람쥐)
		—	달팽이
	∨	*o*	닻
	∨	*u*	독수리
		o	동물
		o	동물가죽
		u	머리(동물)
		—	머리(사람)
		—	머리(새)
		u	무늬(추상적)
		o	바다 동물
		—	바닷가재
		u	바위
	∨	*o*	박쥐
	∨	*o*	뱃지
		—	벌레
		o	부츠(막대기에 걸린)
		—	뿌리
		o	사람
			(주의 : 이 반응은 W를 인간 모습으로 지각하거나 D1을 자전거, 의자, 나무 밑둥과 같은 사물로 지각하는데 D7을 사람으로 볼 수 있다. 카드는 ∧위치로 지각되어야 한다.)
		u	산
		—	산호
		—	상치
	∨	*u*	새
	∨	*o*	새깃장식(투구앞에 꽂는)
		u	샘
		o	생가죽
	∨	*u*	샹들리에
		u	섬(불특정한)
		u	시체(동물)
		o	식물
		—	아메바
		u	아이스크림 콘
		—	양초
		—	얼굴
		o	X-ray(골반)
		—	X-ray(골반외 특정한 부분)
		u	X-ray(불특정한)
		u	연(kite)
		u	연기
		u	오징어
		u	옷(길고 품이 큰)
		o	외투(막대기에 걸린)
		o	융단
		o	잎
		u	절(temple)
		—	젤리

카드 IV			
위치		*FQ*	반응
		u	조각
		u	종(bell)
		u	지도(불특정한)
		o	지도(지형학적, 불특정한)
		–	지도(특정한)
		–	진흙
	∨	*o*	침가오리
		–	태아
		–	폐(들)**
	<	*o*	풍경(반사된)
	∨	*u*	항아리(장식용)
		u	해초
		–	해파리
		–	헬멧
		u	화석
		–	황소
	∨	*o*	휘장
D1		–	가재
		o	결상
		–	게
		u	꼬리
		o	곤충
		o	관목
		o	관목(들)**
		o	그루터기
		o	나무 줄기
		–	남성 성기(penis)
		–	내장
		u	달팽이
		–	동물
		u	두개골
	∨	*u*	등대
		–	램프
	∨	*u*	머리(거북이)
	∨	–	머리(거북이 아닌 파충류)
	∨	*o*	머리(곤충)
	∨	*u*	머리(괴물)
	∨	*u*	머리(동물, 불특정한)
	∨	*o*	머리(동물, 뿔있는 또는 말)
	∨	–	머리(동물, 뿔이 없거나 말이 아닌)
	∨	–	머리(사람)
	∨	*u*	머리(새)
		u	모충
		–	물고기
		–	뱀
		u	벌레
		–	사람
	∨	*o*	선인장
	∨	*u*	성(城)
		u	소화전
		u	숨골(해부)
		–	악어의 일종(미국산)
	∨	*u*	양초
		–	X–ray
	∨	*u*	왕관
		o	척추
D2	∨	*o*	개
		u	경치
	<	*o*	곰
		o	구두
		u	구름
		u	날개
	<	*o*	돼지
		–	머리(곤충)
	∨	*u*	머리(낙타)
	<	*o*	머리(동물의, 평평하거나 넙적한 코, 곰이나 개, 돼

카드 IV		
위치	FQ	반응
		지, 물개같은)
	< u	머리(동물, 불특정한)
	—	머리(새)
	< o	머리(사람)
	—	머리(파충류)
	< o	물개
	u	바위
	< u	반도
	o	발
	—	뼈
	—	보트
	—	소
	u	스핑크스
	—	X-ray
	u	절벽
	u	조각
	u	지도(불특정한)
	u	지도(아프리카 또는 남아메리카)
	—	지도(아프리카 혹은 남아메리카외 특정한)
	< u	토템
	—	휘장
D3	—	곤충(날개없는)
	u	곤충(날개있는)
	o	꽃
	u	관목
	u	나뭇잎
	u	나비
	u	뇌
	u	대합조개
	u	머리(괴물 혹은 공상과학의)
	—	머리(사람)
	o	머리(동물, 평평한 얼굴, 고양이, 원숭이, 올빼미 같은)
	—	머리(동물, 얼굴이 평평하지 않은)
	u	머리(동물, 불특정한)
	u	머리(새)
	o	바다조개
	u	버섯
	u	베레모
	o	봉오리(꽃)
	u	선풍기
	u	숲
	u	양배추
	—	얼굴
	u	왕관
	u	질(해부)
	—	항문
D4	o	가지(나무)
	o	고드름
	u	꼬리
	—	귀
	—	남성 성기(penis)
	—	다리
	o	다이빙 선수
	o	덩굴(걸려있는)
	o	도마뱀
	—	동물
	—	머리(동물)
	o	머리(새)
	u	모자(테없는)(흔히 보는)
	u	몸체(코끼리)
	—	물고기
	u	반도
	o	발톱

카드 IV

위치		FQ	반응
		o	뱀
		u	뱀장어
		u	뿌리
		u	뿔(동물)
		o	사람(구부린 혹은 다이빙하는)
		o	새(긴목)
		o	손잡이
		u	손톱(굽은)
		u	팔
		–	활
D5		–	가재
		o	강
		–	곤충
		o	골짜기
		o	기둥
		o	깃대
		–	나무
		u	드릴
		u	로케트
		–	물고기
		o	물길
		o	뼈(해골)
	V	u	샘
		u	X–ray(불특정한)
		o	X–ray(척추)
		u	X–ray(척추외 특정한)
		–	조각
		o	척추
		u	토템
		o	협곡
D6		u	날개
		o	다리
		o	동물(언덕이나 바위 D2에 있는)
	V	u	머리(낙타)
	V	u	머리(만화동물)
		–	바다 동물
		o	발
		u	배의 키
		o	부츠
	<	o	사람(의자 혹은 언덕 D2에 앉아 있는)
		u	신발
		–	얼굴
		u	연기
		u	이탈리아
		o	지도(이탈리아)
		–	지도(이탈리아외 특정 지도)
		u	지도(불특정한)
D7		o	가면
		o	가죽(동물)
		o	거인
		–	게
		o	고릴라
	V	o	골반
		o	곱사등이
		o	괴물
	V	u	닻
		o	동물
		–	머리
	V	o	박쥐
	V	u	뱃지
		–	벌레
		o	사람
		u	산

카드 IV

위치	FQ	반응
	u	새
	u	섬
	–	얼굴
	u	조각
	u	헬멧
	u	화석
Dd21	*u*	경치
	–	머리(동물)
	o	머리(사람)
	–	사과
	–	사마귀
	o	얼굴(사람, 옆모습)
	u	오두막
	u	왕관
	u	절
	u	텐트
Dd22	–	관목
	–	눈(eye)
	–	달
	–	머리
	–	얼굴
Dd23	–	머리(동물)
	–	머리(사람)
	o	머리(새)
	u	머리(파충류)
	u	부리
DdS24	*u*	구름**
	u	귀신**
	u	눈(snow)
	–	머리(들)**
Dd25	*u*	경치(공중에서 본)
	–	사람(들)**
	–	사람같은 존재(들)**
	–	얼굴
Dd26	∨ *u*	귀신들**
	–	나무들**
	u	다리들**
	–	머리들(동물)**
	–	머리들(사람)**
	u	머리들(새)**
	u	발들**
	u	뱀들**
	u	벌레들**
	–	사람
	∨ *u*	사람같은 존재**
	u	손가락들**
	–	음핵
	–	이빨들**
Dd27	–	꼬리
	u	다리
	–	발
	u	절벽
Dd28	–	다리들**
	o	더듬이
	–	발들**
	–	발톱들**
	–	뿌리들**
	u	뿔들**
DdS29	*u*	괴물들**
	u	구름들**
	u	귀신들**
	u	호수들**
Dd30	*u*	꽃
	u	납작한 못

카드 IV

위치		FQ	반응
	∨	*o*	로켓트
		u	부리
		–	사람
		u	손톱
		–	심장
		–	얼굴
		u	이빨
		u	폭포
		–	혀
Dd31		*u*	귀신
		–	나무
		–	동물
	∨	*u*	마녀
		–	머리(동물)
		–	머리(사람)
	∨	*u*	머리(사람같은)
		–	머리(새)
	∨	*u*	물개
		–	바위
		–	뿌리
		–	사람
		–	새
	∨	*u*	조각
Dd32	∨	*u*	머리(사람)
	∨	*u*	머리(평평하고 땅딸한 코를 가진 동물)
		u	바위
		u	발가락
		–	주먹
Dd33		*o*	강
		u	드릴
		u	막대기
		o	물길
		o	뼈(해골)
		o	식도
		o	척추
		o	협곡

카드 V

평범반응은 W : 박쥐 혹은 나비
Z점수 : W=1.0 인접부분=2.5 비인접부분=5.0 공간=4.0

카드 V

위치		FQ	반응
W		u	까마귀
		–	각다귀, 모기
		–	거미
		–	고양이
		–	꼬마요정
		–	곤충(날개없는)
		o	곤충(날개있는)
	∨	o	골반
		u	골반
		u	꽃
		u	괴물
		u	구름(들)
		–	기계
		–	깃발
		u	나뭇잎
		o	나방, 유충
		o	나비
		u	날개들**
		u	노(보트의)
		–	늑골**
		–	딱정벌레
		–	닻
		o	독수리
		u	돌
		–	동물
		o	동물들(머리를 부딪치고 있는)**
		–	돛배
		o	드라큐라
		–	머리
		–	머리카락
		–	메뚜기
		u	모기
		u	목도리(털실용)
		–	목뼈
		o	무용수(옷을 입은)
		–	미생물
		o	박쥐
		–	뱃지
		u	벌
		–	벌레(날개없는)
		u	벌레(날개있는)
		u	벼룩
		u	비행기
		–	사람
		o	사람(옷을 입은)
		u	사람같은 존재(큰 팔이나 날개를 가진)
		o	사람들(등대고 서 있는)
		–	산호
		o	새
		u	석탄(조각)
		u	악마
		–	양치(류)
		u	어깨망토(cape)
		o	X−ray(골반)
		–	X−ray(골반외 특정한 부분)
		u	X−ray(불특정한)
		u	언덕(나무가 있는)
		–	얼음
		u	연
	∨	u	연기
		u	오리
		u	옷(조각)
		–	외투
		–	우산

카드 V

위치	FQ	반응
	u	우주선
	u	잎(한포기 초목의 전체)
	u	장신구
	—	지도
	u	책꽂이(양끝에 받치는)
	u	천사
	—	캥거루
	u	콧수염
	—	콩팥
	u	타조
	—	텐트
	u	파리
	—	펌프
	—	폐(들)**
	—	폭발
	o	풍경
	—	프로펠러
	—	해골
	—	해부
	< *u*	회오리바람(반사된)
	o	흡혈귀
D1	*u*	근육
	o	다리(동물)
	o	다리(사람)
	u	두개골(동물)
	—	렌치(볼트·너트 따위를 돌리는 공구)(wrench)
	u	막대기
	—	머리(동물)
	u	머리(만화동물)
	—	머리(사람)
	o	머리(파충류)
	—	물고기
	u	발(동물)
	—	발(사람)
	—	뱀장어
	o	뼈
	u	뿌리
	—	원통
	—	창
	—	코
	u	큰 가지(나무의)
	u	통나무
	u	팔
	—	활
D4	—	가죽(skin)
	—	개미핥기
	—	게
	—	곤충
	o	관목(들)**
	u	구름
	—	나무
	—	나뭇잎
	u	날개
	—	다리
	u	다리(닭 또는 칠면조 요리된)
	u	담요
	o	동물(D7을 머리로 지각)
	—	머리(동물)
	o	머리(사람, 옆모습)
	—	머리(새)
	o	바위
	o	사람(기대다)
	u	선풍기
	u	슬리핑 백
	u	씨앗
	u	식물
	u	어깨 심(축구의)

카드 V

위치		FQ	반응
	∨	*o*	연기
		–	유목(流木)
		–	진흙
		–	캥거루
		u	풍경
		–	해파리
D6		*u*	가위
	∨	*u*	꼬마요정
		u	곤충(더듬이가 있는)
		–	꽃병
		u	더듬이
	∨	*u*	로보트
		o	머리(곤충)
		u	머리(동물)
		o	머리(동물 뿔이나 긴 귀를 가진)
		–	머리(사람)
		o	머리(사람, 옷입은, 가면 쓴)
	<	*u*	머리(파충류)
		u	모자(미키 마우스)
		u	뱃지
		–	새
		u	새총(고무줄)
		o	얼굴(가면쓴 사람)
		o	얼굴(동물, 귀가 긴)
		–	얼굴(사람)
		–	음차(音叉)
		u	조각
		u	집게
		u	창사골(새의 가슴뼈 앞에 있는 Y자형의)
		u	큰 가위(나무가지를 치는)
D7		*u*	곤충(더듬이가 있는)
		u	괴물
		–	나무
		–	딱정벌레
		–	동물(뿔이나 긴 귀가 없는)
		o	동물(뿔이나 긴 귀를 가진)
		o	마귀
		–	물고기
		u	벌레(더듬이가 있는)
		–	뼈
		–	사람
		o	사람(옷입은)
		u	사람들(두 사람, 팔을 든)**
		o	악마
		o	토끼
		–	해골
D9	∨	*o*	거위들**
		u	꺽쇠
		u	꼬리(들)**
		–	곤충(들)**
		u	다리들(동물)**
		–	다리들(사람)**
		o	다리들(새)**
		–	머리
		u	머리들(2마리, 새들)**
		–	발들(동물)**
		–	발들(사람)**
		o	발들(새)**
		o	백조들**
		u	부리
	∨	*u*	빗자루
	∨	*u*	새(2마리, 목이 긴)**
		u	젓가락**
	∨	*u*	종들(bells)**
		–	질(해부)

카드 V			
위치		FQ	반응
		o	창사골(wishbore)
		u	청소기(진공)**
		o	핀셋, 족집게들
	∨	*o*	홍학들**
D10		–	곤충
		u	나무(유목, 통나무, 막대기들)
		u	다리들(동물)**
		u	다리들(사람)**
		–	다리들(새)**
		–	머리(동물)
		u	머리(만화)
		u	머리(새)
		o	머리(파충류)
		u	반도
		u	뼈들**
		o	뿌리들**
		–	산호
		–	코
Dd22		*o*	꼬리
		–	곤충
		–	다리(동물)
		–	다리(사람)
		u	다리(새)
		–	머리(동물)
		–	머리(사람)
		u	머리(새)
		u	목다리
		–	손가락
		o	창
		u	총검
		o	칼
		o	큰 가지(나무)
		o	파충류
		o	활
Dd23		*u*	경치
		–	머리(동물)
		–	머리(사람)
		u	해안선
Dd24		–	가슴
		u	괴물
		u	귀신
		u	나무
		–	사람
		u	새
		u	젖꼭지
		u	텐트
D25		–	나무
		–	남성 성기(penis)
		u	대포
		–	모자
		u	바위
		–	엄지손가락
Dd26		*u*	가지(나무)
		–	나무
		–	머리
	∨	*u*	새(나르고 있는)
		–	파충류
DdS27	∨	*u*	꽃병
		u	귀신
		u	원뿔
		u	입구(inlet)
		u	큰 못
		u	탑
DdS28		*u*	꽃병

카드 V

위치		FQ	반응
	V	*u*	산
	V	*u*	언덕
		u	입구(inlet)
		u	컵
		–	헬멧
DdS29		*u*	강
		–	뱀
		u	입구(inlet)
Dd30		*o*	가면
		–	공
		–	두개골
		u	머리(동물)
		–	머리(사람)
		u	머리(새)
		u	얼굴(고양이)
		–	얼굴(동물, 고양이 혹은 토끼를 제외한)
		–	얼굴(사람)
		u	얼굴(새)
		u	얼굴(토끼)
Dd31		*u*	꼬마요정
		o	귀(동물)
		–	나무
		u	남성성기(penis)
		u	다리
		u	막대기
		–	머리
		–	발
		u	벌레
		o	뼈
		–	사람
		u	손가락
Dd32		*u*	곤봉
		–	나무
		u	더듬이
	V	*o*	백조
		–	뱀
		u	뼈
		o	부리
		–	뿌리
	V	*o*	새(목이 긴)
		o	새 머리
		–	성냥
		–	손가락
Dd33		*o*	관목(들)**
		–	머리(동물)
		–	머리(사람)
		u	머리(사람 같은)
		o	산
		o	언덕
		–	젖가슴
Dd34		*u*	가위들**
	V	*u*	결상
		u	꼬마요정들**
		–	나무들**
		u	다리들**
		o	더듬이들**
		u	머리들(곤충)**
		–	머리들(동물)**
		–	머리들(사람)**
		–	머리들(새들)**
		u	머리들(파충류)**
		u	뼈들**
		o	뿔들**
		u	사람같은 존재들**

카드 V					
위치	FQ	반응	위치	FQ	반응
	−	사람들**		o	머리(사람, 옆모습)
	< u	입(동물이나 새)		−	머리(새)
	u	집게들**		u	바위들**
	u	큰 가위들**		u	사람(앉아있거나 누워있는)
Dd35	u	가면(옆모습)		o	산들**
	o	경치		−	젖
	−	머리(동물)		−	코

카드 VI

평범반응은 W 혹은 D1 : 동물가죽
Z점수 : W=2.5 인접부분=2.5 비인접부분=6.0 공간=6.5

카드 VI			
위치		FQ	반응
W		–	까마귀
		u	가면(과학소설)
		–	가슴
	∨	u	가오리
		o	가죽
		o	가죽(동물)
		u	가죽(조각)
		–	각다귀, 모기
		–	개구리
		–	거미
	∨	u	거울(손)
		–	게
	<	o	경치(반사된)
		–	곤봉
		–	곤충(날개가 없는)
		u	곤충(날개가 있는)
		–	곰
		o	곰가죽
	∨	u	꽃
		u	괴물(동물)
		u	괴물(바다)
		u	기타
	∨	u	깃발
	∨	o	나무
		u	나뭇잎
		–	나방
		–	나비
		–	남성 성기
		–	뇌
		–	뇌간
		–	딱정벌레
		–	달팽이
		–	닻
		o	동물(자연스런 형태. 예컨대, 납작한 모양 또는 가죽이 벗겨진 경우)
		u	동물(자연스런 형태. 고양이, 개, 스라소니, 호랑이 늑대같은 '개 또는 고양이과')
		–	동물('고양이나 개과' 동물은 아님. 예컨대 개미핥기, 코끼리, 기린같은 동물)
		o	동물가죽
		–	램프
		o	로케트 발사(D3에 로켓트, D1에 연기 혹은 발착대)
		–	머리카락
		–	모기
		o	모피가죽
		–	물고기
		o	미사일 발사(D6이 미사일, D1에 연기 혹은 발착대)
		–	박쥐
	∨	u	방패
	<	o	배(두번째 사물 D3와 함께 발사된)
		u	배의 키
		–	뱃지
		–	벌
		–	벌레(날개없는)
		u	벌레(날개있는)
		–	벼룩
	∨	o	부채(fan)
		u	분수(추상적)
		u	비행기
	<	o	빙산(반사된)
		u	새

카드 VI

위치		FQ	반응
		–	새우
		–	생식기(남성)
		u	섬
	V	*u*	송곳
		o	수로(다른 풍경속에 D5를 수로로 지각)
		u	숲(공중에서 본)
	V	*u*	식물
		–	신체
		–	아메바
		–	안개
		o	양초(D1이 밑받침)
		o	양탄자
		–	얼굴
		u	X–ray(불특정한)
		–	X–ray(특정한)
		–	오리
	V	*o*	외투(기둥에 매달려 있는)
		–	음표(음악적인)
		–	인형
		–	잠자리
	V	*u*	조각
		u	지도(불특정한)
		–	지도(특정한)
		–	진흙
	V	*u*	청소도구(손잡이 달린)
		u	추상적 그림
		o	토템(D1은 언덕이나 배경공간, D3를 토템으로)
		–	파리
		–	폐
		u	폭발
		–	프라이팬
		–	항아리
	V	*u*	해면동물
	V	*u*	허수아비
		–	휘장
D1		–	가슴
		–	간(해부)
		–	거북이 등
		–	곤충, 벌레
		–	꽃
	V	*u*	괴물들**
		u	구름(들)**
	V	*u*	꿀벌통
		–	나비
		–	뇌
		o	단지(손잡이 달린)
		o	담요
		–	동물
		o	동물가죽
	V	*u*	동물들(등을 대고 있는)**
		–	두개골
		–	디스크(해부)
		u	망또
		–	머리
		–	머리들(동물)**
		u	머리들(인간, 옆모습 등을 대고 있는)**
		u	문
		u	문(자동)**
		u	바위
		u	방패
		o	배(반사된)
		u	뱃지
		–	별
		–	불가사리
	V	*o*	빙산(반사된)

카드 VI					
위치	*FQ*	반응	위치	*FQ*	반응
	–	사람		*u*	턱받이
	u	사람들(등을 대고 있는)**		–	폐(들)**
	u	사발(손잡이가 달린)		*o*	풍경
	o	산맥(반사된)		*u*	항아리
	–	살(flesh)		*u*	해면동물
	u	석탄(조각)		–	해부
	u	섬		*u*	휘장
	o	수로(D5, 다른 배경경치가 동반됨)	*D2*	*o*	거인
	u	숲(공중에서 본)		*u*	곤봉
	–	신체		–	곤충, 벌레
	u	아메바		*u*	기차(공중에서 본)
	o	양탄자		*o*	난간의 굴대
	∨ *u*	어깨망토		–	남성 성기(penis)
	–	얼굴		–	동물
	u	얼굴(괴물)		*o*	램프(가로등)
	u	얼음		*o*	램프(장식용)
	u	X-ray(불특정한)		*o*	램프 기둥
	–	X-ray(특정한)		*o*	로켓트
	u	연기		–	모충
	∨ *u*	왕관		–	물고기
	o	외투		*o*	미사일
	∨ *u*	원숭이(등대고 있는)		–	바늘(needle)
	o	잎		*u*	뱀장어
	u	잎모양(공중에서 본)		*u*	뼈
	∨ *u*	자켓		*o*	사람
	u	장신구		*o*	사람같은 존재
	o	조각**		*u*	손톱
	–	조개껍질		*u*	송곳
	u	지도(불특정한)		*u*	악어
	–	지도(특정한)		*o*	양초
	u	지도(지형학적)		*u*	X-ray(불특정한)
	u	진흙		–	X-ray(특정한)
	u	책꽂이(양끝에 받치는)		*u*	온도계
				o	조각(사람같은)

카드 VI

위치	FQ	반응
	–	척추
	o	촛대
	o	침대기둥
	u	칼
	o	토템기둥
	u	파충류
	u	피스톤
D3	*o*	거위(날고있는)
	u	곤충(날개없는)
	o	곤충(날개있는)
	u	꽃
	u	관목(반사된)
	u	기둥(전기의 혹은 전화의)
	u	나무
	u	나비
	u	날고있는 물고기
	–	남성 성기(penis)
	u	동물(날개없는)
	–	동물(날개있는)
	–	두개골
	o	램프
	u	로켓트
	o	로켓트(불 또는 연기가 있는)
	–	머리(곤충)
	–	머리(사람)
	–	머리(새)
	u	머리(수염달린 동물의)
	–	머리(파충류)
	–	밸브
	u	벌레(날개없는)
	o	벌레(날개있는)
	u	비행기
	–	사람
	o	사람같은 존재
	o	사람(추상적인)
	o	새
	o	성냥('불'과 함께)
	o	십자가교차로(추상적, 현대적)
	u	십자가에 못박힌 상
	o	십자가(추상적)
	–	얼굴
	o	오리(날고 있는)
	–	올빼미
	u	장수말벌
	o	장신구
	o	조각
	o	토템기둥
	u	파리
	–	해부
	o	허수아비
	o	휘장
D4	*o*	가면
	–	건물
	–	곤충
	< *o*	구름
	u	구름
	–	누에고치
	< *o*	동물(Dd24를 동물로 지각, 나머지는 다른 사물로 지각)
	∨ *u*	동물
	< *o*	돛배
	–	머리(동물)
	o	머리(사람, 옆모습)
	–	머리(새)
	o	바위

카드 VI

위치		FQ	반응
	<	*o*	배
	<	*o*	보트(Dd24를 보트로, 나머지는 다른 사물로 지각)
		o	빙산
	∨	*u*	사람
	∨	*u*	사람같은 존재
	<	*o*	산(들)**
		u	산호
	<	*o*	욕조(Dd24를 욕조로 지각, 나머지는 다른 사물로 지각)
	<	*o*	잠수함
	<	*o*	전함
		o	조각
		u	지도(불특정적)
		–	지도(특정적)
	<	*u*	총(과학소설의)
	<	*u*	탱크(군대의)
	<	*u*	폭발
		o	풍경
	<	*o*	항공모함
D5		*o*	강
		–	곤충, 벌레
		u	관(tube)
		u	기둥
		o	길
		–	나무
		–	동물
		o	망치의 자루
		–	모충
		u	무성한 잎들(공중에서 본)**
		o	미사일 발사(D2 혹은 D6을 미사일로, 나머지는 연기나 불로 지각)
		–	뱀장어
		u	벌레
		o	뼈
		–	사람
		o	수로
		o	식도
		–	양치류
		u	X–ray(불특정한)
		o	X–ray(척추)
		–	X–ray(척추외 특정한 부분)
		u	온도계
		o	운하
		u	창
		o	척추
		–	칼
		u	파충류
		o	협곡
D6		*u*	곤봉
		u	곤충
		o	기둥
		u	길
		o	남성 성기(penis)
		–	동물
		–	두개골
		o	로켓트
		–	머리
		–	목
		u	무기(불특정한)
		–	물고기
		o	미사일
		u	미이라의 관
		–	밸브
		u	뱀장어
		–	사람

카드 VI

위치	FQ	반응
	u	원통
	u	조각
	u	주차시간 자동 표시기
	o	탄환
	u	통나무
	o	파충류
	u	팔(Dd23에 주먹)
D8	–	거북이
	u	곤충, 벌레(날개가 있고, 물체로부터 기어다니는)
	o	꽃(꽃병에 있는)
	u	나무
	–	나비
	–	동물
	o	등대
	u	머리(동물, 수염달린)
	–	머리(사람)
	–	머리(새)
	–	머리(파충류)
	–	벌레, 곤충
	u	비행기
	u	새(조각)
	o	샘
	o	식물
	o	십자가(언덕위에 있는)
	o	십자가에 못박힘(언덕위에 있는)
	o	십자가에 못박힘(추상적)
	–	X-ray
	o	조각(사람같은)
	–	지도
	–	척추
	o	토템기둥
	o	허수아비
Dd12	*o*	강
	u	길
	–	남성 성기(penis)
	u	로켓트
	u	미사일
	–	바늘
	u	버너(분젠)
	–	사람
	o	손잡이
	o	수로
	o	식도
	o	양초
	u	연필
	o	운하
	–	직장(해부)
	u	질(해부)
	u	창
	u	척추
	o	협곡
	–	화살
Dd21	–	머리(동물)
	–	머리(사람)
	∨ *o*	머리(새)
	∨ *o*	머리(파충류)
	∨ *o*	발톱
	∨ *o*	부젓가락들**
	–	손
	∨ *o*	집게발
	∨ *u*	혼(악기 horn)
Dd22	–	가죽
	u	가시(들)**
	u	거위들(무리)**
	–	꽃들**

카드 VI

위치		FQ	반응
	∨	*o*	관목(들)**
		u	광선
		o	깃털들**
		–	나무(들)**
		–	무기들**
		o	물(튀기고 있는)
		u	불꽃
		u	새들(2마리, 옆모습)**
	<	*u*	선인장
		o	수염(고양이 따위의)
		–	얼음
Dd23		–	곤충, 벌레
		–	눈(eyes)**
		u	머리(괴물)
		–	머리(동물)
		–	머리들(2)**
		–	머리(사람)
		u	머리(새)
		u	머리(파충류)
		u	문의 손잡이
		u	손들(악수하는)**
		u	주먹
		–	코
Dd24	<	*o*	굴뚝
		o	낭떠러지
		–	다리
	∨	*u*	동물(앉아있는)
	∨	*u*	머리(동물, 상체와 함께)
		–	머리(사람)
		–	머리(새)
		o	바위
		o	반도
		–	발(동물)
		–	부츠
	∨	*u*	성(城)
	<	*o*	인장
	<	*u*	조각
	<	*u*	해마
Dd25		–	남성 성기(penis)
		–	머리
		u	발(동물)
		u	발(사람)
		u	사람
		–	산
		u	신발
		u	인형
		u	조각
Dd26		*u*	더듬이**
		u	막대기들**
		u	수염들(고양이 따위의)**
		–	파충류들**
Dd27		–	고환들**
		–	궁둥이들**
		–	눈들**
	∨	*u*	달걀들**
		–	머리들**
		–	사람들**
		–	질
	∨	*u*	폭포
		–	해부
Dd28		–	나무들**
		–	머리들**
	∨	*u*	발톱**
	∨	*u*	파충류들**
Dd29		–	머리

카드 VI

위치		FQ	반응
		–	사람의 옆모습
		u	해안선
DdS30		*u*	입구(inlet)
		–	컵
		–	화병
Dd31		–	사람
		u	새
		–	머리
		u	빙산
		–	코
		u	흔들뿌리개(소금, 후추의)
Dd32		*u*	나비
		u	날개꼴 부낭(수영연습용으로 양 겨드랑이에 끼는)**
		–	뇌
		–	눈들(eyes)**
		–	달걀
		u	보트
		u	불꽃들**
		–	신장(들)**
		u	조개껍질(열려진)
		–	편도선
		–	폐(들)**
Dd33		*u*	부젓가락
	∨	*o*	새둥지
		u	입구
		u	족집게
		u	질
		u	풍경
	∨	*u*	협곡(폭포를 포함하기도 한다)

카드 VII

평범반응은 D1 혹은 D9 : 인간의 머리 혹은 얼굴
Z점수 : W=2.5 인접부분=1.0 비인접부분=3.0 공간=4.0

카드 VII

위치	FQ	반응
W	–	개구리
	u	개구리 다리(음식)
	–	개들**
	–	거인
	u	걸상
	o	꼬마요정(D2 요정으로 지각, D4 다른 사물로 지각)
	–	곤충
	u	꽃병
	–	과자(부서진 것도 포함)
	–	관목(들)**
	o	구름(들)**
	u	그네
	u	기념비
	u	그림(추상적)
	–	나방
	–	나비
	–	다리들**
	–	닻
∨	*u*	동굴
	–	동물
	u	동물들(두마리, 브롯의 1/2을 각 동물로 보고 만화에 나오는 동물로 본다)**
	–	동물들(2마리, 브롯의 1/2을 실제의 동물로 본다)**
	o	동물들(D4는 개별적인 대상으로 보고 D2를 개, 만화의 원숭이, 토끼로 볼 때)

(주의 ; 만약 D2에서 보고된 동물들이 고양이, 만화동물, 원숭이, 토끼등이 아닐 경우 브롯의 모양이 적절하게 사용된다면 u, 그렇지 않으면 –로 채점된다. u는 개종류처럼 평평한 얼굴을 한 동물이 포함된다. --는 여우, 코끼리, 말, 사자등이 포함된다.)

위치	FQ	반응
	–	두개골
∨	*u*	램프(장식용)
∨	*u*	모자(귀덮개가 있는)
	–	목
	u	목걸이
	–	목뼈
∨	*o*	무희들(2)**
∨	*u*	문틀(doorframe)
	–	바다동물**
	u	바위들**
∨	*u*	벌레
	u	뼈들(불특정적)**
	–	사람
∨	*o*	사람들(2)**
	u	사람들(2)**
	o	사람들(D2를 사람으로 지각, D4는 다른 사물로 지각)**
	–	새
	–	새우
	u	새우들(4)**
	o	섬(들)**
∨	*o*	소녀들**
	–	수염
	–	식물
	–	신체(분리된)
	–	신체(하체)
	–	아메바
∨	*u*	아아치(건축)
	u	암초
	–	얼굴

카드 VII

위치	FQ	반응
∨	*u*	얼굴(사진음화 photonegative, DS7 혹은 Dd10을 포함)
	u	X-ray(불특정적)
	—	X-ray(특정적)
	u	연기
	u	왕관
	—	외투
	—	용골(보트)
	u	우주선
	o	음식(빵부스러기를 묻히거나 튀긴)
∨	*o*	의자(DS10을 사용)
	u	인형들**
	o	인형들(D2를 인형으로 지각, D는 다른 사물로 지각)**
	—	입
	—	잎
	u	잎(찢어진)
	—	자궁
	u	조각
	o	조각(D2를 조각으로, D4는 받침대)
	—	조개껍질
	u	지도(불특정적)
	—	지도(특정적)
	—	질(해부)
	—	책상
	—	크래커(부서진 것도 포함)
	u	퍼즐
	u	편자
	o	항구(DS7을 포함)
	—	해부
	o	협곡
	u	흔들목마
D1	*u*	가면
	—	고양이
	—	곤충
	o	구름(들)**
	u	국자
	—	나무
	—	독수리
	—	동물
<	*u*	동물(만화의, D5를 긴 코나 부리로 본다)
∨	*u*	동물(작고, 꼬리가 긴 동물, Dd24에서 코를 지각)
	—	말
	o	머리(고양이, 만화, 원숭이, 토끼같은 동물)
		(주의 ; 보고된 동물머리가 고양이, 만화, 원숭이, 토끼가 아닌 경우, 브롯의 모양이 적절한 방식으로 사용된다면 u로 채점되고 그렇지 않은 경우 —로 채점된다)
∨	*u*	머리동물(D5를 몸통으로 봄)
	o	머리(사람같은)
	u	머리(사람, 성인 남성)
	o	머리(사람—아이, 인디언, 여성, 불특정적인)
∨	*u*	모자(너구리 가죽)
	—	물고기
	u	미술작품(추상적)
	—	바닷동물
∨	*u*	배의 키
	—	병아리
	—	산
	—	새

카드 Ⅶ

위치		FQ	반응
		o	새우(튀기거나 빵가루 묻힌)
		u	선인장
		u	세면대
		–	X-ray
		u	의자
		u	잎(전체나무의) (foliage)
		o	절벽
		o	조각
		u	주먹(위쪽을 가르치는 손가락과 함께)
		u	지도(불특정적)
		–	지도(특정적)
		o	토끼(D8을 코로 봄)
		u	풍경
		–	해부
D2	<	*o*	개
		–	개구리
		–	고기(생것)
		o	구름(들)**
		–	나무
		o	난장이
		o	눈사람
		u	닭날개(빵가루를 묻히거나 튀긴)
		–	당나귀
	∨	–	동물
		o	동물(만화)
	∨	*u*	동물(만화)
		o	동물(작고, D5가 귀, Dd21이 꼬리, 예. 고양이, 개, 원숭이, 토끼)
		–	동물(큰)
		–	말
		–	머리
		–	물고기
		–	병아리
		u	병아리 날개들(빵가루나 묻거나 튀긴)
		o	사람같은 존재
		u	사람(성인 남성)
		o	사람(어린이, 인디안, 여성등 불특정적인, 전체 인간 혹은 머리와 상체)
		u	산들**
		–	새
		u	새우(2, 빵가루를 묻히거나 튀긴)**
		o	섬(들)**
		–	소
		u	숲
		u	양
		u	언덕
		–	X-ray
		–	여우
		–	용
		u	음식(빵가루를 묻히거나 튀긴)
		o	장난감(인간 혹은 동물)
		o	조각
		o	천사
	∨	*o*	코끼리(만화 또는 장난감)
		o	토끼
		u	풍경
		–	호랑이
D3		*o*	가면
		u	갈퀴덩굴
		–	개
		–	곤충, 벌레

카드 VII

위치		FQ	반응	위치		FQ	반응
		−	관목			*u*	고원(공중에서 본)
		u	구름			−	곤충(날개없는)
		−	나무			*u*	곤충(날개있는)
		u	낭떠러지			*o*	골반
		−	동물			*o*	X−ray(골반)
		o	머리(동물, Dd21을 귀, 뿔)			−	X−ray(골반의 특정적)
	V	*u*	머리(동물 Dd21이 코 혹은 몸체)			−	관목(들)**
		o	머리(동물, 만화 장난감)			*o*	구름(들)**
		−	머리(사람)			−	궁둥이
		u	머리(사람같은)			*o*	나비
	V	*u*	머리(새, Dd21이 부리)			*u*	나비넥타이
		−	머리(파충류)			*u*	날개들**
		−	머리카락			−	늑골
		−	모자			−	다리(인공의)
		u	물고기(Dd21이 꼬리)			*u*	다리(자연의)
		u	바위			−	동물(들)**
		u	반도			−	두개골
		u	사탕(솜사탕)			−	머리
		−	새둥지			−	바닷동물
		u	새우(빵가루 묻히거나 튀긴)			*o*	바위(들)**
		u	섬		V	*o*	박쥐
		−	손			−	벌레(날개없는)
		−	수염			*u*	벌레(날개있는)
		−	X−ray			−	부츠들**
		u	연(Dd21이 꼬리)			*u*	X−ray(불특정적)
		−	자루(sack)			−	사람
		u	조각			−	사발
		u	주먹(Dd21이 엄지손가락)			−	산(들)**
		−	지도			*o*	새
		−	컵			−	신발
		u	풍경			*o*	X−ray(골반)
		−	햄			*u*	X−ray(불특정적)
						−	X−ray(특정적, 골반의)
D4		−	가슴			*u*	연

카드 VII

위치		FQ	반응
		—	조개
		u	종이(찢어진)
		u	지도(불특정적)
		—	지도(특정적)
		—	질(해부)
		u	책꽂이(양끝에 받치는)
		u	쿠션(들)**
		—	텐트
		—	파리
		—	폐
		u	풍경
		—	해부
		u	행글라이더(D6가 사람으로 포함되기도 한다)
		o	활
		u	회전문
		—	휘장
D5	∨	u	고드름
		u	꼬리
		u	기병도(sabre)
		u	기타의 피크
		o	깃털
		—	나무
		u	날개
		—	남성 성기(penis)
		u	다리
		—	동물
		—	머리
		u	머리장식
		u	머리카락(포니테일등으로 단장되거나 머리모양이 꾸며진)
		u	모충
		u	발톱
		—	뱀장어
		—	벌레
		—	벌레, 곤충
		u	뼈
	<	u	보우트
		u	뿔
		u	빗(장식용)
		—	사람
		—	새
		u	석순(石筍)
		—	소세지
		u	손가락
		—	송곳
		u	식물
		—	연기
		—	장총
		—	총
	<	u	카누
		u	칼
		o	칼날
		u	토템
		u	톱
		—	통나무
		—	화살
		u	화살촉
D6		u	갈라진 금
		o	강
		o	경첩(문의 장식)
		—	곤충, 벌레
		u	괴물(동물)
		—	나무
		—	남성 성기(penis)
		u	댐
		—	동물

카드 Ⅶ

위치		FQ	반응
		–	등뼈
		u	로켓트(Dd28이 발사대, 연기)
		–	머리
		–	모충
		–	물고기
		u	미사일(Dd28이 발사대, 연기)
		–	뼈
		o	사람
		o	사람같은 존재
		–	송곳
		o	수로
		o	식도
		o	운하
		u	음핵
		u	인형
		o	질(해부)
		–	탑
		u	항문
		o	협곡
DS7		–	구름
		u	꽃병
		–	나무
	V	*o*	램프
		–	머리
	V	*u*	모자(역사적인)
	V	*o*	버섯
		o	사발
	V	*o*	스핑크스
		–	얼굴
	V	*o*	조각
		–	종(bell)
		u	주전자
		u	출입구
	V	*u*	탑
		o	항구
		–	해부
	V	*u*	헬맷
		u	호수
		u	화살촉
D8	V	*u*	고드름
		u	고래
		u	나무들**
		u	달팽이
		u	도시(멀리있는)
		o	마을
		–	머리
		u	바닷동물
		u	사람들(절벽이나 언덕에 있는 무리)**
		u	새둥지
		u	석순(石筍)
		–	숲
		–	용
		u	절벽(들)**
		u	탑들(전기의)**
		o	풍경
D9		–	곤충
		u	구름
		o	머리(고양이, 개, 원숭이 같은 작은 동물)
	V	*u*	머리(동물)
		o	머리(사람)
		o	머리(사람같은)
		–	머리(새)
		–	머리(큰 동물)
		–	바다동물

카드 VII

위치		FQ	반응
		u	절벽
		o	조각(상반신)
		u	풍경
DS10		–	머리
	∨	*o*	모자(역사적)
		u	버섯(모자)
		o	사발
		–	얼굴
		o	조명기구의 갓
		u	출입구
		u	텐트
		o	항구
		o	헬맷
		u	호수
Dd21		–	개미
		u	꼬리
		–	남성 성기(penis)
		–	머리
		u	모충
		u	몸(코끼리)
		u	반도
		u	발(동물)
		u	뿔
		–	새
		o	손가락
		–	얼굴
		u	엄지손가락
		–	장충
		u	팔
Dd22		*u*	꼭둑각시
		–	동물
		u	동물(만화 혹은 장난감)
		–	뼈들**
	∨	*u*	사람
		u	사람
		o	사람같은 존재
	∨	*u*	인형
		u	조각
Dd23		*u*	구름
		–	동물
		–	머리(곰이나 개를 제외한 동물)
		o	머리(동물, 곰이나 개)
		–	머리(사람)
		u	모자(털모자)
		u	바위
		u	베개
		u	벽돌
		–	신발
Dd24		–	구름
		u	동굴
		–	머리
		u	진흙
Dd25		*u*	바다 갈매기
		u	새
		–	질(해부)
		u	폭포
		u	풍경
Dd26		*o*	강
		u	사람
		u	사람같은 존재
		o	식도
		o	조각
		o	질(해부)
		o	협곡

카드 Ⅶ

위치		FQ	반응
Dd27		–	동물
		–	이빨
		–	인간
		–	질
		–	창문
		u	항문
Dd28		–	궁둥이
	∨	*u*	낙하산(D6 혹은 Dd26이 사람)
		–	동물
		u	물
		u	사람들(2)
		–	새
		–	식물
		u	조각(들)**
		u	얼굴(괴물)
		u	얼굴(동물)
		–	얼굴(사람)
		u	조각(들)**
	∨	*u*	파도
	∨	*o*	폭포

카드 VIII

평범반응은 D1 : 전체 동물모습
Z점수 : W=4.5 인접부분=3.0 비인접부분=3.0 공간=4.0

위치	FQ	반응
W	u	가면
	–	개구리
	–	거미
	–	게
	–	고기(meat)
	–	곤충
	–	골격(해골)
	–	골반
	o	꽃
	o	꽃모양의 도안
	u	꽃병
	–	구름(들)**
	–	기계
	u	기념비
	u	깃발
	–	나무
	u	나무(추상적 혹은 만화의)
	–	나방
	–	나비
	–	내장
	–	뇌
	–	눈송이
	–	동물
	o	동물들(D1이 동물로 지각되고 나머지 부분은 브롯의 모양과 일치되는 대상으로 지각된다)**
	–	두개골
	u	램프(장식용)
	u	로봇트
	u	로켓트
	–	머리(곤충)
	u	머리(괴물)
	–	머리(동물)
	–	머리(사람)
	–	머리(새)
	u	머리장식(장식용)
	o	무늬, 도안(추상적)
	o	문장(팔의)
	–	물고기
	o	미술품(추상적)
	–	바닷가재
	–	바닷동물
	u	바닷조개
	–	박쥐
	o	배(돛을 단, 뒤에서 본)
	u	뱃지
	o	뼈(골격)
	u	분수
	u	불빛(전자관에 의해 형성된 색채를 띈)(lights)
	–	비행기
	–	사람
	o	사발(장식용)
	u	산
	u	산호
	–	새
	u	새장
	o	샹들리에
	u	서커스 천막
	u	섬(들)**
	u	쓰레기
	u	식물(바닷속)
	u	식물(열대성)
	o	식물(흔히 화병속에 있는)
	–	신장(들)**
	–	얼굴
	–	X-ray

카드 Ⅷ

위치	FQ	반응
	u	연
	u	왕관
	—	위
	o	의학적 해부도(실제적인 것보다 상징적인)
	u	잎
	u	잎(한포기 초목)(foliage)
	—	자켓
	o	장신구
	u	전망대
	u	정원
	u	조각
	u	지도(불특정적)
	—	지도(특정적)
	—	케이크
	u	크리스마스 튜리
	u	탑
	u	토템기둥
	—	폐(들)**
	o	포스터(자연적)
	o	포스터(추상적)
	—	폭발
	o	풍경
	—	피라미드
	o	해부(불특정적)
	—	해부(특정적)
	—	해파리
	u	헬멧(과학소설)
	u	호롱등(동양의)
	u	화산(분출하는)
V	*u*	횃불
	o	회전목마
	o	휘장
D1	—	개구리
	—	거북이
	—	곤충, 벌레
	—	꽃
	u	꽃잎
	—	나무
	—	낙타
	u	도마뱀
	—	돌고래
	o	동물(네다리, 윤곽에 적절, 이러한 응답에는 다양한 동물이 포함됨, 고대동물도 포함됨. 가장 흔하게 보고되는 것은 오소리, 곰, 고양이, 개, 사자, 쥐, 늑대가 포함됨. 윤곽·상황에 적합하지 않은 네 다리 동물들은 "—"로 기록됨. 예컨대 코끼리, 기린, 말, 캉가루)
	—	물고기
	—	물개
	—	새
	—	새우
	—	X-ray
	u	이구아나(큰 도마뱀)
	—	파충류(이구아나 혹은 도마뱀이 아닌 다른 것)
	—	폐
	u	피
	—	해부
D2	—	고기(meat)

카드 Ⅷ

위치		FQ	반응
		u	곤충
		–	곤충, 벌레
		–	골반
		–	궁둥이
		–	개
		–	개구리
		–	게
		o	꽃
		o	나비
		–	뇌
		u	도마뱀
		–	동물
		–	디스크(등뼈)
		u	딱지(scab)
	∨	*u*	망또(어깨)
		–	머리(곤충)
		u	머리(괴물)
	∨	*u*	머리(동물, 짧은 귀 혹은 뿔 달린)
		–	머리(동물, 짧은 귀나 뿔이 없는)
		–	머리(사람)
		–	머리(새)
		–	모자
		u	바위(들)**
		–	박쥐
		u	불
		u	사발(장식용)
		u	산(들)**
		u	산호
		–	살(flesh)
		u	슬라이드(생물학적인)
		o	아이스크림
		u	양탄자
		–	왕관
	∨	*u*	외투
		o	용암
		–	위
		u	잎
	∨	*u*	자켓
		u	주전자
		–	질(해부)
		–	척추(단면도)
		u	풍경
		–	폐
		u	케이크
		–	해부
		u	협곡
		u	후식(채색된 디저어트)
		–	휘장
D3/*DS3*		*o*	가면
		–	거미집
		u	골격(해골)
		–	그물
	∨	*u*	나무(전나무)
		u	눈(snow)
		o	늑골
		–	동굴
	<	*u*	동물(반사된)
		o	두개골(동물)
		–	두개골(사람)
		–	머리
		–	문
		–	뱃지
		o	뼈골격
		–	얼굴
		u	얼음

카드 Ⅷ

위치		FQ	반응
	∨	u	우주선
	∨	u	원추형 천막(모피로 만든 아메리카 인디언의 원추형 천막)
		o	척추(vertebrae)
		u	코르셋
	∨	u	텐트
D4			(주의점 : D4+D5=D8)
		u	가면(과학소설의)
		—	가재
		o	개구리
		u	거미
		u	게
		u	곤충
	∨	u	골반
		u	관목(들)**
		o	괴물
		—	구름
		u	나무
		u	나무 그루터기
		—	나비
		—	다리(인공의)
	∨	—	다리(자연의)
		—	동물
		—	두개골
		u	로봇트
		u	로켓트
		—	머리
		u	머리(과학소설의)
		—	문어
		—	물고기
		—	바닷가재
		u	바닷동물
		—	박쥐
		u	부메랑(boomerang)
		o	뿌리
	∨	u	뿔(사슴의)
		u	비행기
		u	빙산
		—	사람(들)**
		o	산
		u	성(산위에 있는)
		—	얼굴
		u	얼굴(과학소설의)
		u	얼음
		—	왕관
		o	우주선
		—	전갈
		u	절
		u	절벽
		—	집
		u	텐트
		u	포도나무, 넝쿨
		u	폭포
		—	해파리
D5			(주의점 : D4+D5=D8)
		—	골반
		—	꽃
		u	구름(들)**
		o	깃발(들)**
		o	나비
		—	늑골
		—	동물
		u	돛
		—	두개골(들)**
		—	머리(들)**
		o	물
		u	박쥐

카드 Ⅷ

위치		FQ	반응
		u	베개(들)**
		—	뼈
		o	새
		—	새(유사이전, 과학소설의)
		—	신장(들)**
		—	얼굴
		o	얼음
		—	X-ray
		o	옷
		—	잎들**
		u	절벽(들)**
		—	폐(들)**
		o	풍경(공중에서 본)
		—	하늘
D6		*u*	가면
		—	게
		o	꽃
		—	뇌
		—	머리
		u	미술작품(추상적)
		u	배(돛이 있는, 뒤에서 본)
		—	뼈
		u	빙하
		—	사람
		o	산
		—	새
		u	샹델리에
		u	섬(들)**
		o	식물
		u	식물
		—	얼굴
		u	장식품
		u	조각
		u	크리스마스 튜리
		u	탑
		o	풍경(흔히 공중에서 본)
		o	해부(불특정한)
		—	해부(특정한)
		u	헬멧(과학소설의)
D7		—	궁둥이
		—	동물
		—	머리
		o	바위
		—	산
		—	새
		o	아이스크림
		—	얼굴
		u	잎(가을의)
	∨	*u*	쟈켓
	∨	*u*	조끼
		—	폐
		u	풍경
		o	피(보통 마른)
		u	협곡
		u	후식(채택된 디저어트)
D8			(주의점 : D4+D5=D8)
		—	게
		—	꽃
		u	꽃장식
		—	나비
		—	머리
		u	빙하
		u	새
	∨	*u*	샹델리에
		o	식물
		—	얼굴
		o	우주선

카드 Ⅷ

위치		FQ	반응
		–	조개
		u	탑
		u	텐트
		u	풍경
		–	해부
		u	헬멧 (과학소설의)
Dd21		–	강
		–	동물
		–	로켓트 (분리되어 있는)
		–	막대기 (들) **
	∨	–	미사일 (발사대)
		–	뼈 (골격의)
		–	사람
		–	수로
		–	식도
		–	창
		–	척추
		–	칼 (그리고 칼집)
		–	폭포
Dd22		*u*	가지
		–	동물
		u	발 (동물)
		u	뿌리
		u	뿔 (동물)
		u	손
		u	장갑
		o	팔 (사람)
Dd23		–	머리
		–	사람 (들)
		–	얼굴
		u	질 (해부)
		u	폭포
		u	플라스크 (화학 실험용)
		u	항문
		u	협곡
Dd24		*o*	나무들**
	∨	*u*	다리 (사람)
		u	더듬이
		u	뿌리
		u	뿔
		–	사람 (들) **
		–	새들**
		u	손가락들**
		–	이빨
		u	족집게
		u	촉각
Dd25		–	동물
		–	물고기
		–	사람
		–	새
		u	섬
		u	악어의 일종 (alligator)
		u	우주선
		u	조각
		–	페니스
Dd26	<	*u*	개
	∨	*u*	낭떠러지
	<	*u*	머리 (동물)
		–	머리 (사람)
		–	머리 (새)
		u	바위
	<	*u*	조각
Dd27		*u*	로켓트
		u	미사일
		u	바늘
		–	벌레

카드 Ⅷ

위치		FQ	반응
		u	뼈
		u	송곳의 끝
		u	악어의 일종(alligator)
		u	창
		u	칼
		u	펜
		u	피하주사기
DdS28		*u*	구름(들)**
		u	눈(snow)
		u	물
DdS29	<	*u*	고래
	∨	*u*	보울링의 핀
	∨	*u*	소금 뿌리개
	∨	*u*	우유병
		–	유령
		–	이빨
		–	조각
	∨	*u*	트라이앵글(악기)
Dd30		*u*	강
		u	식도
	∨	*u*	지팡이
		o	척추
		u	폭포
Dd31		–	곤충
		–	게
		u	괴물(동물모양의)
		–	날개
		–	동물
		u	뿌리
		–	파충류
Dd32		*o*	갈매기
		u	나비
		o	눈(snow)
		u	물
		o	새
Dd33		*u*	꽃(들)**
		u	나비
		u	머리(동물)
		–	머리(사람)
		–	머리(새)
		u	바위(들)**
		u	아이스크림
		–	얼굴
		–	폐(들)**
		–	해부

카드 IX

평범반응은 D3 : 인간 혹은 유사 인간모습
Z점수 : W=5.5 인접부분=2.5 비인접부분=4.5 공간=5.0

카드 IX

위치		FQ	반응
W		o	가면
		–	개미
		–	게
		–	곤충, 벌레
		o	꽃(흔히 D6을 화병으로 지각)
		o	꽃병, 항아리
		o	꽃의 배열
		u	괴물
		–	구름(들)**
		–	기계
	V	u	나무
		–	나비
		–	누에고치
		u	닻
		–	두개골
	V	u	램프(장식용)
	V	u	로봇트
		u	로켓트(D6, 연기와 불꽃동반)
		–	머리(곤충)
		u	머리(괴물)
		–	머리(동물)
		–	머리(사람)
		o	머리장식
	V	u	모델인형(양복점의)
		u	모자
		–	목구멍
		o	미술작품(추상)
		–	바다동물
		u	뱃지
		o	분수
	V	u	분화구(다른 영역은 배경, D8이 분화구)
		o	불(보통 D1을 연기로 지각)
		–	사람
	V	u	사람(옷을 입은)
	V	u	사람같은 존재
		o	사발(장식용)
		o	산불
		o	산호
		–	새
	V	o	새들(나무아래에, D3를 나무로 지각)**
		u	선인장
		u	섬
		–	씨앗
		o	식물(때로는 D6을 화병으로 지각)
		u	양초(D6을 받침대로 지각)
	V	u	어깨망토(연극용)
		–	얼굴
		u	얼굴(광대의)
		u	얼굴(괴물)
		–	X-ray
	V	u	옷(여성의)
		u	우주선
		u	의자(D6을 받침대로 지각, 팔걸이가 있는)
		o	잎(한포기 초목의 전체)
		–	잎
		u	장식
		u	장식품
		o	정원
		u	지도(불특정적)
		–	지도(특정적)
		–	질(해부)
		u	케이크(D3를 양초로 지각)

카드 IX

위치		FQ	반응
		o	파렛트(예술가의)
		−	파리
		o	페인트
		−	폐(들)**
		o	폭발
		o	폭포(D5, 다른 부분의 풍경)
		o	풍경
	<	*o*	풍경(반사된)
		−	해부
		o	해부도
	∨	*u*	해파리
		u	해초
		u	헬멧(과학소설의)
		o	협곡(경치나 풍경이 있고 D8을 협곡으로 지각)
		u	휘장
D1			(주의점 : D1+D1=D11)
	<	*u*	개
		−	개구리
	<	*o*	거인
		−	고양이
		−	곤충, 벌레
		o	곰
		o	관목
	<	*u*	괴물
		u	구름
		−	나무
		−	나비
		−	날개
		−	동물
	<	*u*	동물(불특정적)
		−	동물(특정적)
	∨	*u*	돼지
		−	머리(곤충)
		u	머리(동물 D5, 중앙선이 주둥이)
	∨	*o*	머리(동물, D5 중앙선 또는 Dd24에서 주둥이)
		o	머리(동물, Dd24 주둥이, DdS29는 흔히 눈)
	<	*u*	머리(사람 혹은 사람같은 존재, Dd24 턱)
		−	머리(새)
		−	모자
		−	물고기
		−	바다동물
		−	버섯
		−	뼈
		−	사람
	<	*o*	사람(Dd24를 머리로)
		−	사자
		u	산호
		−	새
		−	섬
		u	숲(보통 공중에서 보는)
		u	식물
		−	심장
		−	X−ray
		u	양치류
		u	연기
	<	*o*	원숭이
		o	잎(한포기 초목의 전체)
		u	잎
	<	*u*	조각
		−	지도
		−	코끼리
	<	*u*	토끼
		−	폐

카드 IX					
위치		*FQ* 반응	위치		*FQ* 반응
		o 풀			*o* 얼굴(어릿광대)
		o 풍경			– 옷
		u 해면(동물)			*u* 의자(팔걸이)
		– 해부			*o* 잎
D2		*o* 가면			*u* 잎(단풍)
		– 게			*u* 장식
		– 곤충, 벌레			*u* 정원
		o 꽃			– 지도
		o 꽃병, 항아리			*u* 질(해부)
		– 구름(들)			– 파리
	∨	*o* 나무			*u* 폭발
		– 나비		∨	*u* 폭포(D5, 다른 부분은 풍경)
		o 닻			*o* 풍경
		– 두개골			– 해부
		– 머리(곤충)			*u* 해부도(의학)
		– 머리(동물)		∨	*u* 해파리
		– 머리(사람)			*u* 헬멧
		u 머리(사람같은)			*o* 협곡(D8, 다른 부분은 배경)
		o 머리장식			*u* 휘장, 뱃지
		u 미술작품(추상)	D3		– 개
		– 바다동물			*u* 게
		u 분수			– 고기(meat)
		o 분화구(D8, 다른 부분은 풍경)			– 곤봉
		o 불, 화재(연기처럼 다른 영역과 함께 D3의 해)			– 곤충, 벌레
		– 사람			*o* 꽃
		o 사발			*u* 구름
		u 산호			– 나무
		– 새			*u* 날개
	∨	*o* 새들(D3, 숲아래)**			– 다리
		o 식물			*u* 당근
		– 얼굴		∨	*o* 땅신령(gnome)
		u 얼굴(괴물)			– 동물(뿔이 없는)
					o 동물(뿔이 있는)
					– 두개골

카드 IX

위치	FQ	반응
	o	마녀
	–	머리(곤충)
	–	머리(동물, 뿔이 없는)
	o	머리(동물, 뿔이 있는)
	o	머리(사람)
	o	머리(사람같은 존재)
	o	모래
	o	무희
	–	바다동물
	u	바닷가재
	–	뼈
	o	불
	u	사람
	o	사람같은 존재
	< o	사슴
	u	새
	∨ o	새
	–	생선
	–	설치류
	u	식물
	o	악마
	∨ o	앵무새
	o	어릿광대
	o	언덕
	–	얼굴
	∨ u	올빼미
	u	용
	o	용암
	o	유령
	–	작은 새우
	o	장난감(권투용)
	o	절벽
	u	조각
	u	지도(불특정적인)
	u	태양의 흑점
	–	폐
	o	풍경
	u	피
	–	해부
	u	횃불
D4	u	가면
	–	고기(meat)
	–	곤충, 벌레
	o	공
	u	꽃
	o	나무딸기
	–	누에고치
	–	눈
	u	딸기
	u	머리(동물)
	o	머리(사람)
	–	물고기
	–	바다거북이
	u	바위
	o	사과
	o	사탕(솜사탕)
	–	정액
	u	피
	–	항아리, 단지
	u	해면(동물)
	–	해부
D5	u	강
	o	꼬챙이
	–	곤충
	u	길
	–	나무
	–	남성 성기(penis)

카드 IX

위치		FQ	반응
		–	동물
		–	머리
		–	반도
		o	뼈
		u	불꽃
		–	사람
		u	석순
		o	성냥
		u	수로
		–	식도
		o	양초
		u	자동온수기
		u	줄기
		u	지팡이
		o	척추
		u	칼
		u	파충류의 동물
		o	폭포(배경으로 D8)
		o	풍경
		–	해부
	<	o	해안선
		u	화살
D6		–	가죽
		–	고기
		–	곤충
		u	꽃(들)**
		o	구름(버섯같은 구름 포함)
		–	궁둥이
		u	나무딸기
	V	u	나비
		–	날개
		u	딸기
		–	동물(들)**
		–	머리(동물)
	<	o	머리(사람, 반사된)
	V	u	머리(코끼리 혹은 설치류)
	V	u	버섯
		u	분첩
		u	분홍접시꽃
		u	불
		o	사과(4)**
		–	사람
	<	o	사람(앉아있는, 반사된)
		o	사탕(솜사탕)
		–	새
		o	샤벳트
		–	섬
		o	아기들(2)**
	V	u	어깨(사람)**
		–	얼굴
	V	u	얼굴(곤충)
	V	u	얼굴(과학소설의)
		u	연기
		–	질(해부)
		o	태아들(2)**
		o	풍선들**
		o	피
		–	항아리(들)**
		–	해부
D8/	V	u	가면
DS8		–	가슴
		o	꽃병, 항아리
	V	u	괴물
		–	나무
		o	동굴
		–	동물
		–	두개골
	V	u	램프

카드 IX

위치		FQ	반응
	V	*u*	로봇트
	V	*u*	머리(괴물)
		–	머리(동물)
		–	머리(사람)
		o	모래시계
	V	*u*	모델인형(양복점의)
		o	물
		u	바이올린
		o	백열전구
		o	병
		–	사람
	V	*u*	사람같은 존재
		u	샹들리에
	V	*o*	식탁용 소금그릇
	V	*u*	얼굴(괴물)
		–	얼굴(동물)
		–	얼굴(사람)
		u	열쇠구멍
	V	*o*	유령
	V	*u*	의복
		–	자궁
		u	주차시간 자동 표시기
		–	질(해부)
		u	코(소나 말)
		o	폭포
		u	폭풍
	V	*u*	플라스크
		u	하늘
		–	해부
		o	협곡
D9	V	*o*	꽃
	V	*u*	나무
		–	동물
	V	*u*	램프
	V	*u*	마개뽑이
		–	머리(곤충)
		–	머리(사람)
		u	머리(코기리)
		–	머리(코끼리외 다른 동물)
		o	물레가락
	V	*u*	밸브
		o	분수
		–	사람
		u	샹들리에
		–	송곳
	V	*u*	왜가리(한다리로)
	V	*o*	우산
D11		–	곤충
		u	곤충(날개가 있는)
		o	골반
		u	관목**
		–	귀덮개
		o	나비
		–	머리
		u	박쥐
		–	사람
		u	새
		u	식물
		–	이어폰
		o	잎(한포기 초목의 전체)
		u	책꽂이(양끝에 받치는)
		–	폐
		–	해부
D12		–	괴물
		–	나무
		–	동물
		o	불(숲)

카드 IX

위치		FQ	반응
	<	o	사람(D3가 사람, 언덕, 모래 같은 다른 사물 D3)
	<	u	용
		u	잎들
	<	o	풍경
Dd21		—	갈퀴
		u	고드름**
		—	나무들**
	∨	u	로켓트들(무리)**
		o	발톱들**
	∨	u	뿔들**
		—	사람들**
		u	석순들**
		o	손가락
	∨	u	지느러미들**
		u	창들**
Dd22/ DdS22		o	가면
		—	눈들(eyes)**
		u	동굴
		—	두개골
		—	머리
		—	문(들)**
		u	사발
		—	양초
		—	얼굴(곤충)
		o	얼굴(괴물)
		—	얼굴(동물)
		—	얼굴(사람)
		—	컵
		u	코(동물)
		—	항아리
		—	해파리
		o	호박(할로윈)
		u	호수(들)**
DdS23		o	구멍들**
		u	눈들(eyes)**
		u	동굴들**
		—	베개들**
		u	섬들**
		—	조개들**
		u	콧구멍들(동물)**
		u	호수들**
Dd24		u	머리(동물)
	<	u	머리(사람)
		u	절벽
Dd25		—	나무들**
		u	발톱들**
		u	뿌리들**
		—	손가락들**
		u	잡초들**
		u	촉각들**
		u	촉수들**
Dd26		u	권총(흔히 과학소설의)
		—	동물
		—	발
		—	사람
		o	손가락
		u	열쇠
	<	u	조각
		u	집게발
		—	코
		u	트럼팻
	<	u	허수아비
Dd27	<	u	꼭대기
		—	동물

카드 IX

위치		FQ	반응
		–	머리
		–	사람
		–	얼굴
	<	*u*	텐트
Dd28		*u*	계란
		u	곤충(딱딱한 껍질을 가진)
		–	딱지
		–	머리
		–	위
		u	젖가슴
		u	조개
		–	피
DdS29		–	곤충, 벌레
		u	눈
		–	사람
		u	사람같은 존재
		–	얼굴
		o	유령
		o	종(bell)
		u	호수
Dd30		–	내장
		–	남성 성기(penis)
		u	모충
		u	양초
		–	파충류
Dd31		–	나무(들)**
	∨	*u*	뚜껑(항아리)
	<	*u*	얼굴(동물)
	<	*u*	얼굴(사람)
		u	잎(한포기 초목의 전체)
		u	젖가슴
DdS32		*u*	달(위 절반)
		u	둥근 천장(dome)
	∨	*u*	사발
		u	조개
		u	태양(위 절반)
		u	태양의 흑점, 주근깨
		u	텐트
		–	헬맷
Dd33		–	나무
	<	*u*	머리(동물)
		–	머리(사람)
	<	*u*	머리(파충류)
		–	산(들)**
	<	*o*	악어
	<	*o*	악어의 일종
		u	잎(한포기 초목의 전체)
		u	통나무
Dd34		*u*	가지**
		–	골격, 해골
		u	구멍
		–	나무들**
		u	다리(자연의)
		u	대포(과학소설의)
		o	도개(跳開)교(흔히 열리는)
		–	동물
		u	발톱(들)**
		u	번개
		u	뿌리들**
		u	뿔**
		–	사람(들)**
Dd35		–	가면
		u	구형잠수기
		u	궁둥이
		u	난로(철로 된)

카드 IX					
위치	FQ	반응	위치	FQ	반응
	u	노		–	새
	–	동물		–	폐(들)**
	–	머리		*u*	항아리
	u	바위(들)**			

카드 X

평범반응은 D1 : 거미 혹은 게
Z점수 : W=5.5 인접부분=4.0 비인접부분=4.5 공간=6.0

카드 X					
위치	FQ	반응	위치	FQ	반응
W	*o*	거미		*o*	미술작품(추상)
	–	거미집		–	바다동물
	o	곤충(불특정적, 만약 특정적이면 형태가 적절할 것)		–	바닷조개
				u	박테리아
∨	*o*	꽃다발		–	뼈
	o	꽃모양의 도안		*u*	복장(분장용, 벽에 걸린)
	o	꽃밭		*u*	뿌리
	o	광고(추상)		*u*	불꽃놀이
	u	괴물		*u*	빛(lights)(방전에 의한)
	–	구름		–	사람
	u	그림(손가락의)		*o*	산책길(가운데 공간, 나머지는 꽃, 나무)
	o	그림(현대화)			
	u	기계(추상적)		–	새들**
	u	눈송이	∨	*u*	새장
	u	도안(추상)		*u*	샹들리에
	u	동물(바다 동물이 아닌, 형태조건 적절)		*u*	섬들**
				u	세포(생물학적)
	o	동물(바다의, 비특정적, 만약 특정적이면 형태조건이 적절할 것)		*o*	수족관
				o	수중 경치
				u	식물들**
	u	만화경		*u*	어린이 놀이터(놀이기구 포함)
	–	머리장식		–	얼굴
	o	문어		*u*	자동 고사포
	o	물(방울)		*u*	잡초

카드 X

위치		FQ	반응
		o	전갈
		o	정원 풍경(일부는 꽃, 나무, D11과 D6 같은 일부는 조각, 건축물)
		u	지도(불특정적)
		—	지도(특정적)
		—	크리스마스 튜리
		—	탑
		u	파레트(예술가의)
		u	퍼즐(조각)
	∨	*u*	폭발
		—	해부
D1		—	가면
		o	거미
		o	게
		u	곤충, 벌레
		u	괴물
		u	귀거리
		u	꽃
		—	동물
		—	머리
		—	모자
		o	문어
		o	물(방울)
		—	물고기
		u	바닷가재
		u	뿌리
		u	산호
		u	섬
		u	세포(생물학적)
		o	아메바
		u	양치류
		—	얼굴
		u	용
		—	잎
		o	전갈
		—	지도
		u	풍경
		—	해파리
D2		*o*	개
		u	개구리
		u	고양이
		u	곤충, 벌레
		—	괴물
		o	꽃
		—	꿀벌
		—	눈
		o	달걀(깨지거나 도는 튀긴)
		—	닭
		u	동물(불특정적)
		—	머리
	∨	*u*	물고기
		—	바다동물
		o	사자
	∨	*u*	새
		u	섬
		o	세포(생물학적)
		u	식물
		u	아메바
		—	얼굴
		—	원숭이
		u	인장
		u	잎
		—	정충
D3		—	가위
		—	게

카드 X

위치		FQ	반응
		—	고환
		—	곤충, 벌레
		—	꽃(들)**
		u	귀가리개
	V	*o*	기구(일기예보용)
		—	낙하산병
		—	난소
		—	노잡이(보트의)
		—	눈들(eyes)**
		u	더듬이(곤충)
		—	머리
		u	목걸이
		u	문 두드리는 쇠
		o	벚나무 구멍
		u	부젓가락(얼음)
		—	비행기
		u	빛(전기의)
		—	사람
		u	싹
		—	새
		o	씨꼬투리(단풍나무)
	V	*o*	안테나(레이다 혹은 TV)
	V	*u*	알파벳 V자
		u	우주선
		—	음표(음악의)
		u	의학적 해부도
		u	이어폰
		o	일기예보용 기구(D5 바람속도 측량기)
		u	잔가지(twig)
		o	전당포 표시
		—	청진기
		—	폐
D4		*u*	꼬리(새)
		—	곤충, 벌레
		—	나무
		—	날개
		u	달팽이
	V	*u*	동물(유사이전의)
	V	*u*	머리(공작)
		—	머리(공작, 백조류 제외한 새)
		—	머리(동물)
	V	*u*	머리(동물—유사이전의)
	V	*u*	머리(백조)
		—	머리(사람)
		o	모충
		—	물고기
		o	뱀
		u	부츠(어릿광대)
		u	뿔
	V	*u*	섹스폰
		u	식물
		u	연기
		—	오이
		—	팔
	V	*o*	해마
		—	해부
D5		*o*	가면
	V	—	곤충, 벌레
		u	머리(곤충—더듬이를 가진)
		o	머리(동물, 긴 귀를 가진)
		—	머리(동물, 긴 귀를 가지지 않은)
		—	머리(사람)
	V	*u*	못(tack)

카드 X

위치		FQ	반응
		u	빨래집게
	V	*o*	사람
	V	*u*	사람같은 존재
	V	*u*	십자가
	V	*u*	악마
		—	얼굴
	V	*u*	이빨
		u	쪽집게
	V	*o*	천사
D6	V	*o*	고릴라들**
		—	곤충, 벌레(들)**
		u	골격의, 해골의
	V	*u*	꽃**
	V	*u*	꽃다발
	V	*o*	괴물들, 요괴**
		—	구름(들)**
		—	난소들**
		o	다리(자연적인)
		—	동물
	V	*u*	머리들(동물)**
		—	머리들(사람)**
		u	머리들(새)**
		u	물
		—	박쥐(들)**
		u	브래지어
	V	*u*	사람들**
	V	*o*	사람 비슷한 존재, 유인원**
		u	산호
		u	새둥우리
		u	새들**
		—	손들**
		—	신장들**
		—	안경
		—	얼굴(들)**
		u	오리들**
	V	*o*	유령들**
	V	*u*	인형들**
		—	젖가슴
		—	코
		—	턱
		u	파이프들(찍연가의)**
		—	폐들**
		—	해부
D7		*o*	가재
		—	개
		—	개구리
		o	개미
		u	거미
		o	게
		u	누에고치
		—	대합조개
		o	동물(뛰는)
		o	둥우리
		o	메뚜기
		—	물고기
		—	바다거북이
		—	바다동물
		u	바닷가재
		o	바퀴벌레
		u	발톱
		u	버마재비
		o	뿌리
		—	사람
		o	사슴
		—	새
		u	설치류(D9가 머리)
		—	신장

카드 X					
위치	*FQ*	반응	위치	*FQ*	반응
	–	얼굴		*u*	요정
	u	잡초		*o*	용
D8	*u*	가면		*u*	유니콘
	u	개구리		–	원숭이
	o	개미		–	작은 새우
	–	거미		*o*	투구벌레
	u	게		*u*	휘장
	–	고양이	*D9*	*u*	곤충
	o	곤충, 벌레		*u*	구름
	–	골격의, 해골의		–	돌고래
	o	괴물(동물)		–	동물
	o	괴물(사람과 같은)		*u*	동물같은 존재
	u	난쟁이		–	머리
	–	도마뱀		–	머리카락
	–	동물		*o*	모충
	u	동물(만화의, 유사이전의)		*o*	미생물
	–	마녀		*o*	미이라
	o	머리(곤충, 벌레)		*u*	뱀장어
	–	머리(동물)		*o*	벌레(worm)
	o	머리(동물과 같이 생긴)		*u*	베이컨
	–	머리(사람)		*u*	뼈
	u	머리(사람같은 존재)		*o*	불
	–	물고기		*u*	사람
	–	바다동물		*o*	사람같은 모습
	u	벌		*u*	산맥(흔히 공중에서 본)
	–	병아리		*o*	산호
	u	뿌리**		*u*	섬
	–	사람		*o*	요정
	u	설치류		*o*	인어
	u	앵무새		–	지도
	–	얼굴		*u*	시도(지형도)
	u	얼룩다람쥐		*o*	피
	–	염소		*u*	해마

카드 X

위치		FQ	반응
		–	해부(장 intestine은 제외)
D10		*o*	관목
		–	곤충, 벌레
	∨	*u*	골반
		–	깔때기
		–	꽃
	∨	*o*	낙하산병
		–	동물
		u	라이어(고대 그리스의 악기)
		–	머리
	∨	*u*	머리(뿔이 있는 동물)
	∨	*o*	문 두드리는 쇠
		u	분수
	∨	*o*	뿔
	∨	*u*	빗(장식)
	∨	*o*	사람(D5, 나머지 부분은 깃발, 연기, 장식등으로 지각)
	∨	*u*	새
		o	수목
		o	아아치
	∨	*u*	알파벳 u자
		u	천사
		–	해부
	∨	*o*	현관문 두드리는 쇠
D11		*u*	가면
		u	겨우살이
		o	곤충(D8, D14를 다른 사물로 지각)
		u	골격의
		–	금작화
	∨	*u*	깔때기
	∨	*u*	꽃
	∨	*u*	나무
		–	동물
		–	두개골
		o	로켓트(연기 또는 받침대 함께)
		o	미사일(연기 또는 받침대)
		o	뿌리**
		u	비행기
		–	사람
		u	성(城)
		u	식물
		–	신경계
		o	양초(받침대와 함께)
		–	얼굴
		u	얼굴(괴물)
		u	X-ray(불특정한)
		–	X-ray(특정한)
		o	에펠탑
		o	우주선
		–	장(intestines)
		u	조각
		–	지네
		–	폐
		o	헬맷(과학소설의)
	∨	*o*	횃불
D12		*u*	개
		u	고래
		o	곤충, 벌레
		u	누에고치
		u	메뚜기
		–	물고기
		o	물소
		–	새

카드 X

위치	FQ	반응
	–	설치류
	o	소
	–	식물
	u	양
	u	염소
	o	유니콘
	o	잎
	u	집게발
	u	콩
	o	황소
D13	o	감자튀김
	–	개미
	u	곤충, 벌레
	–	꽃
	u	구름
	–	나무
	< o	동물(누워있거나 뛰어가는, 곰, 물소, 고양이, 개, 사자등 여러 동물 포함)
	u	매트(돗자리)
	–	머리
	u	물고기
	–	바다조개
	u	바위
	–	사람
	–	새
	–	얼굴
	u	잎
	u	해면(동물)
D14	u	경찰봉
	u	꽃병
	o	굴뚝
	o	기둥
	o	난로연통
	u	남성 성기(penis)
	u	동맥
	–	동물
	o	로켓트
	–	머리
	o	미사일
	o	뼈
	u	뿌리
	–	사람
	–	손가락
	u	손잡이
	u	쇠지레
	u	시험관
	o	양초
	–	얼굴
	u	연필
	u	엽총
	u	조각
	o	척추
	u	칼
	u	통나무
D15	–	곤충, 벌레
	–	구름
	o	꽃
	u	꽃병, 항아리
	u	나비
	u	날개
	–	동물
	–	머리
	o	싹(화초의)
	o	새
	–	연기

카드 X

위치		FQ	반응
		–	인장
		o	장미
		–	해마
		–	해파리
Dd21	∨	*u*	갈매기 모양의 수장(경찰복)
		–	곤충, 벌레
	∨	*o*	꽃(때로 D6포함)
	∨	*o*	나비(앞에서 본)
		–	동물(들)**
	∨	*u*	배의 키
		–	부메랑
		–	사람(들)**
	∨	*u*	새(날아다니는)
		u	아아치
	∨	*u*	안테나
		u	암초
		–	음차
	∨	*u*	장식품
		u	풍경
		u	협곡
DdS22		*u*	문양(추상적)
		–	머리
		u	섬들**
		–	얼굴
		u	지도(불특정한)
		–	지도(특정한)
		u	해저경치
Dd25		–	머리(동물)
		o	머리(사람)
		o	머리(사람같은)
		u	해안선
Dd26		–	얼굴(동물)
		u	얼굴(사람, 옆모습)
		u	얼굴(사람같은, 옆모습)
		–	젖가슴
Dd27		*u*	곤충, 벌레
		–	나무**
		–	얼굴
		–	해초
Dd28		*u*	곤충, 벌레
		–	광대
		u	뿌리**
		u	작은 인형
DdS29		*u*	노(D11손잡이)
		o	부채(D11손잡이)
		o	부처
		–	얼굴
DdS30		–	골격
		u	물
Dd31	∨	*u*	머리(동물)
		–	머리(사람)
	∨	*u*	머리(사람같은)
	∨	*u*	머리(애벌레)
Dd32		–	동물
		u	머리(동물)
		–	머리(사람)
Dd33		*u*	공
		–	눈(eye)
		o	도토리
		–	머리
		u	오렌지
		u	태양
		o	호도

카드 X

위치	FQ	반응
Dd34	–	두개골
	–	머리
	–	동물
	u	바구니
	u	이빨
	–	탄환
Dd35	–	나무들(절벽에 있는)**
	–	동물
	–	사람들(절벽에 있는)**
	–	파충류

부 록 II

능동 운동반응 a와 수동 운동반응 p*			
간절히 원하다	p	목욕하다	a
깨닫다	p	미끄러지다	p
걷다	a	미쳐 보이다	a
결박하다	a	박탈되다	p
결정하다	p	발기된(성기)	a
경계하다	p	방어적으로 보이다	p
경고하다	a	배회하다	a
고갈되다	p	버림받다	p
고정되다	p	부딪치다(차들이)	a
공격하다	a	부상당하다	p
고통스러워 하다	p	부풀어 오르다(풍선)	p
괴로워 보이다	p	불안하다(걱정하다)	a
꿈꾸다	p	붙잡다	a
기다리다	p	불평이 있어 보이다	p
기대다	p	비난하다	a
기어가다(동물)	a	빙빙 돌다	a
슬퍼보이다	p	사기가 저하되다	p
날리고 있는(바람에)	p	사랑하다	a
날아가다	a	상상하다	p
냄새맡다	a	싸우다	a
노래하다	a	생생하다(살아있다)	a
논쟁하다	a	서있다	p
놀리다	a	성장하다(식물)	a
누워있다	p	소리내어 흐르다(물)	a
놀라 보이다	p	소리치다	a
단단하다(근육)	a	손뼉을 치다	a
단호하다	a	주목하다(누군가)	a
담배피다	a	쓰다	a
떠있다	p	싣다(짐)	a
떨어지다(물)	p	실망스럽다(느낌)	p
떨어지다(잎)	p	심사숙고하다	p

능동 운동반응 a와 수동 운동반응 p*

돌다(주위를)	a	씹다	a
도망하다	a	아는 체하다(바라보면서)	p
도약하다(동물)	a	안겨있다	p
도전하다	a	앉아있다	p
돕다	a	어리둥절해 보이다	p
뛰다	a	열다(문)	a
마음이 산란하다	a	열광하다	a
마주 대하고 있다	p	예민하게 느끼다	a
말하다	a	예민해 보이다	p
매달리다	p	오르고 있다	a
명상에 잠기다	p	올라가다(연기)	p
요구하다	a	초조하다	a
완강하다	a	축 처지다	p
운반하다	a	축하하다	a
울고 있다	p	춤추다	a
울리다(벨)	a	충동적이다	a
웃다	a	쿵 부딪치다	a
원하다	p	킁킁 냄새맡다	a
위반하다(법률, 도덕 등)	a	크게 범람하다	a
음탕하다	a	타다(말)	a
응시하고 있다	p	타오르다(불)	p
의기양양해 하다	a	토론하다	a
이야기하다	a	튀어오르다(공)	a
잠자다	p	패배하다	p
잡아당기다	a	퍼덕거리다(새)	a
접촉하다(두 사람)	a	포효하다	a
조롱하다	a	피가 나다	p
조사하다	a	피로하다(느낌)	p
좌절되다	p	행동하다	a
쭈그린 동물	p	행복해 보이다	a
주저하다	p	허풍떨다	a
죽다	p	헐떡거리다(개)	a
죽이다	a	환각증상을 일으키다	a
찌르다	a	회복되다	p
지켜보다	a	희열에 차 보이다	p
지나가다	a	후회하다	p

능동 운동반응 a와 수동 운동반응 p*			
진동하다. 떨다	a	훈계하다	a
즐기다	p	흐르다(강)	p
질풍이 휘몰아치는(비)	a	흥미있어 하다	a
초라해 보이다	p	흥분되어 있다	a

* 이 표는 Exner JE : The Rorschach : A Comprehensive System(1981). pp107-109 표 11에서 학생집단의 평가결과를 인용하였음.

부 록 III

70개 료샤변인에 대한 비환자 한국성인(N=278)과
비환자 미국성인(N=600)의 평균과 t검증결과**

	한국성인(SD)	미국성인(SD)	t값
R	19.44(8.63)	22.57(5.54)	13.35***
P	4.93(1.79)	6.66(1.66)	113.43***
W	8.38(4.17)	8.58(2.66)	3.68***
D	8.89(6.12)	12.59(4.74)	25.84***
Dd	2.10(2.92)	1.73(2.74)	8.98***
S	2.26(2.10)	1.84(1.66)	24.34***
DQ+	4.44(3.02)	6.90(2.25)	73.65***
DQv/+	1.38(1.64)	.33(.62)	179.17***
DQo	13.35(7.69)	13.66(4.89)	1.68
DQv	.27(.63)	1.66(1.49)	160.67***
FQ+	.53(.99)	.87(.85)	80.34***
FQo	11.24(4.36)	17.19(4.22)	62.15***
FQu	5.05(3.73)	2.94(2.12)	53.64***
FQ−	2.47(2.59)	1.30((1.10)	75.38***
M	3.42(2.73)	4.19(2.04)	28.12***
M^a	2.10(2.08)	2.82(1.60)	43.86***
M^p	1.33(1.46)	1.35(.99)	2.83**
M−	.26(.61)	.09(.45)	126.09***
FM	4.14(2.84)	3.51(1.51)	29.12***
m	1.74(1.70)	1.25(1.06)	55.34***
a(Active)	6.01(4.00)	6.25(2.30)	5.25***
p(Passive)	3.29(2.53)	2.70(1.69)	28.18***
FC	1.02(1.25)	3.87(2.06)	159.44***
CF	1.65(1.48)	2.07(1.21)	47.11***
C+Cn	.08(.32)	.12(.43)	47.85***
Wgt Sum C	2.28(1.79)	4.23(1.82)	113.01***
FC′+C′F+C′	.87(1.29)	1.31(1.28)	50.77***
FT+TF+T	.67(1.06)	1.16(.80)	117.40***
FV+VF+V	.72(.97)	.48(.93)	51.29***
FY+YF+Y	1.23(1.40)	.98(1.60)	20.04***
Sum Shad'g	3.49(3.20)	3.81(3.36)	5.55***

	한국성인(SD)	미국성인(SD)	t값
Fr+rF	.20(.58)	.12(.46)	60.54***
(2)	4.70(3.30)	8.44(2.65)	86.17***
FD	.23(.52)	1.15(1.09)	194.65***
F	7.49(5.10)	8.17(3.27)	8.32***
Zf	11.06(4.96)	11.22(2.96)	2.21*
Zd	-.17(4.47)	.84(3.11)	14.84***
EA	6.17(4.11)	8.28(2.56)	40.81***
es	9.36(5.94)	8.71(4.68)	4.73***
D점수	-1.10(1.55)	.02(1.83)	69.77***
Adj D	-.59(1.21)	.31(1.37)	97.91***
Afr	.49(.17)	.66(.19)	954.85***
3r+(2)/R	.27(.16)	.39(.11)	1392.72***
Lambda	.87(.88)	.59(.28)	178.21***
Blends	3.50(3.13)	5.02(2.21)	44.86***
Col-ShD Bl	.39(.71)	.51(.69)	47.01***
X+%	63%(15)	80%(9)	2552.36***
F+%	57%(24)	76%(17)	950.51***
X−%	12%(11)	6%(5)	2059.14***
A%	49%(16)	45%(10)	508.88***
Prim Cont	6.44(3.03)	7.13(1.75)	26.23***
Pure H	2.24(1.81)	3.07(2.00)	41.81***
All H Cont	4.26(3.24)	5.12(1.86)	28.74***
S-Constell	4.60(1.54)	2.07(2.11)	126.68***
SCZI	1.29(1.12)	.40(.78)	208.05***
DEPI	1.45(1.08)	.95(1.08)	81.44***
DV	.09(.33)	.36(1.20)	50.33***
DR	.13(.44)	.51(1.31)	58.47***
INCOM	.31(.65)	.54(.79)	77.98***
FABCOM	.25(.61)	.18(.56)	40.04***
ALOG	.05(.23)	.09(.35)	75.62***
CONTAM	.01(.13)	.01(.07)	.00
SUM6 SP SC	.82(1.27)	1.64(2.09)	44.55***
WSUM6 SP SC	2.32(3.88)	3.96(1.76)	45.30***
AG	.61(.99)	.72(.84)	26.37***
CONFAB	.06(.23)	.00(.00)	681.43***
CP	.02(.15)	.01(.11)	123.45***
MOR	.95(1.38)	.70(.94)	39.37***
PER	.22(.59)	1.06(1.01)	197.60***

	한국성인(SD)	미국성인(SD)	t값
PSV	.47(.80)	.05(.22)	338.86***

* p<.05 ** p<.01 *** p<.001

** 이 표는 신경진, 원호택(1991) : Exner 종합체계에 따른 한국 정상인의 Rorschach반응 특성. 한국임상심리학회지, 10 : 1, pp206-216에서 인용되었음.

미국 정상성인 료사반응 결과표(N=700)*

AGE	32.36	11.93	19.00	70.00	700	30.00	22.00	1.35	1.31
YRS ED	13.25	1.60	8.00	18.00	700	13.00	12.00	0.23	-0.12
R	22.67	4.23	14.00	38.00	700	23.00	23.00	0.54	1.37
W	8.55	1.94	3.00	20.00	700	9.00	9.00	1.28	8.87
D	12.89	3.54	0.00	22.00	698	13.00	14.00	-0.38	1.02
Dd	1.23	[1.70]	0.00	15.00	452	1.00	0.00	3.89	22.18
S	1.47	[1.21]	0.00	10.00	600	1.00	1.00	2.44	11.43
DQ+	7.31	2.16	2.00	13.00	700	7.00	6.00	0.27	-0.39
DQo	13.64	3.46	5.00	34.00	700	14.00	15.00	0.95	4.67
DQv	1.30	[1.26]	0.00	6.00	477	1.00	0.00	0.93	0.38
DQv/+	0.41	[0.66]	0.00	2.00	219	0.00	0.00	1.35	0.53
FQX+	0.90	0.92	0.00	5.00	427	1.00	0.00	1.21	2.26
FQXo	16.99	3.34	7.00	29.00	700	17.00	17.00	0.04	0.52
FQXu	3.25	1.77	0.00	13.00	667	3.00	3.00	0.94	3.37
FQX−	1.44	1.04	0.00	6.00	605	1.00	1.00	0.95	0.93
FQXNone	0.09	[0.33]	0.00	3.00	58	0.00	0.00	4.00	18.52
MQ+	0.55	0.73	0.00	3.00	297	0.00	0.00	1.23	1.02
MQo	3.52	1.89	0.00	8.00	693	3.00	3.00	0.46	-0.60
MQu	0.20	0.45	0.00	2.00	123	0.00	0.00	2.23	4.31
MQ−	0.03	[0.18]	0.00	2.00	20	0.00	0.00	6.26	41.91
MQNone	0.01	[0.11]	0.00	1.00	8	0.00	0.00	9.21	83.11
S−	0.18	[0.49]	0.00	3.00	102	0.00	0.00	3.16	11.29
M	4.30	1.92	1.00	9.00	700	4.00	3.00	0.52	-0.73
FM	3.71	1.19	1.00	9.00	700	4.00	4.00	-0.04	0.46
m	1.12	0.85	0.00	4.00	530	1.00	1.00	0.51	0.32
FM+m	4.82	1.52	1.00	10.00	700	5.00	5.00	0.28	0.29
FC	4.09	1.88	0.00	9.00	690	4.00	5.00	0.31	-0.13
CF	2.36	1.27	0.00	6.00	670	2.00	3.00	0.40	-0.12
C	0.08	[0.28]	0.00	2.00	51	0.00	0.00	3.73	14.14
Cn	0.01	[0.08]	0.00	1.00	5	0.00	0.00	11.73	135.98
FC+CF+C+Cn	6.54	2.52	1.00	12.00	700	7.00	5.00	-0.04	-0.79
WGSum C	4.52	1.79	0.50	9.00	700	4.50	3.50	0.02	-0.69
Sum C′	1.53	[1.25]	0.00	10.00	551	1.00	1.00	1.32	5.24

미국 정상성인 로샤반응 결과표(N=700)*

Sum T	1.03	[0.58]	0.00	4.00	620	1.00	1.00	1.35	5.39
Sum V	0.26	[0.58]	0.00	3.00	137	0.00	0.00	2.39	5.54
Sum Y	0.57	[1.00]	0.00	10.00	274	0.00	0.00	4.08	28.70
SumShd	3.39	2.15	0.00	23.00	689	3.00	3.00	3.03	20.65
Fr+rF	0.08	[0.35]	0.00	4.00	47	0.00	0.00	6.06	49.54
FD	1.16	[0.87]	0.00	5.00	553	1.00	1.00	1.00	2.57
F	7.99	2.67	2.00	19.00	700	8.00	8.00	0.65	1.21
PAIR	8.68	2.15	1.00	14.00	700	8.00	8.00	0.06	0.63
3r+(2)/R	0.39	0.07	0.03	0.79	700	0.38	0.33	0.43	2.59
LAMBDA	0.58	0.26	0.14	2.25	700	0.56	0.50	2.23	9.91
EA	8.82	2.18	2.00	14.50	700	9.00	9.50	-0.29	0.15
es	8.21	3.00	3.00	31.00	700	8.00	7.00	1.91	10.06
D	0.04	1.09	-10.00	2.00	700	0.00	0.00	-3.25	24.00
AdjD	0.20	0.88	-5.00	2.00	700	0.00	0.00	-1.14	5.91
a(active)	6.48	2.14	2.00	13.00	700	6.00	6.00	0.57	-0.09
p(passive)	2.69	1.52	0.00	9.00	659	2.00	2.00	0.54	0.26
Ma	3.03	1.59	0.00	7.00	679	3.00	2.00	0.46	-0.37
Mp	1.31	0.94	0.00	5.00	568	1.00	1.00	0.59	0.34
Intellect	1.56	1.29	0.00	5.00	700	1.00	1.00	0.78	0.25
Zf	11.81	2.59	5.00	23.00	700	12.00	12.00	0.27	1.47
Zd	0.72	3.06	-6.50	9.50	700	0.50	-1.00	0.48	0.09
Blends	5.16	1.93	1.00	12.00	700	5.00	5.00	0.04	-0.37
Col Shd Blends	0.46	[0.69]	0.00	3.00	252	0.00	0.00	1.45	1.66
Afr	0.69	0.16	0.27	1.29	700	0.67	0.91	0.40	0.30
Popular	6.89	1.38	3.00	10.00	700	7.00	8.00	-0.46	-0.17
X+%	0.79	0.08	0.50	1.00	700	0.80	0.80	-0.23	1.17
F+%	0.71	0.17	0.25	1.00	700	0.71	1.00	-0.24	-0.24
X−%	0.07	0.05	0.00	0.43	605	0.05	0.04	1.86	8.97
Xu%	0.14	0.07	0.00	0.37	667	0.14	0.15	0.17	0.41
S−%	0.08	[0.23]	0.00	1.00	102	0.00	0.00	2.93	7.99
Isolate	0.20	0.09	0.00	0.47	700	0.19	0.16	0.39	-0.23
H	3.39	1.80	0.00	9.00	694	3.00	3.00	0.89	0.29
(H)	1.20	0.98	0.00	4.00	500	1.00	1.00	0.43	-0.33
Hd	0.69	0.89	0.00	7.00	348	0.00	0.00	2.06	8.03
(Hd)	0.14	0.35	0.00	2.00	99	0.00	0.00	2.14	2.95
Hx	0.01	[0.11]	0.00	1.00	8	0.00	0.00	9.21	83.11
All H Cont	5.43	1.63	1.00	11.00	700	5.00	6.00	0.25	-0.07
A	8.16	2.04	3.00	15.00	700	8.00	7.00	0.42	0.28
(A)	0.15	[0.44]	0.00	3.00	88	0.00	0.00	3.26	11.78

미국 정상성인 로샤반응 결과표(N=700)*

Ad	2.21	[1.18]	0.00	9.00	665	2.00	2.00	1.14	4.65
(Ad)	0.05	[0.26]	0.00	2.00	33	0.00	0.00	5.14	28.41
An	0.42	[0.65]	0.00	4.00	244	0.00	0.00	1.54	2.46
Art	0.91	0.83	0.00	4.00	448	1.00	1.00	0.50	-0.41
Ay	0.34	[0.48]	0.00	2.00	236	0.00	0.00	0.78	-1.09
Bl	0.15	[0.40]	0.00	2.00	96	0.00	0.00	2.64	6.55
Bt	2.48	1.29	0.00	6.00	652	3.00	3.00	-0.02	-0.47
Cg	1.29	0.93	0.00	4.00	572	1.00	1.00	0.62	0.12
Cl	0.15	[0.38]	0.00	2.00	102	0.00	0.00	2.32	4.54
Ex	0.13	[0.34]	0.00	1.00	93	0.00	0.00	2.17	2.71
Fi	0.42	[0.67]	0.00	2.00	221	0.00	0.00	1.33	0.44
Fd	0.23	[0.50]	0.00	2.00	136	0.00	0.00	2.11	3.65
Ge	0.04	[0.21]	0.00	2.00	25	0.00	0.00	5.74	35.68
Hh	0.93	0.85	0.00	4.00	458	1.00	1.00	0.76	0.32
Ls	0.89	0.78	0.00	3.00	460	1.00	1.00	0.45	-0.50
Na	0.38	[0.60]	0.00	2.00	222	0.00	0.00	1.34	0.72
Sc	0.91	[0.97]	0.00	6.00	411	1.00	0.00	1.26	2.99
Sx	0.07	[0.39]	0.00	5.00	30	0.00	0.00	8.41	85.78
Xy	0.03	[0.18]	0.00	2.00	17	0.00	0.00	7.25	57.98
Idio	1.86	1.30	0.00	7.00	599	2.00	2.00	0.73	1.04
DV	0.70	[0.79]	0.00	4.00	373	1.00	0.00	1.12	1.20
INCOM	0.52	[0.65]	0.00	4.00	323	0.00	0.00	1.39	3.56
DR	0.15	[0.38]	0.00	2.00	103	0.00	0.00	2.30	4.44
FABCOM	0.17	[0.41]	0.00	2.00	111	0.00	0.00	2.27	4.43
DV2	0.01	[0.10]	0.00	1.00	7	0.00	0.00	9.87	95.70
INC2	0.00	[0.07]	0.00	1.00	3	0.00	0.00	15.21	229.99
DR2	0.00	[0.04]	0.00	1.00	1	0.00	0.00	26.46	700.00
FAB2	0.02	[0.13]	0.00	1.00	12	0.00	0.00	7.46	53.74
ALOG	0.04	[0.22]	0.00	2.00	29	0.00	0.00	5.23	29.28
CONTAM	0.00	0.00	0.00	0.00	0	0.00	0.00	---	---
Sum6 Sp Sc	1.59	1.25	0.00	7.00	561	1.00	1.00	0.75	0.36
Sum6 Sp Sc2	0.03	[0.18]	0.00	1.00	23	0.00	0.00	5.25	25.66
WSum6	3.28	2.89	0.00	15.00	700	3.00	0.00	1.07	1.15
AB	0.15	[0.40]	0.00	2.00	98	0.00	0.00	2.57	6.17
AG	1.18	1.18	0.00	5.00	466	1.00	1.00	1.04	0.62
CFB	0.00	0.00	0.00	0.00	0	0.00	0.00	---	---
COP	2.07	1.52	0.00	6.00	555	2.00	2.00	0.25	-0.84
CP	0.02	[0.14]	0.00	1.00	13	0.00	0.00	7.15	49.23

미국 정상성인 료사반응 결과표(N=700)*

MOR	0.70	[0.82]	0.00	4.00	356	1.00	0.00	1.03	0.60
PER	1.05	[1.00]	0.00	5.00	478	1.00	1.00	1.38	3.27
PSV	0.05	[0.22]	0.00	1.00	34	0.00	0.00	4.21	15.76

* 이 표는 Exner, JE : A Rorschach Workbook for the Comprehensive System(1991)에서 인용되었음.

주의 : [ ]안에 있는 표준편차는 값이 신뢰롭지 못할 가능성이 있으므로 정상범위 추정에 이러한 SD는 사용되지 않아야 한다.

미국 정상성인 료사 35개 변인(N=700)

비율, 백분율, 특수점수					
EB STYLE			X+%>.89	49	7%
내향적	251	36%	X+%<.70	71	10%
극단-내향적	68	10%	X+%<.61	12	2%
양향적	143	20%	X+%<.50	0	0%
외향적	306	44%	F+%<.70	313	5%
극단적-외향적	86	12	Xu%>.20	109	16%
EA-es 차이 : D점수			X−%>.15	24	3%
D Score>0	156	22%	X−%>.20	9	1%
D Score=0	455	65%	X−%>.30	2	0%
D Score<0	89	13%			
D Score<−1	30	4%	FC : CF+C 비율		
Adj D Score>0	206	29%	FC>(CF+C)+2	220	31%
Adj D Score=0	428	61%	FC>(CF+C)+1	345	49%
Adj D Score<0	66	9%	(CF+C)>FC+1	30	4%
Adj D Score<−1	27	4%	(CF+C)>FC+2	9	1%
Zd>+3.0(Overincorp)	127	18%	S-Constellation Positive	0	0%
Zd<−3.0(Underincorp)	37	5%	HVI Positive	13	2%
			OBS Postive	14	2%

SCZI=6	0	0%	DEPI=7	1	0%	CDI=5	3	0%
SCZI=5	0	0%	DEPI=6	3	0%	CDI=4	18	3%
SCZI=4	2	0%	DEPI=5	21	3%			

미국 정상성인 료사 기타 변인(N=700)

Lambda>.99	38	5%	(2AB+Art+Ay)>5	52	7%
Dd>3	33	5%	Populars<4	9	1%
DQv+DQv/+2	200	29%	Populars>7	293	42%
S>2	72	10%	COP=0	145	21%
Sum T=0	80	11%	COP>2	271	39%
Sum T>1	75	11%	AG=0	234	33%
3r+(2)/R<.33	112	16%	AG>2	95	14%
3r+(2)/R>.44	169	24%	MOR>2	22	3%
Fr+rF>0	47	7%	Level 2 Sp.Sc.>0	23	3%
PureC>0	51	7%	Sum 6 Sp.Sc.>6	1	0%
PureC>1	3	0%	Pure H<2	69	10%
Afr<.40	11	2%	Pure H=0	6	1%
Afr<.50	50	7%	p>a+1	6	1%
(FM+m)<Sum Shading	106	15%	Mp>Ma	72	10%

* 이 표는 Exner JE: A Rorschach Workbook for the Comprehensive System(1992)에서 인용되었음.

참고문헌

김기석(역) : 정신치료의 이론과 실제. 고려대학교 출판부, 1978
김승국 : 사회성숙도검사. 중앙적성출판사, 1990
김영채 : 측정. 평가총론, 교육과학사 1986
김재은 : 인격의 측정 및 진단. 교육출판사, 1964
김재환 : Luria-Nebraska 신경심리검사의 한국판 표준화연구. 정신건강, vol IX, 1990
김중술 : 심리학적 평가의 문제점. 정신의학보, 8, 2, 55-58, 1984
김중술 : 다면적 인성검사-MMPI의 임상적 해석-서울대학교 출판부 1989
김중술, 염무광 : 한국정상인의 Rorschach반응. 임상심리학보, 1, 26-29, 1967
김태련, 서봉연, 이은화, 홍숙기 : 아동용회화통각검사. 이화여자대학교 인간발달연구소, 1976
박영숙 : 심리검사의 이론과 활용. 하나의학사, 1981
박영숙 : 자아방어진단검사 표준화 예비연구. 이화의대지 13(3), 233-242, 1990
박경숙, 윤점룡, 박효정, 박혜정, 권기묵 : KEDI-WISC 검사요강. 한국교육개발원, 1987
박동건 : 심리측정의 개관. 한국심리학회 : 심리검사 제작의 이론과 실제 1992
선고를 기다리는 폭행범죄 청소년(Exner 등 1975)
성태제 : 교육·평가·측정·검사 : 국립교육평가원 : 문항개발의 방법과 절차 1992
성태제 : 문항반응이론. 교육평가연구회 : 문항제작과 문항분석방법 1992
신경진, 원호택 : Exner종합체계에 따른 한국정상인의 Rorschach반응특성. 한국임상심리학회지, 10, 1, 206-216, 1991
염태호 : 로-로샤하검사 자극기에 관한 연구. 임상심리학회보, 2, 1, 25-40, 1969
염태호, 김정규 : 성격요인검사. 한국심리적성연구소. 1990
염태호, 박영숙, 오경자, 김정규, 이영호 : K-WAIS 실시요강. 한국가이던스, 1992
원호택 : 심리진단검사 배터리의 타당도연구. 고려대학교 대학원, 1980
이근후, 김재은, 김정규, 박영숙 : 이화방어검사 표준화연구 : 미발표, 1991
이근후, 박영숙 : 전래의 속담에 나타난 과거 한국인의 자아방어기제. 신경정신의학 29'(3), 721-732, 1990

이근후, 문홍세, 박영숙(공역) : 아동기 감정양식－인경형성에 미치는－. 하나의학사, 1988

이근후, 최종진, 박영숙(공역) : 정신역동정 정신치료. 하나의학사, 1992

이기문 : 속담사전, 서울, 일조각, 1962

이순묵 : 문항분석과 검사 타당화. 한국심리학회 : 심리검사 제작의 이론과 실제 1992

이인길, 이근후 : 정신분열증환자의 자아방어기제. 신경정신의학, 30, 1, 198-212, 1991

이종성 : 측정이론의 기초. 중앙적성출판사 1985

이현수 : 임상심리학. 대왕사, 1990

전용신, 서봉연, 이창우 : KWIS 실시요강. 중앙적성연구소, 1963

정한택 : 심리측정법. 법경출판사 1985

최정윤 : 인물화성격검사. 한국심리학회 제3회 연수회. 1984

Abraham K : A short study of the development of livido. In Identification in nurosis by Abend SM and Proder MS. Int J Psychoanal 67, 202-203, 1925

Allen MJ and Yen WM : Introduction to measurement theory. Monterey, Brooks/Cole, 1979

Allport GW : A psychological interpretation. In Korchin SJ, Modern clinical psychology. New York, Basic Books, Inc., 1976

Allport GW : Pattern and growth in personality. New York, Holt, 1961

Altus WD : Group Rorschach and Q-L discrepancies on the ACE. In Psychological Report, 4, 469, 1958

Ames LB, Learned J, Metraux R and Walker RN : Child Rorschach response. In Exner JE : The Rorschach. New York, John Willey & Sons, 1986

Anastasi A : Psychological testing(6th ed.). New York, Macmillan, 1988

Anastasi A : Psychological testing. New York, Macmillan, 1982

Apfeldorf M, Walter C, Kaiman B, Smith W and Arnett W : A method for the evaluation of affective associations to figure drawings. J Abnormal Psychology, 71, 416, 1974

Applebaum SA and Holtzman PS : The color-shading response and suicide. Journal of Projective Techniques, 26, 155-161, 1962

Armitage SG : An analysis of certain psychological tests used for the evaluation of brain injury. Psychol Mon, 60, 1-48, 1946

Baddeley A, Emslie H and Nimmo-Smith I : Estimating premorbid intelligence(abstract). J Clin Exp Neuropsychol 10, 326, 1988

Baltes PB and Willis SL : Enhancement of intellectual functioning in old age. In Kaufman AS : Assessing adolescent and adult intelligence. Boston, Allyn and Bacon, Inc., 1990

Bannatyne A : Diagnosis : a note on recategorization of the WISC scaled scores. J Learning Disabilities, 7, 272-275, 1974

Barron F : An ego-strength scale which predicts response to psychotherapy. J Consulting Psychology, 17, 327-333, 1953

Baser CA and Ruff RM : Construct validity of the San Diego neuropsychological test battery. Arch Clinical Neuropsychology 2, 13-32, 1987

Bash KW Einstelungstypus and Erlebnistypus : CG Jung and Herman Rorschach. Journal of Projective Techniques, 19, 236-242, 1955

Battista JR : Empirical Study of Vailant's hierachy of ego functions. Am J Psychoanal 139(3), 356-357, 1982

Beck SJ : Rorschach's test 1 : Basic prosesses. New York, Grune and Stratton, 1944

Beck SJ : Rorschach'S test 2 : A variety of personality pictures. New York, Grune and Stratton, 1945

Beck SJ : Rorschach's test 3 : Advances in interpretation. New York, Grune and Stratton, 1952

Beck SJ : The Rorschach's experiment : Ventures In Blind Analysis. New York, Grune and Stratton, 1960

Bellack AS : A Critical appraisal of strategies for assessing social skill. Behavioral Assessment. 1, 157-176, 1979

Bellak L : The Thematic Apperception Test in clinical use. In Abt LE and Bellak L, Projective psychology, New York, Grove Press, Inc., 1959

Bellak L : "The use of oral barbiturates in psychotherapy". Am J Psychiatry, 15, 849-850, 1949

Bender L : A visual motor gestalt test and it's clinical use. In Goldstein G and Hersen M : Handbook of psychological assessment. New York, Pergamon Press, 1990

Bender L : A visual motor gestalt test and its clinical use. In Wolman BB : Clinical diagnosis of mental disorders. New York, Plenum Press, 1978

Berg G, Edward DR, Danzinger WL : Longitudinal change in three brief assessments of SDAT. J Am Geriatr Soc 35, 205-212, 1987

Berg G : A simple objective test for measuring flexibility in thinking. J Gen Psychol 39, 15-22, 1948

Binder LM and Willis SC : Assessment of motivation after compensable minor head trauma. J Clin Exp Neuropsychol 12, 45, 1990

Binet A and Henri V : La psychologie individuelle. Annuee Psychologie 2, 411-465, 1985-1986

Binet A and Simon T : Methodes nouvelles pour le diagnostic du niveau intellectuel des anormaux. In Kaufman AS : Assessing adolescent and adult intelligence. Boston, Allyn and Bacon, Inc., 1990

Black FW : Digit repetition in brain-damaged adults. J Clinical Psychology, 42, 770-782, 1986

Block J : The challenge of response sets. In Goldstein G and Hersen M : Handbook of psychological assessment. New York, Pergamon Press, 1990

Boller F and Vignolo LA : Latent sensory aphasia in hemisphere-damaged patients : an experimental study with the Token Test. Brain, 89, 815-831, 1966

Bond M, Gardener ST, Christian J and Sigal JJ : Empirical study of self rated defense style, Arch Gen Psychiatry 40, 333-338, 1983

Bornstein RA : Normative data on selected neuropsychological measures from a nonclinical sample. J Clin Psychol, 41, 651-659, 1985

Bornstein RA : Verbal IQ-performance IQ discrepancies on the WAIS-R in patients with unilateral or bilateral cerebral dysfunction. J Cons Clin Psychol 51, 779-783, 1983

Bowers TG, Washburn SE and Livesay JR : Predicting neuropsychological impairment by screening instruments and intellectual evaluation indices. Psychological Report, 59, 487-493, 1986

Brandt J, Straus ME, Larus JJ, Folstein SE and Folstein MF : Clinical correlates of dementia and disability in Huntington's disease. J Clinical Neuropsychology, 6, 401-412, 1984

Breecher S : The Rorschach reaction patters of maternally overprotected and rejected schozophrenics. J Nerv Men Dis, 123, 41-52, 1956

Brennen M and Richard S : Use of Rorschach test in predicting hypnotizability. Bulletin of Menninger Clinic, 7, 183-187, 1943

Brenner C : An elementry textbook of psychoanalysis.(2nd ed.), New York, Anchor Press, 1973

Brinkman SD and Braun P : Classificaion of dementia patients by a WAIS profile related to central cholinergic deficiencies. J Clinical Neuropsychology, 6, 393-400, 1984

Brittan HL : "A study in imagination". In Abt LE and Bellak L, Projective psychology, New York, Grove Press, Inc., 1959

Broden M, Beasley A and Hall RV : In-class spelling performance. Behavior Modification, 2, 511-530, 1978

Burisch M : Approaches to personality inventory construction. American Psychologists, 39, 214-227, 1984

Buros OK(ed) : The eighth mental measuremens yearbook. New Jersey, The Gryphon Press, 1978

Burt C : The evidence for the concept of intelligence. British Journal of Educational Psychology, 24, 87-90, 1955

Butcher JN and Owen Pl : Objective personality inventories. In B. Wolman (ed.), Handbook of clinical diagnosis of mental disorders. New York, Plenum Press, 1978

Butcher JN, Graham Jr, Williams CL and Ben-Proath YS : Development and use of the MMPI-2 content scale. In Goldstein G and Hersen M : Handbook of psychological assessment. New York, Pergamon Press, 1990

Butters J and Miliotis P : Amnesic disorders. In Yudofsky SC and Hales RE : The Textbook of Neuropsychiatry. Washington, American Psychiatric Press, Inc., 1992

Butters N, Tarlow S and Cermak LS : A comparison of the information processing deficits of patients with Huntington's Chorea and Korsakoff's syndrome. Cortex 12, 134-144, 1976

Butters NM and Cermak LS : Alcoholic Korsakoff's syndrome. New York, Academic Press, 1980

Caliger L : The detection of paranoid trends by the 8 card redrawing test. J Clinical Psychology. 8, 397-401, 1952

Calvert EJ and Crozier WR : An analysis of verbal-performance intelligence quotient discrepancies in the Wechsler adult intelligence scale results of mentally subnormal hospital patients. J Mental Deficiency Research 22, 147-153, 1979

Catron DW : Immediate test-retest changes in WAIS scores among college males. Psychological Report, 43, 279-290, 1978

Cattell RB : Abilities. In Matarazzo JD : Wechler's measurement and appraisal of adult intelligence. Baltimore, The Williams & Wikins Company, 1972

Cattell RB : Personality and mood by questionnaire. In Kline P, The Handbook of psychological testing. London and New York, Routledge, 1993

Chapman LF and Wolff HG : The cerebral hemispheres and the hightest integrative fuctions of man. Archives of Neurology, 1, 357-424, 1959

Clark RM : "method of administering and evaluating the Thematic Apperception test in group situations" In Abt LE and Bellak L, Projective psychology, New York, Grove Press, Inc., 1959

Cohen E : Examiner differences with individual intelligence tests. Perceptual and Motor Skills. 20, 1324, 1965

Coopersmith S, Dokol D, Beardslee B and Coopersmith A : Figure drawing as an expression of self-esteem. J Personality assessment, 40, 368-374, 1976

Costa LD : The relation of visuospatial dysfunction to digit span performance in patients with cerebral lesions. Cortex, 11, 31-36, 1975

Craddick R and Leipold W : Note on the height of draw-a-person figures by male alcoholics. J Projective Techniques, 32, 486, 1968

Crawford JR, Stewart LE, Cochrane RHB : Estimating premorbid IQ from demographic variables. Br J Clin Psychol 280, 175-278, 1989

Crockettt D, Tallman K, Hurwitz T : Neuropsychological performnace in psychiatric patients with or without documented brain dysfunction. Int J Neurosci 41, 71-79, 1988

Cronbach LJ : Essentials of psychological testing. New York, Harper & Row, 1984

Crookes TG : A cognitive peculiarity specific to schizophrenia. J Clinical Psychology, 40, 893-896, 1984

Crumpton E : The influence of color on the Rorschach test. Journal of Projective Techniques, 20, 150-158, 1956

Dahlstrom WG, Welsh GS and Dahlstrom LE : An MMPI handbook. vol. 1. Minneapolis, University of Minnesota Press, 1972

Dahlstrom WG, Welsh GS and Dahlstrom LE : An MMPI handbook. vol. 2. Minneapolis, University of Minnesota Press, 1975

Davis C and Hoopes J : Comparison of H-T-P drawings of young deaf and hearing children. J Personality Assessment, 39, 28-33, 1975

Dean Rs : Manual-Report of individual evaluation for use WAIS/WAIS-R. In Kaufman AS, Assessing adolescent and adult intelligence. Boston, Allyn and Bacon, Inc., 1990

Derogatis LR : Symptom Checklist-90, revised. In Yudofsky SC and Hales RE, The textbook of neuropsychiatry. Washington, American Psychiatric Press, Inc., 1992

Draguns, JG, Haley, EM, and Phillips L : Studies of Rorschach content : A review of the research literature. Part 1 : Traditional content categories. Journal of Projective Techniques and Personality Assessment, 31, 3-32, 1967.

Elizur A : Content analysis of the Rorschach with regard to anxiety and hostility. Journal of Projective Techniques, 13, 247-284, 1949

Ellenson A : Human relations. New Jersey, Prentice-Hall, Inc., 1983

Endicott J, Spitzer RL and Fleiss JL : The global assessment scale. Arch Gen Psychiatry 33, 766-771, 1976

Erginel A : ON the test-retest reliability of the Rorschach. Journal of Personality Assessment, 36, 203-212, 1972

Enxer JE : The Rorschach : A Comprehensive System. 2nd Edition. New York, John Willey & Sons, 1986

Enxer JE : The Rorschach System. New York, Grune and Stratton, 1969

Enxer JE : The Rorschach : A Comprehensive System Vol I. New York, John Willey & Sons, 1974

Enxer JE : The Rorschach : A Comprehensive System Vol II. Recent research and advanced interpretation, New York, John Willey & Sons, 1978

Exner JE and Farber JG : Peer nominations among female college students living in a dormitory setting. Workshop Study No. 290(unpublished), Rorschach Workshops, 1983

Exner JE and Hark LJ : Frequency of Rorschach responses after prolonged cognitive testing. In Exner JE : The Rorschach-a comprehensive system vol 1. New York, A Wiley-Interscience Publication, 1986

Exner JE and Hillman L : A comparison of content distributions for the records of 76 paranoid schizophrenics and non schizophrenics. Workshops Study No. 293(unpublished), Rorschach Workshops, 1984

Exner JE' and Weiner IB : The Rorschach : A Comprehensive System. Volume 3 : Assessment of children and adolescents. New York, Wiley, 1982

Exner JE and Wylie J : Some Rorschach data concerning suicide. Journal of Personality Assessment, 41, 339-348, 1977

Exner JE, Armbruster GL and Mittman B : The Rorschach of some juvenile offenders Workshop study No.214, Rorschach workshops, 1975

Exner JE, Cooper WH, and Walkere J : Retest of overweight males on a stric dietary regiman. workshop study No.210, Rorschach workshops, 1975

Exner, JE. and Hillman, LA : Comparison of content distributions for the records of 76 Paranoid schizophrenics and 76 nonparanoid schizophrenics. Workshop Study No.293(unpublished), Rorschach Workshops, 1984

Exner JE, Kazaoka K and Morris HM : Verbal and nonverbal aggression among sixth grade studetns during free periods related to a Rorschach special score for aggression. Workshop Study No.255(unpublished) Rorschach Workshops, 1979

Exner JE, Martin LS, and Thomas EA : Preference for waiting room seating among subjects with elevations for absence of Tin the Rorschach, Rorschach Workshops, 1983

Exner JE, Wylie JR, Leura AV and Parrill T : Some Psychological characteristics of prostitude. Journal of Personality Assessment, 41, 474-485, 1977

Exner JE : Rorschach Assessment. In I.B. Weiner(Ed) Clinical Methods in Psychology 2nd ed, New York, Wiley, 1983

Exner JE : The Rorschach-a comprehensive system vol 1. New York, A Wiley-Interscience Publication. 1986

Exner JE : Variations in WISC performances as influenced by differences in pretest rapport. J General Psychology, 74, 299-306, 1966

Farber JL, Exner JE, Thomas EE : Peer nominations among 139 high school students as realted to the Isolation Index. Workshops Study No. 288(unpublised), Rorschach Workshops. 1982

Ferenzi S : On the definition of introjection. In Comptom A : The concept of identification in the work of Freud, Ferenczi and Abraham. Psychoanalytic Quartley IV, 200-203, 1912

Flynn JR : Massive gains in 14 nations : What IQ tests really measure. Psychological Bulletin, 101, 171-191, 1987

Fonda CP : The white space response. In Rickers-Ovsiankina, M.(Ed), Rorschach Psychology. New York, Wiley, 1960

Ford 1946, Rabin AI and Beck SJ : Genetic aspects of some Rorschach factors. American Journal of Orthopsychiatry, 20, 595-599, 1950

Forsyth RP : The influence of color, shading and welsh anxiety level on Elizur Rorschach content analysis of anxiety and hostility. Journal of Projective Techniques, 23, 207-213, 1959

Frank LK : Projective methods for the study of personality. In Exner JE : The Rorschach-a comprehensive system vol 1. New York, A Wiley -Interscience Publication, 1986

Franzen MD : Reliability and validity in neuropsychological assessment. New York, Plenum Press, 1989

Freeman FS : Theory and practice of psychological testing. New York, Holt, 1962

Freud S : The neuro-psychosis of denense. In Standard edition of the complete psychological works of Sigmind Freud. vol I, London, Hogarth Press, 1984

Friedman M and Rosenman RH : Type A behavior and your heart. In Goldstein G and Hersen M : Handbook of Psychological Assessment. New York, Pergamon Press, 1990

Fuld PA : Test profile of cholinergic dysfunction and of Alzheimer-type dementia. J Clinical Neuropsychology, 6, 380-392, 1984

Gage NL : Explorations in the understanding of others. Educational and Psychological Measurement, 13, 14-26, 1953

Gaito J : Scale classification and statistics. In goldstein G and Hersen M : Handbook of psychological assessment. New York, Pergamon Press, 1990

Galton F : Hereditary genius. In Kaufman AS : Assessing adolescent and adult intelligence. Boston, Allyn and Bacon, Inc., 1990

Gardner RW : Impulsivity as indicated by Rorschach test factors. Journal of Counseling Psychology, 15, 464-468, 1951

Garfield SL : Clinical psychology, New York, Aldine Publishing Com., 1983

Giannetti RA : The GOLPH psychosocial history In Goldstein G and Hersen M : Handbook of psychological assessment. New York, Pergamon Press, 1990

Giedt FH : Comparison of visual, content, and auditory cues in interviewing. J Consulting Psychology, 18, 407-416, 1955

Gilberstadt H and Duker J : A handbook for clincial and actuarial MMPI interpretation. Philadelphia, Saunders, 1965

Goldberg E : Retrograde amnesia. Science, 213, 1392-1394, 1981

Goldberg LR : Diagnosticians vs diagnostic signs. Psychological Monographs, 79, 1965

Golden CJ and Berg RA : Interpretation of the Luria-Nebraska neuropsychological battery by item intercorrelation. Clin Neuropsychol, 5, 55-59, 1983

Golden CJ, Hammeke TA and Purisch AD : Diagnostic validity of a standardized neuropsychologica battery derived from Luria's neuropsychological tests. J Conslut Clin Psychol 46, 1258-1265, 1978

Golden CJ, Sawicki RF and Franzen MD : Test Construction. In Goldstein G and Hersen M : Handbook of psychological assessment. New York, Pergamon Press, 1990

Goldenberg H : Contemporary clinical psychology. Monterey, Calif. Brooks/Cole, 1973

Goldstein G and Hersen M : Handbook of Psychological assessment. New York, Pergamon Press, 1990

Goldstein G : Comprehensive neuropsychological assessment batteries. In Goldstein G and Hersen M : Handbook of psychological assessment. New York, Pergamon Press, 1990

Goldstein H and Faterson H : Shading as an index of anxiety in figure drawings. J Projective Techniques, 33, 454-456, 1969

Goldstein K and Scheerer M : Abstract and concrete behavior. Psychological Monographs, 63, 1941

Goodglass H and Kaplan E : Assessment of aphsia and related disorders. In Yudofsky SC and Hales RE : The Textbook of Neuropsychiatry.

Washington, American Psychiatric Press, Inc., 1992

Goodnough DR and Karp SA : Field dependence and intellectual functiong. J Abnormal and Social Psychology, 63, 421-246, 1961

Goodnough WH : Measurement of Intelligence by Drawings. In Abt LE and Blellak L, Projective psychology, New York, Grove Press, Inc., 1959

Gottman JM : Analyzing for sequential connection and assessing interobserver reliability for the sequential analysis of observational data. Behavioral Assessment, 2, 361-368, 1980

Gough HG : Manual for the Califormia Psychological Inventory. California, Consulting Psychologists Press, 1957

Graham JR : MMPI-2 assessing personality and psycopathology. New York, Oxford University Press, 1990

Graham JR : The MMPI. New York, Oxford University Press. 1987

Grayson HM : Psychological admission testing program and manual. In Goldstein G and Hersen M : Handbook of Psychological assessment. New York, Pergamon Press, 1990

Griffith A and Peyman D : Eye-ear emphasis in the DAP test as indicating ideas of reference. In Wolman BB, Clinical diagnosis of Mental Disorders. New York, Plenum Press, 1978

Grisso JT and Meadow A : Test interference in a Rorschach-WAIS administration sequence. In Exner JE : The Rorschach-a comprehensive system vol 1. New York, A Wiley-Interscience Publication, 1986

Gronwall DMA : Paced auditory serial-addition task. Percept Mot Skills 44, 367-373, 1977

Guilford JP and Hoepfner R : The analysis of intelligence. In Matarazzo JD : Weschler's measurement and appraisal of adult intelligence. Baltimore, The Williams & Wikins Company, 1972

Guilford JP : Psychometric methods. Bombay, McGraw-Hill Publishing Co., 1954

Guirdham A : The diagnosis of depression by the Rorscahch test. British Journal of Medical Psychology, 16, 130-145, 1936

Halbow CC : A comparison of actuarial versus clinical prediction to classes discriminated by MMPI. In Goldstein G and Hersen M : Handbook of psychological assessment. New York, Pergamon Press, 1990

Halpern F : Rorschach interpretation of the personality structure of schizophrenics who benefit from insulin therapy. Psychiatric Quarterly, 14, 826-833, 1940

Halstead WC : Brain and intellegence. In Yudofsky SC and Hales RE (eds.), The textbook of neuropsychiatry. Washington, American Psychiatric Press, 1992

Hammer EF : Projective drawings. In Wolman BB, Clinical diagnosis of Mental Disorders, New York, Plenum Press, 1978

Hannay HC and Levine HS : Visual continuous recognition memory in normal and closed head-injured adolescents. J Clin Exp Neuropsychol 11, 444-460, 1989

Harris RE and Lingoes JC : Subscales for the Minnesota Multiphasic personality inventory. In Goldstein G and Hersen M : Handbook of Psychological assessment. New York, Pergamon Press, 1990

Hartman H : Psychoanalysis and concept of health. In Bellak L, Hurvich M, Gediman H : Ego functions in schizophrenics, neurotics and normals. New York, Willey-Interscience, 1939

Hathaway SR and Mckinley JC : A multiphasic personality schedule. J Psychology, 10, 249-254, 1940

Havens LL : The needs for tests of normal functioning in the psychiatric interview. Am J Psychiatry 141, 1208-1211, 1984

Hay WM, Hay Lr and Nelson RO : Direct and collateral changes in on-task and academic behavior resulting from on-task versus academic contingencies. Behavior Therapy, 8, 431-441, 1977

Hay, WL : Statistics for social sciences. New York, Holt, Rinehart, and Winston, 1973

Haynes SN and Wilson CC : Behavioral assessment. In Goldstein G and Hersen M : Handbook of psychological assessment. New York, Pergamon Press, 1990

Haynes SN : Behavioral assessment. In Hersen M, Kazdin AE and Bellack AS : The Clinical psychology handbook. New York, Pergamon, 1983

Heaton RK, Lehman RAW and Getto CJ : Psychosocial inventory. In Goldstein G and Hersen M : Handbook of psychological assessment. New York, Pergamon Press, 1990

Hersen M, Bellak AS and Kazdin AE(des.). The clinical psychological handbook. New Work, Pergamon Press. 1983

Hertz MR : Frequency tables to be used in scoring the Rorschach ink-blot test. Brush Foundation, Western Reserve University, 1936

Holzberg JD : Reliability re-examined. In Rickers-Ovsiankina : Rorschach psychology, New York, Robert E. Krieger Publishing Com., 1977

Hooper HE : The Hooper visual organization test. In Yudofsky SC and Hales RE : The Textbook of Neuropsychiatry. Washington, American Psychiatric Press, Inc., 1992

Hopkins CD and Antes RL : Classrom measurement and evaluation. In Goldstein G and Hersen M : Handbook of psychological assessment. New York, Pergamon Press 1990

Horn JR : Remodeling old models of intelligence. In Wolman BB(ed.,), Handbook of intelligence. New York, Wiley, 1985

Howieson DB and Lezak MD : The Neuropsychological evaluation. In

Jackson DN : Differential personality inventory. London, Author, 1972

Jackson DN : Personality research form manual. Port Hurton, Research Psychologists Press, 1984

Johnson FN and Barker GJ : Effects of lithium chloride on learned responses. Disease of the Nervous System, 33, 664-666, 1972

Jones BP and Butters N : Neuropsychological assessment. In Hersen M. Bellak AS and Kazdin AE(eds.). The Clinical psychological handbook. New Work, Pergamon Press. 1983

Kaplan HI and Sadock BJ : Comprehensive textbook of psychiatry/V. Baltimore, Willimas and Wilkins, 1989

Kapur N : Memory disorders in clinical practice. In Yudofsky SC and Hales RE : The Textbook of Neuropsychiatry. Washington, American

Psychiatric Press, Inc., 1992

Kaufman AS and Kaufman NL : K-ABC administration and scoring manual. In Kaufman AS : Assessing adolescent and adult intelligence. Boston, Allyn and Bacon, Inc., 1990

Kaufman AS : Assessing adolescent and adult intelligence. Boston, Allyn and Bacon, Inc., 1990

Kazaoka K, Sloane, K and Exner, JE : Verbal and nonverbal aggressive behaviors among 70 inpatients during occupational and recreational therapy. Workshops Study NO.254(unpublished), Rorschach Workshops. 1978

Keenan JS and Brassell EG : Aphasia language performance scales. In Yudofsky SC and Hales RE : The Textbook of Nueropsychiatry. Washington, American Psychiatric Press, Inc., 1992

Kelly EL and Fiske DW : The prediction of successing the V.A. training program in clinical psychology. American Psychologist, 4, 395-406, 1950

Kendall PC : Clinical psychology-scientific and professional dimension. New York, John Wiley & Sons, Inc., 1982

Kerlinger FN : Foundation of behavioral research. New York, Holt, Rinehart, and Winston, 1973

Kertesz A : Aphasia and associated disorders. In Goldstein G and Hersen M : Handbook of psychological assessment. New York, Pergamon Press, 1990

King GF : Rorschach human movement and delusional content. Journal of Projective Technique, 24, 161-163, 1960

Kinsbourne M : Attentional dysfuction and the elderly. In Goldstein G and Hersen M : Handbook of psychological assessment. New York, Pergamon Press, 1990

Kirk SA, McCarthy JJ and Kirk WD : Examiner manual. In Kaufman AS : Assessing adolescent and adult intelligence. Boston, Allyn and Bacon, Inc., 1990

Klaskin EH : An analysis of the effect of the test situation upon the Rorschach record. J Pro Tech, 16, 193-199, 1952

Kline P : The Handbook of psychological testing. London and New York, Routledge, 1993

Klopfer B and Kelley D : The Rorschach technique. New York, World book company, 1942

Klopfer B and Margolies H : Rorschach reactions in early childhood. In Rorscach Research Exchage, 5, 1-23, 1941

Klopfer B and Kelly D : The Rorschach Technique. New York, World book, 1942

Klopfer B, Kirkner F, Wisham W and Baker G : Rorschach prognostic rating scale. Journal of Projective Techniuqes, 15, 425-428, 1951

Klopfer B, Ainsworth MD, Klopfer WG and Holt RR : Developments in the Rorschach technique 1. technique and theory. New York, World Books, 1956

Klopfer B, Meyer MM, Brawer FB, and Klopfer WG : Developments in the Rorschach 3, Aspects of personality structure. New York, Harcourt Brace Jovacovich, 1970

Knopf IJ : Rorschach summary scores and differential diagnosis. Journal of Consulting Psychology, 20, 99-104, 1956

Korchin SJ : Modern clinical psychology. New York, Basic Books, Inc., Publishers, 1976

Koss MP and Butcher JN : A comparison of psychiatric patients' self-report with other sources of clinical information. J Research in Personality, 7, 225-236, 1975

Koss MP : Assessing psychological emergencies with the MMPI. In Goldstein G and Hersen M : Handbook of psychological assessment. New York, Pergamon Press, 1990

Kostlan AA : A method for the empirical study of psychodiagnosis. J Consulting Psychology, 18, 83-88, 1954

Lachar D and Wrobel TA : Validation of clinicians' hunches. J Consulting and Clinical Psychology. 47, 277-284, 1979

Lachar D : The MMPI. LosAngeles, Western Psychological Services, 1974

Lazarus RS : Patterns of adjustment. New York. McGraw-Hill Book Company, 1976

Leura AV and Exner JE : Variations in the ranking Rorschach responses as a function of situational set. Workshops Study No.221(unpublished) Rorschach Workshops, 1976

Levine M and Spivack G : Human movement responses and verbal expression in the Rorschach test. Journal of Projective Techniques, 26, 299-304, 1962

Levy E : Stimulus values of Rorschach cards of children, Journal of Projective Techniques, 22, 293-295, 1958

Levy S : Figure drawing as a projective test. In Abt LE and Bellak L, Projective psychology, New York, Grove Press, Inc., 1959

Lezak MD : IQ. J Clinical and Experimental Neuropsychology, 10, 351-361, 1988

Lezak MD : Neuropsychological assessment(2nd ed.). New York, Oxford University Press, 1983

Libby W : "The imagination of Adolescents," In Abt LE and Bellak L, Projective psychology, New York, Grove Press, Inc., 1959

Lincoln AJ : A study of intellectual abilities in high-functiong people with autism. J Autism and Developmental Disorders, 18, 505-524, 1988

Lindemann JE and Matarazzo JD : Intellectual assessment of adults. IN Goldstein G and Hersen M : Handbook of psychological assessment. New York, Pergamon Press, 1990

Lindner RM : The Rorschach Test and the diagnosis of psychopathic personality. Journal of Criminal Psychopathology, 1, 69, 1943

Linton HB : Rorschach correlates of response to suggestion. Journal of Abnormal and Social Psychology, 49, 75-83, 1954

Loring DW, Lee GP and Meador KJ : Revising the Rey-Osterrieth. Arch Clin Neuropsychol 3, 239-347, 1988

Ludwig D : Self-perception and the draw-a-person test. J Projective Techniques, 33, 257-261, 1969

Luria AR : Higher cortical functions in man. In Kaufman AS : Assessing adolescent and adult intelligence. Boston, Allyn and Bacon, Inc., 1990

Mackinnon RA and Micbels RM : The psychiatric interview in clinical pratice. Philadelphia, W. B. Saunders Com., 1971

Macandrew C : The differentiation of male alcoholic outpatients from nonalcoholic psychiatric patients by means of the MMPI. Quarterly J Studies on Alcohol, 26, 238-246, 1965

Machover K : Drawing of the heman figure. In Anderson HH and Anderson GL, An introduction to projective techniques. Englewood Cliff, NJ, Prentice-Hall, Inc., 1951

Mackover K : Personality projection in the drawing of the human figure. In Abt LE and Bellak L, Projective psychology, New York, Grove Press, INc., 1959

Masling J : Differential indoctrination of examiners and Rorschach responses. J Consult Psychology, 29, 298-301, 1960

Masling J : The effects of warm and cold interaction on the administration and scoring of an intelligence test. J Consulting Psychology, 23, 336-341, 1959

Matarazzo JD and Herman DO : Clinical uses of the WAIS-R. In Kaufman AS : Assessing adolescent and adult intelligence. Boston, Allyn and Bacon, Inc., 1990

Matarazzo JD, Prifitera A : Subtest scatter and premobid intelligence. J Consult Clin Psychol 1, 186-191, 1989

Matarazzo JD : Wechler's measurement and appraisal of adult intelligence. Baltimore, The Williams & Wiklins Company, 1972

Meehl PE and Hathaway SR : The K factor as a suppressor variable in the MMPI. J Applied Psychology. 30, 525-563, 1946

Meehl PE : An investigation of a general normality or control factor in personality testing. Psychological Monographs, 274, 1945

Meehl PE : Clinical versus statistical prediction. In Goldstein G and Hersen M : Handbook of psychological assessment. New York, Pergamon Press, 1990

Meeker MN : The structure of intellect. In Kaufman AS : Assessing adolescent and adult intelligence. Boston, Allyn and Bacon, Inc., 1990

Milberg WP, Hevven N and Kaplan E : The Boston process approach to neuropsychological assessment. In Kaufman AS : Assessing adolescent and adult intelligence. Boston, Allyn and Bacon, Inc., 1990

Miller WR and Marlatt GA : Comprehensive drinker profile. In Goldstein G and Hersen M : Handbook of psychological assessment. New York, Pergamon Press, 1990

Millon T : Millon Clinical Multiaxial Inventory(3rd ed.). Minneapolis, MN, National Computer Systems, 1982

Milner B : Interhemispheric differences in the localization of psychological processes in man. Br Med Bull 27, 272-277, 1971

Mirin B : The Rorschach humen movement response and role taking behavior. Journal of Nervous and Mental Disroders, 122, 270-277, 1971

Molish HB and Beck SJ : Further exploration of the six schizophrenias. American Journal of Psychiatry, 130, 269-273, 1958

Molish HB : Contributions of Projective tests to psychological diagnosis in organic brain damage, 1959

Molish, HB : Critique and problems of the Rorschach. In Beck, SJ and Molish, HB. Rorschach's Test. 2 : A Variety of Personality Pictures.(3 nd Ed.) New York : grune & Stratton, 1967

Morgan CD and Murray HA : "A method for investigating fantasies". Arch Neurology and Psychiatry, 34, 289-306, 1935

Murray HA : Exploration in personality. New York, Oxford University Press, 1938

Murray HA : Exploration in Personality. In Abt LE and Bellak L, Projective psychology, New York, Grove Press, Inc., 1959

Murray HA : Thematic Apperception Test manual. Boston, Havard College Fellows, 1943

Murray HA : Thematic Apperception Test manual. Boston, Havard College, 1971

Murstein BI : Interview behavior, porjective techniques, and questionnaires in the clinical assessment of marital choice. J Consulting Psychology, 25, 497-504, 1961

Nelson RO, Hay WM, Hay LR and Carstens CB : The reactivity and acuracy of teachers' self-monitoring of positive and negative classroom verbalization. Behavior Therapy, 8, 972-985, 1977

Nelson RO : Methodological issues in assessment via self-monitoring. In Goldstein G and Hersen M : Handbook of psychological assessment. New York, Pergamon Press, 1990

Newmark CS : Major Psychological assessment instruments. Boston, Allyn and Bacon, 1985

Nunnally JC : Introduction to psychological measurement. New York, McGraw-Hill Book Company, 1970

Ojemann GA and Dodrill CB : Verval memory deficits after left temporal lobectomy for epilepsy. J Neurosurg 62, 101-107, 1985

Overall JE, Hoffmann NG and Levin H : Effects of aging, organicity, alcoholism, and functional psychopathology on WAIS subtest profiles. J Con Cl Psychology, 46, 1315-1322, 1978

Ownby RL and Matthews CG : On the meaning psychological measures. J Consulting and Clinical Psychology, 53, 531-534, 1985

Pankratz Ld and Taplin JD : Issues in psychological assessment. In Yudofsky SC and Hales RE(eds.), The textbook of neuropsychiatry. Washington, American Psychiatric Press, 1992

Parson CJ : Children's interpretation of inkblots. British Journal of Psychology, 9, 74-92, 1917

Pernicano KM : Score differences in WAIS-R scatter for schizophrenic, depressives, and personality disorders. Psychological Reports, 19, 539-543, 1986

Piotrowski Z and Abrahamsen D : sexual crime, alcohol, and the Rorschach test. Psychiatric Quarterly Supplement, 26, 248-260, 1952

Piotrowski Z : Perceptanalysis. New York : Mcmillan, 1957

Piotrowski Z : The movement score. In Rickers-Ovsiankina, M.(Ed), Rorschach Psychology, New York ; Wiley, 1960

Piotrowski ZA and Bricklin B : A long-term prognostic criteria for schizophrenics based on Rorschach data. Psychiatric Quarterly Supplement, 32, 315-329, 1958

Piotrowski ZA and Bricklin B : A second validation of a long term prognostic index for schizophrenic patients. Journal of Consulting Psychology, 25, 123-128, 1961

Porch BE : Porch Index of communicative ability manual. In Yudofsky SC and Hales RE : The Textbook of Neuropsychiatry. Washington, American Psychiatric Press, Inc., 1992

Rabin 1959 : A contribution to the meaning of Rorschach inkblot via the sementic differential. J Consult Psychol 23, 365-372, 1952

Rabinovich MS, Kennard MA and Fister WP : Personality correlates of electroencephalographic findings. Canadian J Psychol, 18, 379-386, 1955

Rapaport D, Gill MM and Schafer R : Diagnostic psychological testing. New York, International University Press, 1968

Rapaport D, Gill MM, Schafer R : Diagnostic psychological testing vol 2. Chicago, Year Book Publishers, 1946

Raven JC, Court JH and Raven J : Manual for Raven's Progressive Matrices and vocabulary scales. In Kaufman AS : Assessing adolescent and adult intelligence. Boston, Allyn and Bacon, Inc., 1990

Ray, AB : Juvenile delinquency by Rorschach inkblots. Pshchologia, 6, 190-192, 1963

Reid DH and Hurlbut B : Teaching nonvocal communication skills to multi-handicapped retarded adults. J Applied Behavior Analysis, 10, 591-603, 1977

Reitan RM : Theoretical and methodological bases of the Halstead-Reitan Neuropsychological test battery. In Kaufman AS : Assessing adolescent and adult intelligence. Boston, Allyn and Bacon, Inc., 1990

Reynold CR and McLean JE : Demographic characteristics and IQ among adults. J School Psychology, 25, 323-342, 1987

Richardson, H : Rorschach of adolescent approved school girls, compared with Ames normal adolescents. Rorschach Newsletters, 8, 3-8, 1963

Ridgeway EM and Exner JE : Rorschach correlates of achivement needs in medical student under an arousal state. workshop study No.274, Rorschach workshops, 1980

Roback R : Depression and size of the drawn human figure drawings. J Consulting Psychology, 23, 129-133, 1966

Rogins, LN, Helzer Je, Croughan J and Ratcliff K : National institute of mental health diagnostic interview schedule. Arch Gen Psychiatry, 388, 381-389, 1981

Rogers CR : A way of being. Boston, Houghton Mifflin, 1980

Rogers CR : On becoming a person. Boston, Houghton Mifflin, 1961

Rorschach H : Psychodiagnostik. Bern : Bircher, 1921

Roth M : The clinical interview and psychiatric diagnosis : have the a future in psychiatric practice? Compr Psychiatry, 8, 427, 1967

Russo DC, Bird BL and Masek BJ : Assessment issues in behavioral medicine. Behavioral Assessment, 2, 1-18, 1980

Rutter M : Language disorder and infantile autism. In Kaufman AS : Assessing adolescent and adult intelligence. Boston, Allyn and Bacon, Inc., 1990, 1979

Sarbin TR : The effect of a direct inquiry on Rorschach scores. J Projective Techniques and Personality Assessment, 34, 388-390, 1970

Sattler JM and Gwynne J : White examiners generally do not impede the intelligence test performance of black children. J Con Clin Psychology, 50, 196-208, 1982

Sattler JM, Theye F : Procedural, situational, and interpersonal variables in individual intelligence testing. Psychological Bulletin, 68, 347-360, 1967

Sattler JM : Clinical and psychoeducational testing is alive. Contemporary Psychology, 26, 30-31, 1981

Sattler JM : Racial "experimenter effects" in experimentation, testing, interviewing. and psychology. Psychology Bulletin, 73, 137-160, 1970

Scafer R : Psychoanalytic Interpretation in Rorschach Testing. New York, Grune and Stratton, 1954

Schafer R : The machanism of defense. Int J Psychoanal 49, 49-62, 1968

Schenkenberg T, Barford DC and Ajak ET : Line bisection and unilateral visual neglect in patients with neurological impairment. Neurology, 30, 509-517, 1980

Schmidt H and Fonda C : Rorschach scores in the manic states. Journal of Projective Techniques, 17, 151-161, 1965

Semmes J, Weinstein S, Ghent L and Teuber HL : Somatosensory changes after penetrating brain wounds in man. In Goldstein G and Hersen M : Handbook of psychological assessment. New York, Pergamon Press, 1990

Shea SC : Contemporary psychiatric interviwing. In Goldstein G and Hersen M, Handbook of psychological assessment. New York, Pergamon Press, 1990

Shortment and Finney PC : Rorschcach test correlates of assaultive behavior. Journal of Projective Techniques, 19, 6-16, 1955

Silverman MA : Identification in healthy and a pathological character formation. Int J Psychoanal, 1986

Silverstein AB : Factor structure of the Wechsler adult intelligence scale -revised. J Consulting and Clinical Psychology, 50, 661-664, 1982

Silverstein AB : Two-and four-subtest short forms of the WAIS-R. J Clinical Psychology, 41, 95-97, 1985

Singer JL and Herman J : Moter and fantasy correlates of Rorschach human movement response. Journal of Counseling Psychology, 18, 1-9, 1954

Sommer R and Sommer D : Assaultiveness and two types of Rorschach color responses. Journal of Consulting Psychology, 22, 57-62, 1958

Spearman CE : The ability of man. In Kaufman AS : Assessing adolescent and adult intelligence. Boston, Allyn and Bacon, Inc., 1990

Spitzer RL, Endicott J and Robins E : Research diagnostic criteria. Arch Gen Psy, 35, 773-782, 1978

Spitzer RL : Mental status schedule. In Talbott JA, Hales RE and Yudofsky SC : The American Psychiatric Press textbook of psychiatry. Washington. DC, AP Press, Inc., 1988

Spitzer RL : Sturctured clinical interview for DSM-II-R. In Goldstein G and Hersen M : Handbook of psychological assessment. New York, Pergamon Press, 1990

Stein MI : The Thematic Apperception Test. Cambridge, Addison-Wesley Publishing Com., 1955

Steisel IM : The Rorschach test and suggestibility. Journal of Abnormal and Social Psychology, 47, 607-614, 1952

Sternber RJ : Handbook of human intelligence. In Kaufman AS : Assessing adolescent and adoult intelligence. Boston, Allyn and Bacon, Inc., 1990

Stone H : Relationship of hostile aggressive behavior to aggressive content of the Rorschach and Thematic Appreception Test. Unpublished doctoral dissertation, University of California, 1953

Strauss E and Goldsmith SM : Lateral preferences and performance on nonverbal laterality tests in a normal population. Cortex 23, 495-503, 1987

Sullivan HS : The psychiatric interview, New York, W W Norton & Co., 1954

Talbott JA, Hales RE and Yudofsky SC : The American Psychiatric Press textbook of psychiatry. Washington. DC., AP Press, Inc., 1988

Terman LM : Mental and physical traits of a thousand gifted children. In Matarazzo JD : Weschler's measurement and appraisal of adult intelligence. Baltimore, The williams & Wikins Company, 1972

Terman LM : The measurement of intelligence. In Kaufman AS : Assessing adolescent and adult intellignece. Boston, Allyn and Bacon, Inc., 1990

Teuber HL : Neuropsychology, in recent advances in diagnostic psychological testing. Springfield. CC Thomas, 1948

Thomson GM : MMPI correlates of movement responses on the Rorschach. American psychologist, 3, 348-349, 1948

Thomson T, Howard D and Anderson J : Two- and four-subtest short forms of the WAIS-R. J Clinical Psychology, 43, 142-144, 1986

Thorndike EL, Lay W and Dean PR : The relation of accuracy in sensory discrimination to general intelligence. Am J Psychology, 20, 364-369 1909

Thurstone LL and Thurstone TG : Factorial studies of intelligence. In Matarazzo JD : Wechler's measurement and appraisal of adult intelligence. Baltimore, The Williams & Wikins Company, 1972

Townsend JK : The relation between Rorschach sign of agression and behavioral agression in emothionally disturbed boys. Journal of Projective Techniques and Personality Assessment, 31, 13-21, 1967

Trahan DE and Larrabee GJ : Continuous visual memory test. In Yudofsky SC and Hales RE : The Textbook of Neuropsychiatry. Washington, American Psychiatric Press, Inc., 1992

Trimboli R and Kilgore R : A psychodynamic approach to MMPI interpretation. J Personality Assessment, 47 614-626, 1983

Tucker D : Lateral brain function, emotion, and potential for creative productivity. Psychological Bulletin, 89, 19-46, 1981

Vailant GE : The natual history of male psychological health. Arch Gen Psychiatry, 33, 535-545, 1977

Vailant GE : Ego mechanism of defense. Washington, American Psychiatric Press, 1992

Vailant GE : Maturity of ego defences in relation to DSM-III axis II personality disorders, Arch Gen Psychiatry 42, 597-601, 1985

Van de Castle RL : Effect of test order on Rorschach human content. J Consulting Psychology, 28, 286-288, 1964

Vane J and Eisen V : The Goodenough DAP test and signs of maladjustment in kindergarten children. In Wolman BB, Clinical diagnosis of Mental dsorders. New York, Plenum Press, 1978

Vernon PE : Personality Assessment. London, Methuen 1963

Walkder RG : A comparison of clinical manifestations of hostility with Rorschach and MAPs performance. Journal of Projective Techniques, 20, 326-334, 1951

Walters, RH : A preliminary analysis of the Rorschach records of fifty prison inmates. Journal of Projective Techniques, 17, 436-446, 1953

Warrington EK and Weiskrantz L : Amnesia : A disconnection syndrome? Neuropsychlogia, 20, 233-248, 1982

Warrington EK : Recognition memory test. In Yudofsky SC and Hales RE : The Textbook of Neuropsychiatry. Washington, American Psychiatric Press, Inc., 1992

Wechsler D : A standardized memory scale for clinical use. J Psychol 19, 87-95, 1945

Wechsler D : Manual of WAIS-R. In Kaufman AS : Assessing adolescent and adult intelligence. Boston, Allyn and Bacon, Inc., 1990

Wechsler D : The measurement of adult intelligence. In Matarazzo JD : Wechler's measurement and appraisal of adult intelligence. Baltimore, The Williams & Wikins Company 1972

Wechsler D : Wechsler Memory Scale-Revised Manual. San Antonio, TX, Psychological Corporation, 1987

Weiner IB : Psychiagnosis in schizophreina, New York, Wiley, 1966

Weiner IB : Clinical methods in psychology. New York, A Wiley-Interscience Publication, 1976

Weiss J and Seidman LJ : The clinical use of psychological and neuropsychological tests. In Nichli AM, The new Harvard guid to psychiatry, Cambridge, The Harvard University Press, 1988

Wellman BL : IQ changes of preschool and nonpreschool groups during the preschool years. J Psychology, 20, 347-368, 1945

Welsh GS : Factor dimensions A and R. In Goldstein G and Hersen M : Handbook of psychological assessment. New York, Pergamon Press, 1990

Wertheimer M : Studies in the theory of gestalt psychology. In Goldstein G and Hersen M : Handbook of psychological assessment. New York, Pergamon Press, 1990

Wiens AN : Strcutured clinical interview for adult In Goldstein G and Hersen M : Handbook of psychological assessment. New York, Pergamon

Press, 1990

Wiggins JS : Content dimensions in the MMPI. In Goldstein G and Hersen M : Handbook of psychological assessment. New York, Pergamon Press, 1990

Wilson PH, Spence SH and Kavanagh DJ : Cognitive-behavioral interviewing for adult disorders. Baltimore, The Johns Hopkins University, 1989

Wing JK and Giddens RGJ : Industrial rehabilitation of male chronic schizophrenia. Lancet 2, 505-507, 1959

Wing JK, Birley JLT and Cooper JE : Reliability of a procedure for measuring and classifing "present psychiatric state" Br J Psy, 113, 449-515, 1967

Witkin HA, Dyk RB, Faterson HF, Goodenough DR and Karp SA : Psychological differentiation : Studies of Development. New York : Wiley, 1962

Woodworth RS : Personal Data Sheet. Chicago, Stoelting, 1920

Yerkes RM : The Binet versus the point scale method of measuring intelligence. J Appied Psychology, 1, 111-122, 1917

Yudofsky SC and Hales RE : The Textbook of Neuropsychiatry. Wahsington, American Psychiatric Press, Inc., 1992

Zelin M, and Sechrest L : The validity of the "motor" and "father" cards of the Rorschach. Journal of Projective Techniques and Personality Assessment, 27, 114-121, 1963

Zimmerman IL and Woo-Sam JM : Clinical interpretation of the Wechsler adult intelligence scale. In Kaufman AS : Assessing adolescent and adult intelligence. Boston, Allyn and Bacon, Inc., 1990

부록편

부록 I 카드별 형태질 평가를 위한 참고표

부록 I의 각 카드내 위치에 따른 반응의 형태질 분류가 587~661페이지에 제시되고 있다.

각 카드내 위치표시의 그림(D, Dd)은 부록 맨 마지막 701~710페이지에 제시되고 있다. 이 위치표시 그림은 독자가 책에서 분리하여 반응형태 평가작업을 할 때 참고하는 것이 편리할 것이다.

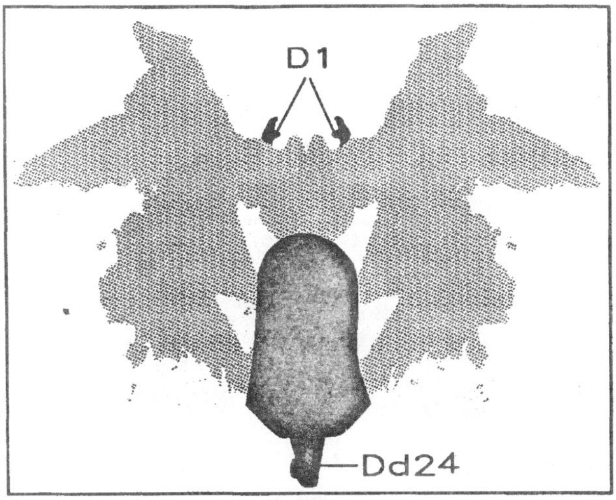
D1
Dd24

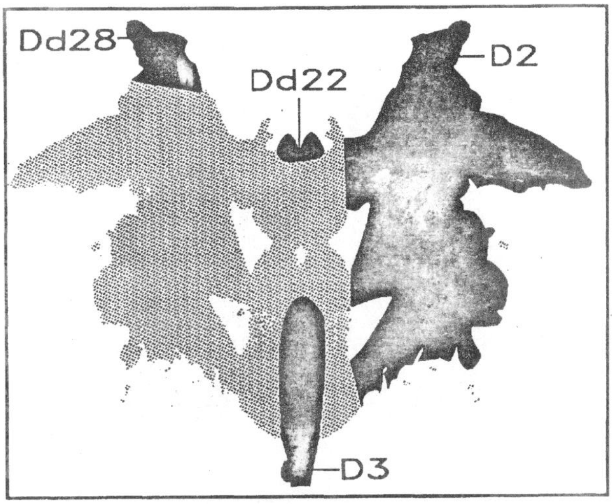
Dd28
Dd22
D2
D3

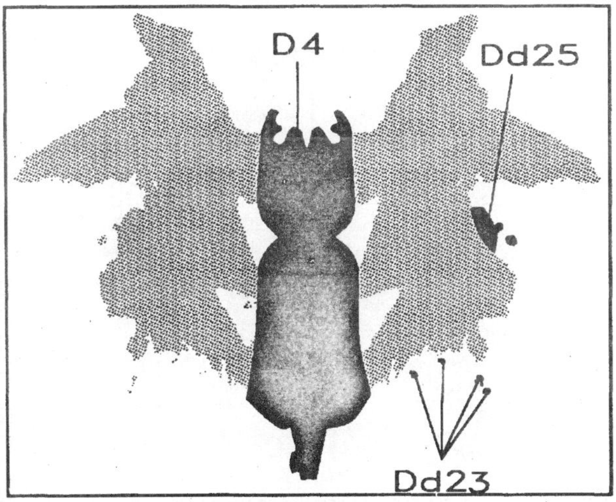
D4
Dd25
Dd23

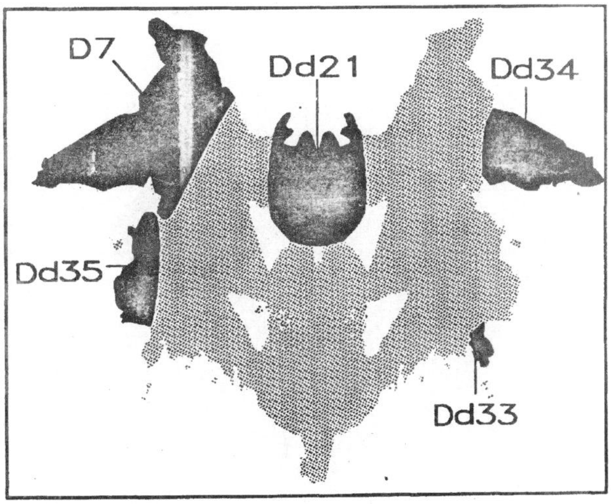
D7
Dd21
Dd34
Dd35
Dd33

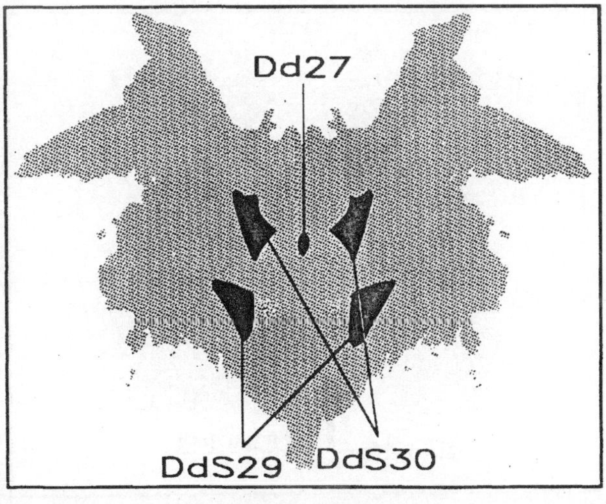
Dd27
DdS29
DdS30

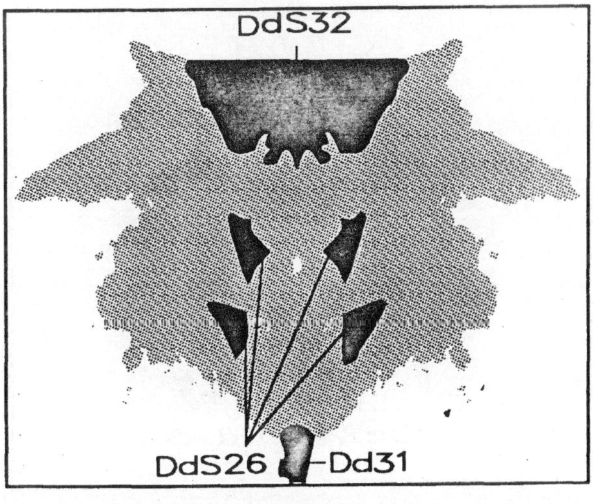
DdS32
DdS26
Dd31

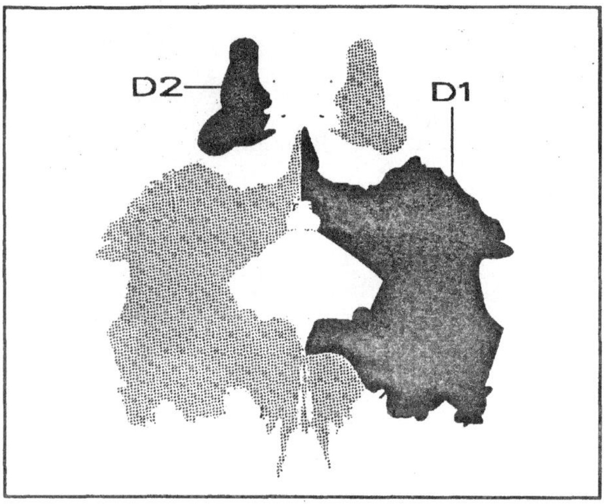
D2
D1

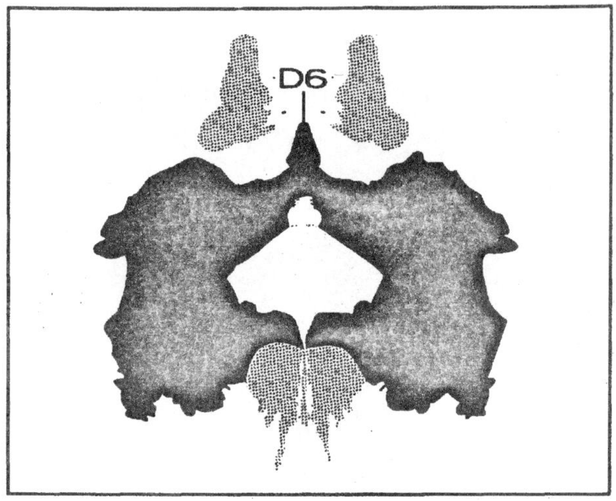
D6

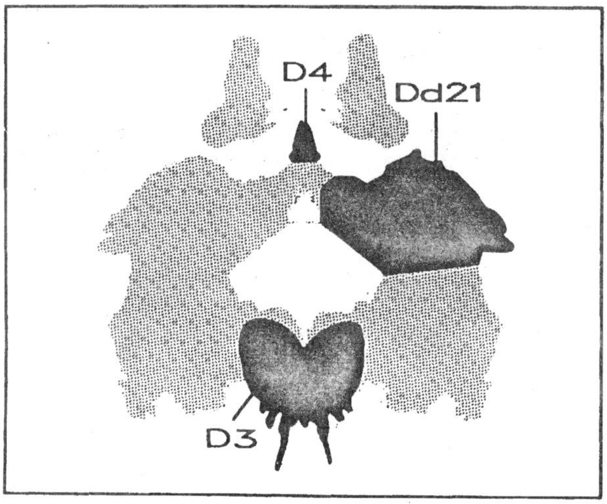
D4
Dd21
D3

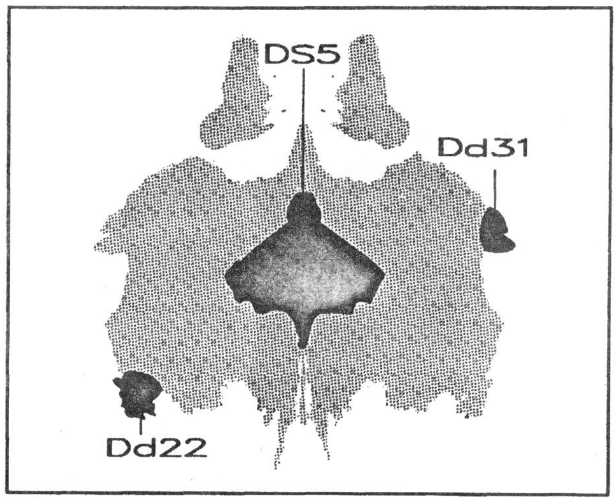
DS5
Dd31
Dd22

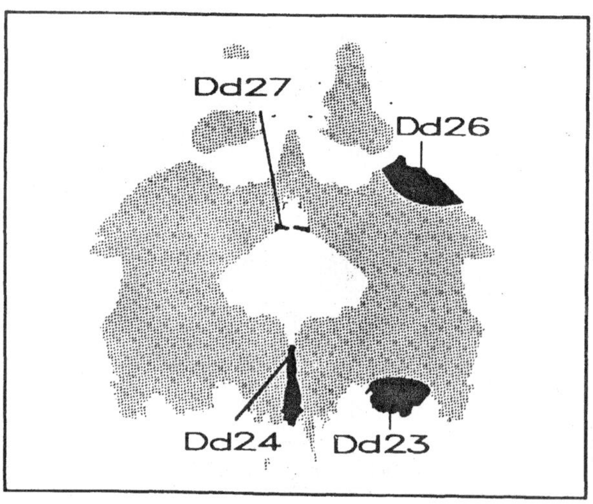
Dd27
Dd26
Dd24
Dd23

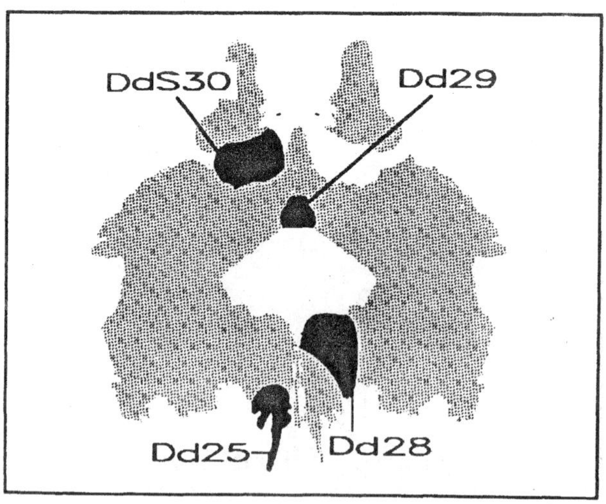
DdS30
Dd29
Dd25
Dd28

카드 III D와 Dd 위치

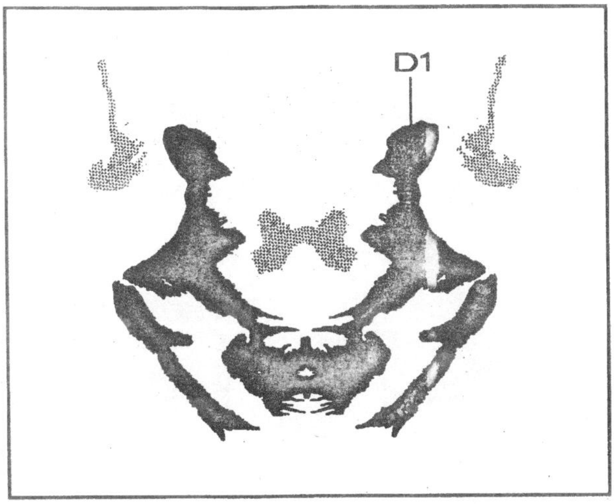

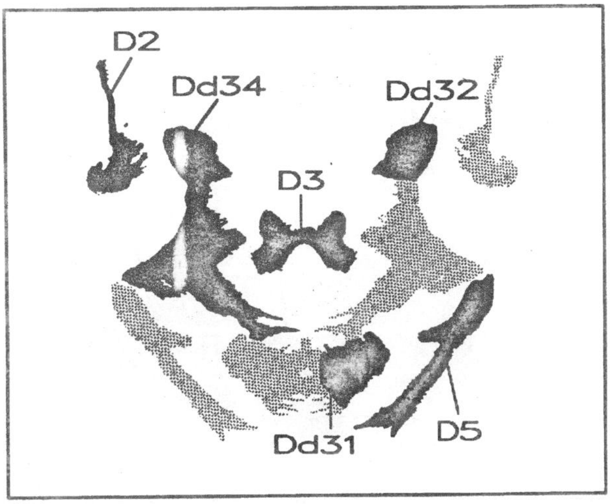

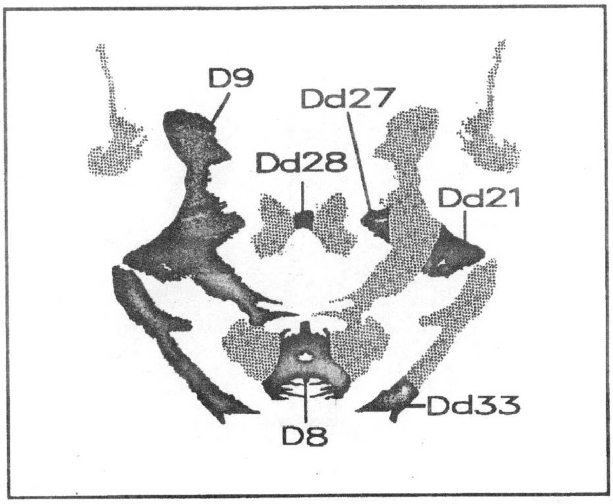

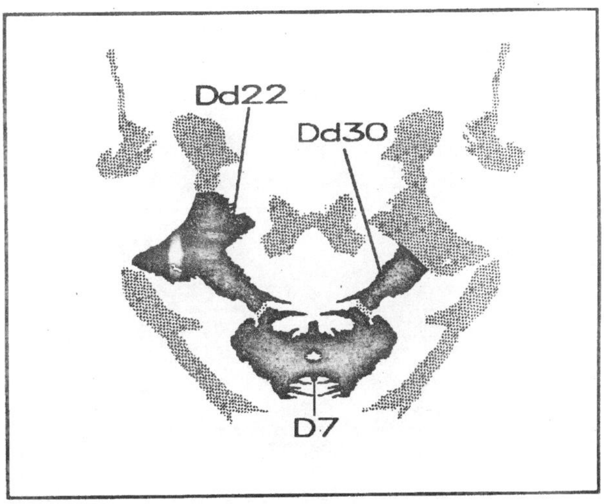

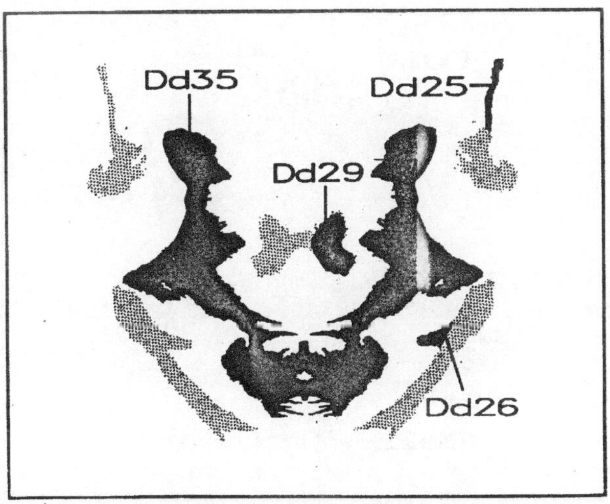

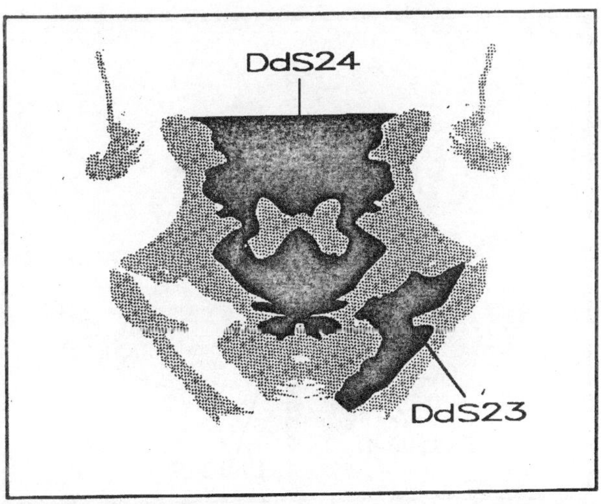

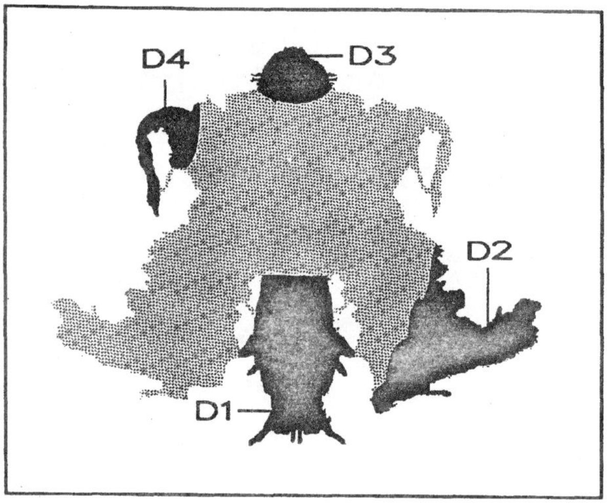
D4
D3
D2
D1

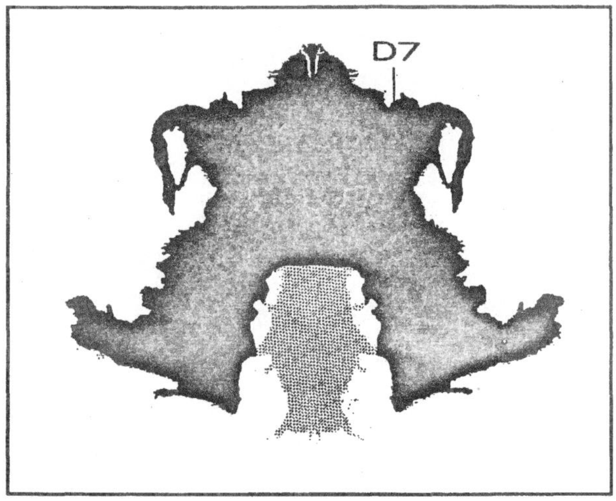
D7

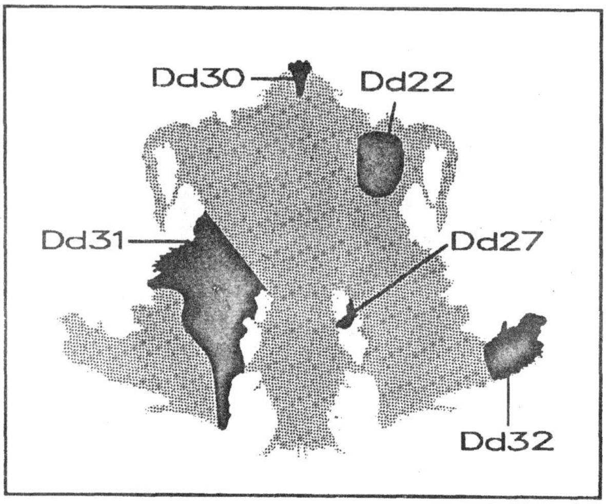
Dd30
Dd22
Dd31
Dd27
Dd32

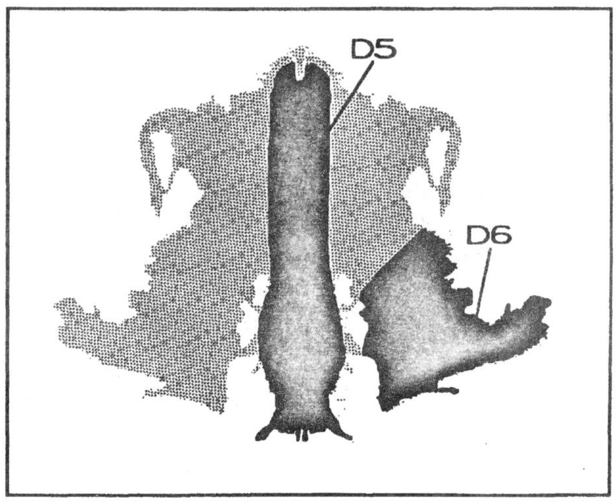
D5
D6

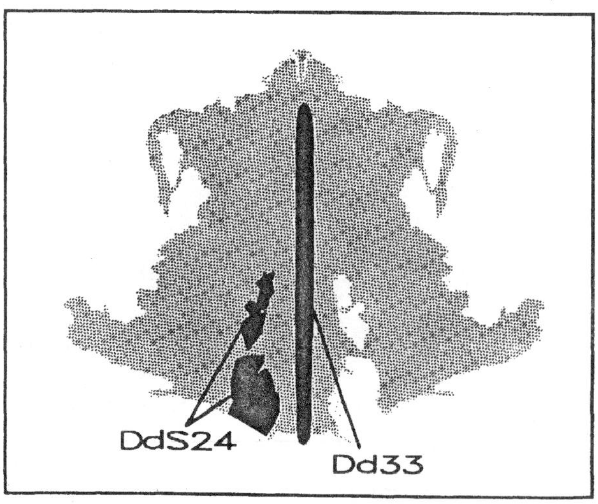
DdS24
Dd33

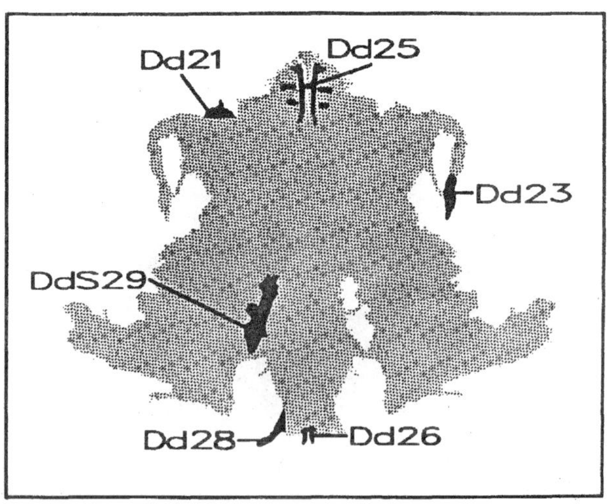
Dd21
Dd25
Dd23
DdS29
Dd28
Dd26

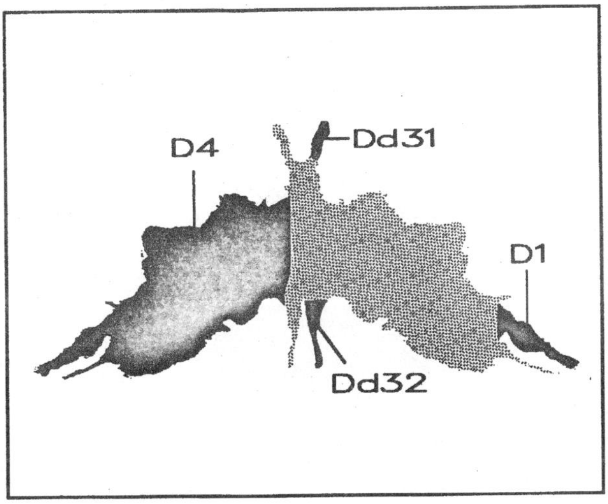
D4
Dd31
D1
Dd32

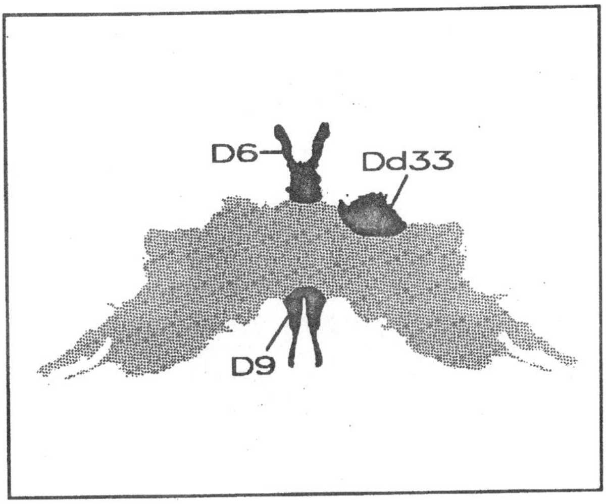
D6
Dd33
D9

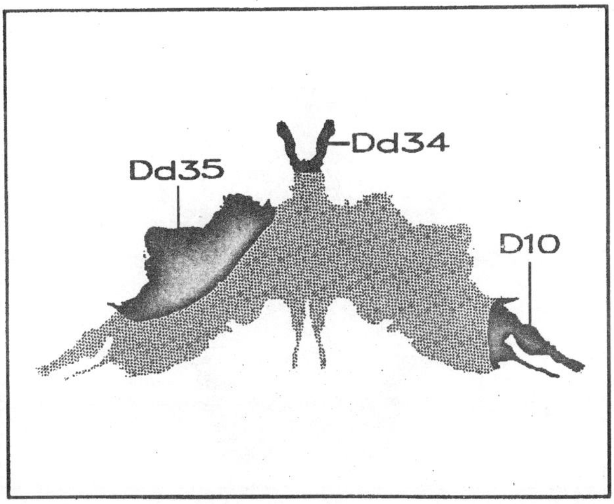
Dd34
Dd35
D10

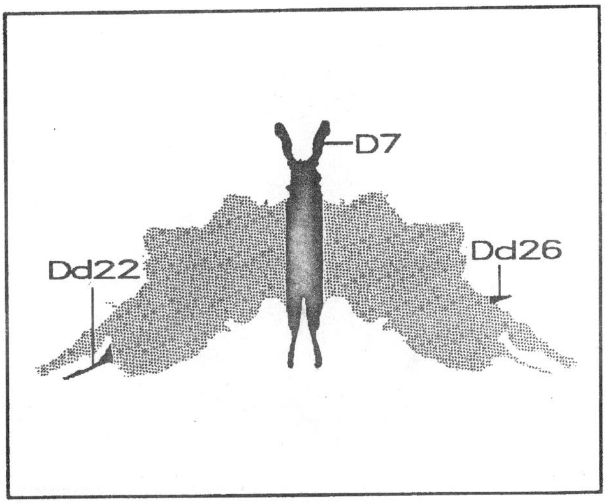
D7
Dd26
Dd22

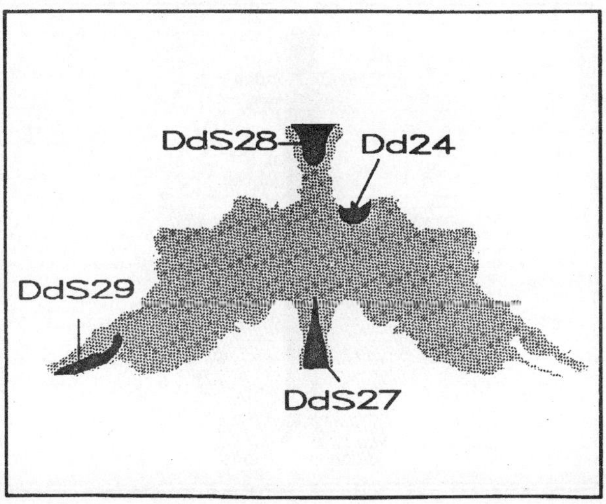
DdS28
Dd24
DdS29
DdS27

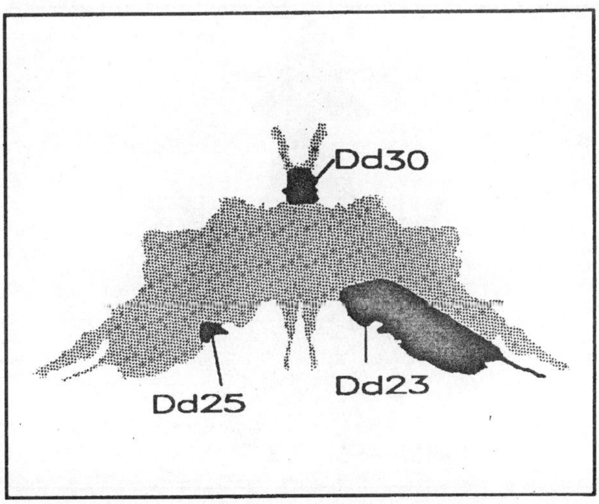
Dd30
Dd23
Dd25

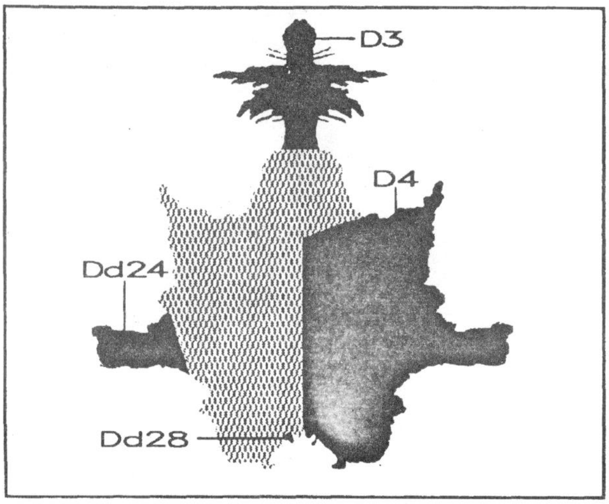

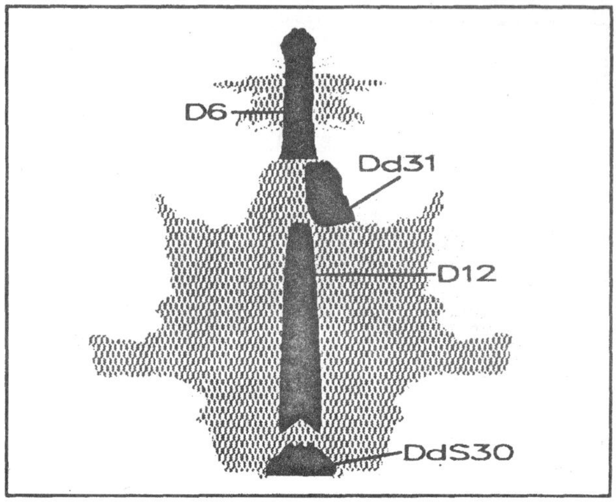

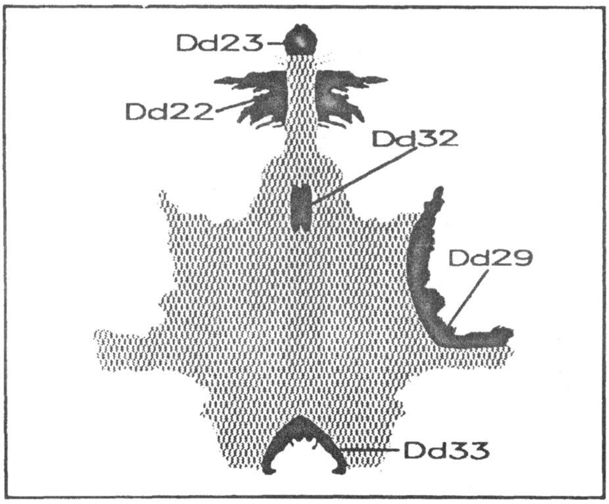

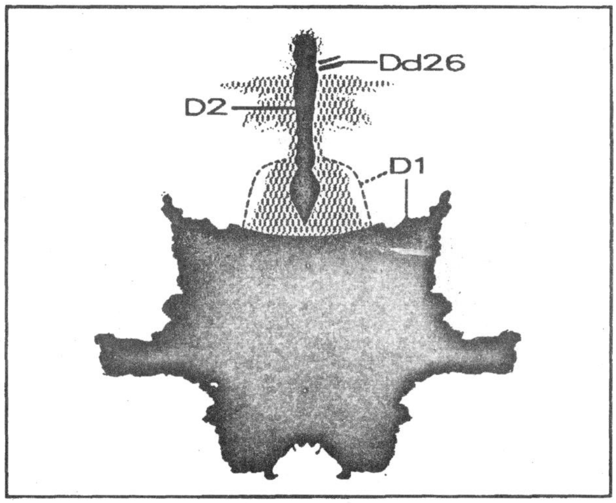

NOTE: The D1 location may also include the dashed area.

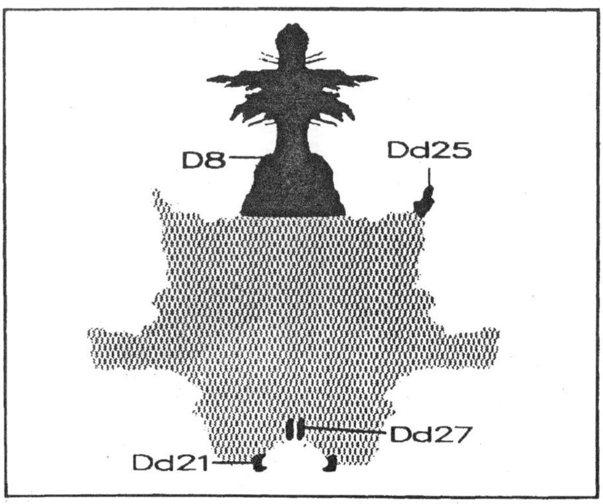

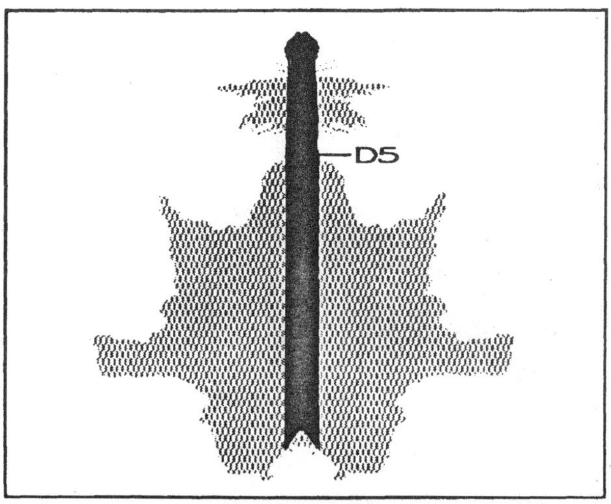

카드 VII D와 Dd 위치

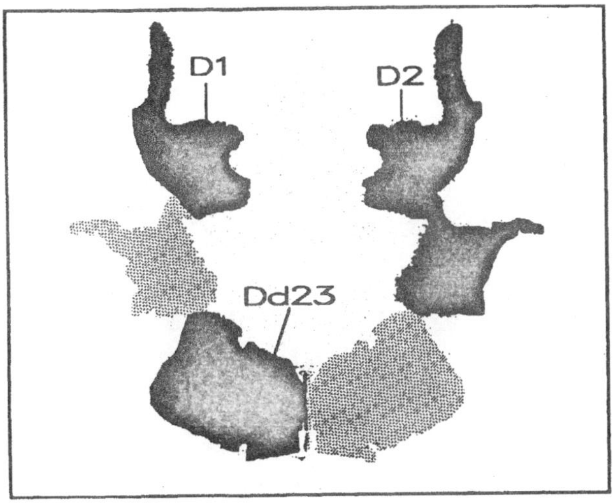

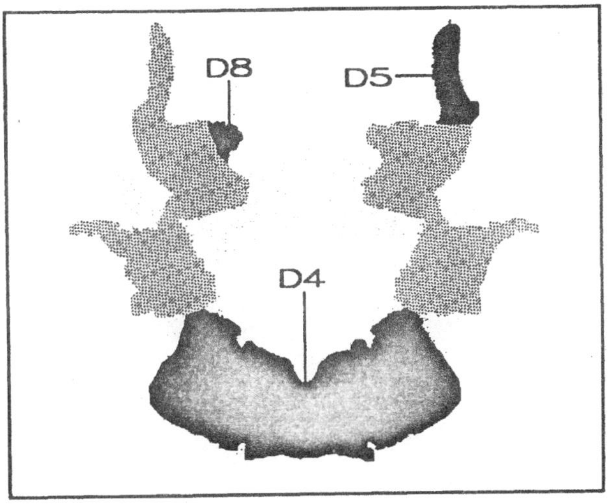

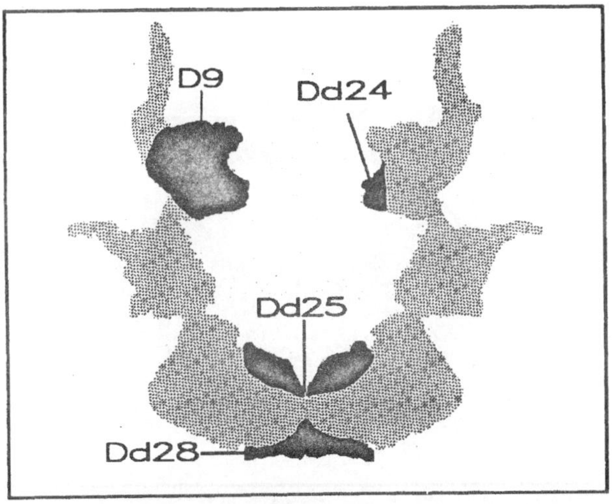

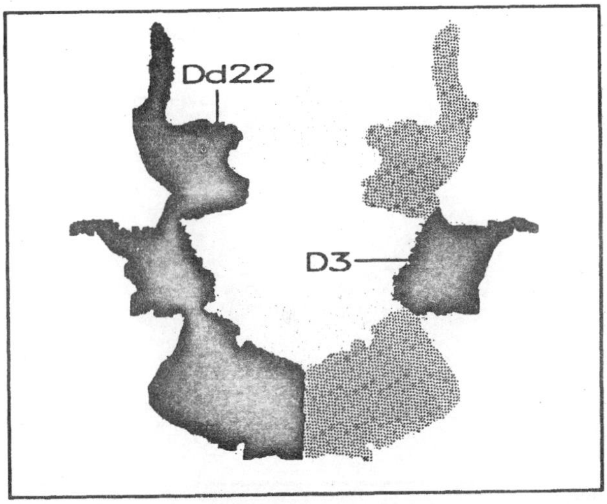

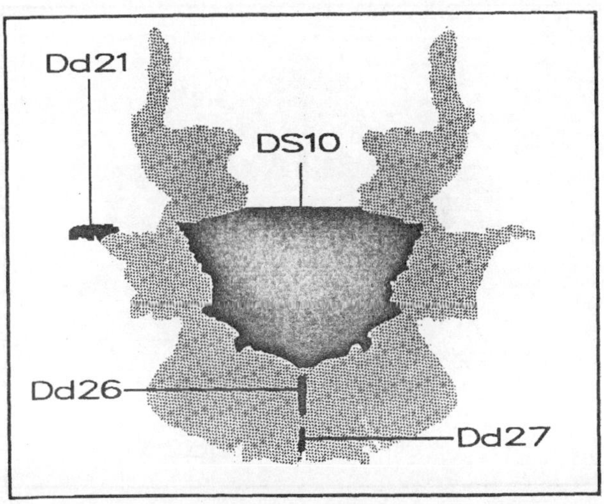

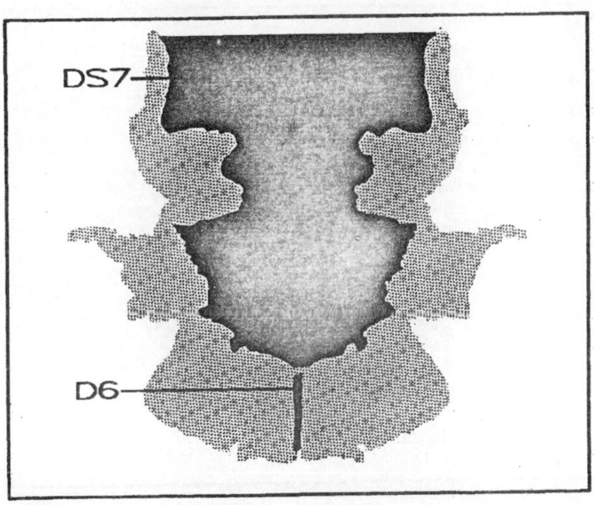

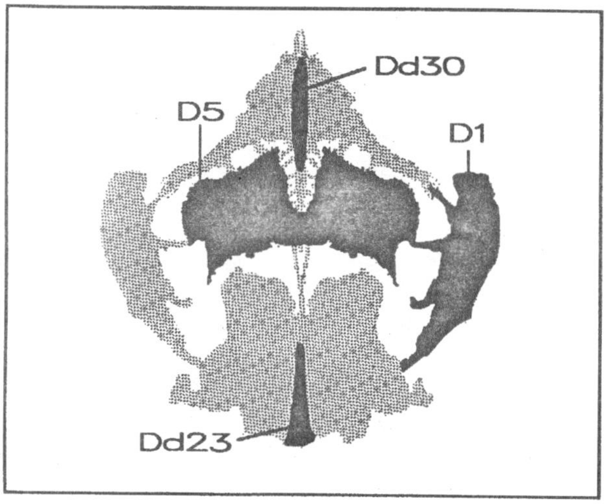
Dd30
D5
D1
Dd23

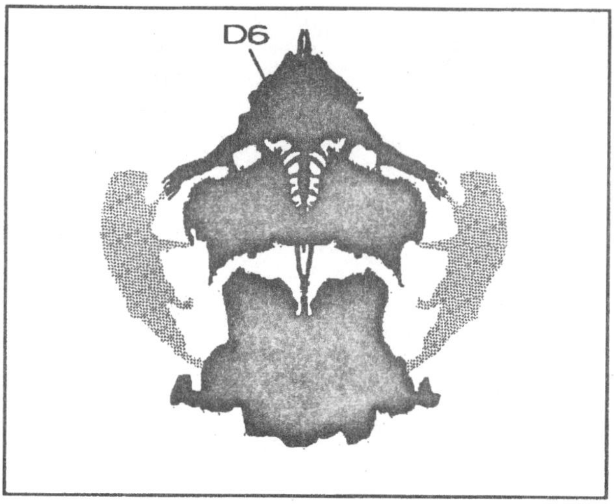
D6

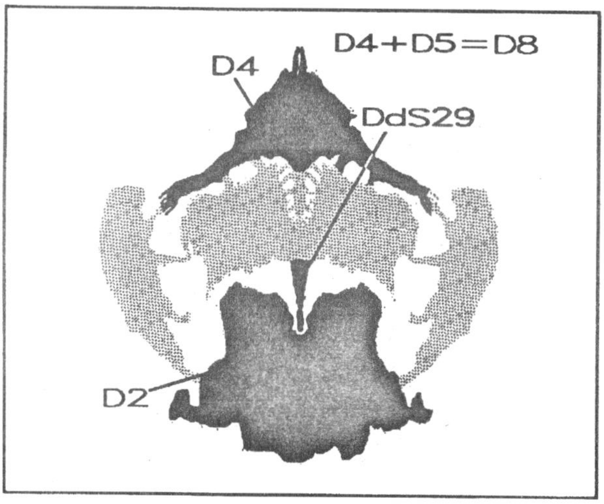
D4+D5=D8
D4
DdS29
D2

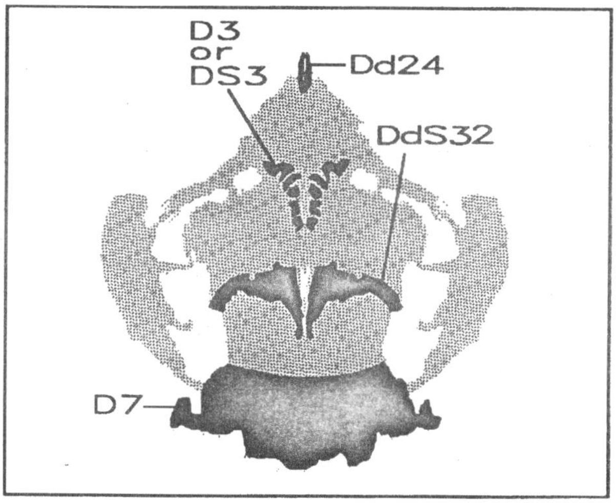
D3
or
DS3
Dd24
DdS32
D7

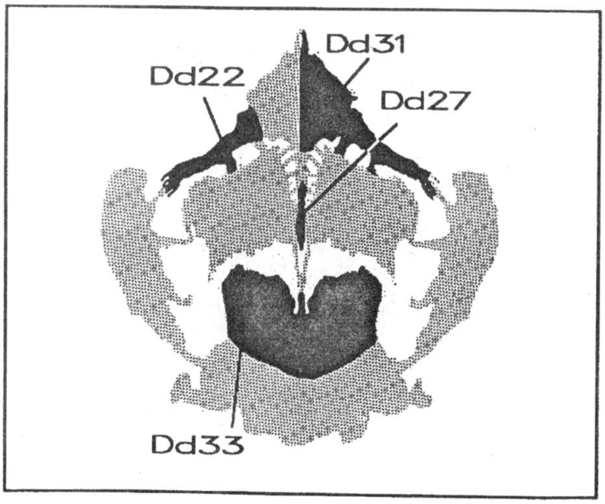
Dd31
Dd22
Dd27
Dd33

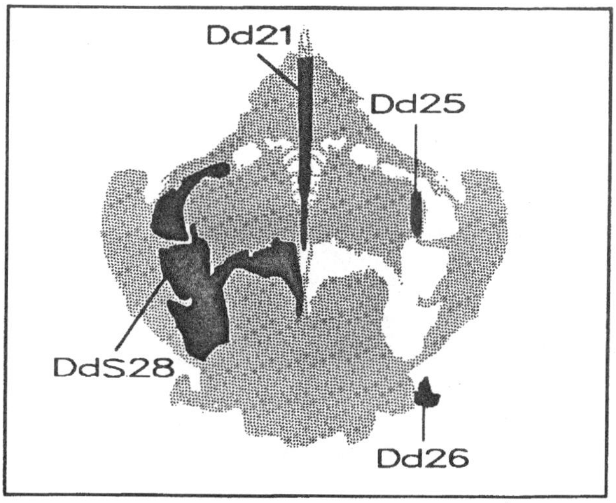
Dd21
Dd25
DdS28
Dd26

카드 IX D와 Dd 위치

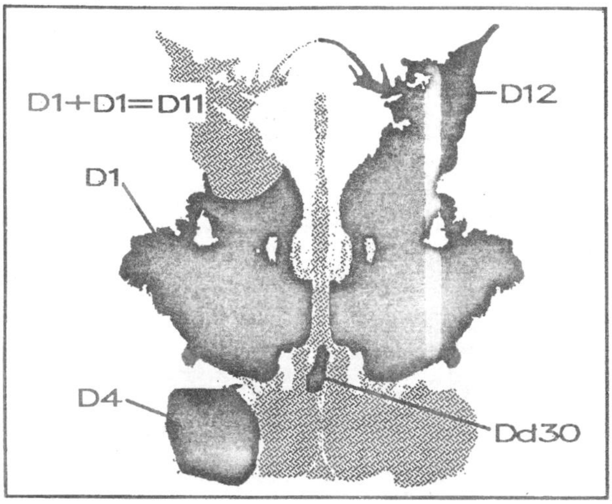
D1+D1=D11
D12
D1
D4
Dd30

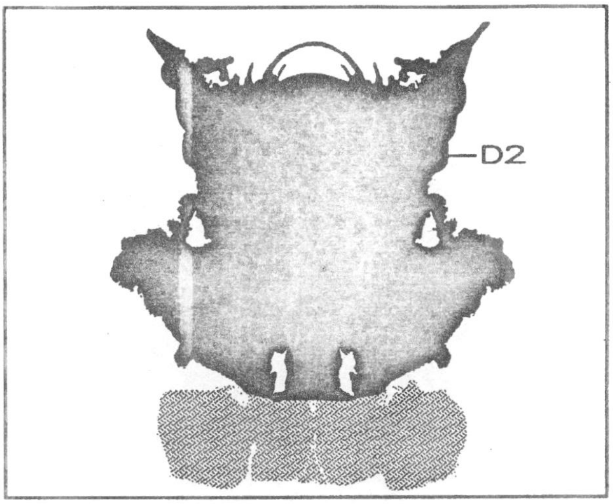
D2

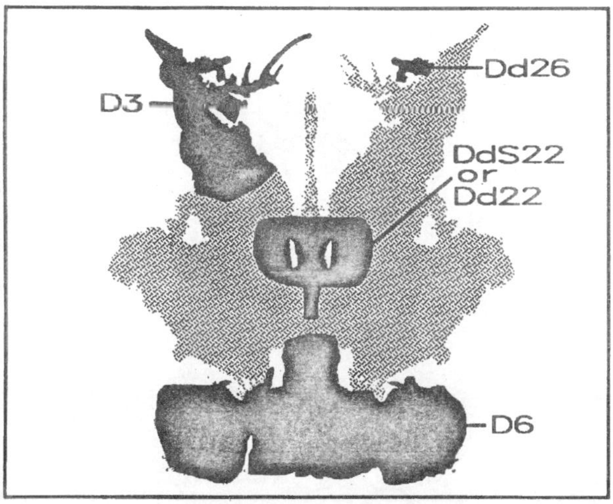
Dd26
D3
DdS22
or
Dd22
D6

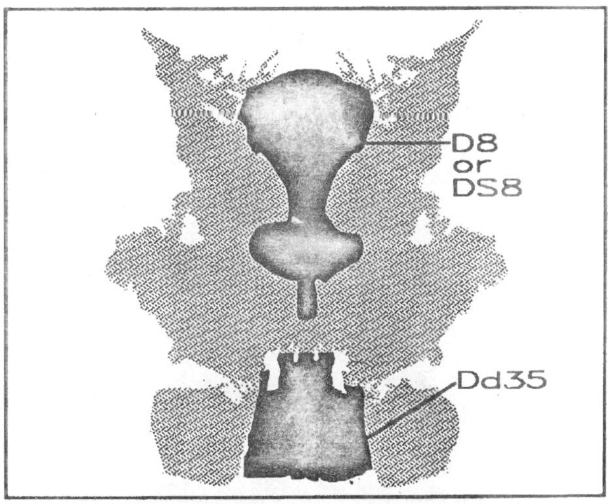
D8
or
DS8
Dd35

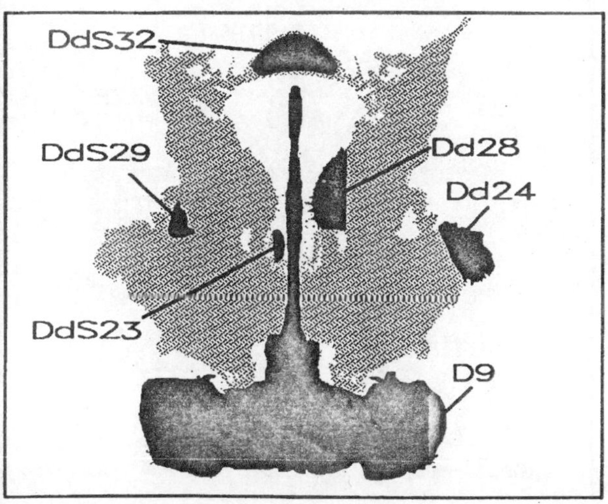
DdS32
DdS29
Dd28
Dd24
DdS23
D9

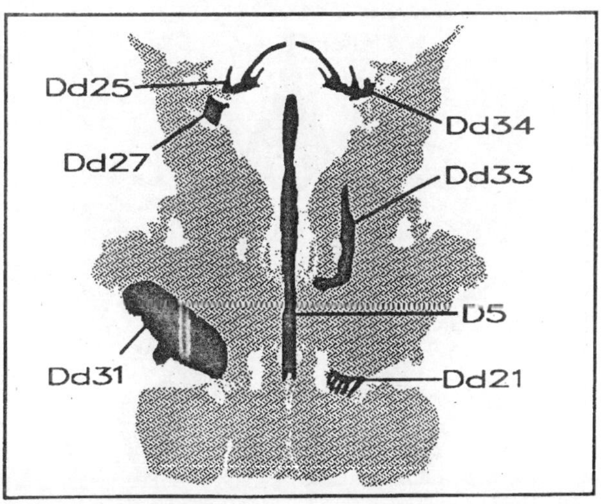
Dd25
Dd34
Dd27
Dd33
D5
Dd31
Dd21

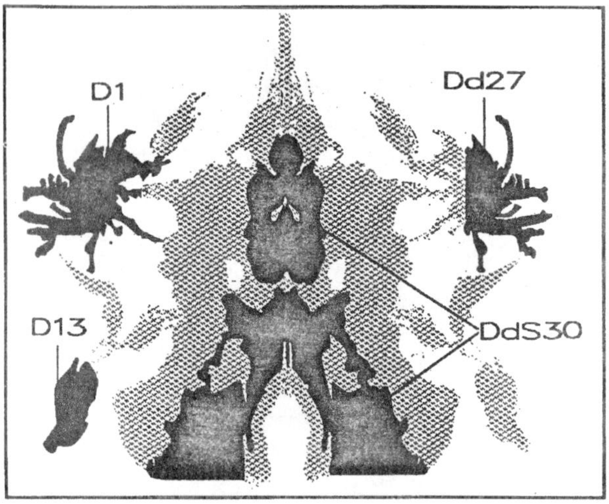
D1
Dd27
D13
DdS30

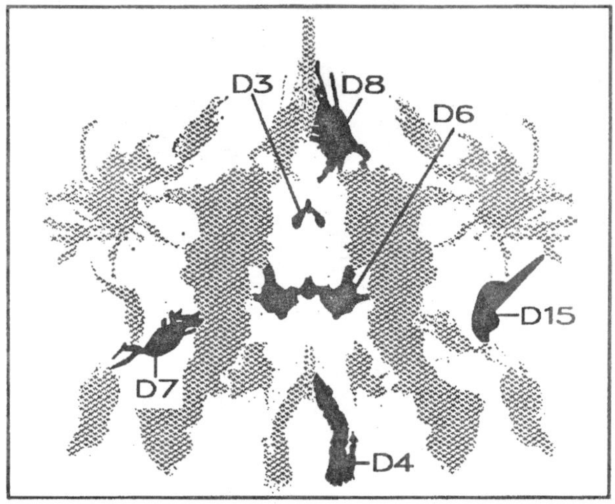
D3
D8
D6
D15
D7
D4

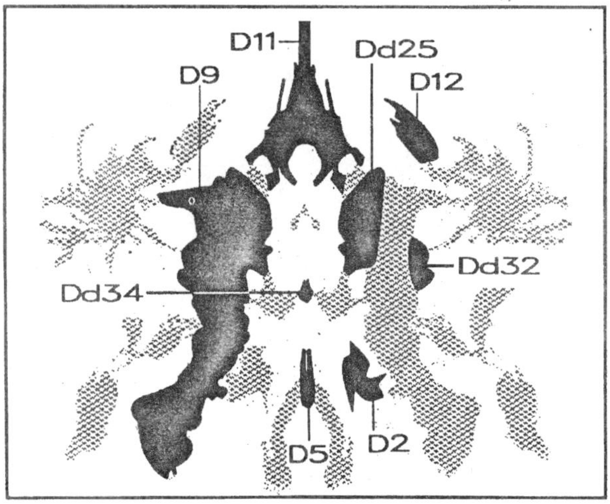
D11
Dd25
D9
D12
Dd32
Dd34
D5
D2

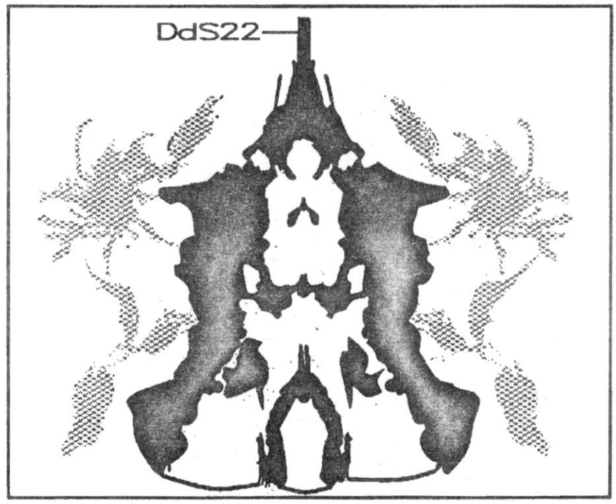
DdS22

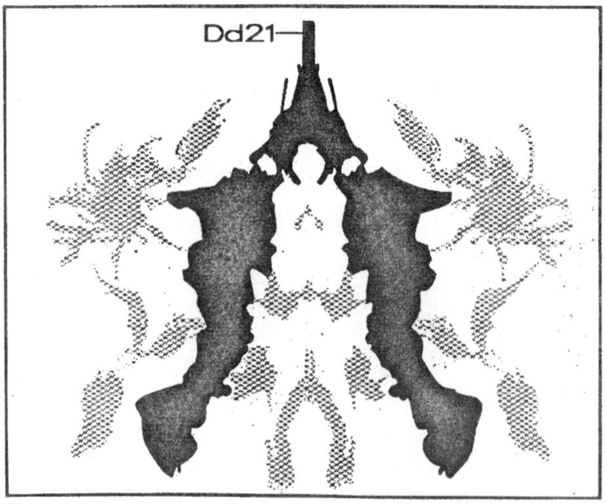
Dd21

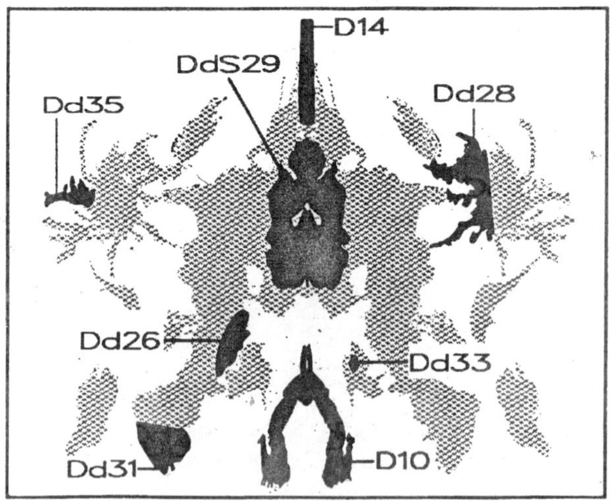
D14
DdS29
Dd35
Dd28
Dd26
Dd33
Dd31
D10

저자 소개

박 영 숙

이화여자대학교 물리대 사회학과 동대학원 심리학(석사) 전공
고려대학교 대학원 심리학과(임상심리학 전공, 박사) 졸업
이화여자대학교 의과대학 교수 역임
현재 임상심리 전문가로 활동

저서 및 역서

· 심리검사의 이론과 활용
· 심리평가의 실제
· 가족상담의 이론과 실제(공역)
· 정신분석학(공역)
· 정신치료의 역동요법(공역)
· 정신역동적 정신치료(공역)
· 최신 임상정신의학(공역)
· 아동기 감정양식(공역)
· 알기쉬운 정신병리학(공저)
· 행동치료의 이론과 실제(공역)
· 새로운 성치료(공역)
· 사회적응을 위한 인간관계(공역)
· 단기역동정신치료(공역)
· 이화방어기제검사 실시요강(공저)
· 12회 면담 한시적 정신치료(공역)

전문가를 위한 새로운

심리평가의 실제

초　판 1쇄 발행 1994년 3월 15일
수정판 1쇄 발행 1998년 3월 30일
수정판 25쇄 발행 2023년 2월 10일

지은이 박영숙
펴낸이 소정영

펴낸곳 도서출판 하나의학사
출판신고 1988년 4월 1일 제2022-000082호

주소 서울특별시 송파구 동남로 159, 302호(한흥빌딩)
전화 02-730-2555, 2556 **팩스** 02-730-2557
이메일 hanampc1@naver.com
홈페이지 www.hanampc.co.kr

ISBN 979-11-85696-95-9 93180